W0326650

Zu diesem Buch

Dunkel und geheimnisvoll wie ein Orakelspruch klingt der Titel dieses Buches – und war doch nur von alters her der Singsang kastilischer Schiffsjungen am Morgen, wenn die Wachablösung erfolgte. In das gleiche magische Zwielicht sind für uns auch die «Abenteuer der frühen Entdeckungen» unserer Erde getaucht, von denen hier berichtet wird.

Verglichen mit den Pioniertaten unserer Vorfahren ist die Fahrt in den Weltraum heute fast eine Reise in wohlbekannte Gefilde. In grauer Vorzeit mußten die Weite des Meeres und die Gefahren der Landwege bezwungen werden von Menschen, die noch nicht wußten, wie die Erde am anderen Ende aussah. Von der Steinzeit bis zu Kolumbus spannt sich der Bogen. Die Völker drängten zueinander, um Handel zu treiben. Die Seidenstraße quer durch Asien verband die Alte Welt mit China. Monsunsegler befuhren den Indischen Ozean, und von Norden her kamen die Wikinger nach Vinland. Aber schon viel früher mögen Mittelmeervölker den Atlantik überquert haben. In Mexiko und Südamerika wurden Götter verehrt, die auf Begegnungen mit fremden weißen Männern schließen lassen, welche später sogar von Peru aus bis nach Ozeanien vordrangen. Aber erst mit der Entdeckung Amerikas durch Kolumbus endet die Dämmerung. Die folgende Zeit liegt für uns im hellen Licht der Geschichte.

Der Zauber des Titels strahlt auf das ganze Buch aus. Die Tatsachenberichte werden durch eine dichterische Sprache in die rechte Distanz gerückt. Trotz anschaulicher Rückblenden, die von der Gegenwart her tief in die Vergangenheit hineinleuchten, bleibt das Geheimnisvolle dieser Frühzeit der Menschheit gewahrt. Gleichzeitig gewinnen die jahrhundertealten Sehnsüchte des Menschen nach Abenteuern in unbekannten Gefilden eine mitreißende und atemberaubende Gestalt

Dr. Paul Herrmann, 1905 bis 1958, ist selbst als Schiffsjunge und Matrose auf deutschen und französischen Seglern bis nach Südamerika gesegelt. Später studierte er Geographie und Geschichte, arbeitete als Journalist und Lektor. Er gab verschiedene Übersetzungen und kulturgeschichtliche Werke heraus. Zu seinen weltbekannten Büchern gehören unter anderem «Zeigt mir Adams Testament» und «Träumen, wagen und vollbringen».

Paul Herrmann

SIEBEN VORBEI UND ACHT VERWEHT

Das Abenteuer der frühen Entdeckungen

rororo

Rowohlt

Umschlagentwurf Werner Rebhuhn
Bildmotiv: Hendrik Cornelisz. Vroom (1566–1640):
«Die Rückkehr der holländischen Flotte aus Brasilien»,
Öl auf Leinwand; Amsterdam, Rijksmuseum (Ausschnitt)

1.–30. Tausend	März 1969
31.–35. Tausend	September 1971
36.–40. Tausend	Dezember 1972
41.–45. Tausend	Mai 1974

Ungekürzte Lizenzausgabe nach der 9. Auflage 1965
Veröffentlicht im Rowohlt Taschenbuch Verlag GmbH,
Reinbek bei Hamburg, März 1969
Copyright by Hoffmann und Campe Verlag, Hamburg, 1952
Alle Rechte vorbehalten
Gesetzt aus der Linotype-Aldus-Buchschrift (D. Stempel AG)
Gesamtherstellung Clausen & Bosse, Leck/Schleswig
Printed in Germany
ISBN 3 499 16646 1

Juan Alejandro Apolant
montevideo / uruguay

in dankbarer verbundenheit
freundschaftlich zugeeignet

IN GOTTES NAMEN:
SIEBEN VORBEI UND ACHT VERWEHT.
AMEN!

Einleitung
Inhaltsverzeichnis

Sieben vorbei und acht verweht: wenn der Schiffsjunge zum letztenmal während der endenden Nachtwache die Sanduhr umgedreht hatte, wenn sieben Glasen vorbei war und das achte in halbstündigem Rieseln verwehte: unablässig, unaufhaltsam, als deutlich sichtbares Sinnbild der verwehenden Zeit, dann sang er diesen Spruch über das stille Schiff. So geschah es in der Stunde zwischen Nacht und Morgen auf den drei Karavellen des Kolumbus, so seit alters auf allen Schiffen von Aragon und Kastilien.

Sieben vorbei und acht verweht: am Ende dieses Buches halten auch wir in der Morgenstunde zwischen dem alten und dem neuen Tag. Noch sind die dunklen Schauder unterwegs, die Dämonen, die gestaltlosen Schemen, daß es dem Rudergänger auf dem hohen Kastell der Schiffe, dem Ausguck im Vortopp fröstelnd über den Nacken streicht. Es ist die körperliche Kälte jener einsamsten Stunden des Tages, die ihn so erschauern läßt, wir wissen das wohl. Er freilich meint den Nachtmahr zu spüren, der ihn eisigkalt und spinnwebfein umgaukelt, und vielleicht haben sie recht, diese eisenharten Männer auf den frühen Schiffen, an den Lagerfeuern der ersten Karawanen, vielleicht bedürfen die vom Staub der Jahrtausende überwehten Schichten unserer Seele, jene unbewußten Erinnerungen unseres Blutes, jene tausendfältigen Erfahrungen aus dem Erbe längst vergessener Zeiten dieser Stille vor der Geburt des Tages.

Sieben vorbei und acht verweht: als wir auszogen, die Erde zu entdekken, da standen überall magische Zeichen am Weg: die Jagdbeute zu bezaubern, Fruchtbarkeit zu beschwören, Götter und Dämonen gnädig zu stimmen. Mythen und Legenden haben uns daher lange Zeit begleitet. Noch in dem Moment, in dem wir die Darstellung beschließen, weil ein neuer Zeitabschnitt heraufdämmert, reckt sich der düster-heilige Schatten des Presbyters Johannes über die Welt, mit hocherhobenen, mit segnenden und mit drohenden Armen. Und wie der Arzt im Röntgenbild unserer Tage, so sehen die Maler, die Bildhauer und Holzschneider des ausgehenden Mittelalters hinter dem kreuzgekrönten Diadem dieser Phantasmagorie den grinsenden Totenschädel, in den flatternden Ärmeln der Kutte das nackte Gebein, und Zepter und Schwert des asiatischen Priesterkönigs wandeln sich zu Hippe und Stundenglas der mittelalterlichen Totentänze.

Sieben vorbei und acht verweht: wie unendlich fern ist das alles! Die Männer der alten Streitwagenheere, die Tarschisch-Fahrer, die Bergleute von Ophir und die Weihrauchhändler aus Punt, die Karawanenführer der chinesischen Seidenstraßen, die Monsun-Segler des Indischen Ozeans, die Leute von Thule und aus dem Hvitramannaland, die weißen Götter von Mexiko und Kon-Tikis rätselhafte Gefolgsleute in Peru und Polynesien: kaum Genannte, für ewig Unbekannte, die es hinweghob und über deren längst zu Staub zerfallenen Leiber wir vordrangen bis an den Rand der Welt. Und doch! In all diesen Toten, in all diesen von der Zeit Verwehten, in all den alten Büchern und Chroniken, von denen hier berichtet wird, sind *wir* lebendig, gestern, heute und bis zum Jüngsten Tag. Denn es ist *unsere* Entdeckung, die hier geschieht. *Unser* mühsames, ängstliches Tasten! *Unser* aufatmendes Noch-einmal-davongekommen-Sein! Unser Leid, unser Sieg, unsere Lust! Und unsere Erkenntnis! Aber erst mit dem Licht des sich hebenden Tages kommt das weite Sehen. Kolumbus tritt auf den Plan, Amerika schwellt seine reichen Triften dem Abendland entgegen, und bald ist die ganze Welt gewonnen.

Sieben vorbei und acht verweht: die neue Wache tritt an. Denn es ist gar kein Zweifel: mit jenem zufälligen Jahr 1492, in dem der «sehr hochmögende» Don Christobal Colon die Neue Welt entdeckt, hat tatsächlich eine andere Zeit begonnen. Sie hat sich in vielem Einzelnen, in mancherlei neuen Gedanken, in oft nüchternen Alltagsdingen lange angekündigt. Aber dann wird sie, urplötzlich, in knapp fünfzig Jahren, lebendige Wirklichkeit, dergestalt, daß der Sohn den Vater nicht mehr versteht und daß die Mütter ihre Hände ringen über die Töchter.

Sieben vorbei und acht verweht: in diesem ungewissen, frühen Licht müssen wir hier unsere Arbeit tun. Wir müssen es wagen, in jenes dämmrige Niemandsland zwischen Geschichte, Geographie, Archäologie und Ethnographie vorzudringen, das so vorsichtig gemieden wird. Denn in diesem Grenzgebiet ist noch kaum ein Schritt recht gesichert. Auf solchem Boden vorwärts zu kommen, ist ein hartes Stück, und man sollte es den Wissenschaften nicht vorwerfen, sondern es ihnen danken, daß sie um der rechten Erkenntnis willen jeden Fußstapfen in diesem Irrlichtgelände Zentimeter um Zentimeter ausmessen, daß sie ihn mit Mikroskop und Ultrastrahlen bis in die tiefsten Untergründe hin prüfen. Andererseits hat aber diese Vorsicht die berufenen Hüter unseres Wissens nicht selten daran gehindert, die Themen, von denen wir hier zu sprechen haben, vor einer breiteren Öffentlichkeit auch nur zu nennen. Infolgedessen wird der im einzelnen oft vielleicht nicht so sachkundige Leser mehr als einmal tief betroffen und erstaunt sein ob der Fremdheit und Neuartigkeit der hier berichteten Dinge. Dem Wissenschaftler wird freilich kaum etwas Neues gesagt. Denn alle hier behandelten Stoffe sind innerhalb der beteiligten Disziplinen ausnahmslos längst bekannt.

Natürlich würde der Verfasser es nie gewagt haben, die Darstellung eines so schwierigen Themas auch nur zu versuchen, wenn er dazu von den großen Magiern der Wissenschaft nicht immer wieder ermutigt worden wäre und wenn sie ihn nicht immer wieder auf das freundlichste unterstützt und ihm geholfen hätten. Er gedenkt ihrer daher mit allem schuldigen Dank und in aufrichtiger Verbundenheit: der Wiener Prähistoriker sowohl wie der skandinavischen Runologen, der deutschen Amerikanisten und der amerikanischen Archäologen, kirchlicher und profaner Archive und Bibliotheken, deutscher und ausländischer wissenschaftlicher Körperschaften, Museen und Ministerien. Er gedenkt schließlich, in ganz besonderer Dankbarkeit, der zahlreichen Berater und Auskunftgeber in fast allen Teilen der Welt, nicht zuletzt seiner Landsleute in der Ostzone Deutschlands.

Es bedarf keiner Hervorhebung, daß dem Verfasser nichts ferner gelegen hat, als ein wissenschaftliches Buch zu schreiben. Andererseits lag es ihm aber auch ebenso fern, weiter nichts zu geben als eine Reportage. Infolgedessen hat er zwar auf Anhänge mit dem an sich notwendigen kritischen Apparat verzichtet, er hat es aber nicht unterlassen mögen, neben dem Namen- und Sachregister eine etwas weitergreifende Bibliographie zu geben, für alle die Leser, die aus irgendwelchen Gründen eine nähere Beschäftigung mit diesem oder jenem Gebiet wünschen. Es gibt keinen unbestechlicheren Richter als den Leser. Wer ihn zu leicht nimmt, wird in der Regel meist selbst für zu leicht befunden. Erfreut und dankbar darf ich feststellen, daß dies auch die Ansicht meines Verlages ist.

Berlin, im Sommer 1952 Dr. P. H.

TEIL I
FRÜHE FAHRT
Seite 15

Der Zaubermaler · Steinzeitlicher Impressionismus · Das Geheimnis von Altamira · Der verzauberte Don Marcellino · Virchow sagt nein · Eiszeitliche Skizzenblätter · Bergbau vor vierzehntausend Jahren · Der Feuerstein und die Lehre von der Prädestination · Steinzeitliche Werkzeugindustrie · «Weltgeltung» Thüringens · Vom «Monopolkapitalismus» der Steinzeit · Das Tabu der Fernstraßen · Frühe Transport- und Reiseleistungen · Salz, das weiße Gold der Berge · Die Neureichs von Hallstatt · Bernstein, der Schweiß der Sonne · Die Elfenbeinmode der Steinzeit · Die Geburt des Kaufmanns

TEIL II
DAS KÖNIGLICHE METALL
Seite 37

Berzelius und die Katalyse · Das Erz der Königskronen · «Die Zeit ist erfüllet» · Das unheilige Tarschisch · Atlantis, Amerika und der Mond · Die Großhändler von Kreta · Haben die Griechen Fisch gegessen? · Die Erfindung des Geldes · Rechtsanwalt Lysias und das Großkapital · Ochsenköpfe, die Dollars der Bronzezeit · Zinn von Kassiteriden · Entdeckung von Madeira · Die «IG Farben» von Tyrus · Jesaias Prophezeiung und der Untergang von Tartessos · Die Konkurrenz wird geblufft · Goldschmuggel in Gallien · Filialbetriebe, Handelsvertreter, Musterkoffer · Virchow sagt wieder nein · Intereuropäische Fernstraßen · Schiffshebewerke an Adria und Nordsee · Odysseus in Danzig · Truso, das vorgeschichtliche Elbing · Die Schwarzmeer-Ostsee-Straße · Skandinavische Metallindustrie

TEIL III
DAS GOTTESLAND PUNT UND DIE «INSELN DER SELIGEN»
Seite 67

Die Puderdose der Prinzessin · Steuermann Knemhoteps Grabinschrift · Die Hyksos: «Führer der jungen soldatischen Generation» · Hatschepsut übernimmt die Macht · Reichskanzler Senmut und seine Außenpolitik · Der Weihrauch · Wo lag das Gottesland Punt? · Hatschepsut sagt Weihrauch und meint Gold · Der Fettsteiß der Fürstin von Punt · «Mahnworte eines ägyptischen Propheten» · Indische Handelswaren in Ostafrika · Das Hochseeschiff der Ägypter · Die «Byblos»-Fahrer · Salomo weiß, wo Ophir liegt · Das Geheimnis von Simbabwe · Rundfahrt um Afrika 600 v. Chr. · Ptolemäus glaubt nicht, daß die Sonne im Norden steht · Der Suezkanal der Pharaonen · Moderne Tiefseeforschung und der Untergang von Kreta · Tyrischer Purpur von den Kanarischen Inseln · Admiral Hanno in Kamerun · Werfen Gorillas mit Steinen? · Punier auf den Azoren

TEIL IV
DIE GRIECHISCHE LEGENDE UND WAS DAHINTERSTECKT
Seite 107

Die Katastrophe der Kampfwagen · Schliemann und das Straußenei · Oberstudienrat Gustav Schwab · Prinzessin Medea, das Tragödienmodell · Herakles stiehlt Äpfel ·

Stonehenge und die singenden Schwäne · Priamos blockiert die Dardanellen · Nur Barbaren tragen lange Hosen · Die skythischen Säufer · 30 Prozent Zinsen für das griechische Großkapital · Wer kommt schon nach Ogygia? · Herodot verdient 50 000 Mark · Die Fernstraße nach Urga/Mongolei · Professor Pytheas aus Marseille · Wo lag Thule? · Pytheas löst das Rätsel des Bernsteins · Das Geheimnis des Erythräischen Meeres · Wie kommen Krokodile in den Indus? · Alexander der Große auf Wildwasserfahrt · Die Entdeckung des Ozeans · Goldgrabende Ameisen · Kleine Anweisung, Elefanten zu fangen · Von der tragischen Ironie der Geschichte

TEIL V

VON ROM ZUM FERNEN OSTEN UND NACH AMERIKA

Seite 149

Die wasserscheuen Römer · Kannten die Karthager das Geheimnis des Passats? · Hotel Septumanus in Lyon · Römische Bernsteinexperten in Ostpreußen · Die François-Vase, die Zwerge und die Kraniche aus den Nilsümpfen · Ohne Kompaß über den Indischen Ozean · Lotsen und Leuchttürme · Antike Segelhandbücher · Wie lang ist eine Stunde? · 2000-Tonnen-Frachter im Altertum · Römische Ankeranweisungen für indische Häfen · Die Ceylonesen wundern sich in Rom · Haben Chinesen blaue Augen? · Römische Kaufleute in Peking · Kaiserin Si-li-schi und die Raupe Bombyx mori · Frau Marc Aurel hat kein Geld für ein seidenes Kleid · Die lasterhaften Frauen der Insel Kos · Reisewege nach China · Wer fährt mit nach Singapur? · Mit Faltboot und Amphibien-Jeep über den Atlantik · Was wußte das Altertum von Amerika? · Indianer landen in Europa

TEIL VI

AMERIKA – DAS HVITRAMANNALAND DAS LAND DER BLEICHGESICHTER

Seite 193

Todesahnung in Temixtitan · Cortez und Doña Marina · Die «Votans»-Legende der Mayas · Wer war Quetzalcoatl? · Gudleif Gudlaugson in Hvritramannaland · St. Brandan und König Madoc fahren über den Ozean · «Weiße Indianer» in Amerika · Die blonden Mandans · Haben die Indianer das Rad gekannt? · Rothäute mit europäischen Namen · Pedro de Candia ärgert sich in Tumbez · Wer ist Virakocha? · Blauäugige Inkas · Die Legende vom weißen Gott Bochica · Das Rätsel der Osterinsel · Blonde Polynesier · Wer brachte die Kartoffel nach Hawaii? · Thor Heyerdahls Floßfahrt über den Pazifik · Peru und Polynesien · Auslegerkanus und Balsaflöße · Phönizische «Inschriften» in Amerika · Sprachen die Indianer Griechisch?

TEIL VII

DER RUNENSTEIN VON KENSINGTON UND DAS RÄTSEL DER GRÖNLAND-WIKINGER

Seite 257

Olaf Ohmans Entdeckung · Ein seltsamer Notariatsakt · «Plumper Schwindel!» sagt Professor George O. Curme · Wer ist Hjalmar R. Holand? · Wikinger um 1362 in Minnesota · Können Schwindler auch zaubern? · Die «Hällristningar» und die «Kökkenmöddinger» · Nordeuropäischer Seeverkehr in der Steinzeit · Drachenschiffe und Knorre · Der Kompaß bei den Wikingern · Römer auf Island? · Wikingische Segelanweisung für die Island-Fahrt · Das Märchen vom «Volk ohne Raum» und Harald Blondhaar · Grönland, die Sackgasse · Warum Hans Egede der Apostel der Eskimos wurde · Wo liegt die

Eystribyggd? · Dänische Archäologen auf den Friedhöfen der Grönland-Wikinger · Mittelalterliche europäische Kleidermoden in Grönland · Erich der Rote · Die Gunnbjörnschären · Das «Grüne Land» · Vom Küchenzettel der Grönland-Normannen · Klimaänderung in Nordeuropa? · Grönländische Exportartikel · Großkapital und Handelsschiffahrt im mittelalterlichen Norwegen · Die Hanse in der Grönland-Fahrt · Der Vatikan und der Bischof von Grönland · Rätselhafter Untergang der wikingischen Westsiedlung · Die «Skraelinger» · Polarexpeditionen der Grönländer · Weiße «Eskimos» · Ein ganzes Volk verhungert

TEIL VIII

DAS WEINLAND

Seite 325

Bjarni Herjulfsson, der erste Transatlantik-Fahrer · Leif Erichsson segelt nach Vinland · Der wilde Wein, die Lachse und der Indianerweizen · Lag Vinland in Massachusetts? · Professor E. F. Gray und «Leifbudir» · Deutsche Quellen für Vinland · Die Wikinger und der Coltrevolver · Mr. Dodd und das Grab von Beardmore · Was heißt «leitadi»? · Darf ein Bischof desertieren? · Der Vatikan wußte von Vinland · Paul Knudson und der Kensington-Stein · Longfellows «Skeleton in amour» · Der Native-Copper-Distrikt am Lake Superior · Noch einmal die Mandan-Indianer · Ist Magnus ein indianischer Vorname? · Wikinger und die Expedition der Pining-Pothorst · Burgundermützen in Grönland · Giovanni Caboto entdeckt Markland · Die Märcheninsel Brazil · War Kolumbus in Island? · Kolumbus und die Vinland-Tradition

TEIL IX

VON JOTUNHEIMAR UND SVALBARD NACH BAGDAD UND KANTON

Seite 377

«Tickets nach Zaitun ausverkauft», sagt Obersteward Suleiman · Chinesische Dschunken mit Appartements, Badezimmern und Toiletten · stud. jur. Ibn Batuta wird Weltreisender · Ibn Batuta und Graf Felix Luckner sehen den «Seiltrick» · Was kostet eine Konkubine? · Ibn Batutas Frauen, die Kokusnuß und der Haschisch · Vom Satin, von der Parfum-Nuß und von der Seide · Chinesisches Papiergeld als Binnenwährung · Was ist und von wem stammt der «Konnungsskuggsja»? · Woher kennt Dante das Kreuz des Südens? · Edrisi-Karte und Rogerbuch · Eisbärfelle in Ägypten · Arabische Sportberichte über den Skilauf in Norwegen · Ibrahim Ibn Jaqub wundert sich in Mainz · Hatte Skandinavien eine arabische Valuta? · Ein maurischer «Baedeker» für die Wegstrecke Magdeburg–Prag · Hat Nestor von Kiew wirklich gelogen? · Miklagard und die Waräger · Wikinger in Bagdad · Kapitän Othere in Archangelsk · Bis zum Ural und nach Sibirien · Das «Bahrwaränk» der Araber · Der Runenstein von Hönen · Werden Jungfrauen schwanger, wenn sie Wasser trinken? · Jotunheimar ist das Land der Kobolde, und «Svalbard» heißt «Kalte Küste»

TEIL X

DIE KREUZZÜGE, DER PRIESTER JOHANNES UND DER GROSSKHAN

Seite 423

Der Inschriftstein von Singanfu · Pater Trigault ist kein Fälscher · Ist Maria die Mutter Gottes? · Das Geheimnis und die Geschichte der Seidenstraße · Professor Lactantius über die Amoral der Geographie · Von der «Affektbesetzung» früher Reiseberichte · Wer waren die «Drei Weisen aus dem Morgenland»? · Die Thomas-Chisten · Warum Napoleon den Suezkanal nicht gebaut hat · Kaiser Justinian betreibt Wirtschaftsspionage, aber die Perser sind schlauer · Mittelalterliche «Baedeker» für die Reise ins Heilige Land · Wer ist der Priester Johannes? · Das Sendschreiben des Priesters Johannes: Mystifikation oder Utopie? · Die Geschichte vom Sidicus · Eine Gesandtschaft des Großkhans · Päpstliche Legaten in Karakorum · Siebenbürgische «Spezialisten» im Alatau-Gebirge · «Visum fuit mihi, quod evasissem de manibus daemonum» · Zwei Mönche desertieren · «Wenn ihr gut zaubern könnt, werde ich Christ», sagt der Kaiser von China · Marco Polo friert auf dem «Dach der Welt» · Chinesisches Papiergeld · Die Märcheninsel Cipangu · Johannes von Montecorvino wird Erzbischof von China · Alafas, die «pajoks» für die technische Intelligenz der Chinesen · Reisebericht aus dem Land, wo der Pfeffer wächst · Hanns Schiltberger bei den Heiden · Barfüßer-Mönche in Astrachan

TEIL XI
DIE PORTUGIESEN UND AFRIKA
Seite 481

Von der ersten deutschen Speisekarte und von alten deutschen Rezepten · Alle Tage Pökelfleisch · Kalter Krieg gegen das Abendland · Liegt das Paradies in Abessinien? · Passive europäische Handelsbilanz gegenüber dem Orient · Wer sind und woher stammen die Guanchen? · Gold von Sofala · Malayen entdecken Madagaskar · Prinz Heinrich der Seefahrer und Afrika · Jean Mermoz fliegt durch den Pot-au-Noir · Negersklaven, eine europäische Sensation · Ist der Senegal ein Nebenfluß des Nils? · Die Portugiesen und der Priester Johannes · Diego Cão geht aufs Ganze · Martin Behaim und das Astrolabium · Neue Instruktionen für die Afrika-Fahrt · Benedetto Dei in Timbuktu · Europäische Inflation, das Bankhaus Centurione und der Goldstandard · Antonio Malfante in der Sahara · Portugal wirft zwei Asse ins Spiel · Das «cabo tormentoso» und die Expedition des Pedro de Covilhao · Vom «Ackermann von Saaz» zur neuen Zeit

ANHANG

VERZEICHNIS DER ABBILDUNGEN IM TEXT
Seite 515

VERZEICHNIS DER KARTEN
Seite 517

LITERATURVERZEICHNIS
Seite 518

NAMENREGISTER
Seite 524

SACHREGISTER
Seite 530

QUELLENNACHWEISE
Seite 535

Teil I

Frühe Fahrt

Der Zaubermaler · Steinzeitlicher Impressionismus · Das Geheimnis von Altamira · Der verzauberte Don Marcellino · Virchow sagt nein · Eiszeitliche Skizzenblätter · Bergbau vor vierzehntausend Jahren · Der Feuerstein und die Lehre von der Prädestination · Steinzeitliche Werkzeugindustrie · «Weltgeltung» Thüringens · Vom «Monopolkapitalismus» der Steinzeit · Das Tabu der Fernstraßen · Frühe Transport- und Reiseleistungen · Salz, das weiße Gold der Berge · Die Neureichs von Hallstatt · Bernstein, der Schweiß der Sonne · Die Elfenbeinmode der Steinzeit · Die Geburt des Kaufmanns

1

Bedächtig scharrte der kniende Mann wieder und wieder Arme voll Kies über die Schachtöffnung, die er schon mit grobem Gestein abgedeckt und mit Birken- und Kiefernzweigen getarnt hatte. Nun war nichts mehr zu sehen, und auch die scharfäugigen Jäger der Horde urtümlicher Menschen unten aus der Querschlucht würden die Höhle nicht finden können.

Es wäre auch sehr schlimm, wenn das geschähe. Denn dann würden sie den Zauber brechen und sich zu eigen machen, den Zauber, den er doch für die eigene Horde verfertigt hatte. Und es war so sehr nötig, daß man endlich wieder zu Wild kam, zu Nahrung und Pelzen, zu Fett schließlich für die Leuchten. Die Horde hungerte.

Befriedigt lehnte sich der Mann in den Knien zurück. Nun war das also getan. Tagelang hatte er unten in der Höhle gestanden, um das Bild des Bisons, den sie morgen jagen wollten, auf die Felswand zu malen. Besten Ocker hatte er genommen, ganz frisches Tierfett dazu, und sorgsam war dann das Farbpulver mittels eines dünnen Röhrenknochens über die fettige Fläche geblasen worden. Schwarze Manganerde gab die Konturen her und die Schatten: so kam Tiefe in das Bild und mit der Tiefe das Leben. Ocker, im Mörser feingepulvert, mit Kreide aufgehellt oder mit Eisenoxyd rötlich gedunkelt, füllte die Flächen. Nun stand der Bison da,

1. Bison. Gravierung in einer steinzeitlichen Höhle der Dordogne

als lebte er, und im Flackerlicht der Fackeln schien das Auge aufzuglühen, schienen sich die Muskeln unter dem glänzenden Fell zu spannen, schien der Schweif erregt hin und her zu peitschen: genauso, wie man das auf den Wiesen am Hang an den riesigen Tieren sehen konnte.

Als Künstler, als Vorsteher und Lehrer einer großen Malschule mit vielen jungen Leuten war man ja eigentlich über dergleichen realistische Darstellungen hinaus. Die Alten hatten so gemalt, auch dann und auch dort, wo es gar nicht um Jagdzauber und Beschwörung ging. Man sah das überall in den Höhlen, in El Castillo und La Pasiega, in Pindal und Corvalanas. Das stammte noch aus frühen, treuherzigen, einfachen Tagen, aus jenen Zeiten, als von den Bergen das Eis gekrochen kam, in denen ewiger Regen vom Himmel fiel und in denen man glücklich war, wenn einmal die Sonne schien. Da hatte man so schlicht gemalt.

Jetzt wußte man mehr. Längst hatten sich die Nebel verflüchtigt, Eis hing nur hoch auf den Bergkämmen, das himmlische Licht leuchtete viele Tage im Jahr, und nun *sah* man, nun erst *konnte* man sehen, daß die

Natur aus einer geschwinden Abfolge von Augenblicksbildern bestand. *Dies* galt es zu malen. Die schnelle Rentierherde zum Beispiel: die ersten beiden Tiere sah man ganz deutlich, folglich mußte man sie auch deutlich zeichnen, mit Geweih, Hufen, langschenkligen Beinen und Körpern. Auch die letzten Stücke der Herde waren deutlich und waren deshalb auch deutlich festzuhalten. Alles aber, was zwischen Anfang und Ende lief, trampelte, dahinraste, das war doch nur ein Gewoge gleichgerichteter Striche, Schatten, Ritzungen. Also konnte man dies Gewoge auch gar nicht anders wiedergeben als in flüchtigem Umriß.

Dies zeichnete man, *dies* hatte man zu malen. Was er da unten getrieben in der heiligen Höhle, diese ganze letzte Woche hindurch: künstlerisch war das nicht zu vertreten, und man mußte sich doch überlegen, ob man das nächste Mal nicht seinen Gehilfen schicken sollte.

Der Vater hatte noch glauben können, daß das Jagdglück, daß der

2. Vorüberziehende Rentierherde. Die ersten und die letzten Tiere dieser Zeichnung sind scharf und deutlich abgebildet. Zwischen ihnen sieht man ein Gewoge von Strichen: eine Bildraffung, wie sie moderne Impressionisten lieben. Knochenzeichnung aus der Höhle von Teyjat, Dordogne.

sichere Pfeilschuß abhinge von der Genauigkeit des Bildes, daß ein Zauber von dem Abbild in der Höhle ausgehe und hinüberwirke auf das lebende Tier irgendwo dort drüben, hinter den Bergen. Jetzt glaubten nur noch die Jäger daran, diese liebenswerten Tröpfe, diese biederen Burschen von altem Schrot und Korn. Man mochte ihnen ja auch die Illusion nicht nehmen, mochte sie nicht ihres Glaubens berauben. Was war schließlich an dessen Stelle zu setzen in diesem aufgeklärten Jahrhundert? Und dann: es schadete ja niemand, wenn man den Bison nach der Weise der Vorväter, wie es Brauch war seit Urzeiten, gemalt hatte. So wollte es die heilige Sitte der Zauberhöhlen. Wenn die jungen Jäger nur recht trafen...!

Schwankend und ein wenig unsicher nach dem langen Knien erhob sich der schlanke, hochgewachsene Mann mit dem schöngewölbten Schädel und dem schlanken, scharfgeschnittenen Gesicht. Prüfend warf er einen schnellen Blick zu dem sich mählich rötenden Abendhimmel, und entschlossen nahm er dann den Weg unter die Füße.

Damit entschwindet der Unbekannte für immer aus unserem Gesichtskreis. Dreißigtausend Jahre verrauschen wie *ein* Tag und wie eine Handvoll Spreu, über die der Wind geht. Man schreibt das Jahr 1868. Da ist Fuchsjagd im Schloß Santillana sur Mar, unweit von Santander in Spa-

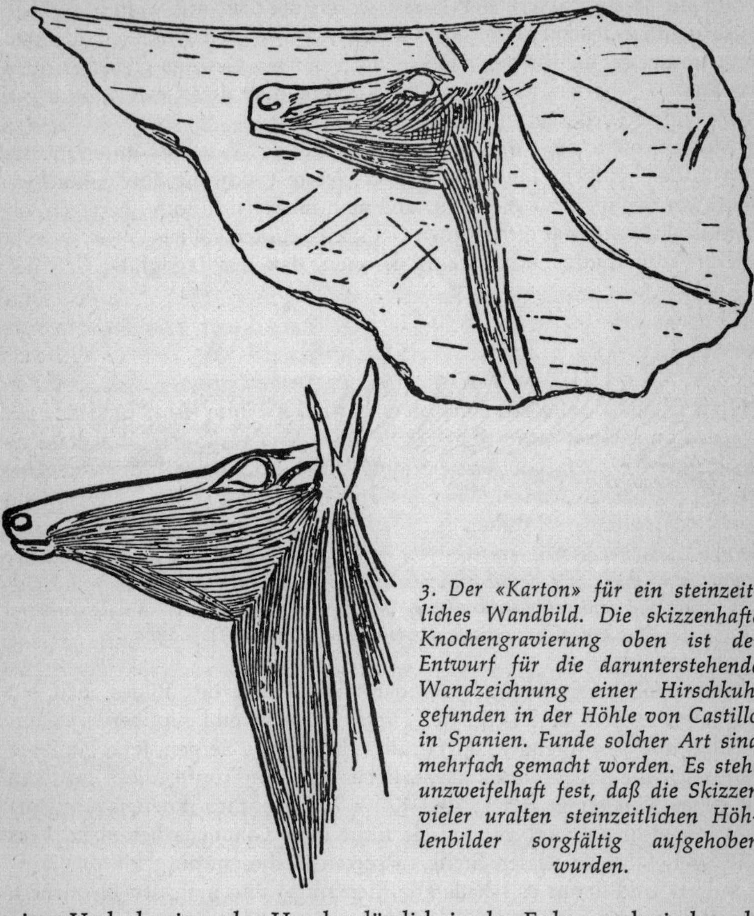

3. Der «Karton» für ein steinzeitliches Wandbild. Die skizzenhafte Knochengravierung oben ist der Entwurf für die darunterstehende Wandzeichnung einer Hirschkuh, gefunden in der Höhle von Castillo in Spanien. Funde solcher Art sind mehrfach gemacht worden. Es steht unzweifelhaft fest, daß die Skizzen vieler uralten steinzeitlichen Höhlenbilder sorgfältig aufgehoben wurden.

nien. Und als einer der Hunde plötzlich in der Erde verschwindet, als unter dem Tritt des Jägers sich auf ebener Wiese ein Spalt im Boden öffnet, aus dem eisigkalte Luft in den warmen spanischen Novembertag bläst, da öffnet sich der Zugang zu eben jenen heiligen Höhlen, die der Zaubermaler der letzten Eiszeit so sorgfältig verschlossen hatte.

Mit Windlichtern und Fackeln dringen die Jäger bald darauf in die Höhlen ein. Als erstes findet man Werkzeuge, wie man sie schon aus den eiszeitlichen Höhlen Frankreichs kennt: Pfrieme, Ahlen, Harpunen, Kratzer, Schaber, Nähnadeln, kurz, das ganze handwerkliche Inventar eines wohlbestallten Eiszeitheimes. Tiefer drinnen in der Erde findet sich nichts dergleichen. Hier haben niemals Menschen gewohnt, hier ist der Zauberbezirk, hier ist heiliger Boden. Und hier sind die Bilder.

Bilder, Hunderte von Bildern an allen Wänden und Decken, die sich über Jahrzehntausende hinweg genauso frisch und leuchtend erhalten haben, wie sie an dem Tage waren, an dem sie entstanden. Bilder, deren Farbe noch am tupfenden Finger haftet, Bilder, die keines Menschen Auge mehr sah von ihrer Entstehung an bis zu diesen Tagen im endenden achtzehnhundertachtundsechzigsten Jahr seit Christi Geburt. Da ist eine wundervolle, zierliche Hirschkuh, da ist der Bison, den unser Zaubermaler magisch beschwor, dort steht er schnaubend und wild, dort bricht er weidwund in die Knie: so voller Leben, so urgewaltig, so echt, daß die ganze Kraft dieser Bezauberung noch jetzt spürbar ist.

Auch Don Marcellino de Sautuola, der Jagdherr, Herr auch von Dorf und Gemarkung Altamira mit der Höhle all dieser Wunder, ein verwöhnter, eleganter altspanischer Grande, wird von den eiszeitlichen Zauberbildern magisch berückt. Sein ganzes künftiges Leben steht in ihrem Dienst. Lange Jahre erntet er nichts als Hohn, Spott und ätzende Verachtung. Das machte ihm nichts aus. 1880 verdammt ihn der Prähistoriker-Kongreß von Lissabon in Grund und Boden. Der alte Virchow aus Deutschland, der Begründer der Zellularpathologie, als Mediziner, Archäologe, Physiker, Anthropologe und liberaler Politiker gleich berühmt, nach Leibniz und Goethe der letzte wirklich universal gebildete Geist, den die Erde hervorbrachte, Undset (der Vater von Sigrid Undset), als Vertreter der norwegischen Vorgeschichtler, der große Montelius aus Schweden und mit ihm die besten Männer aus England, Italien, Portugal und so fort, sie alle sagen: nein. Sie alle sind der Meinung: das ist Schwindel, das ist eine Fälschung, das ist Lug und Betrug. Sie sind darin alle so sehr einer Meinung, daß sie gar nicht erst nach Altamira fahren. Freilich, bis dahin kennen sie alle auch nur die urmenschlichen Skelettstücke, die der Elberfelder Oberlehrer Dr. Fuhlrott 1856 im Neandertal bei Düsseldorf ausgrub, jenes wuchtige, an einen Gorilla gemahnende Schädeldach mit den schweren Augenbrauenwülsten und jene dicken, plumpen Schenkelknochen, die die Arbeiter des Steinbruchs achtlos beiseite warfen, weil sie sie gar nicht für menschlich hielten. Solch einem bestialischen Wesen die prachtvollen Bilder von Altamira zuzutrauen, ging nicht an.

Heute wissen wir es besser. Wir wissen, daß noch während der Eiszeit eine neue, fremde Rasse, wohl von Osten her, in Europa einwanderte, der schlanke, hochgewachsene Aurignac-Mensch mit dem schöngewölbten Schädel und dem schmalen, scharfgeschnittenen Antlitz, ein menschliches Wesen, das uns Heutigen ähnlich gewesen sein wird und das als erster Vertreter des Homo sapiens gilt. Ihm würden auch die Prähistoriker des Kongresses von Lissabon mehr zugetraut haben. Aber erst 1909 wurde ein Skelett des Aurignac-Menschen ausgegraben. Und damit stand dann endgültig fest, daß Don Marcellino recht gehabt hatte und daß die Bilder seiner Höhle echt waren: Malereien der Eiszeit, Gemälde eines Menschen, der Zeitgenosse des europäischen Bisons war. Inzwischen haben wir für eines der Altamira-Bilder, eine sehr lebendige Darstellung von Hirschkühen, auch den «Karton» entdeckt, eine Steinplatte, auf der das Wandbild als Entwurf, als Skizze graviert war. Längst ist die Skizze eines Bisons entdeckt, der die Wand einer anderen eiszeitlichen Höhle schmückt. Längst wissen wir auch, wie dies einst begann und wie es sich fortsetzte: mit Kratzspuren menschlicher Nägel an weichen Höhlenwänden, so wie es der Höhlenbär mit seinen Klauen tat, mit farbigen Abdrücken menschlicher Hände dann, mit flüchtigen Tierskizzen, mühevoll in die Wand graviert, mit Farbversuchen erst und darauf mit farbigen Bildern, mit langen Kämpfen um Licht und Schatten im Bild, um Tiefe und Perspektive. Epochen impressionisti-

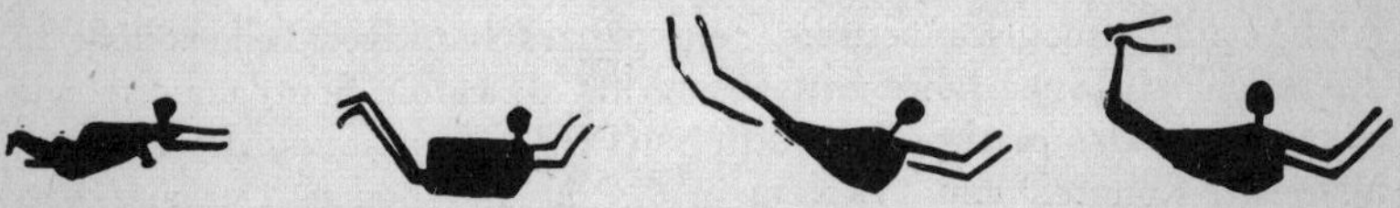

4. Als man in der Sahara noch schwimmen ging ... 200 km entfernt von dem letzten kümmerlich fließenden Wasser, wurden diese jahrtausendealten Felszeichnungen aufgefunden. Anscheinend haben die einstigen Sahara-Schwimmer sogar die Kunst des Kraulens beherrscht. Unsere Abbildung scheint das zu beweisen.

scher Zusammenziehungen des Bildes auf die Bewegung hin und auf den flüchtigen Moment des Schauens folgten, expressionistische Vereinfachungen und Raffungen des gemalten Gegenstands schlossen sich an, eine Zergliederung in Dreiecke, Würfel, Kreissegmente, Rhomben und Rechtecke, so wie wir das aus unserer zeitgenössischen Kunst kennen und wie es wohl im großen Plan der Geschichte lag, die von dieser Stilisierung fortschritt zum Symbolismus der frühen Bildschrift.

Vielleicht sind alle diese eiszeitlichen Bilder zauberischen Inhalts und von magischer Bedeutung. Dort, wo sie schlechthin realistisch sind, auch für die Masse der Betrachtenden sofort und ganz verständlich, wird man sie wohl in diesem Sinne zu verstehen haben. Zu dem Zeitpunkt jedoch, in dem impressionistische Raffungen und Vereinfachungen eintreten – wie etwa in dem schönen Knochenstab von Teyjat, dessen Rentierherde aus zwei minuziös gezeichneten Tieren am Beginn des Zuges und aus einem Rest von wolkigem Strichgewoge besteht, als Symbol der blitzgeschwinden Fortbewegung, als Momentbild und Zeitraffung –, in diesem Augenblick könnte eine nicht mehr zauberisch-religiös, nicht mehr zweckgebundene Kunst begonnen haben. Denn solcherlei symbolhafte Darstellung war nicht mehr allgemein verständlich und deshalb wohl auch kaum noch zauberisch. Die zeichnerische, die malerische Darstellung war Privatsache geworden, Angelegenheit des ich-bewußten Individuums, Anliegen einer Richtung, einer Mode, einer Schule. Und vielleicht hatte damit schon der Weg begonnen, an dessen Ende die Bilderschrift stand.

1903 fanden die Prähistoriker in Font-de-Gaume in der Dordogne in

5. Kein Picasso – ein Unbekannter aus der Steinzeit zeichnete diesen Bogenschützen an die Wand der Valltora-Schlucht bei Abocacer in Spanien. Genauso wie es die zeitgenössische Kunst tut, wird die Bewegung des Bogenspannens und des fliegenden Pfeils auf den Körper des Schützen übertragen.

Frankreich das Wandbild eines gewaltigen alten Bisons, eines riesigen, ganz individuell gezeichneten Tieres. Dreiundzwanzig Jahre darauf, im Sommer 1926, wurde 300 km entfernt in den vorgeschichtlichen Wohnstätten von Genière-Ain im Departement Ain eine Schieferplatte mit der Skizze entdeckt, nach der das Wandbild von Font-de-Gaume gemalt worden war. Das ist sehr erstaunlich, ja, es ist fast noch überraschender als die Entdeckung dieser eiszeitlichen Bilder selbst. Denn es muß daraus geschlossen werden, daß schon der bloßen, nur im Umriß angedeuteten, noch gar nicht farbig angelegten Skizze, der eine magische Bedeutung mangels jeder weitergehenden Realistik gar nicht zukommen konnte, eine so hohe Wertschätzung entgegengebracht wurde, daß irgendein steinzeitlicher Kunstliebhaber sie bei sich zu Hause aufhob. So sorgfältig aufhob, daß sie zehn oder vielleicht sogar zwanzig Jahrtausende überdauerte.

Gab es damals schon einen Kunsthandel? Der Mainzer Prähistoriker Herbert Kühn, dessen kürzlich erschienenem Buch *‹Auf den Spuren des Eiszeitmenschen›* wir bis hierher folgten, hat diese Frage gestellt. Nun, sie wird sich kaum je beantworten lassen. Was sich aber aus dieser weiten Wanderung einer materiell ganz wertlosen Steinplatte sicherlich folgern läßt, ist die Tatsache, daß in Europa schon vor Zehntausenden von Jahren große Reisen unternommen wurden. Erstaunlich und rührend, daß dies nicht bloß so unmittelbarer Werte wegen geschah wie Waffen, Werkzeuge und Schmuck, sondern um einer unscheinbaren, vielfach zerkratzten Steinplatte willen.

Auch wenn man sich ehrlich bemüht, ganz vorurteilslos zu sein und sich frei zu machen von dem frommen Aberglauben unserer Großväter, wir hätten es herrlich weit gebracht und die bedauernswerten frühen Jahrhunderte lägen eben leider im dichten Nebel ihrer Unvollkommenheit, selbst dann wird es uns schwer, bei unseren Ururahnen an so viel künstlerische Begeisterung, noch mehr aber an die Überwindung so großer Entfernungen zu glauben. Denn wenn die Vorgeschichtsforschung einzelne große Reisen schon in sehr früher Zeit auch nicht geradezu für unmöglich erklärt, angenehmer ist es ihr doch, wenn sie die an sich unbestreitbaren weiten Wanderungen bestimmter Gegenstände auf einen lokalen Tausch von Ort zu Ort und von Hand zu Hand zurückführen kann.

Ob das richtig ist, steht dahin. Während der wenigen Dutzend Jahrhunderte, die wir zurückblicken können, haben Erwerb, Besitz und dessen Verteidigung als stärkste Antriebe gewirkt. Nichts liegt näher, als zu vermuten, daß frühe Zeiten genau denselben Gesetzen unterworfen waren und daß man des Erwerbs wegen weite Reisen unternahm. Und da die Erde einst ja sehr viel dünner besiedelt war, konnte man sicher beträchtliche Entfernungen zurücklegen, ehe man eines anderen Menschen überhaupt ansichtig wurde. Damit verringerte sich aber die Gefahr feindlicher Überfälle, und es erscheint als durchaus möglich, daß die Wanderwege, von denen wir gleich berichten werden, nicht nur im Pendelverkehr von Ort zu Ort, von Rastplatz zu Rastplatz und von Furt zu Furt, sondern auf weiten Reisen begangen wurden.

Am Uranfang steht zweifellos das Werkzeug. Mochte zunächst der rohe Knüppel genügt haben, so entstand mit dem Wunsch, schneiden und sägen, spalten, schaben und stechen zu können, die Notwendigkeit, ein geeignetes Ausgangsmaterial zu entdecken. Solch ein Material war der Stein, aus dem sich ebensogut Pfeil- und Lanzenspitzen, Messer, Dolche und Bohrer herstellen ließen wie Schmuck und Hausgerät. Und außerdem barg der Stein ja auch noch den göttlichen Funken des Feuers in sich – Grund genug, ihn für eine Zeitspanne von vielen Jahrtausenden zum bevorzugten Rohstoff des Menschen werden zu lassen.

Steinzeit nennt man bekanntlich diese Epoche, ohne nun freilich sagen zu können, wann sie denn begonnen und wann sie geendet habe. Noch in unseren Tagen stehen ja die Zeiger der Weltenuhr für zahlreiche menschliche Lebewesen und in weiten Gebieten der Erde auf diesen frühen Stunden vor Sonnenaufgang. Von den australischen Ureinwohnern, von den Buschmännern Südafrikas, von den Indianern der südamerikanischen Dschungel wird immer wieder berichtet, daß sie unter steinzeitlichen Verhältnissen leben. Auch aus unserem eigenen Dasein ist der Stein ja gar nicht wegzudenken, und wenn man es recht überlegt, so ist gerade die große Wertschätzung des Stahls oder des Eisens als Roh- und Grundstoff und die Unterschätzung der Rolle, die der Stein auch in unserer Welt noch spielt, nur ein Zeichen dafür, daß man dieses neue Ausgangsmaterial für die Herstellung lebenswichtiger Werkzeuge, Gerätschaften usw. erst seit ein paar tausend Jahren, also erst seit ganz kurzer Zeit kennt.

Andererseits ergibt sich bei diesen Überlegungen sofort die weitere Frage, was denn der frühe Mensch, den irgendein Zufall in die riesigen Wald- oder Wüstengebiete der Erde verschlug, getan habe, um zu Werkzeug zu kommen. Lebensfeindlich sind diese für den Stadtmenschen des 20. Jahrhunderts so unheimlichen Gegenden in der Regel ebensowenig wie einsame Koralleninseln im ewigen Meer. Man kann fast überall ganz leidlich leben. Als Ausgangspunkte der Zivilisation und der Kultur aber kommen steinlose Gebiete nicht in Frage. Wenn es keine Steine gibt und keine Möglichkeit, sie zu rauben oder sie einzuhandeln, dann bleibt die große Uhr für lange Zeit fast unbeweglich stehen.

Nun waren aber weite Gebiete des urmenschlichen Lebensraumes steinlose Steppe, dichter, steinloser Wald, Röhricht und Sumpf. Und selbst dort, wo es Steine gab, fanden sich nicht überall Obsidian und Feuerstein, Lapislazuli, Achat, Malachit, Nephrit, nicht überall Hornstein, Quarzite und Diorite: jene Steinsorten, die leicht splittern, die sich also unschwer bearbeiten ließen und deren man nun bedurfte, wollte man im Kampf ums Dasein Sieger bleiben und sich behaupten. Wer also den Stein nicht in der nächsten Umgebung zur Hand hatte, der mußte eben hinaus in die Ferne, der mußte als Händler und Kaufmann ausziehen, den Stein zu erhandeln. So begann die Entdeckung der Erde.

In Alt-Europa war der Feuerstein der kostbarste Rohstoff jener fernen, frühen Zeiten. Bald wußte man auch, daß Feuersteine, die noch in der Erde lagen, die noch «bergfeucht» waren, wesentlich leichter und schneller verarbeitet werden konnten als das verwitterte, von Wind und Sonne gedörrte, ausgetrocknete Material, das auf der Erdoberfläche lag.

So hat sich denn schon recht früh ein ausgesprochener Feuersteinbergbau entwickelt, dessen Anfänge zwölftausend bis vierzehntausend Jahre zurückliegen und der lange Jahrtausende hindurch aufrechterhalten wurde. Die Mittelpunkte dieses vorzeitlichen Feuersteinbergbaus waren Südengland, wo Hunderte von alten Grubenschächten entdeckt worden sind, und Belgien, wo diese uralten Bergwerksanlagen Flächen von Dutzenden von Hektaren einnehmen. Später, etwa um 4000 v. Chr., kommt dann noch Schweden hinzu. Natürlich sind diese «Bergbauunternehmungen» nicht das Werk einzelner Menschen gewesen. Es liegt auf der Hand, daß derlei nur von einer ganzen Gruppe von Arbeitskräften unter weitgehender Arbeitsteilung durchgeführt werden konnte. Wir wissen nichts darüber, aber wahrscheinlich hat sich all dies genauso entwickelt wie der frühe Kohlenbergbau in historischen Zeiten.

Bezeichnenderweise hat sich nämlich rings um diese Bergbaugebiete, genau wie in unseren Tagen, die Industrie niedergelassen, eine feuersteinverarbeitende Industrie, die den bergmännisch gewonnenen Rohstoff gleich an Ort und Stelle unter den «Hammer» nahm. Diese Industriebetriebe produzierten für den *Handel*, für Abnehmerkreise, die oft in weiter Ferne ansässig waren und die die kostbaren Feuersteinwerkzeuge sicherlich teuer bezahlen mußten.

Andererseits scheint aber auch der Feuerstein als Rohstoff selbst exportiert und zu den Bezirken der verarbeitenden Industrie transportiert worden zu sein. Solch ein Industriebezirk lag beispielsweise in Thüringen, dessen Beile, Hämmer und Hacken eine Zeitlang offenbar «Weltgeltung» hatten. In Ostpreußen und am Main, in Brandenburg wie in der Lüneburger Heide hat man Werkzeuge gefunden, die aus diesen thüringischen Industriebezirken stammen. Eine andere Gruppe der alteuropäischen Werkzeugindustrie scheint am Bodensee gelegen zu haben. Ob sie mit den thüringischen «Konzernen» in Verbindung stand, wissen wir nicht, wie denn unsere Kenntnis der organisatorischen Voraussetzungen für das Entstehen dieser frühen Industrie gleich Null ist.

Aber natürlich hat sich das genauso zufällig abgespielt wie in unseren Tagen auch. Da ist irgendein steinzeitlicher Waldläufer, Fallensteller oder Jäger, der sein Zelt aufschlägt, seine Jurte aus dicken Filzdekken und Pelzen oder seinen einfachen Windschutz. Er hat sich genau umgesehen, dieser einsame Mann in der leblosen Wildnis. Nahebei ist ein Bach mit frischem Wasser. Unweit laufen Wildwechsel. Hohe Felsen schirmen den Rücken. Jetzt braucht er nur noch eine runde Feuergasse um sich zu ziehen, und für die Nacht ist er dann sicher. Dorthin das Zelt!

Nun muß der Boden ein wenig ausgeschachtet werden, ringsum wird dann eine Steinsetzung gebaut, um die Zeltwände zu beschweren und straff zu spannen, und dann kann er sich hinlegen.

Rasch sinkt der Abend. Emsig arbeitet unser steinzeitlicher Trapper. Wuchtig schlägt sein Beil in den Boden – da schießt eine Funkengarbe hoch! Aber statt erschrocken zurückzuweichen, wirft sich der Mann jubelnd auf den Boden, scharrt fiebrig mit den Händen, achtet nicht darauf, daß sie zu bluten beginnen, und hebt dann an das scheidende Licht, was er fand, Feuerstein, das Kostbarste, was es gibt auf dieser Welt!

Kaum daß der Morgen graut, ist unser Mann schon wieder am Werk. Trunken vor Glück wühlt er sich in den Boden, und fassungslos sieht er, daß es auch in der Tiefe Feuerstein gibt. Nun hat er also einen *claim*. Natürlich kann er allein damit nicht allzuviel anfangen, und von hier an hat der Feuersteingräber der Urzeit wohl keine rechte Ähnlichkeit mehr mit dem Goldgräber und dem Prospektor der Gegenwart. Aber eine unschätzbare Kostbarkeit ist sein Fund doch. Die Horde, der er zugehört, macht sich gleich daran, den Schacht zu vertiefen. Immer neue Feuersteinknollen werden gefunden, und eine Zeitlang ist unser Jäger oder Hirt der angesehenste Mann seines Stammes. Das dauert freilich nicht lange. Dann nehmen die großen alten Männer der Horde die Sache in ihre Hände, organisieren das Feuersteingraben, stellen Gefangene in die Gruben, veranlassen die Dorfspezialisten, die immer schon im Herstellen von Feuersteinwerkzeugen besonders geschickt waren, sich in unmittelbarer Nähe der Fundstelle anzusiedeln, und als von benachbarten Stämmen und Horden Unterhändler kommen mit Wildbret, Fellen, Fett, seltenem Schmuck usw., da begreifen die weisen alten Männer der Horde, daß sie reich sind und daß ihr Volk zu den ersten der Welt gehört.

Natürlich werden in erster Linie Waffen hergestellt: Pfeilspitzen, Lanzenspitzen, Beile, Dolche, Harpunen und dergleichen, und die Stükke, die man überall in der Welt gefunden hat, sind hervorragend gearbeitet. Um der Horde an den Feuersteinfundstätten die waffentechnische Überlegenheit zu erhalten, hat es sicher sehr bald auch ein Waffen-Embargo gegeben: das Verbot, Waffen auszuführen. Nach den ersten geglückten Überfällen durch andere, minder reiche Horden wird man aber wohl eingesehen haben, daß sich die Verbreitung technischer Neuerungen nicht verhindern ließ. Es wird also eine Periode wirtschaftlicher Durchdringung gefolgt sein mit dem Bemühen, fremde Stämme auf friedlichem Wege in Abhängigkeit und zur Ruhe zu bringen, durch die Lieferung von Nähnadeln etwa, deren glatte, scharfe Spitzen jedes Fell leicht durchdrangen, deren feingebohrte, polierte Öhre den Faden aber nicht so rasch zerschnitten, wie das bei den knöchernen Nähnadeln immer wieder passierte, Nadeln, die sich nicht bogen und die selten einmal brachen. Auch Schmuck hat man hergestellt, vor allem aber Beile, Bohrer und Hämmer für die Holzbearbeitung, dann Schaber und Kratzer für die Fellpräparierung. Und so ungeheuer eindrucksvoll, so über alle Maßen wunderbar war diese Gabe, daß die Sprachwissenschaft vermutet, Worte wie Sichel, Hammer, Säge, Messer und Sachsen – letzteres hergeleitet von *sax*, dem kurzen Dolch – seien uns aus der Steinzeit überkommen, seien sozusagen Relikte der Kulturgeschichte, wie es solche Relikte in der Fauna und der Flora unserer Welt so häufig gibt.

Da es sehr schwer ist, seinen Lebensstandard zu senken und auf technische Errungenschaften, die den Kampf ums Dasein leichter machen, zu verzichten, liegt es für die Herren der Feuersteinbergwerke auf der Hand, daß alles darauf ankommt, bei den Nachbarhorden Bedürfnisse zu wekken und dadurch Abhängigkeitsverhältnisse zu schaffen. Wer von den Nachbarn nicht pariert, wer die Ordnung der Welt stört, wer Unruhe verbreitet, der wird nicht mehr beliefert. Empörte er sich, kam es zu Kriegen, so erwies sich seine technische Unterlegenheit immer wieder als entscheidend. Denn selbst wenn er die Feuersteinbergwerke und die Werkzeugindustrie eroberte, er verfügte weder über die Kenntnisse noch über die erfahrenen Spezialisten, die die Gewinnung wie die Verarbeitung des Feuersteins nun einmal zur Voraussetzung hatte. So werden auf anfänglich sehr unruhige, blutige Zeiten später längere, ruhige Epochen gefolgt sein, während deren Handel und Verkehr blühten.

Dies klingt ganz so, als entstammten unsere Überlegungen den Bilanzberichten neuzeitlicher Ölkonzerne. Aber das ist nicht verwunderlich; denn was wir hier nachgezeichnet haben, das ist der seit Urzeiten ewig gleiche, allenfalls in Kleinigkeiten abgewandelte Mensch.

Wir wissen, daß es in Südengland und in Belgien umfangreiche Feuersteinbergwerke gab und daß sich die dazugehörigen «Werkzeugindustrien» standortgebunden in der Nähe der großen «Montanunternehmen» niederließen. Es ist gar kein Zweifel, daß sich hier nun alles fast genauso abgespielt und ganz ähnlich entwickelt hat, wie sich das nach unserer Kenntnis der industriellen Entwicklungsgesetze abspielen mußte. Und das läßt sich sogar beweisen. Zahlreiche, sehr alte Bekundungen haben nämlich überliefert, daß die um diese Zeit erstmals begangenen großen Handelsstraßen, die sich kreuz und quer durch Europa und durch Asien hinziehen, «heilig» gewesen sind, daß ein allgemeiner Völkerfrieden auf diesen Straßen geherrscht hat und daß die Anlieger alles daransetzten, den reisenden Händler zu ermutigen. Das ist natürlich nicht aus ethischen Überlegungen geschehen – ein Menschenleben war schon damals billig –, sondern lediglich deshalb, weil Mord und Gewalttat unweigerlich zu einer Unterbrechung der so dringend benötigten Warenlieferungen geführt hätten.

Es ist daher gar nicht erstaunlich, daß steinzeitliche Industrieerzeugnisse und Rohstoffe oft sehr weite Strecken zurückgelegt haben. Feuersteine aus Rügen, an ihrer speziellen chemischen Zusammensetzung unschwer kenntlich, haben sich beispielsweise am Neuenburger See in der Schweiz gefunden; Steinäxte zweifellos finnischer Herkunft und Verarbeitung wanderten tief nach Mittelrußland; Liparite, Steine also, die allein auf den Liparischen Inseln gewonnen wurden, entdeckte man in altägyptischen Gräbern des 4. Jahrtausends, und Feuersteinwerkzeuge, wie sie nur in Thüringen verfertigt wurden, gingen, wie wir schon hörten, bis nach Ostpreußen.

Dies hat unsere Vorgeschichtler natürlich sehr beunruhigt, namentlich im vorigen Jahrhundert. Da sie alle damals, vielfach ohne es recht zu wissen, unter dem Eindruck des Darwinschen Entwicklungsglaubens standen, meinten sie, man brauche nur zu den noch lebenden primitiven Völkerschaften in Innerafrika und Australien zu gehen, um demonstriert zu bekommen, wie es zwölftausend und vierzehntausend Jahre zuvor überall in der Welt ausgesehen habe. Und da nun beispielsweise beobachtet wurde, daß europäische Handelsartikel, die an der westafrikanischen Küste von Eingeborenen aufgenommen wurden, im Pendelverkehr von Kral zu Kral und von Dorfschaft zu Dorfschaft in ziemlich kurzer Zeit quer durch den ganzen afrikanischen Kontinent wanderten, bis sie an der ostafrikanischen Küste wieder zum Vorschein kamen, glaubte man annehmen zu dürfen, im steinzeitlichen Europa sei das nicht anders gewesen, und der frühe Handel könne ebenfalls nur über kurze Strecken gegangen sein.

Das ist natürlich möglich. Und wenn man hört, daß sich in norddeutschen, schwedischen und englischen Gräbern von der mittleren Steinzeit an bis etwa zum 10. Jahrhundert v. Chr. gar nicht selten Kaurimuscheln gefunden haben – Muscheln, die nur im Indischen Ozean und im Roten Meer vorkommen und die bis in die jüngste Vergangenheit in weiten Teilen der Erde monetären Wert hatten und als Geld galten –, dann wird man kaum so verwegen sein, zu behaupten, irgendein indischer oder arabischer Handelsmann sei schon in der Urzeit von Bombay nach London und Stockholm gereist, um dort Kaurimuscheln zu verkaufen. Hier wird man wohl in der Tat anzunehmen haben, daß der Weg etappenweise zurückgelegt wurde. Andererseits muß man sich aber der Tatsache bewußt bleiben, daß bereits die Jungsteinzeit in der Lage war, gewaltige Lasten über sehr weite Entfernungen zu transportieren. Die riesigen Monolithe von Stonehenge in England, diesem rätselhaften keltischen Heiligtum, sind von 300 km entfernten Steinbrüchen herangeschafft worden. Die Steinmassen der Cheops-Pyramide entstammen anstehendem Fels jenseits des Nils; man verstand also schon um 4000 v. Chr., Gewichte von Tausenden von Tonnen über große Flüsse hinwegzubringen. Auf welche Weise das geschehen sein mag, ist noch immer ziemlich ungeklärt. Auch die Ingenieure unserer Zeit müßten sich jedenfalls angesichts solcher Aufgaben recht erheblich die Köpfe zerbrechen.

Im übrigen sind aber außerordentlich weite Reisen schon in der Vorzeit unbestritten erfolgt. Im Mesopotamien des 4. vorchristlichen Jahrtausends war beispielsweise hinterindisches Teakholz gut bekannt, und die reichen Kaufleute von Yemen, der alten Weihrauch-Handelsmetropole, bevorzugten das unverwüstliche fremdländische Holz für die Türpfosten und Schwellen ihrer Villen und Kontore. Teakholz *kann* aber nur auf dem Seewege nach Mesopotamien und nach Yemen gekommen sein und nicht im Karawanentransport durch die unüberwindlichen Wüsten von Belutschistan. Genauso war es an der afrikanischen Küste des Indischen Ozeans. Um 1500 v. Chr. waren dort zahlreiche indische Handelsartikel verbreitet, die man 2000 km über die offene See in Ausnutzung der Monsune herantransportiert hatte. Daß dies möglich war, ist sehr lange bezweifelt worden, weil man sich nicht vorstellen konnte, daß bereits der frühe Mensch das Geheimnis der Monsune gekannt habe. Aber es ist wohl so gewesen, und man kommt schlecht an der Tatsache vorbei, daß sich bereits die Menschen der Jungsteinzeit zu riesigen Fahrten auf das offene Meer gewagt haben.

Offenbar ist die Welt also schon seit Urzeiten fast so weit und groß gewesen wie in unseren Tagen. Und offenbar hat nichts den frühen Menschen gehindert, aus seinen europäischen und asiatischen Heimstätten zu so entlegenen Gebieten wie Amerika und Australien aufzubrechen. *Wie* das geschah, *wann* das geschah, welche der vorgeschichtlichen Rassen an diesen Wanderungen beteiligt waren: wir wissen nicht das geringste davon. Das ist ein Roman, der noch geschrieben werden muß, wenn endlich die Tundren Sibiriens, wenn die Dschungel Südostasiens, wenn die eisigen Einöden Alaskas von den Archäologen Quadratmeter um Quadratmeter durchgesiebt worden sind. Bis dahin wird man sich an das alte Sagengut, an die vergleichende Erforschung der Stammes- und Volksmärchen mit ihren fast überall vorkommenden Schöpfungs-, Drachen- und Sintflutthemen halten müssen, eine Aufgabe, deren Lösung auch erst in Bruchstücken begonnen wurde. Wieviel in manchen dieser alten Märchen steckt, werden wir noch hören.

3

Neben Waffen und Geräten waren es dann vor allem Nahrungs- und Genußmittel, dazu Schmuck und Zierat, die den Menschen der Frühzeit zu weiten Reisen veranlaßten und ihn so zwangen, die nähere und weitere Umwelt zu erforschen. Wie im geschichtlichen Mittelalter standen dabei Gewürze, vor allem Salz, im Vordergrund. So wie es vielleicht nie zu den Kreuzzügen, wie es wohl erst viel, viel später zu den großen Entdeckungsreisen am Beginn der Neuzeit gekommen wäre, hätte man Pfeffer und Kardamom, Ingwer, Muskat usw. in Europa selbst anbauen können, so hätten sich bedeutende vorgeschichtliche Kulturen wohl nie oder erst viel später entwickelt, hätte es dort nicht Salz gegeben.

In weiten Teilen der Welt gibt es dieses Mineral bekanntlich nicht, und wie heute um Ölquellen, so sind vorzeiten um Salzvorkommen blutige Kriege geführt worden. Dann scheint sich auch hier wiederholt zu haben, was wir schon von den Feuersteinbergwerken und ihren Industriegebieten vermuteten: der Klugheit der «kapitalstarken» Gruppen von Besitzern dieser Salzvorkommen gelang es, die hungrigen «Habenichtse» ringsum davon zu überzeugen, daß Kriege und Gewalt viel unrentabler seien als eine vernünftige Schickung in das Unvermeidliche und als friedlicher Handel. Wieder scheinen augusteische Zeiten gewaltlosen Beharrens auf ungezügelte Kriegsepochen gefolgt zu sein. Die Dorfanlagen des Hallstattgebiets, dem das frühe Europa seinen Salzbedarf entnahm, liegen nicht mehr in unzugänglichen Felsschluchten, sondern in offenen Tälern – ähnlich wie sich in dieser Zeit vielleicht schon die Nestlage so vieler Siedlungen Mitteldeutschlands entwickelt hat, jener Gegend, aus der vor allem Nordeuropa das Salz importierte. Und wie langer, ungestörter Besitz konservativ zu machen pflegt, wie er Sammler, aber keine Künstler hervorbringt, so hat auch Hall in Oberösterreich mit dem Salzkammergut mehr die Aufgaben eines vor- und frühgeschichtlichen Museums erfüllt, als daß es der ihm durch seinen Reichtum auferlegten Verpflichtung zu künstlerischer Betätigung nachgekommen wäre.

In dieser Hinsicht hat der reiche Handelsherr des Hallstattgebiets nicht viel getan. Aber es scheint, als habe dort einmal jeder Bauer seinen Stolz darein gesetzt, alte Bronzen, ägyptische Glasperlen, schöne Elfenbeinschnitzereien aus Afrika, ausgesucht kostbaren Bernstein, teure Keramik, herrlichen Goldschmuck, zauberhafte Schmiede- und Treibarbeiten aus Silber, seltene Muscheln – kurzum alles zu sammeln und anzuhäufen, was irgendwie wertvoll war. Manche dieser Dinge hat er in den Strumpf und unter sein Lager gesteckt: da sind sie dann wohl in Feuer und Rauch aufgegangen oder ruhen noch in der Erde – daß das Salzkammergut zwischen Watzmann und Dachstein so besonders reich ist an alten Goldgräber- und Schatzsagen, ist sicher recht bezeichnend. Zum anderen Teil legte man solche Kostbarkeiten den Toten mit in das Grab. Und da sind sie nun erhalten geblieben und sprechen eine beredte Sprache: die Armreifen, die zauberhaft schönen Gewandfibeln aus Gold und Eisen, die Panzer und Schwerter, mit Bronze und Bernstein intarsiert.

Etwa um 2500 v. Chr. hat die Ausschöpfung der Hallstatter Salzvorkommen begonnen. Mag man sich dieser Gegend anfangs auf den ururalten Handelswegen genähert haben, die sich westöstlich gerichtet zwischen dem Südrand der europäischen Vereisung und den langen Gletscherzungen der Alpen erstreckten, so entwickelt sich nun ein dichtes Straßennetz, dessen Kreuzungen fast ausnahmslos in der Nähe der alten Salzquellen liegen. Da hat es die Nord-Süd-Straße gegeben, die von der Deutschen Bucht über die Elbe, den Brenner und die Etsch zur Adria lief. Da hat eine Handelsverbindung existiert, die die Rhone aufwärts ging und die dann den Rhein entlang nach Norden oder parallel zum Alpenvorland an der Donau nach Osten führte. Da hat sich vom Samland mit seiner bernsteinhaltigen «Blauen Erde» ein vielbegangener Weg über Weichsel und Oder, quer durch die Urwälder Ostgermaniens, zur Mährischen Pforte und über den Semmering nach Italien und Dalmatien erstreckt: Straßen, von denen Aristoteles nachmals berichtet hat, sie seien «heilig» gewesen, man habe auf ihnen unter dem Schutz der Götter gestanden und als unverletzlich gegolten.

Aller Wahrscheinlichkeit nach sind diese Straßen, die für den intereuropäischen Verkehr bis in das Mittelalter hinein bedeutungsvoll blieben, ausgesprochene Fernhandelswege gewesen. In derselben Zeit, in der für Homer und seine Zeitgenossen Länder wie Ägypten, Italien und Babylonien noch am Rande der Welt lagen, ganz in der Ferne, in Sage und Mythos verdämmernde Gegenden, müssen sich im Salzkammergut Menschen aus aller Herren Länder getroffen haben: norditalienische Etrusker mit breitschädeligen, untersetzten Hausierern aus Westeuropa, hochgewachsene, langbeinige Fremdlinge aus dem Osten, dunkelhaarig, bräunlich und schön, mit blonden, blauäugigen Skandinaviern, feiste kretische Kaufleute mit breitgesichtigen Samland-Pruzzen. Und doch künden weder Sage noch Lied von Hallstatt als dem Klein-Paris der Vorgeschichte, und auch die Gebeine, die man den Gräbern des Hallstattgebiets entnahm, lassen keinen rechten Schluß darauf zu, welcher Rasse, welcher Herkunft und Gesittung die Menschen waren, die hier einst in einer oft geradezu protzigen Grabausstattung beigesetzt wurden.

Auch hier mag der Handel der Urzeit mit Wildbret und Pelzen, mit Salz und mit Waffen begonnen haben. Dann wirft der Herr der Geschichte aber plötzlich von Norden und von Süden her Hände voll Kostbarkeiten in die Berge, und fast möchte man meinen, er habe dies vorsätzlich getan, um den allzu ruhigen Ablauf der Dinge zu beschleunigen. Fast gleichzeitig tauchen südliche Bronze und nördlicher Bernstein in den friedlichen Tälern auf, und unzweifelhaft hat im gleichen Augenblick der ganze Hexensabbat von Spekulation und Übervorteilung, von Konjunktur und Depression, von sozialem Untergang und plebejischem Aufstieg begonnen, jener Hexensabbat, den wir Lebenden so gut, so sehr gut kennen.

An sich sind Bernsteinfunde aus der Altsteinzeit in vielen mährischen, französischen und spanischen Höhlen gemacht worden, und man vermutet wohl mit Recht, daß es sich dabei um den Bernsteinbesitz einzelner nach Süden wandernder Horden handelt. Fast ausnahmslos ist es aber bearbeiteter Bernstein, der auf diese Weise in Europa verbreitet wird. Die Zeit, in der man das gelbe Harz als Rohstoff von den Nord- und Ostseeküsten exportiert, ist noch sehr fern. Gegen Ende der Steinzeit scheint der Bernstein dann unvermittelt und mit einem Schlag «Mode» geworden zu sein. Zwar hat man ihn bereits in kretischen Gräbern aus der Zeit von etwa 2500 v. Chr. mehrfach gefunden, wenige Jahrhunderte danach erscheint er dann auch in Ägypten; aber nun kommt er in breiter Woge von Samland und Jütland nach Süden. Gräber der Mykenä-Kultur zwischen 1700 und 1300 v. Chr. weisen ihn fast durchweg auf – woraus man wohl mit Recht auf die nordische Herkunft der Mykener geschlossen hat –, und die Hallstattepoche scheint mit dem Gold des Nordens geradezu überschwemmt worden zu sein. Man findet das wohlriechende, goldgelb leuchtende, hier glasklare, dort milchig verdeckte Harz, das sich so leicht und so gefällig verarbeiten ließ, in Perlenform, zu Ketten aufgereiht, als Kopf an Bronzenadeln, als Einlage in Schwertgriffen, als Gewandknopf, als Anhänger und Brosche und endlich als Ring. Und in ungeheueren Mengen hat man Bernstein längs der alten Fernstraßen entdeckt, sorglich in der Erde, in Höhlen und Felsklüften versteckt! Man hat gemeint – und hat damit wohl recht –, daß es sich bei diesen Funden weniger um die privaten Schätze irgendeines reichen Mannes gehandelt habe, als vielmehr um Depots und Magazine großer Kaufleute, denen man bei Bedarf entnahm, was der Kunde bestellte.

Mystische Rätsel umwittern den Bernstein, das berühmte «Elektron» der Hellenen. Die griechische Antike hielt seine Perlen für die versteinerten Tränen, die Phaethons Schwestern weinten, als ihr Bruder nach seiner Sonnenfahrt von Zeus zerschmettert tot zu Boden stürzte. Und dieses göttlichen Mitleids wegen sprach man den gelblichen Tränenkügelchen heilende und helfende Zauberkraft zu. Das ist eine poetische, fromme, naive Erklärung. Aber auch die steinzeitlichen Samland-Bergleute, die pommerschen und jütländischen Bernsteinfischer werden kaum recht gewußt und sich jedenfalls nicht die Köpfe darüber zerbrochen haben, wes Ursprungs das Meeresgold war. Immerhin wird der scharfen Beobachtungsgabe dieser Naturkinder wohl nicht entgangen sein, daß die mancherlei kleinen Tiere, die Fliegen, Mücken und Ameisen, die sich so häufig im Bernstein eingeschlossen fanden, auf dessen Entstehung aus Baumharz hindeuteten. Wären sie aber mit so prosaischen Erklärungen herausgerückt, so hätten sie sich im Süden das Geschäft verdorben. Mundus vult decipi, die Welt *will* ja betrogen werden: diese ironische Maxime war, lange bevor es eine lateinische Sprache gab, bereits eine weitverbreitete Überzeugung, und so mögen sie dem Märchen nicht widersprochen haben, der Bernstein sei eine Art geronnener Meeresschaum oder vielleicht sogar Sonnenschweiß.

Nun ist es, wie man von mancherlei regnerisch-verunglückten Fahrten an die Ostsee aus besseren Tagen weiß, dort mit der Sonne nicht immer weit her. Und selbst wenn es sehr heiß ist, so würde hier doch kein Mensch auf den Gedanken kommen, auch dem großen Urlicht am Himmel rinne heller Schweiß über die Backen. Diese Vorstellung *kann* nur in viel südlicheren Gebieten entstanden sein, in denen man die sengenden Pfeile der Sonne ingrimmig haßte und in denen man aus der eigenen Schweißfeuchte zu dem naiven Schluß kam, dem himmlischen Licht könne es gar nicht anders gehen.

Mit diesen Vorstellungen hat vor langen, langen Zeiten vielleicht der kurzbeinige, fette sarmatische Agent einer ehrenwerten adriatischen Im- und Exportfirma das strohgedeckte Fachwerkhaus eines Fischers und Händlers in Cranz oder Kolberg betreten. Ehrfurchtsvoll hat er die pfundschweren Bernsteinstücke in der Hand gewogen, die seine pommerschen und ostpreußischen Partner aus dem Schaff in der Ecke herausholten. Und geschwinden Geistes hat er sich im stillen ausgerechnet, welche Reichtümer diese nördlichen Barbaren nach den letzten Börsenkursen von Aquileja besaßen. Dann hat er seinen Wein auf den Tisch gestellt und vergnügt zugesehen, wie die knurrigen, langbärtigen Meerkäuze, mit denen er morgen zu verhandeln haben würde, schmatzend und rülpsend in Wohlgefallen vergingen. Er selbst wird Met getrunken haben oder gegorene, schnell berauschende Stutenmilch und, wenn es hochkam, vielleicht schon jenes männermordende Getränk aus Honig und gebranntem Feuer, das seit undenklichen Zeiten den Namen «Bärenfang» führt und das bis in unsere Jahre hin so manchen wackeren Zecher nach ganz kurzer Zeit auf beide Schultern legte.

Und dann wird unser verschmitzter Händler voll brennender Neugier, woher denn nun der Bernstein eigentlich komme, angefangen haben, von der schwitzenden Sonne zu berichten und von seiner Vermutung, dieser wohlriechende goldene Stein könne ja gar nichts anderes sein als himmlische Schweißtropfen. Plinius hat das später so überliefert, wie das sicherlich einstmals an der Mündung der Persante in Kolberg, wie das in Cranz, Rauschen und Palmnicken erzählt wird. «Nikias», so berichtet er von einem alten griechischen Wissenschaftler, «hat den Bernstein für eine Art Saft der Sonnenstrahlen gehalten. Diese prallten seiner Ansicht nach im Westen heftiger auf die Erde und hinterließen auf ihr einen fettigen Schweiß. Der werde dann durch die Fluten des Ozeans an die Gestade Germaniens ausgeworfen.»

Unsere pommerschen und ostpreußischen Fischer werden hocherfreut zugehört haben, wenn ihnen ihre südlichen Geschäftsfreunde mit solchen Mären kamen. Endlich hatten sie eine Erklärung für die Entstehung des Bernsteins, die zwar, wie sie natürlich genau wußten, den Tatsachen in gar keiner Weise entsprach, die den verrückten Südländern aber offenbar einzuleuchten schien. Man sieht sie förmlich vor sich, jene großen, schweren Gestalten mit den wettergegerbten, von tausend Runzeln zerrissenen Gesichtern, treuherzig grienend und gewichtig nickend, wenn sie diese von den griechischen Alleswissern ersonnenen Vorstellungen bestätigten und wenn sie nun begannen, faustdicke Lügen vorzutragen. So treffsicher waren diese Lügen auf die Mentalität der «Fachleute» abgestellt, daß noch rund zweitausend Jahre später aus einer deutschen Studierstube behauptet wurde, «Bernstein sey ein am Meeresufer mit vielem Saltz vermischter und zusammengestossener Wasserschaum, der, durch die Luft und durch die Hitze der Sonne getrocknet, zu einer ausserordentlichen Härtte gelanget». Und Friedrich Samuel Bock, seines Zeichens Konsistorialrat in Königsberg in Preußen, hat 1767 ein dickes Buch schreiben müssen, den *‹Versuch einer kurzen Naturgeschichte des preußischen Bernsteins›*, um nachzuweisen, daß der Bernstein die Versteinerung eines Baumharzes sei.

Auch mit dem Bernstein verhielt es sich wie mit den anderen Bodenschätzen, dem Salz und dem Feuerstein. In unmittelbarer Nähe der Fundorte wurde neben dem eigentlichen Bergbau die verarbeitende Industrie ansässig, die vor allem Bernsteinperlen erzeugte. Auch hiervon gibt es kein Schriftzeugnis, keinen historischen Beleg. Man muß sich darauf beschränken, die Funde zu deuten. Und diese Funde sind nun so zahlreich und so umfänglich, daß man nicht annehmen kann, Bernstein sei allein für den Bedarf im Ursprungsland geschnitten und geschliffen worden, vielmehr spricht die Wahrscheinlichkeit dafür, daß gegen das Ende der Steinzeit hin ein schwunghafter Handel mit dem Süden begann. Und da sich in einigen Gräbern Ostdeutschlands frühe etruskische Waren finden, muß man wohl annehmen, daß die Etrusker die europäischen Endabnehmer des nordischen Goldes gewesen sind. Offenbar haben schon sie den großen Bernsteinweg eingelaufen, der in Aquileja in der Provinz Udine begann und der im Samland endete, jene Fernstraße, über die nachmals das kaiserliche Rom seinen Bernsteinbedarf deckte.

Man wird daraus zu schließen haben, daß die europäischen Fernstraßen keinesfalls nur einseitig von Norden nach Süden benutzt worden sind. Auch von Süden her ist schon gegen Ende der Steinzeit ein dichter Strom von Waren und Menschen in Bewegung. Selbstverständlich wurden die nordischen Lieferungen, mochte es Bernstein, mochte es Salz sein, nicht etwa in Geld, sondern in Sachwerten, also auf dem Wege des Tausches bezahlt. Und als Gegenlieferung kam in diesem «Warenclearing» für den Süden in erster Linie das Elfenbein in Frage, das in der Frühzeit im Norden des Abendlandes «Mode» und ebenso begehrt war wie der Bernstein im Süden. In manchen Fällen mag es sich dabei um fossiles Elfenbein gehandelt haben, das heißt also um die Stoßzähne von Mammut oder Elefant, die die glücklichen Finder irgendeinem «Friedhof», einem jener rätselhaften Plätze entnahmen, die diese riesigen, klugen Tiere aufsuchten, wenn sie ihr Ende herannahen fühlten. Andererseits ist der Elefant noch in frühgeschichtlichen Zeiten im Mittelmeerraum sehr verbreitet. Fünf Jahrhunderte vor Christi Geburt berichtet Herodot von ihm, in derselben Zeit wurden Elefanten im marokkanischen Küstengebiet eifrig gejagt, und noch im 9. vorchristlichen Jahrhundert gab es in Syrien und Palästina viele dieser urweltlichen Geschöpfe. Die Masse jener zahlreichen Elfenbeingeräte und Schmuckstücke, die man seit dem 2. Jahrhundert vor unserer Zeitrechnung in Europa gebraucht hat, dürfte daher nicht fossiler Herkunft gewesen sein, sondern aus Jagdbeute stammen. Und es bedeutet eine recht beträchtliche Reiseleistung, dieses Material bis nach Nordeuropa und nach Skandinavien zu bringen.

Immerhin wird man sich dabei zu vergegenwärtigen haben, daß mindestens Elfenbein und Bernstein und in gewissem Sinne auch Salz und Feuersteinwerkzeuge nicht eigentlich Massen-, sondern Luxusgüter waren. Der sicherlich unermeßliche Gewinn, der an ihnen hing, hat vermutlich schon in sehr frühen Zeiten eine ganze Reihe einzelner großer Reisen zur Folge gehabt. Man wird sich aber kaum vorstellen dürfen, daß nun lange Tragtierkarawanen, Kopf an Kopf, die Alpenpässe überquert haben, und man wird schwerlich vermuten dürfen, daß auf den Reisepisten, die Mittel- und Nordeuropa kreuzten und querten, zahllose große Trecks der Kaufleute dahinzogen. Das blieb späteren Jahrhunderten überlassen, jenen nämlich, die mit dem Geld den Händler erfanden.

Dieser Wertmesser, dieses international gültige Tauschmittel, ist in der Frühzeit gänzlich unbekannt. Unser «Fernkaufmann» aus diesen frühen Jahrtausenden kennt daher kein Büro und kein Kontor, er kennt keine Wechsel und keine Schecks, er kennt keine Agenten und Vertreter, er muß alles allein machen. Anfangs kennt er nicht einmal Rad und Wagen. Was er anzubieten hat: Salz, Elfenbein, Steinwerkzeuge und Steinwaffen, das hat alles ein ungeheueres Gewicht. Es muß getragen werden, entweder von Sklaven oder von Eseln und Pferden. Straßen in unserem Sinne gibt es nicht. Hin und wieder finden sich in besonders unwegsamen Gegenden Knüppeldämme, von den Anliegern erbaut, damit der reisende Händler sich ja nicht abschrecken lasse und auch zu ihnen komme.

Und er ist gekommen, wagemutig, geduldig, unerschütterlich. In der rechten Hand lag ihm das bloße Schwert, in der linken der Schild. Nur die tapfersten Männer, die unerschrockensten, die besten Fechter und Kämpfer wurden Händler. Und vielfach hat sich der Handel so abgespielt, wie wir das aus Innerafrika noch heute kennen und wie das alte Mären und Mythen aus der Vorzeit immer wieder berichten. Im Grenzgebiet zu den Fremden, von denen man nichts sieht und nichts hört und die den reisenden Kaufmann doch mit tausend Augen beobachten, legt er seine Waren nieder. Unangetastet liegen sie dort noch am nächsten Morgen. Aber daneben stapeln sich die Dinge, die der Einheimische gegen die fremden Waren bietet. Erscheint das dem Kaufmann als ausreichend, so packt er alles in die Satteltaschen und in die Traglasten seiner Tiere. Ist es zu wenig, so läßt er es liegen, wie es eben steht und liegt. Vielleicht geben die Einheimischen mehr. Tun sie das nicht, so bricht er auf und reist weiter.

Dann kommt ihm ein Gedanke. Ist es richtig, immerfort mit so schweren Lasten zu reisen? Rechts und links gehen Flüsse ab. Wo Flüsse sind, da sind auch Menschen. Wo Menschen sind, da ist ergiebiger Handel. Ist es nicht besser, hier, in dieser Gegend, den Großteil der Steinbeile, der Dolche, der Nadeln zu vergraben? Ist es nicht richtiger, nur rechts und links abzuschweifen mit leichtem Gepäck, Muster vorzuzeigen, Bestellungen aufzunehmen und erst zu liefern, wenn die Bestellung vorliegt? Und kann man nicht auch, um das Geschäft schneller abzuwickeln, den Knecht entsenden, den ersten Sklaven?

Immer wieder ist es bestritten worden, daß es sich so verhalten haben könne. Aber immer wieder sind umfangreiche Hortfunde ausgegraben worden, die man nur als Depots und Magazine reisender Händler verstehen kann. Wenn dem so ist, wenn man die Unmengen gleichartiger Beile, Dolche und Keile, wenn man die Häufungen fremder Muscheln, wenn man die gewaltigen Sammelfunde von Halbedelsteinen wie Nephrit, Jadeit und Chloromelanit auffaßt als Verstecke, als eine Art primitiver Vorläufer späterer Faktoreien und Zweigniederlassungen, dann muß man sich auch an die Vorstellung gewöhnen, daß bereits der Kaufmann der Steinzeit seinen Handel zu organisieren verstand. Und von hier aus ist die Erfindung des Musterkoffers und des Reiseverkehrs nicht mehr weit. Wir werden im nächsten Kapitel mehr davon hören.

Teil II

Das königliche Metall

Berzelius und die Katalyse · Das Erz der Königskronen · «Die Zeit ist erfüllet» · Das unheilige Tarschisch · Atlantis, Amerika und der Mond · Die Großhändler von Kreta · Haben die Griechen Fisch gegessen? · Die Erfindung des Geldes · Rechtsanwalt Lysias und das Großkapital · Ochsenköpfe, die Dollars der Bronzezeit · Zinn von den Kassiteriden · Entdeckung von Madeira · Die «IG Farben» von Tyrus · Jesaias Prophezeiung und der Untergang von Tartessos · Die Konkurrenz wird geblufft · Goldschmuggel in Gallien · Filialbetriebe, Handelsvertreter, Musterkoffer · Virchow sagt wieder nein · Intereuropäische Fernstraßen · Schiffshebewerke an Adria und Nordsee · Odysseus in Danzig · Truso, das vorgeschichtliche Elbing · Die Schwarzmeer-Ostsee-Straße · Skandinavische Metallindustrie

1

Es ist hundert und etliche Jahre her, daß dem schwedischen Chemiker Berzelius eines Abends vor seinen Retorten ein genialer Gedanke kam. Er hatte sich fast ein Jahrzehnt hindurch mit der Pflanzenchemie beschäftigt und dabei immer wieder erlebt, daß bestimmte chemische Prozesse urplötzlich eine zauberisch anmutende Beschleunigung erfuhren. Irgendeine Kraft, irgendein Agens, das man nicht kannte, mußte hier wirksam sein. Und beim Nachgrübeln über das Wunder kam ihm die Lösung: «Gewisse Körper», notiert er sich, «üben durch ihre Berührung mit anderen einen solchen Einfluß auf diese aus, daß eine chemische Wirksamkeit entsteht, Verbindungen zerstört oder neue gebildet werden, ohne daß der Körper, dessen Gegenwart dies veranlaßt, im mindesten Anteil daran nimmt.»

Das klingt nach Alchimie und nach Zauberei, und Berzelius selbst, Kind eines aufgeklärten, rationalistischen Jahrhunderts, ist seiner Idee auch gar nicht experimentell nachgegangen. Ihm hat es genügt, für diesen geheimnisvollen Vorgang und für diesen Zauberstoff einen Begriff zu schaffen. Katalyse nannte er diesen Prozeß und Katalysator jenen von ihm vermuteten Stoff.

Fast zu gleicher Zeit kam die Chemie auch in Deutschland auf diese alchimistischen Rätsel. Und diesem Volk metaphysischer Sinnierer lag dergleichen. Die deutsche Chemie hat daher diesem neuen «Stein der Weisen» mit zäher Energie nachgespürt, und Männer wie Ostwald, Carl Bosch und Alwin Mittasch haben den katalytischen Gedanken in Tausenden von Versuchsreihen so weit gefördert, daß Deutschland mit dem berühmten Eisen-Mangan-Wismut-Katalysator der Badischen Anilin- und Sodafabriken seit 1915 von der Einfuhr von Salpeter unabhängig wurde. Und von da an ist die Katalyse aus der modernen Chemie nicht mehr fortzudenken.

Als Ostwald 1901 seine auf die denkbar knappste Formel gebrachte Definition der Katalyse als die «Beschleunigung eines an sich stattfindenden chemischen Vorgangs durch die Gegenwart eines scheinbar unbeteiligten Körpers» fand, dachte niemand daran, zu fragen, ob dergleichen Zauberei auch auf anderen, auf geistigen Gebieten geschehe. Heute, fünfzig Jahre später, haben wir ein offenes Ohr für solche Fragen: nicht deshalb, weil wir geistig beweglicher sind als vorangegangene Generationen, sondern einfach darum, weil das inzwischen angebrochene Atomzeitalter geradezu zwangsläufig zu diesen Überlegungen führt. Denn darüber kann gar kein Zweifel bestehen, daß die volle Beherrschung der Atomkräfte eine neue Welt heraufführen wird, nicht allein in technisch-physikalischer Hinsicht, sondern auch in allen geistigen und sozialen Konsequenzen. Die bloße Tatsache des Vorhandenseins und der technischen Beherrschung atomarer Kräfte *muß* das gesamte geistige Kulturgefüge im Sinne einer Beschleunigung ohnehin wirksamer Abläufe beeinflussen wie ein Katalysator, ohne daß die neuen chemisch-physikalischen Erkenntnisse dem einzelnen Zeitgenossen unmittelbar bewußt werden.

Aber das ist nicht neu, das ist schon einmal der Fall gewesen und eingetreten! Als unser Kohlen-Metall-Zeitalter begann, als etwa vor viertausend Jahren die Bronze erfunden wurde und einen unvergleichlichen Siegeszug durch Europa antrat, da haben sich ganz ähnliche Phänomene gezeigt. Natürlich ist auch hier der bloße technische Fortschritt am sichtbarsten. Endlich hat die Menschheit ein brauchbares Metall, ein Erz, das sich leicht schmieden und ebenso leicht gießen läßt und das andererseits hart genug ist, um allen Bedürfnissen des Lebens zu genügen. Aber dies ist gar nicht das Entscheidende. Wenn man sieht, wie plötzlich eine im Ansatz schon vorbereitete kulturelle Entwicklung anhebt, wie Philosophie und schöne Künste erblühen, wie das soziale und wirtschaftliche Leben alsogleich Formen erfindet, die den unseren sehr ähnlich sind, wie Handel und Verkehr meerüber und durch unbekannte wilde Länder nach neuen Ufern streben, wie sich das Einzel-Ich, das Individuum, aus der anonymen Masse heraushebt, wie sich mit ihm Gesetz und Recht aus dem im magischen Dunkel verwurzelten Brauchtum zu lösen beginnen – ohne daß das neue Metall doch unmittelbar ursächlich daran beteiligt gewesen wäre: dann ist das ein katalytischer Vorgang, wie ihn Berzelius und Ostwald beschrieben und chemisch sichtbar gemacht haben.

Ganz offenbar hatte mit der Bronze eine königliche Zeit angehoben. Einzeln erst, dann zahlreicher waren aus dem Süden und aus dem fernen Westen Schwerter und Armreifen, Gewandfibeln und Schildbuckel, Dolche und Gürtelschnallen gekommen, gefertigt aus einem wunderbaren neuen Erz. Sie blinkten wie Kupfer, das man schon kannte, oder wie das rote Gold, daß die Großen in ihren Truhen bargen für die Tage der Feste. Was bedeutete Kupfer, was selbst Gold hiergegen? Dies war wirklich das Erz der Könige: nach seiner Farbe und in der leichten Bearbeitungsweise dem Gold gleich: aber härter, viel, viel härter. Mit ihm war der Stein als Werkzeug wertlos geworden, und selbst die Kupfergeräte konnte man nun beiseite legen. Eine neue Zeit war angebrochen.

Gewiß ist die Bronze nicht über Nacht aufgetaucht und urplötzlich in die Länder des europäischen Kulturkreises eingebrochen. Als man das neue Metall aber einmal kennengelernt hat, da vollzieht sich doch ein geschwinder Wandel, der sich technisch wie geistig-künstlerisch gleich deutlich abzeichnet. Ein so glanzvolles Aufblühen hebt an, daß man sich des Eindrucks nicht erwehren kann, Zeit und Entwicklung hätten nur darauf gewartet, endlich die Bürde von Jahrtausenden hinter sich werfen zu dürfen. Das für die Menschheit ungleich wichtigere Eisen, das um diese Zeit am Beginn des 2. Jahrtausends bereits bekannt, aber so kostbar ist, daß es nur als Schmuck Verwendung findet – eben dieses praktisch-technisch viel bedeutungsvollere Erz hat sich gewissermaßen lautlos eingeschoben. Ja, es scheint fast, als habe der Eintritt des Eisens in die Kulturgeschichte den von der Bronze ausgelösten künstlerischen Aufschwung merklich abgebremst. Aus Eisen macht man Pflüge, aus Bronze Königskronen und Heldenschwerter. Eisen ist das Metall einer bäuerlichen, Bronze das einer aristokratischen Epoche. Und darum gewinnt alles, was in dieser Zeit seinen Ursprung hat, ein adliges, heldisches Aussehen.

2

Man weiß nicht, wo die klassische Mischung von 10 Prozent Zinn und 90 Prozent Kupfer, aus denen die Bronze bekanntlich besteht, zuerst gefunden worden ist und von wem sie ausgehen mag. Man wird vermuten dürfen, daß dies in den kupferreichen Gegenden der Erde geschehen ist, daß man sich hier von alters her damit beschäftigt hat, das weiche rote

Metall irgendwie zu härten, und daß man beim Kupferguß dann durch Zufall auf die neue Legierung kam. So wird es in England und Spanien gewesen sein, den Hauptgebieten der europäischen Bronzeerzeugung, so in den Zentren der alten Induskultur, den berühmten «Industrie»-Städten Mohenjo-daro und Happara, die John Marshall vor fünfundzwanzig Jahren auszugraben begann und in denen sich etwa zur gleichen Zeit wie im Abendland ebenfalls schon Bronze findet. Ist es nicht eine merkwürdige Tatsache, daß es die Neue Welt, bis auf Peru, trotz ihrer vielfachen reichen Kupfervorkommen aus eigenem nie zur Erfindung der Bronze gebracht hat? Wenn dort Zinn vielleicht nicht häufig ist, so hätte man für die Kupferhärtung auch Blei, Silber und Antimon verwenden können, wie das in Ungarn, in Babylonien und Sumerien anfangs auch geschehen ist. Aber offenbar muß dazu eben «die Zeit erfüllet» sein. In der Neuen Welt war sie es anscheinend nicht.

So ist denn Europa vorzugsweise das Gebiet, in dem die neue Zinn-Kupfer-Legierung für lange Zeit absolut vorherrscht. Und ganz folgerichtig treten daher für die Zeitgenossen dieser umwälzenden technischen Neuerung *die* Gegenden in den Vordergrund des allgemeinen Interesses, in denen Zinn und Kupfer gleichzeitig gefunden werden. Das sind Spanien und England, und so kommt es, daß diese Länder für die Frühgeschichte der Alten Welt von so überragender Wichtigkeit sind.

Anfangs haben die Erzvorkommen der Iberischen Halbinsel offenbar ausgereicht, den Bronzebedarf des metallhungrigen Abendlandes zu decken. Am Rio Tinto liegen Kupfer und Zinn gewissermaßen nebeneinander, so daß hier wahrscheinlich der Mittelpunkt der frühen spanischen Bronzeindustrie gewesen sein wird. Dazu treten die Goldvorkommen von Ilipa und die blühenden, ergiebigen Silberbergwerke von Almeria und Catula. Sie werden dazu beigetragen haben, das Weltinteresse am spanischen Erzreichtum noch zu vertiefen.

Dieses Weltinteresse hat seinen sichtbarsten Ausdruck im Entstehen der hochberühmten, sagenhaft reichen Stadt Tartessos gefunden, des üppigen, sündigen Tarschisch der Bibel. Wo Tartessos eigentlich gelegen hat, an der Mündung des Guadalquivir, in der Nähe des heutigen Sevilla oder, wie von anderer Seite angenommen wird, in der Gegend des späteren Xeres de la Frontera, ist eine offene Frage. Ebensowenig weiß man von der Nationalität oder der Rassenzugehörigkeit seiner Gründer und Bewohner, und die These, es könne sich nur um Etrusker gehandelt haben, ist keineswegs gesichert. Und schließlich ist völlig unbekannt, wann Tartessos eigentlich gegründet wurde, was schon gegen Ende des 3. Jahrtausends geschehen sein muß, und wann es unterging. Aber obwohl so ziemlich alles offen, unbekannt, noch unerforscht ist, es steht doch absolut fest, daß Tartessos wirklich existiert hat.

Diese völlige Ungeklärtheit aller näheren Umstände eines unzweifel-

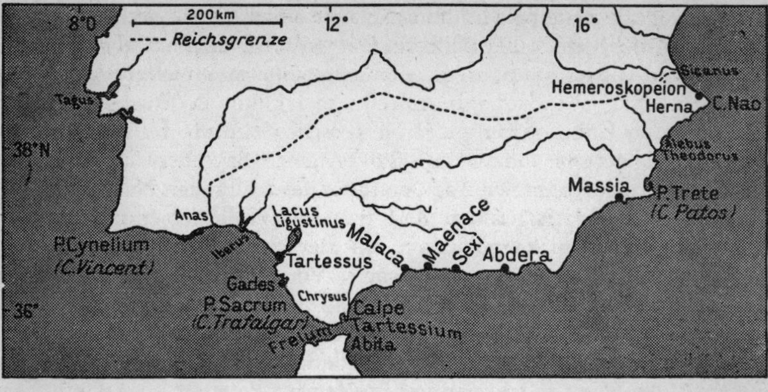

I. Das Reich von Tartessos. Während Gades, etwa an der Stelle des heutigen Cádiz, eine phönizische Konkurrenzgründung war, stellt Maenace, unweit unserem Malaga, eine frühgeschichtliche Kolonialstation dar. Gepflasterte Kunststraßen verbanden es mit Tartessos und entlang der spanischen Ostküste mit Italien. (Nach Schulten.)

haft großen und immens reichen Ortes, der durch jüdische, assyrische und griechische Bekundungen sicher bezeugt ist, hat dazu geführt, daß man gemeint hat, Tartessos sei identisch mit dem mysteriösen Atlantis. Diese Annahme geht zurück auf den deutschen Archäologen Adolf Schulten, einen der besten Kenner des Tartessos-Problems, und es ist nicht zu bezweifeln, daß er in seinen Büchern über dieses Thema mancherlei schlagende Argumente für seine These erbracht hat. Bekanntlich beruht die Atlantis-Legende auf einem Bericht, den Plato in seinem Dialog ‹*Kritias*› gibt. Er erzählt darin, nach einer altägyptischen Überlieferung habe vor neuntausend Jahren unmittelbar westlich der Straße von Gibraltar eine große Insel im Atlantischen Ozean gelegen, «größer als Asien und Libyen zusammengenommen», eine Insel, deren Könige weite Teile von Afrika und Europa beherrscht hätten. Als die Machthaber von Atlantis sich anschickten, auch den Rest Europas zu unterjochen, sei ihnen unter Führung der Athener das hellenische Heer erfolgreich entgegengetreten. Und damit habe die große Peripetie dieses Dramas, sein Umschwung zu Untergang und Vernichtung begonnen. «Indem aber Erdbeben und Überschwemmungen eintraten, versank in einem schlimmen Tage und in einer schlimmen Nacht das ganze hellenische Heer in der Erde, und ebenso wurde auch die Insel Atlantis, die in das Meer versank, unsichtbar. Dadurch ist das dortige Meer unbefahrbar geworden und unerforscht geblieben, denn die schlammigen Untiefen, die die untergegangene Insel hinterließ, erwiesen sich dabei als hinderlich ...»

Da in der gesamten alten Literatur keine andere Stelle bekannt ist, die von Atlantis berichtet, hat Platos Erzählung Geographen und Historiker wieder und wieder beschäftigt. Anfangs glaubte man vielfach, diese riesige Insel wäre identisch mit Amerika und Platos Bericht beziehe sich auf eine sehr frühe, später wieder vergessene Kenntnis der Neuen Welt. Aber gerade der sensationellste Teil der Atlantis-Sage, der Untergang der Insel «in einem schlimmen Tage und in einer schlimmen Nacht», wurde damit hinfällig, da Amerika ja noch bestand. Infolgedessen mußten sich die phantasievollen Freunde geographischer Katastrophen nach anderen Hypothesen umsehen. Das geschah auch. Vor rund sechzig Jahren wurde beispielsweise behauptet, unser Mond habe sich in frühen Jahrtausenden von der Erde gelöst, und dieser bewährte Freund aller Verliebten und aller Poeten sei eigentlich die Insel Atlantis und gehöre Rechtens gar nicht an den Himmel, sondern in seine feuchte Bettstatt im Atlantischen Ozean. Umgekehrt erklärten in unseren Tagen die Anhänger der Welteislehre, der kleine Planet Luna, unser Mond, habe bei seiner Annäherung an die Erde eine solche Anziehungskraft auf die Wassermassen der Ozeane ausgeübt, daß Atlantis von ihren Flutwellen begraben worden sei.

Aber diese und andere Katastrophen, die sich ja nur in der jüngsten Vergangenheit der Erde abgespielt haben können, da anders Platos Bericht nicht so deutlich sein dürfte, müßten geologisch nachweisbar sein und irgendwelche Spuren auf dem Globus hinterlassen haben. Man hat daraufhin den Atlantischen Ozean näher untersucht. In seinem östlichen Teil, in dem Gebiet also, in dem Atlantis gelegen haben soll, besteht der Meeresboden aus einer 3500 m starken Decke des sogenannten roten Tiefseetons, einer Ablagerung, die sich hauptsächlich zusammensetzt aus den roten Schalen abgestorbener Planktontierchen. Da bekannt ist, daß eine solche Ablagerung tausend Jahre braucht, um eine Dicke von sage und schreibe sieben Millimeter zu erreichen, ergibt sich daraus, daß fünfhundert Millionen Jahre notwendig waren, um ein Sediment von 3500 m Mächtigkeit herzustellen. Hier ist also leider kein Platz für Atlantis. Und ebensowenig ist hier Platz für einen aus dem Ozean emporgestiegenen Mond. Denn die vom Grund des Ozeans heraufgeholten Bodenproben zeigten unwiderlegbar einen Wechsel von Plankton, das kälteres Wasser braucht, mit Plankton, das nur in warmem Wasser lebt. Mit anderen Worten: diese Bodenproben, die das Kommen und Gehen der Eiszeiten widerspiegelten, bewiesen, daß die Sedimentschichten völlig ungestört sind. Das könnten sie aber nicht sein, wenn die ungeheuerliche Mond-Springflut der Welteistheorie in der frühgeschichtlichen Vergangenheit tatsächlich erfolgt wäre. Mindestens wäre dabei eine nachhaltige Störung der Sedimentschichtungen eingetreten.

Dagegen will man 1898 bei Reparaturarbeiten an einem der Amerikakabel, die die atlantische Schwelle passieren, jenen unterseeischen Gebirgszug zwischen Europa und der Neuen Welt, festgestellt haben, daß das vom Meereesgrund heraufgeholte Gestein eine Lava, also ein Vulkanauswurf war, der seiner Struktur nach nicht unter Wasser, sondern nur an der Luft erstarrt sein könne. Wenn das zutrifft, dann müssen irgendwann einmal vor langen, langen Zeiten einzelne vulkanische Berggipfel des unterseeischen Atlantikgebirges den Meeresspiegel überragt haben, die später dann wieder versunken sind. *Wenn* das der Fall ist, so wird es sich um lokale Erscheinungen gehandelt haben, die im Laufe der tertiären Gebirgsauffaltungen der Erdrinde eintraten: zu einer Zeit, als es wohl noch keine Menschen auf der Erde gab.

Aus diesen Gründen ist die Glaubwürdigkeit des Atlantis-Berichts schon vor mehr als hundert Jahren von den Geologen wieder und wieder angezweifelt worden. Dabei steht noch gar nicht fest, ob Platos Erzählung überhaupt einen realen Untergrund hat oder ob es sich nicht vielmehr um eine utopische Dichtung handelt. Und es hat natürlich einiges Gewicht, wenn ein Mann wie der deutsche Altphilologe von Wilamowitz-Moellendorff sich zu dieser Ansicht bekannte. Die Gegenwart steht allerdings *nicht* auf seinem Standpunkt. Sie glaubt vielmehr, daß dem Bericht Platos eine geschichtliche Tatsache zugrunde liegt. Andererseits arbeitet sie aber weder mit explodierenden Monden noch mit Deutungen, die Atlantis in Spitzbergen, Ceylon oder in der Nordsee suchen. Vielmehr bescheidet sie sich damit, die Gegend beiderseits der Straße von Gibraltar als den Raum anzusehen, in dem Atlantis vermutlich gelegen habe, ob es nun von Adolf Schulten in Tartessos oder von Albert Herrmann in Nordafrika lokalisiert wird.

Der Streit der Meinungen über die Lage von Atlantis kann uns hier nicht näher interessieren. Wer sich damit befassen will, findet bei Högbom, Gattefosse und Bessmertny das Verzeichnis der etwa fünfundzwanzigtausend zu diesem Thema erschienenen einschlägigen Veröffentlichungen. Uns genügt es hier, zu wissen, daß Tartessos in der Bronzeerzeugung und vor allem im Bronzehandel des erwachenden Europa lange Jahrhunderte hindurch eine offenbar überragende Bedeutung gehabt hat. Anfänglich hat es wohl im unmittelbaren Produktionsprozeß, als Hütten- und Industrieort, eine maßgebliche Rolle gespielt. Etwa ab 1500 v. Chr., als die nahe gelegenen spanischen Zinnbergwerke sich zu erschöpfen begannen, entwickelte es sich dann zu seiner eigentlichen Bedeutung; es wird die Metropole des Welthandels und der Hauptbrennpunkt des Atlantikverkehrs.

3

Ja, des Atlantikverkehrs! Denn mit der Erfindung der Bronze war mehr in das Leben der Menschheit getreten als nur ein neuer Werkstoff.

Schon die späte Steinzeit dürfte, wie wir hörten, Montaninteressen und industrieartige Produktionsstätten gehabt haben. Und damit ist sicher auch schon eine Art kapitalistisches Gewinnstreben, wie man weiß, einer der stärksten Antriebe in der Geschichte der Menschheit, erweckt worden. Jetzt kommt unter dem Ansturm der Bronze alles zu rasender Entwicklung; der Händler erscheint, das Geld wird erfunden und in unmittelbarem Zusammenhang damit Hochseefahrt und Fernverkehr.

Noch sind die Anfänge dieser neuen Entwicklung wenig bekannt. Es scheint aber, als hätten Ägypten, Sumerien und vor allem Kreta die ersten Fern- und Großhändler gesehen. Etwa von 2000 bis 1400 v. Chr. ist jedenfalls Kreta, nicht Spanien, nicht Rom und nicht Hellas, die führende Seemacht des Mittelmeeres, und wenn sich spanisches Silber um 2500 v. Chr. auf Kreta selbst und wenig später in Troja nachweisen läßt, wenn zwischen diesem und Sizilien ein lebhafter Warenverkehr besteht, wenn in Ägypten um 2000 v. Chr. spanische Bronze benutzt wird: so ist das alles nur erklärlich, wenn man annimmt, daß sich die erste Seemacht dieser Jahrhunderte auch als Seehändler betätigt hat.

Wie dieser kretische Seeverkehr im einzelnen vor sich gegangen ist, weiß man noch nicht. In den Uranfängen scheint das minoische Kreta aber genauso seefeindlich gewesen zu sein wie viele Jahrtausende nach ihm eine andere Insel: England nämlich. Dessen Seeverkehr wurde ursprünglich bekanntlich von der Hanse durchgeführt, und erst als die harte Hand der jungfräulichen Königin Elizabeth das englische Volk auf das Meer hinauszwang, ist die Hilfestellung und Stellvertretung der Hanse mehr und mehr unnötig geworden – bis sich alles in sein Gegenteil verkehrte, bis Britannien allein die Wogen beherrschte und die Nachfahren der Hanse glücklich sein konnten, wenn auch sie ihre Flagge auf See zeigen durften.

Ziemlich ähnlich scheint die Seegeschichte des früheren Mittelmeeres verlaufen zu sein. Zunächst hat der Verkehr mit Kreta nämlich offenbar in Händen ägyptischer Reeder und ägyptischer Seeleute gelegen, die un-

6. Siegelsteine mit altkretischer Bilderschrift

ter kretischer Flagge fuhren, und noch zur Zeit Thutmosis' III. (1481 bis 1447 v. Chr.) war ein erheblicher Teil der ägyptischen Flotte – die sogenannten Keftischiffe – in der Kreta-Fahrt eingesetzt. Hätte bereits

Ben Akiba das gewußt, er würde sich gefreut haben, seinen Aphorismus einmal mehr bestätigt zu sehen. Dabei war das ägyptische Schiff, wie wir noch hören werden, an sich gar nicht für den Seeverkehr gedacht, sondern ein bloßes Flußbeförderungsmittel.

Als dann die Hyksos in Ägypten einbrechen, ein asiatisches Nomadenvolk, das die Bedeutung des Wassers wohl bestenfalls danach beurteilt hat, ob es trinkbar sei oder nicht, sinkt etwa von 1680 v. Chr. ab die ägyptische Macht. Im Mittelmeer rücken die Kreter im gleichen Maße in die Lücke ein, und schließlich sind sie es, die den internationalen Verkehr allein übernehmen. Als das geschieht, sind Handel und Technik der Kreter für die neue Aufgabe schon hinreichend vorbereitet. Das kretische Schiff, von dem uns nur spärliche Abbildungen vorliegen, wird nicht mehr gerudert, es ist bereits voll besegelt. Man hat vermutet, daß die Form seiner Takelung auf ägyptische Vorbilder hindeutet. Das ist schon möglich, trifft aber auf die viel wichtigere Form des Schiffskörpers nicht zu. Er ist mit Kiel, Spanten und Planken das ausgesprochene Produkt einer Insel im hohen Meer, nicht aber das eines Landes mit vorwiegender Flußschiffahrt.

Natürlich hat der Kleinhandel zur See in der ganzen griechischen Inselwelt sogleich in kretischen Händen gelegen, wie denn die völlig kontinentalen, von Norden her eingewanderten hellenischen Bauern und Viehzüchter mit dem Meer zunächst gar nichts anfangen konnten. Wie behauptet wird, hatten sie anfänglich nicht einmal ein Wort für den Begriff «Meer», es soll ihnen von den Karern, einem vorindogermanischen Volk, überkommen sein. Aber auch dann, als die Hellenen längst zum Fischen fuhren, rudern und segeln konnten, kam es ihnen nicht in den Sinn, beispielsweise während ihrer Olympischen Spiele auch Wassersport zu betreiben, so fern war ihnen noch immer das feuchte Element. Und wahrscheinlich ist die Behauptung richtig, daß ihre städtische Bevölkerung den Fisch für eine wenig schickliche Speise hielt, die man nur in Zeiten äußerster Not für eßbar befand.

Als der griechische Oberst und Historiker Xenophon die Division hochbezahlter griechischer Fremdenlegionäre, die sich dem persischen Kronprätendenten Kyros im Kampf gegen dessen Bruder Artaxerxes zur Verfügung gestellt hatten, im Jahre 401 von Mesopotamien aus über das Hochland von Armenien zum Schwarzen Meer und nach dem Hellespont zurückführte, eine Strecke von rund 4000 km, da brachen diese halbverhungerten zehntausend Mann zwar in den begeisterten Ruf aus: «Thalatta! Thalatta!», «Das Meer! Das Meer!» – wie das in der erschütternden ‹*Anabasis*› Xenophons nachzulesen ist –, und dieses Gebrüll aus zehntausend stimmkräftigen Kehlen mag recht überzeugend geklungen haben. Gleichwohl ist dieser Ruf aber genauso mißverständlich und geeignet, Irrtümer hervorzurufen, wie die Annahme, das «Britannia rules the waves» sei schon bei Hastings das Feldgeschrei der Engländer gewesen. Wenn man es zugespitzt sagen will, so hat trotz Nelson und Trafalgar eigentlich erst Th. J. C. Korczeniowski, ein großartiger ukrainischer Schriftsteller, der als Offizier der englischen Handelsmarine naturalisiert und der unter dem Namen Joseph Conrad als Verfasser zahlreicher, ganz besonders auch in Deutschland gelesener Seeromane berühmt wurde, die Engländer darauf aufmerksam gemacht, daß sie sich zufällig auf einer Insel befänden und daß ringsum zunächst einmal nichts als salziges Wasser sei.

Wer den Kretern gegenüber die Aufgabe übernahm, sie geistig auf die ihnen zubestimmte Übernahme der Herrschaft über die Meere vorzubereiten, weiß man nicht. Aber sicher hat es dann auch bei ihnen sehr bald irgendeinen braven Seemann gegeben, der irgendwo in der Welt seinen Finger ins Meer tunkte, daran leckte und überzeugt behauptete: «Schmeckt salzig! Gehört also Kreta!» Denn natürlich hat sich diese Insel mit ihrer von alters her unbändigen Bevölkerung auf die Dauer nicht damit begnügt, Öl, Wein und Getreide, so wie es in den griechischen Häfen anfiel, zu transportieren und gegen Bronzewaren, Schmucksachen und Keramik einzutauschen. Sicher sind die Kreter schon in frühen Zeiten auf das weite Meer hinausgegangen und zu fernen Küsten aufgebrochen. Im internationalen Fernverkehr kam man dann aber bald mit dem bloßen Tausch nicht mehr durch. Spanische Silberbarren, englisches Zinn, norddeutscher Bernstein und afrikanisches Elfenbein bedurften durchaus eines unabhängigen Wertmaßstabs, eines allgemeingültigen Zahlungsmittels, bedurften des Geldes, und zwar eines Geldes, dessen valutarischer und dessen Münzwert übereinstimmten.

Aristoteles hat diese Überlegungen ein rundes Jahrtausend nach den Zeiten, von denen wir hier sprechen, in sehr kluge Worte gefaßt. «Alles, was getauscht wird», lehrt er, «muß miteinander vergleichbar sein. Diesem Zweck dient das Geld, das in gewisser Hinsicht zum Vermittler geworden ist. Das Geld mißt ab und vergleicht, ob und inwiefern ein Gegenstand den anderen an Wert übertrifft, zum Beispiel, wieviel Paar Schuhe ihrem Wert nach einem Haus gleich sind. Es zeigt an, in welchem Verhältnis die Arbeit des Baumeisters zur Arbeit des Schusters steht und wieviel Paar Sandalen für ein Haus hergegeben werden müssen.»

Das wurde gesagt um 400 v. Chr., als es längst schon Geld gab, und es ist überlegt und klug gesagt. *Gedacht* haben das aber schon viele, viele Generationen vor dem großen griechischen Weisen. Daran mag man ermessen, was für eine bewundernswerte geistige Leistung die Erfindung eines solchen Zahlungsmittels gewesen ist. Sie setzt eine völlig neue, eine gegenüber früheren Zeiten absolut andere Wirtschaftsgesinnung voraus. Längst hatten diese frühen Zeiten aber auch den logisch notwendigen, unvermeidlichen zweiten Schritt getan, damit weit über Aristoteles hinausgehend. Mochten sie das Geld ursprünglich vielleicht verstanden haben als einen bloßen Wertmaßstab, als ein Hilfsmittel des Handelstausches, so wird sich diese Hilfskonstruktion bald genug in einer Weise selbständig gemacht haben, die ihre Erfinder höchlichst überrascht haben dürfte. Das Geld wurde, mindestens in seinen kleinen

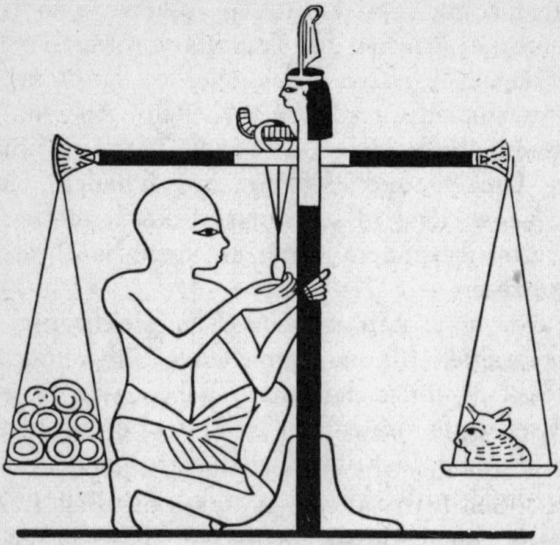

7. Abwägen von Gold. Diese um 1380 v. Chr. entstandene Wandzeichnung im Grab eines Bildhauers zu Theben in Ägypten zeigt eine Fein-Waage von hoher Vollkommenheit. Auf der rechten Schale ein Gewicht in Form eines Ochsenkopfes, links Goldbarren.

Einheiten, die gleichzeitig auch als Gewichte dienten, sofort selbst eine Ware, es wurde ein internationaler Handelswert und unterlag, wie irgend sonst ein Besitz, den Spielregeln des Marktes, den Gesetzen von Angebot und Nachfrage. Und als der athenische Waffenfabrikant und Rechtsanwalt Lysias um 400 v. Chr. von den großen Handelsherren seiner Zeit klagend feststellte: «Nur durch ihre Geburt sind diese Leute Bürger unseres Staates. Ihrer Gesinnung nach betrachten sie jedes Land, in dem sie ihren Vorteil finden, als ihr Vaterland, weil sie nicht in der Heimat, sondern im Besitz ihr Vaterland sehen», da hätte er die Zeiger der Weltuhr schon um mehr als ein volles Jahrtausend zurückdrehen müssen, um endlich wieder in der guten alten Zeit rechtlichen Biedersinnes, genügsamer Bodenständigkeit und echten Schrot und Korns leben zu können.

Aber dieser Händler, über den Lysias so beweglich und so vergeblich klagt, war alles andere als ein Krämer. Er war ein königlicher Kaufmann in einer königlichen Zeit, er war einer der ersten großen Erforscher und Entdecker der wilden, weiten Welt.

Da sehen wir ihn fürbaß ziehen, diesen Händler, nicht mehr ausschließlich mit Tragtieren und versklavten Lastträgern wie eben noch seine frühen steinzeitlichen Vorfahren. Längst sind Planwagen in Gebrauch, ungefüge, schwere Dinger mit riesigen Scheibenrädern, ganz ähnlich jenen von vier Ochsen gezogenen Fahrzeugen, mit denen die Pulesata, die Philister, um 1200 v. Chr. in Ägypten einbrachen und die die Schriftkundigen und Priester des Tempels von Medinet Habu in ihren Reliefs abbildeten. Schwerfällig, unendlich langsam holpern die Handelskarren schwankend über Stock und Stein. Aber unter ihren Lederplanen häufen sich alle Schätze dieser Erde: bronzene Schwerter, Dolche, Rasiermesser, Lanzen- und Pfeilspitzen, Nähnadeln, Gewandfibeln, Armreifen und Spiegel. Und in schweren, dickbebänderten Truhen ruhen sorglich gehütet besondere Schätze: kretische Ochsenköpfe, die «Dollars» der Bronzezeit.

Sie sind Gewichte und Zahlungseinheiten gleichzeitig, sowohl die kleinen, mit eingeprägten Marken versehenen Silberstückchen, die offenbar eine Art Scheidemünze dargestellt haben, wie die etwas größeren goldenen Ochsenköpfe, die auf vielen kretischen Schrifttäfelchen abgebildet sind. Und diese Identität zwischen wägendem Gewicht und selbständigem Zahlungsmittel ist eine der Voraussetzungen für die Erfindung des Begriffs «Geld». 1947 wurde ein Berliner Geldfälscher, der sich auf die gewinnbringende Nachahmung goldener Zwanzig-Dollar-Stücke gelegt hatte, aufgespürt und eingesperrt: nicht deshalb, weil der Goldgehalt seiner Falsifikate zu gering, sondern im Gegenteil – weil er zu hoch war. Dieser Geldfälscher hatte viel mehr Gold in seinen Fabrikaten verarbeitet, als den Originalen zubestimmt war. Aber längst hatte sich in den modernen Geldzeichen der Münzwert vom valutarischen Wert getrennt. Längst galt die goldene Zwanzig-Dollar-Münze als ein besonders einleuchtendes Sinnbild der ungeheueren Wirtschaftsmacht Amerikas; ihre Zahlungskraft ging weit über den Wert ihres Goldgehaltes hinaus – wenn sie echt war. Und gerade diese Diskrepanz zwischen Münz- und Zahlungswert führt uns zurück auf die frühe bronzezeitliche Übereinstimmung von Zahlungswert und Gewicht. Denn alle kretischen Zahlungsmittel, das Kleingeld aus Silber, die goldenen Ochsenköpfe wie die Großmünze – schwere Kupfer- und Bronzebarren von 29 kg Gewicht, in Form eines Schwalbenschwanzes ausgegossen und mit dem Zeichen der kretischen Münzstätte versehen –, waren Gesandte ihres Königs, des schon zum Mythos gewordenen Großherrn Minos in dem prächtigen Palast von Knossos auf Kreta. *Deshalb* nahm man sie tauscheshalber als Zahlung an, so weit die «Oikumene» reichte. Denn hinter der bloßen Gewichtseinheit stand der Mythos der Macht, jener Mythos, der auch uns Angehörige hochverschuldeter, ohnmächtiger Staatswesen immer wieder veranlaßt, ihre bei Licht besehen ziemlich leeren Zahlungsversprechen, gedruckt auf wertloses Papier, für bare Münze

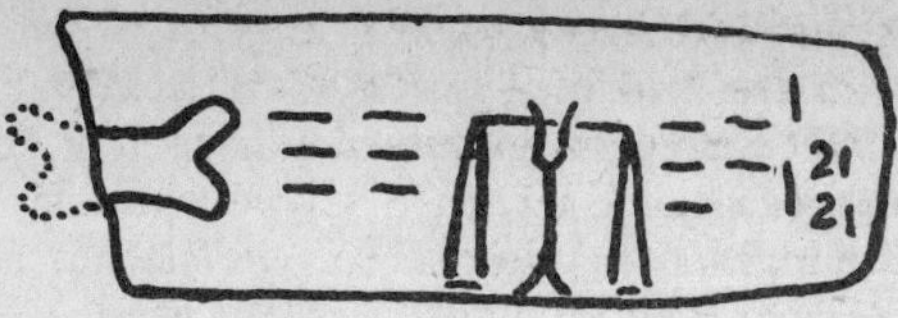

8. Kretisches Schrifttäfelchen mit Kupferbarren und Waagschale

zu nehmen. Wo aber «gemünztes» Geld eben nicht zur Hand gewesen oder wo es infolge wirtschaftlicher Rückständigkeit des Handelspartners nicht anerkannt worden ist, da wird man ein Stückchen Rohbronze, einen bronzenen Armreifen oder eine Gewandfibel, diese erste brauchbare Sicherheitsnadel der Welt, als Zahlungsmittel verwendet haben.

Da der niedrige Schmelzpunkt der Bronze rasch allgemein bekannt war, hat sich auch der Bronzeguß sehr bald durchgesetzt. Die Funde von Gießereien und Gießereiwerkzeugen sind daher entsprechend häufig. Und die von Süden und Westen einströmende Rohbronze ist in der Regel dann im Lande selbst weiterverarbeitet worden. Das ist natürlich eine ungemein wichtige Tätigkeit gewesen, und die scheue Hochachtung, die in den meisten indogermanischen Sagen dem Schmied bezeugt wird, stammt wohl aus dieser frühen Zeit.

Als sich die spanischen Zinnlager zu erschöpfen begannen, traten die Zinnvorkommen der Bretagne und Normandie und vor allem die großen Zinnminen auf den Scilly-Inseln vor der Küste von Cornwall in den Vordergrund. Aus der spanischen Zinnfahrt des frühen Mittelmeeres wurde nun eine gallische und britische Zinnfahrt und damit eine wirkliche Weltreise, die schon Respekt einflößen kann. Freilich sind die Tartessier selbst wohl nicht bis nach England gekommen. Vermutlich gingen ihre

9. Kretisches Schrifttäfelchen mit Gewichtsstücken in Form von Ochsenköpfen

eigenen Fahrten nur bis Uxisame, dem heutigen Quessant, von wo der weitere Verkehr zu den Britischen Inseln von keltischen Schiffen durchgeführt wurde. Wir wissen im einzelnen nur recht wenig von diesen Dingen. Fest steht jedoch, daß zwischen Südwestspanien und Britannien enge Kulturbeziehungen bestanden haben, wie sie nur bei einem sehr dichten, regen Verkehr möglich sind. Sicherlich werden einzelne spanische England-Fahrten aber vorgekommen sein, genauso wie auch tartessische Seereisen selbst bis zu den Küsten der Nordsee erfolgt sein können. Schon die Kreter, die die Meerenge von Gibraltar auf dem Wege nach Tartessos ja auf alle Fälle durchfahren haben, sind vielleicht bis nach England gelangt. Man weiß, daß Zinn von den englischen Inseln bereits zu einer Zeit exportiert worden ist, als dort noch Steinwerkzeuge in Gebrauch waren. Es muß also außerordentlich billig gewesen sein, viel billiger jedenfalls als in Tartessos, wo man auf Zinn und Bronze

10. Neger mit kretischen Metallbarren in Schwalbenschwanzform

sicherlich einen Handelsaufschlag von mehreren hundert Prozent genommen hat. Und es ist durchaus denkbar, daß das Gewinnstreben der kretischen Handelsherren groß genug gewesen ist, das Wagnis einer Fahrt in den geheimnisvollen, gefährlichen Norden auf sich zu nehmen. Jedenfalls sind Metallbarren in der kretischen Schwalbenschwanzform aus der Zeit um 1700 v. Chr. bei Falmouth in Südengland gefunden worden, und ebenso Schmuckstücke, die völlig denen entsprachen, welche Schliemann in Troja ausgegraben hat.

Natürlich kann sich dabei Spanien als Zwischenglied eingeschaltet haben. Immerhin ist es aber doch recht aufschlußreich, daß das griechische «Kassitéros», Zinn, wohl ein keltisches Lehnwort ist. Es soll, wie man annimmt, abgeleitet sein von der Bezeichnung, die die Kelten den Britischen Inseln gaben. «Kassiteriden» nannten sie sie, «die sehr entfernten Inseln», und aus dieser Übernahme und Umbiegung des keltischen Wortes könnte man schon auf direkte Beziehungen zwischen dem kretischen Kulturkreis und dem hohen Norden Europas schließen.

Da die nautischen und schiffbautechnischen Möglichkeiten der Frühzeit sehr viel größer gewesen sind, als man vielfach annimmt, ist es auch durchaus denkbar, daß die Tartessier bereits die atlantischen Inseln, zum mindesten Madeira und die Kanaren, entdeckt haben. Beweisen läßt sich das nicht. Aber diese dem Festland so nahen Inselgruppen *können* den vielbefahrenen tartessischen Seeleuten gar nicht entgangen sein. Wer in regelmäßiger Fahrt von alters her die Biskaya zu queren gewöhnt war, dem kann eine Spazierfahrt entlang der westafrikanischen Küste nichts ausgemacht haben, und daß die Tartessier nach Westafrika gekommen sind, darf man aus späteren Bekundungen mit gutem Recht annehmen. Dabei *mußte* man aber auf Madeira treffen. Dafür, daß bereits Tartessos die küstennahen Inseln des Atlantischen Ozeans gefunden hat, daß auch Kreta und die Hellenen davon erfuhren – wir werden noch davon hören, daß Homer in der *‹Odyssee›* von den «Inseln der Seligen» erzählt –, gibt es nun ein Indiz, welches vielleicht auch den rätselhaften Untergang, das plötzlich spurlose Verschwinden von Tartessos erklärt.

Als die minoische «Thalassokratie», die Seeherrschaft Kretas, zerbrach, haben sich die Phönizier an dessen Stelle gesetzt. Im fernen Westen fiel diese Aufgabe der mächtigen phönizischen Kolonie Karthago zu, und als die reiche Stadt sich stark genug dazu glaubte, marschierte sie in Südspanien ein. Das erste war, die Durchfahrt durch die Meerengen allen nichtpunischen Schiffen bei Todesstrafe zu verbieten. Das geschah etwa um 530 v. Chr., zu einer Zeit also, als man von der Bronze in immer steigendem Maße zum Eisen übergegangen war. Um diese Zeit stand das Zinn Britanniens nicht mehr so im Vordergrund, daß man die Meerengensperrung etwa nur deshalb vorgenommen hätte; man verzichtete damit ja auch auf den ungeheueren Gewinn, den man von den alten Umschlagplätzen des Welthandels hier in Südwestspanien mühelos einheimsen konnte. Wenn die Karthager also ein Durchfahrtsverbot für Gibraltar erließen, so hatte das andere Gründe. Und diese anderen Gründe können nur die atlantischen Inseln gewesen sein, von denen die Phönizier wohl längst wußten und deren Erzeugnisse sie für die «IG-Farben» von Tyrus und Sidon dringend brauchten. Auf den atlantischen Inseln fand sich nämlich ein pflanzlicher Farbstoff, der zusammen mit heimischen Farben die Möglichkeit ergab, den phönizischen Purpurstoffen jenes in der ganzen Antike berühmte leuchtende Rot zu geben. Um ganz sicherzugehen, daß ihnen Tartessos dabei nicht in die Quere kam, haben die Punier die günstige Gelegenheit der Eroberung Spaniens wohl dazu benutzt, die unbequeme Stadt «auszuradieren». Und da Karthago in allem, was es tat, gründlich war, so war es hier besonders gründlich. Seine Soldateska hat offenbar so lange mit Mord und Brand getobt, bis von Tartessos nur noch lockerer Schutt übrig war, so daß die Spatenforschung einfach gar keine Möglichkeit hatte, die reiche Stadt wiederzufinden. «Denn ein Tag des Herrn wird kommen über alle Tarschischschiffe», hatte Jesaia um 700 v. Chr., zweihundert Jahre vor dem Untergang von Tartessos, geweissagt. Nun war dieser Tag da. Tarschisch verschwand und mit ihm alle Kunde vom großen westlichen Meer. Nur Dämonen, schaurige Finsternis, Schlammassen, ungeheuere Tangwiesen, aus denen kein Schiff mehr herauskäme, entsetzliche Ungeheuer und ein gräßlicher Tod harre der Seefahrer jenseits von Gibraltar, ließen die Phönizier durchblicken. Man glaubte ihnen. Und damit war die Konkurrenz endgültig ausgeschaltet. Noch zweitausend Jahre später, als sich die Portugiesen an Afrika entlang vorsichtig nach Süden tasteten, sind diese Ammenmärchen im Schwange gewesen, und Heinrich der Seefahrer, der eigentliche Entdecker des Seeweges nach Indien, hat später sein ganzes Leben hindurch Mühe gehabt, die Kapitäne der von ihm geschaffenen portugiesischen Marine auf die unheimliche See hinauszuzwingen.

Das ist höchst bemerkenswert. Man sollte doch eigentlich glauben, die zerklüftete, vielgestaltig in das Meer hinausgreifende Küste der Iberischen Halbinsel sei ganz dazu angetan, Seeleute sozusagen automatisch, einem Naturgesetz folgend, heranzubilden. Natürlich hat es, auch in den Zeiten der karthagischen Besetzung, immer Fischer in Spanien gegeben. Das «mare altum», das hohe, freie Meer, das die Tartessier tausend Jahre hindurch befuhren, quer über die Biskaya hinweg und vielfach wohl schon bis zu den britannischen Inseln, geriet nachmals aber offenbar völlig in Vergessenheit. Erst die Römer haben später die alten Straßen des Seeverkehrs mühsam wieder entdeckt. Dabei zogen sich diese einst wie dicke Adern durchs Mittelmeer, zentrierten sich im Herzland Spanien und erstreckten sich bis hoch in den Norden: gedrängt voller Zinn- oder Goldfrachter, routinemäßig befahren von Tausenden von Seeleuten, über viele Jahrhunderte hinweg Gegenstand aller Sehnsüchte des Menschenherzens und Objekt ellenlanger Flüche in allen Sprachen der damaligen Welt. Diese «Vergeßlichkeit» ist doch wohl ein sehr starkes Argument gegen die blinde Anwendung geopolitischer Gedanken und ein Beweis mehr für die Tatsache, daß es immer wieder der Geist ist, der die geschichtsbildenden Faktoren in die Arena des Geschehens entsendet.

Die über Tartessos führende England-Fahrt der frühen Mittelmeervölker ist durch die Karthager tatsächlich abgestoppt worden. Freilich ist dabei hinzugekommen, daß das Zinn um diese Zeit nicht mehr entfernt die große Rolle spielte wie fünfhundert oder tausend Jahre zuvor. Aber statt des Zinns, das man bei der Eisenschmelze wie bei der Stahlbereitung ja nicht brauchte, lockte das irische Gold. Und um der karthagischen Sperre zu entgehen, hat man nun quer durch Gallien einen Landweg erkundet, der entlang der Rhone und Loire oder der Rhone und Seine nach Norden führte. Sicherlich ist auch das frühgeschichtliche Burdisale, das heutige Bordeaux an der Garonnemündung, in diesen Überlandverkehr einbezogen worden. Aber natürlich hatten die Benutzer dieses Weges aus Furcht vor den Karthagern ebensoviel Anlaß, ihre Entdeckung für sich zu behalten, wie die Punier, die alles daransetzten, ihre eigenen Handelsbeziehungen zu tarnen. Infolgedessen ist es über die Tatsache hinaus, daß beide Parteien immer wieder zum irisch-englischen Gold-Zinn-Paradies gelangt sind, bisher nicht möglich gewesen, diese gallischen Zinn- und Goldschleichwege im einzelnen festzulegen. Wie weit die Geheimniskrämerei der miteinander rivalisierenden Wirtschaftsgruppen, der von den Römern geführten südeuropäischen und der unter karthagischer Patronanz stehenden nordafrikanischen, damals ging – und wie andererseits die internationale Wirtschaftsspionage geblüht haben mag –, läßt ein Bericht des römischen Chronisten Strabo erkennen, der unter anderem erwähnt, ein karthagischer Kapitän habe sein Schiff auf Grund gesetzt, um zu verhindern, daß ein ihm folgendes römisches Handelsfahrzeug sein eigenes Reiseziel erkunde.

Es sind hochkapitalistische und gleichzeitig hochnationalistische Überlegungen, von denen wir hier hören. Und da sie ja wohl kaum über Nacht entstanden sind, darf man mit einigem Recht annehmen, daß schon die jüngere Steinzeit an ihrer Herausbildung gearbeitet hat. Recht eigentlich sichtbar geworden sind diese Antriebe aber erst in der Bronzezeit, und es scheint, als habe das neue Metall auch hierbei wie ein Katalysator gewirkt, der den langsam brodelnden Prozeß der Entwicklung wie in magischer Bezauberung beschleunigte.

4

Natürlich konnte der Unternehmer schon in der Frühzeit nicht alles allein machen. Wie er Seeleute und Kapitäne für seine Schiffe angeheuert haben wird, obwohl er anfangs häufig wohl selbst auf Fahrt gegangen ist, so hat er sicherlich auch im Überseehandel Angestellte beschäftigt. Selbst die Berufssparte des Handelsvertreters scheint bereits sehr früh entwickelt worden zu sein und logischerweise damit der Kauf auf Bestellung. Nichts wäre natürlicher als dies. Die Entfernungen zwischen den Produktionszentralen und dem Abnehmer waren groß, die Wege schlecht, die Mühsal, schwere Lasten zu transportieren, erheblich, das Risiko, die kostbaren Waren ergebnislos im Lande herumzuführen, beträchtlich. Lieber legte man Niederlassungen und Depots an und schickte dann seinen Vertreter mit dem Musterkoffer los, um Offerten abzugeben und Aufträge hereinzuholen. Solch ein bronzezeitlicher Musterkoffer ist vor einigen Jahrzehnten in dem pommerschen Torfmoor von Koppenow bei Lauenburg gefunden worden. Es handelt sich um einen 65 cm langen stabilen Holzkasten, der in dazu passenden Schüben und Futteralen verschiedene Beilsorten, Schwertklingen, Schmuckanhänger, Knöpfe, Gewandnadeln usw. enthielt und der vielleicht dazu bestimmt war, dem Kunden für seine Bestellung eine Übersicht über die Handelsartikel des Kaufmanns zu geben.

Es ist nicht ganz sicher, ob dieser Holzkasten von Koppenow tatsächlich der Musterkoffer eines reisenden Kaufmanns gewesen ist. Virchow, der schon die eiszeitlichen Gemäldehöhlen in Spanien als unmöglich abgelehnt hatte, hat auch die Annahme, der Koppenow-Fund könne vielleicht ein Musterkoffer gewesen sein, scharf bekämpft. Bei der im ganzen aber «kapitalistischen» Wirtschaftsgesinnung der Bronzezeit erscheint uns dieser Gedanke um so weniger abwegig zu sein, als die logische Entsprechung, nämlich das Depot, die Niederlassung, von der die Bestellungen eines ganzen Bezirks ausgeführt wurden, häufig gefunden worden ist. Bei der großen Zeitspanne, die die Zurücklegung der europäischen Fernhandelsstraßen erforderlich machte, wollte der Kaufmann erst zu den Produktionszentren reisen, um dann von dort die bestellten Waren heranzuführen, war es ganz selbstverständlich, daß er sich verstreut im Land versteckte Magazine anlegte, von denen aus dann der Bedarf der Kundschaft befriedigt werden konnte. Solche bronzezeitlichen Depots mit zum Teil sehr erheblichen Warenlagern hat man mehrfach ausgegraben. So entdeckte man zum Beispiel 1880 bei Homburg von der Höhe ein Magazin mit mehreren hundert Lanzenspitzen, Sicheln, Haarnadeln, Gewandfibeln, Ringen usw. – sicherlich also den Bestand einer veritablen Handelsniederlassung aus der Bronzezeit. Und vom Bodensee, aus der Schweiz, aus Schweden und England sind ähnliche Lager bekannt. Natürlich läßt sich dagegen der Einwand erheben, all dies seien bloße Verstecke und ihr Inhalt ein vergessener Schatz. Aber es läßt sich andererseits kein wirklich schlagendes Argument dafür finden, weshalb die sonst so kapitalistisch organisierte Bronzezeit ausgerechnet den naheliegenden Gedanken der Handelsniederlassung und des reisenden Kaufmanns *nicht* gehabt haben sollte. Man wird deshalb annehmen müssen, daß es all dies bereits lange vor unserer Zeitrechnung gegeben hat.

Die Überlandstraßen des frühen Europa werden, ähnlich wie das bei der Eroberung Nordamerikas der Fall gewesen ist, die Flüsse entlanggegangen sein, deren Befahrung natürlich angenehmer war als das Reisen auf den schmalen, oft kaum gebahnten Pisten durch Wälder und Moore. Ihrer wird man sich wohl nur bedient haben, um Sümpfe zu überwinden, wie zum Beispiel auf der aus Bohlen bestehenden Kunststraße durch das Federseemoos in Südwürttemberg, und Stromschnellen und Wildwasser zu umgehen oder um Wasserscheiden zwischen zwei Flußsystemen hinter sich zu bringen.

Dort hat es dann aber auch schon Wegebefestigungen und andere, technisch oft ganz überraschende Hilfsmittel zur Überwindung der Höhenunterschiede gegeben, wie zum Beispiel Tunnel, die bereits im 3. Jahrtausend v. Chr. mit großem Raffinement berechnet und angelegt worden sind. Dazu gehören ferner Schiffshebewerke: aus Wälzlagern bestehende, in die jeweilige Wasserscheide geschnittene Stufen, über die die Reiseschiffe mittels komplizierter Systeme von Flaschenzügen geschleppt wurden. Eines dieser Schiffshebewerke befand sich auf dem Isthmos von Korinth, ziemlich genau dort, wo heute der Kanal von Korinth verläuft. Dieses Werk, der sogenannte «Diolkos», zu deutsch: Durchzug, ist heute noch deutlich erkennbar. Möglicherweise hat er als Vorbild gedient für eine andere, ebenso berühmte Anlage an den Pässen des Birnbaumer Waldes im heutigen Jugoslawien, über die die alte Samland–Adria-Straße verlief. Wir wissen, daß dieser Fernweg erst in der römischen Kaiserzeit zu seiner eigentlichen Bedeutung kam. Entdeckt wurde er aber sicher schon viel, viel früher, wie das die etruskischen Grabbeigaben in manchen ostdeutschen Beisetzungsplätzen beweisen. Man wird jedenfalls mit Sicherheit annehmen dürfen, daß es auf dieser großen internationalen Straße schon lange vor Beginn unserer Zeitrechnung komplizierte Einrichtungen technischer Art gegeben hat, die darauf abzielten, den für die Warenbeförderung in gebirgigen Gegenden doppelt bequemen Wasserweg über die südöstlichen Alpenflüsse möglichst zu verlängern.

Ein anderer, gleichfalls wohl recht alter Schiffsschleppweg hat seit sehr frühen Zeiten quer über die Landenge von Schleswig geführt und als eine Art «Nord-Ostsee-Kanal auf Rollen» die beiden Meere miteinander verbunden. Wir wissen über diese künstliche Verbindungsstraße recht gut Bescheid, weil sie nach Beginn unserer Zeitrechnung noch bis tief ins 12. Jahrhundert in Benutzung war. Selbst im Hochmittelalter scheute man nämlich meist davor zurück, Handelsschiffe auf der gefährlichen Route durch Skagerrak und Kattegat von der Nord- in die Ostsee zu schicken. Man fuhr statt dessen in die Eider hinein und über deren Nebenfluß, die Treene, bis in die Gegend des heutigen Hollingstedt. Hier befanden sich große Stapelplätze – daß die Engländer dort Stapelrecht besaßen, ist überliefert, aber ebenso haben sicherlich auch die Holländer, die Kaufmannschaften vom Nieder- und vom Oberrhein und vielleicht sogar Marseiller Kaufherren in Hollingstedt Faktoreien und Niederlassungen gehabt.

Nach Schleswig, dem reichen alten Sliesthorp an der Schlei, führte von Hollingstedt eine feste Straße, auf der Passagiere und Waren in wenigen Stunden zur Ostseeküste gelangten, und für kleinere Seefahrzeuge, die noch die Rheiderau bis zum Dorf Groß-Rhede hinauffahren konnten, begann dort ein 7 km langes System von Gleitbahnen, Walz und Rollenwerken, mittels deren man die Wasserscheide zur Schlei überwand.

Ein Strom von Menschen, beladen mit allen Kostbarkeiten der Erde, ist hier fast ein Jahrtausend hindurch und vielleicht noch länger von West nach Ost und von der Ostsee zur Nordsee geflutet. Schwedische Kaufleute aus Birca, der auf einer Insel im Mälarsee gelegenen Handelsmetropole von Skandinavien: hochgewachsen, in kostbare, pelzverbrämte Kleidung gehüllt, großzügig und freigebig. Kurzbeinige Slawen von Truso, unserem Elbing, mit schweren Ladungen Bernstein, mit sarmatischen und pontinischen Stickereien und Spitzen. Braunhäutige Araber, aus dem entfernten Spanien als Händler und Gesandte an die Könige der Dänen unterwegs, farbige Turbane über weit schwingenden Burnussen, funkelnd und blitzend von Edelsteinen. Flandrische Kaufherren mit riesigen Packen von Wolltuchen und Friesstoffen, niederrheinische Geschirrkrämer mit Tonkruken, Töpfen und Schalen, Segelmacher und Seiler aus Köln, die Schiffstaue aus Walroßhaut abzuliefern hatten und die nach Tran rochen. Von Marseille kamen Gewürze und Spezereien. Die eleganten, beweglichen Männer, die diese Waren begleiteten, dufteten genauso wohlriechend und süß, wie es aus ihren Packen und Ballen quoll. Aus den gesegneten Gefilden um Worms und Speyer stammten die Stückfässer mit Wein, die auf schweren Lastwagen über die Straße rumpelten.

Und unweit dieses farbigen, gleißenden Hinundherflutens sah man die Schiffe zu Berg und zu Tal gleiten: die letzte Steilstrecke hinauf zum Höhenrücken, der die Wasser schied, wohl auf einer Art Schlitten, dergestalt, daß das hinabgleitende Fahrzeug das aufsteigende zog und gleichzeitig durch dieses gebremst wurde. Davor und dahinter lagen trotz der gewaltigen Lasten drehbar angeordnete Walzen, deren von der Reibung qualmende Widerlager immer aufs neue mit Wasser und Teer geschmiert und geschmeidig gemacht wurden. Rechts und links der Walzenstraßen stapften Ochsengespanne, Sklaven hingen in den Seilen, die langen Peitschen der Aufseher pfiffen über gebeugte Rücken, und rumpelnd, polternd, ächzend und quietschend rückten die Schiffe mit hohem Mast, mit zitternden Wanten und knarrenden Spanten langsam dem Wasser entgegen. Alle, die die Straße entlangzogen, hatten natürlich längst von diesem Wunderwerk der Technik gehört. Aber nun, da sie es sahen, verschlug es ihnen doch den Atem. Staunend standen sie und schauten und schauten!

Und Sliesthorp selbst, Vorgängerin des ebenso reichen Haithabu, etwa seit 800 n. Chr. Hauptsitz aller Kaufleute der Ostsee wie tausend Jahre später London Vorort der Nordsee und des Welthandels! Von alters her treffen sich hier die Fernhandelswege, die hinauf nach Jütland und über die Inselbrücken nach Skandinavien gehen, mit den Straßen, die die südlichen Küsten der Ostsee begleiten. Von alters her sammelt sich hier ein ungeheuerer Reichtum. Ebenfalls etwa seit 800 sitzen auch die dänischen Könige in Sliesthorp, und zu dem Reichtum der Kaufherren, ihrem Luxus, ihrem Überschwang an Festen und Gelagen gesellt sich der adelige Glanz des Hofes: ein strahlendes Bild, von dessen Leuchtkraft dieses und jenes märchenhafte Gleißen und Funkeln übergegangen sein mag auf die Sagenstadt Vineta, die, wie es das Volk erzählt, vor undenklichen Zeiten versank in den Fluten der Ostsee.

Die im Vergleich zu den wilden asiatischen Gebirgen bereits stark abgetragenen Gebirgsfaltungen Europas scheinen im großen und ganzen nicht so hemmend gewirkt zu haben, wie man meinen möchte. Schon im 3. Jahrtausend ist der Brenner viel begangen worden, und neben ihm als dem niedrigsten aller Alpenpässe haben auch der Große und Kleine St. Bernhard, der Mont Génève, der Mont Cenis usw. ihre Bedeutung gehabt. Die lange Zeit wichtigste Nord-Süd-Verbindung von den Bernsteinländern bis nach Italien wurde im wesentlichen wohl von Elbe, Moldau und Inn hergestellt, und jenseits des Brenners schloß sich dann das Eisack-Etsch-System an, das freilich seiner Wildwasser wegen mehr als Wegweiser denn als Straße diente.

Senkrecht zu dieser Nord-Süd-Verbindung zog sich ein wahrscheinlich uralter, schon während der Eiszeit eingelaufener Querweg, der wohl der Donau gefolgt sein wird und der bis zum Schwarzen Meer führte. Diese west-östliche Handelsstraße erlangte ihre größte Bedeutung mit dem Beginn der Kupferzeit, verband sie doch die Kupferlager und die spätere Bronzeindustrie Ungarns mit den Abnehmern in Süddeutschland, Italien und der Schweiz wie mit denen Rußlands. Sehr große, längs dieser Straße getätigte Funde mit ungewöhnlich reichen goldenen Schmuckstücken und Geräten lassen auf eine hohe wirtschaftliche Entwicklung dieser Gebiete schließen, für die die außerordentlich fruchtbaren Ebenen im Mündungsgebiet der Donau die Voraussetzung bildeten. Aber obwohl diese Ost-West-Straße zwischen den Tundren des eiszeitlichen Nordens und den weit vorstoßenden Alpengletschern wohl seit Tausenden von Jahren benutzt wurde, blieb der Verlauf der Donau noch sehr lange unbekannt. Wahrscheinlich haben sich die an diesem Weg interessierten Handelsfirmen ebenso über ihr besseres Wissen ausgeschwiegen und die Berichte ihrer Agenten genauso sorglich geheimgehalten wie einst die Tartessier und die Karthago-Phönizier über ihre Handelswege. Nur so ist es zu erklären, daß das ganze frühe Altertum von der Donau die wildesten Geschichten erzählte. Riesige Bienenschwärme seien ihre Wächter, Alpen und Karpaten, von denen man dunkel gehört hatte und die man für Gebirgsströme hielt, wären ihre Nebenflüsse, ihre Quelle liege in Spanien, und neben der Mündung ins Schwarze Meer besäße sie eine zweite, die in die Adria führe. Das sind, nur etwas anders ausgestaltet, dieselben Schreck- und Verwirungsfabeln, die die Tartessier und die Karthago-Phönizier vom Atlantik erzählten. Und hier wie dort sind diese Märchen ersonnen worden, um die Konkurrenz zu bluffen.

Als die Römer fünfhundert Jahre später anfangen, sich für Britannien zu interessieren, geschieht genau dasselbe. Wieder werden die wildesten Erfindungen verbreitet. Und da die Römer sich nicht abschrecken lassen, stellt man sich unwissend. Noch als Caesar im Begriff ist, nach England überzusetzen, erfährt er von den gallischen Fischern und Kaufleuten nicht das geringste, und es bedarf keiner Phantasie, um sich auszumalen, wie die keltischen Seebären innerlich gegrient haben werden, wenn der allgewaltige römische General mit seinen eleganten, klugen Nachrichtenoffizieren sie höchst törichte Dinge über ein Land fragte, das einen Katzensprung über See greifbar vor der Tür lag.

Will man die Donaustraße als die Abszisse des Koordinatensystems der vorgeschichtlichen Handelswege Europas ansehen, dann wird man die Adria–Samland-Verbindung als die östliche und die Rhone–Rhein-Straße als die westliche Ordinate bezeichnen müssen. Freilich, wirklich in Gang gekommen ist der Verkehr die Rhone aufwärts erst seit der Gründung der griechischen Kolonie Massilia, des heutigen Marseille, also etwa seit 600 v. Chr. Dabei hat die Rhone ein besonders wichtiges Stück der westeuropäischen Handelsverbindungen dargestellt. Einmal war sie ein Teil des nach Norden und Nordwesten gerichteten irisch-britannischen Gold- und Zinnweges, gleichzeitig aber auch ein bequemer Wegweiser für den Verkehr mit dem Nordosten, den reichen Landen an Rhein und Main und den in der Ferne verdämmernden Bernsteinländern.

Ob die Großkaufleute von Massilia nun freilich selbst dorthin gereist sind, ist fraglich. Der Norden mit seinen vielen Wäldern und Sümpfen war den Menschen des Mittelmeeres unheimlich. Bis nach Asciburgium, dem germanischen Eschenburg, das etwa beim heutigen Moers lag und das der Hauptumschlagplatz für den Verkehr mit den Bernsteinländern war, sind die flinken griechischen Händler aber sicher gekommen. Das läßt sich wohl aus einer Notiz schließen, die Tacitus in seiner *‹Germania›* bringt. Er meint dort, man höre gelegentlich, Odysseus sei auf seinen Irrfahrten auch in das Nordmeer verschlagen worden und dabei nach Asciburgium gelangt, «das, am Ufer des Rheins gelegen, noch heute bewohnt wird und das von Odysseus gegründet worden sein soll». Rom hielt den offenbar berühmten, reichen großen Hafenort also für eine griechische Niederlassung. Eine massiliotische zum mindesten könnte er gewesen sein, und dies würde es wahrscheinlich machen, daß schon vor Pytheas, dem großen Handelsexperten und Geographen aus Marseille, von dem wir noch erzählen werden, einzelne Reisen nach dem Norden unternommen wurden. Da Bernstein auf den Inseln der Rheinmündung aus geologischen Gründen kaum in größeren Mengen gefunden worden sein kann, muß das «Gold des Meeres» von den jütländischen und von den Ostseeküsten gekommen sein. Nichts lag für einen unternehmungslustigen griechischen Einwohner in Eschenburg näher, als selbst dorthin zu gehen. Wir wissen im einzelnen nicht genau, welchen Weg er dabei eingeschlagen hat. Wahrscheinlich wird er aber über Soest und Paderborn zur Porta Westfalica gereist sein, wird in der Gegend von Nienburg die Weser überschritten haben und über Verden an der Aller und Stade bei Hamburg zu einer alten bronzezeitlichen Han-

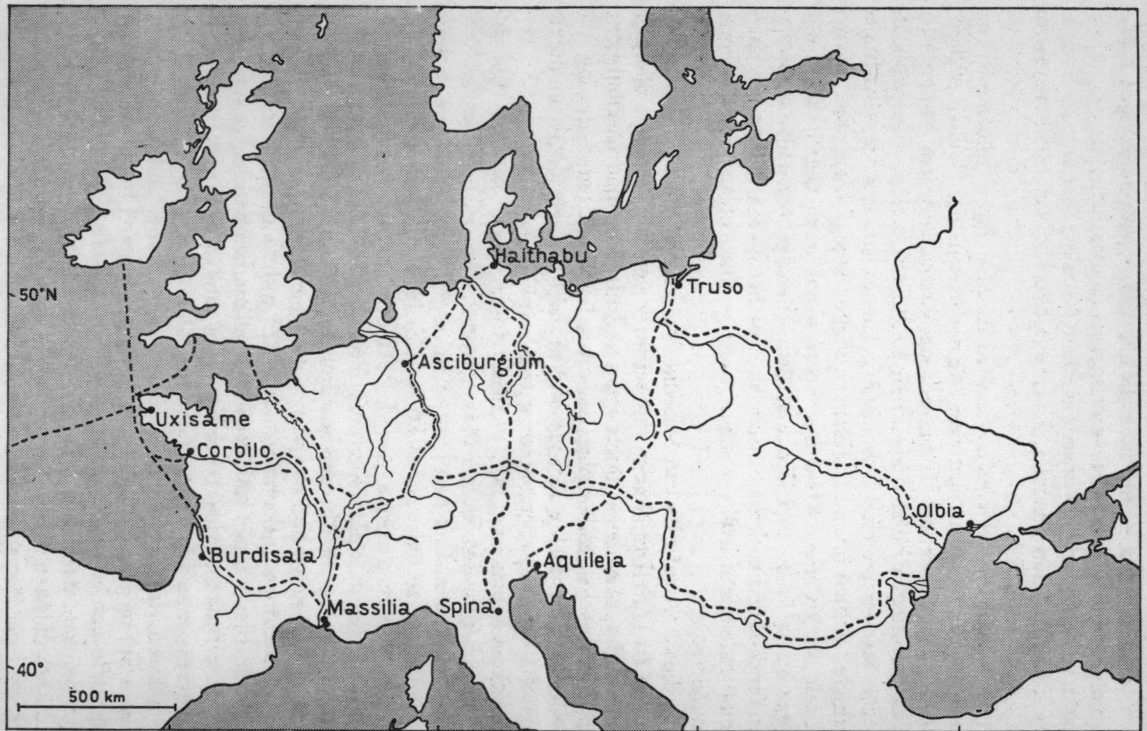

II. Vor- und frühgeschichtliche Handelsstraßen in Europa

delsstraße gelangt sein, die in das Gebiet der jetzigen Eidermündung führte. Ob aber tatsächlich einer der hochmögenden Herren von Asciburgium bis zur Nordsee kam, ist nicht überliefert, und da Pytheas später offenbar den Auftrag erhielt, die Bernsteinländer näher zu erforschen, müssen wir fürchten, daß unser Herr Andropoulos, oder wie der Eschenburger Händler nun geheißen haben mag, sein Ziel auch nicht erreicht hat.

Wie weitet sich die Welt! Wie wird sie hell, farbig und bunt! Wie blauen die Berge in der Ferne, die Wälder jenseits der Flüsse und Seen! Wir wissen kaum etwas davon, wie das alles auf unsere frühen Vorfahren gewirkt hat, und sind nur zu geneigt, diese romantische Freude an der Ferne späteren Jahrhunderten zuzuweisen. Ob das mit Recht geschieht? Sollten unsere Urahnen so viel anders gewesen sein als wir? Da sind sie zwischen Kreta und Spanien, zwischen Griechenland und Ägypten, zwischen Tartessos und Britannien, zwischen der Elbemündung und den Kanarischen Inseln hin und her gereist und sollten dabei dumpf und stumpf, voll panischer Angst vor bösartigen Dämonen durch die Welt gegangen sein? Die Welt ist immer so weit wie der Mensch, der in ihr lebt.

Ägypter und Hethiter sind an Bord ihrer Schiffe gestiegen und haben in Kreta ihre Glasperlen, ihre Geräte und Bronzefiguren verkauft. Kretische Frachter trugen die Ware nach Aquileja, dem Haupthafen für den Handel mit dem fernen Nordosten. Mit zweirädrigen Karren und Zugtieren, höher in den Bergen dann wohl mit Tragtieren, zogen die Karawanen zum Semmering. Hier vielleicht schon werden Händler vom Balkan, die über die Birnbaumer Pässe gekommen waren, zum großen Konvoi gestoßen sein. Und nun ging es durch die Mährische Pforte und unter Benutzung der Oder und Weichsel nach Truso im Norden des heutigen Elbing, der reichen Empore für den Handel mit dem Samland und mit den unendlichen Waldbreiten des fernsten Nordostens. Gewiß haben die Etrusker, die von Toscana aus Bronze nach Norden verfrachteten, ihre Waren irgendwo unterwegs an Karawanenführer übergeben, die sich in Nordosteuropa auskannten. Man wird nicht annehmen können, sie seien selbst nach Truso am Drausensee gekommen und hätten dort, steifen Grog trinkend, den Direktoren der samländischen Bernsteinbergwerke von ihrer sonnigen Heimat erzählt. Wir wissen nicht einmal, wann Truso, das an einer tief in das Land einschneidenden Ostseebucht gelegen hat, gegründet wurde, wie lange es Bestand hatte und wann es blühte. So befriedigend bezeugt, daß auch die Historiker an seine Existenz glauben, ist es erst aus der Zeit um Christi Geburt. Und erst in den Jahrhunderten um die Zeitwende, als in Rom, wie Plinius bedauernd bemerkte, der Bernstein so teuer war, daß «eine aus ihm erzeugte, noch so kleine Figur höher bezahlt wird als ein lebendiger Mensch» – und das waren rund 200 bis 300 Mark unserer Währung –, erst jetzt also erreicht diese etwa 2000 km lange Straße ihre rechte Bedeutung. Aber schon tausend Jahre vorher legten die Reichen, die Fürsten und Herren, längs dieser ganzen Strecke ihren toten Frauen, ihren Ministern und treuen Dienern ägyptische Kostbarkeiten und leuchtende Bernsteinperlen in das Grab – ein Zeichen dafür, wie alt diese Verbindung war.

Natürlich sind auf den großen alten Straßen nicht nur Salz, Bronze und Bernstein gehandelt und transportiert worden. Kostbare Pelze, besonders wertvolle Ledersorten und andere Luxuswaren haben damals wohl schon genau dieselbe Rolle gespielt wie in späteren Jahrtausenden. Das tritt auf unserer Nordoststraße etwa seit dem 7. Jahrhundert v. Chr. deutlich in Erscheinung, als die von den Griechen an den Küsten des Schwarzen Meeres gegründeten Kolonien über die Anfangsschwierigkeiten hinaus sind. Wie in allen jungen Kolonien wird auch hier rasend verdient und ebenso rasend Geld ausgegeben. Und so entsteht ein Bedarf an Luxusgütern, der schon den Zeitgenossen als beispiellos und grundverderbt erscheint. Namentlich die Hafenstadt Olbia an der Mündung des Dnjepr tut sich in der Entfaltung eines geradezu unangemessenen Reichtums hervor. Ihr Einfluß ist es, der dem Samland-Adria-Weg eine südöstliche Abzweigung anfügt, welche unter Benutzung des Weichsel-Dnjestr-Systems geradewegs zum Schwarzen Meer führt. Nun ist Olbia eine Gründung der kleinasiatischen Handelsstadt Milet gewesen, die seit früher Zeit Anteil hatte an dem weitverzweigten Verkehr mit Südasien; andererseits enden in Olbia selbst mancherlei in das Innere Rußlands gehende Verbindungen. Kommerziell ist ein so wichtiger Ort natürlich hochinteressant gewesen, und man darf wohl annehmen, daß der wundervolle Goldschatz von Eberswalde, der kurz vor dem Ersten Weltkrieg gefunden wurde und dessen schwergoldene Armbänder, Diademe, Halsketten und Trinkschalen südosteuropäisch-griechischer Herkunft sind, irgendwie mit dem «Paris» des Schwarzen Meeres, mit Olbia, in Verbindung steht. Das meiste von dem, was über diesen Ostweg nach Europa hereingeströmt ist, dürfte freilich vermodert sein: Seide, Teppiche, Edelsteine, Rauchwerk und dergleichen mehr. Anderes hat der Boden konserviert: Münzen, Keramik, Waffen und so fort. Und seit dem 7. Jahrhundert sind diese Funde im Weichselraum so häufig, daß man an ihnen ablesen kann, welche «Konjunktur» geherrscht haben muß.

Unser Bericht könnte den Eindruck erwecken, als habe Mitteleuropa und der Norden den Metallreichtum des Südens nur mit Bernstein und Pelzen zu beantworten gewußt, als sei er weniger der gebende denn vielmehr der nehmende Partner gewesen. Für die frühe Bronzezeit wird das wohl zutreffen. Zwar ist neuerdings behauptet worden, auch das nördliche Erzgebirge habe schon sehr zeitig mit der Herstellung von Bronze begonnen, ja, hier sei das klassische Mischungsverhältnis zwischen Zinn und Kupfer recht eigentlich entdeckt worden. Es scheint aber so, als wenn anfänglich die spanischen und toskanischen Bronzen den Markt allein beherrscht haben. Das ist auch sehr einleuchtend. Denn sowohl in Spanien wie in Italien liegt während dieses Geschichtsabschnitts die Bronzeherstellung in den Händen des geheimnisvollen Volkes der Etrusker, welches jenes neue Erz offenbar schon seit langem gekannt hat. Man weiß zwar eine ganze Menge von dieser merkwürdigen, wohl aus Kleinasien eingewanderten Völkerschaft. Aber es verhält sich mit diesem Wissen wie mit einem durcheinandergeratenen und im übrigen nicht ganz vollständigen Puzzle – einem jener Bildlegespiele, die zu Anfang dieses Jahrhunderts so modern waren und die auch unseren Kindern immer wieder Spaß machen. Denn obwohl zahlreiche gesicherte Einzelkenntnisse vorhanden sind, will und will es nicht gelingen, die vielen kleinen Stücke dieses kulturgeschichtlichen Puzzles so aneinanderzufügen, daß ein überzeugendes Gesamtbild entsteht.

Das beginnt schon mit der Frage nach der Herkunft der Etrusker. Herodot hat erklärt, sie seien aus Lydien kommend auf dem Seewege in Italien eingewandert. Dionys von Halikarnassos dagegen, der um Christi Geburt in Rom lebte, hat in seiner römischen Geschichte die Ansicht vertreten, die Etrusker seien ein seit Urzeiten in Italien heimisches Volk gewesen. Livius hat im Zusammenhang mit den Etruskern von den Rätern gesprochen, ansässig im heutigen Tirol, andere alte Historiker ha-

11. Drei südetruskische Alphabete, 8. bis 7. Jahrhundert v. Chr. Obwohl die Etrusker vielfach Schriftzeichen benutzt haben, die aus anderen Kulturkreisen des Mittelmeeres bekannt sind, ist ihre Schrift bisher nicht entziffert worden.

ben sie mit den ägäischen Pelasgern in Verbindung gebracht. Die moderne Sprachwissenschaft hat, obwohl wir das Etruskische noch nicht enträtselt haben, festgestellt, daß das seltsame Volk nicht indogermanischer Herkunft gewesen sei, daß sich aber mancherlei kleinasiatisch-kaukasische Einsprengsel in seiner Sprache befänden. Und etwa dasselbe hat auch die Archäologie gesagt. So liegt die Urheimat der italischen Etrusker wahrscheinlich in den nordöstlichen Bergländern Vorderasiens, in denen vielerlei indogermanische und nichtindogermanische Kulturbeziehungen durcheinandergelaufen sind. Herodots Vermutung von der kleinasiatischen Herkunft der Etrusker kann also durchaus zutreffen; vielleicht sind sie identisch mit den berühmten Tirsa der biblischen Genesis, jenen alten Meistern des Erzbergbaus und des Schmiedehandwerks.

Und tatsächlich gibt es nun im etruskischen Italien zwischen Arno und Tiber eine ungeheuere Menge schönster Funde, die diese Vermutung zu bestätigen scheinen: Urnen, Vasen, Schwerter, Schmuck aus Gold, Silber, Elfenbein und Bernstein, dazu viele Gemälde in alten Grabkammern und zahlreiche Menschen- und Tierplastiken, alle von einem hohen, sehr eindrucksvollen Formbewußtsein getragen. Was die Römer aber von ihren Nachbarn erzählen, das gibt wieder ein ganz anderes Bild dieses küntlerisch zweifellos begaben Volkes. Sehr reich seien die Etrusker, sehr befähigt für Handel und Seefahrt, sehr üppig in ihrem Leben. Aber sie seien krasse Materialisten, dem Diesseits in der plattesten Art und Weise verhaftet und so völlig sittenlos, daß sie sich nicht scheuten, die Begattung öffentlich zu vollziehen. Ihre Frauen vollends seien nichts als eine bloße Sache, die allen zeugungsfähigen Männern gemeinsam gehöre. Das mag übertrieben sein. Tatsache ist aber, daß der Phallos von den Etruskern kultisch verehrt und daß seine Abbilder unter orgiastischen Ausschweifungen angebetet wurden. Tatsache ist, daß die ganze etruskische Kunst trotz ihres hohen Formniveaus doch viele grobmaterielle Züge aufweist.

Es will also nichts recht zusammenpassen in diesem verwischten Mosaik. Sicher ist aber wohl, daß die Etrusker aus Kleinasien eingewandert sind, in Bewegung gesetzt vielleicht durch die großen Völkerstürme, die zu Beginn des 2. Jahrtausends v. Chr. von Asien her gegen das Mittelmeer heranbranden. Sicher ist, daß sie, als dies geschieht, den Erzbergbau, die Bronzeherstellung, den Metallguß und die Kunst des Schmiedens von Grund auf beherrschen. Sicher ist, daß sie nach ihrer Vertreibung aus Kleinasien versucht haben, in Ägypten Fuß zu fassen. Die Überlieferung des Nillandes erzählt von ihnen als von den Turuscha. Aber die Pharaonen sind zu mächtig, sie schlagen die Fremden ab. So wenden sie sich nach Westen und springen über Malta und Sizilien nach Italien, wo ein Teil von ihnen ansässig wird. Der Rest scheint weitergewandert und über Sardinien und die Balearen bis nach Spanien gelangt zu sein, wo Tartessos, die alte Handelsstadt am Guadalquivir, durch diesen Zustrom neuen Blutes zur völligen Höhe seines Reichtums und seiner Macht aufsteigt.

Jedenfalls ist lange Zeit von Tartessos her und ebenso auch von Toskana aus, dem alten Tuscien, das heißt also Tuscer- oder Etruskerland, ein gewaltiger Bronzestrom durch Europa geflossen. Als sich etwa um 700 v. Chr. nach fünfhundertjähriger rücksichtsloser Ausbeutung die etruskischen Kupferlager zu erschöpfen begannen, mußten die nördlichen Nachbarvölker darangehen, ihre eigene Bronzeindustrie zu erweitern. Das geschah namentlich in Skandinavien, und bald wandern herrliche nordeuropäische Bronzewaren – Geräte, Schmucksachen und Waffen –

nach Südeuropa und Ägypten. In Mykene hat man sie ausgegraben und ebenso am Nil, und die buchhalterische Ordnungsliebe der ägyptischen Kämmerer hat sogar bei einigen ganz frühen Stücken für eine genaue Datierung gesorgt: in drei nordischen Bronzeschwertern aus dem Staatsschatz Sethos' II., zu Ende des 13. Jahrhunderts v. Chr, findet sich das Besitzzeichen des Pharao eingeschlagen.

Der deutsche Archäologe Friedrich Behn hat neuerdings wieder darauf hingewiesen, daß dies kaum ein Zufall sein könne und daß sich die Beziehungen zwischen Ägypten und dem fernen Norden «schwerlich auf äußerliche und stoffliche Dinge» beschränkt haben werden. Und als Beweis für seine Vermutung führt er die auffällige Tatsache an, daß in dieser Zeit nur in zwei Gegenden der «Oikumene», der bewohnten abendländischen Welt, ein reiner, mythologisch nicht verbogener und verfärbter Sonnenkult geherrscht habe: in Nordeuropa und im Ägypten Amenophis' IV., des berühmten Pharao Echnaton, der von 1375 bis 1358 v. Chr. auf dem Thron des Nillandes saß. Amenophis IV. hat bekanntlich versucht, an Stelle der traditionellen ägyptischen Vielgötterei eine reine Sonnenreligion einzuführen. Er hat kultische Darstellungen der Sonne veranlaßt, die das hohe Gestirn nicht in menschlicher Verkleidung zeigen wie in den gleichzeitigen Religionen des Ostens und Südens, sondern als kreisrunde Scheibe. Dasselbe geschieht in Nordeuropa. Der berühmte Sonnenwagen von Trundholm zeigt die Sonne auch seinerseits als kreisrunde Scheibe, die vom Sonnenroß über den Himmel gezogen wird. Und genauso wie in Ägypten finden sich auch im Norden der germanischen Bronzezeit Darstellungen, die die Sonne durch segenspendende, dem Menschen helfend entgegengestreckte Arme beleben. Von Amenophis-Echnaton wissen wir, daß er, vielleicht unter dem Einfluß seiner Gattin Nofretete, einer Prinzessin aus dem vorderasiatisch-indogermanischen Volk der Mitani, bewußt einen monotheistisch konzipierten Gottesglauben einführen wollte. Von den Germanen der Bronzezeit nimmt Behn an, daß ihre religiösen Überzeugungen gleichfalls monotheistisch waren und daß sie erst später zu jenem Polytheismus übergingen, der uns aus der Edda bekannt ist.

Man wird zugeben müssen, daß diese auffällige Gleichzeitigkeit so dezidierter religiöser Überzeugungen nachdenklich stimmt, und da hier ohnehin der Standpunkt vertreten wurde, daß auch die frühe Welt so freizügig, so beweglich und so bewegt war wie die unserer Tage, ist es nur schwer möglich, an Begriffe wie Zufall, Koinzidenz oder Konvergenz, diese beliebten Eselsbrücken der Archäologie, zu glauben – obwohl, und das sei festgehalten, nichts davon bekannt ist, daß ägyptische Seeleute nach Germanien oder germanische Händler in das Nilland gelangt seien.

Vielmehr dürfte der See-Fernverkehr um diese Zeit im wesentlichen wohl von den Phöniziern durchgeführt worden sein, jenem semitischen

Volk an der Ostküste des Mittelmeeres, das nach dem Untergang Kretas an dessen Stelle tritt. Der Küstenverkehr und anfangs auch die Spanien-Fahrt hat aber noch für geraume Zeit in den Händen der Etrusker gelegen. Von ihrem Hafen Spina aus, unweit vom heutigen Bologna an einem südlichen, heute völlig verlandeten Mündungsarm des Po gelegen, sind lange Zeit hindurch große Mengen von Waren befördert worden. Und neben Metallen oder kostbaren tropischen Produkten wie Kaurimuscheln, Korallen und Weihrauch haben später dann auch Getreide und andere Lebensmittel, hochwertige Massenwaren also, im frühen Seeverkehr schon eine erhebliche Rolle gespielt.

Auf Überlandstraßen wird das Transportrisiko für Massengüter freilich zu groß gewesen sein. Auch standen dabei wohl die Spesen langwieriger Reisen zu Lande in keinem Verhältnis zu dem Nutzen, der natürlich im Vergleich mit Luxusgütern viel geringer war. Das schließt den Transport recht erheblicher Lasten aber nicht aus, und obwohl es kaum befahrbare Wege gab, obwohl man vierrädrige Lastwagen noch nicht überall kannte und obgleich in gebirgigen Gegenden gebahnte Straßen nicht vorhanden waren, ist der Kaufmann dieser fernen Jahrhunderte durchaus in der Lage gewesen, auch große, schwere Güter zu bewegen. Dies folgt aus der Tatsache, daß sich überall in Europa, bis nach Schweden und Norwegen hin, sehr frühe massige Bronzegefäße oder sogar Kesselwagen finden, dazu bestimmt, als eine Art überdimensionierter fahrbarer Bowlenterrinen bei festlichen Gastereien den labenden Trunk zu allen Teilnehmern zu befördern. Ihr Gewicht ist meist so außergewöhnlich groß, daß immer wieder daran herumgerätselt worden ist, wie derlei klobige Last wohl transportiert worden sei.

Wieder steht man staunend vor einer unglaubhaft anmutenden technischen Leistung, wieder fragt man sich vergeblich, wie der frühe Mensch diese und andere Aufgaben bewältigt haben möge. Was soll man daraus machen? Soll man annehmen, daß unsere Vorfahren ganz einseitig begabt waren? Daß sie sozusagen in einer technisch prävalierten Epoche lebten und daß sie ihre eigentlichen geistigen Anlagen noch nicht recht entwickelt hatten? Dafür liegt kein überzeugender Grund vor, zumal die künstlerisch-formalen Schöpfungen dieser Zeit den rein technischen ganz ebenbürtig sind. Daraus kann man nur den Schluß ziehen, daß auch die nicht mehr sichtbaren Faktoren des frühgeschichtlichen Lebens schon völlig durchgebildet waren. Sie werden den uns gewohnten Formen und Inhalten weitgehend entsprochen haben, so daß man die gelegentlichen Rückblendungen in unserer Erzählung nicht als Filmtricks auffassen darf, sondern als Versuche, orientierende Parallelen zu ziehen. Und wie sich die Parallelen der Geometrie in der Unendlichkeit schneiden, so kreuzen sich unsere in der Unabänderlichkeit des Menschen, dem die Götter schon früh zubestimmten, aller Dinge Maß, ihr Anfang und ihr Ende zu sein.

Teil III

Das Gottesland Punt und die «Inseln der Seligen»

Die Puderdose der Prinzessin · Steuermann Knemhoteps Grabinschrift · Die Hyksos: «Führer der jungen soldatischen Generation» · Hatschepsut übernimmt die Macht · Reichskanzler Senmut und seine Außenpolitik · Der Weihrauch · Wo lag das Gottesland Punt? · Hatschepsut sagt Weihrauch und meint Gold · Der Fettsteiß der Fürstin von Punt · «Mahnworte eines ägyptischen Propheten» · Indische Handelswaren in Ostafrika · Das Hochseeschiff der Ägypter · Die «Byblos»-Fahrer · Salomo weiß, wo Ophir liegt · Das Geheimnis von Simbabwe · Rundfahrt um Afrika 600 v. Chr. · Ptolemäus glaubt nicht, daß die Sonne im Norden steht · Der Suezkanal der Pharaonen · Moderne Tiefseeforschung und der Untergang von Kreta · Tyrischer Purpur von den Kanarischen Inseln · Admiral Hanno in Kamerun · Werfen Gorillas mit Steinen? · Punier auf den Azoren

1

Wie ein veritabler Roman beginnt unser Kapitel mit einer schönen Frau oder richtiger: mit ihrer Puderdose. Freilich wissen wir nicht, wer diese Frau eigentlich war und wie sie ausgesehen hat. Und da seit ihrem Hinscheiden aus dieser irdischen Welt rund viertausendfünfhundert Jahre vergangen sind, wird es auch nicht möglich sein, die Personalien dieser Dame so korrekt aufzunehmen, wie das eigentlich bei einer so hochwichtigen Zeugin sein müßte. Wahrscheinlich ist sie eine Prinzessin gewesen. Angehörige jedenfalls der sechsten Pharaonendynastie, mit der man herkömmlicherweise die sogenannte «Alte Zeit» des Landes am Nil abschließt. Aber das ist in unserem Zusammenhang auch gar nicht so wichtig. Uns interessiert hier allein die Tatsache, daß sich in dem «Make-up»-Döschen, welches man ihr für die Reise in das Totenland mitgegeben hatte, noch ein Rest Rouge befand und daß dieses Rouge unter Verwendung von Antimon hergestellt war.

Das nächste Glied in der Beweiskette, die hier geschmiedet wird, ist die Inschrift auf dem Grab des Steuermanns Knemhotep aus Elefantine, einem kleinen Städtchen in der Nähe des ersten Nilkataraktes. Knemhotep ist etwa um 2300 v. Chr. gestorben, vielleicht einige Jahrzehnte nach unserer Prinzessin mit der Schminkdose, und man hat ihn sehr feierlich bestattet. Sicherlich ist er ein hochberühmter Mann gewesen. Näheres wissen wir aber auch von ihm nicht, und er wäre für uns auch ganz unwichtig, wenn nicht eben auf seinem Grabtäfelchen ehrfurchtsvoll verzeichnet wäre, er habe mit seinem Kapitän Hwj elfmal die weite Reise zum Gottesland Punt unternommen und hin wie zurück glücklich hinter sich gebracht.

Dieses war das zweite. Und das dritte Glied ist nun eine Königin persönlich, nämlich die Prinzessin Hatschepsut von Ägypten, die 1501 v. Chr. zur Macht gelangte und die knappe zwanzig Jahre später, wahrscheinlich von ihrem Gatten, gewaltsam beseitigt wurde. James H. Breasted, der berühmte Erforscher der Geschichte Ägyptens, hat Prinzessin Hatschepsut bewundernd «die erste große Frau der Weltgeschichte» genannt. Und das ist sie wohl auch gewesen. Aber das wird uns hier nicht zu kümmern haben. Für uns ist sie allein wichtig als Schnittpunkt der Linien, die von der Dame mit der Schminkdose und von dem Steuermann Knemhotep ausgehen. Gleichwohl werden wir uns mit der Prinzessin ein wenig eingehender beschäftigen müssen.

Hatschepsut war die Tochter und der einzige legitime Nachfahre Thutmosis' I., jenes großen Mannes, durch den Ägypten nach dem verheerenden Einfall der asiatischen Hyksos wieder zur alten Weltmachtstellung zurückgeführt wurde. Hundertfünfzig Jahre, von 1700 bis 1555 v. Chr., hatte das Fremdvolk über das Nilland geherrscht, und in diesen einundeinhalb Jahrhunderten war alles drunter und drüber gegangen. «Führer der jungen soldatischen Generation» hatten sich die Hyksos-Könige genannt. Man weiß, was das bedeutet, und es wird vermutlich eine ziemlich unruhige Zeit gewesen sein. Es ist recht einleuchtend, daß das ägyptische Volk nach der Vertreibung der Hyksos daher nichts sehnlicher wünschte als die Rückkehr geordneter Verhältnisse. Thutmosis I. ist als Herrscher also sicherlich der richtige Mann am richtigen Platz gewesen – aber obwohl Pharao, war er doch nur Prinzgemahl. Denn das Blut des Begründers der Dynastie, das echte, rechte Pharaonenblut, rollte allein in den Adern seiner Gattin, der Königin Ahmes. *Sie* war die Trägerin der Tradition, jener – wie man in bewegten Zeiten immer meint – von Gott gegebenen, mit dem Verstand nicht zu erfassenden ordnenden Kräfte, die Ägypten vor einem Rückfall in gesetzlose Epochen bewahren konnten.

Mit Sorgen werden die Ägypter konstatiert haben, daß aus der Ehe des Prinzgemahls kein männlicher Erbe, sondern als einziges Kind eine Tochter hervorging. Wenn Ahmes starb, dann erlosch das Recht des Prinzgemahls Thutmosis I. und ging ungeteilt auf seine Tochter Hatschepsut über. Was sollte daraus werden? Abermals ein *‹prince consort›*? Und wer gab dann die Gewähr dafür, daß der neue, irgendwie ja doch von unten heraufgekommene Träger der Macht nicht Unruhe stiftete, um seine Minderwertigkeitskomplexe zu kompensieren?

Hatschepsut selbst hat diesen gordischen Knoten nach dem Tode ihrer Mutter zerschlagen. Da Frauen in Ägypten nicht König sein durften, hätte ihr staatsrechtlich nur die Stellung einer «großen königlichen Gemahlin» zugestanden, und als sie den wesentlich jüngeren Thutmosis III. heiratete, einen Mann unbekannter Herkunft, hat sie sich zunächst auch damit begnügt. Gleichwohl lag die ganze Staatsmaschinerie von Anfang an in ihrer Hand, und nach einigen Jahren hat sie sich dann, gestützt auf ihren Kanzler und Günstling Senmut, selbst die Titulatur der Pharaonen zuerkannt. Sie war nun «König von Nord und Süd, Sohn der Sonne, Goldhorus, Schenker der Jahre, Göttin der Aufgänge, Herrin der Welt, Dame beider Länder, Beleberin der Herzen, sie, die Mächtige» – kurzum, *sie* war der Pharao, und dementsprechend ließ sie sich mit Kinnbart und kurzem Schurz, also in der überlieferten Tracht der ägyptischen Könige, abbilden.

Ihr Gatte, der Ägypten nach dem wohl kaum natürlichen Tode der Hatschepsut der glänzenden Machtstellung entgegenführte, hat die hochbegabte Frau an seiner Seite zeitlebens ingrimmig gehaßt. Als sie endlich beseitigt war, sind auf sein Geheiß alle ihre Bilder so gründlich wie möglich zerstört worden. Im Metropolitan-Museum in New York befindet sich zwar eine aus dem Totentempel der großen Königin stammende Statue der Hatschepsut. Ob sie tatsächlich aber so ausgesehen hat, wissen wir nicht, und im Grunde sind nur die Konturen ihrer zerkratzten und abgeschabten Reliefs an den Tempelwänden von Der-el-Bahri erhalten geblieben. Das wirkt wie ein Symbol. Denn viel mehr als ihren Umriß hat auch die Geschichtsschreibung von ihr nicht aufbewahrt.

Wir müssen den körperlichen Umriß dieser Dame, die immerhin einen Geschlechtswechsel an sich selber vollzogen hat, also selbst mit Leben füllen. Und da liegt nichts näher, als zu fragen: Was wird eine energische, kluge Frau tun, die als legitime Thronerbin gegen das herrschende Staatsrecht nach der Macht greift? Sie wird das tun, was in solchen Fällen immer getan wird. Sie wird sich mit den Legitimisten verbünden, denen die Tradition wichtiger ist als die Staatsräson. Dies ist das eine. Und das zweite ist: Sie wird versuchen, durch irgendwelche weithin sichtbaren eindrucksvollen Erfolge populär zu werden.

Da wird ihr Senmut, der Kanzler und Freund, geraten haben, mit einer großen Expedition zum Gottesland Punt weit unten im südlichen Meer an die alte Tradition der Pharaonen anzuknüpfen. Das sei eine Tat aus echtem, altem Pharaonengeist und werde einen tiefen Eindruck machen. Außerdem werde man die Priester für sich haben, und schließ-

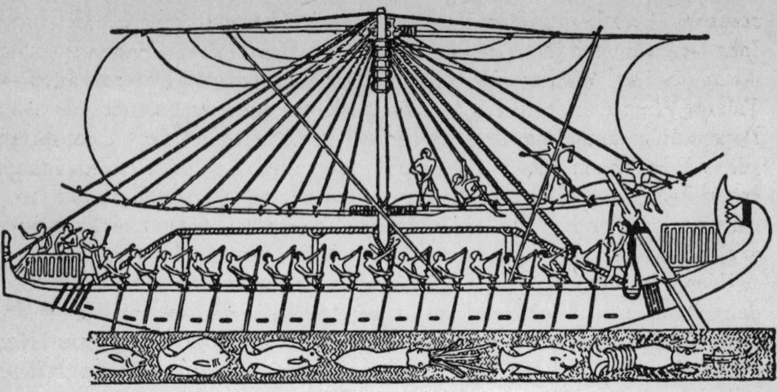

12. Expeditionsschiff der Königin Hatschepsut. Um 1493 v. Chr. unternahmen die Ägypter eine Entdeckungsfahrt in das Gottesland Punt. Darüber berichtet eine Inschrift am Tempel von Der-el-Bahri, aus dem auch die hier gebrachte Abbildung stammt.

lich sei es in dem primitiven, gegen die modernen ägyptischen Waffen wehrlosen Punt leicht, die nötigen publikumswirksamen militärischen Erfolge zu erzielen. Dies ist sicher einleuchtend gewesen. Ob Senmuts Vorschläge für Hatschepsut freilich ausschlaggebend waren, steht noch dahin. Frauen haben in der Regel für bloß theoretische Ableitungen nicht viel übrig, und da ihnen Gott einen rechnerisch-anschlägigen Kopf auf die zarten Schultern zu setzen pflegt, so sehen sie sich gern nach realen Argumenten um. Die lagen nun allerdings nahe. Nach den alten Berichten hatte man bei allen früheren Fahrten – die letzte war freilich vor mehr als fünfhundert Jahren erfolgt – in Punt reichlich Weihrauch erbeutet. Warum sollte das nicht auch jetzt möglich sein? War diese Chance aber gegeben, dann konnte man Senmuts Projekt durchführen, ohne Spesen machen zu müssen. Denn Weihrauch war teuer, teurer als Gold, und der Bedarf der Tempel und Priester ungeheuer groß. Vielleicht konnte man bei dieser Expedition sogar noch verdienen!

Fangen wir mit Hatschepsuts möglicherweise entscheidenden Nebengedanken an! Seit undenklichen Zeiten hatte Ägypten die Unmengen von Weihrauch, die es für den Gottesdienst, für die Zubereitung der Mumien und als ärztliches Medikament brauchte, mit Gold und Goldeswert von seinen östlichen Nachbarn jenseits des Roten Meeres eingehandelt. Um Zahlen zu nennen: gegen 1200 v. Chr. wurden allein dem Ammonstempel in der Götterstadt Theben in einem Jahr 2189 Krüge und 304093 Scheffel dieser köstlichen Spezerei geliefert – eine Menge, die so exorbitant ist, daß man zögert, sie in zeitgenössische Werte umzurechnen. Aber bei anderen Völkern des Altertums sah es genauso aus. Jahr um Jahr verbrannten zum Beispiel die chaldäischen Priester vor dem Altar des Baal Weihrauch im Wert von zehntausend Talenten. Tausend Talente Weihrauch zahlten die Araber als ständigen Tribut an Darius, den Perserkönig, und riesige heilige Speicher waren im Tempel zu Jerusalem für die Lagerung dieser Gottesgabe bestimmt. Zu Ehren des olympischen Zeus stieg Weihrauchdampf allüberall in Griechenland zum Himmel, und später ist er dann in unendlichen Schiffsladungen nach Rom gegangen.

Dieser Weihrauch kam von alters her aus Hadramaut in Südarabien, dem Hazarmavet der Bibel, einer kärglichen Wüstenei, die durch das duftende Harz reich und weltberühmt wurde. Dreitausend vornehmen Familien stand es kraft Erbfolge zu, die Weihrauchbäume anzuzapfen. Allerlei religiöse Vorschriften waren dabei zu beachten, und wem das Recht zugesprochen wurde, sich an der von März bis August dauernden Ernte zu beteiligen, der galt als heilig. Nach der Ernte wanderte der Weihrauch in schwerbewaffneten, sorgfältig bewachten Karawanen den Abnehmerländern entgegen, von Oase zu Oase, von Königsstadt zu Königsstadt. Anfangs führte der Weg, den diese Karawanen nahmen – eine ausgesprochene Weihrauchstraße, so wie es in Asien Seidenstraßen, in Europa Salz- und Bernsteinstraßen gab –, längs der Küste von Südarabien nach Westen. Im östlichen Yemen, wohl unweit vom heutigen Aden, schwenkte diese Straße nach Norden um und lief die Küste des Roten Meeres entlang. Hier teilte sie sich dann in einen westlichen Zweig, der nach Ägypten ging, und in eine östliche Route, die nach Babylon oder zum silbernen Syrien führte. Plinius hat diese Straße ziemlich eingehend beschrieben und auch berichtet, welche Unkosten je Kamellast von Hadramaut bis zum Mittelmeer entstanden: es waren 688 Denare, eine Summe, die etwa 1000 DM entsprochen haben dürfte.

Und mit dem Weihrauch wanderten auf dessen Straßen lange Jahrtausende hindurch die Kostbarkeiten und Luxusgüter Indiens und des Fernen Ostens. Auch diese Teile der Erde deckten ihren Weihrauchbedarf nämlich in Hadramaut. Mit den Monsunen kamen die indischen Händler vom Hafen Barygaza in Vorderindien, dem heutigen Broach, und gaben dort ihre Produkte in Zahlung: Teakholz aus Hinterindien, das im Yemen in die Paläste der reichen Händler eingebaut wurde, wohlriechende Narden vom Ganges und aromatisches Malabathrum (Zimtblätter) vom Himalaya, musselinartige Gewebe aus Taprobane (Ceylon) und Seide aus Çin (China), Schildpatt von Malakka, Indigo, Pfeffer, Diamanten, Smaragde, Saphire und Lapislazuli aus Indien. Und von Hadramaut aus oder von Aden begleiteten nun diese kostbaren fremden Dinge den Weihrauch auf seinem Wege nach Norden, nach Europa. Wenn er schließlich dort ankam, dann hingen 500 Prozent Gewinn daran, und so wurde das sterile, im Sand erstickte Arabien unermeßlich reich, es wurde zur «Arabia felix» der Römer, zum «glücklichen Arabien», es wurde zu dem prächtigen Traumland aus Tausendundeiner Nacht.

Auch Ägypten gehörte von alters her zu den Weihrauchkunden der Hadramaut-Araber, und es ist den stolzen Herren des Nillandes gewiß sehr schwer angekommen, Jahr für Jahr ungezählte Pfunde Goldes für die harzige Masse, die den Priestern so wichtig war, hergeben zu müssen. Freilich kauften die Beamten der Pharaonen nur von der besten Qualität und ließen sich nicht wie die Fremden in Syrien und jenseits des Meeres mit minderwertiger Ware abspeisen. Schon in den Warenverzeichnissen Ramses' III. um 1200 v. Chr. ist als Qualitätsmaßstab festgehalten, daß die Farbe des Weihrauchs wechseln dürfe von wolkigem Bernsteingelb zu einem wie Mondlicht blassen Jadegrün. Alles andere sei wertlos. Aber gerade diese Qualitäten waren besonders teuer, und es ist durchaus denkbar, daß deshalb bei der ägyptischen Staatsführung schon früh der Wunsch aufstieg, die Weihrauchversorgung in eigene Hände zu nehmen. Dafür kam aber nur die Küste Ostafrikas in Frage, wo es verschiedentlich auch Weihrauch gab.

Bereits um 3000 v. Chr. unter Pharao Sahurê, dem zweiten Herrscher der fünften Dynastie, wurde die erste Weihrauch-Expedition zum fernen Land Punt unternommen. Leider ist davon nicht eben viel überliefert. Sie hat vielleicht in Kosseir, im Norden des Roten Meeres, begonnen, wir wissen jedoch weder, wie lange sie unterwegs war und wann sie zurückkehrte, noch ob es bei einer einmaligen Fahrt geblieben ist. Auch wo Punt denn nun eigentlich lag, wird in den alten Berichten nicht gesagt. Voll Stolz ist dagegen vermeldet, welch großer Erfolg Sahurês Fahrt hatte. 80 000 Maß Myrrhen, 6200 Gewichte Elektron (eine Gold-Silber-Legierung) und 2600 Stück kostbare Hölzer seien von Punt nach Ägypten gebracht worden. Auch Zwerge hat Punt geliefert, Zwerge, die bei den religiösen Tänzen der Ägypter lange Zeit hindurch wichtig waren. Das berichtet eine Inschrift aus der Regierungszeit des Pharao Isesi, des vorletzten Herrschers der fünften Dynastie, etwa um 2400 v. Chr. Und nun scheint man im alten Ägypten Geschmack an den Punt-Expeditionen gefunden zu haben. Offenbar sind sie in den folgenden Jahrhunderten häufiger unternommen und wohl zu einer regelmäßigen Einrichtung geworden. Jedenfalls läßt die Grabinschrift des braven Steuermanns Knemhotep aus Elefantine, den wir zu Anfang unseres Kapitels vorstellten, gar keinen anderen Schluß zu.

Dann ist das aber alles in Vergessenheit geraten. Der regelmäßige Punt-Verkehr schlief ein, und nur unter Menhotep IV., um 2000 v. Chr., ist noch einmal eine Fahrt zum Gottesland erwähnt. Offenbar haben sich die Ägypter in dieser Zeit vom Meer ab- und dem Land zugewandt – einer noch unerforschten Gesetzlichkeit folgend, nach der im Leben der Völker meerfrohe und weltoffene mit weltabgewandten Perioden zu wechseln scheinen. Erst nach Überwindung des Hyksos-Einfalls unter dem tatkräftigen Thutmosis I. (1555 bis 1501 v. Chr.) hob sich das Wellental wieder.

Und damit sind wir nun zu Hatschepsut zurückgekehrt, zu den Ratschlägen ihres Kanzlers und zu ihren eigenen Überlegungen. Natürlich hat sie von Punt mehr gewußt als wir. Wenn auch seit der Einstellung der regelmäßigen Fahrten dorthin rund ein Dreivierteljahrtausend vergangen war: wo Punt eigentlich lag, dürfte festgestanden haben. Und damit sind Hatschepsut und ihr Kanzler uns Heutigen ein gut Stück voraus. *Wir* wissen das nämlich nicht ganz genau, und so hat denn seitens der Wissenschaft ein mit prächtigen Argumenten für und wider ausgestattetes Rätselraten um die Lage von Punt eingesetzt. Lange Zeit hindurch hat man es in Indien gesucht. Das ging aber nicht an, weil die von der Hatschepsut-Expedition überlieferten Zeitangaben nicht dazu paßten. Dann hat man an Erythrea gedacht, das schmale Küstenland im südlichen Roten Meer. Aber auch das war aus allen möglichen Gründen nicht paßrecht.

Und dann hat ein wissensdurstiger deutscher Professor indiskreterweise das Rouge jener schönen ägyptischen Dame, von der wir eingangs sprachen, näher untersucht und plötzlich sagen können, wo Punt gelegen haben muß. Wir hörten schon, daß unsere charmante Unbekannte in der Mitte der sechsten Dynastie gelebt habe, etwa gleichzeitig oder doch nur wenig früher als Steuermann Knemhotep, der Punt-Fahrer. Und wir hörten ferner, daß die «Make-up»-Farben unserer Zeugin unter Verwendung von Antimon hergestellt worden waren. Nun weiß man aber, daß die großen Antimonvorkommen in Persien und Kleinasien erst sehr viel später aufgefunden wurden. Und ebenso sind auch die nord- und westafrikanischen Antimonlager erst in Zeiten entdeckt worden, in denen unsere ägyptische Schönheit längst zu Moder und Staub verfallen war. Sonst gibt es aber in Afrika Antimon nur noch in Transvaal und in Südrhodesien, ganz besonders im Unterlauf des Sambesi. Wenn also in Ägypten vor viertausendfünfhundert Jahren, zur gleichen Zeit, in der Knemhotep nach Punt fuhr, Antimon verwendet wurde, dann kann es nur vom Sambesi stammen.

Zugegeben: das klingt äußerst unglaubhaft und wie ein Seemannsgarn. Denn die Entfernung von Nordägypten zum Sambesi beträgt in reiner Küstenfahrt an die 8000 km. Und das ist eine so gewaltige Strekke, daß man mit Fug und Recht fragt, wie sie in so frühen Zeiten überhaupt bewältigt werden konnte. Hinzu kommt noch, daß sich das Antimon nicht etwa in der Küstenregion findet, sondern 500 km entfernt mitten im wilden Landesinnern, im Maschona-Land, und rings um den kleinen Minen- und Hüttenort Gwelo. Soll man annehmen, daß die Ägypter, lediglich um Antimon zu graben, eine Weltreise unternommen haben? Zwar kann man dieses Mineral benutzen, um Kupfer zu härten und Bronze herzustellen. Das ist in geringem Umfang in Ägypten tatsächlich auch geschehen. Entscheidend und für die Sambesi-Fahrten bestimmend war aber nicht Antimon, sondern Gold. Von alters her wird nämlich im Maschona-Land Gold gewaschen und gegraben, und als man den berühmten Papyrus Harris gefunden und entziffert hatte, ein Dokument, das aus der Regierungszeit Ramses' III. berichtet, der Pharao habe um 1180 in einem weit entfernten südlichen Goldland eine große ägyptische Bergmannskolonie angelegt, da hat man wohl mit Recht an die Goldvorkommen des Sambesi gedacht. Wahrscheinlich haben zahlreiche ägyptische Prospektoren schon zur Zeit der fünften Dynastie, noch vor Sahurês Fahrt nach Punt, die Küsten Ostafrikas durchkämmt, haben zufällig oder von den Eingeborenen aufmerksam gemacht die Goldseifen des Sambesi ausgewaschen und damit den Anstoß gegeben zu den Expeditionen der fünften und sechsten Dynastie, ebenso aber auch zu dem Unternehmen der Hatschepsut.

Daß sich die Dinge so zugetragen haben, wie hier berichtet, erscheint durchaus einleuchtend.

Freilich, zur See hat solch eine Fahrt nur glücken können, wenn die Straße von Aden frei blieb und wenn die Sabäer in Südarabien, ein Volk hervorragender Seefahrer, durch innere Wirren geschwächt, nicht in der Lage gewesen sind, den Seeweg nach Süden zu blockieren. Dies ist mehr als einmal geschehen in den langen Zeiträumen seit der fünften Dynastie, und wahrscheinlich erklärt sich damit, weshalb die ägyptischen Punt-Fahrten so sporadisch und sozusagen ratenweise erfolgt sind. Natürlich wird man immer wieder versucht haben, die Seeblockade der Sabäer auf dem Landwege zu umgehen. Die moderne Kap–Kairo-Straße der Engländer hat zweifellos hochehrwürdige, sehr alte Vorfahren, und man darf als sicher unterstellen, daß die ägyptischen Pharaonen nichts unterlassen haben, um auf dem Landweg zum Sambesi durchzubrechen. Ob sie damit Erfolg gehabt, ob es ihnen tatsächlich gelungen ist, zwischen den ägyptischen Bergmannskolonien im Maschona-Land und der alten Heimat eine Karawanenverbindung herzustellen, ist unbekannt. Daß die Pharaonen aber auf dem Wege über den Tanganjika- und den Njassa-See bis in die unmittelbare Nähe des Kongo gelangt sind, beweist die Tatsache, daß der altägyptische Gott Seth den Kopf eines Okapi trägt, eines erst 1901 wiederentdeckten Tieres aus der großen alten Familie der Giraffen. Und da es, wie der deutsche Zoologe Eberhard Stechow vor einigen Jahren ausführte, feststeht, daß das Okapi auch in grauen Vorzeiten kaum weiter nach Norden vorgedrungen sein kann als in der Gegenwart, bleibt nur der Schluß übrig, daß die Ägypter schon in sehr frühen Zeiten mindestens bis zum Kongo vorgedrungen sein müssen.

Zweifellos waren Landexpeditionen aber höchst mühselig, und sicher werden die Ägypter alles darangesetzt haben, sich den Seeweg nach Punt

13. Träger mit Myrrhenbäumen von der Punt-Expedition der Hatschepsut. Abbildung aus dem Tempel von Der-el-Bahri.

offenzuhalten. Wir werden später noch sehen, daß ihre schiffsbautechnischen Möglichkeiten groß genug gewesen sind, um weite Fahrten bereits in sehr frühen Zeiten durchführbar zu machen. Könnten wir die große Königin selbst danach fragen, wo Punt zu suchen sei und wie man dorthin gelangt, so würde sie uns wohl auch eine ganz eindeutige Antwort geben. Denn sie hat natürlich genau gewußt, wo Punt lag. Sie hat auch ganz genau gewußt, was es dort zu holen gab. Und wenn sie von Weihrauch, Myrrhen und anderen heiligen Dingen sprach, so hat sie, genau wie später einmal jene Leute, die von Christus redeten und dabei an Kattun dachten, Gold gemeint. Nach ihren eigenen Bekundungen ist der Ertrag ihrer Punt-Expedition in erster Linie vorgesehen gewesen für die Errichtung und königliche Ausstattung ihres Tempels in Der-el-Bahri, in dem sie ihren Vater, Thutmosis I., beizusetzen gedachte und in dem sie selbst einmal ruhen wollte. Sicherlich haben bei diesen Plänen auch Gefühle der Liebe und Bewunderung für den großen Mann, der ihr Vater war, mitgesprochen. Und wenn man in Der-el-Bahri liest: «Ich habe ihm einen Punt gemacht in seinem Garten, wie er es mir befohlen hatte ... Er ist groß genug, sich darin zu ergehen», so klingen in diesem beglückten Hinweis auf die einunddreißig in Holzkübeln eingefaßten Myrrhenbäume, die Hatschepsuts Schiffe aus dem afrikanischen Süden mitbrachten, ganz zweifellos echte Herzenstöne mit. Aber die Prinzessin ist eine sehr kluge Frau gewesen und hat daher sicherlich gewußt, daß die prunkvollen Pyramiden des Alten Reichs ohne den gewaltigen Goldreichtum der östlichen Wüste Oberägyptens nie hätten errichtet werden können. Nun hatte sie es, gerade weil sie in so vielem auf die Vorbilder der Alten Bezug nahm, besonders nötig, großartige religiöse Grabanlagen zu schaffen. Aber seit der zwölften Dynastie, ungefähr von 2000 v. Chr. an, waren die oberägyptischen Goldvorkommen bis zur Erschöpfung ausgebeutet worden. Ihr Vater hatte mit den etwa vierzig Tonnen Gold, die er aus seinen Bergwerken hervorholte, auch die letzte Unze ergraben. Sollte jetzt noch in wirklich königlichem Maßstab gebaut werden, dann mußte man das Gold hierfür aus fernen, fremden Landen heranschaffen.

Wenn man in Hatschepsuts schwieriger Lage dergleichen ins Werk setzte, dann konnte das nur geschehen, weil man genau wußte, wo Punt lag, weil man ebenso genau wußte, daß es dort Gold gab, und weil man mit guten Gründen annehmen durfte, daß die Reise keine unüberwindlichen Schwierigkeiten in sich barg. Natürlich haben Hatschepsut und ihr Kanzler nicht von Gold gesprochen. Aber solange Menschen auf der Erde leben, ist Gold noch immer das kräftigste aller Argumente gewesen. Gold, viel Gold war auch für Hatschepsut das wirksamste Argument ihrer Machtausübung. Nach Gold also ist ihre Punt-Expedition von 1493 v. Chr. ausgefahren.

Für dieses Jahr nämlich ist die Abfahrt der fünf großen Dreißigruderer bekundet, die Hatschepsut von Kosseir aus nach Punt entsandte. Die nautischen Besonderheiten des Roten Meeres, in dem von Anfang Juni ab nördliche Winde zu wehen beginnen, machen den Termin der Abreise für den Sommer 1493 naheliegend. Bis zum Spätherbst mußten die Schiffe zum Kap Guardafui gelangt sein – eine Strecke von etwa 3000 km –, dann setzte der Nordostmonsun ein, dessen Ausläufer die Flotte in gleichmäßiger Fahrt nach Süden trieben. Nicht das geringste ist davon überliefert, daß man das Geheimnis der Monsune bereits so früh gekannt hätte. Aber die regelmäßige Punt-Fahrt der sechsten Dynastie hat ja geradezu zwangsläufig zur Ausnutzung der Monsune führen müssen. Und auch Hatschepsuts Seeleute wären kaum imstande gewesen, den Sambesi zu erreichen, wenn ihnen der Monsun nicht zu Hilfe gekommen wäre.

Wann die große Expedition der Königin wieder zurückgekehrt ist – wohl kaum vor 1491 –, wissen wir nicht. Aber *wie* sie dann wieder in Kosseir an Land gegangen ist: voller Erfolg und sicherlich im stolzen Bewußtsein, sich der großen Vorfahren mit ihren weltweiten Fahrten würdig erwiesen zu haben, das ist überliefert. An den Wänden des Tempels von Der-el-Bahri hat uns Hatschepsut das in langen Inschriften selbst mitgeteilt: «Ganz voll wurden die Schiffe beladen mit den kostbaren Erzeugnissen des Landes Punt und mit seinen vielerlei wertvollen Hölzern, dazu mit sehr viel wohlriechendem Harz und jungem Weihrauch, mit Mengen von Ebenholz und Elfenbein, gefaßt in reines Gold vom Lande Aamu, dazu wohlriechendem Harz, Ahem-Weihrauch, heiligem Harz, zur Freude der Augen bemalt mit hundsköpfigen Affen, dazu langschwänzige Affen und Windhunde, ferner Leopardenfelle und Landeseingeborene mit ihren Kindern ...»

Und die Künstler der Königin haben das Ereignis am Tempel von

14. Der Fürst und die Fürstin von Punt empfangen den ägyptischen Gesandten.

Der-el-Bahri im Bild festgehalten, mit den Schiffen der Flotte, mit den eingetopften Myrrhenbäumchen, mit Säcken und Kisten, mit Affen und Hunden und mit dem Konterfei des Fürsten und der Fürstin von Punt, die Hatschepsuts Leute eingefangen hatten. Und wie es sich für südafrikanische Eingeborene gehört, hat man auch den gewaltigen Fettsteiß Ihrer Hoheit der Fürstin von Punt mit ins Bild gebracht, deutlich und unverkennbar. Dies ist, wie der deutsche Geograph und Zoologe Eberhard Stechow unlängst dargelegt hat, natürlich ein Argument mehr dafür, daß die ägyptischen Punt-Fahrer ziemlich weit in den afrikanischen Süden vorgedrungen sind. Die Fürstin von Punt ist offenbar eine Hottentottendame gewesen und sicherlich eine sehr schöne Frau. Für unsere Begriffe eignet sie sich freilich als «Pin-up-girl» nicht besonders, und wir werden diese Miss Punt aus dem Jahre 1493 v. Chr. in unserem Bericht daher ein wenig vernachlässigen müssen.

Ob Hatschepsut mit ihrer großen Punt-Fahrt die politischen Ziele erreicht hat, die sie sich zweifellos hat setzen müssen, wissen wir nicht. Jedenfalls ist nicht überliefert, daß sie die Expedition wiederholt hat. Und das wäre doch naheliegend gewesen, wenn bereits die erste Unternehmung den Erfolg hatte, den ihre Staatspropaganda behauptete. Aber vielleicht war ihr Versuch, an die Taten der Altvordern anzuknüpfen, um populär zu werden, ohnehin ein Versuch am untauglichen Objekt, weil es den Ägypter vom alten Schlag, an den sie ja appellieren mußte, gar nicht mehr gab. Wenige Jahrhunderte vor Hatschepsuts eigener Zeit waren die ‹*Mahnworte eines ägyptischen Propheten*› erschienen, in denen es hieß: «Die bis dahin arm gewesen, wurden reich, und der, der reich gewesen, wurde arm, so daß er nichts mehr hatte. Die, die Kleider zu tragen gewöhnt waren, gingen nun in Lumpen, und wer nicht einmal für sich selbst hatte weben können, der besaß nun feines Linnen. Wer nichts vom Harfenspiel verstanden hatte, der nannte jetzt eine Harfe sein eigen, und der, vor dem man nie gesungen, pries jetzt die Göttin der Musik. Frauen, die keinen Kasten hatten für ihre Kleider, waren nun stolz auf ihre Truhen. Die, die ihr Gesicht im Wasser hatten spiegeln müssen, hatten jetzt Spiegel an der Wand hängen ... Das Lachen aber war zugrunde gegangen in der Welt, man hörte es nicht mehr ...»

Es liegt auf der Hand, daß man im Zeichen solcher sozialer Umwälzungen mit der Beschwörung überlieferter und von der Tradition geheiligter Wertsetzungen nicht viel hat ausrichten können. Mit konservativen Parolen wird kaum etwas zu erreichen gewesen sein, ganz besonders deshalb nicht, weil der Träger der höchsten Gewalt durch seine Usurpation selbst ein Beispiel gegeben hatte für Ungesetzlichkeit und Unordnung.

Aber es geht uns ja hier nicht um geschichtliche, sondern um geographische Abläufe, so nahe sie sich in den Vor- und Frühzeiten auch zu berühren pflegen. Darum werden wir nicht weiter danach zu fragen haben, weshalb die Punt-Fahrten nicht wiederholt wurden und welche Gründe die große Frau, von der wir hier so lange sprachen, dann doch auf das Schafott, vor den Giftbecher oder den scharf geschliffenen Dolch führten. Vielleicht hat die Liebe zu ihrem Freund Senmut sie schwach gemacht und überwältigt. Wir wollen es ihr wünschen, weil so das herrscherlich-strenge Gesicht der Gott-Königin auch tragisch-menschliche Züge bekäme.

Der strenge Ablauf unserer Darstellung zwingt uns, Hatschepsut zurückzulassen. Nur die Schlußworte haben wir noch zu zitieren, mit denen sie in ihrem Tempel der Punt-Fahrt gedachte: «Genau und gerecht waren die Gaben von Tehuti, die die Königin für ihren Vater, den Ammon von Theben, bereitet hatte mit dem Befehl, abzuwägen Silber, Gold, blaue Steine, grüne Steine und alle anderen kostbaren Gesteine...»

Es ist klar, daß es sich bei diesen «kostbaren Gesteinen» nur um Edelsteine handeln kann, nämlich um indische Smaragde und Türkise, um Lapislazuli und Saphire, um dieselben ursprünglich meist aus Ceylon stammenden Kostbarkeiten, die von Hadramaut und Aden aus schon auf dem Landwege nach Ägypten gekommen waren. Da dies die erste Meldung über das Vorhandensein indischer Handelsprodukte an der ostafrikanischen Küste ist, wird man gut tun, keine allzu weitgehenden Folgerungen daran zu knüpfen. Immerhin ist es durchaus möglich, daß die Kenntnis der Monsune, jener gleichmäßigen Winde, die die weiten Meeresräume zwischen Indien und Afrika in unermüdlichem Wechsel füllen, viel älter ist, als uns die Geschichte überliefert hat. Die Tatsache, daß der Name der Insel Sokotra, östlich von der Somali-Halbinsel, aus dem Sanskrit stammt – man leitet es vom altindischen *dvipasukhatara*, das heißt glückliche Insel, ab – und daß der Hafenort Sofala, südlich der Sambesimündung, aus dem Sanskritwort *supara*, Land der schönen Küste, entstanden ist, dürfte dafür sprechen. Aber die Frühgeschichte des Seeverkehrs auf dem Indischen Ozean ist zur Zeit noch so ungeklärt, daß wir ihre Erörterung den Spezialdisziplinen und Spezialuntersuchungen überlassen müssen.

Dagegen wird uns ein anderes Thema noch kurz beschäftigen, die Frage nämlich, ob das frühe Ägypten denn überhaupt schon Wasserfahrzeuge besessen habe, die hochseefähig und imstande gewesen sind, weite Entfernungen zurückzulegen. Diese Frage ist um so berechtigter, als einmal Fahrten bis hinunter zum Sambesi ein erhebliches schiffsbautechnisches und seemännisches Können voraussetzten, und zum anderen, weil das waldlose Ägypten ein Land ohne Langholz war. Wie sollte ein solches Land zu hochseefähigen Wasserfahrzeugen, wie sollte ein solches Volk auf die See kommen? Und doch ist dies der Fall gewesen.

Zweifellos sind die Ägypter schon lange Jahrtausende vor Beginn unserer Zeitrechnung auf See gegangen. Zahlreiche Vasenbilder und Wandreliefs aus vordynastischer Zeit, also vor 3500 v. Chr., namentlich die so lebendigen Darstellungen von Hierakonpolis mit den Wiedergaben der verschiedenartigsten Wasserfahrzeuge beweisen, eine wie große Rolle das Schiff im Nilland gespielt hat. Gewiß wird die erste Schiffahrt der Ägypter Flußfahrt gewesen sein. Aber Vater Nil ist nicht immer der ruhige, sanfte, still dahingleitende Strom, er kann vielmehr, besonders in seinem Unterlauf, recht unruhig und wild werden, und dann entsteht manchenorts ein Seegang, der nicht ungefährlich ist.

Vermutlich ist in Ägypten schon in der zweiten Hälfte des 4. Jahrtausends v. Chr. der Übergang von der Fluß- zur eigentlichen Seefahrt erfolgt. Sehr drängende Antriebe dazu erwuchsen für die Ägypter

15. Ägyptisches Schiff, 1700 bis 1400 v. Chr.

aus dem großen Holzmangel des Sandlandes um die Pyramiden, und man darf annehmen, daß das kupferhaltige und waldreiche Sinai-Gebirge eines der ersten Fahrtziele der altägyptischen Hochseeschiffe gewesen ist. Dann wurde Phönizien entdeckt, dessen Libanon-Zedern ein hervorragendes Bauholz lieferten, und damit beginnt die Entwicklung jenes leistungsfähigen, wetterfesten Seefahrzeugs, dessen Ägypten für seine weltweiten Fahrten bedurfte.

Während die Nilfrachter schon in sehr alten Zeiten beträchtliche Abmessungen aufweisen – Vasenbilder aus dem 5. Jahrtausend zeigen bereits Riesenschiffe mit mehr als fünfzig Ruderern an jeder Bordseite, Fahrzeuge also, die 60 und 80 m Länge gehabt haben dürften –, hält sich das spätere ägyptische Hochseeschiff in vernünftigen Grenzen. Es ist etwa 30 m lang und hat bei einer Breite von etwa 6,5 m einen Tiefgang von ungefähr 1,25 m gehabt, so daß seine Wasserverdrängung 80 bis 85 t betragen haben dürfte. Es war als Ruder- und Segelschiff konstruiert und für die Fortbewegung auf ebenem Kiel gebaut. Unter Rudern oder mit achterlichem Wind wird es recht ansehnliche Geschwindigkeiten erreicht haben. Rahgetakelt ist es indessen kaum in der Lage gewesen, etwa in unserem Sinne gegen den Wind aufzukreuzen. Aber man darf die antike Schiffahrt ja überhaupt nicht mit modernen Maßstäben messen. Jeder sportliche Ehrgeiz hat den Kapitänen der alten «Windjammer» völlig ferngelegen. Bei günstigem Wind wurde gefahren, bei ungünstigem blieb man im Hafen vor Anker.

Das ursprüngliche ägyptische Schiff, das unter notgedrungenem Verzicht auf Langholz meist aus kurzplankigem Material gebaut war, wird im Wellendurchgang der Hochsee manche Havarie erlebt haben. Kommen Fahrzeuge dieser Art in unruhiges Wasser, so erweist sich, daß ihre Verbände den dabei auftretenden Belastungen nicht immer gewachsen sind. Deshalb vielleicht haben die altägyptischen Schiffbauingenieure ihren Hochseefahrzeugen jene muldenförmige Gestalt gegeben, die auf der obenstehenden Abbildung angedeutet wird. Es ist durchaus denkbar, daß sich eine solche nach unten gebauchte Linienführung im Wellental günstig ausgewirkt hat. Angeblich ist den ägyptischen Kapitänen aber noch ein anderes Hilfsmittel bekannt gewesen. Nahte ein Sturm, dann haben sie, wie überliefert ist, um ihr Fahrzeug an Bug und Heck einige Tauwickel gelegt und diese auf und über Deck durch Spanntaue verbunden. Wenn diese Spanntaue mittels einiger Handspaken zusammengedreht wurden, dann soll der Bootskörper dadurch eine so große Spannung erhalten haben, daß er selbst schwere Grundseen aushielt. Da die Wellen des Mittelmeeres viel kürzer zu sein pflegen als im Atlantischen Ozean, werden Durchhangbelastungen selten aufgetreten sein. Daß Bug und Heck des Bootskörpers auf Wellenkämmen gelegen haben, während die Mitte des Fahrzeugs frei über dem Wellental schwebte, wird nicht häufig vorgekommen sein. Viel gefährlicher sind offenbar jene Situationen gewesen, in denen das langgestreckte, schmale ägyptische Schiff den steilen Wellenkamm emporritt, so daß der Bug frei über dem nachfolgenden Wellental hing. Da mag es dann geschehen sein, daß die Boote mitten auseinandergebrochen sind.

Man hat gemeint, derlei Gefahren hätten auch den gleichfalls sehr scharf und schnittig gebauten Drachenschiffen der Wikinger gedroht, und behauptet, die Fahrensmänner des Nordens hätten sich durch Tauwickel und Bespanntaue genauso geholfen wie die ägyptischen Seeleute. Aber das trifft wohl nicht zu. Denn einmal haben die Boote der Nordmänner ja aus Langholz bestanden, und andererseits waren sie im Gegensatz zu den ägyptisch-römischen Schiffen geklinkert. Die einzelnen Planken des Fahrzeugs griffen dachziegelartig übereinander und waren durch zahllose Dübel oder Nieten miteinander verbunden. Das gab diesen Booten eine Längsfestigkeit, die sie jeder Beanspruchung gewachsen sein ließ.

Der Fahrensmann unserer Tage braucht sich mit solchen Überlegungen nicht zu belasten. Er wird gar nicht auf den Gedanken kommen, daß die antiken Schiffsingenieure mit solchen Problemen zu kämpfen hatten. Gleichwohl sind manche ihrer Leistungen auch heute noch einfach unbegreiflich. So wissen wir beispielsweise, daß etwa 1500 v. Chr. zwei je 700 t schwere, etwa 30 m hohe Obelisken vom Hatschepsut-Tempel in Karnak in einem Riesenfrachter nilabwärts transportiert worden sind. Man muß danach annehmen, daß dieses Schiff etwa 1500 t. Wasserverdrängung hatte. Wie es in so frühen Zeiten möglich gewesen ist, einem solchen Fahrzeug allein durch eine Holzkonstruktion so viel Festigkeit zu geben, daß es nicht schon am Eigengewicht zerbrach, ist völlig unklar.

Wir haben diesen schiffsbautechnischen Exkurs hier natürlich nicht von ungefähr unternommen. Die Fahrten nach Punt – mag man es nun am Sambesi suchen, was vielleicht das wahrscheinlichste ist, mag man der älteren Ansicht zuneigen, das heilige Land habe südlich von Kap Guardefui, im heutigen Somaliland, gelegen – sind eine so ungeheuere Leistung gewesen, daß sie hochentwickelte Seefahrzeuge zur absoluten Voraussetzung haben. Aber diese Fahrten stehen nicht etwa allein und als vereinzelte Gewaltunternehmen da. Längst wissen wir, daß die Ägypter unter eigener Flagge sowohl wie unter der von Kreta schon um die Mitte des 3. Jahrtausends vor unserer Zeitrechnung nach Spanien gefahren sind, um am Zinn- und Bronzehandel teilzunehmen. Und ebenso haben ägyptische Schiffe immer wieder auch die Küsten Griechenlands und Phöniziens angesteuert. Namentlich die Fahrt zur kleinasiatischen Küste hat sich sozusagen von selbst angeboten, so daß wir über alle ihre Bedingungen hervorragend unterrichtet sind. Im Sommer herrschen an der ägyptischen Küste bekanntlich Südwest- und Südwinde vor, die die Schiffe gewissermaßen automatisch nach Phönizien und Syrien tragen. Außerdem geht längs der syrischen Küste eine ziemlich kräftige, nordgerichtete Strömung, so daß es nicht schwer gewesen ist, die rund 300 Seemeilen betragende Strecke von der Nilmündung bis zum Hafen Byblos in Mittelphönizien in viermal vierundzwanzig Stun-

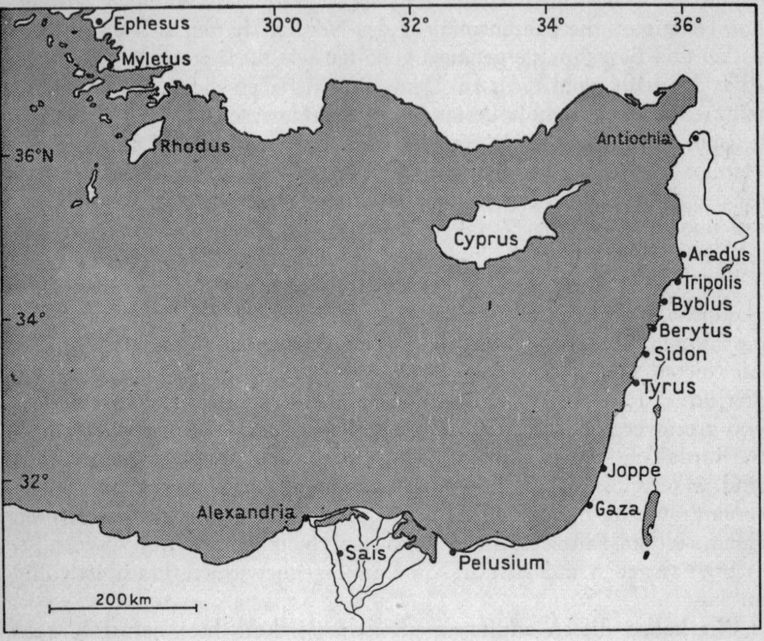

III. Das phönizische Küstenland. Aradus stellt die Nordgrenze, Gaza die Südgrenze des phönizischen Einflusses dar. Byblus und Gaza sind die Vororte des Ägypten-Handels, Tyrus und Sidon die des Fernhandels. – Tyrus, eigentlich Tschor, Felsen, verdankt seinen Namen den flachen, der Küste etwa 500 m vorgelagerten Klippen, die durch große Molen später in den Hafen eingefügt wurden. Seinen Aufstieg förderten neben dem Handel seine Metallindustrie und seine Purpurfärbereien. – Das südliche Joppe, ein auf leuchtenden Kalkfelsen gebauter Ort – Joppe, «das Weiße, Leuchtende» –, hat Färbereien und Glashütten und gehört zum Machtbereich von Tyrus. – Berytus – beêroth, die Brunnen –, zu Sidon gehörend, wird als blühender Ort und Hafen für Damaskus erst unter Augustus genannt: Colonia Julia Augusta Felix Berytus. – Byblus, wohl ebenso alt wie Sidon, erhielt seinen Namen vom Stadtgott Gebâl, arabisch Djebêl. Durch die Nähe zum Libanon bildete es den Hauptumschlagplatz für den ägyptischen Import von Schiffbauholz. Durch eine von Sidon, Tyrus und Aradus neugegründete Stadt Tripolis = Dreistadt wurde es später wirtschaftlich zurückgedrängt. – Aradus, von phön. Arvâd = Zuflucht, war an längerer Sandküste der einzige brauchbare Hafen.

16. Kriegsschiff der Phönizier, 11 bis 8. Jahrhundert v. Chr.

den zu überwinden, eine Fahrtdauer, die einer Reisegeschwindigkeit von drei bis vier Seemeilen je Stunde entspricht. Da auch zu Land, meist freilich auf kriegerischen Expeditionen, immer wieder Verbindungen zwischen Ägypten und Phönizien bestanden haben, vermischt sich die ägyptische und phönizische Entdeckungsgeschichte sehr bald so völlig, daß beide Völker zur See oft zusammen auftreten und daß dann nicht mehr zu unterscheiden ist, wer der Initiator einer Expedition gewesen ist und wer sie durchgeführt hat. Die beiden nächsten Fahrten, die wir hier zu nennen haben, ehe wir uns dann der eigentlichen klassischen Zeit der phönizischen Seeherrschaft zuwenden, sind jedenfalls unter Duldung der Ägypter und mit ihrem Vorwissen oder sogar direkt in ihrem Auftrag von Phönizien unternommen worden.

Anfänglich haben die hochzivilisierten Ägypter vom phönizischen Nachbarvolk, einem offenbar ganz primitiven Stamm von Wüstennomaden, die von sich aus mit der See auch nicht das geringste anfangen konnten, recht despektierlich gesprochen. «Elender Asiate», hieß es in ihren Urkunden immer wieder. «Übel ist der Ort, wo er wohnt, unzugänglich durch die vielen Bäume und mit schlechtem Wasser. Auch sind die Wege dort wegen der Berge ganz miserabel. Nie wohnt er am selben Ort, und seine Füße wandern ...» Aber das schöne Zedernholz, das man von Byblos holte, um Schiffe zu bauen und Särge für die Vornehmen des Nillandes, das Zedernöl, das so hervorragend brauchbar war für die Einbalsamierung der Toten, dazu endlich die Gewöhnung an die Lebensbedingungen in Phönizien haben dazu geführt, daß sich die kritische Einstellung der ägyptischen Seeleute und Handelsherren abschwächte.

Andererseits haben sich die semitischen Nomadenvölker, die einst von unbekannten innerasiatischen Wanderbewegungen an die östliche Küste des Mittelmeeres gedrückt worden waren, offenbar rasch akklimatisiert. Anfänglich mögen sie freilich auf einer Kulturstufe gestanden haben, die die von Punt kaum übertraf. Und so tragen denn auch die ersten phönizischen Schiffe, die wir von ägyptischen Abbildungen kennen, noch völlig das Gepräge ihrer konstruktiven Abhängigkeit von den bewunderten Vorbildern aus dem Nilland. Allmählich lösen sie sich davon, und bald kommt es soweit, daß die in Byblos von phönizischen Konstrukteuren für ägyptische Rechnung gebauten «Byblos-Fahrer» vom ägyptischen Schiff erheblich abweichen.

Man sieht, diese Fahrzeuge sind für die Seeschiffahrt, nicht für den Flußverkehr gebaut. Wesentlich gedrungener als die langen, schlanken ägyptischen Schiffe, sind sie im Seegang des offenen Meeres nicht entfernt den Spannungsbelastungen ausgesetzt, die den Schiffbauingenieuren des Pharaonenreiches so viel Kopfschmerzen machten. Breit und bauchig ausladend schmiegen sich diese Boote in die Wellentäler, wie Korkstücke auf dem Wasser liegend. Ein hohes, staketenartiges Schanzkleid schützt die Mannschaft vor überlaufenden Brechern, an Bug und Heck scheinen sich bereits in der Frühzeit Ansätze zu einer Deckskonstruktion befunden zu haben, und wenn auch die hochgezogenen Steven, die Art der Steuerruder-Anbringung, die Form der Besegelung und die die Außenhaut durchbrechenden Decksbalken unverkennbar auf Entlehnungen von ägyptischen Vorbildern hindeuten: die phönizischen Konstrukteure hatten gut beobachtet und manchen Nachteil der ägyptischen Schiffstypen vermieden.

Bald werden sich die phönizischen Werftingenieure dann auch mit der Konstruktion vollgedeckter Schiffe beschäftigt haben. Freilich waren solche Fahrzeuge nur beschränkt ruderfähig, und man braucht nicht viel Phantasie, um sich auszumalen, welche Kämpfe in den Konstruktionsbüros Phöniziens zwischen den Anhängern des Ruder- und Segelschiffes und den Parteigängern des reinen Seglers getobt haben mögen. Gesiegt hat jedenfalls die moderne Richtung, und die Schiffe, auf denen die Reisen, von denen wir nun hören werden, durchgeführt wurden, sind sicherlich vor allem Segler gewesen: 30 bis 40 m lang, 8 bis 10 m breit, mit einem Tiefgang von etwa 2,5 m und dementsprechend einer Wasserverdrängung bis etwa zu 400 t, getakelt mit einem Rahsegel von etwa 60 bis 80 qm und mit einer Besatzung von etwa dreißig Mann. Größere Wasserfahrzeuge zu bauen, hat man im phönizisch-babylonischen Kulturkreis immer abgelehnt, wenn man von der Arche Noahs absehen will, deren Länge von babylonischen Texten mit rund 145 m angegeben wird. Im Gegensatz zu den Ägyptern, deren Könige gern extrem große Flußboote bauten, mit mehreren Decks, mit Küchen, Bädern, Spielplätzen, Schlaf-, Wohn- und Speisesalons an Bord – wirkliche, auch für unsere Anschauungen schon höchst luxuriöse Schiffbauwunder –, haben sich die Phönizier immer auf ein handliches Nutzfahrzeug beschränkt. Dieser klugen Genügsamkeit verdanken sie es, daß sie auch von uns Heutigen, Tausende von Jahren nach ihrer Zeit, unter den großen Entdeckern und Erforschern unserer Erde mit an erster Stelle genannt werden müssen.

Freilich ist der Beruf, den ihnen der Gott der Geschichte zugedacht hat, ein im wesentlichen händlerischer gewesen. Offenbar haben die Phönizier ihre Segel vorwiegend in solchen Meeren gezeigt, die an sich schon bekannt waren. Sie sind nicht einfach ins Blaue gefahren, und die zur Zeit unserer Großväter für dieses Seefahrervolk herrschende ungemessene Bewunderung ist zweifellos übertrieben gewesen. Aber das, was sie als Seeleute leisteten: um Handel zu treiben, um sich Monopole zu eröffnen, um zu verdienen, das war schon großartig.

3

Fünfhundert Jahre nach Hatschepsut treten die Phönizier in die Entdekkungsgeschichte ein: zunächst auf den gleichen Wegen, die die Ägypter schon regelmäßig befahren hatten, und sicherlich auf Grund eines Wissens, das den Herren des Nillandes zu verdanken war. Diesmal ist die Bibel unser Zeuge. Es handelt sich um Salomos berühmte Ophir-Fahrt, von der es 1. Könige, 9 heißt:

> «Und Salomo machte auch Schiffe zu Ezeon Geber, das bei Eloth liegt am Ufer des Schilfmeeres, im Lande der Edomiter.
>
> Und Hiram (König von Tyrus in Phönizien) sandte seine Knechte, die gute Schiffsleute und auf dem Meer erfahren waren, mit den Knechten Salomos.
>
> Und sie kamen gen Ophir und holten daselbst 420 Zentner Gold und brachten es dem König Salomo ...
>
> Denn die Meerschiffe des Königs, die auf dem Meer mit den Schiffen Hirams fuhren, kamen in drei Jahren einmal und brachten Gold, Silber, Elfenbein, Affen und Sklaven.»

Wenn dieser Bericht der Bibel zutrifft, der sich 2. Chron., 8 ff, fast wörtlich genau wiederfindet, sind also zur Zeit Salomos, etwa um 945 v. Chr., Juden und Phönizier von dem israelitischen Roten-Meer-Hafen Ezeon Geber, dem heutigen Akaba, nach dem südlichen Goldland Ophir aufgebrochen. Sie sollen von dort Affen und Sklaven mitgebracht haben – nach anderer Lesart Affen und Pfauen –, dazu Elfenbein und Silber und schließlich 420 Zentner Gold, etwa 30 bis 40 Millionen Mark nach heutigem Wert. Als Dauer der Fahrt wird der Zeitraum von drei Jahren genannt.

Das ist leider alles, was die Bibel zu berichten hat, und bedauerlicherweise ist das nicht eben viel. Vor allem wird über die Lage von Ophir nicht das geringste gesagt, und deshalb hat man es, ähnlich wie Punt, überall und nirgends gesucht, in der Südsee und in Indien, in Peru und auf San Domingo. Am meisten schien früher eine Deutung für sich zu haben, die Ophir in die Gegend von Massaua am Roten Meer verlegte, wo sich bei dem Ort Keren im Hinterland sehr alte Goldbergwerke befinden. Und erst als mit ziemlicher Wahrscheinlichkeit feststand, daß Punt am Sambesi zu suchen sei, ist auch die Ophir-Frage um einiges heller geworden. Man wird Salomos Goldland nämlich, wie bereits Kant vermutete, gleichfalls an der Küste des südlichen Ostafrika zu suchen haben, zumal die von der Bibel angegebene Fahrtdauer von drei Jahren dann zutreffen würde. Massaua wäre jedenfalls in viel kürzerer Zeit zu erreichen gewesen; eine Expedition dorthin hätte zweifellos auch nicht das allgemeine Aufsehen erregt, von dem das Alte Testament anläßlich des Besuchs der Königin von Saba erzählt.

Gut und schön soweit! Aber *ein* Faktum bei dieser alten Abenteuergeschichte ist doch höchst merkwürdig: die Bekundung nämlich, Phönizier und Juden hätten bei Salomos Ophir-Expedition gemeinsame Sache gemacht. Dies widerspricht völlig den geschäftlichen Gewohnheiten der großen Handelshäuser von Tyrus und Sidon, die alles daransetzten, wichtige Entdeckungen geheimzuhalten und zu monopolisieren. Was mag die Phönizier veranlaßt haben, in diesem Fall davon abzugehen?

Es sieht ganz so aus, als wenn sich das ziemlich leicht erklären ließe. Bekanntlich hat König Salomo (972 bis 939 v. Chr.) eine Tochter des ägyptischen Pharao Psusennes II. geheiratet und Anschluß gesucht an das langsam erstarkende Nilland. Er hat damit deutlich gegen die assyrische Großmacht optiert, die Tiglatpileser (1116 bis 1090) eben begründet hat. Natürlich ist sich Salomo klar darüber, daß seine Lage zwischen den Weltreichen, Assyrien im Osten, Ägypten im Westen, viele Gefahren in sich birgt. Ägypten allein genügt nicht, er braucht weitere Freunde, und ganz an den außenpolitischen Konzeptionen seines Vorgängers König David festhaltend, wendet er sich nach Phönizien. Auch die reichen Weltfirmen des kleinen Nachbarlandes empfinden sehr deutlich, wie kritisch ihre Situation zwischen den großen Mühlsteinen der östlichen und der westlichen Hemisphären ist. Sie haben schon zu David freundliche Beziehungen unterhalten, ebenso wie zu den Griechen und den Tartessiern. Aber im Grunde war David, der ja gerade erst Juda und Israel zusammengezwungen und zu einem Reich vereinigt hatte, noch gar nicht bündnisfähig.

Sieht es mit Salomo anders aus? Nun ja, immerhin: als Schwiegersohn des Pharao ist er in Ägypten natürlich persona grata. Auch hat ihm Psusennes die kanaanitische Stadt Gezer erobert und sozusagen als Mitgift seiner Tochter geschenkt. Aber da muß noch mehr sein. Salomo ist ein kluger Mann, wenn er jetzt an eine Art «dritter Kraft» zwischen Ost und West denkt, dann muß er irgendeinen weiteren Trumpf in der Hand haben.

Die Phönizier reizen in diesem diplomatischen Spiel also nur sachte mit. Sie warten ab. Hiram, ihr König, schreibt freundliche Briefe, schickt ab und zu Gesandtschaften mit Gold und Purpur, entsendet Baumeister und Architekten für den Tempelbau in Jerusalem – und richtig! Salomo wirft seine Trumpfkarte ins Spiel: er wisse, läßt er verlauten, wo das ägyptische Punt liege und woher die Pharaonen sich die ungeheueren Mengen Gold holten, die seit Urzeiten die eigentliche Grundlage ihrer Weltgeltung seien. Er habe auch einen Hafen, Ezeon Geber am Roten Meer, von dem aus man unauffällig starten könne. Schiffe habe er nicht und Seeleute auch nicht. Er schlage den Herren in Tyrus und Sidon also vor, halbpart zu machen. Er investiere sein Wissen in das Geschäft, ja, er könne sogar eine Erfolgsgarantie geben, da in Punt regelrechte Goldbergwerke arbeiteten, die Ramses III. vor zweihundert Jahren errichtet habe: dafür müßten die Phönizier die benötigten Schiffe und das seemännische Personal stellen.

Natürlich ist von diesen Überlegungen und Verhandlungen nicht das geringste überliefert. Aber so oder so ähnlich werden sie sich abgespielt haben. Denn natürlich sind sich die Phönizier völlig darüber klargewesen, daß sie ihre palästinensischen Vettern nur das erste Mal im Geschäft mitnehmen müßten. Späterhin könnte das dann ganz anders aussehen, denn allein würden die Landratten von Kanaan nie nach Punt kommen!

Wenn diese letztere Überlegung wirklich angestellt worden ist – und da sich der Mensch nicht geändert hat, sondern seit Urzeiten der alte geblieben ist, hat man in Sidon und Tyrus wahrscheinlich so und nicht anders argumentiert –, so traf sie absolut zu. Denn als die Israeliten hundert Jahre nach Salomo versuchten, ohne Mitwirkung der Phönizier nach Ophir zu gelangen, da brachen die Schiffe, die König Josaphat hatte erbauen lassen, schon bei der Abfahrt auseinander. Wenn es sich so verhält, wie wir vermuten, so erklärt dies auch, warum von keiner weiteren Ophir-Fahrt der Juden berichtet wird. Als die Phönizier wußten, was sie wissen wollten, hatten sie nicht die geringste Veranlassung mehr, ihre Vettern aus Kanaan am Ostafrika-Geschäft zu beteiligen. Sie selbst werden sicherlich noch manches Jahrhundert hindurch nach Ophir gereist sein, und man hat deshalb wieder und wieder angenommen, sie seien die Erbauer jener gewaltigen Türme und Mauern, deren Ruinen man im Maschonaland, namentlich aber im Minendistrikt von Gwelo, Queque und Selukwe gefunden hat und deren Mittelpunkt wohl die riesige Festungsanlage von Simbabwe ist.

Simbabwe liegt siebzehn englische Meilen südöstlich von Victoria in Südrhodesien, 450 km vom Meer entfernt im Tal des oberen Mtetekwe, eines bis in die Nähe der Goldregion führenden Nebenflusses des Sabi. Er bildet anscheinend das Zentrum eines etwa eine Million qkm umfassenden Gebiets, in dem ringsum die Reste von rund fünfhundert rätselhaften alten Bauwerken stehen, meist konisch gebauten Wehrtürmen,

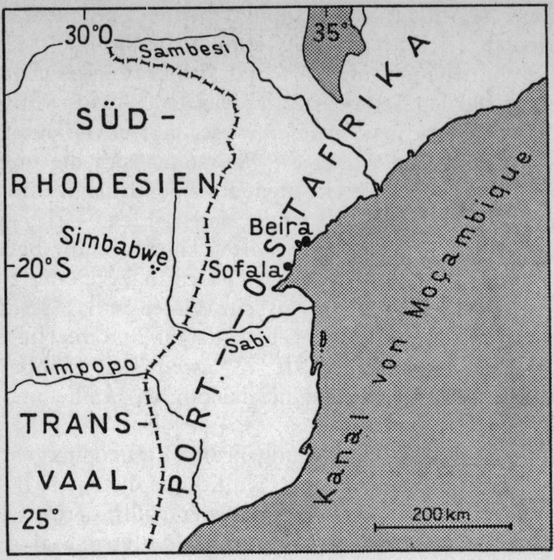

IV. Die Lage von Simbabwe

für die es nur auf den Balearen und in Peru unmittelbare Parallelen gibt. Hier wie dort bestehen nämlich diese seltsamen Bauten aus Felsgestein, das auf unbekannte Art und Weise in einzelne Blöcke zerlegt und so wunderbar zugehauen ist, daß die zyklopischen Blöcke fugenlos ineinandergreifen und sich ohne Mörtel verbinden. Diese auf Sardinien Nuraghen genannten Bauten gehen aller Wahrscheinlichkeit nach auf die Etrusker zurück. Daß etruskische Einflüsse durch Vermittlung der Ägypter in Simbabwe wirksam geworden sind, wäre immerhin möglich. Beziehungen zu Peru scheinen auf den ersten Blick dagegen ausgeschlossen zu sein. Ob das freilich zutrifft, ist eine andere Frage. Denn auch auf den Shetland- und Orkney-Inseln, den Hebriden und im nördlichen Schottland erheben sich nuraghenähnliche Turmbauten – eine, wie wir später noch sehen werden, höchst merkwürdige Erscheinung!

Nachdem bereits in der Mitte des 18. Jahrhunderts Portugiesen nach Simbabwe gelangt waren, hat 1871 der deutsche Forscher Carl Mauch diese Region untersucht, und wenig später hat sich auch Carl Peters in Simbabwe aufgehalten. Beide erklärten übereinstimmend, diese Ruinen seien ihrer Meinung nach altphönizisch, und möglicherweise handle es sich dabi um das Ophir der Bibel. Überzeugende Beweise dafür ließen sich aber nicht erbringen. Nach ihnen kamen Engländer, Italiener, Amerikaner und nochmals Deutsche, unter diesen vor allem Leo Frobenius.

Alle diese Archäologen und Geographen waren von den Zyklopenmauern, die sie dort fanden, tief beeindruckt, und selbst in dem überaus

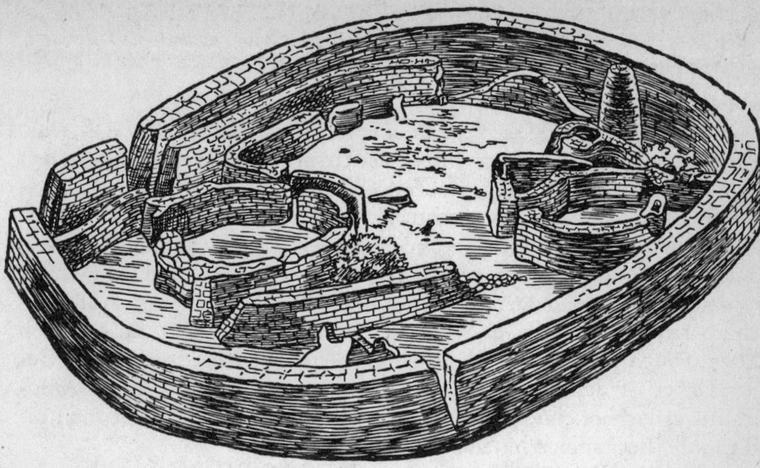

17. Rekonstruiertes Modell der Burganlage von Simbabwe. Im Hintergrund rechts einer der charakteristischen konischen Wehrtürme.

nüchternen ‹*South and East African Year Book and Guide*›, dem offiziellen Hand- und Nachschlagebuch der Südafrikanischen Union, schwingt zwischen den Zeilen noch eine leise Erregung mit, wenn es berichtet:

«Es besteht kein Zweifel, daß Simbabwe den Portugiesen bereits seit der Mitte des 18. Jahrhunderts oder noch länger bekannt war. Aber kein Grabfund, keine Inschrift gibt eine Handhabe zur Überwindung der Schwierigkeit, das Alter der Ruinen festzustellen.

Die Hauptmauer war an einigen Stellen 10 m hoch. Am Fuß betrug ihre Stärke etwa 3,30 m, an der Krone 2,10 m. Das Hauptgebäude war von Mauern umgeben und scheint als Kern der Festungsanlage oder als Zufluchtsort gedient zu haben.

Nach ihrem gegenwärtigen Zustand erscheinen die Ruinen als in drei Gruppen angeordnet, aber wahrscheinlich bilden sie alle zusammen *eine* Niederlassung, deren Mittelpunkt die sogenannte ‹Zitadelle› war. Der weitgedehnte Gesamtumfang beträgt etwa 2 Meilen in der Länge bei einer Breite von etwa 1 1/4 Meilen. Aber Mauerreste, von denen einige tief in der Erde lagen, fanden sich in Tälern und auf Höhenzügen noch 1 oder 2 Meilen entfernt von diesem Gebiet.

Wie das so oft bei Ruinen der Fall ist, die im Osten gefunden werden, scheinen die Maße der verschiedenen Gebäude in irgendeiner mathematischen Beziehung zueinander zu stehen. Unter Zuhilfenahme rechnerischer Methoden ist es möglich gewesen, den größeren Teil der ursprünglichen Anlage nachzuzeichnen und viele jetzt bestehende Lücken zu schließen.

Mörtel war beim Bau der Anlage nicht verwendet worden, vielmehr war der Stein mit dem Hammer behauen und eingepaßt. Zwischen den Ruinen befanden sich einige Einzelstücke, darunter Statuetten der Astarte oder Venus in Gestalt eines Falken, phallische Symbole verschiedener Größe, Schalen, Schmucksachen usw. Die besten Sammlungen dieser Stücke befinden sich in Bulawayo und Kapstadt.»

Soweit das ‹*S. & E. A. Year Book*› von 1938. Es ist klar, daß seine Verfasser an einen ägypto-phönizischen Ursprung der Simbabwe-Ruinen denken, und die Errichtung großer Gebäude ohne Mörtel wie die Auffindung falkenköpfiger Götterstatuen legen das ja auch nahe. Die einzelnen Fundstücke scheinen aber nicht beweiskräftig genug zu sein, um eindeutige Rückschlüsse auf ihre Erbauer zuzulassen, und namentlich die deutschen Archäologen stellten nachdrücklich fest, daß sich alle angeblich ägyptischen oder phönizischen Funde als Täuschungen erwiesen hätten. Es fehlt noch an einer systematischen Spatenarbeit in diesem Gebiet. Dabei ist der Distrikt von Simbabwe unschwer auf guten Autostraßen erreichbar, und aus dem Great-Zimbabwe-Hotel sieht man direkt in die Burganlage hinein.

Für Zuhörer, wie wir es sind, von allen Rücksichten frei und in der Lage, dem Streit der Meinungen über Simbabwe unbefangen zu folgen, klingt die Annahme freilich ziemlich einleuchtend, daß die Herren der jahrtausendealten Bergwerke im Maschonaland an einer ihnen günstig erscheinenden Stelle ein System von Sperrforts, gruppiert um eine riesige Zentralburg, errichtet haben. Gold war ein allzu verlockendes Metall, und eine seetüchtige Schar schneller Räuber war sicherlich in der Lage, über die zur Goldregion führenden Flüsse, den Sabi und den Mtetekwe, blitzgeschwind, höchst lohnende Überfälle durchzuführen. Überlegungen dieser Art mögen schon die Ägypter angestellt haben, ganz zweifellos werden sich später aber gerade die Phönizier damit beschäftigt haben, die sich sicher nicht mit jener vereinzelten Goldexpedition, von der wir oben hörten, noch dazu unter jüdischer Beteiligung, begnügten. Ihnen muß sich die Frage, wie man das afrikanische Goldmonopol am wirkungsvollsten gegen fremde Eindringlinge abriegeln könne, um so stärker aufgedrängt haben, als sie selbst ja ernteten, was andere erkundet hatten. Freilich, auch dieser naheliegende Schluß *beweist* natürlich nichts, und vorläufig wird Simbabwe zu den Rätseln gehören, deren Aufklärung uns die Archäologie noch schuldig geblieben ist.

4

Ziehen wir einmal das Fazit aus den Dingen, die in diesem Kapitel unseres Berichts bisher erzählt wurden, so ergibt sich wieder, daß nicht erst die Neuzeit weltweite Fahrten durchgeführt hat. Wie man von Kreta nach Tartessos und von dort nach Britannien fuhr, wie man vom Schwarzen Meer aus zum Samland reiste, wie zwischen Rhone- und Elbemündung und zwischen Jütland und der Adria sich ein Netz von Verkehrsbeziehungen spannte, so auch in anderen Teilen der Erde und über noch größere Entfernungen hin. Man war im grauen Altertum offenbar viel unbefangener als etwa in der klassischen Antike, man hatte keine Scheu vor weiten Reisen, weil man noch gar nicht wußte, wie groß eigentlich die Welt war, man kannte jene aus dem Verstand kommende Angst noch nicht, die die Begleiterin der Kultur zu sein scheint und eine Strafe der Götter für den grübelnden Fürwitz des Menschen.

Dies zusammen macht es verständlich, daß eine der größten Entdeckertaten der Frühgeschichte, die Umfahrung Afrikas durch eine ägyptisch-phönizische Expedition zur Zeit Nechos II. von Ägypten (609 bis 594 v. Chr.), späterhin wieder völlig in Vergessenheit geriet. Dabei scheint diese Fahrt, von der Herodot hundertfünfzig Jahre nach ihrer Durchführung berichtet hat, gar nicht einmal die erste Umrundung des Schwarzen Erdteils gewesen zu sein. Möglich, daß schon Punt-Fahrer der Hatschepsut diese gewaltige Leistung vollbrachten. Nun, man weiß nichts davon und ist lediglich auf Vermutungen angewiesen; allerdings haben diese Vermutungen darin eine gewisse Stütze, daß es für Seefahrzeuge der Frühzeit kaum möglich gewesen sein dürfte, mit den starken nördlichen Strömungen im Kanal von Mozambique, jener Meeresstraße zwischen Madagaskar und Ostafrika, fertig zu werden. Wer diesen unmittelbar südlich des Sambesi gelegenen Kanal erst einmal durchfahren hatte, der kann auf dem gleichen Wege nicht mehr zurück. Es blieb ihm kaum etwas anderes übrig, als zu versuchen, die Küsten entlang die etwa 15 000 km bis zur Nilmündung zurückzulegen.

Herodots Bericht über die von Pharao Necho angeordnete Expedition ist viel angezweifelt worden. Er soll hier auszugsweise folgen:

«Libyens (Afrikas) Gestalt zeigt schon, daß es abgesehen von dem an Asien angrenzenden Teil auf allen Seiten vom Meer umströmt wird. Den Beweis dafür hat als erster, soviel ich weiß, der Pharao Necho von Ägypten erbracht. Als er nämlich die Grabungen an dem Kanal einstellte, der den Nil mit dem Roten Meer verbinden sollte, rüstete er eine Expedition aus und befahl ihr, um Libyen herum durch die Säulen des Herakles (Meerenge von Gibraltar) zurück bis in das Mittelmeer zu fahren und so wieder nach Ägypten zu gelangen. Die Phönizier brachen also auf und segelten aus dem Indischen Ozean in das südliche Meer. Als es Herbst wurde, gingen sie an Land, bestellten die Felder und warteten die Ernte ab, wo auch immer sie sich gerade in Libyen befanden. Wenn das Korn abgeerntet war, fuhren sie weiter, bis sie nach zwei Jahren durch die Säulen des Herakles gelangten und so im dritten Jahr wieder nach Ägypten zurückkehrten. Sie erzählten, was ich allerdings nicht glauben kann, vielleicht glaubt es aber ein anderer, daß sie bei der Umschiffung Libyens die Sonne zur Rechten gehabt hätten.»

Die beiden eindrucksvollsten Partien dieser Mitteilung stehen am Anfang und am Schluß und beziehen sich auf die geographische Lage Afri-

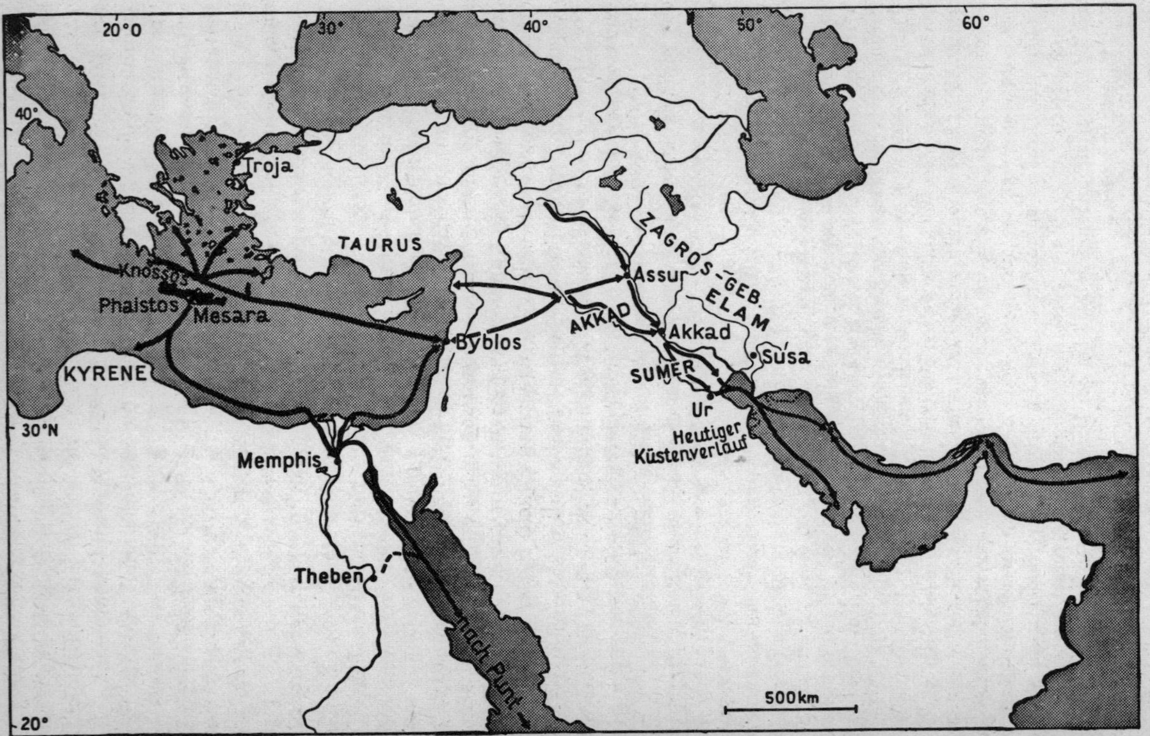

V. Handelswege der frühgeschichtlichen Hochkulturen

kas, das, wie Herodot recht gut weiß, rings von Meer umgeben ist. Bald nach ihm ist dieses Wissen wieder verlorengegangen, und zwar so völlig, daß Claudius Ptolemäus, der größte Geograph und Astronom des klassischen Altertums, etwa um 150 n. Chr. lehren konnte, der Indische Ozean sei ein Binnenmeer, denn Afrika biege nach Osten um, und es bestehe zwischen ihm und dem Fernen Osten eine unmittelbare Landverbindung. Dabei hat Ptolemäus in Alexandria gelebt, also gerade in jenem Land, dessen Herrscher gar nicht lange vorher die Umfahrbarkeit ihres Erdteils festgestellt hatten. Gleichwohl ist jedoch keinerlei Nachricht, kein Gerücht zu ihm gedrungen, das ihn eines Besseren belehrt hätte, und erst als die Portugiesen 1487 das Kap der Guten Hoffnung erreichten, erwies es sich, daß Ptolemäus unrecht hatte.

Aber daran ist weniger Ptolemäus als vielmehr gerade Herodot selbst schuld, und zwar wegen jener Schlußpartie seiner Nachricht, in der es heißt, Nechos Expedition habe bei der Umsegelung Afrikas die Sonne zur Rechten gehabt. Für Menschen, die nördlich des Äquators leben, mußte das wie ein aufgelegter Schwindel klingen, und schon Herodot hat sich, wie man seinem Bericht deutlich anmerkt, geradezu geschämt, einen solchen Unsinn berichten zu müssen. Aber er nahm es mit seinem Beruf als Historiograph und Reisejournalist sehr genau. Er hat deshalb auch die Dinge, die er selbst für widersinnig hielt, in der Regel getreu aufgezeichnet. Das hat er also auch in diesem Fall getan, und gerade die Bemerkung, die seine Nachricht für die antike Welt so unglaubhaft machte, beweist, daß tatsächlich irgendwelche kühnen Kapitäne schon in sehr frühen Zeiten den afrikanischen Kontinent umfahren haben. Tat man das nämlich in westlicher Richtung, also auf dem Kurs der Expedition Nechos, dann scheint südlich des Äquators die Sonne rechter Hand, das heißt im Norden zu stehen. Gerade das, was die antike Geographie veranlaßt hat, Herodots Bericht als unsinnig anzusehen, spricht also ganz eindeutig für dessen Richtigkeit.

Freilich ist es mit dieser Fahrt gewesen wie mit manchen anderen auch: sie ist wohl zu früh erfolgt, um schon für ihre Zeit wichtig zu sein. Man kann sich daher auch gar nicht denken, was Necho wohl beabsichtigte, als er die Durchführung seiner Expedition befahl. Sicher ist er ein unternehmender Mann gewesen: das beweist sein Versuch, bei Bubastis im oberen Nildelta einen zum Roten Meer führenden Kanal zu graben. Er hat sein Werk allerdings unverrichtetersache abgebrochen, nicht der hundertzwanzigtausend Menschenleben wegen, die das gigantische Unternehmen gekostet haben soll, sondern weil ihm ein Orakelspruch kündete, er leiste damit nur den Persern – die hundert Jahre später unter Darius I. den Kanal tatsächlich vollendeten – Vorschub. Dabei muß freilich angemerkt werden, daß die blutige Geschichte des Suezkanals nicht etwa erst mit Necho begonnen hat. Schon im Mittleren Reich war eine solche Wasserverbindung zwischen Nil und Rotem Meer hergestellt worden – wir werden die Geschichte der Vorläufer des Suezkanals später noch zu schildern haben –, so daß Necho nur an ältere Vorbilder anknüpfte. Dies macht es psychologisch wahrscheinlich, daß auch seine Afrika-Expedition nur eine Wiederholung viel älterer Unternehmungen gewesen ist, daß sie also lediglich einer alten Tradition gefolgt ist und wohl nur den Zweck gehabt hat, den Ruhm des Pharaos zu vergrößern. Und Herodots Formulierung: Necho habe seinen Kapitänen befohlen, um Afrika herumzufahren und durch die Säulen des Herakles, wie die Meerenge von Gibraltar in der Antike genannt wurde, zurückzukehren – diese Formulierung klingt, als hätten in Ägypten bereits Nachrichten über die Verbindung zwischen Indischem Ozean und Atlantik vorgelegen und als sei die ägyptisch-phönizische Libyen-Rundfahrt lediglich unternommen worden, um eine Bestätigung dieser Nachrichten einzuholen. Jedenfalls hört sich Herodots Bericht ganz so an, als habe Necho *gewußt*, die Rückkehr seiner Schiffe sei nur vom Westen her zu erwarten.

So unglaublich sich das alles anhört: es spricht nichts dagegen, daß es sich tatsächlich so zugetragen hat.

5

Mit dem Bibelzeugnis von Salomos Ophir-Fahrt und mit Herodots Bericht über Nechos Afrika-Unternehmen liegen nun die ersten schriftlichen Bekundungen für die Bedeutung vor, die das semitische Volk der Phönizier inzwischen für die Seefahrt und den Weltverkehr gewonnen hatte. Von seinem allmählichen Aufstieg zur großen Handelsmacht weiß man so gut wie nichts. Es ist etwa im 15. Jahrhundert v. Chr. an die Stelle der Kreter gerückt, die urplötzlich von der Bühne abtreten. Warum das geschieht, aus welchen Gründen das großartige kretische Mittelmeerreich so völlig spurlos verschwindet, und ohne daß feindliche Einwirkungen, etwa von Ägypten her, zu erkennen wären, ist absolut rätselhaft. Es scheint, als habe uns neuerdings die Ozeanographie dabei weitergeholfen. Denn als 1947 eine schwedische Forschungsgesellschaft im östlichen Mittelmeer Bodenproben heraufholte, stellte sie fest, daß sich in den unterseeischen Ablagerungen starke Schichten vulkanischer Asche befanden, die, wie chemische Untersuchungen ergaben, nur vom Vulkan Santorin auf der Insel Thera im Ägäischen Meer stammen konnten und die sich zwischen 1500 und 1400 v. Chr. abgesetzt hatten.

Diese Aschenablagerungen waren so mächtig, daß man annehmen mußte, es habe sich bei jenem Ausbruch um eine furchtbare Katastrophe gehandelt. Und obwohl Thera rund 100 km von Kreta entfernt ist, lag es auf der Hand, daß diese Eruption die entsetzlichsten Folgen für den reichen, blühenden Inselstaat gehabt haben mußte. Wahrscheinlich wur-

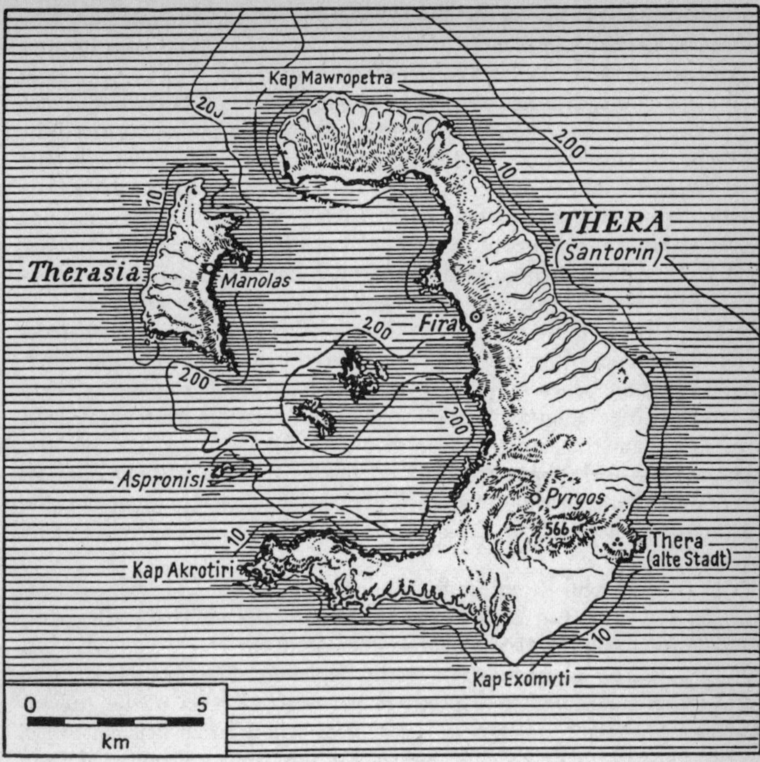

VI. Die Insel Thera mit dem Santorin

de er dadurch so geschwächt, daß er seine Vormachtstellung endgültig an die aufstrebenden Phönizier verlor.

Mit diesen schwedischen Forschungen bekamen die Grabungsergebnisse einer deutschen geologischen Expedition ein neues Gesicht, die bereits gegen Ende des vorigen Jahrhunderts auf Thera geweilt und dort unter dem vulkanischen Schutt eine Art griechisches Pompeji gefunden hatte, eine wohlerhaltene Stadt mit Tempeln und Kasernen, mit Schulen und Sportplätzen, mit Straßen und Privathäusern. Schon damals vermutete man, daß die Explosion des unterseeischen Santorin-Vulkans ähnlich ungeheuerliche Ausmaße hatte wie der Ausbruch des indonesischen Vulkans Krakatao, der am Morgen des 27. August 1883 unter Pulverisierung von 50 Kubikkilometern Fels und Erde in die Luft geflogen war. Aber erst die ozeanographischen Untersuchungen jener schwedischen Vermessungsfahrten von 1947 bestätigten diese Vermutung. Heute wissen wir, daß die Katastrophe von Thera um 1500 v. Chr. wohl die entsetzlichste gewesen ist, die die Menschheit seit der letzten Eiszeit traf.

War dies aber der Fall, so folgerte man nun, dann mußten irgendwo in den frühgeschichtlichen Quellen des Nahen Ostens Berichte darüber vorhanden sein. Ganz konsequent ging man auf die Suche, und tatsächlich ergaben sich mancherlei Belege dafür. Als erster äußerte sich vor rund fünfzehn Jahren der holländische Gelehrte J. Schoo zu dieser Annahme, indem er nachwies, daß die althellenische Sage vom Riesen Talos wahrscheinlich auf den Santorin bezogen werden müsse. Ihm folgte der deutsche Geograph Richard Hennig, der, von den sehr interessanten Forschungen Eberhard Stechows ausgehend, die Vermutung aussprach, die griechische Deukalion-Legende mit ihren Nachrichten von einer schrecklichen Sintflut sei nichts anderes als eine mythisch verhüllte Rückerinnerung an die ungeheueren Flutwellen, die nach der Katastrophe von Thera die Küsten Griechenlands überspült haben müssen. Als dritter trat dann kürzlich der amerikanische Arzt Immanuel Velikovsky auf den Plan, der nach der Durchsicht ägyptischer, babylonischer und jüdischer Quellen zu der Ansicht kam, das entsetzliche Ereignis, von dem die alten Berichte erzählten, könne nur ein Zusammenstoß mit einem riesigen Kometen gewesen sein.

Nun ist es gewiß keine Frage, sondern eine längst bewiesene Tatsache, daß die Erde Tag um Tag mehr oder minder spürbare «Besuche» aus dem Weltraum erhält. Unentwegt prasselt ein Hagel von Meteoriten auf unseren ohnehin schon recht geplagten Planeten herab, und manche dieser kosmischen Bomben haben riesige Löcher in die Außenhaut von Mutter Erde gerissen: der Meteor von Sibirien beispielsweise, ein Brocken von mehr als einer halben Million Tonnen Gewicht, der am 30. Juni 1908 nördlich der Station Kansk der Sibirischen Eisenbahn niederging, dabei ein Gebiet von 8000 qkm verwüstend – der Meteor von «Coon Butte» am Diablo-Cañon von Arizona, der einen Krater von 185 m Tiefe und rund 4 km Umfang hinterließ.

Aber selbst diese Superbomben sind für die Erde nicht mehr gewesen als ganz leichte Ritzungen ihrer Epidermis. Wäre es wirklich zu dem von Velikovsky behaupteten Zusammenstoß mit einem riesigen Kometen gekommen, so wären die Folgen für unseren *ganzen* Planeten unabsehbar gewesen. Nicht nur die Meere, auch die feurigen Magmamassen des Erdinnern wären durch die Anziehungskraft des fremden Weltkörpers in Bewegung geraten. Sie hätten ungeheuere Gebirge aufgetürmt oder wären gar, aus dem untersten Höllenschlund emporquellend, als weißglühende Flut über die Erdoberfläche hereingebrochen. Velikovsky weiß das natürlich sehr wohl. Er ist sich auch klar darüber, daß die gesamte Menschheit sich einer Katastrophe von so globalem Ausmaß deutlich erinnern müßte, zumal wir die Epoche von 1500 v. Chr. im ganzen recht gut zu überblicken vermögen. Eine solche allgemeine Rückerinnerung ist aber nicht vorhanden, obwohl sich Velikovsky bemüht, uns das weiszumachen. Er hilft sich in dieser Schwierigkeit mit einem Kunstgriff: er behauptet, ein «kollektiver Erinnerungsverlust» sei eingetreten, die Menschheit als Ganzes habe sich genauso benommen, wie es der einzelne gern tue, wenn er schreckliche Erinnerungen «verdränge». Die Welt habe das gräßliche Geschehen um 1500 v. Chr. vergessen wollen und es auch tatsächlich vollkommen vergessen.

Es ist ganz amüsant, sich das einmal anzuhören. Aber letzten Endes ist ein «kollektiver Erinnerungsverlust» doch eine recht unbefriedigende Erklärung, und vor allem, um halbmythische alte Katastrophen-Berichte zu deuten, bedarf es keiner Riesenkometen, ein Erdbeben vulkanischer Natur tut es auch, zumal dann, wenn es sich um ein so furchtbares Ereignis handelt wie die Santorin-Explosion!

Aber was berichten denn nun die Alten darüber? Wenn wir einmal in der Bibel nachschlagen, dort, wo von den ägyptischen Plagen die Rede ist, so folgt da auf eine Reihe von legendären Begebenheiten wie einer Invasion von Stechmücken, Fröschen und anderem Ungeziefer plötzlich bei Mose II, 9 eine Meldung, die aufhorchen läßt. Gott verkündet Mose: «Siehe, ich will morgen um diese Zeit einen sehr großen Hagel regnen lassen, desgleichen in Ägypten nicht gewesen ist, seitdem es gegründet ist, bisher. Und nun sende hin und verwahre dein Vieh und alles, was du auf dem Felde hast. Denn alle Menschen und das Vieh, das auf dem Felde gefunden wird und nicht in die Häuser versammelt ist, so der Hagel auf sie fällt, werden sterben.» Und tatsächlich folgt 24 Stunden später ein Ereignis, das Luther als Hagelfall verstanden und übersetzt hat: «Der Herr ließ donnern und hageln, daß das Feuer auf die Erde schoß.»

Schalten wir um auf den Santorin! Was geschieht? Es gibt um 1500 v. Chr. eine Eruption, wie sie auf Thera wieder und wieder vorgekommen ist, bis zum Jahre 1926 hin. Aber dabei öffnen sich unmittelbar am Meeresspiegel breite Spalten, durch die Millionen von Tonnen Wasser auf die weißglühenden Lavamassen der Tiefe hinabdringen. In deren ungeheuerer Hitze verwandelt sich die Sintflut in Sekundenbruchteilen zu Dampf, und es gibt eine regelrechte Explosion. Der Santorin fliegt in die Luft und nimmt dabei bis zu einer Tiefe von 400 m und in einem Umkreis von rund 35 km alles mit, was ihm im Wege ist: Menschen, Häuser, Erde, Sand und gewachsenen Fels. Und wenig später sausen 130 Kubikkilometer glühende Felsbrocken dicht wie ein Hagel auf die Erde und auf die erschreckte Menschheit nieder.

Die Entfernung von der Insel Thera bis zur Küste Ägyptens beträgt in der Luftlinie etwa 700 km. Läßt sich beweisen, daß die Auswürfe vulkanischer Eruptionen so weit fliegen können? Nun, bei der vergleichsweise viel unbedeutenderen Explosion des Krakatao legten solche Wurfgeschosse 2000 km Entfernung zurück! Es ist also nicht nur wahrscheinlich, es ist sicher, daß Ägypten ein gut Teil des Steinhagels abbekommen hat, der im Verfolg der Santorin-Katastrophe rings auf die Länder des östlichen Mittelmeeres niederging: glühend heiß, so daß Mose ganz zutreffend berichtet, Feuer sei auf die Erde geschossen.

Das ist geschehen unter schweren Donnerschlägen. Etwa gleichzeitig mit dem Absturz der vulkanischen Auswürfe ist der ungeheuere Explosionslärm vernehmbar geworden. Auf diese Entfernung hin? Freilich, denn die Explosion des Krakatao ist noch in Madagaskar, über rund 5000 km hin, vernehmbar gewesen, und als Anfang April 1815 der Vulkan Temboro auf den Sunda-Inseln tätig wurde, hörte man den Donner seiner Explosionen noch in einem Abstand von 1700 km.

Als nächste uns hier interessierende Plage bricht dann, wie Mose überliefert, die berühmte «ägyptische Finsternis» über das Nilland herein. «Es wurde eine dicke Finsternis in Ägypten drei Tage lang, also daß niemand den anderen sah noch aufstand von dem Ort, da er war.» Steht auch dieses Ereignis mit der Katastrophe von Thera in Verbindung? Ja, ganz zweifellos. Als am 17. Juni 1912 der Alaska-Vulkan Katmay ausbrach, fiel noch in mehreren hundert Kilometern Entfernung der Staub der vulkanischen Auswürfe so dicht, daß man selbst tagsüber die auf Armeslänge gehaltene Lampe nicht mehr sehen konnte. In Djokjakarta in Indonesien, unter einer weißglühenden Tropensonne, fast 900 km von Temboro entfernt, senkte sich tiefste Nacht über die Stadt, einige Zeit, nachdem der fremde ferne Vulkan mit seinem Ausbruch begonnen hatte. Als der Krakatao explodierte, verfinsterte sich die Sonne bis zur gänzlichen Dunkelheit auf einer Fläche von rund 400 000 qkm. Und Plinius hat bekanntlich von dem vergleichsweise harmlosen Ausbruch des Vesuv am 24. August 79 erzählt, in Misenum, auf der Gegenküste des Golfs von Neapel, sei es so dunkel gewesen, als wenn man in einem Haus mit dicht verrammelten Fensterladen das Licht lösche.

Es liegt auf der Hand, daß eine Erscheinung dieser Art den Zeitgenossen der Santorin-Katastrophe aufgefallen ist. Es sind nicht nur die alten Bücher voll von Nachrichten darüber, es scheint auch, als stehe der Exodus der Juden aus Ägypten in direktem Zusammenhang mit dem Strafgericht Gottes, das der Ausbruch des Santorin über die Menschheit verhängte. Jedenfalls ist die Abfolge der Geschehnisse – der feurige Hagel, das Donnergrollen Gottes, die höllische Verfinsterung der Welt – so logisch, die Auffüllung der Lücken durch gleichzeitige Berichte anderer Völker, die von einem entsetzlichen Sturmwind und von einer furchtbaren Flut erzählen, so zwingend, daß kaum eine andere Möglichkeit bleibt, als diese Nachrichten mit dem Santorin-Ereignis in Zusammenhang zu bringen.

Wir wiederholen: dies alles ist nichts weiter als eine Arbeitshypothese, mit der man versucht, das rätselhafte, plötzliche Verschwinden der kretischen Seemacht zu erklären. Wir wissen nicht, ob nicht auch andere

Momente dabei eine Rolle gespielt haben. Aber jedenfalls ist selbst hier, im Reich der Möglichkeiten, der Hypothesen und der Gegenhypothesen, auch nicht der geringste Platz für Velikovskys Behauptungen.

Mit dem Verschwinden Kretas ist Luft geschaffen für das Aufkommen neuer Seefahrer-Völker. Und da etwa zur gleichen Zeit die Hethiter, die Syrien bis dahin beherrscht haben, von ihrer stolzen Vormachtstellung zurücksinken, während andererseits Ägypten durch die Hyksos-Kriege auf das stärkste in Anspruch genommen wird, öffnet sich die Lücke zunächst an der östlichen Küste des Mittelmeeres. Die große Stunde Phöniziens ist gekommen, und sogleich wirft es sich in den leeren Raum.

Über die griechischen Inseln, die sie mit Handelsfaktoreien besetzten, über Malta, Sizilien und Sardinien, die sie kolonisierten, tasteten sich die Phönizier langsam nach Westen vor, dem Mittelpunkt des Bronzehandels entgegen. Bereits im 12. Jahrhundert, sehr bald nach der Gründung von Tartessos, legten sie in unmittelbarer Nähe des goldenen Tarschisch die Stadt Gades, das heutige Cádiz, an: eine ganz bewußte Konkurrenzschöpfung, deren Lage so glücklich gewählt war, daß sie als eine der ältesten Städte Europas noch heute existiert. Auf dem afrikanischen Gegenufer folgten dann nicht viel später als Stützpunkte für die phönizischen Nordafrika- und Atlantik-Fahrer Tingis, etwa an der Stelle von Tanger, und Lixus an der atlantischen Marokko-Küste. Um 1000 v. Chr. entstand die Gründung Utika, das heutige Hanchir-Bou-Chateur, unweit Tunis, und zweihundert Jahre darauf, etwa südöstlich von Utika gelegen, die glanzvollste und mächtigste phönizische Kolonie: Karthago (Neustadt), dessen Gründungsdatum in das Jahr 814 v. Chr. gelegt wird. Mit diesen zahlreichen, starken Kolonialstationen hatten sich die Phönizier nun die Ausgangsstellungen geschaffen für ihren Angriff auf den östlichen Teil des Atlantischen Ozeans.

Etwa um 530 v. Chr. folgt dann, wie wir schon hörten, der Hauptschlag mit der blitzartigen Eroberung Südspaniens durch Karthago. Natürlich hat dabei die Absicht, den Britannien-Handel in die Hand zu bekommen, eine gewisse Rolle gespielt. Die karthagischen Diplomaten haben dieses Ziel ihrer Außenpolitik sogar noch besonders unterstrichen, indem sie ganz kurze Zeit später, wohl um 525 v. Chr., einen ihrer fähigsten Männer, den Admiral Himilko, mit einer stattlichen Flotte zu den nördlichen Zinnländern entsandten. Die Informationen, die sie nach Himilkos Rückkehr von dieser Reise durchsickern ließen, sind nicht auf uns gekommen. Es liegt lediglich ein spätrömisches, neunhundert Jahre später verfaßtes Reisegedicht vor, das wahrscheinlich auf dem Originalbericht beruht und das mit Greuelmärchen von scheußlichen Ungeheuern, ewigen Windstillen, Tangmassen usw. höchst sensationell «aufgemacht» ist. Daraus läßt sich aber schließen, *was* die Karthager bekanntgegeben haben und daß es ihnen offenbar wichtig war, etwaige andere Britannien-Fahrer abzuschrecken. Im übrigen scheint die Expedition jedoch erfolgreich verlaufen zu sein, denn bis in das 2. Jahrhundert v. Chr. haben die Karthager ihre Fahrten nach Britannien fortgesetzt.

Der wirkliche Grund für die Besetzung Südspaniens und für die Sperre der Meerenge dürfte aber, wie wir im vorhergehenden Kapitel schon berichtet haben, im Süden und in der Tatsache gelegen haben, daß es auf Madeira und den Kanarischen Inseln wertvolle, im Mittelmeerraum nicht vorkommende Farbstoffe gab. Neben der Glasfabrikation und einer hochentwickelten Goldschmiedekunst beruhte die phönizische und später dann die puno-karthagische Industrie bekanntlich auf der Herstellung des berühmten tyrischen Purpurs, der einen besonders warmen, vollen Glanz hatte. Es ist recht bezeichnend, daß das griechische *phoinix* sowohl Phönizier wie purpurfarben bedeutet. Anfangs mögen sich die Farbchemiker von Tyrus vor allem des Saftes der Purpurschnecke bedient haben, mit dem auch die Hellenen ihre Stoffe zu färben pflegten.

Aber für die Produktion im großen war diese Methode viel zu kostspielig und viel zu kompliziert. Jede Muschel gab nur ein paar Tropfen Farbsaft her. Dieser Saft mußte durch heißen Dampf auf ein Sechzehntel seines Volumens eingedickt werden. Außerdem bedurfte es einer ganz genauen Überwachung des Färbungsprozesses, um immer den gleichen gewünschten Effekt zu erhalten. Denn der Saft der Purpurschnecke ist ursprünglich weißlich-milchfarben. Unter der Einwirkung des Lichts tönt er sich dann zitronengelb, um bei längerer Belichtung grünlichgelb, grün, violett und rot zu werden. Je nachdem, wie lange die Belichtung durchgeführt wurde, ergaben sich die verschiedensten Farbwerte bis zu einem fast schwarz wirkenden Purpur. Es versteht sich, daß der phönizische Purpur ungeheuer teuer war. Noch um 300 n. Chr., freilich in einer Zeit beginnender Inflation, kostete ein Pfund Purpurseide, die berühmte «Metaxablatta», die gewaltige Summe von etwa hunderttausend Mark. Da aber sowohl in Rom wie in der übrigen Welt alle Amtsabzeichen aus Purpurstoffen bestanden – die karmoisinfarbenen Streifen an den Hosen der Generalstäbler erinnern noch heute daran –, wurden diese gewaltigen Summen bezahlt. Aber natürlich konnte die oben geschilderte Herstellungsmethode nur bei Kleinmeistern und im Familienbetrieb, bei dem sich die Erfahrungen von Generationen forterbten, Erfolge haben. Für Fabrikunternehmen, wie sie die Phönizier einrichteten, kam dieser umständliche Prozeß nicht in Frage. Jeder solche Großbetrieb brauchte Millionen von Schnecken allein für einen einzigen Färbungsvorgang, und es war nie sicher, ob man beim nächsten wirklich den gleichen Farbton erzielte. Darauf wurde aber in Tyrus ganz besonderer Wert gelegt, und deshalb war ein neuer brauchbarer Farbstoff von nationaler Bedeutung.

Man kann sich unschwer vorstellen, welche Aufregung die Entdekkung der atlantischen Inseln in Phönizien hervorgerufen hat. Dort gab es die Farbstoffe, die man in Tyrus seit langem suchte, die rocella tinctoria nämlich, die Lackmus- oder Färberflechte, und außerdem den Drachenbaum, dessen intensiv rotgefärbtes Harz gleichfalls eine vorzügliche Purpurfarbe hergab und dessen 1868 eingegangener gewaltigster Vertreter, der berühmte Drachenbaum von Orotava auf Teneriffa, sechstausend Jahre alt gewesen sein soll. Diese beiden Farbrohstoffe waren natürlich für Phönizien von der größten industriellen und kommerziellen Wichtigkeit, und dies ist später für Karthago wahrscheinlich der Anlaß gewesen, Madeira und die Kanaren seinem Machtbereich einzugliedern.

Der modernen Chemie genügen für die Herstellung leuchtender Purpurfarben ein paar simple Anilin-Derivate, und unter den grauen Himmeln Mitteleuropas ist uns die leidenschaftliche Zuneigung des antiken Menschen zu diesen gewalttätigen Farbtönen vollends unverständlich. Als die Phönizier aber zum erstenmal mit ihrem kanarischen Purpur herauskamen, muß es für die griechischen Produktionsbetriebe einen schweren Schock bedeutet haben. Man hat sich dort sicherlich wieder und wieder die Köpfe zerbrochen, trotzdem hat die antike Welt das große Geheimnis des tyrischen Purpurs erst viel später lösen können. Gleichwohl sind dunkle Gerüchte, im Atlantischen Ozean befänden sich einige reiche, fruchtbare Inseln, bis nach Hellas gedrungen. Wir werden darauf noch zurückkommen müssen und beschränken uns hier deshalb auf eine von der Geographie schon vor Jahrzehnten vorgetragene These, die berühmten «Inseln der Seligen», die *násoi makáron* der griechischen Mythologie, seien nichts weiter als eine Verballhornung des Altphönizischen: Inseln des Makar, des bevorzugten tyrischen Stadtgottes Melkart. Geographische Entdeckungen von so hoher Wichtigkeit wie diese lassen sich eben nicht ganz verheimlichen.

Etwa gleichzeitig mit der Entsendung Himilkos nach Britannien, wohl um 530 v. Chr., ist eine zweite, noch größere karthagische Flottenexpedition unternommen worden, die unter dem Befehl des Admirals Hanno, eines nahen Verwandten Himilkos, gestanden hat und deren Durchführung beweist, wie ungeheuer wichtig die atlantischen Inseln für die Punier waren. Nach dem Wortlaut des Originalberichts, der in einer allerdings fehlerhaften und noch dazu unvollständigen griechischen Übersetzung vorliegt, hat diese sorgfältig vorbereitete Reise den Zweck gehabt, längs der westafrikanischen Küste bis etwa zur Höhe der Kanarischen Inseln Kolonialstationen anzulegen. Dies ist ganz zweifellos geschehen, um den Seeweg nach den atlantischen Inseln zu sichern, sowohl gegen das Land hin, das damit fest in der Hand der Karthager war, wie in Rücksicht auf die Hilfeleistung und Unterstützung, die den Atlantikschiffen von den Küstenstationen aus zuteil werden konnte. Ausgerüstet war Hannos Unternehmen mit sechzig Fünfzigruderern, die von etwa dreitausend Männern und Frauen besetzt waren, dazu mit dem nötigen Proviant und allem für die Gründung von Stationen gebrauchten Zubehör.

Diese erste Absicht der Reise Hannos scheint voll erfüllt worden zu sein. Es wurden sechs namentlich aufgeführte Siedlungen geschaffen, deren südlichste am Kap Juby, ziemlich genau auf der Höhe der Kanaren, gelegen haben dürfte. Merkwürdigerweise hat sich Hanno aber damit nicht begnügt, sondern ist, statt umzukehren, weiter nach Süden vorgestoßen. Man hat vermutet, er sei von der ja nur zwei Menschenalter früher erfolgten Umfahrung Afrikas unter Pharao Necho angeregt worden, auch seinerseits eine Rundfahrt um den Schwarzen Erdteil durchzuführen. Das ist nicht ausgeschlossen, läßt sich aber nicht beweisen. Denn es ist nicht überall möglich, festzustellen, wo er sich im einzelnen aufgehalten hat, aber es ist sicher, daß er bis zum Kamerunberg gelangt ist. Dort ist die Reise abgebrochen worden, da der Proviant zu Ende ging. Hanno berichtet davon wie folgt:

«Nun waren wir vier Tage unterwegs und sahen das Land alle Nächte hindurch voller Flammen; in ihrer Mitte war ein sehr hohes Feuer, das über die anderen Flammen weit emporragte und das bis an die Sterne zu reichen schien. Am Tage sahen wir, daß es ein sehr hoher Berg war. Wir nannten ihn den Götterwagen (Kamerunberg). Als wir von hier drei Tage lang an Feuerströmen entlanggesegelt waren, kamen wir an einen ‹das Südhorn› genannten Meerbusen. In der Tiefe dieser Bucht lag eine Insel. Auf ihr befand sich ein See und in diesem wiederum eine Insel, die von zahlreichen Wilden bevölkert war. Die meisten von ihnen waren Weiber mit rauhen, haarigen Leibern. Unsere Dolmetscher nannten sie Gorillas. Wir verfolgten sie. Die Männer konnten wir nicht fangen, sie retteten sich durch die Flucht. Sie konnten über Felsen wegspringen und wehrten uns mit Steinen ab. Drei von ihren Weibern, die durchaus nicht folgen wollten, setzten sich gegen unsere Leute, als wir sie gefangennahmen, mit Beißen und Kratzen so zur Wehr, daß wir sie töteten. Wir zogen ihnen die Haut ab und brachten die Felle mit nach Karthago. Da wir keine Lebensmittel hatten, setzten wir unsere Fahrt nicht weiter fort.»

Aus der zu Beginn dieses Zitats gebrachten Bemerkung, daß das bis zu den Sternen reichende Feuer von einem hohen Berg ausging, ist mit Sicherheit zu entnehmen, daß es sich dabei um einen Vulkan gehandelt hat. Und da es an der ganzen westafrikanischen Küste gar keinen anderen tätigen oder in geologisch jüngster Vergangenheit noch tätigen Vulkan gibt, ja überhaupt keinen anderen wirklich hohen Berg, so *muß* der «Götterwagen» der Phönizier der 4000 m hohe vulkanische Gipfel des Kamerungebirges gewesen sein. Hanno ist also fast bis zum Äquator vorgestoßen und hat mit allen Um- und Nebenwegen dabei rund 10 000 km zurückgelegt: eine außerordentlich große Leistung, zu deren Bewältigung die Portugiesen zweitausend Jahre später fast sieben Jahrzehnte brauchten!

Wenn dies heute als gesichert angesehen werden kann, so ist der Bericht über das Zusammentreffen mit «Gorillas» weniger leicht verständlich. Lange Zeit hindurch hat man diesen Teil des Hanno-Berichts über-

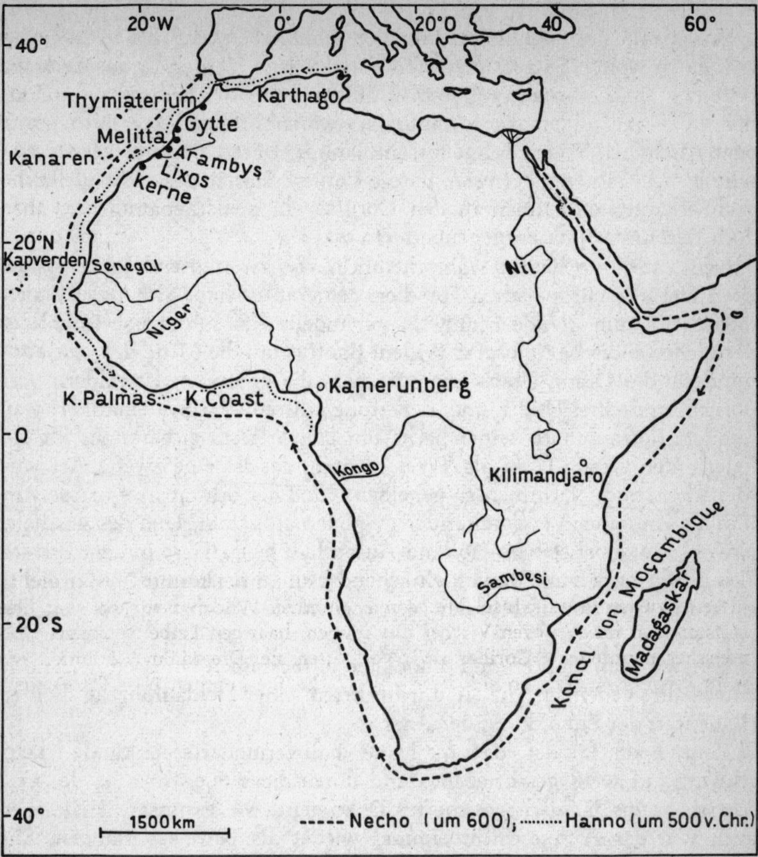

VII. Nechos und Hannos Afrika-Fahrten

haupt für ein Märchen gehalten. Erst als 1847 der Gabun-Gorilla entdeckt wurde, ein Menschenaffe, der Hannos «Wilden» haargenau entspricht, wußte man, daß die alten punischen Berichte zutrafen. Die Angabe, diese Tiere hätten haarige, rauhe Leiber gehabt, beweist ganz unzweideutig, daß es sich tatsächlich um Affen gehandelt hat, da Neger nur wenig behaart sind. Waren es aber wirklich Gorillas, die die Karthager erlegten und ausstopften, so ist man geneigt, daraus zu schließen, daß Hanno und seinen Puniern ein viel geringeres Individualbewußtsein, ein viel geringeres Unterscheidungsvermögen zwischen Mensch und Tier und eine viel labilere Auffassung von der Ausnahmestellung der menschlichen Existenz eigen war als uns. Denn aus ihrem Bericht geht mit Sicherheit hervor, daß sie die «Gorillas» für Wilde, für Eingeborene gehalten und nicht schon instinktiv gefühlt haben, daß die Wesen, die sich da in weiten Sätzen über Steine und Felsen hinweg in das Dickicht retteten, Tiere waren. Woher mag Hannos Unsicherheit rühren? Und, um die Frage anders zu formulieren: wären Männer wie Pythagoras oder Aischylos, beides Zeitgenossen Hannos, wären sie ihrer Menschenwürde nicht sicherer gewesen als die Punier? Hätten sie nicht vielleicht doch erkannt, daß ihnen in den Gorillas ein menschenähnlicher, aber doch tierhafter Spuk entgegengetreten war?

Nein, auch sie hätten wahrscheinlich, wie zweitausend Jahre später noch fast alle europäischen Forscher, gemeint, es habe sich um «Waldmenschen», um «wilde Männer», gehandelt. Als solche hat jedenfalls der niederländische Stabsarzt Willem Bontius um die Mitte des 17. Jahrhunderts die Orang-Utans angesprochen, die er in den Urwäldern von Borneo entdeckte. Und Linné, der große schwedische Systematiker, war hundert Jahre danach seiner Sache um keinen Deut sicherer. Er klassifizierte den Orang-Utan als «Waldmensch, das ist eine zweite Art von Menschen, auch Nachtmensch geheißen», und der Schimpanse wurde von ihm als ein naher Verwandter der Pygmäen aufgefaßt. Und das geschah, obwohl Linné bei seinem Holland-Aufenthalt beide Tiere in dem Privat-Zoo des Prinzen von Oranien eingehend beobachten konnte! – Man sieht, es ist mit dem Bewußtsein der Menschenwürde offenbar nie so weit her gewesen!

Ehe wir nun Punier und Phönizier zurücklassen, müssen wir noch einer Fahrt gedenken, die sie durchführten, einer Heldenfahrt und einer Heldentat: der Entdeckung der Azoren.

Kein Epos kündet davon, keine halbvermoderte Urkunde, kein schwarz auf weiß geschriebenes und durch die bloße Tatsache des Geschriebenseins magisch gesichertes Dokument, wie es unsere Historiker auch von der Frühgeschichte immer wieder als Beweis verlangen. Ein rußiger alter Topf mit einer Handvoll Münzen, karthagischer Münzen aus dem Anfang des 4. Jahrhunderts v. Chr., ist alles, was übrigblieb. Um die Mitte des 18. Jahrhunderts hat man diesen Tontopf nach einer schweren Sturmflut auf der Azoren-Insel Corvo aus den Fundamenten einer am Strand stehenden Ruine geborgen, und da die zum Teil aus Karthago, zum Teil aus der Cyrenaika stammenden Münzen, die durch viele Hände gingen, seither verschollen sind, hat es nicht an Zweifel und Unglauben gefehlt. Aber die Überlieferung über die Umstände dieses Fundes ist so unzweideutig und bestimmt, daß man ihr wohl oder übel Glauben schenken muß, obwohl die Azoren gänzlich isoliert und völlig verloren weit, weit draußen im Ozean liegen. Der oben schon genannte deutsche Geograph Richard Hennig, der sich dieses merkwürdigen Falles vor einundeinhalb Jahrzehnten annahm, hat dabei ein von münzenkundiger Seite autoritativ bestätigtes Argument geliefert, welches die Bekundungen des 18. Jahrhunderts unwiderleglich

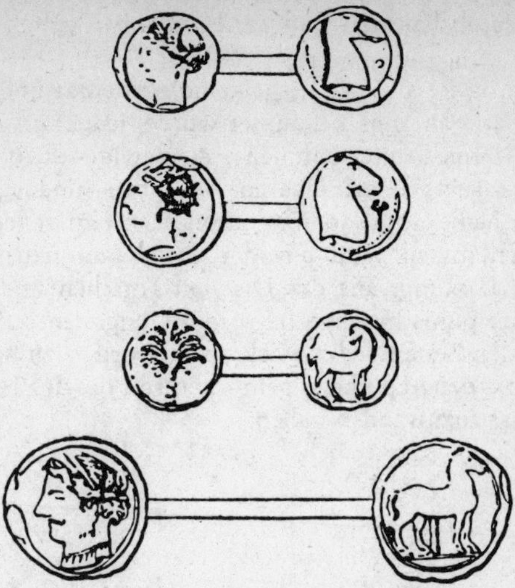

18. Karthagische und cyrenäische Münzen aus dem 4. Jahrhundert v. Chr., gefunden auf den Azoren.

sichert. Es sei nämlich, so haben sich die Numismatiker geäußert, um 1750 gar nicht möglich gewesen, eine fast komplette Serie karthagischer Münzen aus dem Jahrzehnt von 330 bis 320 v. Chr. aufzutreiben. Von einer Mystifikation oder einer Fälschung *könne* also gar keine Rede sein.

So kommt es, daß die Fachgelehrten die sehr frühe Entdeckung der Azoren durch die Punier nicht mehr bezweifeln. Denn da die Meeresströmungen rund um diese Inseln überall von ihnen wegführen, kann man sich nicht mit der Annahme helfen, die in Corvo gefundenen Münzen seien auf Wrackstücken angetrieben. Sie müssen vielmehr auf bemannten Fahrzeugen nach den Azoren gelangt sein: mit anderen Worten, diese etwa 1500 km von den Küsten Europas entfernte Inselgruppe ist regelrecht entdeckt worden. Freilich mag das als Folge von Schiffsverschlagungen durch anhaltende schwere Oststürme geschehen sein, und es ist gut denkbar, daß kein Mann jener punischen Schiffe, die um 320 v. Chr. endlich in den wilden Wassern des Atlantischen Ozeans Land auftauchen sahen, je wieder nach Europa zurückkam. Da auf den Azoren nichts wächst oder erzeugt wird, was Händler reizen könnte, werden sie selbst dann kein punisches Fernziel gewesen sein, wenn die unbekannten Mannschaften unbekannter Schiffe tatsächlich in die Heimat zurückgekehrt sein sollten. Deshalb findet sich auch in der antiken Literatur kein Hinweis auf die fernen Inseln, und bis zum 15.

Jahrhundert, als Portugiesen sie entdeckten, haben sie außerhalb der «Oikumene», des bekannten und als bewohnbar geltenden Erdkreises, gelegen.

Ihre Entdeckung ist also vielleicht keine Heldentat und keine Heldenfahrt gewesen, wie anfangs behauptet wurde, jedenfalls vielleicht keine freiwillig und bewußt unternommene. Aber wie sich in Hannos merkwürdigem, über seine unmittelbaren Aufgaben hinausgehendem Vorstoß bis in die Nähe des Äquators schon etwas zu regen beginnt, was vielleicht unternommen wird aus der Freude an neuen Dingen, aus abenteuerlicher Lockung, aus der Lust am Forschen und Entdecken, so scheint bei dieser punischen Fernfahrt in die ungeheuere Weite des Ozeans der Geist der Zeiten selbst wirksam geworden zu sein, um zu bekunden, daß eine neue Epoche angebrochen sei: die des Helden. Ihr werden wir uns jetzt zuzuwenden haben.

Teil IV

Die griechische Legende und was dahintersteckt

Die Katastrophe der Kampfwagen · Schliemann und das Straußenei · Oberstudienrat Gustav Schwab · Prinzessin Medea, das Tragödienmodell · Herakles stiehlt Äpfel · Stonehenge und die singenden Schwäne · Priamos blockiert die Dardanellen · Nur Barbaren tragen lange Hosen · Die skythischen Säufer · 30 Prozent Zinsen für das griechische Großkapital · Wer kommt schon nach Ogygia? · Herodot verdient 50 000 Mark · Die Fernstraße nach Urga/Mongolei · Professor Pytheas aus Marseille · Wo lag Thule? · Pytheas löst das Rätsel des Bernsteins · Das Geheimnis des Erythräischen Meeres · Wie kommen Krokodile in den Indus? · Alexander der Große auf Wildwasserfahrt · Die Entdeckung des Ozeans · Goldgrabende Ameisen · Kleine Anweisung, Elefanten zu fangen · Von der tragischen Ironie der Geschichte

1

Die Schlacht hatte mit einer Katastrophe geendet. Der König gefallen, alle Offiziere erschlagen oder gefangen, die Kampfwagen verloren und ihre Besatzungen von Pfeilen gespickt und tot. Auch die zu den Wagen gehörenden Pferde waren fort: tot, verwundet oder voller Verstörung in der Steppe verirrt. Aber viel schlimmer als dieser Verlust an Mannschaft, Waffen und Material mußte sich die Erkenntnis auswirken, daß der Kampfwagen von nun an als taktische Waffe völlig überholt war. Gerade diese geniale Erfindung der Alten, eine Art Burg auf Rädern, hatte bisher doch die Überlegenheit gesichert. Blitzgeschwinde Vorstöße, ebenso schnelle Absetzbewegungen, im Moment mögliche Schwerpunktbildungen: das alles hatte dieser Waffe gegenüber den unbeweglichen Haufen der Infanterie mit ihren so leicht verletzlichen Flanken immer wieder gewaltige Vorteile verliehen.

Das war nun zu Ende. Die Methode dieser schlitzäugigen, kleinen gelben Kerle, mit denen man hier zum erstenmal zusammengetroffen war, dieser glänzende taktische Einfall, ihre Krieger auf Pferde zu setzen und vom Pferd aus kämpfen zu lassen, war bei weitem wirkungsvoller als der Einsatz von Kampfwagen. Im Kampf mit Kavallerie war damit nichts mehr auszurichten. Es blieb nichts übrig, als sich diese neue Methode der Kriegführung selbst anzueignen.

Wir wissen nicht, wann die Schlacht stattfand, von der wir hier sprachen und der Oswald Spengler vor zwei Jahrzehnten einen sehr interessanten Aufsatz widmete. Wir wissen auch nicht, wo sie geschlagen wurde. Nur daß sie stattgefunden hat, irgendwo in den weiten Steppen Südeurasiens, irgendwann um die Mitte des 2. Jahrtausends v. Chr., das dürfen wir annehmen. Und wir wissen auch, daß mongolische Hirtenvölker, von Urzeiten her beritten und daran gewöhnt, vom Pferd aus zu jagen und zu kämpfen, den unaufhaltsamen Siegeszug indogermanischer Streitwagenheere noch vor deren Einbruch nach Zentralasien endgültig abstoppten. Vielleicht ist die Kentauren-Legende der Griechen eine dunkle Rückerinnerung an dieses erste Zusammentreffen mit feindlicher Kavallerie.

Denn der Indogermane ist um diese frühe Zeit noch kein Reiter. Er kennt das Pferd nur als Zugtier am leichten Wagen. Der schnellen mongolischen Kavallerie hat er nichts entgegenzusetzen. Erst viel später steigt er selbst zu Pferde, und noch viel später fallen ihm Methoden ein, auch mit dem massierten Einsatz riesiger Reiterheere fertig zu werden.

Mutlos und enttäuscht brechen die namenlosen indogermanischen Heerhaufen ihre Vorstöße nach Innerasien ab. Sie drängen nach Westen und Südwesten zurück und treffen im 13. Jahrhundert v. Chr. auf die dichtbesiedelten Räume des östlichen Mittelmeeres. 1227 v. Chr. schlägt König Merneptah von Ägypten im westlichen Nildelta die «Nordvölker» zurück. Aber unter Ramses III. (1198 bis 1167 v. Chr.) kommen sie wieder. 1190, im achten Jahr seiner Regierung, läßt der Pharao an die Wände seines Heiligtums in Medinet bei Theben schreiben:

> «Die Nordvölker auf ihren Inseln waren in Aufruhr, fortgerissen von dem Sturm, alle gleichzeitig. Kein Land hielt stand vor ihren Händen – sie vernichteten seine Leute, als wären sie nie gewesen –, sie kamen, als wenn ein Feuer vor ihnen aufflammte, auf Ägypten zu ...»

Das Land am Nil entgeht dem Verderben, aber das Hethiterreich bricht zusammen, und zwar zur gleichen Zeit fallen auch die königlichen Schlösser von Mykene und Tiryns auf dem Peloponnes in die Hände der Dorer, die im Gefolge der großen Wanderung nach Süden aufgebrochen sind.

Die alten Herren des Landes, die Mykene-Griechen, haben sich sicherlich nicht schweigend unterworfen. Mord und Brand hat getobt, ihre Burgen sind von Grund auf zerstört worden, dicke Schichten von Asche,

Staub und Kalk liegen über den Ruinen ihrer prächtigen Häuser, häufen sich in den luxuriösen Badezimmern, bedecken die weiten Hallen, die mit den Kostbarkeiten der ganzen Welt gefüllten Schatzhäuser und die von Gold starrenden Mausoleen. Ziegen und Kühe weiden auf den buschigen Schutthügeln.

Dreitausend Jahre hindurch steht hier die Zeit still. Dann springen die Zeiger der Weltenuhr mit einem Schlag auf den 7. August 1876. Heinrich Schliemann, der gerade eben Troja entdeckt und ausgegraben hat, beginnt am Fuße des Ruinenhügels von Mykene mit seinen Untersuchungen. In zäher Arbeit schaufeln sich seine Leute durch ungeheuere Schuttberge hindurch, bis endlich die Zyklopenmauern der Burg Agamemnons aus der Tiefe emporwachsen. Unter der unermeßlichen Zahl von Fundstücken wird ein ovaler, etwa 20 cm langer Gegenstand, den Schliemann für eine Alabastervase hält, nicht weiter beachtet. Der Fund wird registriert und beiseite gelegt. Es gibt so viel anderes, Wertvolleres, Glänzenderes.

Zufällig kommt die vermeintliche Alabastervase Schliemann einige Zeit später wieder in die Hände. Und dabei ergibt sich, daß das weißlich schimmernde, glatte Material, das hier und da unter den Inkrustierungen hervorschaut, gar kein Alabaster und daß das ganze Ding keine Vase, sondern – ein Straußenei ist.

Schon Schliemann spürt die Bedeutsamkeit dieses Fundes. Strauße hat es in der Landschaft Argolis auf dem Peloponnes nie gegeben. Agamemnons Straußenei muß also ein Importartikel aus Asien oder Ägypten sein, der seiner Merkwürdigkeit wegen in den unterirdischen Schatzkellern der Burg aufgehoben worden war. Es findet sich noch mehr dieser Art: ein aus blauem Glas bestehender zierlicher, kleiner Affe, der auf seiner Schulter den Besitzerstempel Amenophis' II. trägt, jenes Pharao der 18. Dynastie, der von 1448 bis 1420 v. Chr. dem großen Thutmosis folgte; ein prächtiger Skarabäus, der der Königin Teje gehört hat, Amenophis' III. (1411 bis 1375 v. Chr.) Gemahlin. Aber da Mykene vier Stunden weit vom Meer entfernt liegt, kommt Schliemann gar nicht auf die Idee, diese Importartikel könnten auf mykenischen Schiffen herantransportiert worden sein. Er konstruiert daher einen kulturellen Zusammenhang mit Ägypten und Kleinasien, der von diesen beiden Kulturbereichen ausgegangen sei und der Mykene umfaßt habe. Freilich weiß er noch nichts von der Sammlung mykenischer Töpferwaren, die später in den Schatzkammern Thutmosis' III., des Gatten und Nachfolgers der Königin Hatschepsut, entdeckt wird. Er weiß auch noch nichts von der mykenischen Irdenware, einem hervorragenden frühgriechischen Exportartikel, dessen schönste Stücke sich in Zypern, Syrien und Palästina, auf Sizilien, auf Malta und Sardinien wie in Spanien finden. Er weiß noch nichts von dem spanischen Silber, dem nordischen Bernstein, dem nubischen Elfenbein, mit dem die mykenischen Grabstätten vollgestopft sind. Er *kann* gar nicht vermuten, wie wir es tun, daß die Mykene-Griechen sich ähnlich wie die Kreter schon in frühen Zeiten auf das hohe Meer hinausgewagt haben.

Mehr vermag uns die Archäologie zu diesem Thema aber nicht zu berichten, und die klassische Altphilologie ist sogar noch zurückhaltender. Sie meint, über Sizilien im Westen und Troja im Osten seien die frühen Hellenen niemals hinausgekommen. Das ist nun sicherlich ein Irrtum. Aber da wir unseren Roman ja weitererzählen wollen, können wir uns damit nicht zufriedengeben. Wir müssen uns nach Gebieten umsehen, die ergiebiger sind als die Spaten- und die Sprachforschung. Und bei dieser spürenden Suche müssen wir nun etwas tun, was uns diese beiden ehrwürdigen und illustren Wissenschaften schwer ankreiden werden: wir müssen uns eine Weile mit so suspekten Dingen wie Sagen, Mären und Legenden befassen, mit einem Stoff, dem weder von der Archäologie noch von der Philologie aus recht beizukommen ist.

Unser Kronzeuge und Eideshelfer dabei ist freilich ein ehrenfester, honoriger Mann, an dem es nichts zu kritteln gibt. Es ist der Oberkonsistorialrat und Oberstudienrat Gustav Schwab, geboren zu Stuttgart am 19. Juni 1792, verstorben daselbst am 4. November 1850. Zwanzig Jahre lang hat er sich als Stuttgarter Gymnasialoberlehrer bemüht, immer neue Jahrgänge schwäbischer Alumnaten mit dem schönen Sagengut des klassischen Altertums vertraut zu machen. Voller Verzweiflung darüber, daß sich seine Zöglinge wieder und wieder in den Dschungeln der antiken Mythologie mit ihren verzwickten legitimen und illegitimen Verwandtschaftsverhältnissen verirrten, hat er sich schließlich hingesetzt und ein dickes Buch geschrieben, man erinnert sich wohl noch: *‹Die schönsten Sagen des klassischen Altertums›*.

Sein fleißiges Werk hat früher fast als eine Art Kinderbuch gegolten und in der Regel zusammen mit dem Anker-Steinbaukasten unter dem Weihnachtsbaum gelegen. Das war damals, als wir den Trojanischen Krieg büffelten und anfingen, Homer zu lesen. Wenn wir das alte Buch heute vom Regal nehmen und den Mörtelstaub vergangener Bombennächte abblasen, um ein wenig darin zu blättern, so geschieht das nun freilich unter ganz anderen Gesichtspunkten. Denn in seinen uralten Mären und Legenden steckt, verschlüsselt und vercodet, mancherlei Seemannswissen, mancherlei handelspolitische Erfahrung, und es gilt nur, die ehrwürdigen Sagen richtig zu lesen.

Wie alt Gustav Schwabs «Märchen»-Stoffe eigentlich sind, auf welche fernen, frühen Zeiten sie zurückgehen, weiß man, im ganzen gesehen, nicht so recht. Meist dürften sie aber dem mykenischen Kulturkreis zugehören, der Welt jener bronzezeitlichen, indogermanischen Fürsten- und Herrengeschlechter, deren uneinnehmbare Burgen und schwer befestigte Schlösser um 1400 v. Chr. in den Zyklopenbauten von Mykene und Tiryns zu ihrem glanzvollen Höhepunkt entwickelt wurden. Denn diese

Herren und Halbgötter waren offenbar nicht nur kluge Baumeister, sondern auch hervorragende Seefahrer, die ihre Stander mit Kreta um die Wette auf allen Meeren zeigten und die viel gesehen und erlebt haben. In Kleinasien sowohl wie in Ägypten oder im westlichen Mittelmeer hat man, wie wir schon hörten, mykenische Funde ergraben, und auch im Schwarzen Meer dürften mykenische Seeleute zu geschwinden Raub- und Kundfahrten bereits geweilt haben.

Dafür spricht die berühmte Sage vom Argonautenzug, jener kühnen Fahrt des Piratenkapitäns Jason, der auf seinem schnellen fünfzigrudrigen Langschiff «Argo» mit allen nennenswerten Helden seiner Zeit an Bord nach Kolchis in der südlichen Ecke des Schwarzen Meeres aufbrach, um von dort das «Goldene Vlies» zu rauben. Dieses «Goldene Vlies» war das aus gediegenem Gold bestehende Fell eines geflügelten Widders, der sinnigerweise einst Gott Hermes, dem griechischen Schutzherrn der Kaufleute, der Reisenden und der Diebe, gehört hatte und der nachmals in den Besitz des Königs von Kolchis gelangt war. «Das Vlies wurde in der ganzen Welt als ein großer Schatz betrachtet, und lange sprach man auch in Griechenland davon», erzählt Gustav Schwab in professoralem Saga-Ton.

Nach mancherlei Abenteuern kommt Jason und seine Mannschaft schließlich zum Phasis, dem Strom des Kolcherlandes, in dessen Mündung die «Argo» Anker wirft. Anfangs läßt sich alles leidlich an, aber dann geht es ziemlich abscheulich zu. Zwar hat Aëtes, der König von Kolchis, einen Pflug ganz aus Eisen, und Jason besieht sich diese große Kostbarkeit auch so genau, wie sich das für einen Angehörigen der Bronzezeit geziemt. Die Stiere, mit denen Aëtes pflügte, sind aber recht ungebärdige Wesen, die aus ihrem unterirdischen Stall Pech und Schwefel speien und die in Rauch und Flammen gehüllt sind, als Held Jason dann seinerseits eine Ehrenrunde hinter dem Pflug zu absolvieren hat. Das Goldene Vlies, um das es sich bei dieser Fahrt ja nun im besonderen handelt, wird von einem ähnlichen Untier bewacht, einem feurigen Drachen, mit dem Jason, man spürt das ganz deutlich, trotz seiner göttlichen Urahnen nicht gern anbinden möchte. Aber Medea, König Aëtes' blondgelocktes Töchterlein, enthebt ihn dieser Mühe. Sie stiehlt den kolchischen Staatsschatz, will sagen das Goldene Vlies, begibt sich damit zu Jason und an Bord der «Argo», und dem Chef des Unternehmens bleibt nichts mehr zu tun übrig, als mit seiner doppelten Beute siegreich nach Hause zu fahren.

Das geschieht nun auch, aber vorsichtshalber nicht auf dem Kurs der Hinreise, die ziemlich gefahrvoll war, sondern die Donau aufwärts. Irgendwer aus Jasons Helden-Team ist nämlich im Besitz alter Handschriften, aus denen hervorgeht, daß die Donau weit oberhalb ihrer Mündung ins Schwarze Meer einen Seitenarm in das Sizilische Meer entsende. Glücklicherweise findet ihn unsere Kolchis-Expedition auch, gelangt tatsächlich zur Adria, und nach vielen weiteren Abenteuern landet sie dann eines schönen Tages wieder in Griechenland.

Soweit diese im Märchenton wiedererzählte Geschichte. Man könnte sie hinnehmen, wie sie ist: als Zeugnis für die Neigung früher griechischer Teerjacken, phantasievolle Seemannsgarne zu spinnen. Aber unsere klugen Geographieprofessoren haben das harmlose Seemannslatein subtil in Einzelteile zerlegt und dabei allerlei Merkwürdigkeiten gefunden.

Das Schlüsselwort, von dem aus sie begannen, das verknäulte Garn aufzuspinnen, heißt: Phasis, Stadt und Strom in Kolchis. Aus späteren Nachrichten, besonders aus Reiseschilderungen Herodots, weiß man nämlich, daß es diese Stadt und diesen Strom tatsächlich gegeben hat und daß die Griechen dort auf einen merkwürdigen, leuchtend geschmückten, sehr wohlschmeckenden Vogel stießen: den Phasianós-Vogel, unseren Fasan. Moderne Forschungen ergaben, daß der Strom Phasis identisch ist mit dem Kaukasusfluß Rion und daß die gleichnamige Metropole des Kolchislandes dem heutigen Poti entspricht, einer Öl- und Petroleumstadt etwas nördlich von Batum.

Öl, dieses zweite Schlüsselwort, enträtselt nun nach Ansicht unserer Erdkundler das Phänomen jener qualmenden Flammenstiere, mit denen Jason, als sei er ein altgedienter, von Kopf bis Fuß in Asbest gehüllter Feuerwehrhauptmann, pflügen muß. Sie meinen, es sei brennendes Öl gewesen, das unseren blonden, blauäugigen Helden aus dem mykenischen Hellas so erschreckte. Von Öl weiß Herodot, den wir hier wiederum anführen müssen, natürlich noch nichts, da die Herren Benz und Diesel erst drei Jahrtausende nach ihm in Erscheinung treten. Aber Pech ist ihm ein Begriff, und er berichtet nun in der Tat, Phasis, die in schillernden Sümpfen stehende Pfahlbaustadt, sei der Hauptausfuhrort für Pech gewesen.

Auch für das merkwürdige Goldene Vlies gibt es eine gar nicht unwahrscheinliche Deutung: sie geht in ihrem Tatsachengehalt auf den griechischen Geographen Strabo zurück, der um Christi Geburt gelebt und aus dieser Zeit berichtet hat, die am Phasis ansässigen Eingeborenen pflegten von alters her Hammelfelle in den goldführenden Strom zu legen, um so die vom Wasser angeschwemmten Goldkörner aufzufangen. Heutzutage bedient man sich für dergleichen Zwecke sinnvoll konstruierter Schüttelsiebe. Aber wenn es genug Gold gibt, werden es Hammelfelle vielleicht auch tun, und möglicherweise ist diese Idee gar nicht einmal schlecht.

Selbst die Figur der Medea, von Euripides an bis hin zu dem zeitgenössischen amerikanischen Dramatiker Robinson Jeffers für viele Dichter und Komponisten eine Art Tragödienmodell, erhält aus den alten Mären ein merkwürdiges Licht. Sie ist zwar, wie sich das für eine Herrentochter und Prinzessin der mykenischen Welt gehört, genauso blond und blauäugig wie Jason auch. Trotzdem ist sie aber eine böse Hexe, eine den Unterirdischen nahestehende Zauberin und Giftmischerin, die von Beginn ihrer Bekanntschaft mit Jason an eigentlich immer nur recht suspekte Dinge tut. Nun wissen wir aus früheren Mitteilungen, daß die Südküste des Schwarzen Meeres schon seit langem das Ziel phönizischer und assyrischer Händler war, daß die Urbevölkerung des Landes Kolchis ägyptisch ausgesehen hat und daß ihr mancherlei an das Nilland gemahnende kulturelle und zivilisatorische Züge eigen waren. Trifft das zu, so ist klar, warum Medea bei den Bauernjungen von Mykene als gefährliche Zauberin gelten mußte. Wer so kultiviert war wie Assyrer und Ägypter, wer mit dem Tod, mit abgelebten Zeiten und mit den unterirdischen Mächten so behend umzugehen verstand wie die ururalten Völker zu Füßen der Pyramiden und des Turms zu Babel, der *mußte* ja zaubern können, selbst wenn er im barbarischen Kolchis zu Hause und sonst ganz reputierlicher Herkunft war!

Wir kennen dergleichen aus der viel späteren germanischen Helden- und Sagenwelt. Statt Ägypten oder Kolchis heißt es dort regelmäßig Welschland, wenn einer der Großen sich eine bildschöne Fremde zur Gemahlin erkiest. Aber ehrenhalber wird diese fremde Zauberin, mit der es meist schlecht ausgeht, dann wenigstens als brünette Schönheit dargestellt. Und wenn sonst nichts passiert, was man ihr zauberischerweise in die Schuhe schieben könnte, keine Maul- und Klauenseuche beim Vieh, keine Grippeepidemie oder sonstiges Unglück bei den Menschen, dann ist sie doch mindestens eine verruchte «Frau Venus». Es ist immer dasselbe gewesen.

Unsere moderne Wissenschaft hat sich aber nicht allein damit begnügt, Medeas zauberische Fähigkeiten zu zerreden, sie hat auch Jasons märchenhaften Rückweg über Donau und Adria unter die Lupe genommen und gemeint, der angebliche, zum Sizilischen Meer führende Seitenarm der Donau sei nichts anderes als der alte Handelsweg, der einstmals von der Donau zum Semmering, über die Save und den Birnbaumer Wald zum Mittelmeer ging und dessen südlichsten Teil, von den alten Schiffshebewerken an, man sogar zu Wasser habe zurücklegen können. Der Argonautenzug mit diesem seltsamen Umweg sei als eine dunkle Rückerinnerung aus viel, viel früheren Tagen zu bewerten, und es gehe nicht an, ihn als bloßes Märchen abzutun.

Wir haben leider nicht den Raum, hier nun die ganze griechische Sagenwelt daraufhin durchzugehen, ob in ihr auch anderweitige Entdekkerberichte versteckt seien, und müssen uns mit ein paar knappen Andeutungen begnügen. Auch dabei wird aber Gustav Schwab Pate stehen, freilich ohne daß er das je gewollt hätte. Denn Überlegungen *dieser* Art haben ihm natürlich weltenfern gelegen.

Neben der Argonauten-Sage verdanken wir ihm unter anderem bekanntlich auch die Zusammenstellung der vielen Herakles-Mythen, die in der Durchführung einer Reihe recht beschwerlicher Heldentaten gipfeln. Eine davon – es ist das elfte Abenteuer – bestand darin, daß Herakles dem König Eurystheus von Mykene die Äpfel der Hesperiden besorgen mußte. Damit hatte es folgendes auf sich: Als Zeus und Hera heirateten, vor undenklich langen Zeiten, hatte die Göttin Gäa, die Erdmutter, bei der festlichen Hochzeitstafel zum Dessert einige Exemplare eines goldenen Apfels überreicht, der, wie sie dabei verlauten ließ, am unendlich entfernten Westgestade des Weltmeeres auf einem ästereichen Baum wachse. Sei es, daß Gäa die naschhafte Veranlagung der olympischen Götter kannte, sei es, daß sie von neugierigen Menschen Unheil fürchtete: sie ließ ihren Apfelbaum von vier schönen Jungfrauen, den Hesperiden, bewachen. Und für den Fall, daß die Diebe vor vier schönen Jungfrauen keine Angst hatten, sondern vielleicht ganz im Gegenteil... gab sie den vier jungen Damen als Schutz, Hilfe und Anstandsperson einen hundertköpfigen Drachen bei. Es ist nicht überliefert, was diese hundert Köpfe verteidigen sollten: die Äpfel oder die Tugend der vier Hesperiden.

Diesen fünf Bewachern zum Trotz sollte Herakles also goldene Äpfel stehlen. Aber wie Jason, so hatte auch dieser göttliche Held keine Lust, sich mit einem Drachen in Auseinandersetzungen einzulassen, und aus Damen machte er sich bekanntlich auch nichts. Es gelang ihm schließlich, den zufällig in der Nähe des Apfelbaumes mit dem Himmelsgewölbe auf seinen Schultern herumstehenden Riesen Atlas zu überreden, die Sache mit dem Drachen in Ordnung zu bringen. Und als das geschehen war – Herakles benahm sich, wie man leider sagen muß, dem Atlas gegenüber dabei nicht besonders fair –, hat sich der göttliche Held die Äpfel in die Tasche gesteckt und ist eilig zu seinem König zurückgefahren.

Auch das klingt wie eine Art Kindermärchen. Aber der deutsche Geographieprofessor Richard Hennig hat sich damit nicht abgefunden und nun auch hinter dieser Sage allerlei Erstaunliches entdeckt. Hier heißt das Schlüsselwort: Atlas. Denn schon aus Homers ‹*Odyssee*› ebenso aber aus anderen alten Überlieferungen, geht hervor, daß damit nicht etwa das Atlas-Gebirge in Marokko gemeint ist. Obwohl bereits Herodot eine dunkle Nachricht von dem Vorhandensein dieser mächtigen Erhebung zugekommen zu sein scheint, ist der Atlas in der Antike wohl erst zur Zeit der Römer bekanntgeworden, so daß unter der «hohen Säule, die den Himmel von der Erde trennt», wie Homer formuliert, nur der riesige, von Meereshöhe unvermittelt auf 3700 m Höhe aufsteigende, schneebedeckte Pik von Teneriffa auf den Kanarischen Inseln verstanden werden kann. Das hat schon Alexander von Humboldt gewußt, und nach ihm haben zahlreiche andere Gelehrte der einschlägigen Disziplinen denselben Standpunkt vertreten. Ist der hilfreiche Riese Atlas der Herakles-Sage aber der Pik von Teneriffa, dann kann der fruchtbare Garten der Erdmutter Gäa nicht sehr weit entfernt liegen: das Land der Hesperiden kann dann nur auf den Kanaren gesucht werden. Dort müssen also die «goldenen Äpfel» gewachsen sein: vielleicht hat es sich, wie Hennig vermutet, tatsächlich um Arbutus canariensis gehandelt, die goldgelben Früchte des kanarischen Erdbeerbaumes.

Mit anderen Worten: im elften Herakles-Abenteuer verbirgt sich vielleicht eine frühe Kunde von den jenseits von Gibraltar im Ozean gelegenen atlantischen Inseln, jenen «Inseln der Seligen», von denen wir oben schon sprachen. Woher die Mykene-Griechen dieses Wissen hatten, ob von den Kretern, mit deren Herrengeschlechtern sie vielfältig verschwägert waren, ob von den Phöniziern, mit denen sie emsig Handel trieben, ob sie selbst gar schon den Okeanos westlich der Säulen des Herakles befuhren: wir wissen es nicht und müssen das wohl auf sich beruhen lassen.

Aber es gibt noch mehr solcher frühen Rätsel. Da ist zum Beispiel eine alte hellenische Mär aus dem Lande der «Hyperboreer», einem weit im dunklen Norden gelegenen Gebiet, unter dem man wohl die Britischen Inseln zu verstehen hat. Hier soll, wie die Sage berichtet, vorzeiten ein großes, kreisrund angelegtes Heiligtum existiert haben, in dem sich gelegentlich singende Schwäne eingefunden hätten, um der Gottheit ihre Verehrung kundzutun. Das klingt nun ganz gewiß nach einem bloßen, sehr poetisch erzählten Märchen. Aber Vorgeschichtler und Geographen sind der Meinung, dieses kreisrunde Heiligtum sei der altkeltische Kultplatz Stonehenge auf der Heide von Salisbury gewesen, wo zur Zeit der Sommersonnenwende große religiöse Feste stattfanden. Und nach Ansicht dieser klugen Männer sind gerade die Singschwäne, die, wie es in der griechischen Überlieferung heißt, ihrem Gott «gleich geflügelten Chorknaben» gehuldigt hätten, ein Zeichen für die Echtheit der alten Legende. Denn den Singschwan, den Cygnus cygnus oder Cygnus musicus, gibt es ja tatsächlich, namentlich in Nordeuropa und besonders auch in England, während er in Mittel- und Südeuropa nicht vorkommt. Brehm hat diesen heute selten gewordenen Vogel ausführlich geschildert. «Seine Stimme hat einen Klang wie den von Silberglocken», heißt es an einer Stelle. Und an einer anderen: «Wenn er in kleinen Scharen hoch in der Luft dahinzieht, klingt seine melancholische Stimme wie fernher tönende Posaunen ... Bald möchte man das singende Rufen mit Glockentönen, bald mit solchen von Blasinstrumenten vergleichen, aber sie sind beiden nicht gleich, sondern übertreffen sie in mancher Hinsicht, eben weil sie von lebenden Wesen herrühren und unseren Stimmen näher verwandt sind als die Klänge des toten Metalls. Dieser eigentümliche Gesang verwirklicht in Wahrheit die für Dichtung gehaltene Sage vom Schwanengesang ...»

Möglicherweise ist der Singschwan ein dem keltischen Gott Borvon, der Gottheit von Stonehenge, heiliges Tier gewesen, das an der alten Kultstätte der Kelten gehegt wurde. So könnte seine Anwesenheit bei den großen Sonnenwendfeiern erklärt werden. Daß unsere Legende davon erzählt, obwohl der Singschwan in Südeuropa nicht bekannt ist, beweist, daß dem vermeintlichen Seemannsgarn auch in diesem Fall ein Kern echten Wissens zugrunde liegen muß. Von wem mögen es die Mykene-Griechen gehabt haben? Von den Kretern der Tartessos-Fahrt, von Phöniziern oder aus eigenem Erleben?

Wir müssen auch dies auf sich beruhen lassen. Wir wissen nichts darüber, wir wissen von den Zeiten vor der großen Wanderung in Europa im einzelnen überhaupt nicht sehr viel. Aber dies wenige läßt doch schon spüren, daß in Hellas ganz andere Antriebe am Werk sind als in Ägypten oder bei Phöniziern und Karthagern. Es weht Wikinger-Luft, Seefahrt und Entdeckung sind Männerdinge, sind Herrendinge, sind Heldendinge. Herakles, der Halbgott, das freilich unerreichbare Vorbild des altgriechischen Fahrensmannes, jagt hin und her durch die «Oikumene», nicht um Handel zu treiben und um Geschäfte zu machen, sondern um Abenteuer zu erleben. Und eben um dieser Abenteuer willen, des heldischen Liebens und des heldischen Kämpfens in fernen Ländern wegen, müht sich auch Odysseus, der griechische Nationalheld, mit den tausend Widrigkeiten ab, die dem Seemann nun einmal beschieden sind. Hätten Homers Hörer und Bewunderer nicht vollstes Verständnis dafür gehabt, daß der König von Ithaka in der Fremde herumstreunte, statt sittsam an der Seite Penelopes seinen Regierungsgeschäften nachzugehen – nie hätten sich in der *‹Odyssee›* all die vielen ungünstigen Winde erhoben, die den armen «göttlichen Dulder» kreuz und quer über die Meere bliesen. Aber derlei selbst zu erleben, war eben der Wunschtraum jenes Publikums, mit dem Homer zu rechnen hatte.

Und wie allezeit nicht der Kaufmann, sondern der Dichter des Helden Verkünder gewesen ist, so treten von nun an in steigendem Maße Dichter, Journalisten und Gelehrte als unsere Kronzeugen auf. Der erste dieser langen Reihe wortgewaltiger, schreibgewandter Männer ist Homer – oder korrekter, jene Generationenfolge unbekannter Sänger, die wir mit dem Sammelbegriff Homer bezeichnen und deren Werk uns als *‹Ilias›* und *‹Odyssee›* bekannt ist. Diese vielgliedrige Zusammensetzung der beiden Epen macht es überaus schwierig, sie auf einen gemeinsamen erdkundlichen und entdeckungsgeschichtlichen Nenner zu bringen. Denn immer wieder wandeln sich die Bilder, immer weiter dehnt sich die Welt.

Der Ur-Homer, wenn wir die offenbar älteste Schicht dieses literarischen «Sedimentes» so nennen wollen, schildert die Welt um ungefähr 1200 v. Chr. Zwar hat dem angeblich blinden Dichter nichts ferner gelegen, als etwa eine Geographie in Versen zu geben. Sein Interesse gilt Menschen von Fleisch und Blut: abenteuerlichen Helden wie seinem Odysseus oder tapferen Kämpen wie den Heroen der Ilias. Aber um die Reiseberichte des Irrfahrers von Ithaka oder die Kriegsberichte der trojanischen Auseinandersetzung schreiben zu können, bedurfte es schon einer ziemlichen Weltkenntnis. Und die hat Homer sicherlich gehabt.

19. Das keltische Heiligtum Stonehenge bei Salisbury in England, entstanden um 2000 bis 1500 v. Chr. (frühe Bronzezeit). Rekonstruktion des ursprünglichen Zustands der Steinsetzungen.

Wieviel er von der Fülle fesselnd vorgetragener geographischer Tatsachen aus eigenem Erleben gekannt hat, bleibt dahingestellt. Daß er aber das weitläufige Bild der Welt, so wie es seinen Zeitgenossen bekannt war, richtig wiedergegeben hat, ist wohl sicher. Und von diesem Gedanken her müssen wir der Auffassung von Egon Friedell, der in seiner schönen *‹Kulturgeschichte Griechenlands›* als einer der letzten Rufer im Streit betonte, es gäbe nur *einen* Homer, lebhaft widersprechen. Friedell sieht seinen und unseren Freund unter dem Bild der frühgermanischen Barden: als einen Sänger und Vortragskünstler, der den zeitgenössischen «Helden lobebaeren» von alten Zeiten singt und der diese alten Zeiten kunstvoll und künstlich archaisiert. Aber das ist kaum zutreffend. Denn ein um 800 lebender Homer hätte sich die prachtvollen Abenteuer, die um diese Zeit als Folge der griechischen Schwarzmeer-Fahrten «anfielen», er hätte sich die dunklen Mären von den Wundern des weiten, fernen Ostens, die nun zum europäischen Kulturkreis vorzudringen beginnen, unter gar keinen Umständen entgehen lassen.

Aber er *hat* sie sich entgehen lassen! Er kennt zwar den Namen des Jason und den des Aëtes, auch hat er von dem schnellen Langschiff «Argo» und von den schrecklichen Symplegaden gehört: mehr weiß er indessen nicht. Er erzählt weder vom «Goldenen Vlies» noch von Medea, und die Symplegaden verlegt er in den Westen des Mittelmeeres. Mit anderen Worten: *der* Homer, der sich diese großartige Geschichte durch die Lappen gehen ließ, hat eben zu einer Zeit gelebt, die noch nichts davon wußte, die wirklich alt, wirklich archaisch war. Und um damit wieder zum Anfang zurückzukehren: Homers Werke sind tatsächlich ein literarisches Sediment, sind der von unbekannten Dichtern und Sängern in gültige Formen gegossene Niederschlag sehr früher, sehr alter Seefahrererlebnisse, sind ein ritterlicher Abenteuerroman, der den erlebnishungrigen dorischen Bauern, die nach ihrem siegreichen Einmarsch staunend und ehrfürchtig in den Ruinen von Mykene, Tiryns, Argos, Asine, Mideia und anderen halb oder ganz zerstörten Schlössern der Mykene-Griechen herumtrampelten, von den sehr aristokratischen und sehr zerlumpten Sängern der glänzenden alten Zeit erzählt wurde.

Mittelpunkt der Welt, von der Homer erzählt, einer Welt, die ihre Stützen in den ragenden Erhebungen des Atlas im Westen, des Kaukasus im Osten fand, ist der 3000 m hohe, in Thessalien gelegene Olymp, die Wohnung der Götter. Das Mittelmeer wird so zum Zentralmeer der «Oikumene», das diese in zwei gleiche Teile zerschneidet, die Nachtseite mit dem sagenhaften, riesigen Gebirgszug der Rhipäen im äußersten Norden, die Tagseite im Süden. Von der kalten, regnerisch-trüben Nachtseite weiß man nicht viel. Im Süden liegen Äthiopien, Libyen und Ägypten, die durch mancherlei Fahrten schon leidlich bekannt sind. Recht eigentlich gesichert sind aber nur die Gebiete um Troja, die Zykladen, Kreta, der Peloponnes, der mittlere und südliche Teil von Griechenland und das Mittelmeer etwa bis nach Sizilien. Diese Einengung ist um so erstaunlicher, als wir ja gerade eben aus den althellenischen Sagen ein viel umfassenderes Wissen destilliert hatten. Anscheinend sind aber in den Wirren, die dem Einmarsch der Dorer in Griechenland folgten, manche Kenntnisse verlorengegangen, so daß sie aus dem hellen Tageslicht in das Halbdunkel der Sage entschwanden.

Spätestens in der Mitte des 8. Jahrhunderts v. Chr. sind dann aber die neuen Herren von Hellas so weit, daß sie auch ihrerseits auf das Meer gehen. Wir kennen sogar den Namen eines der erfolgreichsten Reeder und Kapitäne dieser Zeit: es ist der Schiffseigner Kolaios aus Samos, der, angeblich durch lang anhaltende Stürme verschlagen, nach Tartessos gelangte. Ob er, wie die Überlieferung behauptet, der erste Grieche war, der selbst in das glückliche Land der «Phäaken» kam, erscheint freilich zweifelhaft. Aber der erfolgreichste Spanien-Kapitän wird Kolaios gewesen sein: deshalb hat man seinen Namen so gut behalten.

Auch vom Osten, vom Schwarzen Meer, hat Homer nur wenig Kunde. Natürlich weiß er von ihm, und die dem Bosporus zunächst gelegenen Küsten sind ihm wohl leidlich bekannt gewesen. Aber an den Dardanellen liegt Troja. Mächtige Fürsten herrschen über die reiche, große Stadt, deren Beziehungen nach Ägypten und Babylonien und ebenso nach Hellas gingen, deren eigentliche Domäne aber wohl der Handel mit den fruchtbaren Landen rings um das Schwarze Meer gewesen ist: eine

Seestadt, so blühend, wie es ziemlich gleichzeitig Tartessos war, so prachtvoll und mächtig wie die späteren flandrischen und italienischen Seestädte. Und genauso wie ein Jahrtausend danach die Karthager an der Meerenge von Gibraltar, sperren die Troer der fremden Schiffahrt den Zugang zum Schwarzen Meer. Man hat vermutet, die Sage von den Symplegaden, jenen furchtbaren Felsen der Dardanellen, die in kurzen Intervallen zusammenklappen und dabei alle zwischen ihnen befindlichen Schiffe zerquetschen – diese Sage also sei eine legendäre Verhüllung der nackten politischen Tatsache, daß kein hellenisches Schiff die Meerengen unangefochten passieren konnte. Und man hat weiter vermutet, der ganze Trojanische Krieg sei tatsächlich und in Wirklichkeit nichts anderes gewesen als die gewaltsame Beseitigung der trojanischen Meerengenblockade. Ob das zutrifft, bleibt natürlich fraglich. Immerhin steht aber fest, daß schon die frühen Griechen sehr darauf bedacht gewesen sind, die Durchfahrt durch die Dardanellen zu sichern. Spätestens seit der griechischen Besiedlung der Schwarzmeerküste hat man entlang den Meerengen Forts und Festungen gebaut, in der klaren Erkenntnis, daß eine Blockade der Dardanellen die Abschneidung der Getreidezufuhren aus Südrußland bedeute. Es sind auch genügend Berichte überliefert von waghalsigen Spekulationen an der antiken Weizenbörse in Athen, bei denen die «Haussiers», um die Preise hochzutreiben, das Gerücht in die Welt setzen ließen, die Meerengen seien gesperrt. Danach wird man es in der Tat für möglich halten dürfen, daß das Troja-Unternehmen der Hellenen nicht das geringste mit dem Raub einer schönen Frau zu tun hatte, sondern daß es sich um einen nackten Wirtschaftskrieg gehandelt hat, der von der Propaganda besonders hübsch ausgeputzt worden ist.

Wie dem auch sei: das Schwarze Meer ist wohl erst gegen Ende des 8. Jahrhunderts für die Hellenen zugänglich geworden. Aber nun werfen sie sich mit Macht in den neuen Raum. Das geschieht natürlich nicht zufällig und nicht unversehens. Auch ist das Schwarze Meer um diese Zeit durchaus kein unentdecktes Neuland mehr. Assyrer und Phönizier haben es lange zuvor schon erkundet, und die in Kleinasien ansässigen Griechen, namentlich die Reeder und Kaufleute von Milet, der ionischen See- und Weltstadt am Mäandros, sind sicherlich recht gut darüber unterrichtet gewesen, was es an den Künsten des *pontos axeinos,* des ungastlichen Meeres, wie sie es nannten, alles zu holen gab. Aber erst als Phönizien von Sanherib von Assur in seine Botmäßigkeit gebracht wird, öffnen sich auch für die Griechen die Zufahrtswege zum Schwarzen Meer. Und in ganz kurzer Zeit sind dessen Küsten griechisches Kolonialland. Der *pontos axeinos* wird zum *pontos euxeinos,* zum freundlichen, gastfreien Meer.

Diese griechische Kolonisation geschieht mit bewundernswerter Folgerichtigkeit, so daß man fast glauben könnte, sie sei durchgeführt auf

Grund einer nach ganz modernen Gesichtspunkten vorgenommenen Bankenenquete. Zunächst wird Sinope, etwa in der Mitte der südlichen Pontosküste, besetzt, ein uralter phönizischer Handelsplatz mit höchst gewinnbringendem Thunfischfang und mit riesigen Räuchereien: einer ausgedehnten Konservenindustrie, wie wir sagen würden.

Von dem prachtvollen Doppelhafen dieser Stadt aus, der sowohl gegen die aus Asien heranbrausenden Oststürme wie gegen die ebenso gefürchteten Westwinde Schutz gewährt, erfolgen die nächsten Schläge. Trapezunt wird gegründet, als Hafen für die Verschickung anatolischer Erze und als Umschlagplatz für alte Handelswege zu den Ländern an Euphrat und Tigris, und fast gleichzeitig wird auch das uralte Phasis am Rion, von dem wir ja schon manches hörten, in Besitz genommen: nicht so sehr des Goldes wegen, das immer noch von den Bergen herabgeschwemmt wird, sondern deshalb, weil hier eine viel begangene indische Karawanenstraße endet. Der Zinsssatz für Leihkapital, für jene sogenannten «Seedarlehen», die finanzkräftige Handelshäuser tüchtigen Kapitänen einräumten, beträgt in Hellas um diese Zeit 30 Prozent, die Zölle, die das Mutterland auf pontische Waren legt, schwanken zwischen 15 und 17 Prozent. Aber sowohl in Sinope wie in Trapezunt und in den griechischen Kolonialstädten am Kaukasus wird das leicht verdient. Sie alle sind daher ungeheuer reich und – so weit die griechische Zunge dringt – verrufen wegen ihrer barbarischen Prachtentfaltung und ihres schwelgerischen Luxus.

Kaum ein Jahrhundert vergeht, bis die Schwarzmeer-Griechen herausfinden, daß es noch einen zweiten, von Innerasien heranführenden Karawanenweg gibt. Er endet am Don, und auch hier strömen in unendlicher Fülle Edelsteine, Gold, Seide und Pelzwerk zu den Kaufleuten. Das ist Grund genug, nun auch die Nordküste des Schwarzen Meeres zu hellenisieren. So entsteht, halbwegs zwischen Rostow und Taganrog, die Stadt Tanais, eine riesige Karawanserei, in der sich mit dem eleganten Griechisch alle Idiome Asiens mischen. Fast gleichzeitig wächst an der Mündung des Dnjepr die größte griechische Stadt der nördlichen Schwarzmeerküste heran: das ausgedehnte Olbia, reich geworden und mächtig durch den Getreidehandel. Sowohl Hellas selbst wie die griechischen Küsten Kleinasiens sind allmählich so übervölkert, daß sie sich nicht mehr selbst ernähren können. Im 4. Jahrhundert bezieht das fruchtbare Attika Jahr um Jahr etwa 350 000 hl Weizen aus dem Schwarzmeergebiet, über 50 Prozent seines Bedarfs. In anderen griechischen Landschaften sieht es noch schlimmer aus. Dort hat man sich völlig dem Ölbau zugewandt oder der reinen Gemüsekultur, so daß man in Athen schon im 5. Jahrhundert mitten im Winter frische Feigen, Trauben, Veilchen usw. kaufen kann, alles aus Treibhäusern, aber kein Lot Getreide. Die nördliche Pontosküste ist bald zur Kornkammer der hellenischen Welt geworden, und alsogleich entwickeln sich auch alle uns aus der Gegenwart her bekannten Züge einer solchen Monopolstellung. Sie produziert lediglich für den Export – *epí prêsi* lautet der Fachausdruck –, und das heißt, daß der skythische Bauer nur noch Weizen anbaut und nichts anderes. Für seinen Eigenbedarf bestellt er, genau wie der amerikanische Farmer heutzutage, zwar ein paar Äcker mit ganz billigen, genügsamen Kulturen. Der Hauptteil seines Landes trägt aber Weizen. Der ist für die Fremden da, der geht zum Händler nach Olbia, und was der Skythe dafür erlöst, das wird in allerlei Luxuswaren umgesetzt.

Griechischer Wein steht dabei an erster Stelle. Die Skythen haben zwar selbst ein aus Stutenmilch gewonnenes alkoholisches Getränk, aber der schwere, süße hellenische Wein ist besser. Ein Verbrecher, wer nach westlicher Sitte diese Gottesgabe mit Wasser verdünnt! Seinerseits sieht der von Attika an der Pontosküste landende Hellene schaudernd, daß man den Wein dort unvermischt trinkt. Seitdem wird der Ausdruck «skythisches Saufen» landab, landauf in der ganzen griechischen Welt zur Bezeichnung für barbarische Unmäßigkeit.

Sonst hat man in Hellas nichts gegen den Barbaren, und sowohl Platon wie Isokrates und Eratosthenes haben nachdrücklich erklärt, es sei unrecht, die Menschen in Hellenen und Barbaren zu teilen, und die Bezeichnung Hellene sage nichts über die Abstammung, nur etwas über die Bildung eines Menschen aus.

Immerhin finden aber auch sie es ganz abscheulich, daß die Schwarzmeer-Griechen lange Hosen tragen, genau wie die skythischen oder persischen Barbaren. Bekanntlich hat dieses Kleidungsstück im antiken Abendland als höchst anstößig gegolten, und immer wieder trifft man in der griechischen Literatur auf sehr abfällige Bemerkungen darüber. Nun haben freilich die Heimatgriechen in einem glücklicheren Klima gelebt als ihre Vettern in Kleinasien und am Schwarzen Meer mit den dort oft eisigen Winterstürmen. Hinzu kommt außerdem, daß die lange Hose eine Erfindung von Reitervölkern gewesen ist, eben jenen Reitervölkern, mit denen die Urahnen der feingebildeten Hellenen in der frühen Streitwagenzeit so böse Erfahrungen gemacht hatten. Die griechische Abneigung gegen die Hose ist offenbar also eine Art ererbter Instinkt gewesen. Denn wie die Hose, so sind auch Bogen und Pfeil verachtet und verpönt. Noch Euripides läßt den Helden einer seiner Tragödien sagen: «Mannesmut hat keiner noch bewiesen als Bogenschütze, feige Pfeile sind seine Waffen und seine Kunst ist die Flucht!» Erst Alexander der Große hat Bogenschützen verwendet. Bogen und Pfeile sind auch die Waffen seiner Kavallerie, und selbstverständlich tragen alle berittenen Teile seiner Armee lange Hosen.

Auch im westlichen Mittelmeer siedeln die Griechen schon sehr früh. Als einer der ersten Orte entsteht um 725 v. Chr. zu Füßen des Vesuv die Stadt Kyme, das spätere Cumae. Um 600 folgt Massilia an der Rhonemündung, unser heutiges Marseille, und bis hin zur Straße von Gi-

VIII. Griechische Kolonisation

braltar säumt ein Kranz blühender hellenischer Siedlungen die Ufer des Mittelmeeres. Nizza, das einstige Nikäa, und Antibes, von den Griechen Antipolis genannt, sind ebenso hellenischer Herkunft wie Ampurias und Rosas in Spanien, wie Messina, Reggio, Syrakus und Tarent, wie Sybaris und Kroton in Süditalien. Selbst nach Afrika greifen die Hellenen hinüber. Von Thera aus setzen sie sich in Barka, dem Hauptort der Cyrenaika und Endpunkt alter afrikanischer Handelsstraßen, fest. Fast ein halbes Jahrtausend hindurch ist das Mittelmeer ein *mare graecum*, ein griechisches Meer, und nie ist in dieser ganzen Zeit die geistige Verbindung zwischen den Kolonien und der alten Heimat abgerissen.

Natürlich ist, bereits lange bevor es zur förmlichen Gründung von Kolonien kam, mit all diesen Ländern Handel getrieben worden. Es besteht daher kein Zweifel, daß das westliche Becken des Mittelmeeres dem griechischen Seemann schon vorzeiten genauso gut bekannt war wie dessen östliche Teile. Infolgedessen kann gar keine Rede davon sein, daß Korfu, wohin vielfach das homerische Land der Phäaken verlegt worden ist, die westliche Grenze des geographischen Horizonts der Griechen dargestellt hat. Und ebenso unsinnig ist es zu behaupten, Skylla und Charybdis, jene beiden schrecklichen Meeresungeheuer, wahrscheinlich gefährliche Strudel, denen Odysseus mit genauer Not entkam, hätten sich in der Straße von Messina befunden. Man wird sie vielmehr an den Säulen des Herakles, also in der Gibraltarstraße, zu suchen haben, und es ist recht bezeichnend, daß bereits Strabo erklärte: «Homer schildert des Odysseus Fahrten so, daß er den größten Teil von ihnen im Atlantischen Ozean geschehen läßt.»

Über diese Frage sind zahlreiche dicke Bücher geschrieben worden. Während sich die moderne Geographie, von Alexander von Humboldt an, der Madeira für die Insel Ogygia hielt, zu der Ansicht bekennt, ein großer Teil der Seeabenteuer des Odysseus spiele im Ozean, verhält sich die klassische Philologie wesentlich zurückhaltender. Aber selbst Wilamowitz-Moellendorff hat hervorgehoben, daß die Kalypso-Insel Ogygia zweifellos im offenen Ozean gelegen haben müsse, da ihr ungriechischer, vom semitischen *ogeg*, das heißt Kreisstrom, Kreis, abgeleiteter Name Ozean-Insel bedeute. Stimmt man aber dieser Ableitung zu, dann wird man auch das Land der Phäaken jenseits der Säulen des Herakles zu suchen haben, wahrscheinlich wohl in dem spanisch-britannischen Bronze-Paradies Tartessos, von dem wir schon sprachen. Und dann wird man auch nicht zu fragen brauchen, wo eigentlich das nebelverhangene, sonnenlose Kimmerierland gelegen habe. Es *kann* nur im Norden gelegen haben, unter jenen Himmelsstrichen, unter denen sich das kostbare Zinn fand: irgendwo in der Bretagne, auf dem Wege zu den «Kassiteriden», zu den Zinngruben von Cornwall.

2

Rund vierhundert Jahre, seitdem an die Ausgestaltung der homerischen Epen die letzte Hand gelegt wurde, vergehen. Längst ist Homer ein griechischer Klassiker geworden, der von Staats wegen alle vier Jahre auf den Panathenäen öffentlich vorgetragen wird und dessen Werke den Schulkindern als Lehrbücher in Religion und Geschichte vorliegen. Wie eine Art «Büchmann», als Zitatenschatz also, ist er in aller Munde: er ist gar nicht mehr fortzudenken, aus dem öffentlichen Leben nicht und nicht aus dem privaten.

Da erscheint eines schönen Tages im Jahre 445 v. Chr. in Athen, zur Zeit des Perikles, als der Hafenort am Piräus mit seinen hunderttausend Einwohnern die größte Stadt Griechenlands geworden ist, ein etwa fünfzigjähriger, sehr eleganter Fremder in der Metropole, ein Kolonialgrieche aus Halikarnassos in Kleinasien, von dem hochmütigen Athen aus gesehen ein «Mischhellene» und Halbbarbar, der vom Vater her karisches Blut in den Adern hat. Und dieser Mann, ein gewisser Herodot, kein unbeschriebenes Blatt immerhin, denn aus gutem Haus stammend und ein weitgereister Mann, der Ägypten, Persien, Arabien, Kyrene, die Schwarzmeerländer, Sizilien und Italien selbst kennengelernt hat, stellt kühnerweise den Antrag, auf der Agora, dem festlichen Versammlungsplatz von Athen, einige Kapitel aus seinem soeben vollendeten Geschichtswerk öffentlich vorlesen zu dürfen. Solche öffentlichen Vorlesungen haben in den letzten Jahrzehnten schon öfters stattgefunden. Aber es hat sich doch immer um dichterische Werke gehandelt, zum mindesten um dramatische; und mehrfach ist es vorgekommen, daß schon ein ungeschickter Faltenwurf des Mantels, viel mehr noch ein ungewöhnliches Wort oder der mangelhafte Vortrag die Massen zum Lachen brachte.

Aber Herodot weiß, was er tut. Sein Geschichtswerk, das etwa die letzten dreihundert Jahre umfaßt, steht völlig unter dem Eindruck der Perserkriege, jenes, von Hellas aus gesehen, tyrannischen Versuchs, das griechische Vaterland der persischen Interessensphäre einzuverleiben. Dieser Versuch ist gescheitert. Das alles samt den Thermopylen, Salamis und Platää liegt nun schon rund vierzig Jahre zurück. Aber noch schlagen alle Herzen höher, wenn von diesen heroischen Ereignissen gesprochen wird.

Und Herodot spricht davon: sehr elegant, sehr geistreich, leicht ironisch. Er macht den Gegner, er macht fremde Wesensart und Zustände nicht einfach schlecht. Damit wäre er in Athen nicht durchgekommen. Er beginnt mit der Erklärung: «Meine Aufgabe ist es, Sagen wiederzuerzählen», und dementsprechend bringt er nun, ganz auf den Hörer berechnet, exotische Abenteuer, Charakterskizzen, Anekdoten – und aus der Darstellung geschichtlicher Abläufe wird unversehens ein Roman der Geographie, so hinreißend berichtet, daß den Athenern der Atem stockt und daß ihre Begeisterung schließlich keine Grenzen kennt. Sie setzen als Honorar für seinen Vortrag die ungeheuere Summe von sechzigtausend Drachmen aus: für eine Zeit, in der eine ganze Familie mit einer Drachme täglich sorglos leben konnte und in der eine Einfamilienvilla etwa fünftausend Drachmen kostete, eine recht ordentliche Stange Geld.

Aber, und das können noch wir Heutigen bestätigen, wenn wir einmal unsere trüben Erfahrungen aus der Tertia vergessen und nach so vielen Jahren den alten Herodot erneut zur Hand nehmen: ein wohlverdientes Geld! Denn dieser großartige Reisejournalist und Schriftsteller ist ein bis in unsere Tage hin wirkendes, durchaus nicht immer erreichtes Vorbild. Bereits Homer und seine Zeit hatten Wert darauf gelegt, ihre geschichtlichen Darstellungen mit erdkundlichen und ethnographischen Bemerkungen zu durchsetzen. Für Herodot wird die Erdkunde aber geradezu zum Kern der Weltgeschichte und der Geschichtsschreibung überhaupt. Zum erstenmal im Abendland wird hier die Erde und ihre Entdeckung wirklich um ihrer selbst willen beschrieben. Zum erstenmal unternimmt es ein Europäer, lediglich um der Forschung willen Reisen zu machen und zu Land und zu Meer Entfernungen zurückzulegen, die auch unser Erstaunen erregen. Denn das meiste, was er berichtet, hat Herodot selbst gesehen und kennengelernt; wo das nicht möglich war, benutzte er, kritisch sichtend, die Berichte ausgewählter Gewährsmänner. Weite Gebiete Asiens und Nordafrikas hat er persönlich bereist. Bis zum Kaspischen Meer geht sein Blick nach Osten; im Westen schaut er über die Säulen des Herakles um ein beträchtliches Stück hinaus. Sarmaten und Skythen, noch kurze Zeit vor ihm sagenhafte Märchennamen, sind ihm feste Begriffe. Von den Zinninseln im dunklen Norden berichtet er ebenso eindrucksvoll wie von Afrika und seiner Umfahrung durch Necho. Ergriffen steht er zu Füßen der ungeheueren Ruinen, die vom Turm zu Babel zu seiner Zeit noch übrig sind. Staunend berichtet er der Nachwelt von den gewaltigen Pyramiden der ägyptischen Pharaonen, von der unendlichen Weite der Welt, für deren Kugelgestalt er sich im Anschluß an die Lehrmeinung des Pythagoras entschieden einsetzt. Seine Entdeckungen und Forschungsreisen waren es, die das Weltbild der Alten endgültig abrundeten und es zugleich unseren Tagen überlieferten. Alle Späteren sind irgendwie von seinen Erkenntnissen ausgegangen. Bis tief in das Mittelalter hinein blieb Herodot, auf den sich auch Aristoteles stützte, eine kaum umstrittene Autorität; und unsere Zeiten haben die meisten seiner Berichte nur bestätigen können.

Wie verläßlich Herodot selbst in Einzelheiten unterrichtet war, wenn er gelegentlich auch in sagenhaft klingender Form berichtet, zeigt das nachfolgende Beispiel, dessen Erhellung wir der Belesenheit und dem

Scharfsinn des deutschen Geographen Richard Hennig verdanken. Bekanntlich erzählt Herodot in seinem Werk ziemlich ausführlich von einer Handelsstraße, die sich vom Schwarzen Meer weit nach Norden hinziehen sollte. Sie habe, so berichtet er, vom Pontos in nordöstlicher Richtung über den Don zur Wolga geführt und sei diesen Strom entlang bis zum Ort Selonos gegangen, einer Pelzhändler- und Trapperstadt an der Einmündung der Kama.

Durch eine weite Einöde habe die Straße von hier in nordöstlicher Richtung über den Ural nach Sibirien und durch die Dsungarische Pforte zum zentralasiatischen Hochland geführt. Bis hierhin seien Land und Leute einigermaßen bekannt. «Denn teils Skythen kommen dahin, von denen man leicht darüber erfahren kann, teils Griechen aus Olbia und den verschiedenen Handelsplätzen am Pontos.» Weiter nach Osten hin gelange man dann bald zum nördlichen Okeanos. Acht Monate dauere dort der Winter, und sechs davon verschliefen die Menschen. Dafür gebe es jedoch sehr viel Gold, aber dieses Gold werde von Greifen bewacht, die es der Überlieferung nach aus der Erde scharrten «und die es mit ebenso seltsamer Gier bewachen, wie die Menschen es rauben».

Mit dieser Geschichte, die wohl auf sehr alte, längst verschollene Überlieferungen zurückgeht, läßt sich zunächst nicht viel anfangen, und lange Zeit hindurch hat man Herodots Nachrichten von dieser ostasiatischen Fernstraße als reine Fabel gewertet. Erst allmählich zeigte sich, daß das nicht berechtigt war und daß der große alte Handelsweg, von dem er berichtet, tatsächlich existiert hat. Er ist sogar bis tief in das Mittelalter hinein begangen worden. Aber schon in der Frühzeit wird der pontinische Händler im allgemeinen nicht über den Ural hinausgekommen sein. Nur einzelne haben ihre Handelsfahrten weiter ausgedehnt und so von den Goldvorkommen am nördlichen Ozean gehört, Wahres und Märchenhaftes durcheinander. Bereits von Humboldt war die Vermutung ausgesprochen worden, Herodots seltsame Erzählung enthalte einen Hinweis auf die Goldfelder am oberen Jenissei und im Altai-Gebirge; aber zu seiner Zeit war das lediglich Vermutung, ohne die Spur einer sachlichen Stütze. Erst heute wissen wir, daß Humboldts Hypothese richtig gewesen ist und daß Herodot tatsächlich eine dunkle Kunde von Sibirien zugekommen sein muß.

Daß diese wesentlich aus Indizien geknüpfte Kette von Folgerungen tatsächlich einen sehr realen Untergrund hat, ist inzwischen nämlich durch die Spatenforschung erwiesen worden. Sie hat ermittelt, daß die goldreichen Gegenden des westlichen Sibiriens einst der Mittelpunkt einer erstaunlich hochentwickelten Frühkultur gewesen sind. Namentlich die Tatsache der vielfachen und lebhaften Handelsbeziehungen zwischen dem Pontos-Gebiet und Westsibirien, bereits tausend Jahre vor Christi Geburt, ist zweifelsfrei festgestellt. Herodots dunkle Nachrichten von einem uralten nordöstlichen Handelsweg beruhen also auf Tatsachen.

Zahlreiche Funde haben das bestätigt. 1922 wurden bei Jekaterinburg-Swerdlowsk einige vierzig sehr wertvolle Silberarbeiten altpontinischer Herkunft ausgegraben, die vermutlich wohl einmal im Tausch gegen Pelzwerk nach Sibirien gewandert sind. Gekrönt wurden diese Untersuchungen mehrere Jahre später durch einen weiteren frühgeschichtlichen Fund in der Nähe von Urga, der Hauptstadt der Mongolei. Bei der Öffnung einiger alter Gräber entdeckte man neben kostbaren chinesischen Seidengewändern der Han-Dynastie (um 200 v. Chr.) verschiedene recht gut erhaltene skythische Webereien, die nur am Schwarzen Meer verfertigt worden sein konnten und die bewiesen, wie weltweit die Handelswege waren, die – so lange vor unserer Gegenwart – die Erde umspannten.

3

Auch Herodot müssen wir leider hinter uns lassen, obgleich noch mancherlei von ihm und seiner filmhaft-fesselnden Weltschau zu berichten wäre. Denn über den Bildrand hebt sich schon die kraftvolle Gestalt des Marseiller Forschers und Wirtschaftsexperten Pytheas, des ersten Südländers, von dem wir genau wissen, daß er die entfernten, drohenden Meere des Nordens, die wüsten Länder des nebligen Dunkels, die Dschungel modriger Urwälder aus einem Entschluß und der Forschung halber aufgesucht hat.

Wir hörten schon davon, daß die Meerenge von Gibraltar etwa seit 530 durch nordafrikanische Wirtschaftsgruppen und deren staatliche Vertretung, die karthagische Kriegsmarine, gesperrt worden war. Wir erfuhren weiter, daß dies weniger im Hinblick auf die handelspolitischen Interessen Karthagos in Britannien geschah, als um die Verkehrswege zu den atlantischen Inseln zu schützen. Gleichwohl waren die nördlichen Zinninseln ihrer Goldvorkommen wegen immer noch recht interessant. Und für die südeuropäischen Handelskonzerne kam dabei hinzu, daß der Norden auch das Herkunftsland des Bernsteins war. Bis nach Asciburgium am Niederrhein hatte Massilia schon Vorpostenstellungen ausgebaut, und es ist nicht ausgeschlossen, daß es auf diesem Wege von den Ländern um die Deutsche Bucht bereits mancherlei in Erfahrung brachte. Aber dies wird für die massiliotischen Handelsherren nicht ausgereicht haben. Wer in die Kolonien geht, der zeichnet sich in der Regel mehr durch seine praktischen Anlagen als durch wissenschaftliche Kenntnisse aus. Jene waren gut, Niederlassungen aufzubauen und gewinnbringend zu verwalten, diese brauchte man, um größere Dispositionen treffen zu können. Nicht nur heutzutage, auch früher schon ergaben sich daher immer wieder Zeiten, in denen die Industriekapitäne Gott dafür dankten, daß es Wissenschaftler gab, die man gegebenenfalls ins Feuer und an die Front schicken konnte.

Die über die nördlichen Gold- und Bernsteingebiete bestehenden Unklarheiten waren es also wohl, die Massilia zu Beginn des 3. vorchristlichen Jahrhunderts veranlaßten, sich ihrer Erforschung zuzuwenden. Der scharfe Konkurrenzkampf der aufstrebenden Hafenstadt an der Rhone mit dem von alters her mächtigen Karthago ließ es als dringend notwendig erscheinen, von den Gold- und Bernsteinländern des Nordens nähere Nachrichten einzuholen. Man beauftragte daher um 325 v. Chr. den durch seine Fahrten zum Atlantischen Ozean und seine zahlreichen astronomischen Arbeiten schon in weiten Kreisen bekanntgewordenen Geographen Pytheas mit der Führung dieses Unternehmens, dessen besondere Aufgabe die Erkundung Britanniens und der Bernsteingegenden am Golf Metuonis (Deutsche Bucht) gewesen sein dürfte.

Die karthagische Sperre der Meerenge von Gibraltar machte es unmöglich, von Anbeginn den Seeweg einzuschlagen, der bei einigem Glück in der Biskaya eine viel behaglichere und den Massilioten als geborenen Seeleuten viel gewohntere Form der Reise darstellte. Aber auch der Landweg durch Gallien war leidlich bequem: seit langem benutzten ihn, nachdem der Seeweg unpassierbar geworden war, die Erztransporte Marseiller Handelshäuser. Er führte anfangs die Rhone aufwärts, schwenkte dann etwa in der Gegend des heutigen St. Etienne zur Loire ab und lief darauf in rund dreißig Marschtagen bis Corbilo, dem schon zu Zeiten Caesars verschollenen Einschiffungshafen an der atlantischen Küste, der in der Nähe des heutigen St. Nazaire gelegen haben dürfte. Dort begann dann die eigentliche Aufgabe.

Eine sehr große Aufgabe und eine ebenso große Lösung! Es ging für Pytheas wohl im wesentlichen darum, festzustellen, ob Britannien oder Albion, wie das ferne Nebelland von den Massilioten genannt wurde, eine Insel oder ein nördlich vorspringender Teil des Festlandes sei. Außerdem war das Ursprungsland des nordischen Goldes näher zu erforschen, weiterhin stand ein Abstecher nach dem noch völlig unbekannten Bernsteinland, das etwas weiter östlich liegen mußte, auf dem Programm; und schließlich scheint Pytheas auch beabsichtigt zu haben, seine schon vor Jahren an der spanischen Ozeanküste begonnenen Studien des Gezeitenproblems fortzusetzen. Zur Bewältigung aller dieser Aufgaben bedurfte es geraumer Zeit. So benötigte er zur Umfahrung Britanniens volle vierzig Tage. Strabo hat dreihundert Jahre später erzählt, Pytheas habe England zu Fuß durchwandert. Da dessen eigene Aufzeichnungen bedauerlicherweise nicht überliefert und nur etwa ein Dutzend Quellen bekannt sind, die noch unmittelbar auf Pytheas' großes Werk ‹*Über den Ozean*› zurückgehen, läßt es sich leider nicht mehr ermitteln, ob er Britannien selbst betreten hat. Indessen ist das sehr wahrscheinlich; die ganze Kenntnis Englands vor Caesar dürfte wohl von unserem griechischen Forscher erworben und überliefert sein. Auch das den Söhnen des Mittelmeeres ungewohnte und fremde Gezeitenphänomen

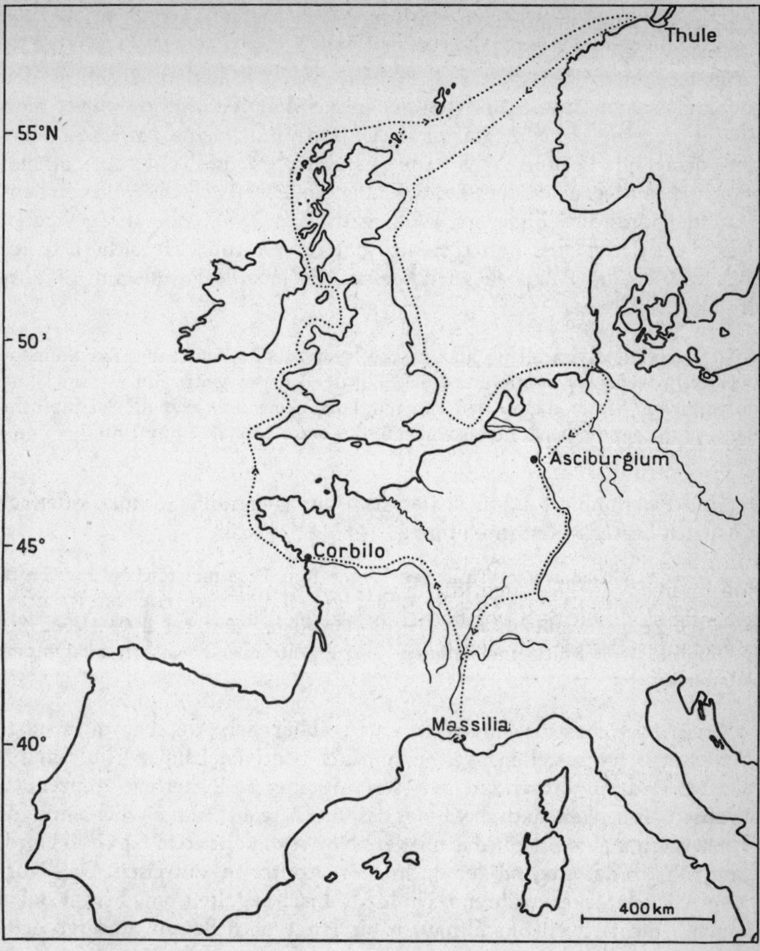

IX. Die Thule-Fahrt des Pytheas

wird Pytheas in den tiefen Mündungen der englischen Flüsse sicherlich erneut studiert haben. Die Bewegung von Ebbe und Flut ist an den britischen Küsten ja überall außerordentlich stark. Im Bristol-Kanal erreicht sie ziemlich regelmäßig 16 m Höhendifferenz, gewiß also eine Erscheinung, die auffallen mußte. Bemerkenswert ist, daß offenbar schon Pytheas auf den Gedanken gekommen ist, die Gezeitenfolge mit dem Mond in Verbindung zu bringen. Jedenfalls berichtet Aëtius von Antiochia um 109 n. Chr. an einer Stelle: «Pytheas behauptet, daß die Flut des Meeres durch den zunehmenden, die Ebbe durch den abnehmenden Mond verursacht wird.»

Es ist kaum zweifelhaft, daß Pytheas auch die Shetland-Inseln in den Umkreis seiner Untersuchungen einbezogen hat. Vermutlich war es hier, wo er in seine ohnehin glänzende Unternehmung eine ganz besonders hervorragende Leistung einschaltete: eine sechstägige Fahrt über offenes nordisches Meer nach dem Land Thule, das den Alten als «ultima Thule», als nördliches Ende der Welt, galt. Von dieser überaus gewagten Reise existieren eine ganze Reihe späterer Berichte, die sicherlich auf Pytheas' eigene Angaben zurückgehen. So erzählt Plinius im 1. Jahrhundert n. Chr.:

«Das äußerste von allen Ländern, die bekannt sind, ist Thule. Zur Sonnenwendzeit, wenn die Sonne durch das Bild des Krebses geht, gibt es dort keine Nächte; im Winter dauert der Tag nur kurze Zeit, während die Nächte sehr lang sind. Manche behaupten sogar, dies sei sechs Monate ohne Unterbrechung der Fall.»

Und zweihundert Jahre später fügt der Geograph Solinus, offenbar aus noch besserer Kenntnis, hinzu:

«Von den Orkaden nach Thule segelt man fünf Tage und fünf Nächte. Trotz seiner nördlichen Lage ist Thule fruchtbar und reich an spät reifenden Früchten. Von Beginn des Frühjahrs an leben die Einwohner dort bei ihrem Vieh. Sie nähren sich von Milch und Kräutern, die Früchte aber bewahren sie für den Winter auf.»

Es ist nach diesen wenigen erhalten gebliebenen Angaben nicht möglich, genau festzustellen, welches unserer heutigen Länder Thule gewesen ist. Fridtjof Nansen hat indessen mit einer an Sicherheit grenzenden Wahrscheinlichkeit nachgewiesen, daß die Angaben des Pytheas nur für Norwegen, und zwar für das mittlere Norwegen auf etwa 64 Grad Nord, ungefähr in der Gegend der Bucht von Drontheim, zutreffen. Daß Norwegen Festland ist, während Thule als Insel gegolten hat, besagt dabei deshalb nichts, weil Skandinavien bis lange nach Beginn unserer Zeitrechnung als Insel angesehen worden ist.

Von dem vollen Umfang der von Pytheas übermittelten Nachrichten vermögen die eben gebrachten Textstellen leider keinen Begriff zu geben. Wie nachhaltig aber sein Werk über den Ozean gewirkt hat, läßt sich aus Rückschlüssen erfassen. So berichtet beispielsweise Tacitus in seiner *‹Germania›*:

«Jenseits der Guionen (Teutonen?) liegt ein anderes Meer, eine träge Masse, fast unbeweglich. Daß durch dieses der Erdkreis umfaßt und umschlossen wird, wird dadurch bestätigt, daß der letzte Schein der schon sinkenden Sonne bis zu ihrem Wiederaufgange so hell andauert, daß er die Sterne erbleichen läßt ... Nur bis dahin, diese Nachricht hat sich bestätigt, reicht die Welt.»

Das ist ein erster dunkler Bericht vom Nördlichen Eismeer, vermischt mit seemännischen Meldungen vom Eisblink, jenem seltsamen Lichtschein über ausgedehnten Eisfeldern, von dem die Arktis-Fahrer immer wieder erzählen. Zweifellos gehen alle diese Nachrichten auf Pytheas zurück. Nur durch ihn, so darf man wohl annehmen, ist die Kunde von einem eisbedeckten Nordmeer nach Südeuropa gekommen.

Es ist ganz unbekannt, wie lange sich Pytheas in Thule aufgehalten hat. Wahrscheinlich ist er von dort wieder nach England zurückgekehrt und hat dessen Umsegelung in südlicher Richtung fortgesetzt. Durch den Kanal von Dover hindurch ist er dann nach Osten auf die Bernsteinländer gestoßen: und damit beginnt die besondere Bedeutung seines Unternehmens. Pytheas ist der erste Südländer, von dem wir wissen, daß er zur See nach Germanien gelangte. Er ist zugleich der erste, der über diese Fahrt offenbar ausführlich berichtet hat.

Wir hatten schon davon gesprochen, daß der Bernstein lange Jahrhunderte hindurch zu den begehrtesten Einfuhrgegenständen aus den Ländern der Hyperboreer gehörte. Von den Griechen Elektron genannt, erwarb sich der leicht zu bearbeitende, warmleuchtende, duftende Stein rasch Modewert als beliebtester Rohstoff zur Fertigung von Kunstgegenständen aller Art. Wie der Bernstein entstand, darüber gaben sich die Alten, wie wir bereits hörten, nun aber den sonderbarsten Vorstellungen hin. Diese Vorstellungen nachzuprüfen und gegebenenfalls richtigzustellen, war offenbar eine der merkantilen Hauptaufgaben des Pytheas. Es scheint schon bekanntgewesen zu sein, daß als Rohstoffgebiete hauptsächlich die Nordfriesischen Inseln und die Westküste von Schleswig-Holstein in Frage kamen. Die Ostsee als Erzeugergebiet ist in Westeuropa anscheinend noch lange Jahrhunderte hindurch unbekannt geblieben. Es ist Pytheas auch sicherlich gelungen, bis zu den Bernsteingegenden vorzudringen. Weiter, namentlich über Kap Skagen hinaus, ist er wohl nicht gekommen.

Immerhin genügte das durchaus, um über die Entstehung des Bernsteins Klarheit zu gewinnen, und man darf wohl annehmen, daß die Berichte des Pytheas seine Zeitgenossen außerordentlich interessiert haben. Plinius erzählt darüber:

«Pytheas berichtet, die Guionen (Teutonen?), ein Volk Germaniens, wohnten an einem Wattengebiet des Ozeans namens Metuonis, das eine Ausdehnung von sechstausend Stadien hätte: von diesem sei eine Tagfahrt die Insel Abalus (Helgoland?) entfernt; dort würde der Bernstein im Frühling durch die Meeresfluten angetrieben. Er sei ein Auswurf des geronnenen Meeres, den die Einwohner statt des Holzes zur Feuerung benutzten oder den die benachbarten Teutonen verkauften ... Sicher ist, daß er auf den Inseln des nördlichen Ozeans entsteht und von den Germanen ‹glaesum› genannt wird ... Er entsteht aber, indem Mark aus Bäumen der Fichte tropft, wie der Gummi an den Kirschbäumen, das Harz an den Fichten. Er quillt aus den Bäumen infolge ihrer Überfülle an Saft hervor, verdickt sich durch die Kälte oder mit der Zeit oder durch Einwirkung des Meerwassers, wenn die im Frühjahr anschwellende Flut ihn von den Inseln fortschwemmt; jedenfalls wird er an die Gestade getrieben und ist dabei so leicht beweglich, daß er im Wasser zu schweben und nicht auf den Grund zu sinken scheint. Daß er ein Baumsaft ist, haben auch unsere Altvordern geglaubt... Daß er wirklich von einem Baum der Fichtengattung stammt, beweist der beim Reiben entstehende harzige Geruch und die Tatsache, daß er, wenn man ihn anzündet, ganz wie eine Fackel brennt und duftet... Daß er in der Tat herabgetropft ist, ursprünglich in flüssigem Zustand, bezeugen gewisse in seinem Innern enthaltene Gegenstände, die hindurchleuchten, wie Ameisen, Mücken und Eidechsen, denn es ist kein Zweifel, daß diese an dem noch frischen Harz hängengeblieben und in ihm eingeschlossen, als es hart wurde, zurückgeblieben sind.»

Wie man sieht, weiß Plinius schon recht gut Bescheid, und daß er weder vom Yoldia-Meer um 12000 v. Chr. noch vom Ancylus-See um 8000 v. Chr. noch schließlich von der Litorina-Zeit etwa bis 500 v. Chr. gehört hat, die an der Entwicklung des Bernsteins beteiligt sind, wird man ihm verzeihen können, da alle diese Meere, die das erstarrte Harz in ihrem Untergrund bargen, erst von zeitgenössischen Geologen wieder entdeckt und karthographisch rekonstruiert worden sind.

Auf welchem Wege Pytheas von den Bernsteinländern nach Massilia zurückgekehrt ist, ist nicht bekannt. Wahrscheinlich hat er der Karthagersperre wegen wieder den Landweg, und zwar die große, etwa von Hamburg über das Rhein- und Moseltal zur Rhone führende nordöstliche Bernsteinstraße Massilias benutzt, die seit 600 v. Chr. die Straße zur nördlichen Adria zu ersetzen begann, wenigstens für das westliche Mittelmeer. Doch fehlen hierüber jegliche Nachrichten. Da Pytheas nach unserem Sprachgebrauch ein Wirtschaftsspion gewesen ist, dem es sehr schlecht gegangen wäre, hätten die Karthager seiner habhaft werden können, hat der Rat von Massilia ganz zweifellos dafür gesorgt, daß von seinem Leben und seinem Werk in der Öffentlichkeit möglichst wenig bekannt wurde. Dies ist wohl der Grund dafür, daß wir so gut wie nichts von ihm wissen und daß er wegen des vagen Dämmerlichts, in dem er durch diese offizielle Zurückhaltung verblieb, bereits im griechischen Altertum als ein Erzlügner und Großmaul gegolten hat, als ein *anér pseudéstatos,* wie Strabo formulierte. Sicherlich sehr zu Unrecht! Denn es besteht kein Zweifel, daß er zu den bedeutendsten Geographen aller Zeiten gehört. Der Verlust seines Werkes *‹Über den Okeanos›*, das zunächst einmal für lange Jahre in den Geheimarchiven von Massilia gelegen haben wird, ist daher ganz außerordentlich zu bedauern. Lange Jahrhunderte vergingen nämlich, ehe sich wieder Forscher fanden, die Begabung, Kenntnisse und Wissensdrang mit so günstigen äußeren Voraussetzungen in sich vereinigten. Pytheas scheint kein Kaufmann, sondern ein Gelehrter gewesen zu sein, der in ärmlichen Verhältnissen lebte. Immerhin haben ihm, dem Sohn einer ausgesprochenen Handelsstadt, kommerzielle Gesichtspunkte nahe genug gelegen, um ihn zu befähigen, auch wirtschaftliche Aufgaben zu lösen. Andererseits hat er sich aber nicht an rein materielle Momente verloren. Seine Fahrt nach Thule, von deren unmittelbarer Handelsbedeutung für die Welt der Alten nichts bekannt ist, scheint im wesentlichen doch von wissenschaftlichen Gesichtspunkten bestimmt gewesen zu sein. Dafür spricht auch die große Zahl geographischer Ortsbestimmungen, die Pytheas mittels Beobachtung der Mittagssonnenhöhe an vielen Punkten durchgeführt hat. Aber wie dem auch sei: sicher ist, daß sich das antike Weltbild durch ihn um ein bedeutendes erweiterte. Er hat der Welt Dienste geleistet, für die sie ihm mehr Dank schuldete, als ihm erwiesen wurde.

4

Etwa zur gleichen Zeit, in der vom westlichen Mittelmeer aus eine so gewaltige Ausweitung des erdkundlichen Horizonts nach Norden hin geschah, erfolgte vom östlichen Becken aus ein tiefer Einbruch in das geheimnisvolle Dunkel des Orients: Indien wird für die geographische Kenntnis des Abendlandes hinzugewonnen. Die erste Erwähnung des fernen Wunderlandes in der Literatur der Antike findet sich wohl bei Hekatäus um 500 v. Chr. Da er als kleinasiatischer Ionier kein «h» sprechen kann, nennt er die Hindus «Indoi»; und dieser ionische Ausdruck geht dann in alle anderen europäischen Sprachen über. Dieser Besonderheit eines altgriechischen Dialekts und dem geographischen Irrtum des Kolumbus verdanken später auch die Indianer den Namen, der ihnen von der Alten Welt zuerteilt wurde.

Homer hat offenbar nie etwas von Indien gehört, obwohl er gleich im Anfang der *‹Odyssee›* von den Äthiopen des Sonnenuntergangs und denen des Sonnenaufgangs erzählt: den Drawida Indiens, wie man, freilich wenig überzeugend, vermutet hat; Strabo bemerkt daher ironisch, wenn Homer von Indien Kenntnis gehabt hätte, würde er es niemals versäumt haben, den Helden seiner *‹Odyssee›* dorthin reisen zu lassen. Die Homer vom Hörensagen allenfalls bekannte Welt geht südostwärts nicht über das Rote Meer und den Anfang des Indischen Ozeans hinaus. Auch die Araber werden von ihm, zusammen mit Libyern und Phöniziern, nur kurz genannt. Noch viele Jahrhunderte später ist selbst einem Mann wie Herodot nur der alleräußerste Nordwesten Indiens, und auch nur aus Berichten zweiter Hand, bekannt. Alexander dem Großen ist es vorbehalten geblieben, die Eroberung Indiens durch den weißen Mann mit seinem kühnen Heereszug zum Hindukusch und Indus einzuleiten.

Alexanders Grundabsicht ist klar. Ging es bei seinem Angriff auf

Persien – nach den langen Defensivkämpfen der Griechen der erste große Schlag Europas gegen das im Osten drohende Asien – zunächst darum, die persische Flottenbasis in Phönizien zu zerschlagen, so mußte er sich im weiteren Fortschreiten förmlich gezwungen sehen, das persische Achämenidenreich ins Herz zu treffen. Das geschieht, als er nach dem Sieg von Gaugamela im Herbst 331 v. Chr. die persischen Residenzstädte Babylon und Susa besetzt. Vielleicht hat Alexander gehofft, dies würde genügen, ihm ganz Asien zu Füßen zu legen. Aber wer gegen den Osten kämpft, der kämpft gegen den Raum. Es nützt ihm gar nichts, einige Knotenpunkte des Handels, des Verkehrs oder der industriellen Produktion in die Hand zu bekommen. Er muß sich den Raum selbst untertan machen.

Aber wie sieht der Raum, in den Alexander nun vorstoßen muß, eigentlich aus?

Niemand ahnt das auch nur. Niemand vermag sich damals einen Begriff von Indien zu machen, der den wirklichen Verhältnissen wenigstens halbwegs entspricht. Man muß sich das mit allem Nachdruck verdeutlichen, weil man unbewußt immer wieder der Verführung durch das Kartenbild unterliegt und stillschweigend annimmt, im großen und ganzen habe Alexander von Asien genau dieselben Vorstellungen gehabt wie wir. Davon ist aber gar keine Rede.

Als der große König 334 seinen Heerzug gegen die Perser begann, da bewegte er sich freilich zunächst in Gegenden, die den Griechen wohlbekannt waren. Ihr erdkundliches Wissen erstreckte sich sogar bis nach Arbela und Gaugamela, wo die entscheidenden Schlachten geschlagen wurden. Es waren altbekannte, vielbesungene Gebiete, und die «Bematisten», jene Abteilungen seines Generalstabs, in denen Alexander die Wissenschaftler zusammengefaßt hatte, die an seinen Feldzügen teilnahmen, die Historiker, Landmesser, Kartenzeichner, Ingenieure und Militärärzte – sie hatten anfangs nicht viel zu tun.

Mit dem Einmarsch in das Hochland von Iran begannen dann die Probleme. Schon die Hauptfrage, wie sich denn in diesen unbekannten östlichen Gegenden Land und Meer verteile und ob man nicht unversehens am Rande der Welt anlangen werde, vermochte niemand zu beantworten. Man wußte um diese Zeit in Griechenland zwar, daß sich irgendwo südlich von Persien ein Meer befand, welches man obenhin, sehr unbestimmt und auf gut Glück, das «Erythräische Meer» genannt hatte. Man wußte natürlich auch von Euphrat und Tigris und daß diese beiden alten Flüsse in den Persischen Golf mündeten. Man kannte dessen nördliche Buchten, und ebenso kannte man das Rote Meer bereits ein wenig, das vom Altertum der Arabische Golf genannt wurde. Man vermutete weiterhin, daß diese beiden Gewässer im tiefen Süden miteinander in Verbindung stünden. Aber ob dieses Erythräische Meer nun ein Binnenmeer war, weil sich Afrika und Asien weit jenseits der Mit-

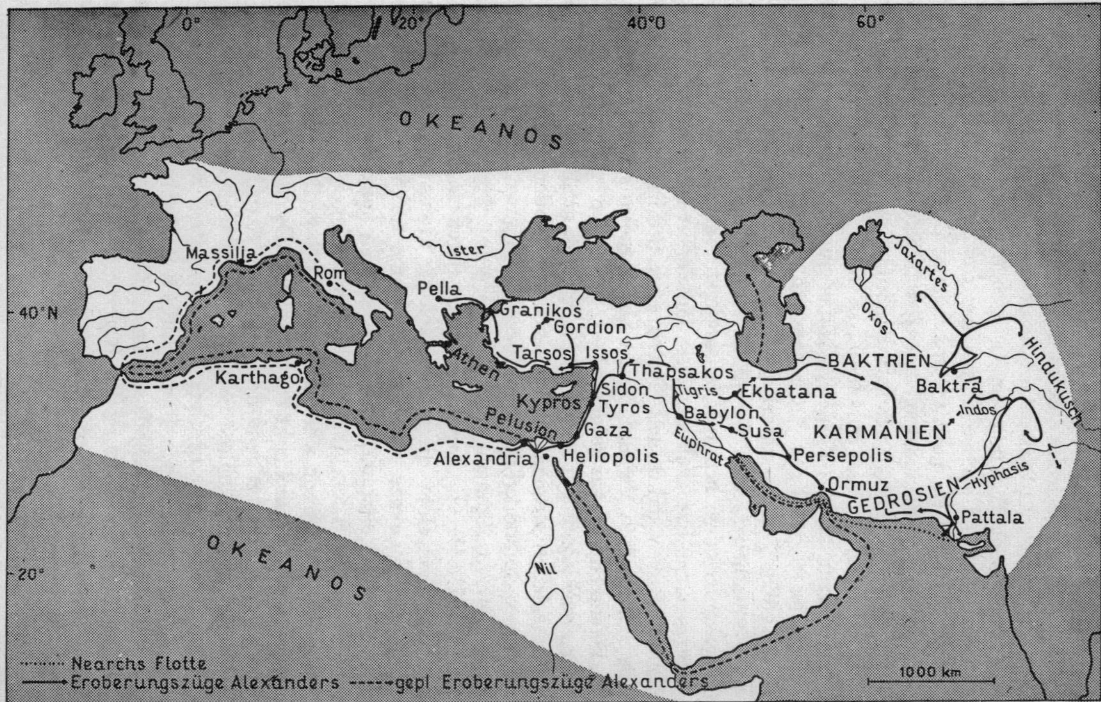

X. *Alexanders Weltreichsidee*

tagslinie zu einer riesigen Landmasse zusammenbogen – oder ob es schon der Ozean sei, der nach der Ansicht der Antike die «Oikumene» als geschlossener Ring umgab, das war unbekannt. Alexander selbst hat, wie man weiß, angenommen, das Erythräische Meer sei eine verhältnismäßig unbedeutende Senke ähnlich dem Kaspi-See. Und ein wesentlicher Teil seiner Entschlüsse fußte auf dieser Überzeugung.

Freilich, was es eigentlich mit dem Kaspischen Meer auf sich habe, das war für Alexander und seine Zeit genauso fraglich. Die alten griechischen Geographen hatten einmütig angenommen, dieses merkwürdige Gewässer sei der äußerste Südzipfel einer gewaltigen Bucht, die der nördliche Okeanos nach Asien entsende. Allerdings war dieser Auffassung von Herodot und Aristoteles aufs heftigste widersprochen worden. Beide hatten sie gemeint, der Kaspi-See könne nur ein Binnenmeer sein. Auch Alexander neigte dieser Auffassung zu, wobei er freilich vermutete, dieses größte Binnengewässer der Erde erstrecke sich bis in die Gegend des Asowschen Meeres. Gewißheit erlangte er jedoch erst, als er 330 in Hyrkanien, dem heutigen Masanderan, am Südufer des Kaspischen Meeres stand. Hier stellte er fest, daß es dort zwar Robben gab – ein deutlicher Beweis dafür, daß dieser riesige See irgendwann einmal mit offenen Meeren in Verbindung gestanden haben müsse –, daß eigentliche Seefische aber nicht vorkamen, woraus er ganz richtig den Schluß zog, daß in sehr frühen Zeiten irgendeine – auch von der modernen Wissenschaft nicht in Abrede gestellte – Verbindung zum nördlichen Okeanos vorhanden gewesen, dieser Zusammenhang aber schon seit langem verlorengegangen sei.

Eine weitere Überlegung kam hinzu. Nach allgemeiner Ansicht stellte der Don, der an der alten griechischen Kolonie Tanais in das Asowsche Meer mündete, die Grenze zwischen Europa und Asien dar. Die weiten Ebenen, die mancherlei nomadischen Volksstämme auf dem rechten Ufer dieses Flusses gehörten zum Abendland, alles das dagegen, was sich links von ihm befand, hieß Asien. Wie der Don wirklich verlief, woher er kam, vom Norden vielleicht, vielleicht aber auch vom Osten oder in riesigem Bogen von Süden: niemand wußte das zu sagen. Als Alexander nun 329 die nordiranischen Randgebirge überstieg, als er über den Amu-Darja, den Oxus der Antike, beim heutigen Chodschent zum Syr-Darja gelangte – dem Jaxartes, wie ihn die braunhäutigen Eingeborenen nannten –, da war er der Meinung, er befinde sich an dem bisher unbekannten Oberlauf des Don, der offenbar in großem Bogen am Kaspi-See entlangfließe und der damit endgültig beweise, daß dieses Gewässer eben ein Binnenmeer sei und keine Bucht des Ozeans sein könne.

Soweit vermögen wir den Überlegungen des großen Königs der Makedonier zu folgen. Unbegreiflich wird er uns aber, wenn er – von seinen Aspekten aus gesehen freilich ganz logisch – folgert, am Syr-Darja habe er die Grenze Asiens erreicht. Um Alexander zu verstehen, müssen wir das uns geläufige Kartenbild vergessen. Wir haben uns ganz allein daran zu halten, daß alles, was sich links des Don befand, Asien hieß, daß alles, was sich rechts dieses Stromes ausbreitete, dem Abendland zugeschlagen wurde. Wer nun also zum Syr-Darja kam, wer die himmelhohen Gebirge sah, von denen dieser Fluß herabströmte, wer in einer für uns unverständlichen Verwechslung und Vereinfachung meinte, dies sei der Don, der Europa von Asien trennte: der *mußte,* wie dies der deutsche Historiker H. Berve vor einiger Zeit nachwies, natürlich überzeugt sein, alles, was links dieses Flusses liege, sei Asien, und jenseits der strömenden Wasser breite sich Europa aus.

Unbegreiflich für uns Nachgeborene, aber so ist es gewesen! Als Alexander von Makedonien den Syr-Darja erreicht hatte, da glaubte er und da *durfte* er glauben, nun an den äußersten Grenzen Asiens zu stehen. Nur noch Indien war niederzuwerfen, dann hatte er seinen Kampf gegen den Raum gewonnen!

Nur noch Indien: mit der unerschütterlichen Folgerichtigkeit eines Schachspielers setzt Alexander im Jahre 327 von Buchara aus seine Truppen nach Indien in Marsch. Er folgt alten Karawanenstraßen, an deren Knotenpunkten von den Griechen Städte gegründet werden. Von ihnen existieren Herat und Kandahar noch heute. Er zieht das Kabul-Tal hinab und zum Indus. Begeistert werfen sich seine Divisionen in die klare, kalte Flut. Alle Makedonen können schwimmen. Sie tun es gern, und es ist, zumal hier in Asien, völlig gleichgültig, was die athenischen Intellektuellen dazu sagen! Plötzlich ertönen in der brachen Flußlände grelle, spitze Todesschreie. Furchtbare Dämonen ziehen die Kameraden unter Wasser, Blut rötet die Strömung, und das scheußliche Geräusch schnappender Kinnladen und splitternder Knochen schändet den Abendfrieden.

Krokodile? Das *kann* ja gar nicht sein! Krokodile gibt es nur im Nil, dem heiligen Fluß Ägyptens. Nirgend sonstwo kommen diese Bestien vor. Krokodile?

Aber tatsächlich: da sind sie! Dieser tote Baumstamm da drüben, grün und gelblich schimmernd, ganz unbeweglich, ganz abgestorben: plötzlich bewegt er sich! Krokodile in Indien! Hat dieser fremde Strom vielleicht etwas mit dem Nil zu tun? Ist er etwa gar eine der Quellen des großen alten Flusses? Liefert das Vorkommen von Krokodilen nicht den schlüssigen Beweis dafür, daß Afrika und Asien tatsächlich irgendwo im Süden zusammenhängen?

Alexander und seine Armee fassen es so auf. Wenige Wochen später kommen sie zum Hydaspes, dem heutigen Dschelam. Auch hier wimmelt es von Krokodilen. Kann es denn nun noch Bedenken geben? Auch hier diese Untiere? Jetzt ist es klar: Indus und Hydaspes sind die geheimnisvollen Nilquellen! Kein Zweifel: die Schneeschmelze der riesigen Gebirge, von denen diese beiden Ströme herabkommen, entsendet die ungeheueren Wassermassen, die den alten Vater Nil Jahr um Jahr über seine Ufer treten lassen!

Das war so handgreiflich, daß damit das Problem des Erythräischen Meeres als gelöst erscheinen mußte. Es *konnte* nur ein Binnenmeer sein, kaum viel größer als der Kaspi-See. Es wurde irgendwo südlich vom Nil umflossen, und wenn man den Hydaspes und den Indus hinabfuhr, so mußte man in den Nil gelangen. Traf das zu, so war es unschwer möglich, auf diesem Wege mit der ganzen Armee nach Ägypten und zum Mittelmeer zurückzukehren.

Zunächst ist das ein flüchtig aufzuckender Gedanke. Als Alexander dann aber erfährt, daß ein knappes Menschenalter vor ihm schon Artaxerxes III. (358 bis 337), der letzte große Herrscher in Persien, den Plan gehabt hat, den Indus, den auch er für den eigentlichen Quellfluß des Nils ansah, abzuleiten, um so das aufrührerische Ägypten auszudörren und definitiv in die Knie zu zwingen: da befiehlt der griechische König seinem Admiral Nearchos, von heute auf morgen mit dem Bau einer Flotte zu beginnen, da schreibt er triumphierend nach Haus, an seine Mutter, er habe die Nilquellen gefunden.

Ein Zufall will es, daß dieses stolze Siegesbulletin ein paar Tage im Zelt der Ordonnanzoffiziere seines Stabs liegenbleibt. Und gerade in diesen Tagen häufen sich Meldungen der schnellen Truppen, Berichte der Eingeborenen und Aussagen indischer Kriegsgefangener, aus denen unzweideutig hervorgeht, daß keiner der Ströme des Pendschab, weder der Indus, der Hydaspes, der Acesines (Tschinab) noch der Hyphasis, unser Rawi, irgend etwas mit dem Nil zu tun hat, daß sie vielmehr alle in das «Große Meer» mündeten, wie die Eingeborenen jenes unbekannte Gewässer im Süden nennen. Blitzartig begreift Alexander seinen Irrtum. Der Brief an seine Mutter geht in die Kanzlei zurück, und des Königs stolze Bemerkung über die Auffindung der Nilquellen wird ausradiert.

Der dem Admiral Nearchos gegebene Befehl, sogleich eine Flotte zu bauen, wird von Alexander jedoch nicht widerrufen. Zum Glück nicht! Denn wenige Wochen später wird er diese Schiffe nötiger brauchen als das tägliche Brot. Das tritt zutage in dem Moment, in dem seine Truppen bei Erreichung des Hyphasis meutern und sich weigern, ihrem vergötterten König weiterhin zu folgen. Sie meutern nicht nur, weil sie in den Wochen dieser letzten Marschstrecke ungeheuere Strapazen zu erdulden hatten. Der Tropenregen hat eingesetzt, die verfilzten Urwälder verwandeln sich in morastige Dschungel, es ist unmöglich, Feuer zu machen, die Sachen zu trocknen und einmal wieder halbwegs menschenwürdig zu essen. Aber das alles ist noch nicht der eigentliche Grund, das alles hätten sie ertragen. Wenig später ertragen sie ja auch die furchtbare Qual des Durstmarsches durch die Gedrosische Wüste. Aber da geht es westwärts, der Heimat entgegen. Hier am Hydaspes soll es jedoch noch weiter nach Süden und nach Osten gehen, auf den Rand der Wüste zu. Das ist sehr unheimlich, und die Armee weiß auch, was ihren König so lockt! Jenseits dieses Flusses, sagen die Eingeborenen, gebe es ein Volk, das ungewöhnlich viele Elefanten besitze.

Elefanten haben die Makedonier kennengelernt, als sie sich bei Arbela und Gaugamela mit diesen ersten Vorläufern unserer Tanks auseinanderzusetzen hatten. Schließlich ist es ihnen ja auch gelungen, diese Tiergiganten abzuschlagen. Aber der Armee sitzt der Schreck doch immer noch in den Knochen. Während ihr König und Führer darauf brennt, über diese neue, taktisch so bedeutungsvolle Waffe an Ort und Stelle Näheres zu erfahren, packt sie das blasse Entsetzen. Noch einmal gegen die trampelnden Ungetüme angehen? Noch einmal zusehen zu müssen, wie die Kameraden, auf Hauer gespießt, unter gellenden Todesschreien in Qualen verbluten? Wie sie, von nervigen Rüsseln am Wams gepackt und gleich gewichtslosen Puppen in die Luft geworfen, am nächsten Felsen zerschellen?

Nein, nein und abermals nein! Und der König muß sich beugen.

Tief verletzt, so als sei er verraten worden, befiehlt Alexander die Umkehr. Ein Haufen verzweifelter makedonischer Bauern hat Weltgeschichte gemacht. Nach der riesigen Entfernung, die der König der Pan-Hellenen bis hierher zurückgelegt hat, trennt ihn nämlich nur noch eine kurze Strecke von der Berührung mit dem Reich des Königs Tschandragupta in den Gangesländern, das sich bald darauf zu glänzendster Höhe erhebt und eine der Spitzen indischer Kulturleistungen erreicht. Welchen anderen Verlauf könnte die Geschichte genommen haben, wenn sich hellenische und indische Kultur schon jetzt so fruchtbar berührt hätten, wie das bald nach Alexanders Tod im baktrischen Diadochenreich des Seleukos, eines der Generale Alexanders, die sich nach dem Ableben ihres Chefs «selbständig» machten, der Fall gewesen ist!

Aber offenbar sollte das nicht sein. In Eilmärschen kehren die Griechen zum Hydaspes zurück. Der König ist voll trüber Gedanken und hält sich meist bei der Nachhut auf. Eines Morgens findet ihn das Heer dann aber wieder an der Spitze der schnellen Truppen, die vor dem Gros der Kolonne plänkeln und aufklären. Die Flotte ist ihm eingefallen, die Nearchos bauen soll. Wenn es nicht der Nil ist, den sie hinabfahren können, wenn es nicht das Erythräische Meer ist, in das Hydaspes und Indus münden, wenn jenes «Groß-Meer» der Eingeborenen der Okeanos selbst ist, dann würde er wenigstens zur See den Rand der Welt erreichen!

Den Kopf voll neuer Pläne, fiebernd vor Ungeduld, peitscht der König seine Getreuen vorwärts. Acht Jahre bereits ziehen sie mit ihm kreuz und quer durch die Welt. Zum erstenmal in all den Jahren geht der Marsch nach Westen, der Heimat entgegen. So holen sie nun das letzte aus sich heraus, und nach unglaublich kurzer Zeit steht der ganze Heerbann am Hydaspes.

Und tatsächlich! Nearchos hat Wort gehalten! Da liegt die Flotte,

Dreißigruderer, Anderthalbdecker und Frachtschiffe. Braver Nearchos! Zuverlässig wie eh und je! Aber nun hinein in die Schiffe! An die Ruder mit den Kerlen. Und hinab den Fluß, mit sprühender Bugwelle und windgeschwellten Segeln.

Alexanders «Bematisten» haben sich auch über diesen Abschnitt des asiatischen Heereszugs genaue Notizen gemacht. Und rund fünfhundert Jahre später liegen diese Notizen auf dem Arbeitstisch eines römischen Generals, des Flavius Arrianus aus Nikomedia in Bithynien, der sich in seinen Mußestunden mit Kriegsgeschichte beschäftigt und Alexander-Spezialist geworden ist. Natürlich hat ihn die Tatsache, daß sein großer Kollege es fertigbrachte, die ganze Armee einfach auf Schiffe zu setzen, höchlichst interessiert. Sein uns überlieferter Bericht über dieses tolle Unternehmen, das zweifellos auf militärische Quellenwerke aus der Alexander-Zeit zurückgeht, zeigt das ganz deutlich.

«Als Alexander an den Ufern eine große Zahl Dreißigruderer, Anderthalbdecker und Frachtschiffe mit allem für die Fahrt des Heeres notwendigen Material bereitgemacht hatte, beschloß er, den Hydaspes hinab zum Ozean zu fahren. Der Hydaspes ist auf der ganzen von Alexander durchfahrenen Strecke gegen 20 Stadien (etwa 3,5 km) breit. Dort jedoch, wo der Hydaspes mit dem Acesines zusammenströmt, verengt sich der Fluß. Er wird sehr schmal, sein Lauf ist reißend und voller unangenehmer Strudel. Auch braust und tost das Wasser stark, so daß der Donner der Wellen auf weite Entfernung hörbar ist...

Als der Indus erreicht war, setzte Alexander seine Fahrt mit noch größerer Beschleunigung fort. Er beschloß, bis zur Mündung dieses Stromes in das Meer hinabzufahren, und bestimmte hierzu seine schnellsten Schiffe. Da die Einwohner an den Ufern sämtlich geflohen waren, fehlte es an Führern, wodurch die Fahrt recht schwierig wurde. Daher ließ Alexander schnelle Patrouillen seiner Infanterie tiefer in das Landesinnere vorstoßen, um einige Inder zu fangen, die auf der Weiterfahrt als Führer dienen konnten. Als sie bei dieser nun an eine Stelle gelangten, wo sich der Indus zu einer Breite von 200 Stadien ausdehnt, kam plötzlich heftiger Seewind auf. Das Wasser wurde so unruhig, daß sich die unteren Ruder kaum noch aus den Wellen heben ließen. Daher gingen die Griechen in einem ruhigen Nebenarm des Indus vor Anker. Während sie hier auf eine Besserung des Wetters warteten, trat Ebbe ein, so daß alle Schiffe aufs Trockene gerieten. Das war Alexanders Begleitern noch nie begegnet und erfüllte sie mit Entsetzen, das sich naturgemäß noch steigerte, als der Fluß mit der Flut anstieg und die Flotte wieder ins Wasser setzte. Tags darauf fuhr Alexander durch die Mündung des Indus auf die hohe See hinaus, angeblich um festzustellen, ob nicht irgendwo noch Land auftauche, in Wirklichkeit aber, wie ich glaube, um sagen zu können, er habe den Indischen Ozean befahren.»

Natürlich ist Arrians Schlußbemerkung, purer Ehrgeiz habe Alexander veranlaßt, auf das hohe Meer hinauszufahren, nur teilweise berechtigt. Denn zweifellos hat der Makedone beabsichtigt, festzustellen, ob dieses mächtige Meer mit seiner gewaltigen Dünung und jenen gigantischen Gezeiten nun tatsächlich der Ozean sei, oder ob doch noch irgendwo Land auftauche. Und möglicherweise ist auf dieser Hochseefahrt jener neue Herrschaftsgedanke in ihm erwacht, von dem Plutarch später berichtet hat. Vielleicht hat Alexander hier den Plan gefaßt, sich die gesamte vom Ozean umflossene Welt zu unterwerfen. Jedenfalls hat Plutarch gemeint, dies sei der Grund für jenen bekannten, dem Nearchos erteilten Befehl des Königs gewesen, den Seeweg von Indien zum Persischen Golf zu erkunden.

Während Alexander also seinen Flottenchef zu Schiff nach Persien zurückschickt, marschiert er selbst die Küste entlang der Heimat entgegen, auf einem qualvollen Durstweg, der sein Heer grausam mitnimmt und es furchtbar zusammenschmelzen läßt. Schon Arrian, der diesen entsetzlichen Marsch durch die Wüsten Belutschistans in den grellsten Farben malt, hat ihm jede militärische Bedeutung abgesprochen und erklärt, er sei ein lediglich aus Wissensdurst geborenes Unternehmen gewesen.

Wie dieser Marsch durch Belutschistan ist aber auch die Expedition des Nearch vom Indus zum Tigris eine reine Forschungsfahrt mit dem alleinigen Zweck, nähere Kunde vom Indischen Ozean zu gewinnen. Möglich, daß der Gedanke, neben den durch Alexander selbst erkundeten Landwegen auch den Seeweg nach Indien kennenzulernen, eine gewisse machtpolitische Bedeutung gehabt hat. Wahrscheinlicher ist aber doch wohl, daß der Entdeckertrieb dabei im Vordergrund stand. Denn Plutarch berichtet ausdrücklich, daß Alexander diese Fahrt des Nearch nur als einen Auftakt zu noch größeren Unternehmungen betrachtet und beabsichtigt habe, nach der Rückkehr seines Admirals eine Umsegelung Afrikas durchzuführen. Wie dem auch sei: machtpolitisches Unternehmen oder Forschungsfahrt – die Expedition des Nearch bleibt eine Tat, die sich Alexanders eigenen Unternehmungen würdig anschließt.

Schon zwei Jahrhunderte vor Nearch war ein anderer desselben Weges gefahren: der griechische Kapitän Skylax, der im Auftrag des persischen Königs Darius I. (521 bis 486) gleichfalls das Ziel verfolgte, den Küstenverlauf vom Euphrat zum Indus und zum nördlichen Teil des Roten Meeres aufzuklären. Zwar wurden diese Meere schon seit dreitausend Jahren durchsegelt; offizielle Expeditionen wie die Unternehmung des Skylax oder des Nearch, zu Forschungszwecken unternommen und mit dem klaren Auftrag, bei gelegentlichen Landungen auch die Küsten näher in Augenschein zu nehmen, waren bisher in diesem Umfang aber nicht durchgeführt worden. Vielleicht hätte Nearch, der ein ausnehmend gewissenhafter Charakter gewesen zu sein scheint, von seiner Fahrt noch größere Ergebnisse mit nach Hause nehmen können, wenn er seinem wagemutigen Steuermann Onesikritos die Zügel länger gelassen hätte. Dafür sind Nearchs Nachrichten aber von vorbildlicher Zuverlässigkeit. Er bildet die Quelle für alle Späteren und muß zu den hervorragendsten

Geographen dieses Zeitalters gerechnet werden. Nearchs Fahrtenergebnisse wurden in einem von ihm selbst geschriebenen Bericht niedergelegt, der leider verlorengegangen ist, aber Arrian wohl noch vorgelegen hat. Man kann nach der Darstellung des Arrian nicht sagen, daß die Erlebnisse des Nearch so ungeheuer aufregend gewesen sind, wie man vermuten möchte. Offenbar hat der griechische Seemann sein Logbuch als Unterlage für den zur Informierung Alexanders gedachten Bericht benutzt und sich wohl darauf beschränkt, mit pedantischer Gründlichkeit die Tag für Tag heruntergefahrenen Stadien, Ankerplätze, Küstenformen, Häfen usw. zu notieren. Dabei ist ein Erlebnis, sein Zusammentreffen mit einer Herde Wale, die den Griechen bis dahin unbekannt waren, immerhin berichtenswert, weil sich aus der furchtbaren Aufregung über diese «Ungeheuer», die noch Arrians Erzählung durchzittert, herauslesen läßt, welches Wagnis eine so große Seefahrt für die doch immerhin meergewohnten Griechen dargestellt haben muß. Freilich ist diese Besorgnis nichts gegen das Unbehagen, mit dem die Römer, ausgemachte Landratten, zur See gingen. Doch davon später. Arrian berichtet:

«Es halten sich in diesem ausländischen Meere große Walfische und andere große Fische auf, weit größere als in unserem Mittelmeer. Nearch erzählt seine Erfahrungen mit ihnen wie folgt: Als wir abfuhren, sahen wir, daß in der See ostwärts von uns Wasser in die Höhe geblasen wurde, so wie es bei einem starken Wirbelwinde zu geschehen pflegt. Wir erschraken und fragten unsere Lotsen, was das sei und woher das käme. Sie antworteten, das seien Walfische, die in diesem Meer lebten. Unsere Matrosen entsetzten sich dermaßen, daß ihnen die Ruder aus den Händen fielen. Ich ging zu ihnen, redete ihnen zu und machte ihnen Mut. Dann fuhr ich um die Flotte herum und befahl allen Steuerleuten, zu denen ich kam, sie sollten gerade auf die Walfische losfahren, genauso, als gingen sie in eine Seeschlacht. Sie sollten alle zusammen und mit möglichst viel Lärm, auch mit lautem Geschrei losrudern. Die Matrosen faßten wieder Mut, und auf ein Zeichen hin fuhren wir alle zusammen ab. Als wir uns den Tieren genähert hatten, schrien alle, so laut sie konnten. Dazu wurden Trompeten geblasen, und das Geräusch der Ruder hallte über das Meer. Die Walfische, die man schon dicht vor den Schiffen sah, stürzten sich darauf erschrocken in die Tiefe. Nicht lange danach kamen sie hinter der Flotte wieder empor und bliesen wie vorher Wasser in die Luft. Die Seeleute klatschten in die Hände, frohlockten über ihre Rettung und priesen den Nearch seiner Tapferkeit und Klugheit wegen. Von diesen Walfischen nun kommen hin und wieder etliche an Land, weil sie bei Ebbe auf dem seichten Strande steckenbleiben. Manchmal werden sie auch durch starken Sturm ans Ufer geworfen. Diese kommen um und verfaulen. Ist nun das Fleisch daran abgeschmolzen, so bleiben die Gebeine übrig, welche die Leute dort zum Bau ihrer Häuser brauchen. Die großen Gebeine in den Seiten stellen in ihren Häusern Balken vor, die kleineren sind die Latten. Aus den Kinnbacken machen sie Türen. Denn viele Walfische haben eine Größe von fünfundzwanzig Klaftern.»

Dieses Erlebnis hat, wie sich denken läßt, auf alle Zeitgenossen großen Eindruck gemacht und Stoff zu einer Unzahl von Fabeln gegeben. Der «aufgeklärte» Plinius macht dreihundert Jahre danach aus den harmlosen, vielleicht sogar spielenden Walen riesige Seeschlangen, und die Späteren folgen ihm darin getreulich. So nimmt es nicht wunder, daß das Mittelalter, ohnehin naturferner als die Antike, von gräßlichen Schauermärchen erfüllt ist, die, nicht ohne eigene Zutaten natürlich, im wesentlichen samt und sonders aus den Berichten der Alten herausgeschrieben sind.

Zu diesen Schauermärchen gehört unter anderem die schreckliche Geschichte von den goldgrabenden indischen Ameisen – eine Geschichte, die von dem ionischen Griechen Megasthenes, dem von 302 bis 291 in Pataliputra bei König Tschandragupta akkreditierten Botschafter des Seleukos von Baktrien, überliefert ist und die von da an bis zum 16. Jahrhundert hin von allen klassischen und mittelalterlichen Reiseberichten wiederholt wird. Diese «Ameisen», etwa so groß wie Füchse und in hübschen pantherartigen Fellen herumlaufend, hausten, wie Megasthenes in einem seiner Gesandschaftsberichte erzählt, in Erdhöhlen. Wie Maulwürfe häuften sie die in ihren unterirdischen Bauten aufgewühlte Erde an den Ausgängen auf, und die Eingeborenen brauchten diese Erdhaufen dann nur noch zu sieben, um des in ihnen befindlichen Goldes habhaft zu werden. «Ganz heimlich», beendet Magasthenes seinen Bericht, «schaffen die Leute das Gold weg. Denn wenn es die Tiere merken, so setzen sie den Flüchtenden nach und töten sie und ihre Zugtiere.»

Klingt das nicht wie ein törichtes Ammenmärchen? Und dennoch ist es nur zum Teil erfunden. Denn goldgrabende Ameisen hat es tatsächlich gegeben, und es gibt sie noch heute. So wird beispielsweise aus Texas und Colorado berichtet, daß die dort heimische Ernte-Ameise (Pogonomyrmex occidentalis) die Gewohnheit habe, ihre Burghügel mit einem Mosaik winziger Steinchen, vornehmlich mit Goldkörnern, zu panzern, so daß der Abbau dieser Ameisenhügel durchaus lohnend sei. Megasthenes' goldgrabende «Ameisen» werden nun freilich Murmeltiere gewesen sein, die im Gebiet des Brahmaputra und am Satledsch im Pendschab häufig vorkommen und die die obersten Schichten des Erdbodens mit zahlreichen Gängen, Höhlungen und Nestern durchsetzen. Wenn diese Tiere, ganz harmlose Pflanzenfresser, ihre Tätigkeit zufällig einmal in einem Gebiet mit goldhaltigen Sanden und Kiesen ausübten, dann mag es durchaus vorgekommen sein, daß die von ihnen ausgeworfene Erde Gold enthielt. Aber das ist auch alles. Was Megasthenes weiter erzählt, namentlich über den Blutdurst dieser Murmeltiere, über ihre Größe und Geschwindigkeit, ist natürlich reinste Fabel, von Händlern ersonnen, um alle Konkurrenten, die etwa auf den Gedanken hätten kommen können, ihrerseits diese kostbaren Erdhaufen zu waschen und zu sieben, von vornherein abzuschrecken.

Goldgrabende Ameisen: das war gewiß ein Stoff, von dem man berichten mußte. Gar nicht einmal in böser Absicht! Denn wenn es hieß, in Indien gäbe es Gold, Kupfer, Eisen, Zinn und Edelsteine in Unmengen, es wüchse dort eine Art Schilf, «das ohne Bienen Honig erzeuge» – unser Zuckerrohr –, die Sonne stehe so hoch am Himmel, daß die Schatten nach Süden weisen: so klang eine dieser Nachrichten genauso wunderbar wie die andere. In einem solchen Land mochten daher goldgrabende Ameisen, groß wie Füchse, recht gut möglich sein.

Das Hauptinteresse der antiken Entdecker richtete sich aber auf ein ganz anderes Tier: auf die indischen Elefanten nämlich. Wir hörten schon davon, wie tief Alexander selbst es bedauerte, niemals bis in das eigentliche Elefantenland gekommen zu sein. Und General Flavius Arrianus, 150 n. Chr., ruhig an seinem Schreibtisch in Nikomedia sitzend, scheint es ähnlich gegangen zu sein. Zwar waren die Punierkriege, während deren auch die Römer den Elefantenschreck kennengelernt hatten, lange vorbei. Und es ist kaum anzunehmen, daß die riesigen grauen und sandfarbenen Rüsselträger zu seiner Zeit militärisch noch irgendeine Rolle gespielt haben. Allenfalls mögen sie von den Eingeborenen an den südöstlichen Grenzen des «Imperium Romanum» hier und da noch einmal gegen römische Spähtrupps eingesetzt worden sein. Trotzdem war das allgemeine Interesse an Elefanten, die das Volk von Rom in seinen Zirkussen ja häufig sah, nach wie vor höchst lebendig. Jedenfalls hat man Arrians Elefanten-Berichte in den Salons von Rom und Alexandria geradezu verschlungen – und zweifellos mit mehr als bloß zoologischer Anteilnahme.

Nun hat unser General allerdings auch sehr sachverständig berichtet, und in seinen Nachrichten finden sich keine märchenhaften Stellen. Zwar hätten ihm die Römer, die Elefanten ja recht gut kannten, dann ohnehin nicht geglaubt. Aber diese Zurückhaltung erklärt sich doch nicht allein aus klug überlegter schriftstellerischer Reserve, die genau weiß, wann sie sachlich zu bleiben hat und wann sie unbekümmert erzählen darf. Denn Arrians Bücher sind ja höchstwahrscheinlich entstanden auf Grund der «Bematisten»-Berichte aus Alexanders Generalstab. Sie zeigen also, wie Alexander selbst unterrichtet worden ist – und wir dürfen überzeugt sein, daß er seine heereswissenschaftlichen Stäbe so lange gestaucht hat, bis sie ihn wirklich sachlich und sachgemäß informierten. Wenn Arrian zum Beispiel davon erzählt, wie wilde Elefanten in Indien gejagt würden, so entspricht das fast völlig den Jagdmethoden, die auch heute noch angewendet werden:

«Die Inder jagen zwar andere wilde Tiere auf eben die Art wie die Griechen. Ihre Art, Elefanten zu jagen, ist jedoch keiner anderen Art Jagd im geringsten gleich. Denn der Elefant selbst ist keinem anderen Tier ähnlich. Wenn sie sich einen ebenen warmen Ort ausgesucht haben, so ziehen sie rings um ihn einen Graben, der so tief ist, daß sie dahinter ein großes Heer lagern können. Dieser

Graben ist ungefähr fünf Klafter breit und etwa vier Klafter tief. Die aus dem Graben ausgeworfene Erde schütten sie zu beiden Seiten des Grabens auf. Dieser Wall dient ihnen als Art Mauer.

Dann stellen sie innerhalb dieses Geheges drei oder vier Elefantinnen, die besonders zahm sind, und lassen nur einen Zugang über den Graben. Sie bewerfen diesen Zugang mit Erde und Gras, so daß die Tiere diese Brücke nicht als Menschenwerk erkennen und keinen Betrug vermuten. Tagsüber nähern sich die wilden Elefanten bewohnten Gegenden nicht, nachts dagegen schweifen sie überall herum und weiden in ganzen Herden, und zwar so, daß sie dem Größten und Tapfersten unter ihnen folgen, ähnlich wie die Kühe dem Stier. Wenn sie nun in der Nähe des Geheges angekommen sind und die Stimmen der in ihm befindlichen Elefantinnen hören, so laufen sie schnell darauf zu. Sind sie am Rande des Grabens entlang bis zu der vorhin erwähnten Brücke gekommen, so drängen sie sich darüber hinweg in das Gehege. Sobald die Jäger sehen, daß die wilden Elefanten darin sind, nehmen einige von ihnen die Brücke weg, während andere in die nächsten Dörfer eilen, um die Freudennachricht zu verbreiten, daß die wilden Elefanten gefangen sind.»

Dieser detaillierte Bericht entstammt sicher jenen militärischen Quellenwerken der Alexander-Zeit, die Arrian noch vorgelegen haben und die ursprünglich zweifellos aus den makedonischen Heeresarchiven gekommen sind. Aber Flavius Arrianus weiß genug, was er seinem Publikum schuldig ist und daß er dieser Abschrift aus seinen Quellen noch ein paar Lichter aufsetzen muß. Er hängt also eine eigene Erfahrung an:

«Es haben sogar Elefanten ihre Reiter, die in der Schlacht getötet worden waren, selbst zu Grabe getragen. Andere haben für ihre Reiter, obwohl diese selbst schon am Boden lagen, noch weitergekämpft. Wieder andere haben sich für sie Gefahren ausgesetzt, wenn ihre Herren gefallen waren. Ein Elefant, der seinen Reiter im Zorn getötet hatte, ist aus Reue und vor Betrübnis gestorben. Ich selbst habe sogar einen Elefanten auf Zymbeln spielen und andere danach tanzen sehen. Dem Spieler waren zwei Zymbeln an die beiden Vorderbeine und eine um den Rüssel gehängt. Er schlug taktmäßig, eins ums andere, die Zymbeln an den beiden Vorderbeinen mit dem Rüssel. Die Tanzelefanten hüpften im Kreise herum und gingen nach dem Takt, den ihnen der Zymbelspieler vorspielte, indem sie die Vorderbeine eins ums andere aufhoben.»

Natürlich hat Flavius Arrianus tanzende Elefanten nur im Zirkus erlebt, so wie wir solche dressierten Tiere einst bei Paula Busch, im Zirkus Krone oder bei Barnum bewunderten. Und so weit geht sein persönliches Wissen. Die ersten Zeilen dieses Abschnitts dagegen sind wieder griechische Generalstabsarbeit, und man sieht die fleißigen Verfasser der makedonischen Heeresdienstvorschrift «Elefanten, ihre taktische und strategische Verwendung» förmlich vor sich, wie sie, an ihren Griffeln kauend, bemüht waren, für den Einsatz dieser neuen Waffe leichtfaßliche Regeln aufzustellen.

Aber Scherz beiseite! Ob es eine solche «Elefanten-HDv» der allgriechischen Wehrmacht tatsächlich gegeben hat, ist natürlich nicht überliefert. Daß man sich aber in Alexanders Hauptquartier sehr gründlich überlegt hat, wie es eigentlich mit dem Kampfwert dieser gigantischen Urwesen bestellt sein mochte, wie und wo man sie etwa einsetzen könnte, welche Folgerungen aus der Notwendigkeit gezogen werden müßten, ihre Bogenschützen zu munitionieren und die Tiere selbst mit Wasser und Futter zu versehen – Überlegungen, die bei modernen Heeresdienstvorschriften von Panzereinheiten gar nicht soviel anders aussehen –, das geht aus Arrians Büchern deutlich hervor. Auch hier scheint sich wieder zu erweisen, daß es mit dem Menschen in den meisten seiner Lebensäußerungen immer dasselbe gewesen ist und daß wir neuzeitlichen Vertreter dieses merkwürdigsten aller irdischen Lebewesen keinerlei Anlaß haben, uns etwas einzubilden, weder auf unseren technischen Fortschritt noch auf das angebliche Übermaß von Ängsten, das uns auferlegt ist.

Wie ein Meteor war Alexander leuchtend am mählich dunkler werdenden Himmel der griechischen Antike erschienen. Niemand sah zu seiner Zeit, wie trügerisch dieser funkenstiebende Glanz war und daß sich die Weltgeschichte mit dieser genialen Herrscherpersönlichkeit einen tragischen Witz geleistet hatte. Denn sosehr der makedonische Held ein Kind seiner Epoche war, sosehr er im vollen Besitz des technischen Könnens und der geistigen Bildung seiner Zeit stand: er war doch ein lebender Anachronismus. Man hat ihn als eine Art hellenischen Romantiker angesehen. Aber nichts Träumendes lag in Alexanders Wesen: da war alles Vernunft, schnelles Zupacken, unerbittlicher Machtwille bis hin zum kühl überlegten Mord. Da war dieselbe kindhafte Furchtlosigkeit gegenüber der Weite der Welt, dieselbe aus Naivität geborene Unbefangenheit gegenüber nationalen oder räumlich-geographischen Grenzen, dieselbe selbstsichere Verständnislosigkeit für die gewichtige Bedeutung jahrhundertelanger kultureller Sonderentwicklung wie tausend Jahre zuvor bei den Herrengeschlechtern von Tiryns und Mykene. Ihnen gehörte Alexander viel mehr zu als seiner eigenen Zeit: ein archaischer Mensch, von einer spielerischen Laune des Weltgeistes versetzt in eine Epoche, in der gar kein Platz für ihn war.

Welch eine geistreiche Pointe, diesen Nachfahren jener längst dahingesunkenen Geschlechter, deren Kampfwagen einst von berittenen asiatischen Bogenschützen außer Gefecht gesetzt worden waren, nun in der entscheidenden Schlacht von Gaugamela mit berittenen Bogenschützen über persisch-asiatische Streitwagenheere siegen zu lassen! Welch eine überlegene Ironie, diesem Mann die Alleinherrschaft über einen so großen Teil von Asien in die Hände zu geben, zu einem Zeitpunkt, als der magnetische Pol des politischen Weltgeschehens nach seiner Ablösung von den östlichen und südlichen Küsten des Mittelmeeres längst in voller Drift auf Italien zu begriffen war! Welch eine in ihrer totalen Sinnlosigkeit erschütternd großartige Konzeption, daß sozusagen in der Sterbestunde Alexanders Gesandtschaften der Römer, Karthager, Gallier und Iberer eintrafen, die dem griechischen Großkönig auch die westliche Hälfte der Welt huldigend zu Füßen legten: so als habe der Gott der Geschichte aus Zuneigung zu seinem Lieblingssohn einen Moment geschwankt, ob er den Lauf der Welt nicht doch zurückdrehen sollte.

Eben in diesem Augenblick hat der Tod den dreiunddreißigjährigen Mann nach zwölf Fiebertagen hinweggerafft. Im Juni 323 v. Chr. hat es sich entschieden, daß der Weltplan, der nun die Italiker in den Vordergrund rücken würde, doch eingehalten werden solle. Wir werden ihm in unserer Erzählung zu folgen und uns nun Rom zuzuwenden haben.

Alexanders Leistung, sowenig ihr unmittelbare politische Folgen beschieden waren, ist dennoch von ungeheuerer Bedeutung gewesen. Und das nicht nur in geographischer Hinsicht, obschon ein flüchtiger Vergleich etwa der Weltbildvorstellungen Herodots mit einer Karte der Entdeckungen Alexanders den durch ihn errungenen Erfolg, die gewaltige Ausweitung der griechischen «Oikumene», sofort klarlegt. Noch bedeutungsvoller war die psychologische Wirkung seiner strahlenden Erscheinung. Über die durch ihn im Fernen Osten entstandenen Mythen von dem glänzenden, unheilbringenden Helden aus dem Abendland ist eine ganze Literatur erwachsen. Nicht geringer war natürlich der Eindruck, den sein Leben und Wirken im Westen hervorrief. Und vielleicht beruht die letzte Bedeutung seines Lebens gar nicht einmal so sehr auf den *handgreiflichen* Einwirkungen, die es notwendig ausüben mußte. Unendlich viel wichtiger noch sind die Imponderabilien dieser Wirkung, dieses Unwägbare in der Steigerung des Selbstbewußtseins des weißen Mannes, das sich seit seinem Zeitalter bemerkbar machte und das vielleicht eine der seelischen Vorbedingungen für das Existentwerden des römischen Imperiums war. Im Gegensatz zur bloßen Machtausübung ist Herrschaft letzten Endes moralische Überlegenheit. Die Tausende von Bänkelsängern, die noch Jahrhunderte nach Alexanders Tod ihr Leben davon bestritten, seine Taten recht und schlecht zu besingen, die Dichter, deren Verse die feingebildete Welt nachsprach, wenn sie Alexanders gedachte, alle die unmeßbaren, unwägbaren Einflüsse, die von diesem Heldenleben ausgingen, wirkten in der einen Richtung: nacherleben zu lassen, daß es ein Europäer, daß es das Abendland war, dem sich die Welt unterwarf. Zu der Macht, die Alexander besaß, kam in glücklichem Zusammentreffen die Strahlung einer blühenden, hochentwickelten Kultur, einer der wunderbarsten, die der Westen überhaupt hervorgebracht hat. So gab Alexander das stolze Wissen, Grieche zu sein, den moralisch stärksten Antrieb zu seiner Leistung, und so verlieh dieses Wissen seinem Indien-Zug jene kulturellen Wirkungen, von denen wir vorhin sprachen und die die politische Bedeutung seiner Unternehmungen in so unerhörtem Maße überragen.

Teil V

Von Rom zum Fernen Osten und nach Amerika

Die wasserscheuen Römer · Kannten die Karthager das Geheimnis des Passats? · Hotel Septumanus in Lyon · Römische Bernsteinexperten in Ostpreußen · Die François-Vase, die Zwerge und die Kraniche aus den Nilsümpfen · Ohne Kompaß über den Indischen Ozean · Lotsen und Leuchttürme · Antike Segelhandbücher · Wie lang ist eine Stunde? · 2000-Tonnen-Frachter im Altertum · Römische Ankeranweisungen für indische Häfen · Die Ceylonesen wundern sich in Rom · Haben Chinesen blaue Augen? · Römische Kaufleute in Peking · Kaiserin Si-li-schi und die Raupe Bombyx mori · Frau Marc Aurel hat kein Geld für ein seidenes Kleid · Die lasterhaften Frauen der Insel Kos · Reisewege nach China · Wer fährt mit nach Singapur? · Mit Faltboot und Amphibien-Jeep über den Atlantik · Was wußte das Altertum von Amerika? · Indianer landen in Europa

1

Wir haben uns nun dem erregendsten und abenteuerlichsten Thema der alten Geographie zuzuwenden: der Erzählung von der wahrhaft weltumspannenden Weite des Römischen Reiches, so wie es sich etwa zu Beginn unserer Zeitrechnung präsentiert. So viel wir einst von den Kathedern unserer Schulen über das Altertum gehört haben mögen, so wenig erfuhren wir in der Regel von seinem farbigen, bewegten Leben, von seinen Handelsbeziehungen, von seiner Seefahrt. Nie begegneten wir jenem Großkaufmann aus Alexandria oder Milet, dessen westeuropäische Partner von Massilia und Gades aus mit Gallien und den britannischen Inseln, ja selbst mit den germanischen Bernsteinländern Handel trieben, während er selbst mit Barygaza in Vorderindien, dem heutigen Broach, oder gar mit Kattigara, der großen Hafenstadt im fernen China, in Verbindung stand. Chinesische Seide stapelte sich in seinen Lagerhäusern, Gewürze und Edelsteine von der märchenhaft reichen Insel Taprobane (Ceylon) flogen auf seinen Fernost-Frachtern vor dem Monsun mit schimmernden Segeln Tausende von Seemeilen über das hohe, offene Meer. Weihrauch von Hadramaut kam aus Adana, unserem Aden, Elfenbein und Gold aus Nubien, Glas aus Phönizien, Silberarbeiten und Weizen vom Schwarzen Meer; dicke Beutel mit römischen Goldmünzen, Schläuche schweren griechischen Weins, kostbarer germanischer Bernsteinschmuck gingen dafür hinaus. Und während die Aufkäufer unseres Freundes in Vorderindien auf die über den Himalaya kommenden Karawanen aus Innerasien warteten und auf die gewaltigen Dschunken aus China, luden keltische Stauer Korallen und Kaurimuscheln, syrische Purpurstoffe und römische Waffen und vielleicht auch schon die kostbaren, spinnwebfeinen Seidenflore, die zartfingrige Fabrik-Sklavinnen auf der Insel Kos im Ägäischen Meer aus den Brokaten des Fernen Ostens zu zupfen wußten, aus den riesigen Lastschiffen, die seine westeuropäischen Geschäftsfreunde nach einem britannischen Hafen abgefertigt hatten.

Auch wir werden diesem Großkaufmann nicht persönlich begegnen. Sicher hat er bereits ein «Büro» gehabt, in dem eine Schar mehr oder minder gut bezahlter Angestellter – Sklaven hießen sie damals – für ihn arbeitete. Wechsel hat er noch nicht gekannt und daher auch keine Wechselreiterei, keine geplatzten Wechsel und den ganzen sonstigen Verdruß, den man damit haben und anderen Leuten bereiten kann. Aber Kredit gab es schon, und demzufolge ein funktionsfähiges Bankwesen mit voll ausgebildetem Giroverkehr, es gab Kreditbriefe für den reisenden Kaufmann, es gab Schecks. Ja, Schecks waren in Rom ein so übliches Zahlungsmittel, daß Ovid in seiner *‹Liebeskunst›* auf das beweglichste über die unerbittliche Geldsucht der Frauen jammerte. Sagte man ihnen, so viel Geld, wie sie forderten, habe man gar nicht im Hause, so erwiderten sie schnippisch, sie wären mit einem Scheck ebenso zufrieden. Im einzelnen freilich läßt sich das kaum belegen. Der Schutt, den zweitausend Jahre Zerstörung über unseren alexandrinischen Großkaufmann gehäuft haben, die Feuersbrünste, die seine Rechnungen, seine Steuer- und Zollbelege und seine Geschäftskorrespondenz in Flammen aufgehen ließen, die Plünderungen, die über seine Lagerhäuser dahingingen, machen das unmöglich. Aber es ist sicher, daß er wirklich gelebt hat. Die *auri sacra fames*, der heilig-unheilige Hunger nach Gold, hat ihn einst gezeugt, hat ihn groß und tätig werden lassen, hat ihn verschlungen und mit den Sicker- und Staubschichten unzähliger Leben nach ihm überdeckt. Aber seinen Spuren werden wir begegnen: vom Jangtsekiang im Fernen Osten bis zum äußersten Westzipfel Spaniens. Und vielleicht ist schon ihm eine Ahnung gekommen, ein vages Gerücht, der Husch einer flüchtigen Nachricht von einem großen Land hinter dem westlichen Ozean – Amerika. Wir werden noch davon hören.

Es ist ein langer, mühsamer Weg gewesen, bis hin zu diesen Zeiten wirklichen Weltverkehrs. Denn anfänglich waren die Römer alles andere als Seefahrer und Forscher, und im Vergleich mit den Griechen haben sie an *bewußt* erkundlicher Entdeckerarbeit wenig geleistet. Ihrem nüchternen Sinn lag eine bloß theoretische Erkenntnis nicht; Erkenntnis hatte für sie nur dann eine innere Berechtigung, wenn es gelang, sie ganz unmittelbar zu konkretisieren, sie ganz direkt für das System der römischen Macht nutzbar zu machen. Infolgedessen hören wir von römischen Forschungsunternehmen im Sinn der griechischen Weltfahrten wenig. Das ist um so erstaunlicher, als ihre Nachbarn und Vorläufer, die Etrusker, großartige Seeleute gewesen sein müssen. Als Erfinder des Enterhakens und als Seeräuber waren sie lange Zeit der Schrecken der Meere, und viele Jahrhunderte hindurch hat «Etrusker» dasselbe bedeutet wie Pirat. Gleichwohl haben die Römer die See nur widerwillig und zögernd angegangen, und erst viel, viel später ist das Mittelmeer von ihnen als *mare nostrum*, als «unser» Meer, angesehen und bezeichnet worden.

Es gibt keinen ersichtlichen Grund für dieses Zaudern. Wir müssen einfach hinnehmen, daß es so war. Sieht man den Ablauf des Geschehens aber nicht als eine bloße Zufälligkeit an, dann mag sich dem späteren Betrachter vielleicht die Vermittlung aufdrängen, das römische Volk sei von der Geschichte bewußt und absichtlich von der Gefahr der Verzettelung bewahrt worden, die die lockende Weite des Meeres immer wieder heraufführt. Zu konsolidieren, das bisher Errungene, Erlittene, Erstrittene zu bewahren, es nüchtern zusammenzufassen, wird man dann als Roms eigentliche weltgeschichtliche Aufgabe anzusehen haben. Ist dem wirklich so gewesen, dann wird es verständlich, weshalb die Römer erst so spät als Entdecker auftreten, weshalb sie sich in der Regel darauf beschränken, zu sammeln, zu sichten, nachrichtlich festzuhalten und das Wissen exakt zu katalogisieren.

An Wissen hat es nun freilich nicht gefehlt, es ist der Tiberstadt gewissermaßen ins Haus getragen worden. Denn das wohlorganisierte Nachrichtensystem des Römischen Reiches machte es möglich, die aus allen Teilen der Welt einlaufenden Mitteilungen in großartiger Zusammenschau zu verwerten. Der Fortschritt der Mathematik und der Astronomie – ein Verdienst, das vor allem den Griechen zukommt – gestattete eine Unzahl zuverlässiger Einzelfeststellungen. Katasterämter und Staatsarchive sorgten dafür, daß das ganze so gesammelte und häufig schon kartierte Material der Nachwelt erhalten blieb. Eine besondere Bedeutung hatte dabei die Gilde der «Agrimensoren», der Feldmesser, denen der Ausbau und die Ausmessung des römischen Straßennetzes oblag. (Eines ihrer Reißzeuge ist erhalten geblieben und im Römisch-Germanischen Museum von Mainz zu sehen. Es überrascht dadurch, daß es haargenau den Reißzeugen unserer modernen Feldmesser und Ingenieure entspricht.) Über jede dieser Straßen wurden eingehende «Itinerare» angelegt, Wegbeschreibungen, die nicht nur die Namen, sondern auch die Ausdehnung der einzelnen Etappen enthielten. Freilich, was über die unmittelbaren machtpolitischen Bedürfnisse des römischen Imperiums hinausging, das interessierte nicht. So schuf Rom zwar ein hellbeleuchtetes Weltbild, ertrug es aber ruhig, wenn auf der Karte der Erde noch eine Unzahl weißer Flecken verblieb.

«Dienstlich» und offiziell hat Rom freilich erst hundertfünfzig Jahre vor Beginn unserer Zeitrechnung davon Kenntnis genommen, daß jenseits der Berge und Meere auch Menschen wohnten. Das geschah durch eine im Gesamtzusammenhang der römischen Entdeckertätigkeit merkwürdig unmotiviert anmutende See-Expedition zu den nordwestafrikanischen Küsten, die wohl unmittelbar nach der Einnahme Karthagos, etwa 145 v. Chr., stattgefunden hat. Sie stand unter dem Kommando des griechischen Geographen Polybius, der mit Scipio Aemilianus, dem Afrika-General der Römer, befreundet war. Was mit dieser Kundfahrt erreicht werden sollte und welchen Zweck sie eigentlich hatte, weiß man nicht. Es ist deshalb die Vermutung geäußert worden, die Römer hätten nach der Eroberung Karthagos in dessen Archiven den Bericht von Hannos großartiger Kamerun-Expedition gefunden und nun auch ihrerseits versucht, die westlichen Küsten des Schwarzen Erdteils zu erforschen. Beweisen läßt sich das nicht, unmöglich ist es aber ebensowenig, zumal Plinius, der zweihundert Jahre später von dieser merkwürdigen Fahrt erzählt hat, von einem Berg berichtet, der der «Götterwagen» genannt werde.

Woher kennt Plinius diesen Namen, der sich ja tatsächlich in Hannos Meldung über seine Expedition findet? Dieses Wissen *kann* nur von den Puniern stammen, und bei der kaltschnäuzig auf die vordergründige Wirklichkeit abgestellten Politik der Römer darf man wohl annehmen, daß sie den Archiven und Patentämtern Karthagos ihr besonderes Interesse zugewandt haben werden, als sie die reiche Stadt endlich überwältigt hatten. Möglicherweise hat sich, so muß man wohl folgern, der kluge Polybius die stolze Siegesstimmung seiner römischen Freunde zunutze gemacht, um sie auf den Ozean zu hetzen. Gleichwohl bliebe es merkwürdig, wenn die kühlen Römer einem Appell an ihre nationale Eitelkeit erlegen wären. Sie haben immerhin sieben Schiffe für diese Afrika- und Atlantik-Expedition eingesetzt, was bei der Kleinheit der römischen Flotte allerhand bedeutete. Oder hat Scipio etwas ganz anderes gewollt? Waren vielleicht, wie alte Quellen behaupten, Teile der karthagischen Armada in das Weltmeer entwichen? Hatten sie Hilfe gesucht bei den punischen Küstenstationen, die Hanno seinerzeit in Nordwestafrika gegründet hatte? Es steht nicht eindeutig fest, wie weit Scipio gelangt ist. Den Senegal und das Kap Verde, etwa auf 14 Grad nördlicher Breite, scheint er aber erreicht zu haben; wenn man bedenkt, daß erst runde sechzehnhundert Jahre später abermals europäische Flotten so weit südlich vorgestoßen sind, gewiß eine beträchtliche Leistung. Aber hier gab es gar keine punischen Küstenstationen mehr, wie man von

Hanno weiß. Da sie ja den Zweck hatten, den Seeweg zu den Kanarischen Inseln zu schützen, wäre es unsinnig gewesen, noch volle zehn Breitengrade weiter südlich Kolonien anzulegen – und ebenso unsinnig wäre dann Scipios Fahrt gewesen. Warum also dehnte er sein Unternehmen so weit aus?

Nun, etwa in diesen Breiten setzt der Nordostpassat ein, jene gleichmäßige Luftströmung, die einundeinhalb Jahrtausende später einen gewissen Christoph Kolumbus in einundzwanzig Tagen von den Kapverdischen Inseln nach Amerika blies! Wer von unbarmherzigen Feinden verfolgt wurde, der mochte, wenn er ein guter Seemann war, eher geneigt sein, sich dem Passat anzuvertrauen, als auf die Gnade des Erbfeindes zu hoffen. Haben die Punier vom Passat gewußt? Haben sie vermutet, daß jenseits des Ozeans Land lag? Hat Scipio seine merkwürdig unmotivierte Fahrt nur deshalb so weit nach Süden fortgeführt, um sich zu überzeugen, daß die Karthager tatsächlich im Ozean verschwunden waren? Als Kolumbus seine großartige Tat vollbrachte, auf drei elenden Schiffen, die kaum größer gewesen sind als punische Kriegsschiffe, da hat er von Amerika nichts gewußt. Das steht fest! Ob er jemals etwas vom Passat erfahren hat, ist fraglich. Trotzdem hat er den Sprung über das Meer gewagt. Haben das etwa auch schon die Punier getan? – Aber von alldem später!

So eindrucksvoll diese Afrika-Reise der sieben Schiffe des Scipio auch ist: welch ein Unterschied zu Karthago! Als diese Stadt um 530 v. Chr. Südspanien überrennt, da zaudert sie keinen Moment, den Atlantischen Ozean nach Nord und Süd mit mächtigen Flotten zu erkunden. Freilich hatten ihre Seeleute keine dreihundertjährige Meerengensperre hinnehmen müssen wie die Römer, die sich allenfalls nach Ostspanien getrauen konnten, und das auch nur in den Zeitabschnitten, in denen zwischen Karthago und Rom zufällig einmal Frieden herrschte. Auch mit der anderen großen Seemacht des westlichen Mittelmeeres, mit Syrakus auf Sizilien, stand die Tiberstadt meist auf recht gespanntem Fuß, und wo die riesigen Dreadnoughts der Sizilianer die kümmerlichen römischen Schiffe erwischten, da schossen sie sie mit Katapultgeschützen in Grund und Boden. Diese Ungunst der seepolitischen Verhältnisse im Mittelmeer, die für die maritime Entwicklung Roms ein erhebliches Handikap bedeutete, wird man einzurechnen haben. Gleichwohl kann man allein damit die Meerfremdheit der Römer nicht erklären. Sie lag tief in ihrem Wesen begründet.

Die nächsten dann wieder überlieferten Unternehmen, die vielleicht Ansätze zu Forschungsexpeditionen in sich bargen, richteten sich vornehmlich nach Norden. Man bemühte sich, das Geheimnis zu lüften, das über dem Oberlauf der Ister, unserer heutigen Donau, lag. Man stieß nach Germanien vor, das links der Elbe schließlich ganz gut bekanntgewesen ist, man unternahm um 80 n. Chr. eine großangelegte Flottenexpedition nach England, dessen Kenntnis in den dreihundert Jahren seit Pytheas wieder verlorengegangen war – nicht zuletzt dank der bewußten Zurückhaltung der westeuropäischen Exportfirmen, die gar kein Interesse daran hatten, daß sich irgendwelche Außenseiter in den gewinnbringenden Handel mit den britannischen Inseln einschalteten. Man kolonisierte endlich Gallien, das mit dem römischen Machtbereich auch handelspolitisch fest verbunden war.

Zweifellos ist Germanien niemals auch nur entfernt so durchsetzt gewesen mit römischen, spanischen, griechischen und syrischen Händlern wie Gallien, und keinesfalls konnte man von dem Nebelland an Elbe und Nordsee wie von Gallien sagen: «Es wimmelt dort von Kaufleuten, es ist voll von römischen Bürgern, kein Gallier macht ein Geschäft ohne einen Römer, und jedes Geldstück, das in Gallien umläuft, geht durch die Bücher eines Römers!» Dieses Zitat aus Ciceros Rede ‹*Pro M. Fonteio*› mag zunächst übertrieben erscheinen, aber die zahlreichen Funde auf dem Boden Frankreichs bestätigen es nachdrücklich. Da hören wir, daß Spanier Mitglieder der Innung der Weinhändler von Lyon waren, daß Syrer dort begraben liegen; aus Köln wissen wir von daselbst ansässigen römischen Handelshäusern, die Töpferwaren nach England exportierten. Den römischen See- und Flußspediteuren werden in Nîmes für ihre Kapitäne ständig Theaterplätze reserviert, und der Propagandachef des Hotels Septumanus in Lyon, in dem vorwiegend reisende römische Kaufleute abzusteigen pflegten, ließ auf das Hotelschild schreiben: «Hier verspricht Merkur Handelsgewinn, Apollo Gesundheit, Septumanus Nachtlager und Frühstück. Wer hier absteigt, wird nachher besser fahren. Fremder, sieh zu, wo du bleibst!»

Das gab es in Germanien, von Köln, Trier, Asciburgium und einigen anderen Orten abgesehen, nicht so leicht. Nur auf dem Seewege von der Rheinmündung zu Weser und Elbe, also in der Nähe der Bernsteinländer, bestand für beherzte Männer eine Möglichkeit, zu wirklich gewinnbringendem Handel zu kommen. In diesem Zusammenhang ist es bezeichnend, daß Kopenhagen eben diesen Namen erhielt. Kopenhagen bedeutet nämlich Kaufmannshafen, und die Altphilologen weisen schlüssig nach, daß der deutsche «Kaufmann» ursprünglich vom lateinischen *caupo*, Weinhändler, stammt. Kopenhagen ist wohl einstmals der bevorzugte Hafen der südeuropäischen Weinhändler gewesen. Es geht daraus hervor, daß sich die Römer schließlich wohl auch an die Tücken der nördlichen Wattenmeere gewöhnten, und da sie mit Batavern, Friesen und Chauken in Fühlung kamen, ergab sich für ihre Weinkrüge, ihre Glas-, Ton- und Metallwaren im Tausch gegen germanische Exportartikel wie Bernstein, Gänsedaunen, Pelzwerk, Frauenhaar und Tierhäute ein ausgedehntes Geschäft.

Trotzdem blieb die Nordsee ein unheimliches Gebiet, und wenn den Römern noch eine Großtat zuzuschreiben ist, nämlich die Entdeckung der Ostsee, und zwar durch eine etwa um 65 n. Chr., also zur Zeit Neros, unternommene Samland-Bernsteinexpedition, so kann das zweifellos nicht hoch genug veranschlagt werden. Denn die auf ganz Germanien abzielende Bemerkung des Tacitus: «Wenn auch das Land in seiner äußeren Erscheinung einige Unterschiede aufweist, so macht es doch im allgemeinen durch seine Wälder einen schaurigen, durch seine Moräste einen widerwärtigen Eindruck», diese gruselige Charakterisierung des unheimlichen Nordlandes trifft auf Ostdeutschland und das Weichsel-Gebiet ganz besonders zu. Leider ist der spezielle Anlaß dieser Samland-Fahrt, die kaum einen militärischen Charakter gehabt haben dürfte, nicht überliefert, so daß wir in bezug auf ihn einigermaßen im dunklen tappen. Wahrscheinlich sind es aber wirtschaftliche Gründe gewesen, die den Aufwand und die Gefahren dieses Zugs notwendig erscheinen ließen, und wir gehen wohl nicht fehl, wenn wir annehmen, daß es die von einer Modelaune bestimmte Bernsteinkonjunktur um die Mitte des 1. nachchristlichen Jahrhunderts war, die zu der Fahrt ins Samland veranlaßte.

Jedenfalls hat Plinius überliefert, der römische Offizier, der diese Expedition durchgeführt hatte, habe so viel Bernstein mitgebracht, «daß die Netze und die Schutzwehren des Podiums (im Zirkus) mit Bernstein verknotet waren, ebenso habe der Streusand Bernstein enthalten, und die Totenbahren seien mit ihm geschmückt gewesen, so daß der ganze Festapparat dieses einen Tages überall von Bernstein strotzte. Das größte von ihm mitgebrachte Stück wog dreizehn Pfund ...» Wie sehr dieses für Rom so unendlich ferne Gebiet damals wirtschaftlich wichtig war, geht vielleicht auch daraus hervor, daß gleichzeitig ein recht lebhafter Abfluß römischer Münzen in die Küstengebiete der Ostsee einsetzte. Während Münzfunde aus früheren Jahrzehnten verhältnismäßig selten sind, haben die Grabungen aus dieser Epoche sowohl umfangreiches wie nach der Qualität der einzelnen Stücke Beträchtliches zutage gefördert. Hand in Hand damit geht die seit der Regierung Neros in der römischen Literatur festzustellende auffällige Verdichtung der von der südlichen Ostsee nach Rom gelangenden Nachrichten. Während noch Pomponius Melo um 50 n. Chr. nicht die geringste Kenntnis vom Vorhandensein der Ostsee gehabt hat, ist Tacitus um 100 n. Chr. sogar über die einzelnen Völkerstämme an der Ostsee recht gut unterrichtet, und wieder fünf Jahrzehnte später zeichnet Ptolemäus von der südlichen Ostseeküste ein bemerkenswert vollständiges und oft auch in Einzelheiten richtiges Bild.

Dies kann nur bedeuten, daß seit der zweiten Hälfte des 1. Jahrhunderts unserer Zeitrechnung ein dichter Strom von Kaufleuten zwischen dem Samland und der Adria hin und her flutete. Das beweisen nicht nur die vielen Münzen aus der Regierungszeit Neros bis hin zu den Antoninen und zu Heliogabal zu Beginn des 3. Jahrhunderts, dafür sprechen auch die gewaltigen Depotfunde, namentlich bei dem Dorf Hartlieb nahe Breslau, die an verschiedenen Stellen Bernsteinmengen von mehr als fünfhundert Kilo ergaben. Nach beidem, den Münz- und den Bernsteinfunden, wird man annehmen dürfen, daß die Adria–Samland-Straße, die bei Aquileja begann, über Laibach, Cilli und Pettau nach Petronell verlief, dem antiken Carnuntum. Von hier aus ging sie die March entlang zur Mährischen Pforte und über Oberschlesien und den Südteil der einstigen Provinz Posen nach Calisia, unserem Kalisch. Den Unterlauf der Weichsel begleitend, erreichte sie dann die Ostsee und die dort zahlreich vorhandenen *commercia*, die Faktoreien und Filialen der römischen und levantinischen Bernsteinhändler.

Aber nicht nur nach Norden gingen die Expeditionen der Römer. Umfangmäßig ist ihre Eroberer- und Entdeckertätigkeit in südlichen Breiten sogar erheblich größer gewesen. Vielfach haben sie dabei aber nur Gegenden neu entdeckt, die von älteren Kulturkreisen längst zur «Oikumene» gerechnet wurden, von denen in der Zwischenzeit allerdings jegliche Kunde verlorengegangen war. So folgte zum Beispiel Aelius Gallus, der 25 v. Chr. im Auftrag des Augustus vergeblich versuchte, Arabien zu unterwerfen und die dortigen Goldbergwerke in römischen Besitz zu bringen, obwohl er fast bis Hadramaut gelangte, doch nur den Spuren früherer, meist gleichfalls unglücklicher Unternehmungen, die viele, viele Jahrhunderte vorher von Ägyptern, Assyrern und Persern durchgeführt worden waren. Etwa gleichzeitig mit ihm marschierte ein anderer römischer General, Petronius, von Ägypten aus südwärts in das Gebiet des oberen Nil. Zum erstenmal befanden sich Römer so tief in Innerafrika; aber sie kamen auch nicht weiter als fünfhundert Jahre vor ihnen Kambyses mit seinen persischen Heerhaufen. Nach wie vor blieb Elefantine, unser heutiges Assuan, südlicher Grenzort Ägyptens gegenüber Äthiopien.

Auch der Streifzug, den Cornelius Balbus, römischer Statthalter im Syrtenland, von Tripolis aus im Jahre 19 v. Chr. nach Süden unternahm und der ihn bis in das Gebiet von Phazania (Fezzan) und nach Garama, der Hauptstadt des Volkes der Garamanten, führte – etwa nordöstlich von Murzuk, wo Heinrich Barth rund achtzehnhundert Jahre später bei Djerma die Ruinen von Garama wieder auffand –, war keinesfalls eine in völlig unbekannte und unerforschte Gebiete gerichtete Expedition. Schon Herodot erzählt von den Garamanten als einem der größten und rührigsten Völker des wasserreichen afrikanischen Tieflandes südlich der Sahara. Von alters her ging hier, etwa auf der mittleren Länge des Kontinents, ein vielbegangener Handelsweg, der die Sahara, von Oase zu Oase springend, überwand und weit in den Süden des Schwarzen Erdteils führte. Man wußte daher schon lange, daß südlich des Landes der Garamanten Äthiopier wohnten, unterschätzte aber die Entfernungen ganz beträchtlich. So nahm Strabo an, die Südküste dieses Äthiopierlandes sei nur zehn Tagereisen von dem Gebiet der Garamanten entfernt. Erst als römische Kaufleute in späteren Jahren die nach Süden gehenden Raubzüge der Garamanten mitmachten und dabei bis in die Gegend des Tsadsees kamen, erkannte man, daß diese Annahme irrig und falsch war: eine Erkenntnis freilich, die längst in Vergessenheit geraten war, als vierzehnhundert Jahre später die Portugiesen mit der Afrika-Fahrt begannen.

Auch der Erforschung des Atlas-Gebirges wandte man in Rom um diese Zeit seine Aufmerksamkeit zu. Pomponius Mela und Plinius haben überliefert, daß Suetonius Paulinus, Statthalter im nordafrikanischen Kolonialreich, im Jahre 42 n. Chr. zur Zeit des Kaisers Claudius eine Expedition zum Wadi Ghir durchführte und daß er während dieses Unternehmens wohl als erster Europäer den Atlas durchquerte. Große Erfolge hat seine Expedition aber nicht gehabt. Immerhin merkt Plinius in seinem Bericht darüber an, die höchste Erhebung des Atlas sei auch im Sommer von ewigem Schnee bedeckt – womit also der Mythos der Alten vom schneebedeckten Atlas eine höchst befriedigende Bestätigung erfuhr.

2

Ein gräßliches Kreischen, Knarren, Quietschen und Ächzen, übertönt von lauten Flüchen, drang von der Straße in das Schlafzimmer. Eben erst war die Sonne emporgestiegen, aber schon stand die Luft dick und heiß in dem kleinen Raum, und dem fetten, halbnackten Mann auf dem *lectus genialis,* der modernen zweischläfrigen Couch, lief der Schweiß in hellen Strömen über das Gesicht.

Es war keine sehr elegante Gegend von Rom, die Nacht für Nacht von diesem Tohuwabohu auf den Straßen widerhallte. Zwar galt die Birnbaumstraße am Quirinal nicht gerade für schlecht, obwohl es hier weder Zentralheizung gab noch Wasserklosetts, technische Neuerungen, die man schon unter Caesar erfunden hatte. An einen Lift, wie ihn der Kaiser eben im *Domus transitoria,* seinem Haus am Palatin, einbauen ließ, um sich das Treppensteigen zu sparen, war ohnehin nicht zu denken, auch war das Vestibül nicht mit echtem Marmor verkleidet, sondern nur vom Maler mit ein paar Farbtupfen «marmoriert». Dafür hatte der Wirt aber Wasserleitung legen lassen, und vor allem: die Grundmauern des Hauses waren sorgfältig betoniert, so daß es nicht plötzlich in sich zusammenfallen konnte, wie das bei den vielen, schnell emporgeschossenen Spekulationsbauten in Rom jetzt so oft passierte. Aber deshalb war selbst hier im dritten Stock die Miete noch so hoch, daß man sich davon in Frosinone bequem ein Landhaus hätte kaufen können. – Immerhin, wer Geld hatte, der mied doch die Straßenzüge um die großen Märkte, der zog in die Parks auf dem Janiculus oder in die Fichtenhaine am Pincio. Nicht des Gesindels wegen aus aller Herren Länder, das sich auf den Marktplätzen herumtrieb. Die Polizei paßte schon auf, damit war es lange nicht so arg, wie man in der Provinz immer erzählte. Aber was eben nicht abzustellen war, seitdem Caesars Verkehrsordnung bestimmt hatte, der unentwirrbaren Überfüllung der Straßen wegen dürften die Lastwagen der Bauern und Händler nur nachts in die Stadt einfahren, das war dieser furchtbare Lärm. Den Fuhrleuten schien es nichts auszumachen, daß die ungeschmierten Achsen ihrer Karren ohrenbetäubender kreischten als alle die armen Seelen im Hades zusammen, wenn Zerberus, der Höllenhund, über sie herfiel. Auch den Anwohnern der Birnbaumstraße mit ihren hohen, sechsstöckigen Mietshäusern ging der Lärm nicht mehr auf die Nerven. Sie seien so daran gewöhnt, sagten sie, daß sie erst aufwachten, wenn es draußen stiller würde.

Wer hier freilich nicht immer lebte wie P. Quintilius Rufus, der dicke, schwitzende Schläfer, Oberst bei den Prätorianern des Nero, der kam, auch wenn er noch so betrunken war, über eine Art Halbschlaf nicht hinaus. Und Oberst Rufus war wirklich gewaltig betrunken. Gestern abend hatte es im Offizierskasino der Prätorianer-Kaserne ein Herrenessen gegeben, in Anwesenheit des Kaisers, und man hatte sich sehr anstrengen müssen. Schließlich war der Oberst von seinem Sessel gefallen. Mühsam klaubten ihn ein paar handfeste Unteroffiziere unter dem Tisch zusammen, banden ihn in seinem vor dem Haus wartenden Tragsessel fest und ließen ihn dann von den livrierten Träger-Sklaven da abliefern, wo er in solchem Zustand in der Regel abgeliefert zu werden wünschte: bei der kleinen blonden Sabina, ehemals Kellnerin in der Kneipe der Frau Taphesïes in Ostia, nunmehr seine Freundin, eben hier in der Birnbaumstraße, in demselben Haus, in dem auch Martial wohnte. Und da lag Oberst P. Quintilius Rufus nun an diesem Frühlingsmorgen des Jahres 59 n. Chr. und wußte von nichts.

Mit Macht schrie unten ein Ochse, dem der Treiber die Pike wohl zu tief in den Schenkel gestoßen hatte. Wie ein Hornruf klang es. Erschreckt fuhr Rufus auf. Das war doch der Hornist seiner Kaserne gewesen? Gleich würden die Zenturien mit Donnergepolter auf den Hof stürzen zum Morgenexerzieren. Es half nichts, er mußte hoch. Laut gähnend riß er den Mund auf, daß die vielen Goldplomben blitzten, die ihm der kaiserliche Leibarzt unlängst eingesetzt hatte, matt breitete er die Arme, um sich zu dehnen.

Und nun erst wurde er richtig wach. Langsam dämmerte ihm, daß er ja gar nicht in der Kaserne war und daß es keine Eile hatte. Aber ehe er diesen Gedanken noch fassen konnte, schoß es ihm wie scharfe Messer in den Kopf. Verzweifelt faßte er mit beiden Händen nach dem schmerzenden Schädel. Beim Jupiter, was für Kopfschmerzen!

Wasser, schnell Wasser! Richtig, da stand ja die große Silberschüssel, die Sabina angeschafft hatte, als Rufus ihr diese Wohnung mietete. Prustend fuhr der Oberst in das laue, parfümduftende Wasser, befriedigt spürte er, wie der Schmerz nachließ. Das war der Met, dieses germanische Gebräu, das ihm nicht bekam und das Nero so gern trank – aber das dumpfe Gefühl, daß gestern abend irgend etwas ganz Dummes passiert war und daß es ihm gleich einfallen und ihm den Tag verderben würde, das blieb.

Und da kam es schon, nun wußte er es wieder: die Wette! Er hatte mit dem Kaiser gewettet! Daß er sich auch nicht mäßigen konnte! Zugegeben: seine Sechste war die beste von den zehn Kohorten der kaiserlichen Garde. Aber welcher Dämon hatte ihn geritten, zu behaupten, wenn der Nil überhaupt auf dieser Erde entspringe und Quellen habe genau wie jeder andere Fluß, dann gebe es nur eine Möglichkeit, sie zu finden: nämlich ein Befehl an die Sechste Kohorte!

Der Kaiser hatte gelacht, hatte seinen Oberst ironisch durch das Monokel angeblitzt, und da war es geschehen: P. Quintilius Rufus hatte mit dem Kaiser gewettet. Nun blieb nichts übrig, als zuzusehen, wie man aus dieser verdammten Geschichte am besten wieder herauskam.

Wie P. Quintilius Rufus das angestellt hat, wissen wir nicht. Wir können davon schon deshalb nichts wissen, weil weder er noch seine kleine Freundin von irgendeiner Überlieferung genannt werden. Auch Martial, der in der Birnbaumstraße am Quirinal wohnte, in der dritten Etage jenes sechsstöckigen Hauses, in dem wir unseren Oberst und die blonde Sabina einquartierten, hat ihn nicht gekannt. Nur eines steht unverbrüchlich fest: nämlich daß um 60 n. Chr. tatsächlich zwei Hauptleute der kaiserlichen Garde zu einer Forschungsreise nach den Nilquellen aufgebrochen sind. Diese Reise führte von Ägypten aus bis zu den riesigen Nilsümpfen etwa auf 5 Grad nördlicher Breite und brachte eines der größten Welträtsel der Antike: die Lage der Nilquellen, seiner Lösung um ein gut Teil näher. Wir haben über dieses tollkühne Unternehmen verschiedene Berichte, von denen der des Philosophen Lucius Annaeus Seneca in seinen ‹*Naturales quaestiones*› der eindrucksvollste ist. Er lautet:

«... Ich habe Gelegenheit gehabt, den Bericht der beiden Zenturionen zu hören, die Kaiser Nero zu den Nilquellen entsandt hatte ... Wir gelangten, so berichteten sie, zu gewaltigen Sümpfen, deren Ausdehnung selbst den Eingeborenen nicht bekannt war und die auch niemand ermitteln kann. Die Wasserpflanzen sind dort nämlich so ineinander verfilzt, daß keiner dieses Gewässer zu durchmessen vermag, weder zu Fuß noch mit einem Boot. Selbst wenn es nur gerade so groß wäre, daß es einen Mann trüge, es würde auf dem zähen Sumpf nicht vorwärtskommen. Dort erblickten wir zwei Felsen, zwischen denen der Nil in gewaltiger Fülle hervorquoll. Ob dies nun ein Zufluß des Nils ist oder seine Quelle, oder ob er hier nach einer Strecke unterirdischen Laufes erneut aus der Tiefe hervorbricht: muß man nicht annehmen, daß er einem großen See entspringt? Da er mit solchem Druck zwischen den Felsen hervorkommt, kann er nur einem Wasserbecken entstammen, das die vielerorts gesammelte und zusammengeströmte Feuchtigkeit dieser Gegend enthält...»

Die Reise, von der Seneca hier berichtet, wurde, wie wir hören, im Auftrag des Kaisers Nero unternommen. Oben haben wir bei unserem Bericht über die Erforschung der Bernsteinküste des Samlandes schon einmal Nero als Initiator einer Expedition genannt. Damals haben zweifellos handfeste materielle Gründe mitgesprochen: sicherlich hatte Nero den Befehl gegeben, ihm soviel Bernstein wie möglich zu beschaffen. Von solchen merkantilen Beweggründen kann hier keine Rede sein. Möglich, daß es sich um eine von militärischen Gesichtspunkten bestimmte Kundfahrt zweier römischer Generalstabsoffiziere gehandelt hat, möglich auch, daß Nero als Entdecker glänzen wollte. Denn die Nilquellen und ihre Auffindung waren ja ein Rätsel, das bereits die persischen Großkönige beschäftigt hatte.

Und seit der Eroberung Ägyptens durch Rom stellten sie das bevorzugte Unterhaltungsschema aller geographisch interessierten Salons der Hauptstadt dar. Natürlich mußte es den Diktator reizen, sich als Erforscher der Erde feiern zu lassen, und vielleicht ist persönliche Eitelkeit der Anlaß zu dieser Reise gewesen.

Wie dem auch gewesen sein mag: es steht fest, daß die beiden römischen Hauptleute bis zu einer Gegend vordrangen, die erst achtzehnhundert Jahre danach wiederum von Weißen erreicht wurde. Aller Wahrscheinlichkeit nach sind sie bis zum Bar-el-Ghasal, dem Gazellenfluß, und zu einer Einmündung in die Nilsümpfe gelangt, einem Sumpfdschungelgebiet, in dem es kein Durchkommen gibt.

Bis zu den wirklichen Nilquellen sind unsere beiden Römer indessen nicht gekommen. Aber es scheint, als wenn sie sich gleichwohl auf einem Boden bewegt hätten, der dem Altertum schon seit langem wenigstens gerüchtweise bekannt war. Bereits Livingstone hat darauf hingewiesen, und er hat mit dieser Vermutung ganz offenbar recht gehabt. Die Nilsümpfe am Mokren-el-Bohur sind nämlich seit uralten Zeiten die Wohnsitze eines negroiden Zwergvolkes, der Akka-Neger, die Georg Schweinfurth während seiner berühmten Nilquellen-Expedition im Jahre 1870 auffand. Und diese schwarzen Zwerge sind einerseits dem Plinius bekannt gewesen, der in seiner *‹Naturalis historia›* von ihnen berichtet – und andererseits offenbar bereits Homer, der in der *‹Ilias›* folgende lange umrätselten Verse bringt:

> «... So wie Geschrei sich erhebt von Kranichen unter dem Himmel,
> welche der Winter und endlos strömender Regen vertrieben,
> lärmenden Flugs ziehen sie hin zum Okeanos-Strome,
> Mord und Verderben dem Zwergenstamm der Pygmäen zu bringen.
> Früh bei der Dämmerung nahn sie bereits zum schrecklichen Kampfe.»

Während die Nachricht des Plinius unmittelbar auf jene beiden römischen Gardeoffiziere zurückgehen mag, denen die Akka zweifellos begegnet sind, muß Homer sehr viel ältere Quellen gehabt haben, und zwar einmal dafür, daß weit im Süden Zwerge beheimatet waren, und ferner, daß diese Gegenden auch das Wanderziel unzähliger Kraniche gewesen sind. Offenbar ist Homers Bericht schon von seinen Zeitgenossen als sensationell empfunden und dann vielleicht durch eingehendere ägyptische Nachrichten ergänzt worden. Jedenfalls findet sich am Fuße der weltberühmten François-Vase in Florenz, die aus dem Attika des 6. Jahrhunderts v. Chr. stammt, eine zeichnerische Darstellung dieser Kämpfe zwischen Zwergen und Kranichen. Diese Anekdote muß also besonders bekanntgewesen sein, sonst hätte sie der unbekannte Künstler einer Abbildung sicher nicht für würdig befunden.

Was für eine grotesk-grausige Vorstellung! Zwergmenschen und Riesenvögel im Kampf miteinander! Uralte Märchen, wie sie Sindbad der Seefahrer einst von dem gewaltigen Vogel Rock erzählte, scheinen lebendig zu werden: rauschend entfaltet Pteranodon ingens, das größte Flugtier der Welt, über den Meeren der Kreidezeit seine acht Meter klafternden Fledermausflügel, mit gräßlichem Knirschen bersten die Knochen seiner Beute. Geschüttelt von der Urangst dieser Urzeit bergen wir uns in den nahen Mangroven.

Wir bergen uns? Lebten wir denn damals schon, gab es in jenen Jahrmillionen vor unseren Tagen bereits Menschen auf der Erde? Die Wissenschaft vereint das. Aber das seltsame Grauen, das die Antike packte, wenn sie von ihren Künstlern wohlausgerichtete Kranich-Geschwader zeichnen ließ, mit lanzenartig spitzen Schnäbeln und weitgebreiteten Schwingen auf Zwergmenschen herabsausend, das greift auch uns in den Nacken. Es scheint doch, als wenn mit diesem Bild sehr frühe Ängste aufgerührt würden und als wenn aus diesem Grunde die Vorstellung von blutigen Kämpfen zwischen Kranichen und Pygmäen so populär war.

Und dies um so mehr, als sich solche Auseinandersetzungen zwischen Mensch und Flugtier gar nicht belegen lassen. Daß sie tatsächlich stattgefunden haben, ist freilich nicht unwahrscheinlich. Im ganzen Altertum galt der Kranich als ein sehr wohlschmeckendes Wildbret, man hat gern auf ihn Jagd gemacht. Den Akkas mit ihren durchschnittlich 1,30 m Größe mußte der in den Nilsümpfen nistende Vogel, dessen Flügel 2,5 m Spannweite hatten, jedenfalls wie ein riesiges Untier erscheinen, und da er sich in der Brutzeit tapfer zur Verteidigung stellt, kann es schon vorgekommen sein, daß dieser oder jener der nackten Liliputaner von ihm überwältigt wurde.

Aber selbst wenn man dies für zweifelhaft hält: sicherlich hat Homer irgendwie davon erfahren, daß es eine am «Okeanos», also sehr entfernt gelegene Gegend gebe, in der Kraniche und Pygmäen lebten. Dies

Gerücht kann dem blinden Dichter nur von Altägypten zugekommen sein, dessen Herrscher und führende Schichten Negerzwerge als Sklaven besonders schätzten. Breasted berichtet in seiner *‹Geschichte Ägyptens›* ausführlich darüber; aus seiner Darstellung geht hervor, daß schon um die Mitte des 3. Jahrtausends v. Chr. Expeditionen nilaufwärts gegangen sind, deren Aufgabe es war, die so begehrten Zwerge zu beschaffen. Wahrscheinlich ist irgendein uns unbekannter Bericht von diesen Unternehmungen nach Griechenland gelangt, und bei der bekanntlich großen Genauigkeit aller von Homer gegebenen naturkundlichen Berichte muß man annehmen, daß es tatsächlich irgendwann zu Kämpfen zwischen Kranichen und ihren tierhaften kleinen schwarzen Feinden gekommen ist.

Es versteht sich, daß dies alles Vermutung und Annahme ist und wohl auch immer bleiben wird. Aber es sieht so aus, als seien unsere beiden Zenturionen nicht die ersten Weißen gewesen, die in den Nilsümpfen herumgewatet sind, und als seien Jahrtausende vor ihnen bereits Ägypter bis zu den Schilfdickichten der Nilsümpfe gelangt. Immerhin sind jene die ersten gewesen, denen die Erdkunde genauere Nachrichten über den Ursprung des Nils verdankt. Denn noch immer waren ja die eigenartigsten Vorstellungen über die Nilquellen und den Lauf des heiligen Stromes lebendig. Während die einen behaupteten, der Nil komme aus dem Ozean, ließen ihn die anderen, wie wir sahen, in Indien entspringen; wieder andere suchten ihn im unbekannten Westafrika, indem sie, wie Stechow dargelegt hat, den Kongo als den «anderen Nil» ansprachen. Die vierten schließlich erklärten, die Quellen des Nils lägen zwischen hohen Gipfeln, und die eine Hälfte, der uns bekannte Nil, fließe nach Norden, der andere nach Osten. Erst achtzehnhundert Jahre später gelangten zum zweitenmal Europäer in diese Gegend: und damals erst wurde endlich das Geheimnis der Nilquellen endgültig geklärt.

3

Dieses auffällige Interesse Roms für Ägypten und dessen Nachbarländer hatte natürlich seinen guten Grund. Und dieser Grund hieß: Ostasien. Wir haben schon im vorhergehenden Kapitel davon gesprochen, daß aus dem Fernen Osten, aus Indien und Zentralasien uralte Karawanenstraßen nach Westen führten, deren nördliche Zweige im Schwarzmeergebiet mündeten. Neben diesen Überlandverbindungen gab es aber auch ausgesprochene Seeverkehrsstraßen, die von Indien nach Hadramaut und nach Adana gingen und die andererseits Ostafrika mit dem Wunderland am Ganges verbanden. Schon die ägyptischen Pharaonen wußten darum und haben sich diese Beziehungen zunutze gemacht. Zwar ist die Kenntnis der Monsune, jener Winde, die im Sommer von Afrika nach Indien wehen und die im Spätherbst in die Richtung Indien–Afrika umspringen, erst für viel spätere Zeiten bezeugt. Antike Quellen berichten, der griechische Steuermann Hippalus, der etwa um 100 v. Chr. gelebt haben dürfte, sei der erste gewesen, der die Monsune bewußt ausgenutzt habe. Aber ihre Kenntnis ist sicherlich viel älter, und es ist ganz unzweifelhaft, daß indische und arabische Segler schon lange Jahrhunderte vor Hippalus über den Indischen Ozean hin und her gefahren sind.

Zweifellos haben die Partner des Indien-Afrika-Handels alles darangesetzt, ihr Wissen zu verheimlichen. Und offenbar ist es ihnen gelungen, ihre Kenntnisse sowohl vor den Persern der Darius-Epoche wie vor den Griechen Alexanders des Großen zu verbergen. Diese beiden neu hinzutretenden, höchst lästigen Konkurrenten im Indien-Handel haben daher nur kleine Seefahrzeuge zu sehen bekommen, die sich entlang der gefährlichen Küste Südarabiens mühsam von Hafen zu Hafen vorwärts kämpften und schließlich nach einjähriger Reise, wenn ihnen das Glück hold war, in Indien vor Anker gingen. Das war um keinen Deut besser als die unendlichen Karawanenreisen zu Lande, zu deren Bewältigung man die Geduld der Orientalen und eine Genügsamkeit brauchte, die weder Perser noch Griechen hatten.

So wird Europa in der Tat erst viel später von der Möglichkeit erfahren haben, die lange Reise nach Indien von zwölf auf zwei Monate abzukürzen, wenn man nur den Mut hatte, 2000 km weit ohne Landsicht über das offene Meer zu fahren und sich hin wie zurück den Monsunen anzuvertrauen. Etwa um 100 v. Chr. ist das, wie wir hörten, von europäischen Schiffen erstmalig versucht worden, und von Strabo wissen wir, daß zu dieser Zeit jährlich rund zwanzig Frachter nach Indien abgegangen sind. Als Ägypten dann um 30 v. Chr. durch die Römer erobert wurde, schnellte diese Zahl urplötzlich hinauf. Jetzt sind es hundert Schiffe, die Jahr um Jahr nach Indien abgefertigt werden, und es sind nicht nur Frachter und Trampfahrer, die absegeln, wenn sie genug Ladung haben, es ist ein richtiggehender Linienverkehr, der hier stattfindet, mit Passagieren an Bord und mit feststehenden Abfahrtszeiten.

Das ist eine gewaltige Leistung, und wenn man sich klarmacht, daß die Strecke offener Ozeanfahrt, die Kolumbus fünfzehnhundert Jahre später zu bewältigen hatte, nicht sehr viel länger gewesen ist, so wird man der antiken Indien-Kapitäne mit größter Hochachtung zu gedenken haben. Ihre Nachkommen fahren noch heute zur See. Jahr für Jahr gehen von Port Sudan arabische Dhaus mit hohem Bug und reichverziertem, breitem Heck, wie mittelalterliche Karavellen anzusehen, wenn es Sommer geworden ist, nach Indien ab. Im Spätherbst jagen sie dann unter ihren riesigen, dreieckigen lateinischen Segeln vor dem Nordost-Monsun nach Afrika zurück. Ihre Nakoudas, ihre Kapitäne, haben nie etwas von Sextanten gehört. Der Kompaß ist ihnen bekannt, aber sie brauchen ihn gar nicht. Es liegt ihnen von Generationen her im Blut, zu wissen, wo Indien liegt und wo sie sich gerade auf See befinden. *«Ana baref*», «Ich weiß eben», sagen sie, wenn man fragt, wie und wonach um Gottes willen sie sich in dieser Wüstenei wilden Wassers eigentlich orientieren. «*Ana baref*», «ich weiß es eben!»

Freilich ist das alles nicht von heute auf morgen, sondern nur als Abschluß einer langen, schrittweisen Entwicklung möglich gewesen. Denn sicherlich hat die allerälteste Zeit nur Küstenschiffahrt, ein vorsichtiges Hintasten und Entlangfühlen in Landsicht, gekannt. Zwar wird man schon sehr früh festgestellt haben, daß die Fahrt über das hohe Meer, fern allen Klippen und Untiefen, fern jeder Brandung, in mancher Hinsicht gefahrloser war als die Fahrt unter Land. Aber zunächst fehlte es dafür doch wohl an nautischen Kenntnissen, und andererseits wurde schon lange vor Beginn unserer Zeitrechnung sehr viel getan, um die Küstenfahrt zu sichern. Man baute mit Schleusen versehene Landdurchstiche – so zum Beispiel den Athos-Kanal, den Xerxes 480 v. Chr. durch den Athos graben ließ, um bei seinem Angriff gegen Griechenland die langwierige Fahrt um das klippenreiche Vorgebirge zu sparen. An kritischen Stellen rammte man Pfähle ein, die das Fahrwasser markierten. In der Nähe des Hafens kamen Lotsen oder starke einheimische Fahrzeuge hinausgefahren, die den fremden Handelssegler sicher an Land und vor Anker brachten. An flachen Küsten wurden Türme errichtet, die als Markierungspunkte dienten und auf denen nachts Feuer abgebrannt wurden. Gelegentlich werden auch schon richtige Leuchttürme gebaut, so beispielsweise bei Ravenna, Ostia, im Piräus, in Boulogne-sur-Mer und in Las Coruñas in Spanien. Der berühmteste von ihnen, eines der bekannten sieben Weltwunder, war der um 280 v. Chr. gebaute Leuchtturm Pharos bei Alexandria mit seinen rund 160 m Höhe, dessen Licht angeblich 50 km weit sichtbar war. Noch Edrisi, der arabische Kartograph Rogers II. von Sizilien, von dem wir später zu berichten haben werden, hat diesen gewaltigen Bau im Jahre 1153 gesehen und ihn beschrieben. Erst im 14. Jahrhundert ist der Turm, der das Vorbild der meisten späteren Leuchttürme war, bei einem Erdbeben eingestürzt.

Auch Segelanweisungen gab es schon mehrfach. Eine von diesen, der etwa um 90 n. Chr. entstandene ‹*Periplous Pontou Euxeinou*› (Rundfahrt um das Schwarze Meer) des griechischen Kapitäns Artemidor, hat noch im Krimkrieg und bis tief ins 19. Jahrhundert hinein eine wichtige Rolle gespielt. Da die Seekarten des Schwarzen Meeres – soweit solche überhaupt vorhanden waren – sich als höchst unzuverlässig erwiesen, steuerten die Befehlshaber der westlichen Flotten im Schwarzen Meer während des Krimkrieges vielfach nach den Anweisungen des rund zweitausend Jahre alten Periplous. Auch vom Mittelmeer ist ein Segelhandbuch, der sogenannte ‹*Stadiasmós*› (Stadienanzeiger), erhalten geblieben. In ihm wird von Paragraph zu Paragraph aufgezählt, wieviel Stadien die Entfernung im «Paráplous» (das heißt im Nebenherfahren neben dem Land) von einem Küstenplatz zum anderen beträgt. Nur wo größere

20. Der Leuchtturm von Alexandria, Rekonstruktion. Der Turm stand auf der Insel Pharos, an der Einfahrt in den Hafen von Alexandria. Vom Baumeister Sostratos um 280 v. Chr. erbaut, hat der Leuchtturm bis zum 14. Jahrhundert n. Chr. Bestand gehabt.

Buchten oder Golfe eine wesentliche Abkürzung der Reise gestatten oder bei weiter von der Küste entfernten Inseln wird auch der «Diaplous» (das heißt die Überfahrt) angegeben. Richtungsangaben finden sich in diesem Segelhandbuch selten; sie sind im allgemeinen auch nicht nötig, da der Seemann ja ohnehin der Küste folgt. Regelmäßig wird dagegen gemeldet, ob sich an einem Ort ein Hafen oder bloß ein Ankerplatz befindet; ob Schutz vor Winden vorhanden ist, wie es sich mit der Wassertiefe verhält, ob die Küste flach oder geböscht ist, der Seegrund sandig oder felsig, ob Untiefen oder Klippen die Navigation erschweren, ob sich an der Küste Erkennungszeichen finden, ob eine Stadt Festungswerke oder Türme hat, ob Trinkwasser da ist, ob und wo am Strand nach Wasser gegraben werden kann usw. Der nachfolgende Auszug aus dem ‹*Stadiasmós*› für die afrikanische Küste von Leptis in Richtung Karthago gibt ein Beispiel für die eindringliche Genauigkeit antiker Segelhandbücher:

93. Aus See kommend siehst du ein niedriges Land, vor dem kleine Inseln liegen. Bist du näher gekommen, so erblickst du die Stadt an der See, eine weiße

Düne und einen Strand. Auch die ganze Stadt hat ein weißes Aussehen. Einen Hafen hat sie nicht. Du liegst aber sicher bei Hermaion. Übrigens heißt die Stadt Leptis.

94. Von Leptis bis Hermaion sind 15 Stadien. Es ist ein Anlegeplatz für kleine Schiffe.

95. Von Hermaion bis Gaphara sind 200 Stadien. Das Kap bietet auf beiden Seiten einen Ankerplatz. Es hat Trinkwasser.

96. Von Gaphara nach Amaraia sind 40 Stadien. Das Bollwerk bietet eine Schutzlage. Es ist Trinkwasser da. Neben dem Fluß sieht man Ackerfelder. Der Fluß heißt Oinoladon ...

100. Von Sabratha nach Lokroi sind 300 Stadien. Es ist ein Dorf und oberhalb desselben ein hohes Kastell.

101. Von Lokroi nach Zeucharis sind 300 Stadien. Das Kastell hat eine Turmmauer. Es ist ein vorzüglicher Hafen ...

108. Von Neapolis nach Thena sind 200 Stadien.

109. Von Thena nach Acholla sind 500 Stadien.

110. Von Acholla nach Salipota sind 120 Stadien.

111. Von Salipota nach Thapsos sind 120 Stadien.

112. Diese Städte haben Häfen, weil aber Untiefen davor liegen, verkehren nur mäßig große Fahrzeuge dort, Acholla, Salipota und Kidiphta gegenüber liegt, 120 Stadien vom Festlande entfernt, die Insel Kerkyna. Von der Insel Meninx nach der Insel Kerkyna durch See sind 750 Stadien. In Richtung von Thena nach Kerkyna erstrecken sich Untiefen bis an die Stadt. Von Kerkyna nach Thapsos sind 700 Stadien. Von Thapsos 80 Stadien in nördlicher Richtung liegt in See eine schöne Insel, die einen Hafen und Trinkwasser hat. Diese Inseln umgrenzen das Kerkynische Meerbecken.

113. Von Thapsos nach Klein-Leptis sind 170 Stadien. Es ist eine kleine Stadt. Es liegen dort Bänke unter Wasser, und das Anlaufen der Stadt ist schwierig ...

117. Von Adrymeton nach Aspis sind 500 Stadien. Es ist ein hohes, von allen Seiten sichtbares Vorgebirge in Form eines Schildes. Steure von Adrymeton so, daß Nord an Backbord bleibt, denn dort sind in der See viele rauhe Untiefen. Dir wird dann Neapolis in Sicht kommen. Von der Neapolis-Bucht bis Aspis sind 200 Stadien. Es ist ein hohes Land, und auf ihm liegt die Stadt. Sie hat einen Hafen gegen Westwind, 10 Stadien nördlich von der Stadt ...

120. Vom Hafen Misua bis zum Therma sind 60 Stadien. Es ist ein Dorf, und oberhalb desselben sind die Thermen (warme Quellen) ...

123. Von Maxyla nach Galabras sind 50 Stadien. Dort ist ein Anlegeplatz, der sich bis an den Kiespfad ausdehnt.

124. Von Galabras nach Karthago sind 120 Stadien. Es ist eine sehr große Stadt mit einem Hafen. In der Stadt ist ein Kastell. Ankere zur rechten Seite des Dammes. Alles in allem sind von der Lotophageninsel Meninx nach Karthago 3550 Stadien.

Bei der Fahrt ohne Landsicht beschränkte sich die Nautik der Alten auf die Ermittlung von Richtung und Größe der zurückgelegten Fahrtstrecke. Irgendwelche Möglichkeiten, die Geschwindigkeit auf See zu messen, bestanden nicht. Es gab noch kein Log, der Seemann war auf bloße Schät-

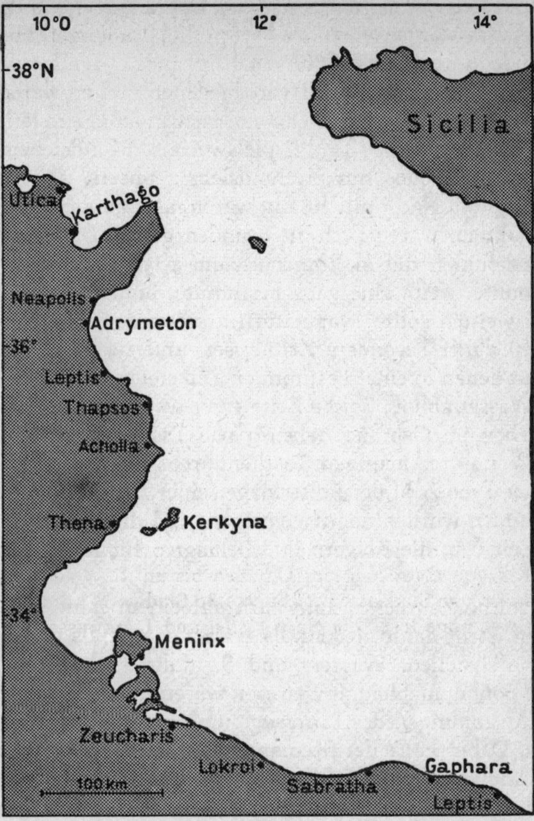

XI. Die Küste von Leptis bis Karthago nach dem «Stadiasmós»

zung der Geschwindigkeit nach Augenmaß angewiesen. Der Fahrensmann der Gegenwart erreicht darin eine erstaunliche Sicherheit, und es liegt nahe, anzunehmen, daß der Seemann der Antike ihn darin mindestens erreicht hat, da er ja noch naturnäher und seeverbundener war als der Matrose unserer großen Tiefsee-Segler. Aber dem ist wohl nicht so. Denn den Seeleuten des Altertums fehlte eine große Voraussetzung, die uns Heutigen selbstverständlich ist: ein genaues Zeitmaß nämlich. Der Begriff der Stunde als des vierundzwanzigsten Teils eines Tages war den Alten unbekannt. Der Tag hub mit dem Aufgehen der Sonne an, er endete, wenn das freundliche Gestirn unter der Kimm versank. Dieser Tag, obwohl er je nach der Jahreszeit und der Breite eine ganz verschiedene Länge hatte, wurde stur in zwölf gleiche Abschnitte, die Stunden, eingeteilt. Im Hochsommer überstieg ihre Dauer sehr wesentlich die unserer Stunden, im Winter waren sie dafür erheblich kürzer. Ende Juni betrug die Stunde in Rom etwa fünfundsiebzig, Ende Dezember dagegen nur fünfundvierzig Minuten. Und auf verschiedenen Breiten waren die Stunden sogar an ein und demselben Tag verschieden lang. Am längsten Tage dauerte die Stunde in Massilia beispielsweise sechsundsiebzig Minuten, während sie auf Rhodos nur zweiundsiebzig unserer Minuten betrug. Nur wenn Tag und Nacht gleich lang waren, also an den Frühlings- und Herbstäquinoktien, waren auch die Stunden gleich. Daß man diese Art der Stundenzählung, die in Rom noch um 1850 üblich war, nicht gebrauchen konnte, wenn eine ganz bestimmte, immer gleiche Zeitmenge abgemessen werden sollte, war natürlich schon den Alten bekannt. Sie konstruierten daher besondere Zeitmesser, und zwar Sand- oder Wasseruhren, aus denen in einer bestimmten Zeit stets eine bestimmte Menge Sand oder Wasser abfloß. Solche Zeitmesser waren vielfach auch im bürgerlichen Leben im Gebrauch, ebenso wie Taschen-Sonnenuhren, etwa in der Größe unserer heutigen Taschenuhren. Der Arzt benutzte diese Zeitmesser, um die Zahl der Pulsschläge seiner Patienten zu bestimmen, die Schulstunden wurden damit gemessen, und die Gerichtshöfe setzten damit die Zeit fest, die Klägern und Beklagten für ihre Reden gewährt wurde.

Ob sich solche Zeitmesser nun auch auf einem fahrenden Schiff bewährt haben, steht dahin. Jedenfalls erwies es sich als unmöglich, Sonnenuhren aufzustellen. Wasser- und Sanduhren, die vom Stand des Schiffes zur Sonne unabhängig gewesen wären, unterlagen in ihrem Ablauf den Schwankungen des Fahrzeugs und waren im allgemeinen nicht eben genau. Daher hatte der Seemann des Altertums nur annäherungsweise die Möglichkeit, die Schiffsgeschwindigkeit zu schätzen, und infolgedessen sind alle Geschwindigkeitsangaben im Seeverkehr der Antike, namentlich aber solche über Rekordgeschwindigkeiten, mit Vorsicht aufzunehmen. Das wußten indes bereits die alten Geschichtsschreiber; sie gaben daher die allgemeine Reisegeschwindigkeit nur in rohen Überschlägen an. So rechnete zum Beispiel Herodot im Sommer für eine Tagfahrt mit 700, für eine Nachtfahrt mit 600 Stadien. Skylax, der See-Experte Darius' I., setzt um 500 v. Chr. für die Tagfahrt sogar nur 500 Stadien an, während Marinus etwa um die gleiche Zeit je nach den Umständen mit 500 bis 1000 Stadien rechnet. Als Mittel für die während des Etmals (vierundzwanzig Stunden) gesegelte Distanz darf man wohl rund 1200 Stadien gleich etwa 120 Seemeilen ansetzen, was einer Stundengeschwindigkeit von rund fünf Knoten entspricht. Natürlich kamen einzelne schnellere Fahrten vor. Von Gades nach Ostia brauchte man auf Schnellseglern und bei günstigem Wind sechs bis sieben Tage, von der afrikanischen Küste dorthin etwa zwei Tage, was Stundengeschwindigkeiten von 6 bis 7,5 Seemeilen entspricht. Es läßt sich daraus folgern, daß die Reisegeschwindigkeit antiker Schiffe derjenigen unserer Trampfahrer nicht allzuviel nachsteht, während sie gegenüber den Leistungen der modernen Linienschiffahrt natürlich stark abfällt.

Die an sich nur selten notwendig werdende Kursbestimmung erfolgte tagsüber nach der Sonne, während der Nacht nach den Gestirnen. Da im Mittelmeerraum fast den ganzen Sommer über Schönwetter herrscht, war der Zwang, ein kursbestimmendes Instrument zu entwickeln, nicht groß – woraus sich schon ergibt, daß für Europa die Entdeckung der magnetischen Kraft und ihrer richtungweisenden Bedeutung logischer-

21. Aus einem Segelhandbuch des 16. Jahrhunderts. Diese späten Segelanweisungen, die noch fast genauso gearbeitet sind wie die des Altertums, fügen den Beschreibungen des Küstenverlaufs gelegentlich kleine silhouettenartige Zeichnungen bei.

weise im Norden gemacht werden mußte, wie es denn nachmals in der Tat geschehen ist. Im Winter wäre ein solcher Richtungweiser natürlich auch im Mittelmeer höchst notwendig gewesen. Da man ihn aber nicht besaß, wählte man den einzig übrigbleibenden Ausweg und stellte die Schiffahrt von Oktober bis März völlig ein. Nicht die Herbst- und Winterstürme waren es, die den Seemann der Antike schreckten, mit ihnen wurde er in der Regel fertig. Was er nicht zu überwinden verstand, war die Unmöglichkeit, sich bei einer längeren Wettertrübung zu orientieren.

In gewissem Umfange konnte man sich bei unsichtigem Wetter mit Lotungen helfen. Schon im Altertum waren die Lotgewichte unten ausgehöhlt und mit Talg verschmiert, so daß Grundproben heraufgeholt werden konnten. Aus der Beschaffenheit des Seegrunds wurden dann Erfahrungsschlüsse auf den Standort des Schiffes gezogen. So wußte man beispielsweise auf einer Reise nach Ägypten, daß man nur noch eine

Tagfahrt von den Nilmündungen entfernt war, wenn man in elf Faden Tiefe mit dem Lot Schlamm vom Meeresgrund heraufholte. Ein anderes Ortungsmittel ist aus der Fahrt auf dem Indischen Ozean überliefert: Wenn man dort so weit nach Süden kam, daß der Nordstern unter den Horizont sank, wurden Vögel freigelassen. Man folgte dann ihrer Flugrichtung in der Hoffnung, Land zu finden. Ebenso dienten Änderungen in der Farbe des Seewassers der Standortbestimmung. So ist denn in einem antiken Segelhandbuch für die Indien-Fahrt die Anweisung enthalten, in der Nähe des Indus auf plötzlich auftretendes helles Wasser zu achten und ihm zu folgen, man werde dann auf die Indusmündung treffen. Und für die Annäherung an den Hafen Barygaza in Indien wird als Kennzeichen für richtigen Kurs angegeben, man befinde sich in der Nähe dieses Hafens, wenn man erst große schwarze und gleich danach kleine grüne Seeschlangen treffe. Wie aus dem 18. Jahrhundert überliefert ist, galt dieses antike Kennzeichen immer noch als wertvoll.

Man sieht, die Ortungsmittel des antiken Seemanns waren recht kümmerlich. Sie konnten sich auch ganz natürlicherweise erst in dem Augenblick weiterentwickeln, in dem die allgemeine Erd- und Himmelskunde zu einer gewissen Reife gelangte. Dies geschah, als eine halbwegs brauchbare Methode der Sonnenstandmessung ersonnen worden und man befähigt war, die Höhe, unter der man segelte, einigermaßen sicher festzustellen.

Eratosthenes hatte zu seinen Sonnenstandmessungen ein Verfahren verwandt, das uralt und mit dem schon Ägypten vertraut war. Man errichtete nämlich auf ebener Erde im Freien einen senkrechten, oben zugespitzten Stab, den *gnomon* – die Pharaonen benutzten dafür ihre Obelisken –, beschrieb um dessen Achse als Mittelpunkt auf dem Boden konzentrische Kreise und beobachtete mit ihrer Hilfe zunächst die Punkte, in denen der Sonnenschatten vor- und nachmittags dieselbe Länge hatte. Darauf wurde der Bogen zwischen diesen Punkten halbiert und so die Mittagslinie festgestellt. Maß man nun die Länge des Sonnenschattens am Mittag, so konnte aus den Verhältnissen zwischen der Höhe des Schattenzeigers und der Schattenlänge die Sonnenhöhe errechnet werden. Nach einem sehr ähnlichen Verfahren arbeiteten einige Jahrhunderte später auch die Wikinger. Sie sind damit selbst an Bord ihrer Schiffe zurechtgekommen. Wahrscheinlich wird das auch den Kapitänen der antiken Fernfahrer möglich gewesen sein, wenn uns darüber auch freilich so gut wie nichts überliefert ist. Aber man kann kaum annehmen, daß sie Tausende von Kilometern aus Grundsatz sozusagen «blind» gefahren sind, daß sie nicht alles darangesetzt haben, das so einfache «Gnomon-Verfahren» für nautische Zwecke auszunutzen. Es ist daher höchst wahrscheinlich, daß sie zumindest in der Lage waren, eine ungefähre Breitenbestimmung vorzunehmen.

Während wir mit den ägyptischen, kretischen und phönizischen Schiffen und Schiffstypen nur obenhin vertraut sind, wissen wir von den Seefahrzeugen der Gräko-Romanen ein wenig mehr. Im Gegensatz zu den ägyptischen und den ersten phönizischen Schiffen waren die griechisch-römischen von Anfang an für Fahrten auf See berechnet. Auf Werften mit Hellingen und Ablaufbahnen, ganz ähnlich den unsrigen gebaut, waren diese Fahrzeuge Kielboote mit festen Steven, Spanten und Planken. Äußere und innere Verstärkungen gaben Kiel und Steven die für Rammstöße, die taktische Waffe des Seekrieges, nötige Festigkeit. Alle schweren Wasserfahrzeuge wurden karveel gebaut, das heißt, die Planken stießen mit ihren schmalen Kanten aufeinander, so daß die Außenhaut glatt und der Reibungsverlust am Wasser so gering wie möglich wurde. Die Fugen waren kalfatert, der ganze Rumpf geteert und dann zum Schutz gegen den Bohrwurm mit einer Metallhaut beschlagen. Selbstverständlich wurden die größeren Schiffe, wenigstens in den letzten Jahrhunderten vor unserer Zeitrechnung, voll gedeckt gebaut. Zu Zeiten Homers war das noch nicht der Fall. Die damals noch wesentlich kleineren Boote hatten nur Vor- und Hinterdeck und blieben in der Mitte offen. Freilich lief auch später bei den großen Handelsseglern das Deck nicht von vorn nach hinten in einer Ebene glatt durch. Die Schiffsmitte war mit Rücksicht auf die Ruderer, deren Riemen nach Möglichkeit waagerecht ins Wasser greifen sollten, tiefer gelegt. Auch Segler waren ja immer noch auf die gelegentliche Fortbewegung durch Ruderer angewiesen. Auf dem Hinterdeck befand sich der Platz des Kapitäns und der bevorzugten Passagiere, für die hier kleine Kajüten errichtet wurden. Darunter lag der Raum für das Reisegepäck und den Schiffsproviant, während unter dem Mitteldeck der Schiffsballast, meist schwere Quadersteine, gestaut war, und die eigentliche Schiffsfracht. Das Vordeck war der Platz der Schiffsbesatzung: unter Deck befanden sich die Segelkammer und das Kabelgatt, außerdem standen hier auch die Fässer mit dem Trinkwasser. Rings um das Schiff lief die Reling, die auf Kriegsschiffen durch eine Brustwehr ersetzt wurde. Kleinere Seefahrzeuge wiesen nur Vorrichtungen zum Einhängen eines Setzbords auf.

Obwohl auch große Handelsschiffe ihrer Form nach unleugbar vom Ruderboot herstammten und auf die Notwendigkeit eines gelgentlichen Antriebs durch Ruderkraft Rücksicht nahmen, waren sie doch ziemlich stark besegelt. Ein gewaltiger Mast trug das riesige Rahsegel, das aus Gründen einer größeren Haltbarkeit schachbrettartig mit Lederstreifen besetzt war. Auf dem Vordeck stand meist ein Hilfsmast mit einem kleineren, wiederum rahgetakelten Vorsegel; unter dem Mastknopf, der bei Kriegsschiffen selbstverständlich als Mars ausgebildet war, setzten die Segler der Kaiserzeit häufig noch ein Toppsegel. Die Art der Takelung weist schon darauf hin, daß die antiken Schiffe auf achterlichen Wind angewiesen waren. Natürlich konnten sie auch kreuzen. Aber rahgetakelte Schiffe sind darin immer ein wenig unbeholfen; auch zeigt die

Bauart des Schiffskörpers der Mittelmeer-Fahrzeuge schon, daß sie für Fahrt auf geradem Kiel gedacht waren. Und in der Regel hat dann der Seemann des Altertums auch auf günstigen, das heißt achterlichen Wind gewartet, ehe er die Anker lichtete.

Über das Rudergeschirr antiker Seefahrzeuge sehen wir noch nicht klar. Wir wissen zwar, daß die griechisch-römischen Schiffbauer sehr bald schon versuchten, die durch die größere Zahl von Ruderern bedingte Vergrößerung der Schiffslänge, die eine schlechte Wasserlage zur Folge hatte, dadurch zu vermeiden, daß sie die Ruderer in mehreren Reihen übereinander setzten und sehr hochbordige Schiffe konstruierten. Das gebräuchlichste Fahrzeug dieser Art war die Triëre, ein leichtgebauter «Dreidecker» von 40 bis 50 m Länge, etwa 6 m Breite mit einer Besatzung von rund zweihundert Mann. Die 170 Ruderer dieses Schiffes saßen auf drei Decks übereinander. Wie die Anordnung der Plätze dabei im einzelnen war, ist aber unbekannt. Wir hören nur, daß für die obersten Ruderreihen sehr lange Riemen im Gebrauch waren und daß die Schwierigkeit, diese riesigen, zehn und mehr Meter langen Balken zu bewegen, schließlich unüberwindlich wurde.

Daß das Altertum gleichwohl sehr beachtliche Leistungen im Schiffbau erzielte, steht fest. Die ausgesprochenen Riesenschiffe, zum Beispiel die gepanzerte Tessarakontere des Königs Ptolemäus Philipator, etwa zweihundert Jahre v. Chr., die 129 m lang gewesen sein und 6500 Registertonnen gehabt haben soll, oder die «Alexandria» Hieros II. von Syrakus, die angeblich von Archimedes konstruiert wurde und die man auf 4200 Registertonnen schätzt, sollen hier nicht erörtert werden. Schon das normale Reiseschiff, der übliche Handelssegler, wies aber bereits recht erhebliche Abmessungen aus. So berichtete beispielsweise Lucian von dem alexandrinischen Weizensegler «Isis», das Schiff habe eine Länge von 180 Fuß, eine Breite von 45 Fuß und eine Tiefe von 43,5 Fuß gehabt. Wenn man aus diesen Zahlen die Tonnage errechnet, so ergibt sich ein Deplacement von 2672 t. Möglich, daß der Schiffszimmermann, den Lucian befragte, ein wenig aufgeschnitten hat und daß die «Isis» über 2000 t nicht hinausgekommen ist. Überaus groß wäre sie damit aber nicht gewesen. Paulus erzählt bekanntlich in der Apostelgeschichte, daß sich auf dem Schiff, mit dem er nach Rom reiste, 276 Seelen befunden hätten, und der jüdische Geschichtsschreiber Josephus berichtet etwa aus der gleichen Zeit von einer Passagierzahl von 600 Köpfen, und zwar ebenfalls für ein Fahrzeug, das neben den Reisenden auch noch Fracht beförderte: es muß sich bei beiden Schiffen also um recht große Typen gehandelt haben.

Recht genau sind wir auch über die Seefahrzeuge unterrichtet, auf denen die römischen Kaiser ägyptische Obeliske über das Mittelmeer holten. So überliefert Plinius beispielsweise, daß der große, heute vor der Peterskirche stehende Obelisk, der etwa 500 t wiegt, auf einem Weizen-

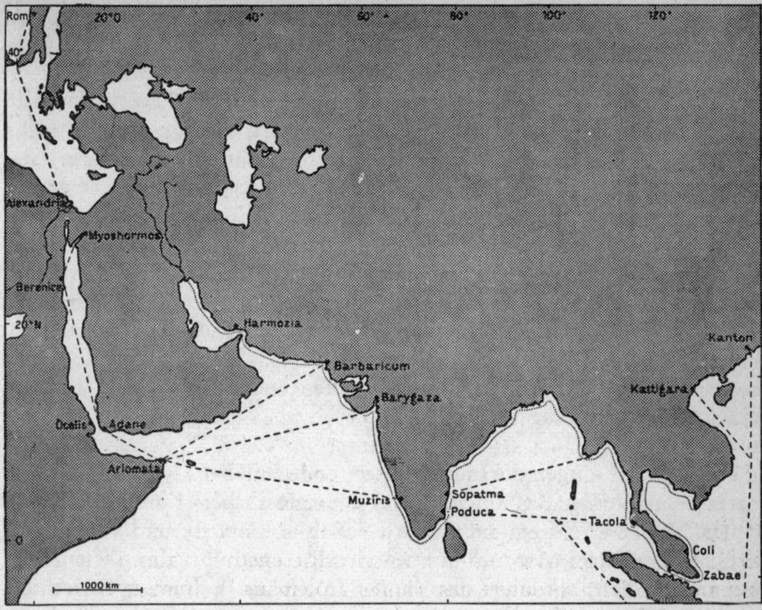

XII. Die Seeverkehrswege zwischen Rom und China um 100 n. Chr.

schiff transportiert worden sei, das 1300 t Getreide an Bord gehabt habe. Danach muß dieses Fahrzeug eine Wasserverdrängung von etwa 2500 t erreicht haben. Ziemlich ebenso groß werden auch die Schiffe gewesen sein, die den flaminischen und den Lateran-Obelisk nach Rom brachten.

Die große Masse der griechisch-römischen Schiffe, die ja meist nur Küstenfahrt machten, ist natürlich wesentlich kleiner gewesen. Sie werden, ähnlich den phönizischen Schiffen, 200 bis 400 t Wasserverdrängung gehabt haben, ein Deplacement, das für das Mittelmeer zweifellos hinreichte. Denn der Hauptantrieb für die Vergrößerung der Schiffsdimensionen, nämlich der Wunsch, größere Lasten zu befördern, fiel ja in der Küstenfahrt weg. Hier konnte die Handelsware ohne weiteres auf eine größere Anzahl von Schiffen verteilt werden. Damit war gleichzeitig eine Verteilung des Risikos verbunden, das damals natürlich erheblich höher war als heutzutage. In der Fernfahrt, also etwa von Ägypten nach Italien, sind aber Großschiffe offenbar bevorzugt worden. Für den internationalen Verkehr galt sicherlich auch schon im Altertum die Forderung, im Interesse der Wirtschaftlichkeit nur solche Schiffe zu verwenden, die möglichst alle in einem Hafen angesammelten Waren auf einmal befördern konnten. Nimmt man beispielsweise an, daß nur die Hälfte der zur Beförderung vorgesehenen Güter geladen wurde, so mußte das Schiff zweimal fahren bzw. es mußten zwei Schiffe eingesetzt werden. Für den Transport einer Lade-Einheit benötigte man also die doppelte Zeit, oder es waren doppelt soviel Schiffe und doppelt soviel Mannschaften erforderlich. Dazu kamen die Verluste, die durch längere Lagerung, durch Abgaben, Mieten usw. entstanden: Belastungen, die für den Handelsherrn der Antike genauso drückend waren wie für den Reeder der Gegenwart. Vermutlich sind diese Lasten im Altertum noch größer gewesen, wenigstens dort, wo durch die Wetterverhältnisse ohnehin mit Zeitverlust und großem Aufenthalt gerechnet werden mußte. Das trat im Mittelmeer weniger, im Verkehr mit dem Fernen Osten aber um so mehr in Erscheinung. Denn dieser Verkehr, der, wie wir hörten, etwa um 100 n. Chr. bereits in fester Linienfahrt mit feststehenden Abfahrtszeiten von Aden nach Vorderindien, 2000 km über das offene Meer, durchgeführt und je nach Bedarf über Hinterindien und von dort nach Kanton und zum Jangtsekiang verlängert wurde – war ja gebunden an die Monsune.

In der Regel gingen die Indien-Fahrer Ende Juni bei Myoshormos oder Berenice im Norden des Roten Meeres mit südöstlichem Kurs in See. Nach einem Monat erreichten sie Ocelis bei Bab-el-Mandeb, und von da segelten sie mit dem Monsum in etwa vierzig Tagen über das offene Meer bis nach Indien; sie lagen also länger in See als Kolumbus bei seinen Amerika-Fahrten! Im Dezember traten sie dann mit Nordostwind die Heimfahrt an, die meist etwas länger dauerte als die Ausreise. Die recht erhebliche Zeitspanne, die eine einzige dieser Reisen in Anspruch nahm, macht den Einsatz ziemlich großer Schiffe auf dieser Strecke wahrscheinlich. Neben dem Ort Sigerus, nördlich von Bombay, und der Stadt Muziris, dem späteren Tannanore, in denen Pfeffer, Drogen, Farbstoffe und Edelsteine geladen wurden, war einer der Haupthäfen für die Fahrt von Ägypten nach Indien die Stadt Barygaza (wohl vom indischen Bharukhatscha), das heutige Broach. Der in der Neuzeit versandete Hafen am Fluß Narbada war in der Antike Hauptausfuhrort für Baumwolle und Einfuhrhafen für griechische Weine, Kunstgegenstände und Industrieprodukte. Infolge der bereits im 1. nachchristlichen Jahrhundert beginnenden Versandung des Narbade gab das schon oben erwähnte Segelhandbuch für die Indien-Fahrt ganz besonders genaue Ankeranweisungen. Sie lauteten:

«Die Bai von Barygaza ist schmal und von See her schwer zu erreichen, denn entweder geraten die Schiffe nach der rechten oder der linken Seite, wo das Fahrwasser aber immer noch am besten ist. Rechts am Eingang der Bucht erstreckt sich bei dem Dorf Kammoni eine felsige, schroff abfallende Landzunge, die Herone genannt wird. Auf der linken Seite liegt das Papike genannte Vorgebirge von Astakampra; wegen der Strömung und weil die Anker in dem harten, felsigen Meeresgrund nicht fassen, ist es zum Laden ungeeignet. Wenn nun ein Schiff in die Bai eingelaufen ist, so läßt sich die Mündung des Flusses bei Barygaza dennoch schwer auffinden, weil die Ufer niedrig sind und weil die Mündung, selbst ganz nahe, nicht mit Sicherheit zu sehen ist. Hat man sie aber gefunden, so ist die Einfahrt infolge der vielen seichten Stellen im Flusse schwierig. Deshalb gehen an der Einfahrtsstelle eingeborene königliche Lotsen den Schiffen auf großen Booten bis nach Syrastrene entgegen, und von ihnen werden die Fahrzeuge dann bis nach Barygaza gebracht. Am Eingang der Bai wenden sie sich sofort durch die flachen Stellen und schleppen die Schiffe mit ihren Booten an die Landungsplätze, indem sie mit dem Beginn der Flut abfahren, bei Eintreten der Ebbe aber am Ufer festmachen. Barygaza ist von der Mündung des Flusses etwa 330 Stadien entfernt.»

Auch für andere indische Häfen liegen in diesem Segelhandbuch genaue Angaben vor. Besonders wird dabei auf die ja heute noch an der Küste Indiens zum Teil besonders starke Ebbe und Flut aufmerksam gemacht:

«Das ganze Indien hat viele Flüsse und sehr starke Ebbe und Flut. Bei Neumond und Vollmond nimmt diese bis zu drei Tagen zu. In den dazwischenliegenden Zeitabständen ist sie geringer. Diese Erscheinung ist viel ausgeprägter als bei Barygaza, so daß man teils plötzlich den Grund des Meeres erblickt, teils plötzlich Wasser sieht, wo eben noch Land war. Und beim Eintreten der Flut werden die Flüsse, da das Meerwasser zusammengedrängt wird, gegen ihre natürliche Strömung auf viele Stadien hin aufwärtsgerissen. Darum sind die An- und Abfahrten für die Unerfahrenen nicht ungefährlich. Wenn nämlich der bereits bei Eintritt der Flut entstehende Wasserdruck nicht nachläßt, dann lösen sich die Anker aus dem Boden, und die nach innen fortgerissenen und von der Gewalt der Strömung auf die Seite geworfenen Schiffe werden auf flache Stellen getrieben.»

Diese genaue Kenntnis der Küsten Indiens zeigt schon, wie sorgfältig man das ferne Land studiert hatte. Und die vielen in Indien gefundenen Münzen aus der ersten Kaiserzeit beweisen ihrerseits, daß der Verkehr zwischen Europa und dem östlichen Sonnenland recht lebhaft gewesen sein muß. Weniger bekannt war dagegen Ceylon, das nach seiner Hauptstadt Tambapanni genannte Land Taprobane, welches die Antike für das Nordende eines sich weit nach Süden erstreckenden Kontinents hielt. Man wußte von Ceylon bisher nur durch die knappen Berichte der Geographen Alexanders des Großen, nannte es aber, wahrscheinlich des in diesen Berichten behaupteten märchenhaften Reichtums wegen, in Rom mit großer Achtung. So wurde denn die eines Tages aus Ceylon in Rom eintreffende Gesandtschaft des Königs dieser Trauminsel – etwa in den Jahren 50 bis 53 n. Chr. – mit lebhaftem Interesse aufgenommen und nach allen Regeln der Kunst ausgefragt.

Begonnen hatte diese seltsame Geschichte mit der Verschlagung eines Kapitäns, der im Auftrag des Millionärs Annius Plocamus aus Rom die Arabien-Route befuhr. Annius Plocamus hatte vom römischen Imperium die Zölle des Indischen Ozeans gepachtet, und sein Kapitän, ein freigelassener Sklave, der an seiner Tätigkeit sicherlich prozentual beteiligt war, hat offenbar die Aufgabe gehabt, ähnlich den modernen Zollfahndungsdiensten, in der Weite des Indischen Ozeans Jagd zu machen auf alle Frachter, die den Zollbehörden in den Hafenorten durch die Netze gegangen waren. Zweifellos war diese Aufgabe sehr einträglicher Natur. Als ihn ein Zyklon nach Ceylon verschlug, hatte er jedenfalls einen Haufen Geld aller möglichen Prägungszeiten an Bord. Plinius, der von diesem Abenteuer berichtet, erzählt zum mindesten, der Sultan von Taprobane hätte sehr gestaunt, daß alle Denare «dasselbe Gewicht hatten, obwohl die wechselnden Bilder der Prägung es kenntlich machten, daß sie von verschiedenen Herrschern ausgegeben waren».

Diese Kontinuität staatlicher Verhältnisse mußte einen orientalischen Herrscher natürlich interessieren. Außerdem wird man auf Ceylon, dem alten Vorort der Welt-Seidenversorgung, dem Herkunftsland herrlicher Juwelen und mancher teuren Spezereien und Gewürze, längst neugierig gewesen sein, von dem großen Reich im fernen Westen, von dem seit Jahrzehnten und Jahrhunderten so viel gemünztes Gold zugeströmt war, Näheres zu erfahren. Kurzerhand hat der Sultan daher vier vornehme Rajas seines engsten Gefolges als Gesandte nach Rom abgeordnet, hat sie auf das Schiff seines römischen Gastfreundes geschickt und sie in Richtung Rom in Marsch gesetzt.

Sie sind auch tatsächlich in der Hauptstadt der Welt angekommen. Zum mindesten zeigt der Bericht, den Plinius gegeben hat, unzweideutig an, daß die vier braunen, prächtig gekleideten Männer aus Gegenden dicht am Äquator gekommen sein müssen. «Sie wunderten sich bei uns über die Polargestirne und über die Plejaden, als ob ihnen der Himmel etwas ganz Neues sei», erzählt Plinius, offenbar selbst erstaunt. Und dann fährt er fort:

«Am meisten aber verwunderte es sie, daß bei uns alle Schatten nach Norden und nicht, wie bei ihnen, nach Süden fielen, und ferner, daß die Sonne nicht wie bei ihnen rechts auf- und links untergehe, sondern gerade umgekehrt... Von Indien berichteten sie, daß jenseits der Emodischen Gebirgszüge (Himalaya) die Serer wohnten, mit denen sie Handel trieben... Diese seien von beträchtlicher Größe, hätten blondes Haar, blaue Augen und eine sehr rauhe, für das Gespräch nicht eben taugliche Stimme.»

Es versteht sich, daß diese blonden, blauäugigen großen Menschen, mit denen die Leute von Taprobane Handel trieben, keinesfalls Chinesen gewesen sind, sondern Angehörige irgendeines indogermanischen Volkes – möglicherweise Leute vom Yüetschi-Stamm, dessen Männer von alters her Seide über die Gebirge des Himalaya nach Indien brachten. «Serer» kann in diesem Zusammenhang also nur als eine Art Berufsbezeichnung, wie etwa Seidenhändler, verstanden werden. Denn trotz unleugbarer indogermanischer Einsprengsel in den chinesischen wie in den japanischen Volkskörper: blonde, blauäugige Chinesen gibt es nicht! Es ist damit also bewiesen, daß Seide nicht nur auf dem Seewege, sondern auch zu Lande nach Indien gelangt ist, so unmöglich das erscheinen will, wenn man an die ungeheuere nördliche Gebirgsabriegelung Indiens denkt. Aber offenbar war dieser Landweg uralt. Schon Nearch berichtet davon, daß es in Indien *serika dermata* gebe, also chinesische Seide. Wir werden im folgenden noch mehr davon hören.

Von Barygaza und Muziris aus wurde die Verbindung zum Fernen Osten dann in Anschlußfahrten um die Südspitze von Vorderindien nach Poduka (Pondichéry) und Sopatma (Madras) fortgesetzt. Von hier ging es über das Bengalische Meer nach Hinterindien und dann die Küsten Indochinas und Chinas entlang, oder über die Sunda-Straße und Borneo bis nach Kanton und Kattigara, wahrscheinlich unserem heutigen Hang-tschou. Eigenartigerweise sind diese ersten Beziehungen zwischen der europäischen und der chinesischen Kultur für das Abendland ohne recht sichtbare Folgen geblieben. Daß aber Abendländer schon zu Beginn des 2. nachchristlichen Jahrhunderts in das Land «Çin», die Heimat der «Serer», wie China und seine Bewohner damals genannt wurden, gelangt sind, steht fest. Als das südöstliche China um 250 v. Chr. unter der Dynastie Ts'in zu einem Großreich vereinigt wurde, nannten es indische Seeleute Tschina, die Araber Çin und die Griechen Sinai. Nordchina hatten bereits die Griechen durch Vermittlung zentralasiatischer Handelsvölker als Ursprungsland der Seide kennengelernt. Aus dem chinesischen *ser* für Seide wurde das griechische *serikon*, woraus abgeleitet Serer entstand. Ähnlich unterscheiden die Araber Südchina, Çin, von Nordchina, Cathai, einem mongolischen Lehnwort, das wohl auf die tungusischen Kitai zurückgeht, einen Stamm, der zu Beginn des 10. Jahrhunderts in China einfiel. Die Römer haben sich dem natürlich angeschlossen. Im 2. nachchristlichen Jahrhundert berichtet daher Ptolemäus von Asien: «Der bewohnte Teil unserer Erde grenzt im Osten an unbekanntes Land, das von den östlichen Nationen Kleinasiens besetzt ist, den Sinae und den Nationen von Serica.»

Bezeichnenderweise stammen die von der ersten unmittelbaren Berührung des Westens mit dem Fernen Osten überlieferten Nachrichten aus chinesischen Quellen. Sie finden sich in den ‹*Hou-han-shu*›, den im 5. nachchristlichen Jahrhundert verfaßten amtlichen Reichsannalen der jüngeren Han-Dynastie. Darin heißt es:

«Der Herrscher des Landes Shan sandte im ersten Jahr Yungning (120 n. Chr.) wieder einmal einen Gesandten, der Musiker und Gaukler als Geschenk mitbrachte, als er vom Kaiser empfangen wurde. Diese konnten Feuer schlucken und verstanden es, Beschwörungen durchzuführen, ihre Glieder unlöslich zu fesseln und sie trotzdem wieder ohne fremde Hilfe frei zu bekommen, sie konnten die Köpfe von Kühen und Pferden untereinander tauschen und brachten es fertig, mit tausend Bällen zu tanzen. Sie erzählten von sich selbst: ‹Wir sind Männer vom Westmeer. Das ist dasselbe wie Ta-tsin (Römisches Reich, insbesondere Syrien). Man reist durch den Südwesten des Landes Shan nach Ta-tsin.›»

Mag man dies als bloßes Kuriosum werten, so ist der zweite auf uns überlieferte Bericht über dies Begebnis in die Form einer Haupt- und Staatsaktion, einer feierlichen Gesandtschaft des Kaisers Marc Aurel an den Kaiser von China, gekleidet – wohl nicht eben zu Recht, wie wir noch sehen werden. Auch er stammt aus dem *‹Hou-han-shu›* und lautet:

«Das Land Ta-tsin ist sehr groß. Es hat viele Städte und umfaßt auch eine große Zahl unterworfener Länder. Die Häuser sind von Stein, und zahlreiche Wirtshäuser befinden sich an den Straßen. Die Einwohner von Ta-tsin schneiden sich das Haar und haben schöne Kleider. Im Kriege führen sie Trommler, Fahnen und Zelte mit sich. 100 Li Umfang hat ihre Hauptstadt und zehn Paläste, die untereinander jeweils 10 Li Entfernung haben. Die Leute von Ta-tsin besitzen viele Edelsteine und dazu viel Gold und Silber; sie sind besonders durch den Handel mit Parthern und Indern sehr reich geworden. Daher stammen alle Kostbarkeiten und alles Seltsame, was es in anderen Ländern gibt, aus diesem Reich. Die Leute von Ta-tsin sind offene und wackere Naturen; ihre Kaufleute sind rechtschaffene Menschen und haben niemals zweierlei Preise. Das Getreide ist immer billig. Der Staat verfügt über einen wohlgefüllten Schatz. Die Gesandtschaften benachbarter Länder werden mit der Post von der Grenze bis in die Hauptstadt gebracht; sie erhalten Goldmünzen als Geschenk. Ihre Könige sollen immer schon den Wunsch gehabt haben, Gesandtschaften nach China zu senden. Die Parther aber wollten den Seidenhandel für sich selbst behalten, und deshalb gelang es Ta-tsin nicht, eine Verbindung mit uns herzustellen. Dies währte bis zum neunten Jahr der Yenshi-Periode, als König Antun von Ta-tsin eine Gesandtschaft absandte, die Elfenbein, Rhinozeroshorn und Schildpatt als Geschenke mit sich führte. Seit dieser Zeit besteht ein unmittelbarer Verkehr mit Ta-tsin. Unter den Geschenken, die die Gesandtschaft mitbrachte, befanden sich trotz des Reichtums von Ta-tsin keine Edelsteine, was darauf schließen läßt, daß die Gesandten diese Geschenke für sich verwendet haben.»

Das offenbare Erstaunen und die spaßige Vermutung, die der Berichterstatter an die Erzählung über den ärmlichen Charakter der kaiserlichen Geschenke aus Rom knüpft, enthält wahrscheinlich den Schlüssel zu dieser merkwürdigen Geschichte: es hat sich offenbar gar nicht um Gesandte des Kaisers Marc Aurel – dieser trug in der Tat den Beinamen Antonius – gehandelt, sondern um römische Kaufleute, die sich, um empfangen zu werden und so Gelegenheit zu haben, die Beziehungen anzuknüpfen, deren sie zur besseren Erledigung ihrer Geschäfte bedurften, als Gesandte der benachbarten und befreundeten Macht Ta-tsin ausgaben. Ein Trick, der ja kaum entdeckt werden konnte und der wohl häufiger angewendet worden ist! Nur damit läßt sich die Ärmlichkeit der dem chinesischen Kaiser mitgebrachten Geschenke erklären. Bei dem ungeheueren Aufwand, der von den offiziellen Gesandten dieser Jahrhunderte zu repräsentativen Zwecken getrieben wurde, ist es ganz undenkbar, daß eine kaiserlich-römische Gesandtschaft wirklich mit so kümmerlichen Geschenken nach China entsandt worden ist.

Im übrigen ist über eine solche Gesandtschaft in keiner abendländischen Quelle auch nur das geringste zu finden, und es ist nicht einzusehen, aus welchem Grund Marc Aurel eine vertrauliche, nicht zu den Staatsakten genommene Privatbotschaft an den Kaiser von China hätte senden sollen. Immerhin braucht diese Gesandtschaft aber nicht völlig erschwindelt zu sein. Der Bericht des chinesischen Annalisten ist erst einige Jahrhunderte nach dem Ereignis verfaßt, und diese oder jene Dunkelheit könnte dabei in Kauf genommen werden. Gleichviel, echte oder Pseudo-Gesandtschaft, fest steht wohl, daß tatsächlich römische Kaufleute schon zu Anfang des 1. nachchristlichen Jahrhunderts nach China gelangt sind. Ebenso sicher ist aber auch, daß die Erdkenntnis dadurch nicht allzuviel bereichert wurde. Wenngleich bis zu Ende des 3. Jahrhunderts ziemlich rege Handelsbeziehungen zwischen dem Römischen Reich und dem Fernen Osten bestanden haben dürften – was durch die recht häufigen Funde römischer Münzen in China bezeugt wird –, so sind diese Verbindungen dann aber doch wieder abgerissen, und zwar bevor irgendeine engere geistige Berührung zwischen den Weltreichen des Westens und des Fernen Ostens stattfinden konnte.

4

Der eigentliche Grund für diese Beziehungen, für diese bereits lange vor unserer Zeitrechnung begonnenen Bemühungen, mit dem rätselhaften fernen Land im Osten Verbindungen zu bekommen, lag in einem flüchtigen Einfall, der vor 47 Jahrhunderten die Kaiserin Si-li-schi durchzuckte, die Hauptfrau von Huang-ti, dem «Gelben Herrn» und ersten Kaiser, mit dem die chinesische Legende die Kultur im Reich der Mitte beginnen läßt. Als sie, wie die alten Annalisten der Himmelssöhne berichten, an einem «glückhaften Tage» mit ihren Hofdamen in den kaiserlichen Gärten spazierenging, fiel ihr Blick zufällig auf einen am Wege stehenden Maulbeerbaum, dessen Früchte sich leise bewegten. Plötzlich hob sich ein schöner, schimmernder Schmetterling aus den kleinen Kügelchen, die Si-li-schi für die Früchte des Maulbeerbaumes gehalten hatte, und flog davon. Neugierig untersuchte die Kaiserin diese merkwürdige Erscheinung näher, und zu ihrem Erstaunen stellte sie fest, daß diese «Früchte» feinste tierische Garnwickel waren. Mit ihren zarten Fingern fand sie bald den Anfang des Spinnwebs, kühl und silbrig wickelte es sich um ihre Hände, und schließlich waren sie ganz eingehüllt in die 4000 m Seidenfaden, mit denen sich die gehörnten Seidenraupen in ihre Kokons verspinnen.

Das geschah zu einer Zeit, als die Chinesen noch keine Kleidung hatten. Man nahm statt dessen Blätter oder trug Vogelbälge, und im alten Tempel der «Drei Majestäten» in Schantung, in dem die Statuen von Huang-ti und zwei seiner Vorgänger standen, konnte man früher selbst sehen, wie schlecht es vor Si-li-schi im Reich der Mitte mit Kleidung ausgesehen hatte. Während Huang-ti in prächtigen Seidengewändern prunkte, wie es seinem hohen Rang zukam, waren die beiden Vorgänger noch mit einem Grasröckchen und ein paar kümmerlich verhüllenden Blättern angetan.

Wie mußten sie gefroren haben, die Ärmsten! Wie gut, daß Si-li-schi sogleich auf den Gedanken gekommen war, man müsse den Kokonfaden abspulen und auf einen Webstuhl bringen. Und wie gut, daß Huang-ti dem nicht wehrte, sondern durch kaiserliches Edikt befahl, das Volk die Kunst des Seidespinnens und -webens zu lehren, «damit es Kleider erhalte und niemand mehr an Frostbeulen und aufgesprungenen Händen zu leiden brauche».

Und obwohl längst fest steht, daß die Erfindung der Seidenweberei in China viel älter ist und vielleicht sogar bis in das 4. Jahrtausend zurückgeht: das chinesische Volk blieb bei seiner Legende, erhob Si-li-schi als «Ahnfrau des Fadens» unter die Götter und verehrte sie als einen der Sterne des Skorpions.

In der Folgezeit wird das neue Gewebe mit allen Mitteln der kaiserlichen Propaganda populär gemacht, und noch heute bedeutet die Seidenraupenzucht und die Herstellung von Seide nicht nur Brot und Verdienst für zwanzig bis dreißig Millionen Menschen, sie ist fast eine Art Kult. Die Seide: war sie nicht ein Geschenk der Götter? War ihre Gewinnung aus dem Körperprodukt der schmutzigweißen, gelbbraungestreiften Raupe Bombyx mori daher nicht wahrhaft heilig? So heilig, daß sie nur dem auserwählten Volk der Mitte zustand, nicht aber den Barbaren ringsum, vor denen das Wunder ihrer Entstehung um jeden Preis geheimgehalten werden mußte?!

Aber eben dieses Geheimhalten um jeden Preis – denn auf Spionage und Verrat stand die Todesstrafe – lockte, lockte fast mehr noch als die Seide selbst. Und so kommen sie denn herangezogen aus dem Westen, Karawanen um Karawanen, Mensch und Tier, in langer, nie abreißender Kette. Sie kommen mit Elfenbein und tyrischem Purpur, mit Weihrauch und Gewürz, mit Gold und Bernstein, mit seltenen Spezereien und mit kostbaren Pelzen. Sie kämpfen sich sechs Monate durch das Tarimbecken, nehmen durch Sandwüsten und Salzsümpfe den Wettlauf mit dem Durstod auf sich, sie überwinden die Hochpässe des Pamir mit jagenden Pulsen und in quälender Atemnot, sie kommen zu Schiff gefahren, Tausende von Kilometern über das offene Meer, sie zahlen jeden Preis – für Seide. Und die quer durch Asien verlaufende Handelsstraße, von der Herodot sprach, die Alexander der Große unter seine Herrschaft zu bringen suchte, die Marco Polo entlangzog, diese fast 10000 km lange Straße rauscht und knistert und funkelt nun Seide nach Europa. Das geschieht etwa seit 300 v. Chr., zumindest stammen die ersten schriftlichen Zeugnisse über den Import chinesischer Seide aus dieser Zeit. Aber es geschieht nur, solange die Parther das dulden, ein iranisches Reitervolk, das die Landbrücke zwischen dem Kaspischen Meer und dem Persischen Golf besetzt hält. Als das Diadochenreich der Seleukiden um 150 v. Chr. unter dem Ansturm der Römer zusammenbricht, sperren die Parther die von den Persern und nach ihnen von Alexander dem Großen hergestellte Landverbindung zwischen Europa und Indien, Seleukia am Tigris und Antiochia in Syrien, werden reich durch Seide, die Parther, unmittelbare Nachbarn des heiligen Seidenlandes, dünken sich eine Zeitlang die Herren der Welt, weil sie Seide vermitteln, mit ungeheuerem Gewinn, denn seit dem Jahrhundert vor Augustus trägt Rom Seide. Viertausend Mark kostet ein Kilo dieses Stoffes, jammert später noch Caligula, und Marc Aurel verweigert seiner Frau das sehnlichst gewünschte Seidenkleid – weil er es nicht bezahlen kann!

Europäisches Raffinement «veredelt» die Seide nun noch. Die Insel Kos in der Ägäis bringt märchenhaft schöne Frauen hervor, Frauen, die gern Seide tragen, Seide indessen, die ihre Trägerinnen nicht verhüllt, wie es das dichte chinesische Gewebe tut, die sie vielmehr eben noch verschleiert. So wird der aus China importierte Stoff denn wieder in seine einzelnen Gewebsfäden zerlegt, und aus ihnen entsteht ein hauchdünner Flor, zart und durchsichtig wie Spinnennetz. Das trägt man zu Kos in der Ägäis, das trägt man in Rom, das wird alsbald in den Orient exportiert. Die Männer im Abendland tragen ihrerseits Brokat, golddurchwirkt, in Tyrus purpurn gefärbt, wenn sie das bezahlen können. «So muß man fortan bis zum Ende der Welt pilgern», schreibt Plinius etliche Zeit später, «damit unsere Damen ihre Schönheit in durchsichtigen Schleiern verhüllen, die Männer ihr Hab und Gut für Brokat ausgeben können.» Und als eifriger Verfechter der «Kauf-am-Ort-Propaganda» fügt er an anderer Stelle hinzu: «Vorsichtig gerechnet, importieren wir aus Indien, China und Arabien alljährlich für hundert Millionen Sesterzen. Das bezahlen wir für unseren Luxus und für unsere Damen.» Er übersieht dabei, daß das ja nur der monetäre Verlust ist, den das Imperium Romanum erleidet. Bernstein, Metalle, Glas, Wolle, Leinen usw., kurz, ein großer Teil des Exports, mit dem Rom die Seide Chinas eintauscht, kommt noch hinzu, steigert das Debet und läßt die Handelsbilanz des Westens vollends passiv werden.

Schließlich geschieht, was geschehen muß, wenn man mehr ausgibt, als man einnimmt: es kommt zum Staatsbankrott. Um 300 n. Chr., unter Diocletian, ist es soweit. Aber während der Privatmann in solchen Fällen Konkurs anmeldet, hilft sich der Staat durch ein anderes Mittel. Er streicht seine Verpflichtungen, indem er die Inflation in Gang setzt. Und genau das tut Diocletian. Wir haben die jammervollen Berichte verzweifelter Väter, deren mühsam erarbeitetes Sparkapital, als Sicherung für Frau und Kinder gedacht, wie Schall und Rauch in der Luft verging. Wir haben erstaunte Meldungen, nach denen das Huhn, das eben noch ein paar Drachmen gekostet hatte, plötzlich dreißigtausend und mehr Drachmen wert war, nach denen man auf ein Haus, das um 267 n. Chr. mit zweitausend Drachmen taxiert worden war, um 307 den Betrag von drei Millionen achthunderttausend Drachmen als Hypothek erhielt usw. Und ganz wie wir einst mit Billionen, so rechnete das Diokletianische Zeitalter mit Tausenden und Myriaden von Drachmen. Wie nicht anders zu erwarten, sucht der Staat sich mit Höchstpreisverordnungen zu helfen. Das berühmte *edictum de rerum venatium pretiis* (Edikt über die Preise käuflich zu erwerbender Gegenstände), das allen späteren Höchstpreisverordnungen sozusagen als Muster gedient hat, das mit schweren Strafandrohungen gepanzert war und das genauso fruchtlos blieb wie neuzeitliche Verordnungen dieser Art, dieses *edictum* setzte mit peinlicher Genauigkeit Preise für alles und jedes fest: Lebensmittel und Sklavenpreise, Löhne, Arzthonorare, Mietpreise für Lohnfuhrwerke bis hin zu den *dormitoria*: den Schlafwagen der Antike, Schuster- und Schneiderrechnungen – kurzum, den Argusaugen des Staates entging nichts.

Natürlich macht die Tatsache, daß der Ostasien-Handel nicht nur mit klingender Münze, sondern ebenso auch mit Tauschwaren arbeitete, die herkömmliche Vorstellung von der völligen Abgeschlossenheit des Reichs der Mitte gegen andere Teile der Erde unhaltbar. Gewiß haben westliche oder südliche Händler China nicht eben häufig betreten, wenigstens in diesen frühen Zeiten nicht; aber die Tatsache des Tauschhandels hat bei den beteiligten Partnern doch eine genaue Warenkenntnis zur Voraussetzung, und wenn die chinesischen Zollbeamten und Händler in ihren Verzeichnissen dreizehn verschiedene Qualitäten und Sorten von Weihrauch führen, vom minderwertigen ostafrikanischen Weihrauch über die geringen kieselbraunen Qualitäten Arabiens bis hin zu den erlesenen Produkten der Weihrauchbäume von Hadramaut, so *müssen* sie damit, wenigstens im Umriß, eine gewisse Kenntnis der Herkunftsländer verbunden haben.

Es gibt nichts in jener fernen, frühen Welt, was nicht nach China exportiert worden wäre. Aus Indien kommen Edelsteine, Diamanten, Perlen, Rosenöl, Hanf und Sandelholz; aus Persien und von den Parthern schleppen die Karawanen Quecksilber, Bienenwachs, Bergkristall, Korallen und Storax heran; die Gewürzinseln schicken Pfeffer, so teuer, daß man ein Karat mit einem Karat Rubin bewertet hat, Kampfer, Muskat, Zimt und Benzoe, dazu Papageien und Kokosnüsse; die Araber endlich bringen Elfenbein, Rhinozeroshorn und vor allem Negersklaven. Bei den reichen Chinesen sind diese «Teufelssklaven» besonders beliebt, und die Araber machen mit dieser «Ware» so gute Geschäfte, daß sie schon 300 n. Chr. in Kanton eine eigene Siedlung erhalten. Gewiß verhält sich China allem Fremden gegenüber sehr reserviert. Aber es *kann* gar nicht ausbleiben, daß sich allmählich auch bei den Söhnen des Himmels eine gewisse Kenntnis von den Ländern der «Barbaren» verbreitet.

Trotz dieser lang anhaltenden und lebhaften Verbindungen zu dem reichen Seidenland im Fernen Osten lag dieses für die Erdkenntnis der Antike doch wie hinter einem Vorhang. Daher gilt die nachstehend wiedergegebene, 80 n. Chr. verfaßte Schilderung aus dem *‹Periplous maris Erythraei›*, dem Segelhandbuch eines in Berenice am Roten Meer ansässigen griechischen Kaufmanns, das sich auch mit Indien und China befaßt, in ihrer nebulosen Unbestimmtheit bis hin zu den Zeiten Marco Polos und bis zum ausgehenden Mittelalter. Dort heißt es:

«Hinter Indien nimmt das Meer irgendwo an einem Lande ein Ende. Und im Innern dieses Landes gibt es eine große Stadt, die heißt Thinae. Von dort kommen Wolle (Baumwolle), Seidenstickereien und Seidenstoffe nach Barygaza durch Baktrien. Es ist jedoch nicht einfach, nach Thin zu gelangen; und nur wenige Menschen kommen von dort. Das Land liegt direkt unter dem Kleinen Bären. Und das heißt, daß diese Gegenden nahe bei den entlegensten Gebieten des Pontus und des Kaspischen Meeres lägen ...»

Diese Unbestimmtheit macht es schwierig, den Wegen im einzelnen nachzuspüren, auf denen sich der Reiseverkehr mit China im Altertum vollzogen hat. Teilweise wird man, wenigstens in der Zeit um 100 n. Chr., als der chinesische Kaiser Hoti die alte Seidenstraße wieder geöffnet hatte, versucht haben, den Landweg zu benutzen, der, wie wir wissen, von alters her «eingelaufen» war. Freilich machte die Feindschaft der Parther diesen Weg für die Gräko-Romanen recht schwierig und kostspielig, und als zu Anfang des 2. nachchristlichen Jahrhunderts der Zugang zum Osten durch den glücklichen Ausgang der Parther-Kriege endlich erleichtert wurde, war das Tarim-Becken infolge des Einfalls wilder mongolischer Reitervölker bereits nicht mehr passierbar. Vermutlich hat man nunmehr den Seeweg gewählt.

Hierbei gab es zwei Möglichkeiten. Der zeitlich kürzere, aber zweifellos recht mühselige und anstrengende Reiseweg ging zunächst meerüber bis zur Mündung des Irawadi in Burma. Hier wurde auf Flußschiffe umgestiegen, und nun führte die Reise in strapaziöser Bergfahrt den Irawadi hinauf bis Bhamo, von wo aus, etwa auf der Route der heutigen Burma-Straße, eine sehr alte Karawanenverbindung in die Gegend von Yünnan und weiter nördlich bestand. Richard Hennig hat kürzlich

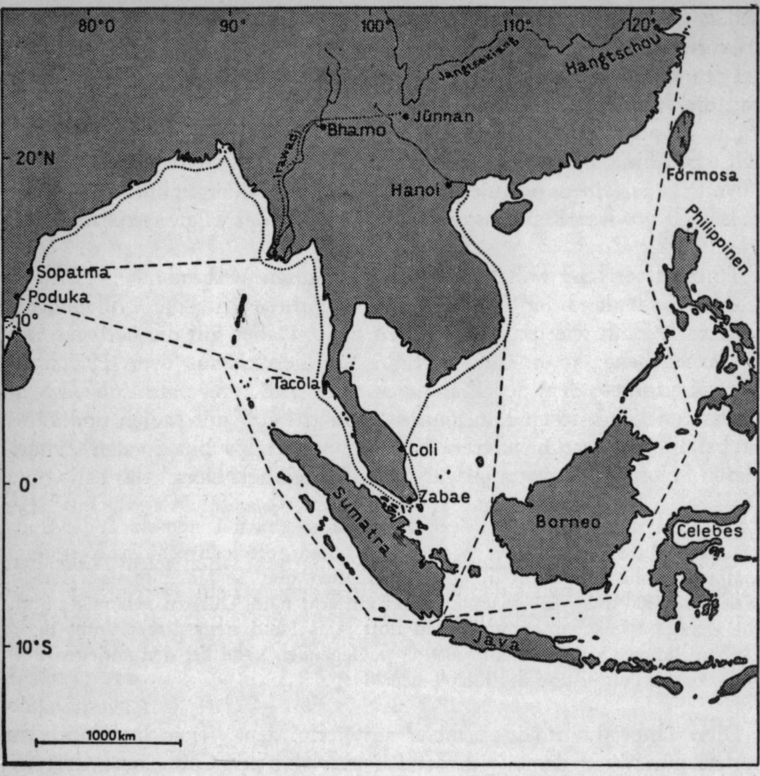

XIII. Der Seeverkehr zwischen Indien und China. Infolge der Windverhältnisse ist der Seeverkehr von Indien nach China nur im Spätherbst und Winter durch die Malakka-Straße gegangen. In der Regel lief er wohl über die Sunda-Straße. Wenn man Kattigara etwa an der Stelle des heutigen Hangtschou sucht, werden die China-Fahrer meist ostwärts Borneo den Philippinen entlang nach Norden gesegelt sein. Für die Fahrt nach Hanoi werden sie dagegen den Weg westlich von Borneo gewählt haben. Eine kürzere Verbindung nach Innerchina gewährte der Irawadi bis hinauf nach Bhamo. Dort setzte, etwa im Zuge der heutigen Burma-Straße, ein Karawanenweg bis in die Gegend von Yünnan ein. Die Vermutung, daß auch der Jangtsekiang bereits früh für den China-Handel als Reiseweg benutzt worden ist, liegt natürlich nahe.

höchst einleuchtend darauf aufmerksam gemacht, daß dieser Reiseweg manche Vorteile bot. Denn die reine Seeverbindung mit dem Fernen Osten führte offenbar nicht, wie man meinen möchte, durch die Malakka-Straße und über Zabae (Singapur) längs den Küsten zur Bucht von Tongking, wo vielleicht an der Mündung des Seros-Flusses, des heutigen Songkhoi, der chinesische Haupthafen gelegen hat. Bekanntlich wehen in der Malakka-Straße nur während der Spätherbst- und Wintermonate für die West-Ost-Richtung brauchbare Winde, während die östlichen Inseldurchfahrten, namentlich die Sunda-Straße, wetterbegünstigter sind. Es ist deshalb wohl mit einiger Bestimmtheit anzunehmen, daß die antiken Fernost-Segler, genau wie die Segelschiffe der Neuzeit, nicht durch die Malakka-, sondern durch die Sunda-Straße gefahren sind. Sie mögen dann, westlich an Borneo vorbei über das hohe Meer, weiter zur Tongking-Bucht gereist sein, von wo aus gute Karawanenwege ins Innere führten und wo sich, selbst wenn Kattigara weiter östlich lag, auf alle Fälle ein Hauptumschlagplatz für den Seehandel Europa–Ferner Osten befunden hat. Wiederholt ist die Ansicht vertreten worden, Kattigara könne nur an der Hang-tschou-Bucht gesucht werden, in die sich bis zum 3. Jahrhundert ein Nebenarm des Jangtsekiang ergoß. Trifft das zu, so sind unsere antiken Fahrensleute von der Sunda-Straße aus vielleicht sogar ostwärts um Borneo herum an den Philippinen entlanggefahren – eine imponierende Leistung, die uns tiefen Respekt einflößen muß.

Aber hier wollen wir zunächst ein wenig innehalten. Dem Leser, dem alle diese Dinge neu sind, wird es im Kopf wirbeln, namentlich wenn er an die fernen Schulzeiten zurückdenkt, während deren niemand davon sprach, wie weit Roms Macht und Roms geographische Sicht wirklich reichte. Freilich geschah das nicht aus Ignoranz; unsere Kenntnis dieser Dinge hat sich im Grunde erst im Laufe der letzten zwanzig oder fünfundzwanzig Jahre ergeben. Auch heute noch wird in den Schulen hiervon in der Regel nicht allzuviel gesprochen werden. Es kommt freilich hinzu, daß die materiellen Ergebnisse dieser weltweiten römischen Machtausübung nur in einer ganz dünnen Schicht sehr reicher Leute spürbar geworden sind. Keiner der Schriftsteller oder Historiker, deren Werke uns überliefert sind, wird Seide getragen haben. Keiner von ihnen wird unserem alexandrinischen Großkaufmann selber begegnet sein. Keiner von ihnen ist, wie einst Herodot, selbst durch die Welt gereist. Sie alle sind an ihrem Schreibtisch geblieben, und was sie zu berichten haben, das sind die ganz handgreiflichen Sensationen, die den Lärm der Großstadt am Tiber für einen Moment des Erstaunens zu übertönen vermochten. Und ehe unsere antiken Gewährsmänner in der Lage waren, sich der geistigen Resultate dieser ungeheueren Ausweitung der «Oikumene» bewußt zu werden, brach ihre Welt im Blutrausch des Cäsarenwahns, in der Abwendung des Christentums vom Diesseits, in der Überflutung durch kaum zivilisierte Barbaren zusammen.

5

Wir haben mit unserem Bericht sehr weit vorgegriffen und viele Jahrhunderte übersprungen. Das ist indessen nicht unversehens geschehen. Denn wenn wir uns jetzt dem Westen und damit der Frage zuwenden, ob Fahrten so gewaltigen Ausmaßes, wie sie bereits in der Frühgeschichte auf den östlichen Meeren durchgeführt wurden, nicht auch auf dem Atlantik stattgefunden haben mögen, so wird zunächst die Vorfrage zu erörtern sein, ob denn die technischen Mittel für solche Fernunternehmungen auf dem unruhigen, durch plötzliche Wetterumschwünge gekennzeichneten Ozean bereits da waren, das heißt also, ob die Alten Schiffe hatten, auf denen sie den westlichen Meeren zu trotzen imstande waren. Nach dem, was wir oben vom Indischen Ozean erzählten, wird man diese Frage bereits für recht frühe Zeiten doch wohl bejahen müssen; es hat ganz den Anschein, als sei das klassische Altertum technisch durchaus fähig gewesen, weit auf das Weltmeer vorzustoßen und vielleicht sogar es zu überqueren. Ungewollt, als Folge schwerer, anhaltender Stürme, das heißt also als Verschlagungen, haben so weite Seereisen zweifellos wieder und wieder stattgefunden. Die etwa um 1930 erfolgte Überquerung des Atlantischen Ozeans in einem Faltboot, die vor fünfzig Jahren durchgeführte Ozean-Fahrt in einem offenen Ruderboot, die eben erst geglückte Überwindung des Pazifischen Ozeans auf einem Floß beweisen eindringlich, was einem erfahrenen, mutigen Seemann möglich ist und daß selbst mit so winzigen Fahrzeugen gewaltige Entfernungen überwunden werden können. Auch Atlantik-Reisen im Einhand-Segelboot sind in den letzten Jahrzehnten mehrfach durchgeführt worden; ganz kürzlich hat sich eine Fahrt im Amphibien-Jeep angeschlossen: unmöglich ist derlei also nicht, weder heute noch in grauer Vorzeit, und Ozean-Überquerungen bereits lange vor Beginn unserer Zeitrechnung haben sicherlich häufig stattgefunden. Freilich kündet davon keine auch nur halbwegs gesicherte Überlieferung, und nach dem derzeitigen Stand unseres Wissens kann, abgesehen von der normannischen, von keiner Vorentdeckung Amerikas die Rede sein: zumindest läßt sich eine solche nicht beweisen.

Betrachtet man einmal eine Karte der Wind- und Strömungsverhältnisse des Atlantischen Ozeans, so will einen das freilich wundernehmen. Passate und Drift geben den Wassermassen dieses Meeres über Tausende von Kilometern hin eine gleichgerichtete Strömung, die oft mehr als zwei Kilometer in der Stunde erreicht und die eine Art beweglicher Brücke von Kontinent zu Kontinent darstellt. Man braucht sich ihr, scheint es, nur anzuvertrauen, um die atlantischen Wasserwüsten zu überwinden. Dafür bedarf es nun freilich des Wissens um diese nautische Möglichkeit, andererseits bedarf es dafür der Überzeugung, daß man jenseits des Ozeans Land finden werde.

Diese Überzeugung ist aber in der ganzen Antike zweifellos sehr

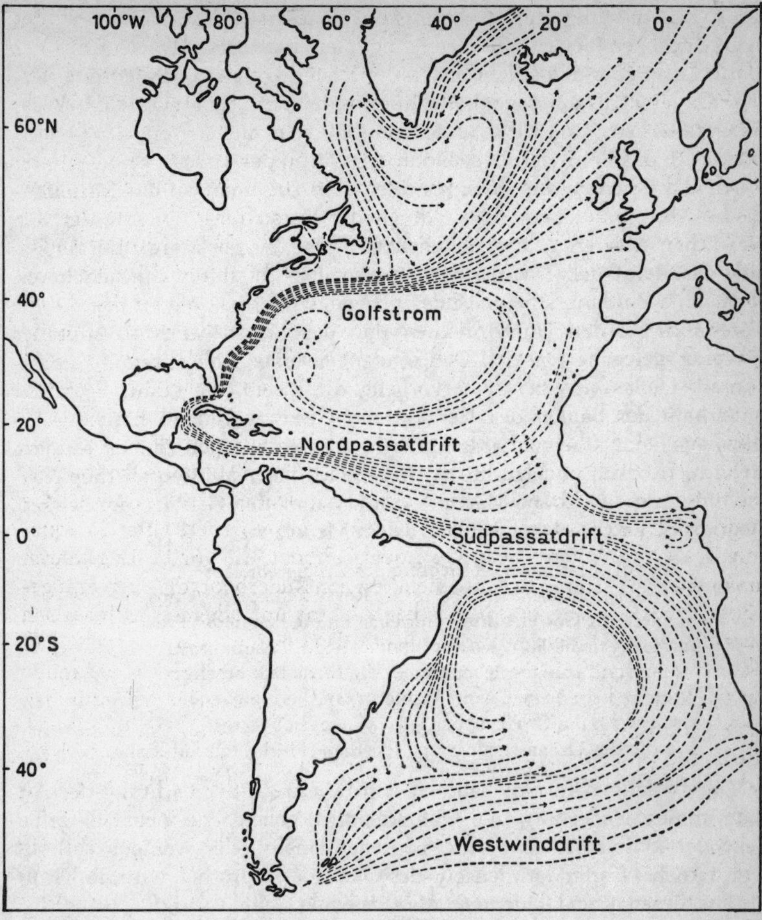

XIV. Strömungen im Atlantischen Ozean

verbreitet gewesen. Einmal entsprang sie sozusagen physikalischen Gründen. Denn solange man sich die Erde als eine Scheibe dachte, die rings vom Okeanos umströmt wurde, war es logisch notwendig, sich jenseits des Weltstromes ein Ufer hinzuzudenken, dessen Böschung diesen Strom einfaßte. Hinter den wilden, weiten Wassern des ungeheueren Flusses *mußte* also Land liegen!

Andererseits deckte sich diese Überlegung völlig mit den Jenseitsvorstellungen, die von alters her bei den Völkern des Mittelmeerraumes umliefen. Irgendwo im Westen, hinter dem Meer, dort, wo allabendlich die Sonne unterging: da mußte das Totenreich sein, die Heimat der abgeschiedenen Seelen. Bereits Altägypten ließ seine Toten auf einer Götterfähre über den stillen Strom der letzten Dinge in das Jenseits fahren. Gilgamesch, der sagenhafte König von Uruk, überquerte die Wasser des Sterbens, und Kirke teilte dem Odysseus mit, jenseits des Ozeans breite sich das Reich der Persephone, der Göttin des Todes.

Als die Griechen aus ihrer kontinentalen Urheimat an das Mittelländische Meer vorstoßen, da ist ihnen die Vorstellung eines hinter den westlichen Meeren gelegenen Jenseits offenbar unbekannt. Sie denken sich das Reich der Toten vielmehr irgendwo in unterweltlichen Bereichen. Eine Zeitlang scheint beides nebeneinander zu stehen: das dunkle Totenreich bei den Unterirdischen und das hinter der Meeresflut des Okeanos gelegene Jenseits. Dann gelangen erste, unbestimmte Gerüchte nach Hellas, aus denen hervorgeht, die Inseln, die kühne Seefahrer außerhalb der Säulen des Herakles im Ozean gefunden hätten, seien durchaus keine schemenhaften, grau in grau verhängten Länder, sondern lieblich, friedlich und fruchtbar, so daß sich jener altorientalischen Vorstellung nun das schöne Märchen von Elysium, den Gefilden der Seligen, überlagert. Daher verheißt Proteus dem Menelaos:

«Aber dir bestimmt, du Liebling des Zeus, Menelaos,
Nicht das Schicksal den Tod in der Rosse nährenden Argos,
Sondern die Götter führen dich einst an die Enden der Erde,
In die elysische Flur, wo der blonde Held Rhadamanthys
Wohnt und ruhiges Leben immer die Menschen beseligt.
Dort ist kein Schnee, kein Winterorkan, kein gießender Regen,
Ewig wehn die Gesäusel des leise atmenden Westes,
Welche der Ozean sendet, die Menschen sänftlich zu kühlen!»

Diese «Seligen Inseln» tauchen von nun an in der Dichtung der Antike immer wieder auf, und wahrscheinlich gehen jene vielen Einzelbelege der klassischen Literatur, in denen, mehr oder weniger verhüllt, von fernen Westländern jenseits des Okeanos gesprochen wird, im Grunde auf diesen alten Glauben an die elysischen Gefilde zurück.

So ist es offenbar noch bei Plato, der die Priester von Saïs in seinem *‹Timaios›* am Ende eines langen Berichts über Atlantis erzählen läßt, hinter dieser Insel, «am Rande des Ozeans lag ein großer Kontinent». Natürlich ist dieser große Kontinent nicht etwa Amerika, vielmehr entstammt dies geheimnisvolle Land «am Rande des Ozeans» seinem letzten Ursprung nach wohl den Bereichen jener logisch-physikalischen Folgerung, von der wir vorhin sprachen. Sicherlich wird diese Vorstellung aber auch elysische Züge getragen haben. Außerdem sind ihr bereits die Perspektiven der Pythagoreer zugesellt, die die Erde nicht mehr als Scheibe, sondern als Kugel begreifen und die Platon natürlich kannte.

Denn bereits sein Schüler Aristoteles (384 bis 322 v. Chr.) äußerte ganz unzweideutig die Ansicht, daß die Erde eine Kugel sei und daß sich zwischen den Säulen des Herakles und Indien nur *ein* Meer breite. Man sieht, es wird hier aus der neuen Vorstellung von der Kugelgestalt der Erde sofort die Folgerung gezogen, daß die einstige Gegenböschung des Okeanos, das alte elysische Gefild, der Küste Ostasiens entspreche.

Wenige Jahrzehnte nach Aristoteles fügt Eratosthenes (275 bis 195 v. Chr.) diesem schon sehr neuzeitlichen Bild unserer Welt dann einen ganz modernen Zug bei. Er meint: «Nur die Gegend der Erde, in der wir selbst leben und die uns bekannt ist, wird von uns Oikumene, bewohnte Welt, genannt. Doch kann sich in der gemäßigten Zone durchaus noch ein weiterer bewohnter Kontinent oder deren sogar mehrere befinden.» Und gestützt auf seine Gradmessungen zwischen Alexandria und Syene rechnet Eratosthenes aus, das Festland der Alten Welt müsse etwa ein Drittel des Erdumfangs betragen, so daß die Entfernung der ostasiatischen Küste von Spanien rund 240 Längengrade ausmache, was den tatsächlichen Verhältnissen ja auch annähernd entspricht.

Ist das nicht erstaunlich? Wie mag Eratosthenes zu dieser Ansicht gekommen sein? Wie war es möglich, daß er sich von der bis tief in das Mittelalter hin bedingungslos anerkannten Autorität des Aristoteles so weit löste? Für Platos großen Schüler war und blieb Europa die Welt, war und blieb der Mensch eben dieses Abendlandes Mittelpunkt und Maß aller Dinge. Infolgedessen hatte Aristoteles auch das Vorhandensein anderer Festlandmassen ausdrücklich für unmöglich erklärt. Was hat den Eratosthenes dazu veranlaßt, diese geographische Säkularisation der «Oikumene» vorzunehmen?

Man kann sich kaum vorstellen, dies sei erfolgt auf Grund einer bloßen Hypothese. Man möchte meinen, dem großen griechischen Gelehrten sei irgendein Wissen zugekommen von jener Neuen Welt, die bereits zu seiner Zeit dem Abendland durch die Meeresbrücke des Atlantischen Ozeans verbunden war und die nicht abließ, immer neue Zeichen ihres Vorhandenseins nach Europa zu entsenden.

Ist das tatsächlich geschehen? Oskar Peschel, einer der Begründer der modernen Geographie, hat einmal gesagt, von alters her hätten «die beiden Ufer des atlantischen Tales einander von ihrer Gegenwart Kunde gegeben». Und wenn man sich in einer der vielen Biographien des Kolumbus ganz unmittelbar überzeugt, welche Menge von handfesten Beweisen dem genuesischen Entdecker für die Existenz eines westlich des Ozeans gelegenen, nicht allzu entfernten Kontinents vorlagen, so wird man Oskar Peschel beipflichten müssen. Ganz zweifellos hat Amerika alles getan, was in seiner Macht stand, um die fernen Ostländer von seinem leibhaftigen Dasein zu unterrichten.

Natürlich ist das auch schon in der Antike geschehen, und wir haben daher in der klassischen Literatur einige Stellen, die darauf schließen lassen, daß solche neuweltlichen Botschaften bereits im grauen Altertum nach Europa gelangt sind. In seinem interessanten, wenn auch nicht immer überzeugenden Atlantis-Buch macht A. Braghine auf eine bedeutungsvolle Nachricht aufmerksam, die auf den antiken Historiker Pausanias (um 150 n. Chr.) zurückgeht. Dieser Pausanias habe bekundet, weit westlich im Ozean befinde sich eine Gruppe von Inseln, deren Bewohner rothäutig seien und deren Haar dem der Pferde gleiche. Wenn man nicht annimmt, die Phantasie des Pausanias habe zufällig beides gleichzeitig erfunden, die Rothäutigkeit *und* das strähnige Pferdehaar, so kann man diese Nachricht kaum anders erklären, als daß man sie auf Indianer bezieht.

Aber hat dieser Pausanias denn tatsächlich irgendeine Kenntnis von den Bewohnern Amerikas haben können? Läßt sich das irgendwie beweisen?

Pausanias selbst schweigt sich über die Herkunft seines Wissens aus. Aber sein etwas früher, zur Zeit Caesars lebender Kollege, der römische Chronist Pomponius Mela, berichtet uns genau das, wonach wir hier gefragt haben.

«... Neben den Naturforschern und Homer behauptet auch Cornelius Nepos, ein neuerer und glaubwürdiger Historiker, daß die ganze Erde von Meer umgeben sei. Er nennt hierzu den Q. Metellus Celer als Gewährsmann. Dieser habe nachstehendes mitgeteilt: Als er Prokonsul in Gallien gewesen (62 v. Chr.), seien ihm vom König der Boter etliche Inder zum Geschenk gemacht worden. Auf seine Fragen, wo diese Menschen hergekommen seien, habe man ihm gesagt, sie kämen aus den indischen Meeren, seien vom Sturm über die dazwischenliegenden Meere verschlagen und schließlich an der Küste Germaniens an Land getrieben ...»

Es versteht sich, daß es sich bei diesen «Indern» ebensowenig um Inder handelt wie bei den rotbraunen Menschen, die Kolumbus bei der Entdeckung Amerikas dort als Eingeborene vorfand und die er auch als Inder bezeichnete. Was jenseits des Ozeans lag, hieß eben Indien. Natürlich konnten indische Fahrzeuge niemals nach Germanien verschlagen werden. Überhaupt scheinen die Seeleute Indiens zur Entdeckung der Welt nicht eben viel beigetragen zu haben, und es ist nicht bekannt, daß indische Schiffe über den Indischen Ozean wesentlich hinausgekommen wären. Nach Lage der Dinge können die «Inder», von denen Pomponius Mela hier berichtet, nur aus Amerika gekommen sein.

Neben bemannten und unbemannten Booten sind natürlich an den Küsten Westeuropas noch manche anderen Dinge angetrieben worden: Wrackstücke, Bambusrohr, «Seebohnen» – wie wir wissen, der Samen der Entada gigas, einer Kletterpflanze, die an den Ufern der Karibischen See vorkommt –, fremdartige Hölzer von hoher Schwimmfähigkeit, wahrscheinlich Stämme des Cuipo-Baumes aus Mittelamerika, und dergleichen mehr. Sicherlich haben diese Anspülungen dazu geführt, die bereits vorhandene Hypothese von einem im fernen Westen gelegenen Kontinent zu festigen.

Man hat neuerdings, mit einem Seitenblick auf die Bekundungen des Pomponius Mela und anderer antiker Autoren, gemeint, alle diese Anlandungen entstammten den nördlichen Breiten der Erde und seien von Eskimos durchgeführt. Es ist hier nicht der Ort, näher darauf einzugehen, aber es soll nicht verschwiegen werden, daß eine Meldung des Plutarch (46 bis 120 n. Chr.) in der Tat auf den hohen Norden der Welt Bezug nimmt. In seinem Dialog ‹*Über das Gesicht im Monde*› berichtet Plutarch nämlich, weit westlich im Ozean lägen auf der Breite von Britannien einige Inselgruppen, hinter denen sich am Rande des Meeres ein großer Kontinent erstrecke. Diese Inseln – und nun kommt das, was diesen so phantastisch anmutenden Bericht bemerkenswert macht – seien daran kenntlich, daß sie während eines Zeitraums von dreißig Tagen fast ununterbrochen Sonne und Licht hätten. Nachts über sei die Sonne zwar für etwa eine Stunde nicht sichtbar, es werde aber auch dann nicht ganz dunkel, vielmehr glühe der westliche Himmel in einer leuchtenden Dämmerung.

Das *kann* nicht erfunden sein, sondern weist ziemlich unzweideutig auf eine westlich von England in der Nähe des Polarkreises gelegene Insel hin. Derlei nüchterne Angaben erdichtet man nicht, gerade der Dichter braucht starke Spannungsmomente. Es ist natürlich ziemlich müßig zu untersuchen, welche Insel Plutarch gemeint haben könnte. Aber es ist sicher nicht von der Hand zu weisen, daß seine Nachricht stutzig machen muß. Nach Lage der Dinge kann das große Festland, von dem er erzählt, eigentlich nur Amerika sein.

Man wird zugeben müssen, daß die hier gebrachten Berichte, die durch entsprechende Zitate aus den Werken des Strabo, des Seneca, des Aelian und anderer antiker Geographen jederzeit vermehrt werden können, immerhin verblüffend sind. Vergegenwärtigt man sich noch einmal, daß lange vor Beginn unserer Zeitrechnung zahlreiche antike Schiffe die Überquerung des Indischen Ozeans auf einer Route wagten, die rund 2000 km über die offene See führte, das heißt etwa fünfundzwanzig Tage ohne Landsicht, so muß man doch fragen, welche ernsthaften Schwierigkeiten sich tüchtigen Seeleuten in den Weg gestellt hätten, wenn sie eines Tages von dem wohlbekannten Nordwestafrika aus mit dem Passat nach Westen gesegelt wären, um auf diesem Wege nach Indien zu gelangen. Kanaren und Azoren waren in der Zeit um Christi Geburt längst bekannt – wenn diese Kenntnis später auch wieder verlorengehen sollte –, und wenn man in Rechnung setzt, daß unmittelbar westlich der Kapverden der Nordost-Passat einsetzt, der stark und beständig genug ist, ein Schiff weit hinaus mitzunehmen, so muß man eine frühe Erreichung Amerikas wohl als möglich bezeichnen.

Ob das tatsächlich geschehen ist, läßt sich bisher jedoch nicht eindeutig beweisen. Zwar hat sich namentlich die portugiesische Geographie immer wieder bemüht, hieb- und stichfeste Belege für eine schon lange vor

Kolumbus erfolgte Überquerung des Ozeans zu erbringen. Aber so wahrscheinlich das ist – im nächsten Kapitel werden wir mehr davon hören –, endgültig gesichert, und absolut zwingend sind die in dieser Richtung vorgelegten Argumente nicht. Nautisch und schiffbautechnisch hat bereits während des klassischen Altertums die Möglichkeit bestanden, den Atlantischen Ozean zu bezwingen: das ist ganz unzweifelhaft. Solange jedoch der Satz gilt: *Quod non est in actis, non est in mundo!* – auf gut deutsch also: Was nicht schwarz auf weiß geschrieben steht, das ist auch nicht wirklich geschehen –, solange bleiben präkolumbianische Amerika-Fahrten, wenigstens seitens der Mittelmeervölker, mehr oder weniger hypothetisch.

Teil VI

Amerika – Das Hvitramannaland
Das Land der Bleichgesichter

Todesahnung in Temixtitan · Cortez und Doña Marina · Die «Votans»-Legende der Mayas · Wer war Quetzalcoatl? · Gudleif Gudlaugson in Hvitramannaland · St. Brandan und König Madoc fahren über den Ozean · «Weiße Indianer» in Amerika · Die blonden Mandans · Haben die Indianer das Rad gekannt? · Rothäute mit europäischen Namen · Pedro de Candia ärgert sich in Tumbez · Wer ist Virakocha? · Blauäugige Inkas · Die Legende vom weißen Gott Bochica · Das Rätsel der Osterinsel · Blonde Polynesier · Wer brachte die Kartoffel nach Hawaii? · Thor Heyerdahls Floßfahrt über den Pazifik · Peru und Polynesien · Auslegerkanus und Balsaflöße · Phönizische «Inschriften» in Amerika · Sprachen die Indianer Griechisch?

1

Eine alte Sage ging um in Temixtitan, des Kaisers Montezuma prächtiger Stadt im Tale von Mexiko, eine alte Sage, die unter den Tolteken, den einstigen Herren des Landes, nun armen Fischern und Bauern, ebensowenig verstummen wollte wie unter den großmächtigen Baronen von Aztlan, die jetzt über das Reich geboten. Eine Sage, die die Priesterschaft nicht hatte ausrotten können, soviel zuckende Menschenherzen sie auch auf den Altären des Gottes Uitzilopochtli opferten in den Jahhunderten, in denen die aus Aztlan ausgewanderten Azteken ihrer neuen, blühenden, fruchtbaren Heimat Gebieter waren. Und nun war eingetroffen, was die weisen Seher vorausgesagt hatten und was in den heiligen Büchern zu lesen stand: fern im Osten erhob sich der einst von einer Jungfrau geborene Lichtgott Quetzalcoatl und schickte sich an, das Land, das ihm die Götter der Azteken entrissen, wieder zurückzunehmen und sich aufs neue zu eigen zu machen. Und mit ihm, dem weißen Gott des Lichts und der klaren, hellen Luft, nahte eine Schar strahlender, himmlischer Wesen, sitzend auf vierfüßigen Drachengöttern, denen dampfend der Odem aus der Nase ging, die schnell dahinglitten wie eine Windsbraut, und deren Mähnen und Schweife wehten wie die Rauchfahnen aus dem Mund des eisgepanzerten Feuerberges Popocatepetl. Blitz und Donner, so sagten die Kundschafter, brächten die weißen Götter in ihren Händen mit: selbst, mit eigenen Augen, hätten sie gesehen, wie mancher tapfere Mann unter dem aus langen Rohren fahrenden, blitzenden Donner der erzürnten weißen Götter sein Leben gelassen. Nichts sei gegen sie auszurichten, gelinge es nicht, sie freundlich zu stimmen.

Und eine Ahnung nahenden Untergangs lief im Land um. Die Dichter sangen:

«Wie traurig! Wie schwer!
Ich weiß, unser Reich sinkt dahin,
Die Sterne rauchen,
Die Stadt der Bücher, der Blumen
Ist bald nicht mehr!»

Von überallher wurden drohende Vorzeichen berichtet. Böse Kometen erschienen am Himmel, Tempel gerieten in Brand, der heilige See von Tezcuco trat plötzlich schäumend über seine Ufer, leise Stimmen und schmerzliches Wehklagen klang aus der Luft herab.

Der Mann, dem alle diese Zeichen gelten, Fernando Cortez, der Anführer der «Weißen Götter», ahnt um diese Zeit nicht das geringste von der Beunruhigung, die sein Dasein in Mexiko hervorruft. Er ist ein kleiner spanischer Junker, aus gutem alten Haus zwar, aber arm wie eine Kirchenmaus. Eben hat er – wir schreiben den 18. November 1518 – vom Gouverneur von Kuba den Befehl bekommen, Yukatan und die Küstengegenden Mittelamerikas näher zu erkunden. Befehl ist Befehl, er muß gehorchen, obwohl es ihm in Kuba bei den vielen heißblütigen Señoritas ganz gut gefällt. Mißmutig fährt er ab, mißmutig läßt er ein Vierteljahr später in der Mündung des Tabasco in Yukatan die Anker seiner Schiffe in das Meer rauschen, mißmutig gibt er die notwendigen Befehle für das Landungsunternehmen des nächsten Morgens.

Nachts zischen einige Dutzend Indio-Pfeile über die Flotte. Fast freut sich Cortez. Es wird Kampf geben. Aber es gibt nur ein Gemetzel. Als die zehn Messingkanonen und die vier Feldschlangen der Spanier zu sprechen beginnen, erstarren die Indianer in tödlichem Entsetzen. Abends schickt der Kazike von Cintla die Unterwerfungserklärung. Und als Zeichen der bedingungslosen Kapitulation kommen zwanzig bildschöne junge Indianerprinzessinnen, schwer mit Gold behangen und von Sklaven begleitet, die weiteren Goldschmuck tragen.

Unter diesen zwanzig jungen Mädchen befindet sich eine hellhäutige, herrische junge Frau, eine von Montezuma verbannte Aztekenprinzessin, Angehörige des kaiserlichen Hauses. Sehr sicher, ihrer hohen Abkunft in jeder Sekunde voll bewußt, geht sie auf Cortez zu. Unverwandt sieht sie dem schlanken, eleganten spanischen Kavalier in die Augen. Dann schlägt sie die Hände vor das Gesicht, und wenige Schritte vor Cortez bricht sie in die Knie. Wie in tiefster religiöser Erschütterung, so als sei sie einem leibhaftigen Gott begegnet, neigt sie sich vor dem Spanier.

Cortez ist erstaunt, bewegt, beeindruckt! Dolmetscher her!

Kniend rutschen zwei Indios, die irgendwo ein paar Worte Spanisch aufgeschnappt haben, über das Schiffsdeck auf Cortez zu. Die Nacht ist hereingebrochen, Windlichter flackern in den Pechpfannen auf der Reling, am hohen Himmel funkeln die Sterne über den Masten. Rings hinter dem Befehlshaber stehen die Offiziere, auf der Back reiht sich Kopf an Kopf die Mannschaft. Schweigend, verdutzt, ergriffen hören sie die seltsame Geschichte an, die die Prinzessin erzählt und die die Dolmetscher stockend und holprig übersetzen.

Vor langen, langen Zeiten, so berichtet die Aztekin, seien an der Küste von Yukatan, eben des Landes, vor dessen Ufern die Söhne der weißen Götter auch nun wieder geankert hätten, zahlreiche fremde Schiffe erschienen, denen große, blonde, blauäugige Menschen entstiegen seien. Die Borde dieser Schiffe hätten geglänzt wie die Schuppen einer Schlangenhaut, und es habe ausgesehen, als kröchen riesige, schillernde Schlangen langsam über das Meer auf die Küste zu. Fremdartige Kleider hätten diese unbekannten Menschen getragen und um die Stirn einen Schmuck, der offenbar das Abbild einer aufgeringelten Schlange darstellte. Nun sei die heilige Schlange eine der ältesten Gottheiten gewesen, die die Mayas von Yukatan verehrten. Als jene hellhäutigen, schlangengekrönten Wesen in ihren schuppig-gleißenden Schlangenschiffen angekommen seien, da habe man geglaubt, diese Fremden seien Söhne der heiligen Schlange, seien Götter.

Die Aztekin ist während ihrer Erzählung in einen seltsamen, monotonen Singsang verfallen. Immer noch kniend, wirft sie ihren Körper in rhythmischen Schwingungen vor und zurück, als lausche sie fernen Trommeln. Die Spanier werden diese Trommeln wenig später zur Genüge kennenlernen in furchtbaren Nächten. Noch ahnen sie nichts, noch haben sie die Trommeln, noch haben sie die gellen Schreie der aztekischen Trompeten nicht gehört, noch atmen sie nicht den Dampf der von Menschenblut triefenden Altäre.

Feine Schweißtropfen stehen auf der Stirn der Prinzessin. Alle Angst der Kreatur, alle Hingabe an Gott, alle Hoffnung auf die versöhnende Gnade der erzürnten Himmlischen liegt in diesem jammervollen Schwingen ihres Leibes. Gerührt löst Cortez die goldene Agraffe seines Umhangs, sanft legt er die samtene Wärme des Mantels über die fremde Frau, still geleitet er sie in seine Kabine. Als die berühmte Doña Marina wird die Aztekin für viele Jahre sein treuester Kamerad und der einzig verläßliche Begleiter seines triumphalen Lebens sein.

Keiner der Biographen des Cortez meldet, wie sich eigentlich das erste Zusammentreffen zwischen ihm und der einzigen Frau abspielte, die er in seinem vielbewegten Leben wohl wirklich geliebt hat. Im einzelnen kann sich manches anders verhalten haben, als wir es hier erzählten. Aber es scheint sicher zu sein, daß der große Spanier erst durch Doña Marina erfuhr, wie angstvoll er von den Azteken erwartet wurde.

Zweifellos wird Doña Marina mit jener Maya-Überlieferung begonnen haben, von der wir hier eben berichteten und die als die «Votans»-Legende der Eingeborenen von Yukatan berühmt geworden ist. Denn zu Lebzeiten der Aztekin lag das alles ja erst ein paar Jahrhunderte zurück. Um 1000 n. Chr. hatten die ursprünglich in den Urwäldern von Guatemala ansässigen Mayas auf der Halbinsel Yukatan Land genommen; wenn sie also von fremden Schiffen erzählten, die vor dem neuen Land erschienen wären, so mußte diese Überlieferung verhältnismäßig jung sein. Offenbar ist sie in der gleichen Zeit entstanden, in der die auf Grönland heimisch gewordenen Wikinger ihre ersten Kolonisationsversuche in Amerika unternahmen.

Diese «Votans»-Überlieferung ist schon seit langem bekannt. Letztmalig hat sie die amerikanische Schriftstellerin Anne Terry White in ihrem sehr interessanten Buch *‹Versunkene Kulturen›* erzählt. Liest man ihre Darstellung nach, so denkt man dabei sogleich an die von vielen alten Abbildungen überlieferten drachenköpfigen Normannenschiffe, deren Borde besteckt waren mit den gleißenden Schilden der Mannschaft: Schiffe, an deren Bug Schlangenhäupter über die See starrten und deren Seiten wie Schlangenschuppen geschillert haben müssen. Und aus diesen schmalen, langen Schlangenschiffen stiegen nun Menschen aus, an deren Stirnen schlangengleiche Diademe glänzten, spiralige Schmuckfibeln vielleicht, wie sie die Germanen liebten, schön gedreht wie aufgerollt liegende Schlangen – ein Emblem, das den Mayas natürlich besonders auffallen mußte. Anne Terry White berichtet weiter, daß sich die blonden, blauäugigen Fremdlinge der «Votans»-Legende in Yukatan niederließen, daß sie unter den Mayas lebten und ihre Lehrer und Führer wurden. Und schließlich erzählt sie, daß von dieser Anlandung seltsame Ausstrahlungen hinübergegangen seien nach dem benachbarten Mexiko.

Denn eines Tages sei dort, wohl im 12. oder 13. Jahrhundert unserer Zeitrechnung, ein alter Mann erschienen, den niemand kannte. Unverweilt habe dieser aus dem Fernen Osten gekommene Unbekannte begonnen, eine neue Religion und neue Sittengesetze zu lehren. Abgeklärt und weise sei er gewesen, gutherzig und von großer Milde. Bluttat und Gewalt habe er inbrünstig verabscheut, und er hätte sich Watte in die Ohren gestopft, wenn von Krieg gesprochen wurde. Er sei weiß-

22. Wikingerschiff auf dem Teppich von Bayeux. Wilhelm der Eroberer bricht 1066 zur Invasion Englands auf. Die Abbildung zeigt sein Drachenschiff unter vollen Segeln. Als Schutz gegen überkommendes Wasser hat die Mannschaft die Planken des Schiffes mit ihren Schilden besteckt.

häutig gewesen und habe einen langen Bart gehabt – die Indianer sind bekanntlich fast bartlos –, und nach dem leuchtenden Quetzalvogel hätte man ihn mit dem Namen Quetzalcoatl benannt. Anfangs seien ihm die Vorväter auch lange Zeit gehorsam gewesen. Dann hätten sie sich aufrührerisch wider ihn erhoben, so daß er habe aus dem Land weichen und in seine fern im Osten über dem großen Meer gelegene Heimat zurückkehren müssen. Aber vor seinem Verschwinden habe er prophezeit, eines Tages würden seine weißen Brüder in Mexiko erscheinen und das Land erobern.

Es versteht sich, daß Cortez diese Legende höchlichst gelegen kam und daß er nichts tat, sie zu entkräften. Als nach seiner Landung an der Küste von Mexiko einer der Gesandten des Kaisers Montezuma angesichts der spanischen Sturmhauben erklärte, solche Helme hätten die Vorväter zu Quetzalcoatls Zeiten auch getragen und einer hänge noch im Tempel des Kriegsgottes, da hat er vielleicht selbst halb und halb geglaubt, daß er nur ein Nachfahre viel früherer weißer Entdecker sei. Die Azteken jedenfalls waren fest davon überzeugt, daß die Spanier Söhne und Brüder des Lichtgottes aus dem Osten seien.

Dabei darf nun freilich nicht verschwiegen werden, daß Quetzalcoatl in den indianischen Ursagen, die lange vor Auftreten der Azteken entstanden, anscheinend *nicht* als weißer Gott geschildert wird. Der deutsche Amerikanist Walter Krickeberg hat hierauf in seinem Buch *‹Märchen der Azteken, Inka, Maya und Muiska›* aufmerksam gemacht und hierzu erklärt:

«Daß religiöser Eifer und Mißverständnis in den altindischen Geschichten Spuren der christlichen Lehre witterten und sie mit allerhand willkürlichen christlichen Zutaten versahen, kommt häufig vor ... Doch muß man sich hüten, wegen einiger christlicher Zutaten ganze Sagen als spanischer Erfindung verdächtig abzulehnen, zum Beispiel wenn Kulturheroen wie Quetzalcoatl, Bochica oder Virakocha mit den äußeren Merkmalen eines Apostels ausgestattet waren ... Hier knüpfte der Chronist an zweifellos bereits in der ursprünglichen Überlieferung vorhandene und aus der Naturgrundlage des Mythus abgeleitete Züge an und stattete diese nur mit einigen erfundenen Zutaten aus. Was sonst in den amerikanischen Sagen an auffälligen Parallelen zu altchristlichen vorhanden ist, gehört zu der großen Zahl von Übereinstimmungen zwischen den alt- und neuweltlichen Kulturvölkern, die auch auf anderen Gebieten bestehen und deren Erklärung der zukünftigen Forschung überlassen werden muß.»

Soweit Walter Krickeberg, den wir hier so ausführlich zitieren, weil er, wie bekannt, jeder Phantasterei abhold ist. Trotz aller Zurückhaltung betont auch er nachdrücklichst, daß die in den altamerikanischen Sagen vorhandenen «auffälligen» Parallelen zum altchristlichen Legendengut zu der «großen Zahl von Übereinstimmungen» gehören, die zwischen den Kulturvölkern der Alten und der Neuen Welt vorhanden sind. Ebenso nachdrücklich warnt er freilich vor einer allzu kritiklosen Deutung indianischer Legenden, deren Chronisten das alte Sagengut mit allerlei christlichen «Verschönerungen» versehen hätten.

Trifft das auch auf die Figur Quetzalcoatls zu? Mit anderen Worten: haben ihn jene Spanier, die bald nach der Eroberung Mexikos damit begannen, die Sagen und Legenden dieses seltsamen Landes aufzuzeichnen, tatsächlich nach dem Bild dargestellt, welches sie sich als Angehörige ihrer Zeit und als Angehörige ihres Volkes von dem Aussehen des Erlösers machen mußten? Haben sie den «weißen Heiland» Mexikos als brünett, als dunkelhaarig und dunkeläugig geschildert, so wie die Spanier vor fünfhundert Jahren ihre Christus- und Apostel-Gestalten abbildeten, so wie sie damals selbst aussahen und wie sie heute noch aussehen? Haben diese spanischen Chronisten ihren Quetzalcoatl auch in der Kleidung dargestellt, die herkömmlicherweise für Christi Lebzeiten als üblich galt: also in einer Art griechischer Chlamys, jenem Mantel der Hellenen, der aus einem langen, schöndrapierten, schweren Stoff bestand und der, um die Hüften locker gegürtet, in wolkigen Falten bis zu den Füßen fiel?

Nichts davon! Quetzalcoatl wird ganz anders geschildert: er ist *kein* brünetter, dunkeläugiger Mann, er ist vielmehr blond und blauäugig. Ist das nicht sonderbar? Und es ist auch durchaus keine griechische Chlamys, die Quetzalcoatl trägt. Er ist bekleidet mit einem Gewand, wie es im frühen Mittelalter in Europa überall getragen wurde, ein Kleidungsstück, das zur Zeit der Conquista aber bereits ganz verschollen und nur noch bei den Grönland-Wikingern, den Nachkommen jenes Leif des Glücklichen, in Gebrauch war, der um 1000 n. Chr. Amerika entdeckte. Und merkwürdigerweise wird auch das Gewebe, aus dem der Stoff dieses Gewandes hergestellt war, als grob und sackleinenartig beschrieben, genauso wie die Stoffe, die fünfhundert Jahre später dänische Archäologen bei den Ausgrabungen normannischer Bauernhöfe in Grönland dem ewig gefrorenen Eisboden entnahmen.

Aber hören wir uns die Hauptquelle über Quetzalcoatl, die Chronik des Spaniers Juan de Torquemada, nach der von Krickeberg gegebenen Übersetzung, selbst an:

«Einige Jahre nach der Besiedlung der Provinz Tollan kamen aus nördlichen Gegenden gewisse Völkerstämme, die im Gebiet von Panuco landeten. Das

23. Quetzalcoatl in Tiara, mit Kreuzmantel und Krummstab auf einer Stufenpyramide. Nach einer altindianischen Handschrift.

waren gutgekleidete Leute, die lange Gewänder nach Art der türkischen oder solche aus schwarzem Sacktuch, ähnlich den Soutanen der Geistlichen, trugen; die Gewänder waren vorn offen, ohne Kapuzen, am Hals rund ausgeschnitten und mit kurzen, breiten Ärmeln versehen, die nicht einmal bis zum Ellenbogen reichten. Noch heutigentags gebrauchen die Eingeborenen sie bei ihren Tänzen, wenn sie jene Stämme darstellen wollen. Diese rückten von Panuco unverdrossen weiter vor, ohne irgendwelchen Feindseligkeiten zu begegnen, und als sie im Laufe der Zeit bis nach Tollan gekommen waren, wurden sie dort sehr freundlich aufgenommen, denn es waren sehr erfahrene und geschickte Leute von großer Erfindungsgabe und Betriebsamkeit. Sie verstanden sich auf die Bearbeitung von Gold und Silber und waren Meister jeglicher Kunst, zum Beispiel treffliche Steinschneider; aber nicht nur in diesen feinen Dingen zeigten sie die größte Gewandtheit, sondern auch in anderen Tätigkeiten, die mehr dem Lebensunterhalt dienten, und in der Bearbeitung des Landes. Kurz, ihr treffliches Benehmen, ihre Betriebsamkeit und Geschicklichkeit machten sie so beliebt, daß man, wohin sie auch kamen, sie hoch achtete und ihnen große Ehren erwies ...

Als die neuen Ankömmlinge sahen, daß sie in Tollan nicht ihren Unterhalt finden konnten, da das Land schon dicht bevölkert war, trachteten sie danach, wieder weiterzuziehen, und ließen sich in Cholula nieder, wo sie denn auch sehr freundlich empfangen wurden; daselbst verschwägerten sich, wie bekannt, die Eingeborenen mit ihnen. Sie blieben dort angesiedelt und faßten Wurzel, und zwar für lange Zeiten. Beiläufig erzählt man hier folgende Geschichte: Als jene Stämme nach Tollan gekommen wären, hätten sie eine sehr vornehme Persönlichkeit bei sich gehabt, die ihr Führer war und sie beherrschte. Man nennt ihn Quetzalcoatl; die von Cholula verehrten ihn nachmals als Gott. Es gilt als ausgemacht, daß er von angenehmem Äußeren war: weiß, blondhaarig, bärtig, wohlgestalt.

... Man versichert, Quetzalcoatl habe zwanzig Jahre in Cholula gelebt und sei, als diese verflossen waren, auf demselben Wege zurückgekehrt, auf dem er gekommen war. Dabei habe er vier vornehme, tugendhafte Jünglinge aus jener Stadt mit sich genommen, sie aber von Coatzacoalco (einer hundertundfünfzig Leguas entfernten, nach dem Meere zu gelegenen Provinz) wieder zurückgesandt, wobei er ihnen neben guten Lehren, die er ihnen gab, auftrug, daß sie den Einwohnern der Stadt Cholula folgendes verkündeten: Sie sollten überzeugt sein, daß in zukünftigen Zeiten über das Meer aus dem Osten weiße Männer kommen würden, mit langen Bärten, gleich ihm selbst. Diese, seine Brüder, würden Herren der Länder Mexikos werden. Darum harrten die Indianer immer der Erfüllung jener Prophezeiung, und als sie die Christen kommen sahen, nannten sie diese Götter, Söhne und Brüder Quetzalcoatls, obwohl sie, als sie Bekanntschaft und Erfahrung mit ihren Werken gemacht hatten, diese keineswegs mehr für göttlich halten konnten.»

Soweit Torquemada. Ein merkwürdiger Bericht! Ist nämlich, wie gelegentlich behauptet wurde, der ganze Quetzalcoatl-Mythos eine spanische Erfindung, ersonnen, um die Eroberung Mexikos und den Sieg des Christentums zu erleichtern: wie ungeschickt ist das Ganze, wie gering ist der Propagandawert dieser Geschichte für die Sache Spaniens! Denn wenn eine militärisch und kulturell überlegene Siegermacht ihre Götter bei unterworfenen Völkern durchsetzen will, dann wird sie diese Götter selbstverständlich als das übersteigerte Abbild der eigenen Wesenheit schildern. Aber gerade dies geschieht ganz zweifellos nicht. Im Gegenteil! Quetzalcoatls Aussehen wird so dargestellt, daß die Azteken zu der Feststellung gezwungen waren: Diese Spanier sind ja gar nicht blond und blauäugig! Sie sehen ganz anders aus als der Lichtgott! Sie sind also gar nicht seine Söhne!

Wenn diese spanischen Conquistadoren den weißen Heiland der Indianer aber nicht ihrem eigenen Bild entsprechend geschildert haben, dann ist er auch keine spanische Erfindung, dann *muß* dieser Mythos indianisch sein. Damit erhebt sich aber die weitere Frage: Woher wußten denn die Azteken, daß es blonde, blauäugige Menschen gab? Woher kannten sie Kleidungsstücke, die im Europa des beginnenden 16. Jahrhunderts kein Mensch mehr trug, die aber zweifellos abendländischer Herkunft waren?

Überlegt man dies recht, so bleibt nur die Schlußfolgerung übrig, daß es den Lichtgott Quetzalcoatl wirklich gegeben hat, daß er weder eine spanische Propaganda-Erfindung noch eine indianische Legende ist, sondern daß irgendwann im frühen Mittelalter, wohl von Yukatan her, ein weißer Mann aus der christlichen Welt nach Mexiko gekommen ist.

2

Seit einer Woche weht es unverändert von Nordost, weißschäumend wie Odins Rosse mit den Silbermähnen kommen die Wellen geritten: glasige Berge, deren Kämme gischtend versprühen. Der Himmel ist grau in grau gefärbt. Niedrige Wolken jagen vor dem Sturm nach Südwest, Regenschauer peitschen herab. Längst liegen sie beigedreht. Das Segel, anfangs scharf angebraßt, dann gerefft, ist längst gefiert, und weit achteraus tanzt der große Fischkorb auf den Wellen, den der Schiffer als Treibanker ausgeworfen hat.

Sie sind auf der Rückfahrt von Irland nach Island begriffen. Es ist ein guter Handel gewesen auf der grünen Insel. Vergnügt sind sie abgefahren: Der Schiffer hat sich die Hände gerieben, und auch seine Männer sind zufrieden. Es wird lustige Tage geben, wenn sie wieder an Land sind. Da muß dieser verdammte Wind aufkommen und sie nach Westen treiben, einen Tag um den anderen, eine ganze Woche nun. Weit außerhalb des gewöhnlichen Kurses treiben sie irgendwo im Meer. Wo mögen sie stehen?

Eben hat sich die Steuerbordwache auf ihre Schlafplätze gehauen, da entsteht Unruhe an Bord. Ein Getrappel von vielen Füßen über ihnen, dann schreit einer: «Land! Land!» Auch die abgelöste Wache fegt an Deck. Und tatsächlich! Der feine, dunkle Strich da vorne, das kann nur Land sein!

Aber Island ist das nicht. Das ist keine Steilküste, das sind nicht die hohen Ufer, die eisgepanzerten Berge, die schon lange über der Kimmung auftauchen, ehe noch die Küste sichtbar wird. Das ist irgendein anderes Land!

Schnell treibt sie der Wind näher. Stille, dunkle Wälder stehen da, rechter Hand wächst ein langgezogenes Kap in die See, im Windschatten ist ruhiges Wasser. Herum das Ruder, steuerbord, noch mehr: gut so, halte Kurs! Leicht krängt das Boot nach Lee. Donnernd schlagen Brecher gegen die Planken, in hohen Kaskaden sprüht Gischt über das Schanzkleid, es ist, als führen sie hinter einem Wasservorhang. So hat keiner recht gesehen, seit wann eigentlich das Rauchzeichen da drüben über den Wäldern steht, und als sie es erblicken, reckt es sich schon hoch über die Gipfel, weithin sichtbar, keinesfalls zufällig entstanden. Also sind Menschen dort in den Wäldern, Menschen, die irgendwem melden, daß auf See etwas Ungewöhnliches vorgeht, daß ein Schiff kommt, ein fremdes Schiff.

Schon sind sie im Innern der Bucht. Der Seegang hat aufgehört, es ist viel stiller geworden. Vorsichtig lotend, tasten sie sich vorwärts. Am Ankerspill drängt sich die Wache. Nun sind sie nur noch wenige Kabellängen von dem sandigen Ufer entfernt, das sich in schmalem Saum vor den Wäldern entlangzieht. «Laß fallen Anker!» Polternd saust der schwere, kantige Stein über Bord, klirrend folgt ihm die Kette. Das Schiff schwojt herum, schwingt aus und liegt dann fest.

Man schreibt das Jahr 1029 nach der Menschwerdung Jesu Christi.

Als Gudleif Gudlaugson, Eigner und Kapitän des Schiffes, ein isländischer Kaufmann, den Strand betritt, da spürt er bereits, daß es hier nicht geheuer ist. Er zieht blank, er befiehlt, daß sie in kleinen Trupps zusammenbleiben sollen, aber schon ist der Teufel los. Rechts und links bricht es mit Geheul aus den Büschen, als Warnung fegt eine Wolke von Pfeilen mit bösartigem Zischen über sie hinweg, und genau in dem Moment, in dem die unsichtbaren Schützen einen neuen Pfeil auf der Sehne haben, fällt das tarnende Buschwerk. Die Isländer sehen sich einigen hundert gespannten Bogen gegenüber.

Im Nu sind sie gefesselt, Mann um Mann hintereinander werden sie auf schmalen Pfaden durch den Wald vorwärtsgetrieben. Auf einer Lichtung liegt das Dorf. Man bindet sie an einzelne, im Halbrund stehende Pfosten, vor ihnen kauern sich die Sieger zur Beratung auf die Erde, aber plötzlich teilen sich die Büsche, und auf starkknochigem Pferd reitet ein riesiger Recke, von grauem Haar und Bart umwallt, in die Lichtung ein. Ein scharfer Blick fliegt über die Gefangenen, dann steigt der Alte ab und läßt sich berichten. Die Stimmen werden lauter, und was Gudleif Gudlaugson vorhin schon schwante, das wird ihm nun zur Gewißheit. Es ist eine Art Irisch, was ihre Sieger sprechen. Ein ungewöhnliches, offenbar sehr altes, verderbtes Irisch. Gudleif ist oft genug in Dublin gewesen, er weiß, das kann nur Irisch sein.

Jetzt kommt der Alte näher. Er zieht seinen Dolch – schöne südländische Arbeit, denkt Gudleif noch, indem er sich bereitmacht, den tödlichen Stoß hinzunehmen, ohne zu zucken –, da bückt sich der Recke, und ehe sie es sich versehen, sind sie frei, die Fesseln durchschnitten, die Bande gelöst. Und dann redet sie der Alte in reinstem Isländisch an.

In diesem Moment weiß Gudleif Gudlaugson, wo sie sind und wer der riesige alte Häuptling ist. Sie sind in Hvitramannaland, und der Alte ist

Björn Asbrandson, jener berühmte Kämpe, den Snorri Gode, der ungekrönte König vom Borgafjord in Westisland, im Jahre 999 des Landes verweisen ließ. Also ist die Geschichte doch wahr, denkt Gudleif. Also hat es diesen Björn Asbrandson, der als Geächteter vor Snaefellsnes bei Nordostwind in sein Schiff ging und der im weiten Meer spurlos verscholl, tatsächlich gegeben; er ist keine Bardenfigur. Also ist Kjartan, Bauer auf Frodo in Island, der schönen Thurid Sohn, wirklich Björn Asbrandsons Kind, wie man immer gemunkelt hat.

Noch stehen die Isländer an den Pfählen. Sie reiben sich die schmerzenden Gelenke und geben sich Mühe, nicht allzu überrascht auszusehen. Da redet sie der fremde alte Häuptling an:

Woher sie denn stammten? – So, so, aus Island! – Aus welchem Gau von Island? – Borgafjord, so, so. Ja, er erinnere sich! Lebe denn Snorri Gode noch? – O nein, der sei lange tot. Aber seine jüngere Schwester Thurid, die lebe noch! Und sie sei eine kräftige, gesunde Frau, nicht ganz jung mehr an Jahren, aber sehr ansehnlich. – So, so, die Thurid, ja, die Thurid – sie habe doch einen Sohn gehabt, wenn er sich recht entsinne? – Ja, das stimme, der heiße Kjartan und sei jetzt Bauer auf Frodo, ein kraftvoller, mächtiger, reicher Mann.

Sinnend verharrt der Alte vor den Gefangenen. Mit einer verstohlenen Bewegung, die Gudleif Gudlaugson merkwürdig ans Herz geht, nimmt der Häuptling den isländischen Kaufmann beiseite, streift einen goldenen Ring vom Unterarm: «Der ist für Thurid!» und hebt sein Schwert aus dem Wehrgehenk: «Das gib dem Kjartan!» Und fügt hinzu, sie sollten ihn nicht suchen und nicht aufsuchen. «Das Land ist groß, hat aber nur wenige Häfen, und überall droht den Fremden Verderben.»

Die Isländer nehmen Wasser, man bringt ihnen Wildbret und Feuerholz, aber man drängt sie, abzufahren, und sobald günstiger Wind einsetzt, lichten sie die Segel. Im Spätsommer sind sie in Island.

So berichten die alten Chroniken, so hat es Rudolf Cronau in seiner großen Geschichte der Entdeckung Amerikas erzählt. Wir haben diesen Bericht etwa so wiedergegeben, wie ihn die Quellen überliefern, obwohl nicht alles darin ganz zueinander paßt. Aber unzweifelhaft ist Gudleif Gudlaugson eine geschichtlich bezeugte Persönlichkeit. In den isländischen Sagas ist zu seinen Ehren der Mund vielleicht ein bißchen voll genommen worden, in der Sache selbst treffen die Saga-Berichte aber doch wohl zu. Denn jenes rätselhafte Hvitramannaland ist nicht etwa eine Erfindung phantasiebegabter Mönche, vielmehr sind bemerkenswerterweise schon seine frühesten skandinavischen Zeugen historisch gut bekundete Männer.

Und diese Zeugen berichten nun, daß Björn Asbrandson nicht der erste gewesen sei, der nach Hvitramannaland gelangte. Das sei vielmehr Ari Marsson gewesen, ein isländischer Seefahrer, der aus Reykjanes stammte und der um 982 n. Chr., ehe in Skandinavien von irgendwelchen westlichen Ozean-Ländern überhaupt die Rede war, nach Hvitramannaland verschlagen wurde. Mehr ist nicht bekannt. Gleichwohl wird man diese Überlieferung nicht als eine bloße Legende auffassen dürfen. Zum mindesten ist der Mann, der sie erzählt hat, Hrafn der Limerick-Fahrer, eine sehr bekannte Persönlichkeit. Dieser Hrafn ist ein zu Anfang des 11. Jahrhunderts lebender isländischer Kaufmann gewesen, der häufig Handelsfahrten nach Irland unternahm und der deshalb den Beinamen «der Limerick-Fahrer» erhielt. Und dieser Hrafn hat nun von seinem Landsmann Ari berichtet:

«Ari wurde auf See nach dem Weißmännerland verschlagen, welches einige auch Groß-Irland nennen. Dieses liegt im Westen, bei Vinland dem Guten. Es soll eine Fahrt von sechs Tagen westwärts von Island liegen. Von dort konnte Ari nicht wieder fortkommen, und er wurde getauft.»

So steht diese Nachricht im ‹*Landnamabok*›, einer der ältesten isländischen Chroniken. Wenn sie diese Tatsachen richtig wiedergibt, so muß man wohl annehmen, daß Hvitramannaland, dieses merkwürdige «Land der Bleichgesichter», eine schon sehr lange auf dem Boden Nordamerikas bestehende irische Siedlung gewesen und daß die Bezeichnung «Groß-Irland» zutreffend überliefert worden ist.

Hvitramannaland, Land der Bleichgesichter, Land der weißen Männer! Kein Weißer wäre je auf den Gedanken gekommen, die Gegend, in der er lebte, so zu bezeichnen. Als wenig später die Normannen Amerika entdecken, da nennen sie es jedenfalls nicht «Bleichgesichterland», sondern Vinland, Weinland, nach den in den südlicheren Bezirken überall massenhaft vorkommenden wilden Reben und Weinstöcken. Der Ausdruck Bleichgesichterland *kann* logischerweise nur von den farbigen Bewohnern Amerikas geprägt sein, genauso wie viele Jahrhunderte später die Indianer der großen nordamerikanischen Prärien ihre weißen, von Osten über das Meer gekommenen Bedränger «Bleichgesichter» genannt haben.

Und tatsächlich liegt nun eine sehr alte Bekundung vor, aus der sich mit aller Deutlichkeit ergibt, daß der Begriff «Bleichgesichterland» wirklich auf die braunen Ureinwohner Amerikas zurückgeht. Als der isländische Kaufmann Thorfin Karlsefni um das Jahr 1010 in Massachusetts, dem Vinland der Wikinger, einen Siedlungsversuch unternimmt, treffen er und seine Leute eines Tages auf zwei Indianerjungen, aus deren Erzählungen hervorgeht, daß

«auf der anderen Seite ihres Landes ein Land liege, wo die Leute weiße Kleider anhätten, laut schrien und Stangen vor sich her trügen, an denen Lappen befestigt seien. Das, meinten die Leute, müsse Hvitramannaland, das Land der weißen Männer, sein, das auch Groß-Irland genannt werde.»

Man wird zugeben, daß das recht eigenartige Nachrichten sind. Sie sind um so erstaunlicher, als sie zweifellos unabhängig voneinander entstanden. Übereinstimmend sprechen sie von einem weit im westlichen Meer gelegenen Land, das Groß-Irland oder Hvitramannaland genannt wurde. Diesen Namen hatte es auch bei den Eingeborenen. Das beweist, wie wir schon erwähnten, ganz offensichtlich, daß diesen Meldungen eine Tatsache zugrunde liegt. Hinzu kommt nun noch, daß die wilden indianischen Gewährsmänner Thorfin Karlsefnis als besonderes Kennzeichen der weißen Menschen des Hvitramannalandes erzählten, die Leute dort hätten weiße Kleider an, trügen lange Stangen mit daran befestigten Lappen vor sich her und schrien oder sängen laut. Damit kann nur eine christliche Prozession gemeint sein, die sich mit Choralgesang, mit weißen Gewändern und Kirchenfahnen abgespielt hat und die den Indianern natürlich so außerordentlich seltsam erscheinen mußte, daß sich ihnen diese Handlung als ein Charakteristikum der Bewohner des Weißmännerlandes einprägte. Es ist undenkbar, daß ein Europäer einen so naiven Bericht über eine so verbreitete christlich-kirchliche Sitte abgegeben haben würde. Er *muß* von einem Eingeborenen stammen.

Gewiß ist diese Folgerung nur ein Indizschluß, aber die Wahrscheinlichkeit, daß zeitweilig auf dem Boden der Neuen Welt und vielleicht südlich vom späteren Vinland der Wikinger eine Kolonie weißer Menschen inmitten einer farbigen Bevölkerung bestanden hat, läßt sich wohl kaum von der Hand weisen. Schon vor rund hundert Jahren ist von Alexander von Humboldt ziemlich bestimmt behauptet worden, dieses «Bleichgesichterland» habe in Florida gelegen. Das ist zwar nicht zu beweisen, hat aber manches für sich, da immer wieder Nachrichten auftauchen, aus denen hervorgeht, daß Florida eine sehr alte, nicht indianische Kolonisation erlebt haben muß. So hat zum Beispiel noch 1819 der amerikanische Geograph J. Johnston berichtet, in der Mitte des 18. Jahrhunderts sei in Florida und South Carolina eine alte Überlieferung im Schwange gewesen, nach der in diesen Gebieten einstmals weiße Siedler lebten, die eiserne Waffen und Geräte gehabt hätten. Und in dem vor einigen Jahren von O. S. Reuter veröffentlichten Werk *‹Germanische Himmelskunde›* werden recht einleuchtende Argumente dafür erbracht, daß die Normannen bei ihren Kundfahrten längs der Küste der Neuen Welt bis nach Florida gelangt seien.

Ist das aber der Fall gewesen – und die oben angeführte «Votans»-Legende der Mayas macht das sehr wahrscheinlich –, so wäre der Weg jener christlichen Heilsboten, von denen wir in unserem Bericht über abendländische Bestandteile in der Mythologie Altamerikas sprachen, nicht mehr unüberwindlich weit gewesen. Von Florida nach Kuba war ein Katzensprung. Und von Kuba nach Yukatan und Mexiko war die Entfernung ebenfalls nicht groß. Sollten wirklich Angehörige nordeuropäischer Völker nach Mittelamerika gelangt sein? Beweisen läßt sich das zur Zeit noch nicht, ausgeschlossen ist es aber ebensowenig. Und wenn alte spanische Quellenwerke davon berichten, daß die Mayas gerade in Yukatan eine Art von Dreifaltigkeitsdogma besaßen, und weiter, daß die Azteken der Meinung waren, Quetzalcoatl sei von Yucatan aus nach Mexiko gekommen, dann muß man doch nachdenklich werden.

Die vom isländischen Landnamabok gebrachte Meldung über die Fahrt des Wikings Ari nach Hvitramannaland läßt erkennen, daß diese europäische Siedlung schon lange vor 982 bestanden haben muß und daß die Iren in der ganzen Frage eine gewisse Rolle gespielt haben. Damit ergibt sich nun die Überleitung zu zahlreichen irischen Volkssagen, die auch ihrerseits von weit im Westen, jenseits des Ozeans, gelegenen fruchtbaren Wunderländern erzählen. Im Mittelpunkt aller dieser Überlieferungen steht die Legende von der Seefahrt des heiligen Brandan, der eines Tages durch eine göttliche Stimme dazu aufgefordert worden sei, Hab und Gut zurückzulassen und jenseits des Meeres in einem unbekannten großen Land Gottes Wort zu predigen. Brandan habe diesem göttlichen Befehl Folge geleistet und nach langer, beschwerlicher Reise weit im Westen ein Land erreicht, auf dem köstlicher, wilder Wein gewachsen sei, «so daß alle Zweige von der Last der Trauben zu Boden gezogen wurden». Nun wissen wir aus den Berichten der Wikinger, die dann zuerst wieder amerikanischen Boden betraten, daß auf dem neuen Kontinent tatsächlich wilder Wein in reicher Fülle wuchs. Der Name Vinland, das heißt Weinland, hängt ja unmittelbar damit zusammen. Da nun nördlich von Irland nirgendwo Wein gedeiht, kann sich die Nachricht von den herrlichen Weintraubenländern nur auf ein tatsächlich erreichtes Land der Neuen Welt beziehen.

Der heilige Brandan hat auch in der Tat gelebt, er ist für das 6. Jahrhundert unserer Zeitrechnung sicher bezeugt. Daß er selbst in großem Maßstab zur See gefahren ist, dürfte allerdings zweifelhaft sein. Offenbar war er nur durch einen uns unbekannten Umstand der Kristallisationspunkt, um den sich die Unzahl der im irischen Volk umlaufenden Seesagen verdichtete und niederschlug. So ist in dem Bericht über seine angeblichen Reisen, der ‹*Navigatio Sancti Brandani*›, eine Häufung der farbenprächtigsten Fabeln zusammengebracht worden, deren Kern im wesentlichen aber doch wohl geschichtliche Wahrheit sein dürfte. Es besteht daher durchaus die Möglichkeit, daß die Brandans-Legende eine flüchtige Erinnerung an die Landnahme jener nicht näher identifizierbaren Weißen von Hvitramannaland darstellt. Denn wenn in den Seefahrersagen der Grünen Insel immer wieder von dicken Nebelbänken, von Vogel- und Vogeleierinseln berichtet wird, die sich im westlichen Ozean fänden, dann liegt der Schluß nahe, daß es sich dabei um Gegenden zwischen dem Labrador- und dem Golfstrom gehandelt hat, die von den irischen Seeleuten durchaus erreicht worden sein können.

Dabei darf nicht vergessen werden, daß auch bei anderen keltischen

Stämmen, wie Bretonen und Walisern, zahlreiche Sagen umlaufen, nach denen fern im Westen über dem Meer ein fremdes großes Land liege. So stark war diese Volksüberlieferung, daß noch im Jahre 1480 von Bristol aus eine Expedition in See ging, um diesen fernen Westkontinent aufzusuchen. Man stützte sich dabei auf Nachrichten, die in zwei alten Handschriften der Abteien Stratflur und Conway überliefert waren und die davon erzählten, daß König Madoc von Nordwales im Jahre 1170 zu einer großen Expedition aufgebrochen sei. Südlich um Irland herumfahrend, habe er mit zahlreichen Begleitern ausgedehnte fremde Länder jenseits des westlichen Meeres entdeckt. Es seien von ihm, so behaupten die alten Berichte, dort 120 Ansiedler zurückgelassen worden. Madoc selbst sei nach Wales zurückgekehrt, um neue Kolonisten anzuwerben, dann sei er mit zehn Schiffen und mehreren hundert Menschen an Bord abermals in See gegangen. Von diesem Augenblick an hätte man nie wieder etwas von Madoc und seinen Begleitern gehört. Soweit die Handschriften! Der negative Ausgang ihres Berichts schließt natürlich nicht aus, daß Madoc sein Ziel gleichwohl erreicht hat. Eine mehrfache Überquerung des Ozeans lag um diese Zeit, wie die hundertfünfzig Jahre früher erfolgten Amerika-Fahrten der Normannen beweisen, ja durchaus im Bereich des Möglichen.

Bemerkenswerterweise scheinen nun diese Beziehungen zwischen der Alten und der Neuen Welt in Nordamerika auch einen blutsmäßigen Niederschlag gefunden zu haben. Es besteht kein Zweifel darüber, daß es in der Neuen Welt an zahlreichen Stellen weiße Indianer gibt, deren europäische Entdecker immer wieder nachdrücklichst erklärten: «Das sind keine Indianer!» Nun sind die amerikanischen Eingeborenen allerdings durch eine große Mannigfaltigkeit der Hautschattierungen ausgezeichnet. Neben Völkern von ausgesprochen roter Farbe finden sich solche mit hellgelb- oder bronzengefärbter Haut, und die Dakota, Menomini und Zuñi sehen bei völlig indianischer Gesichtsbildung fast weiß aus. Neben solchen «fast weißen», aber doch indianischen Stämmen gibt es nun auch ausgesprochen europäisch wirkende Völkerschaften mit weißer Haut, hellem Haar, blauen Augen und ganz unindianischem Gesichtsschnitt. Von den weißen Indianern Venezuelas, die heute noch existieren, berichten bereits die Chroniken der spanischen Eroberer, und ebenso sind auch die Boroanos-Indianer am Rio Imperial in Chile schon den Conquistadoren als «weiße Indianer» bekannt gewesen.

Auch in Nordamerika finden sich eine ganze Reihe weißer Indianerstämme. Insbesondere glaubt man bei den Tuscarora in Nordostamerika Spuren einer uralten Mischung mit europäischen Völkern annehmen zu müssen. Schon Alexander von Humboldt machte auf die «weißliche, oft blauäugige Nation der Tuscarora» aufmerksam. Nach ihm hat man sich dann namentlich mit dem im Einzugsgebiet des Mississippi wohnenden Stamm der Mandan näher beschäftigt und hierbei die eigenartigsten Feststellungen gemacht. Die Mandan saßen verstreut über den ganzen Raum der Staaten Dakota, Wisconsin und Minnesota. Ihre Siedlungsgebiete wurden erst um die Mitte des vorigen Jahrhunderts von den immer weiter nach Westen vordringenden weißen Farmern erreicht, kurz nachdem die Mandan an einer Blatternepidemie ausgestorben waren. Aber schon rund zweihundertfünfzig Jahre früher drangen die ersten dunklen Gerüchte über einen 1000 Meilen entfernt in der weiten westlichen Wildnis lebenden Stamm von Weißen zu den «Courreurs du bois», den kühnen französischen Waldläufern, die um diese Zeit von Montreal und Quebec aus in die Urwälder vorzustoßen begannen. Champlain, der erste große französische Forscher, berichtet 1615 davon. 1630 packt ein anderer bekannter Waldläufer, Jean Nicolet, ein chinesisches Staatsgewand in den Bug seines indianischen Rindenkanus: er will es anziehen, wenn er im Westen zu den «Weißen» gekommen ist, die ja doch nur Chinesen sein können, und von denen aus es eine Durchfahrt zu dem sicherlich nicht weit entfernten Land des Großkhans geben muß. Und wieder zwei Jahre später notiert sich der Jesuitenpater Lejeune in Quebec in seinem Tagebuch, ein Algonkin-Indianer habe ihm erzählt, im Westen, weit, weit entfernt, lebe ein großes Indianervolk in Städten, deren Beschreibung an europäische Städte denken lasse.

Auf Grund dieser Gerüchte, freilich mit dem Hauptziel, den Stillen Ozean zu erreichen, beauftragte 1738 der französische Gouverneur von Kanada den Pelzhändler und Forscher de la Verandrye, einen gebürtigen Kanadier, mit einer Expedition zu diesem merkwürdigen Volk. Verandrye war der erste Weiße, der die Mandan gründlich kennenlernte, und seine Feststellungen waren sehr dazu geeignet, Aufsehen zu erregen. Es erwies sich nämlich, daß sich die Mandan sowohl in ihren Sitten und Gebräuchen wie in ihrer körperlichen Konstitution und ihrem Aussehen so sehr von allen übrigen Indianerstämmen unterschieden, daß man nur annehmen konnte, sie seien nichtindianischer Herkunft. Im Gegensatz zu den meisten anderen Rothäuten, die vor den Weißen ausgewichen und wieder Nomaden geworden waren, hatten sie an der Seßhaftigkeit und am Ackerbau festgehalten. Es gab bei ihnen nicht allein zahlreiche fest gebaute Dörfer, sondern angeblich auch einige größere, wohlbefestigte Städte, Rund ein Fünftel dieses seltsamen Volkes war weißhäutig und blauäugig. Nicht selten fand man bei ihnen auch blonde Haare, und der Gesichtsschnitt fast aller Mandan wich völlig von dem üblichen indianischen Typus ab.

Die Berichte über die Mandan-Indianer sind sämtlich an sehr entlegener Stelle veröffentlicht. Einige von ihnen seien deshalb hier wiedergegeben. Ihrer Bedeutsamkeit nach sind dabei an erster Stelle die Mitteilungen des amerikanischen Indianermalers und -forschers George Catlin zu nennen, der die Mandan zu Beginn des 19. Jahrhunderts eingehend erforscht hat. Seine Berichte lauten in ihren Hauptpunkten:

«Die Mandan sind ein höchst interessantes und anziehendes Volk, das sich in seinem Aussehen wie in seinen Gebräuchen von allen Stämmen, die ich gesehen habe, unterscheidet. Da ihr Stamm nur klein und daher nicht in der Lage ist, mit den Sioux und anderen Nomadenstämmen, die um das Zehnfache stärker sind, in offener Prärieschlacht zu kämpfen, so haben sie sehr klug ein stark befestigtes und ihnen Sicherheit gewährendes Dorf gebaut. Dadurch sind sie in den Künsten und Handfertigkeiten weiter fortgeschritten als irgendein anderer mir bekannter Indianerstamm. Infolgedessen sind die Mandan den anderen indianischen Völkern an Verfeinerung der Sitten – wenn sich das von Indianern überhaupt sagen läßt – weit voraus. Sie werden daher von den Pelzhändlern und anderen Reisenden, von denen sie besucht wurden, mit Recht die höflichen und freundlichen Mandan genannt.

So auffallend sind die eigentümliche Leichtigkeit und Eleganz dieses Volkes, die Verschiedenheit der Farbe ihrer Gesichter, des Haares und der Augen, die Eigenart ihrer Sprache und ihre sonderbaren und unerklärlichen Gebräuche, daß ich fest davon übezeugt bin, sie sind anderen Ursprungs als die übrigen nordamerikanischen Indianer, oder sie sind eine Mischung von Eingeborenen mit irgendeinem zivilisierten Menschenschlag. Allein schon ihre persönliche Erscheinung, ganz abgesehen von ihren Sitten und Gebräuchen, zeigt sogleich, daß sie mehr oder weniger sind als Wilde.

Einem Fremden fallen in einem Mandan-Dorfe sofort die verschiedenen Schattierungen der Gesichtsfarbe sowie die verschiedene Färbung des Haares auf, die er in der ihn umgebenden Menge bemerkt, und er ist sehr geneigt auszurufen: ‹Das sind keine Indianer!›

Sehr viele Angehörige dieses Volkes haben eine so helle Gesichtsfarbe wie Leute mit indianischem Mischblut. Namentlich unter den Frauen sieht man viele, die eine fast weiße Haut, die größte Regelmäßigkeit in den Gesichtszügen, hellbraune, graue und blaue Augen mit sanftem und mildem Ausdruck haben.»

Ähnlich äußerte sich um 1850, einige Jahre nach Catlin, der Direktor der Abteilung Indian Affairs der Vereinigten Staaten, D. Mitchell. Er erklärte:

«Soweit ich festgestellt habe, weichen die Mandan alle miteinander von sämtlichen nordamerikanischen Indianern ab. Und ich kenne die meisten der vorhandenen Stämme recht genau. Abgesehen von ihrer ihnen eigenen Sprache und ihren Gebräuchen haben die Mandan auch eine körperliche Besonderheit. Sehr viele von ihnen haben fahles Haar oder hellbraune Augen.»

Und der Entdeckungsreisende de la Verandrye, den wir oben schon nannten, betonte in dem Tagebuch über seine Reise zu den Mandan:

«... Dieser Stamm ist teils weiß-, teils rothäutig. Recht gut sehen die Frauen aus, namentlich die weißen, von denen etliche schönes blondes Haar haben. Männer wie Frauen sind sehr fleißig und arbeiten gern. Ihre Häuser sind groß und geräumig, sie werden durch dicke Planken in mehrere Räume unterteilt. Nichts liegt unnütz herum, alle Gegenstände sind in großen Beuteln an den Pfosten aufgehängt ... Die Männer sind groß, kräftig und mutig. Sie sind

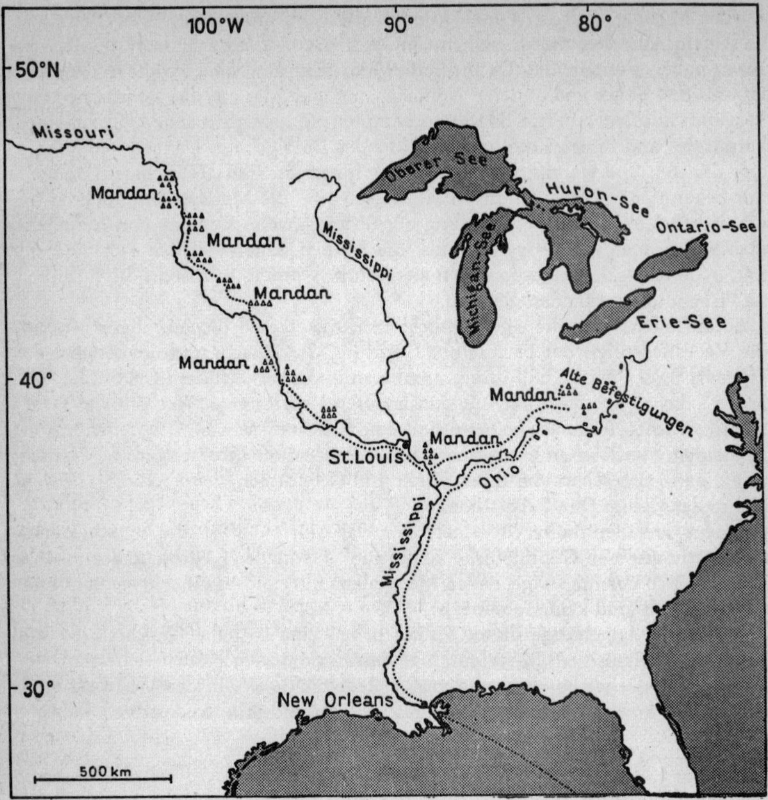

XV. Die Siedlungsgebiete der Mandan und der angebliche Reiseweg der irischen Siedler unter Madoc. (Nach Catlin.)

sehr tätig, sehen gut aus und haben angenehme Züge. Ihre Frauen wirken gar nicht indianisch ...»

Man wird zugeben müssen, daß es recht erstaunliche Nachrichten sind, die uns hier überliefert werden. Hinzu kommt nun aber noch, daß die Mandan-Mythologie ausdrücklich berichtet, der Urvater des Volkes wäre ein weißer Mann gewesen, der in grauer Vorzeit in einem Kanu ins Land gekommen sei. Lange bevor der erste christliche Missionar zu den Mandan gelangt war, wußten sie angeblich von einem milden, freundlichen Gott und seinem Opfertod, von der unbefleckten Empfängnis der Gottesmutter, von einem Wunder, das offenbar der Speisung der Fünftausend nachgestaltet war, von einer ersten Mutter aller Menschen und ihrem Sündenfall, sie erzählten von einer Sintflut, von der Arche, von der Taube mit dem grünen Zweig im Schnabel und glaubten an einen persönlich gedachten Teufel, der sich bemühte, die Welt der Menschen für sich zu gewinnen und sich untertan zu machen. Es leuchtet ein, daß solche Berichte Aufsehen erregen und gerade die Kenner des indianischen Volkstums zu der Annahme bringen mußten, die Mandan entstammten einer Mischung mit Europäern. Schon Catlin hat diese Annahme geäußert und darauf hingewiesen, daß die Mandan vielleicht Nachkommen des irischen Häuptlings Madoc seien, von dem wir bereits hörten. Catlin erklärt dazu:

«Die merkwürdigen Sitten und Gebräuche der Mandan sowie ihr Aussehen liefern nach meiner Überzeugung den unwiderleglichen Beweis, daß sie aus der Vermischung eines zivilisierten Volkes mit Indianern hervorgegangen sind. Sollten wir hier vielleicht die Nachkommen der gälischen Kolonie, der Gefährten Madocs, finden? Die Geschichte hat uns überliefert, daß er mit zehn Schiffen aufbrach, um ein Land zu kolonisieren, welches er im westlichen Ozean entdeckt hatte. Seine Fahrt läßt sich bis zur Mündung des Mississippi oder bis an die Küste von Florida verfolgen, während seine weiteren Schicksale in undurchdringliches Dunkel gehüllt zu sein scheinen. Ich sehe nun nicht ein, warum nicht die Annahme gestattet sein sollte, daß diese Siedler mit ihren zehn Schiffen oder wieviel sie davon noch übrig hatten, den Mississippi und aus diesem den Ohio, der ein sehr breiter und ruhiger Strom ist, hinaufsegelten bis zu einem fruchtbaren Landstriche, wo sie sich ansiedelten, Ackerbau trieben und bald zu blühenden Verhältnissen gelangten, bis sie von den zahlreichen wilden Völkerschaften, die sie um ihren Wohlstand beneideten, angegriffen und zuletzt belagert wurden. Zum Schutze gegen diese Angriffe erbauten sie die zahlreichen, von zivilisierten Menschen herrührenden Befestigungswerke, deren Ruinen man noch am Ohio und Muskingum sieht und in denen sie endlich alle getötet wurden. Nur den Nachkommen weniger Familien, die sich mit Indianern verheiratet hatten, schenkte man als Halbindianern das Leben. Diese bildeten einen eigenen kleinen Stamm, der sich an den Ufern des Missouri niederließ. Da sie aber keinen festen Wohnsitz hatten und sich überdies in dem Land ihrer mächtigen Feinde befanden, so waren sie mehrmals genötigt, ihren Wohnsitz zu verändern, und indem sie den Fluß stromaufwärts verfolgten, kamen sie endlich an den Ort, wo ich sie mit allen ihren erwähnten und fast unerklärlichen Eigenschaften fand, die mit dem allgemeinen Charakter der nordamerikanischen Indianer so unvereinbar sind ...»

Es versteht sich, daß diese Ausführungen Catlins insofern lediglich Annahme und Vermutung sind, als sie einen Zusammenhang zwischen den Mandan und König Madocs Auswanderern herstellen. Dagegen darf wohl unterstellt werden, daß seine Nachrichten über die Wanderungen der Mandan bis zum Missouri zutreffen – was das ganze Problem nicht eben vereinfacht. Denn inzwischen hat man mit einer an Sicherheit grenzenden Wahrscheinlichkeit festgestellt, daß im Siedlungsgebiet der Mandan, 1500 km westlich der Küsten des Atlantischen Ozeans, tatsächlich einmal, und zwar 130 Jahre vor Kolumbus, Europäer gelebt haben, freilich keine Iren, sondern skandinavische Wikinger. Aber das ist nur eine Handvoll Männer gewesen, deren biologische Kraft nicht ausgereicht haben kann, einen ganzen indianischen Stamm zu europäisieren. Wenn aber tatsächlich bei den Mandan noch um 1750 ein blutsmäßiges Erbe einstiger weißer Einwanderer vorgelegen hat – und zum mindesten ist daran nicht zu zweifeln, daß dieses Indianervolk

24. Der Inka und die Königin in der kreuzgeschmückten Reisesänfte. Zeichnung aus der Bilderchronik des Huaman Poma de Ayala.

sich in höchst auffälliger Weise von den anderen Stämmen unterschied –, dann kann es sich *nicht* um eine verhältnismäßig flüchtige, sondern nur um eine recht nachhaltige Berührung mit dem weißen Mann gehandelt haben. Was hat sich hier im Herzen Nordamerikas einst abgespielt? Welch großartiges Abenteuer? Welche Tragödie? Wir wissen es nicht.

Nun soll nicht verschwiegen werden, daß die Theorie solcher frühen Kulturbeziehungen zwischen der Alten und der Neuen Welt nach der

Ansicht mancher Gelehrter auf ganz besonders schwachen Füßen steht. Bislang gipfelte der Haupteinwand, der von diesen Wissenschaftlern erhoben wurde, regelmäßig in der Frage, weshalb die angeblich weißen Einwanderer aus Europa zwar ihre Götter mitgebracht hätten, aber nicht die Kenntnis des Rades. Das Rad nämlich habe es im vorkolumbischen Amerika nicht gegeben. Zwar müsse man einräumen, daß weite Gebiete des indianischen Lebensraumes aus Urwald, Hochgebirge oder Sümpfen bestanden hätten. Andere riesige Teile ihres Landes seien aber ebene Steppen gewesen, und hier hätten sich Rad und Wagen doch als sehr nützlich erwiesen, hätte man sie gekannt. Wären tatsächlich weiße Einwanderer zu den Indianern gekommen, dann hätten sie mit ihren Kenntnissen sicherlich nicht so völlig hinter dem Berg gehalten, wie das offenbar und ganz unverständlicherweise geschehen sei.

Auf den ersten Blick wirkt dieser Einwand recht bestechend. Er ist jedoch nicht beweiskräftig, weil ja auch die Völker des Islam von Rad und Wagen lange Zeit keinerlei Gebrauch machten, obwohl sie doch mit dem Abendland in engstem Kontakt standen. Noch jetzt bedienen sie sich ja lieber des Reit- und Lasttieres als des Wagens. Dazu kommt weiterhin, daß die Annahme, die indianischen Ureinwohner der Neuen Welt hätten das Rad nicht gekannt, ganz offenbar falsch ist. Die Indianer sind mit diesem Prinzip vielmehr so wohlvertraut gewesen, daß sie selbst Kinderspielzeuge auf Räder stellten. Neuerliche Ausgrabungen in Mexiko, über die im Oktoberheft 1950 des *Natural History Magazine,* New York, berichtet wurde, beweisen das ganz eindeutig. Aber tatsächlich scheinen weder Tolteken noch Azteken, weder Chimus noch Inkas Wagen oder Karren gekannt zu haben. Freilich muß man gleich hinzufügen, daß ihnen ja auch geeignete Zugtiere fehlten. Pferde hat es vor Kolumbus in Amerika bekanntlich nicht gegeben, und wenn das Problem, wie Wagen eigentlich bewegt werden sollten, nicht zu lösen war, dann blieb man naturgemäß bei den alteingeführten Sänften und Tragstühlen – zumal die Benutzung von Wagen das Vorhandensein oder den Bau von Straßen voraussetzt.

Wir wiederholen: Die Behauptung, daß den Indianern das Rad unbekannt geblieben sei und daß deshalb von der Einwanderung weißer Völker in die Neue Welt lange vor Kolumbus keine Rede sein könne, ist unhaltbar geworden. Sicherlich haben die Indianer das Rad gekannt. Aber offenbar haben sie es nicht in dem uns geläufigen Umfang benutzt. Im letzten Grund bleibt das für uns unverständlich; aber solche unerklärlichen «Versager» gibt es mehrfach. So haben beispielsweise Ägypter und Phönizier die Glasherstellung bereits Jahrtausende vor Christi Geburt so völlig beherrscht, daß sie selbst gläserne Kunstgegenstände anzufertigen wußten. Die Griechen, die mit beiden Völkern in engsten Handelsverbindungen standen, haben jedoch vom Glas keinerlei Gebrauch gemacht. Es hat sie einfach nicht interessiert! Dabei ist das

Glas ein so vielfach verwendbarer Werkstoff, daß man keinen Grund für diese absolut fehlende Anteilnahme der Hellenen zu nennen vermag. Wüßten wir nicht aus zahlreichen einwandfreien Bekundungen, daß Ägypter und Phönizier einerseits, die Griechen auf der anderen Seite in engsten Beziehungen miteinander gestanden haben, so würde man auch hier behaupten können, es hätten keinerlei Berührungen zwischen ihnen stattgefunden. Denn sonst müßten auch die Griechen von der Erfindung des Glases Notiz genommen haben. Genau dasselbe können wir bei den Römern beobachten, wie oben ausgeführt wurde. Ihre Nachbarn und Vorläufer, die Etrusker, waren großartige Seeleute. Und obwohl die Römer mit ihnen so vielfach verschwägert und verschwistert waren, daß sie ihre Götter und außerdem mancherlei Dinge des praktischen Lebens übernahmen: mit dem Meer und mit dem seemännischen Wissen der Etrusker haben die Einwohner der Tiberstadt lange Zeit hindurch nichts anzufangen gewußt. Auch hier also ein «Versager», der nicht zu erklären ist!

Das sind Dinge, die wir hinnehmen müssen, ohne sie zu verstehen. Und eben deshalb ist der Einwand, wenn wirklich weiße Menschen in der Neuen Welt geweilt hätten, dann müßten die Indianer das Rad benutzt haben, nicht schlüssig. Denn selbst dort, wo auf dem Boden Amerikas ganz unzweifelhaft einmal eine europäische Siedlung bestanden hat, lange vor Kolumbus, wo es feste Häuser und ein großes Gotteshaus gab, wo man also für den Transport von Bauholz, Steinen usw. ganz unzweifelhaft Wagen benutzt hat, selbst dort ist nichts davon bekannt, daß die Indianer, die das mit ansahen, die vielfach sogar wohl helfend Hand anlegten, nun ihrerseits von der Erfindung des Wagens Gebrauch gemacht hätten. Dafür haben diese Indianer aber ihren Kindern dreihundert Jahre lang europäische Namen gegeben, und spätere weiße Entdecker waren sehr erstaunt, wenn sie hörten, daß irgendein kleiner Indianerjunge in der Wildnis der unberührten und anscheinend nie von eines Weißen Fuß betretenen Ostküste Amerikas «Magnus» hieß. Aber davon werden wir später noch zu sprechen haben.

3

Riesengroß, mit mächtigen Schultern, Helm und Brustpanzer frisch poliert und blitzend, die Hakenbüchse über der Schulter und im Wehrgehenk einen ungefügen Bihänder, so steigt Pedro de Candia aus dem Boot. Wenige Kabellängen hinter ihm ankern Pizarros Karavellen: die Breitseite zum Land, die Stückpforten offen, die Geschütze geladen und die Kanoniere mit brennenden Lunten in der Hand. Wird es Ernst, so hat Pedro de Candia allen Feuerschutz, den sich 1527 ein spanischer Conquistador nur wünschen kann.

Aber es wird nicht Ernst! Im Gegenteil, was Kamerad Alonso de Molina, der gestern an Land gegangen war und als erster Spanier den Boden des heiligen Inka-Reiches betreten hatte, was also Alonso berichtete, das kann er, Pedro de Candia, Kreter von Geburt, aber Ritter Seiner allerchristlichsten Majestät des Königs von Spanien, nur bestätigen. Tumbez, die reiche Hafenstadt des Wunderlandes Birú, steht den Spaniern offen, und dessen Volk windet sich geradezu im Staub, so als wenn Gott selbst auf die Erde gekommen sei. Das ist ein wenig lästig, findet Pedro, und recht unangemessen ist es auch – bei Licht besehen ist er ja doch schließlich nichts weiter als ein kleiner Leutnant in der Freibeuter-Armada dieses höchst zweifelhaften Herrn Pizarro.

Wie durch ein Spalier geht Candia. Die Stirnen im Staub, liegen sie rechts und links zu seinen Füßen. *«Virakocha, Virakocha!»* flüstert es überall.

Pedro de Candia hat keine Ahnung, was das heißen kann. Er ist befangen, er fühlt sich irritiert und beunruhigt, und da er ein noch recht junger Mann ist, reißt er plötzlich seine Büchse von der Schulter und knallt einen Schuß in die Luft.

Noch tiefer beugt sich die tödlich erschrockene Menge. *«Illa Tiki, Illa Tiki!* Der Gott der Blitze!» wispert es ringsum.

Pedro de Candia wird immer verlegener. Er weiß ja nicht, daß die Braunen ihn tatsächlich für einen leibhaftigen Gott halten. Er weiß nicht, daß seit Wochen und Monaten schon blutrote Kometen über den Himmel des Inka-Landes gejagt sind, daß sich die Erde in furchtbarem Beben geöffnet hat und ihre glühenden Eingeweide sichtbar werden ließ. Er weiß nicht, daß die Vogelschauer böse Prophezeiungen kundmachten und daß der Mond mit dreifachem Ring am Horizont gestanden hat: ein untrügliches Anzeichen, daß der Tag der letzten Dinge nahe ist.

«Virakocha, Illa Tiki!» flüstert es überall, und es gibt keinen in der angsterfüllten Menge, der nicht daran denkt, wie sich im Vorjahr viertausend Männer und Frauen, die nächsten Diener des eben zu den Göttern heimgekehrten Inka Huayna Cápac, freiwillig in die Flammen seines Scheiterhaufens warfen: um zu sterben, da Virakocha zürnend und als schrecklicher Rächer an den Grenzen des Landes stehe.

Virakocha! Noch heute, nach mehr als vierhundert Jahren, bedeutet diese Anrede in Peru, Bolivien und Ecuador schlechthin «Herr». Praktisch fällt das zusammen mit dem Begriff «Weißer». Noch heute sind die Weißen die Söhne und das Volk Virakochas, des Allmächtigen.

Wer ist und was ist Virakocha?

Es ist der Mythos von einem sehr, sehr alten Gott, den die Inkas, als sie einst in Peru einwanderten, bereits vorfanden. Vielleicht heißt Virakocha etwa soviel wie «heiliger Mann aus dem Meer». Aber nicht einmal das weiß man ganz sicher. Auf alle Fälle steht fest, daß die Inkas, als sie die angeblich von Virakocha und seinen Anhängern erbaute Gigantenstadt Tiahuanaco am Titicacasee auffanden, und noch mehr, als sie die großartige Götterburg Pachacamac unterhalb von Lima kennenlernten, diesen fremden Gott mit dem Namen Kon-Tiki, der Ewige, anriefen und daß sie ihn Pachayachachi, Schöpfer und Lenker der Welt, nannten.

Sie überliefern, Virakocha sei ein unbekannter, alter, bärtiger Mann gewesen, der ein Kreuz getragen und es dann auf einer Anhöhe errichtet habe. Gepredigt hätte er, geweint über die Sünde der Welt, und dann habe er, wie der indianische Chronist Pachacuti hinzufügt, etwas sehr Merkwürdiges getan: er habe den Kopf eines der Fürsten, die ihm anhingen, mit Wasser genetzt – um ihn zu taufen.

Auch Kusco, die alte Hauptstadt der Inkas, sei eine Gründung Virakochas, ebenso die berühmten Tempelbauten auf der Sonneninsel des Titicacasees. Hier habe sich einst der Hauptsitz des weißen Heiligen befunden. Hier sei er von König Cari aus dem Coquimbotal angegriffen und besiegt worden. Hier hätte man Virakochas weiße Mannen niedergemacht und den Göttern geopfert, während Frauen und Kindern das Leben geschenkt wurde. Von hier sei der weiße Gott mit wenigen seiner nächsten Anhänger zum westlichen Ozean entwichen. Dort habe er eine Abschiedspredigt an seine Welt und an seine Geschöpfe gehalten und von den Dingen gesprochen, die in zukünftigen Zeiten geschehen würden. Falsche Propheten würden aufstehen, aber ihnen solle das Volk kein Gehör schenken. Denn wenn die Zeit erfüllet wäre, würde er selbst seine Boten zu ihnen entsenden: «weiße, bärtige Männer!» Dann habe Kon-Tiki «seinen Mantel auf das Meer gebreitet», habe sich mit den Seinen daraufgesetzt und sei entschwunden.

Auch dies ist wieder eine höchst seltsame Geschichte! Man könnte sie ganz einfach für eine bloße Legende halten, der keinerlei geschichtliches Faktum zugrunde liegt, wenn nicht eben die Tatsache bekannt wäre, daß 1527 die ersten in Peru eindringenden Spanier von den Indios mit scheuer Ehrfurcht als «Virakochas» begrüßt worden wären. Dies bliebe, wie Siegfried Huber in seinem interessanten Buch ‹*Im Reich der Inkas*› kürzlich mit allem Nachdruck betont hat, «ganz unerklärlich, sofern nicht eine diesbezügliche Überlieferung bestand, weiße, bärtige Männer also im Altertum bekannt waren und ihre Wiederkunft in späteren Zeiten erwartet wurde». Der Virakocha-Mythos ist also sicherlich weder eine Erfindung indianischer noch spanischer Priester, und von hier aus gewinnt das merkwürdige politische Testament des letzten vor dem Eindringen der Spanier regierenden Inka, Huayna Cápacs des Großen, dieselbe Bedeutung wie der berühmte Akt der Thronentsagung Montezumas von Mexiko, von dem die spanischen Chronisten berichten. Genau wie dort der Azteke, so legt hier der Inka seine Macht in die Hände jener unbekannten weißen Menschen, die vor den Küsten des riesigen südamerikanischen Gottesstaates aufgetaucht sind. Als er auf dem Sterbebett liegt, läßt er die Häupter der Ayllus, der führenden Geschlechter seines Reiches, zu sich rufen und erklärt:

«Vor vielen Jahren wurde mir von unserem Vater, der Sonne, enthüllt, daß nach der Regierung von zwölf seiner königlichen Kinder ein fremdes Volk ankäme, das man in diesen Gegenden nie zuvor gesehen hätte, welches das Königreich und viele andere dazu erobern und unterwerfen würde. Ich möchte annehmen, daß es sich um diejenigen handelt, die kürzlich auf dem Meer vor unseren Küsten gesichtet wurden. Es soll ein kräftiger Menschenschlag sein, uns in allem überlegen. Nun wissen wir, daß sich mit mir die Zahl der zwölf Inkas erfüllt hat. Darum sage ich euch voraus: wenige Jahre nach meinem Heimgang wird jenes starke Volk erscheinen und die Prophezeiung unseres Vaters, der Sonne, zur Erfüllung bringen, es wird unser Reich erobern und uns beherrschen. Ich befehle euch, ihm zu gehorchen und zu dienen, denn es ist euch in allem überlegen, weil seine Gesetze besser sind als die unsrigen, seine Waffen stärker und unbezwingbar.

Friede mit euch – ich gehe jetzt ein zu meinem Vater, der Sonne, die mich gerufen hat...»

Als die Spanier auch in Südamerika auf Prophezeiungen stießen, die die Ankunft weißer, bärtiger Männer vorhersagten, wurden sie natürlich doppelt stutzig. Dann erfuhren sie noch, daß bei den Inkas nicht nur eine regelrechte Ohrenbeichte bestand, die von einem höheren, zu strengster Innehaltung des Beichtgeheimnisses verpflichteten Priester abgenommen, sondern daß, genau wie in Europa, auch Bußen auferlegt und schließlich Absolution erteilt wurde. Und ebenso fielen den Spaniern natürlich die Trinitäts-Symbole auf, die sie vor den peruanischen Altären fanden: Bilder der «Herrensonne», der «Sohnessonne» und des «Sonnenbruders», denen geopfert wurde und vor denen der vergleichende Rückschluß auf die christliche Trinität nicht weitab lag. Auch daß es Mönchsorden mit blutigen Kasteiungen und geregelten, strengen Fasten gab, daß sich in Peru heilige Eremiten fanden, genauso wie in der Alten Welt, die in schrecklichen Einöden der Meditation und ihrer Heiligung lebten, hat die Spanier natürlich höchlichst erstaunt. Am tiefsten hat sie aber wohl die Tatsache betroffen gemacht, daß sie unter den Inka-Ayllus, dem peruanischen Hochadel, so viele blonde und weißhäutige Menschen trafen. Namentlich die «Coyas», die «lieben Frauen», also die weiblichen Angehörigen der Inka-Magnaten, scheinen sehr häufig ganz wie Europäerinnen ausgesehen zu haben. Pedro Pizarro, ein Vetter des Eroberers von Peru, hat in seiner *‹Relación del descubrimiento y conquista del Peru›* geradzu mit Bestürzung davon erzählt. Sauber und reinlich seien diese Prinzessinnen, stattlich und schön anzusehen, berichtet er. Sie hielten sich selbst für wohlgestaltete Menschen, und sie seien es in der Tat. «Weizenblond ist dieses Volk», fährt Pedro Pizarro dann fort. «Einige der Damen und Herren waren sogar weißer als Spanier. Eine Frau mit ihrem Kinde sah ich hier, so weiß, wie man das selten zu sehen bekommt. Die Indianer meinen dann, dies seien Kinder der ‹Idolos›, der Götter.»

Die ältere Amerikanistik, die besonderen Wert darauf gelegt hat, die unzweifelhaften mongolischen Züge der Indianer zu betonen, hat Pedro Pizarro in diesem Punkt seines ausgezeichneten Berichts nur sehr wenig Glauben geschenkt. Und man möchte ihr gefühlsmäßig dabei recht geben. Indianische Squaws sind, nach allen sonstigen Nachrichten, keine besonders anziehenden Erscheinungen gewesen. Aber entweder hat der hoffähige spanische Adel zu Zeiten Karls V. und Philipps II. völlig andere Schönheitsideale gehabt als wir, was angesichts der altspanischen Malerei außerordentlich erstaunlich und völlig unverständlich wäre, oder Pedro Pizarros Schilderung der «Coyas» beruht auf Wahrheit und ist doch ernst zu nehmen. Jedenfalls haben die hochmütigen, adelsstolzen Granden von Kastilien die blonden Inka-Prinzessinnen reihenweise geheiratet, haben sie am Hof zu Madrid als ebenbürtig den spanischen Majestäten vorgestellt und haben zwei Menschenalter später, 1603, der Krone von Spanien eine von 567 Vertretern altinkaischer Familien unterschriebene Eingabe um Steuererlaß vorgelegt. Das spricht Bände! Und zwar für Pedro Pizarro!

Die des Lateinischen mächtigen spanischen Geistlichen, die mit Pizarro nach Peru gingen oder ihm folgten, haben nun aber auch sprachlich mancherlei seltsame Beobachtungen gemacht. Dem *capac* der Indios entsprach lautlich und seiner Wortbedeutung nach das lateinische *caput*: Haupt, Anführer. Ebenso war das lateinische *summus*: der Beste, mit dem inkaischen *suma* identisch. *Unda* hieß lateinisch die Woge, die Flut; die Inkas hatten dafür das Wort *uno*. Und wer von diesen Geistlichen einmal etwas von den Goten gelesen hatte, den einstigen Herren der spanischen Mark, dem mußte in Peru auffallen, daß das inkaische *marca* (Gemarkung, Grenzmark) dem gotisch-germanischen *Mark* entsprach und daß das donnernde *hailla*, mit dem die Inka-Krieger ihre Vorgesetzten begrüßten, sein Gegenstück hatte in den «Heil»-Rufen germanischer Mannen.

Aber diese Äußerlichkeiten, so auffallend sie sein mögen, erregten das Interesse der abendländischen Kapläne und Bischöfe natürlich doch weniger als die vermeintlichen Übereinstimmungen geistig-religiöser Art. Und dieser Dinge haben sich nun vor allem zeitgenössische skandinavische Ethnologen und Amerikanisten angenommen, unter ihnen der Norweger Thor Heyerdahl, von dem wir hier noch viel hören werden, und der finnische Amerikanist Rafael Karsten. Dieser betont, daß die Inka wie alle anderen Indianer an sich Polytheisten gewesen seien, die eine Vielzahl von Göttern verehrten. Über diesem Olymp ganz menschlich vorgestellter Götter habe es nun aber einen Obergott gegeben, der völlig unindianisch als eine geistige Wesenheit gedacht worden sei, der Schöpfergott Virakocha, dessen Kenntnis und Verehrung die Inkas von dem unbekannten Volk der Tiahuanaco-Kultur übernommen hätten. Virakocha habe hoch über der Sonne gestanden: «Der ewige Herr, Sinnzeichen der Welt und ihr ewig währender Urgrund, Gebieter und Banner. Er ist die Sonne der Sonne. Er ist der Schöpfer der Welt...» heiße es in einem der ältesten Inka-Gebete. Es kann danach also gar keine Rede davon sein, daß Virakocha ein Sonnengott gewesen ist, und damit entfallen die Vermutungen bestimmter Amerikanisten, Virakochas «solare» Herkunft sei die Erklärung für seine Bärtigkeit, eine Vorstellung, die bei einem bartlosen Volk natürlich höchst auffällig war. Die Strahlen der Sonne, meinen diese Wissenschaftler, seien wie eine Art Heiligenschein um den Kopf des Sonnengottes gelegt worden und hätten so zur Vorstellung der Bärtigkeit Gottes geführt. Diese Annahme ist zweifellos unzutreffend, wenn die Sonne als bloßer Himmelskörper, der bärtige Weltenschöpfer Virakocha aber als ein hoch darüber erhabenes Wesen verstanden wird. Nach Karsten und ebenso nach Heyerdahl ist daran kein Zweifel. Ebenso äußert sich Siegfried Huber, den wir oben schon nannten.

Aber diese Legenden über die Ankunft fremder, eines frühen Tages aus dem Osten eingewanderter weißer, langbärtiger Religionsstifter sind nun keineswegs etwa auf Mexiko und Peru beschränkt. Sie finden sich in Mittel- und Südamerika mehrfach, und übereinstimmend wird in allen diesen Mythen berichtet, ihre Schöpfer und Träger seien nach einiger Zeit der Lehr- und Missionstätigkeit wieder in ihre alte Heimat fern über dem Meer zurückgekehrt. Soweit bisher bekannt, scheint es sechs solcher weißen Religionsstifter gegeben zu haben: in Mexiko Quetzalcoatl, in Yukatan Zamna, in Peru Virakocha, in Brasilien und Paraguay Zume, bei dem Stamm der Tupi den Gott Tupan und in Kolumbien Bochica.

Neben Quetzalcoatl und Virakocha ist Bochica einer der interessantesten dieser weißen Missionare. Er war der Lehrer der Chibcha-Indianer in Kolumbien, und vielleicht geht die erstaunliche Kulturhöhe dieses Volkes, von der die spanischen Conquistadoren verwundert berichten, auf ihn und seine späteren Sendlinge zurück. Vor langer, langer Zeit, so berichtet die Mythologie der Chibcha, seien die Menschen von Gott abgefallen. Um sie zu strafen, habe der Herr das Tal von Bogotá durch zwei Gießbäche überfluten lassen, so daß die meisten Menschen umkamen. Die Überlebenden auf den Berggipfeln hätten Gott um Gnade angefleht. Da sei auf einem Regenbogen Bochica erschienen und habe die Flut zurückgehen lassen.

Klingt das nicht fast so, als sei diese Legende aus der Genesis übernommen? Da die ersten Chronisten, die sich mit der Geschichte und Mythologie der Indianer befaßten, in der Regel spanische Mönche waren, läge es durchaus nahe, wenn alte Indianer-Legenden christlich ausstaffiert worden wären. Oft genug ist das auch tatsächlich geschehen, nicht selten auf Grund irgendwelcher Mißverständnisse, häufig aber ganz bewußt und mit dem hochherzigen Ziel, den Indios eine Art «christliche Vergangenheit» anzudichten, die sie vor den oft entsetzlich brutalen Übergriffen spanischer Abenteurer schützen sollte. Wie nötig das gewesen sein mag, ergibt sich aus der Tatsache, daß Papst Paul III. bereits 1537 die Versklavung der Indianer mit der Exkommunikation bestrafte: ein ganz einmaliger Vorgang, der das Bekehrungswerk der Missionare in der Neuen Welt sehr gefördert hat. Infolgedessen sind in ihren Chroniken christliche Aufpfropfungen nicht selten. Bei dem eben erwähnten Regenbogen-Mythos dürfte es sich aber nicht um dergleichen handeln. Denn auch in Peru und, wie wir nachher hören werden, in Polynesien war der Regenbogen ein altes, mythisches Symbol göttlicher Gnadenbereitschaft – eine sehr merkwürdige Koinzidenz mit abendländischen Vorstellungen.

Als Bochica seine Mission für erfüllt angesehen habe, sei er fastend und für sein Volk betend in einer unzugänglichen Gegend Eremit geworden. Dann aber wäre er verschwunden. Später sei zu den Chibcha fern aus dem Osten ein Priester gekommen, der angab, Bochica habe ihn ausgesandt, um sein Volk wieder auf den rechten Weg zu führen. Von diesem weißhäutigen, langbärtigen alten Missionar seien die Chibcha im Bebauen des Landes, in der Astronomie und der Wetterkunde sowie in der Weberei unterrichtet worden, auch habe er ihr Staatswesen geordnet, ihre Städte gebaut und ihnen Herrscher gegeben, einen geistlichen und einen diesem untergeordneten weltlichen. Der auf Bochica bezügliche Legendentext lautet:

«Da stieg hernieder in die Savanne von Bacata ein Mann, von Osten kommend. Lang war sein Haupthaar, und sein Bart hing ihm herab bis zum Gürtel. Und er war reich an Jahren, und seine Füße waren nackt. Er trug einen Mantel über die Schulter geschlagen, und in der Hand hielt er einen Stab.

Und die Chibcha fielen vor ihm nieder und hörten ihn, als er sprach. Und sie nannten den Mann Bochica, das ist: Königlicher Mantel des Lichts.

Und Bochica war gut. Er lehrte sie zu glauben, daß ihre Seele unsterblich ist. Und er lehrte sie zu glauben, daß dereinst die Guten belohnt und die Bösen bestraft werden. Er lehrte sie auch zu glauben an die Auferstehung des Fleisches. Und er hieß sie, den Bedürftigen Almosen zu geben ...

Doch im Fürstentum Iraca sagt man von Bochica:

Es kam ein weißer Mann von Osten her. Sein Haar war lang, und es fiel ihm sein Bart bis auf die Keule, die er in der Hand trug als Pilgerstab.

Am Kopf und an den Armen trug er das Zeichen des Kreuzes. Und er war reich an Jahren. Und der König Nompanem betete ihn an. Und er hörte seine Lehren, und sie dünkten ihm gut.

Da befahl der Fürst, daß man des Meisters Lehren anwende im ganzen Lande.

Und Nompanem fragte den Meister: Welche Strafen gebühren dem, der deine Lehren nicht befolgt?

Sagte der Meister: Nicht mit den Strafen dieser Welt sollst du die Befolgung meiner Lehren erzwingen. Dort, in der andern Welt, gibt es Strafen für die Bösen und Lohn für die, die Gottes Lehren befolgen.»

Soweit die Legende von Bochica, die in einer Reihe spanischer Chroniken aus der Conquistadorenzeit ganz ähnlich überliefert ist. Es ist nicht verwunderlich, daß sie den Spaniern auffiel, sie sticht ja auch wirklich von den üblichen indianischen Göttervorstellungen so erheblich ab, daß man sich fragen muß, ob sie tatsächlich zum präkolumbischen Legendengut der Chibcha gehört. Auf anderen Gebieten haben die Chibcha freilich auch eine erstaunlich hohe Kultur besessen. Nicht nur war ihre Kunst sehr entwickelt, sie hatten auch ein auf Gold gestelltes Währungssystem und einen ganz modernen Kalender, nach dem das Jahr in 365 Tage mit zwölf Monaten zerfiel und mit der Wintersonnenwende am 22. Dezember begann. Diese letzte Nachricht ist deshalb besonders interessant, weil nach neueren Untersuchungen auch der Kalender der Tolteken, jenes etwa vom 10. bis zum 12. Jahrhundert unserer Zeitrechnung in Mexiko wohnenden alten Indianervolkes, dem die Azteken im 13. Jahrhundert folgten, gewisse Einflüsse aus der Alten Welt erfahren zu haben scheint. Wenn das zutrifft, wären frühe, recht enge Beziehungen zu Europa wahrscheinlich. Es liegt ja auf der Hand, daß kalendarische Fragen mit ihrem verwickelten astronomischen und mathematischen Unterbau nicht während einmaliger, kurzer Berührungen gelöst werden können. Wenn also auf diesem Gebiet europäische Einflüsse vorliegen, dann müssen die Verbindungen zwischen der Alten und der Neuen Welt in der Tat recht eng gewesen sein.

Leider ist nun unsere Kenntnis der altamerikanischen Kultur ziemlich lückenhaft. Man weiß zwar, daß die spanischen Conquistadoren in Amerika zahlreiche Hochkulturen antrafen, man weiß auch, daß diese offenbar nur matte Nachklänge viel älterer und glanzvollerer Perioden gewesen sind. Man entdeckt in den riesigen Urwäldern Zentral- und Südamerikas auch immer wieder uralte, noch in der Zerstörung prachtvolle Ruinen von ungeheueren Abmessungen. Man darf als ziemlich sicher annehmen, daß schon zweitausend bis tausend Jahre v. Chr. hochentwickelte Kulturen auf dem Boden der Neuen Welt blühten: aber das ist auch so ziemlich das einzige Wissen, das gesichert ist.

Denn bedauerlicherweise sind uns literarische Urkunden aus jenen Zeiten nicht überkommen. Zwar waren einige dieser alten Völker, deren niedergebrochene und in sich zusammengesunkene Zyklopenbauten uns mit ehrfurchtsvollem Staunen erfüllen, der Schrift mächtig. Aber ihre schriftliche Überlieferung ist fast restlos der Zeit zum Opfer gefallen, sei es, daß sie schon vor den Spaniern in den erbarmungslosen Vernichtungsfeldzügen unterging, die ein Volk gegen das andere führte, sei es, daß die zerstörenden Einflüsse der Natur und des Klimas wirksam wurden. Den Hauptschaden aber richtete zweifellos die fanatische Vernichtungsfreude der weißen Eroberer an, deren Geistliche gottwohlgefällig zu sein glaubten, wenn sie mit den Indios auch deren kulturelle Werke verbrannten. Allein der Bischof von Merida vernichtete in einem riesigen Autodafé zweihundertvierundzwanzig Maya-Manuskripte, fünfunddreißig Altäre und fünftausend Bildsäulen. So sind denn von der sicher sehr großen Maya-Literatur ganze drei Werke erhalten geblieben, deren Entzifferung bisher aber nur zu kleinstem Teil gelang. Ob es möglich sein wird, diese Werke einer untergegangenen Kultur ganz zu lesen, steht dahin.

Daher eröffnete sich hier der Phantasie ein weites Feld, und oft genug sind über Altamerika die tollsten Fabeln ersonnen und in die Welt gesetzt worden. Der naive, weitgehend von biblischen Vorstellungen beeinflußte Glaube an eine gemeinsame Urheimat aller Menschen führte dazu, daß man in den amerikanischen Ureinwohnern nur Abkömmlinge der in der Alten Welt heimischen Menschen sah. Allerdings herrscht nun zwischen den frühen Kulturen Europas und Amerikas, und zwar nicht nur in Mexiko und Peru, ganz besonders auf religiösem Gebiet, eine vielfach so weitgehende Übereinstimmung, daß immer wieder nach verschollenen und in Vergessenheit geratenen Beeinflussungsmöglichkeiten gesucht worden ist. Schon die Spanier mußten bei der ersten Er-

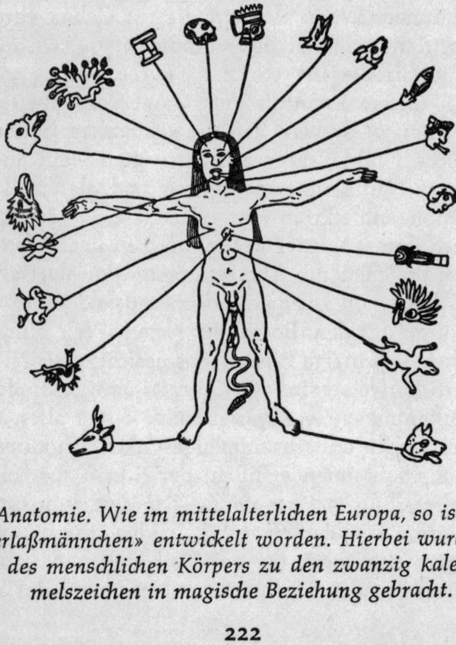

25. Magische Anatomie. Wie im mittelalterlichen Europa, so ist auch in Mexiko eine Art «Aderlaßmännchen» entwickelt worden. Hierbei wurden die verschiedenen Organe des menschlichen Körpers zu den zwanzig kalendarischen Himmelszeichen in magische Beziehung gebracht.

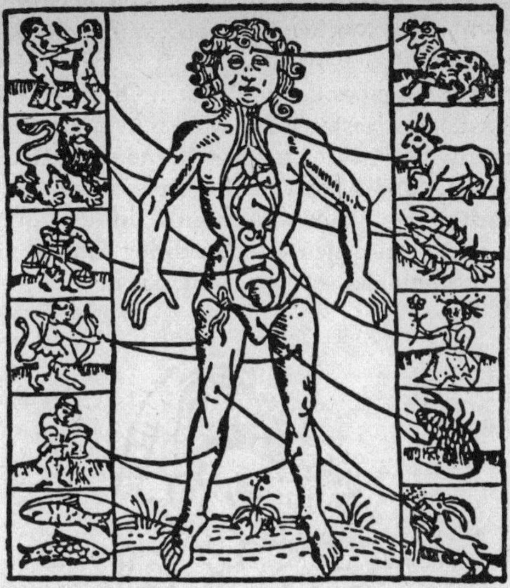

26. «Aderlaßmännchen» aus der mittelalterlichen Medizin des Abendlandes

forschung der von ihnen eroberten riesigen Gebiete mit tiefem Staunen feststellen, daß manche altamerikanischen Bräuche, Bauten, Sagen, Schmuckstücke usw. denen der Alten Welt sehr ähnlich waren. Das bezog sich, da die Spanier ihre Aufgabe ja vielfach als göttliche Sendung mit dem Ziel der Verbreitung des Christentums bei den «Heiden» ansahen, zunächst auf christliche Symbole und Ornamente. So fanden sie zu ihrer Verwunderung, daß der religiöse Gebrauch des Kreuzsymbols bei Azteken und Mayas weit verbreitet war. Es handelte sich dabei um kreuzförmig stilisierte Baumdarstellungen, unter denen einst Erntegaben und Tiere geopfert wurden. Aus diesen frühen Zeiten stammt wohl auch die gleichfalls an Altären und Tempeln auftretende Verwendung von Vogel- und Fischsymbolen, die die Spanier natürlich gleichfalls sehr erstaunten, sowie die Vornahme einer Art Taufe, bei der nach der Segnung des Taufkindes durch den Priester eine Besprengung mit Wasser erfolgte. Auch die Idee der Kommunion ist den Azteken nicht fremd gewesen, wie die amerikanische Wissenschaft neuerdings festgestellt hat. Kleine, von den Priestern geweihte Götterbilder aus Teig, die den Gläubigen, namentlich aber den Kranken, dargereicht wurden, erhielten durch die Segnung eine entsühnende Kraft. Wer dieses Gottesbrot verzehrte, wurde dadurch mit den erzürnten himmlischen Mächten versöhnt. Ähnliche Feststellungen wurden übrigens auch in Peru gemacht, und eine genaue Untersuchung ergab angeblich, wie C. M. Kaufmann in seinem

Buch *‹Amerika und Urchristentum›* mitteilte, eine gewisse Übereinstimmung der Funde hier mit Motiven, die sonst nur in der koptischen Kirche bekannt sind.

Nun ist das Kreuz als eines der einfachsten Ornamente zweifellos ein Urmotiv der künstlerisch gestaltenden Menschheit, genauso wie die Pyramide ein Urmotiv der Architektur sein dürfte. Bei der religiösen Verwendung von Vogel- und Fischsymbolen ist das aber nicht ebenso der Fall. Der Gebrauch dieser Symbole beschränkt sich überall in der Welt in der Regel auf Gebiete, in denen ein christlicher Einfluß vorhanden ist. Daß diese beiden Sinnbilder auch in Amerika in kultischem Gebrauch

27. «Taufe» in Yukatan. Aus einer Maya-Handschrift aus Yukatan.

vorkamen, mußte natürlich stutzig machen und die Vermutung nahelegen, daß unbekannte christliche Missionare schon lange vor Kolumbus den Weg in die Neue Welt gefunden hatten.

Aber was ist nun aus diesen Religionsstiftern geworden? Hat man sie schließlich totgeschlagen oder heiliggesprochen und in den Himmel versetzt, haben sie ihrem Glauben abgeschworen, oder sind sie außer Landes gegangen? Sind sie und ihre Anhänger aufgesogen worden von der überlegenen biologischen Kraft ihres Wirtsvolkes? Wir wissen es nicht. Nur in einem einzigen Fall scheinen noch ein paar halbverwehte Spuren vorhanden zu sein, denen man wohl mit einem gewissen Recht folgen darf. Es handelt sich dabei um jenen von den Inkas übernommenen obersten Gott Virakocha, den sie den Ewigen nannten, Kon-Tiki. Merkwürdigerweise haben nun 4000 km weiter westlich die Bewohner von Polynesien ihren Ahnherrn und Urgott unter demselben Namen verehrt.

Kann das ein Zufall sein?

Seit langem weiß man, daß selbst riesige Meeresbreiten im Zuge der großen Völkerwanderungen von ganzen Volksstämmen, nicht bloß von einzelnen kühnen Schiffsmannschaften, überwunden worden sind. Sozusagen das Paradebeispiel hierfür ist die eigenartige Insel Madagaskar, die, unmittelbar an der Ostküste Afrikas gelegen und vom Schwarzen Erdteil nur durch die etwa 400 km breite Straße von Mozambique getrennt, gleichwohl nicht von diesem und nicht durch Schwarze besiedelt worden ist, sondern von Java aus durch Malayo-Polynesier.

Die Entfernung von Java nach Madagaskar beträgt etwa 6500 km, und der Indische Ozean kann ganz besonders ungebärdig sein: beides zusammen, diese ungeheuerliche Strecke offenen Meeres und die in diesen Breiten nicht selten verheerenden Stürme, ließ die Wissenschaft lange daran zweifeln, ob die arabischen Quellen, denen wir unsere Kenntnis von der malayo-polynesischen Besiedlung Madagaskars verdanken, zuverlässig seien. Aber französische Forschungen unter der Führung des Pariser Gelehrten Gabriel Ferrand und fast gleichzeitige deutsche Arbeiten, die auf den Leipziger Ethnologen Karl Weule zurückgehen, haben um die Jahrhundertwende ganz endgültig klargestellt, daß die alten arabischen Geographen recht hatten und daß die Madagassen in der Tat von Java aus über das Meer auf ihre Insel eingewandert sind. *Wie* das geschehen ist, weiß niemand zu sagen. *Wann* das geschah, ist fast ebenso ungewiß, wenn es freilich nach den Untersuchungen des deutschen Geographen Eberhard Stechow auch wahrscheinlich geworden ist, daß die ersten Wellen dieser See-Einwanderer schon vor Beginn unserer Zeitrechnung in Madagaskar eintrafen. Sicher ist jedenfalls, daß die madagassischen Hova, die immerhin mehr als eine Dreiviertelmillion Köpfe zählen, Malayo-Polynesier sind. Und sicher ist auch, daß die Zurücklegung dieser riesigen Meeresbreite nur möglich war, weil Passat und Strömung die primitiven Fahrzeuge der Einwohner mitnahmen.

Man möchte annehmen, diese Tatsachen seien ein hinreichender Anlaß gewesen, auch anderen, mindestens theoretisch möglichen Wanderbewegungen, die im Sinne der Passate verlaufen sein konnten, nachzugehen. Das ist zwar auch geschehen, aber man ist dabei über vorsichtige Deutungsversuche nicht hinausgekommen. Erst der junge norwegische Ethnologe Thor Heyerdahl hat den gordischen Knoten der wissenschaftlichen Wenn und Aber dann durch eine kühne Expedition zerhauen. Auf einem altindianischen Vorbildern nachgebauten Hochseefloß hat er 1947, vom Passat und von den Meeresströmungen getrieben, den Pazifik überquert. Auch er freilich hat damit nun durchaus nicht etwa alle Probleme gelöst; aber es lohnt sich schon, sich mit den Konsequenzen seiner Fahrt, über die er in seinem interessanten Buch *‹Kon-Tiki. Ein Floß treibt über den Pazifik›* berichtet hat, einmal näher zu befassen.

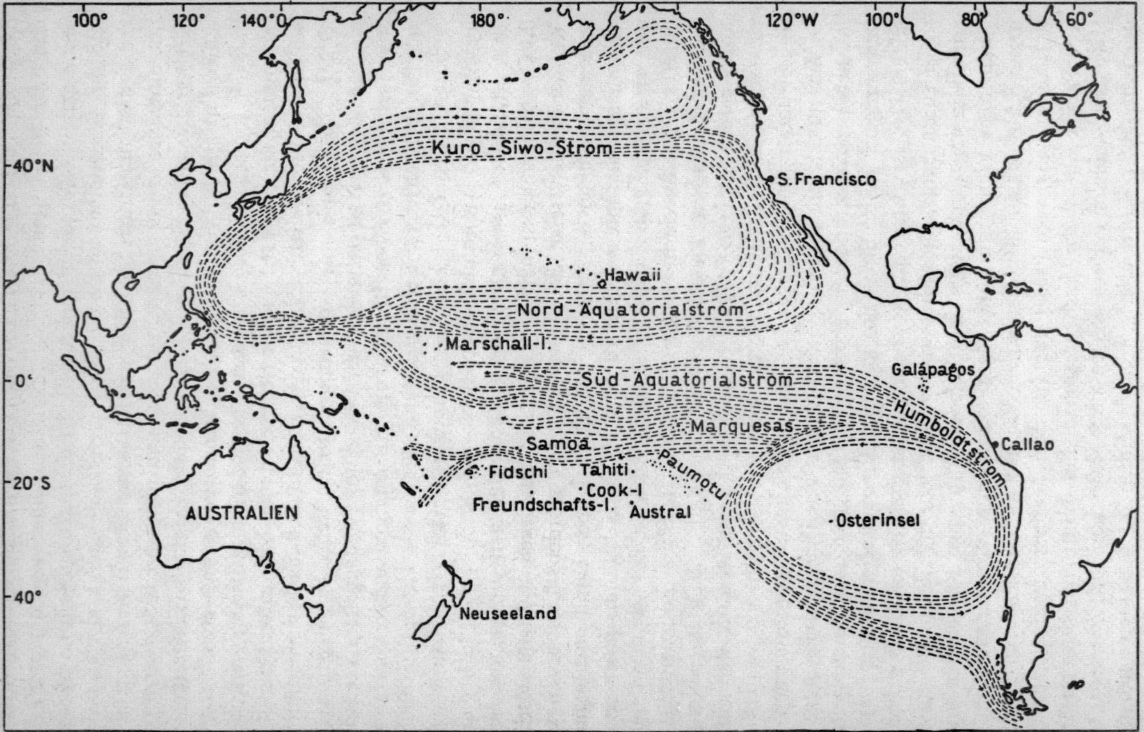

XVI. Strömungen im Pazifischen Ozean.

Seit vielen Jahrzehnten war es bekannt, daß die peruanischen Menhire, Felssetzungen, die denen des steinzeitlichen Europas ähneln, die von unbekannten Steinmetzen aber nicht selten in Form menschlicher Antlitze zurechtgehauen waren, auf der Osterinsel, Tausende von Seemeilen entfernt, eigenartige Entsprechungen hatten. Auch dort standen solche ungeheuerlichen, aus einem einzigen Block gemeißelten Riesenköpfe, hoch wie ein vierstöckiges Haus, und starrten über die baumlose Insel in die Weite des ewigen Meeres. Natürlich waren diese riesigen, viele Tonnen schweren Standbilder bereits den ersten Weißen aufgefallen, und schon der holländische Kapitän Jacob Roggeveen, der die unendlich verlorene Insel am ersten Ostertag des Jahres 1722 entdeckt hatte, berichtet darüber. Ausführlicher erzählten fünfzig Jahre später James Cook und seine beiden deutschen Begleiter, die Gelehrten Johann Reinhold Forster und sein Sohn Georg Forster, davon. Und seitdem hat das Rätselraten um die Osterinsel nicht aufgehört. Was hatten diese Riesenköpfe zu bedeuten? Wer hatte sie errichtet? Wann und wie waren Menschen zur Osterinsel gekommen?

4000 km See erstreckten sich zwischen der Insel und dem Festland, rund 1600 km war es bis zum nächsten polynesischen Atoll. Völlig einsam und gottverlassen lag das kleine Eiland mitten in dem ungeheueren Meer. Sollte man annehmen, Menschen aus irgendwelchen westlichen Kulturbereichen seien dorthin *verschlagen* worden? Das schien völlig ausgeschlossen zu sein, denn seit Urzeiten kamen Wind und Strömung tagein, tagaus von Osten. Sollte man glauben, die Menschen, die einst die Osterinsel besiedelt hatten, seien bewußt und nach vorgefaßtem Plan zu dieser winzigen Vulkaninsel gesegelt? War das nicht noch absurder?

Aber nur, wenn man dies, gerade dies, annahm, ließ sich erklären, wie es möglich gewesen war, diese haushohen Menschenantlitze aus dem Fels eines der Vulkankrater der Osterinsel herauszuschlagen und sie viele Kilometer weit, über ein welliges, tief eingeschnittenes Gelände, zu ihren Standorten zu transportieren. Das war nur denkbar, wenn dabei eine große Zahl von Arbeitskräften eingesetzt werden konnte. Selbst die kleinsten dieser Standbilder wogen erheblich mehr als fünftausend Kilo – ihr Durchschnittsgewicht beträgt 10 bis 12 t, und die größten mögen mehr als 50 t schwer sein – mit anderen Worten: die für die Bewältigung solcher Lasten benötigte Zahl von Menschen konnte nur durch wiederholte, planmäßig gesteuerte Fahrten auf die Osterinsel gekommen sein.

Oder aber: war die Osterinsel nur der spärliche Rest eines in die Tiefe des Weltmeeres versunkenen, viel, viel größeren Kontinents? Hatten hier einst menschenwimmelnde Städte, reiche Dörfer gestanden, hatten sich hier fruchtbare Äcker gebreitet und schattige Wälder? Hatte es hier ein «Atlantis» gegeben, das Tausende von Metern tief auf den

28. Menhir-Kreise von der Halbinsel Sillustani bei Umayo in Peru. Diese Steinsetzung erweckt den Eindruck, als seien hier die unbekannten Baumeister von Stonehenge tätig gewesen.

Grund des Ozeans gesunken war? Manche Theosophen, gestützt auf okkulte Offenbarungen, behaupteten das mit Nachdruck. Sie meinten, die riesigen Idole der Osterinsel seien gar nicht von Menschen unserer Art geschaffen, sondern von den gigantischen Bewohnern des ururalten Kontinents «Lemuria», der einst das Gebiet des Indischen und des Pazifischen Ozeans eingenommen habe und dessen letzter Rest die Osterinsel sei. Aber es fanden sich befestigte Kunststraßen, die von der Höhe der Insel zu den alten Häfen und Landungsplätzen am Ufer des Meeres hinabführten, Häfen, die noch zu unserer Zeit benutzbar waren, deren Wasserstände sich also nicht geändert hatten. Das sprach sehr deutlich gegen die Katastrophen-Theorie. Um ein übriges zu tun, entsandte man geologische Experten zur Osterinsel. Sie hämmerten und bohrten und drehten sozusagen jeden Stein um. Und dann stand einwandfrei und unzweifelhaft fest, daß von irgendwelchen Erdkatastrophen größeren Ausmaßes nicht die Rede sein konnte. Die Osterinsel war also *nicht* der Rest eines untergegangenen Kontinents, ihre Kultur war *nicht* autochthon, die Insel mußte vielmehr irgendwie und irgendwoher besiedelt worden sein.

Nach wie vor standen die Wissenschaftler aller Kulturländer vor unlösbaren Rätseln. Da fand man 1864 zu Füßen der riesigen Bildstelen der Osterinsel zahlreiche handbreite, meist spannenlange Holztäfelchen, die sogenannten *kohau rongo-rongo*, Nachrichtenhölzer, die mit einem dichten Ornament von Figuren und «Schriftkörpern» bedeckt waren. Jedenfalls vermutete man, daß es sich dabei um schriftähnliche Zeichen handle. Keiner der Eingeborenen vermochte aber befriedigende Auskünfte über diese sprechenden Hölzer zu geben, und aus den Berichten der ersten weißen Entdecker ging auch nur hervor, daß diese «Schrift»-Tafeln nach ihren Beobachtungen offenbar kultisch-religiöse Zwecke hatten. Seither sind die *kohau rongo-rongo* von den christianisierten Osterinsel-Leuten als verdammenswertes Teufelszeug vernichtet worden; nur neunzehn dieser Tafeln blieben durch einen Zufall erhalten, was das ganze Problem wohl vollends unlösbar gemacht hat.

Zu Anfang der zwanziger Jahre unseres Jahrhunderts glaubte man für einige Zeit, dem Rätsel der Osterinsel-Tafeln auf der Spur zu sein. Als nämlich der englische Archäologe John Marshall 1922 begann, die Ruinen zweier fünftausend Jahre alter, einstmals blühender großer Industrieorte am Indus, der Städte Mohenjo-daro und Harappa im südwestlichen Pandschab, auszugraben, da fand er in den unterirdischen Teilen dieser Städte Aufzeichnungen, deren «Schrift»-Charakter denen der mysteriösen Osterinsel-Tafeln zu entsprechen schien. 1938 konnte der amerikanische Ethnologe Alfred Métraux nach einer neuerlichen gründlichen Untersuchung der Osterinsel und ihrer Phänomene belegen, daß Marshalls Vermutungen irrig waren. Glücklicherweise, muß man hinzufügen. Denn dies bewahrt uns vor den wahrhaft halsbrecherischen Deutungskunststücken, die wir anstellen müßten, um auch nur die fadenscheinigste Erklärung für die Möglichkeit so früher, weltweiter Verkehrsverbindungen zu finden. Alfred Métraux stellte nämlich zu seiner eigenen großen Überraschung fest, daß die berühmten «Schrift»-Täfelchen der Osterinsel keine zweihundert Jahre alt seien und daß sie in der Regel aus Treibholz zurechtgeschnitten wären, das dem frühen 18. Jahrhundert entstammte. Von irgendeinem Zusammenhang zwischen der Altindus- und der Osterinsel-Schrift konnte daher gar keine Rede sein.

Immerhin bleibt die Tatsache bestehen, daß die uns von der Wissenschaft vorgelegten Vergleichstafeln zwischen der Schrift von Mohenjodaro und der der Osterinsel zahlreiche Ähnlichkeiten aufweisen. Das ist nicht zu leugnen. Und andererseits scheinen die Untersuchungen, die

29. Eine «Schrifttafel» der Osterinsel

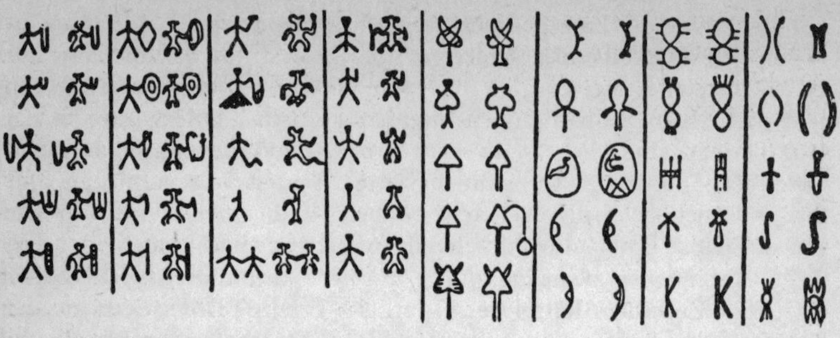

30. Vergleichende Tafel von Schriftzeichen der Mohenjo-daro-Kultur mit Schriftzeichen der Osterinsel. Links: Mohenjo-daro. Rechts: Osterinsel.

die Vorgeschichtler in Südostasien wie in Ozeanien über die Steinzeit anstellten, ergeben zu haben, daß, wie der Wiener Vorgeschichtler Robert Heine-Geldern es formuliert, die «Entstehung der polynesischen Kultur oder wenigstens einer ihrer wichtigsten Komponenten im formosanisch-philippinisch-nordcelebensischen Gebiet aus der Mischung austronesischer Vierkantbeil- und austroasiatischer Schulterbeil-Kultur» zu erklären ist. Mit anderen Worten: anscheinend hat schon irgendwann in grauer Vorzeit eine erste, von Westen her erfolgende Besiedlung gewisser polynesischer Inseln stattgefunden.

Dieser Meinung sind auch die Zoologen. Während es im präkolumbischen Amerika weder das Huhn noch das Schwein gegeben hat, zumindest nicht als Haustier, finden sich diese beiden alten Begleiter des Menschen dagegen in Polynesien. Die ersten weißen Entdecker bezeugen das ganz eindeutig. Sie berichten auch, daß die Polynesier Hunde hatten, und die Wissenschaft stellte sehr bald fest, daß die Haushunde der Südsee-Insulaner enge Verwandte australischer und indonesischer Hunderassen waren. Und mit dem Huhn und dem Schwein war es nicht anders. Die Urformen der polynesischen Spielarten kamen ebenfalls aus dem autronesischen Raum.

Da es nun erwiesen ist, daß Indien und China das Haushuhn bereits vor rund dreieinhalb Jahrtausenden kannten, ist es durchaus möglich, daß die Hypothese einer in sehr frühen Zeiten von Westen her erfolgten Besiedlung gewisser polynesischer Inseln zutrifft. Die während der Eiszeiten und sicherlich auch noch geraume Zeit nach ihrem Abklingen im Stillen Ozean bestehenden, wahrscheinlich völlig anderen klimatischen und meteorologischen Verhältnisse mit ihrer sicherlich starken Einengung der Passatgürtel zwischen den riesig vergrößerten Eiskappen an Nord- und Südpol *können* vielleicht zu ganz anderen Wind- und Strömungsbedingungen geführt und es so möglich gemacht haben, selbst mit ganz primitiven Fahrzeugen nach Osten vorzustoßen.

Für frühgeschichtliche und historische Zeiten trifft das aber unter gar keinen Umständen mehr zu, und wer sich einmal die Mühe nimmt, ein Bündel Seekarten des Pazifiks durchzublättern, der wird von der urweltlichen Einsamkeit, die über diesen Wassern liegt, immer wieder tief beeindruckt sein. Wie sollen diese riesigen See-Entfernungen von vorgeschichtlichen Völkern in ihren schwanken Einbäumen und auf ihren primitiven Flößen, gegen den Wind und gegen die Strömungen, bezwungen worden sein? Und wenn man diese Theorien hört, nach denen eben diese unbekannten frühen Menschen nicht nur zur Osterinsel, sondern auch nach Südamerika gelangt wären, dann muß man sich doch fragen, weshalb nicht auch schon die steinzeitlichen Europäer in hellen Haufen nach Amerika gefahren sind, über die vergleichsweise viel geringere Meeresbreite hinweg, die die Alte von der Neuen Welt trennt.

Aber es gibt der Rätsel noch mehr. Als die ersten Europäer zu Anfang des 18. Jahrhunderts die Osterinsel besuchten, trafen sie dort auf viele fast weiße Menschen. Die Männer hatten zum Teil lange Bärte – eine in der Südsee wie bei den Indianern sonst unbekannte Behaarung – und erzählten, manche ihrer Vorväter seien weißhäutig, andere dagegen braun gewesen. Und auf Grund einer mündlich von Generation auf Generation sorgfältig überlieferten Genealogie berichten sie, wie das der Zahlmeister William E. Thomson vom amerikanischen Kriegsschiff «Mohican», der 1886 auf der Osterinsel weilte, in seinem dienstlichen Bericht mitteilte, daß ihre weißen Urahnen einst aus dem Osten, «aus einem gebirgigen Land, das unter der Sonne verdorrt war», in großen Fahrzeugen meerüber auf die Insel gekommen seien, «immer der sinkenden Sonne nachsegelnd». Etwa das gleiche widerfuhr den ersten nach Polynesien gelangenden Europäern. Auch dort fanden sie, nämlich unter den Häuptlingen und beim Adel, zahlreiche weißhäutige Eingeborene mit rötlichem bis blondem Haar, blaugrauen Augen und einer schön gebogenen Adlernase; auch hier gab es alte Legenden, die berichteten, die polynesische Urheimat liege fern im Osten, und der Sonnengott Tiki habe sein Volk vorzeitig auf großen Flößen von dort nach Polynesien geführt. Neben diesen hellhäutigen, fast weißen und ganz europäisch aussehenden Eingeborenen gab es dann andere mit brauner Haut, tiefschwarzem Haar und jenen flachen Nasen, wie sie in der Südsee die Regel waren. Und auch in Polynesien hatte man in mündlicher Überlieferung die Namen aller Häuptlinge festgehalten, bis hin zu der Zeit, als die Inseln besiedelt wurden.

Natürlich begegnete man diesen Nachrichten entweder mit völligem Unglauben, oder aber – und das war vielleicht noch schlimmer – man verfälschte sie im Sinne der Theorien Rousseaus. Als Cook und die Forsters nach Europa zurückkehrten, stand dort alle Welt unter dem Eindruck von dessen Naturphilosophie. Die Berichte von halb weißen, halb braunen, freundlichen und zutunlichen Naturmenschen kamen also gerade paßrecht, und als der schöne Traum von der Unschuld der Menschen zur höfischen Schäferidylle verzerrt und lächerlich gemacht wurde, da warf die Wissenschaft mit dem Zerrbild auch die Tatsachen über Bord. So hat es hundertfünfzig Jahre gedauert, bis man wieder auf den Kern der Dinge stieß.

Das geschah vor allem durch Peter H. Buck, Direktor des Bernice H. Bishop-Museums in Hawaii, einen angesehenen Völkerkundler und Anthropologen, der zu Beginn der zwanziger Jahre unseres Jahrhunderts mit umfangreichen anthropologischen Messungen unter den Polynesiern begann. Buck, der mütterlicherseits selbst Polynesier ist, hat in Tausenden von Einzeluntersuchungen ermittelt, daß die Bewohner der polynesischen Inseln zweifellos europoid sind. Seine Feststellungen gipfeln in dem Satz:

«Das Ergebnis meiner Untersuchungen an Bewohnern aller Teile Polynesiens ist, daß die siegreichen Bezwinger des Pazifik offensichtlich Europäer gewesen sein müssen. Sie sind weder durch das wollige Haar, die schwarze Haut und die dünnen Unterschenkel der Neger gekennzeichnet noch durch das flache Gesicht, die kleine Gestalt und die schlaffe Lidfalte der Mongolen.»

Das stimmt völlig überein mit den Eindrücken, die James Cook 1773 bei seiner zweiten Südsee-Expedition gewann. «Wir trafen Hunderte von wahren Europäergesichtern und manche echte Römernase unter ihnen.» Und Georg Forster teilt von den Bewohnern der Marquesas-Inseln mit: «Manche von ihnen hätte man füglich neben die Meisterstücke der alten Kunst stellen können, sie würden bei der Vergleichung gewiß nichts verloren haben.» Von O-Aheatua, dem König von Tahiti-iti, heißt es dann sogar: «Er war heller von Farbe als alle seine Untertanen und hatte schlichtes, langes, lichtbraunes Haar, das an den Spitzen ins Rötlichgelbe fiel.»

Ganz skeptische Naturen mögen nun vielleicht der Meinung sein, Cook und seine wissenschaftlichen Begleiter hätten in ihrer Entdeckerfreude ein wenig übertrieben. Aber offenbar ist den Polynesiern ihre Ähnlichkeit mit den wunderbaren Fremden selbst aufgefallen. Jedenfalls erzählt Georg Forster höchst amüsiert, der in Tahiti an Bord gekommene Polynesier Porea habe nach einiger Zeit darum gebeten, sich bei Landgängen an anderen polynesischen Inseln europäisch anziehen zu dürfen.

«Er ging, in einen leinenen Rock und in Schifferhosen gekleidet, mit uns an Land. Er trug Kapitän Cooks Pulverhorn und Hagelbeutel und wünschte, daß man ihn hier für einen von unseren Leuten ansehen möge. Zu dem Ende redete er seine Muttersprache nie, sondern murmelte allerhand unverständliche Töne her, wodurch sich das hiesige Volk auch wirklich hintergehen ließ. Um diesen Betrug noch mehr zu begünstigen, wollte er auch nicht länger bei seinem tahitischen Namen Porea genannt sein, sondern einen englischen haben ...»

Das ist außerordentlich bezeichnend! Denn daraus geht hervor, daß sich Porea seinen europäischen Freunden so ähnlich wußte, daß ihn in europäischer Kleidung nur sein polynesischer Name verraten hätte und sein Unvermögen, englisch zu sprechen. Und tatsächlich haben ihn, wie Georg Forster bestätigt, seine Landsleute auch für einen Weißen gehalten.

Das ist zweifellos ein gültiger Beweis. Und danach kann wohl kaum noch daran gezweifelt werden, daß tatsächlich irgendwann einmal eine große Schar weißer Menschen in den Raum der pazifischen Inselwelt vorgedrungen ist. Woher können diese Weißen gekommen sein?

Es besteht natürlich kein Zweifel daran, daß Indien vorzeiten von hellhäutigen Indogermanen erobert wurde. Sicherlich sind auch einzelne indogermanische Stämme noch viel weiter nach Asien gelangt. Aber ebenso sicher hat der Stille Ozean ihnen dann Halt geboten, zumindest in geschichtlichen Epochen, in denen die nautischen Verhältnisse auf diesem größten aller irdischen Meere genau dieselben waren wie heute. Aber andererseits kann auch nicht bezweifelt werden, daß diese weiße Einwanderung in die Südsee noch nicht sehr lange zurückliegt. Sowohl auf der Osterinsel wie in Polynesien berichten die Eingeborenen, die Ankunft ihrer Vorfahren auf den pazifischen Inseln sei vor etwa fünfzig oder sechzig Generationen erfolgt, wenn man das wörtlich nehmen will also zwölfhundert Jahre zuvor. Nun mag das freilich ungenau oder übertrieben sein. Daß die polynesische Einwanderung aber erst im Mittelalter geschehen sein kann, ergibt sich ganz zwingend daraus, daß alle Polynesier von 20 Grad Nord bis 40 Grad Süd nach wie vor eine gemeinsame Sprache haben. Schon Cook und die Forsters erzählten höchst erstaunt, daß ihr aus Tahiti stammender Begleiter Porea überall auf den Inseln gleichmäßig gut verstanden wurde. Und Peter H. Buck, der ein südpolynesisches Idiom spricht, bestätigt auch in unseren Tagen, daß von Hawaii bis Tahiti über Tausende von Kilometern hin ein und dieselbe Sprache gesprochen würde. Ebenso wurde und wird von den eingeborenen Chronisten auch überall dieselbe Genealogie gelehrt. Buck erklärt dazu:

> «Die Namen der (Polynesien kolonisierenden) Vorfahren sind überall die gleichen, selbst in so weit auseinander liegenden Inselgruppen wie Neuseeland, den Cook-Inseln, den Gesellschaftsinseln, der Gruppe der Tuamoto-Inseln, den Austral- und den Marquesas-Inseln, in Gambier und Hawaii. Das beweist, daß alle polynesischen Völkerschaften in historischen Zeiten gemeinsame Vorfahren hatten.»

Diese Tatsache beweist unwiderlegbar, daß die polynesische Einwanderung während historischer Zeiten erfolgt sein *muß*, sie erbringt fernerhin starke Argumente dafür, daß sie nicht von Westen her, also etwa aus Indo-Malaya, geschah, wo es im Mittelalter gar keine steinzeitlichen

Völker mehr gab, sondern daß sie nur von Osten, aus Amerika, erfolgt sein kann, das ja bis hin zu den Spaniern im wesentlichen bei steinzeitlichen Kulturen verharrte.

Das klingt außerordentlich kühn. Wenn man die hier zitierten Quellenbelege aber ihrem vollen Inhalt nach als zutreffend ansehen darf, dann bleibt kaum eine andere Schlußfolgerung übrig. Nun kommt freilich hinzu, daß sowohl die technisch-materielle wie die geistig-religiöse Kultur der Polynesier weitgehend Übereinstimmungen mit südamerikanischen Kulturen aufweist. Darauf ist mehrfach aufmerksam gemacht worden, zuletzt von dem skandinavischen Völkerkundler Erland Nordenskiöld, der 1931 eine förmliche Liste aller identischen Dinge und Zustände aufstellte, die sich bei einem Vergleich der materiellen Kultur von Peru mit der von Polynesien ergibt. Nicht nur die Waffen sind gleich, das Blasrohr nämlich und seltsame, schwertartig geformte Holzkeulen, nicht nur Schmuck und Toilettengegenstände stimmen überein, wie zum Beispiel breite Armbänder aus Metall, Schildplatt oder Muscheln sowie eine Art von kombiniertem Kamm und Bürste, die es auch nur in Peru und nur in Polynesien gibt, nicht allein finden sich hüben und drüben das Doppel-Kanu, das charakteristische Dreieckssegel und der Angelhaken: alles Dinge, zu deren Ausleihung schon flüchtige Berührungen ausreichen – auch viel kompliziertere Kenntnisse werden weitergegeben. Dazu gehört die künstliche Bewässerung der terrassenartig an den Bergen emporsteigenden Felder, die Übernahme der schwierig zu spielenden Muscheltrompete, die überaus seltsame Sitte der Schädeltrepanation, die im westlichen Südamerika ebenso verbreitet ist wie in Polynesien, der Gebrauch hölzerner Sessel, die Verwendung einer kultisch-religiösen Tanzmaske und ganz besonders die Erfindung der berühmten Knoten-«Schrift», die sowohl von den Inkas wie von den Polynesiern angewendet wurde.

Der unvoreingenommene Leser wird wahrscheinlich schon nach diesen wenigen, aus Nordenskiölds langer Identitätsliste zitierten Beispielen den Eindruck haben, daß es sich dabei nicht mehr um bloße Zufälligkeiten handeln kann. Namentlich die Tatsache, daß in Südamerika *und* in Polynesien der Versuch gemacht wurde, eine sinnvolle Anordnung von verschieden großen und verschieden geschlungenen Knoten als Gedächtnisstütze und sozusagen als «Schrift» herauszubilden, kann nicht durch irgendeine «Konvergenz», das heißt also durch die Annahme erklärt werden, zufällig sei dieser Versuch an beiden Ufern des Stillen Ozeans unternommen worden, sonst auf der Welt aber zufällig nicht. Es kann kaum zweifelhaft sein, daß diese Gleichartigkeit des Vorgehens intensivere Berührungen zwischen den beiden Kulturen voraussetzt.

Sehr nachhaltig scheint dafür auch das folgende Argument zu sprechen: Als die ersten Europäer in Polynesien landeten, stellten sie zu ihrem großen Erstaunen fest, daß eine der Kulturpflanzen, die sie den

31. Inka-Schreiber mit «Quipu» und Rechenbrett. Zeichnung aus der Bilderchronik des Huaman Poma de Ayala.

Insulanern mitbrachten, auf den polynesischen Inseln längst bekannt war: die Kartoffel nämlich! Sie wuchs dort in der Spielart der Süßkartoffel, war westlich der polynesischen Inseln unbekannt und durchaus beschränkt auf das Verbreitungsgebiet des polynesischen Volkes. Dagegen kam sie weiter östlich vor, auf der Osterinsel sowohl wie in Südamerika, wo diese *«Hipomaea-Batates»* in gewissen Gebieten seit den ältesten Zeiten angebaut wurden. Da die Batate gegen Wasser sehr empfindlich ist und sofort zu faulen beginnt, konnte sie auf den ozeanischen Inseln nicht angetrieben, sie *mußte* vielmehr irgendwie von Menschen nach Polynesien gebracht worden sein. Der amerikanische Völkerkundler R. B. Dixon, der sich zu Anfang der dreißiger Jahre unseres Jahrhunderts speziell mit dieser Frage beschäftigt hat, äußert dazu: «Diese Pflanze konnte nur von Menschenhand von Amerika nach Polynesien gebracht sein», und Peter H. Buck bestätigt ausdrücklich, daß die Batate in Hawaii spätestens um 1250 n. Chr. und in Neuseeland spätestens hundert Jahre danach angebaut worden sei. Er weist weiter darauf hin, daß die Batate im nördlichen Quechua-Dialekt in Peru *kumar* heiße, während sie in Polynesien *kumara* genannt werde.

Diese Bemerkung ist insofern von Belang, als damit der Ausgangspunkt der südamerikanisch-polynesischen Beziehungen örtlich festgelegt werden kann. Die Bezeichnung *kumar* ist in Südperu unbekannt. Die Verbindungen zwischen Peru und Polynesien, wenigstens soweit sie die Batate betreffen, *müssen* also in Nordperu ihre Nahtstelle gehabt haben.

Auch gewisse sprachliche Übereinstimmungen deuten darauf hin, daß Nordperu der Ausgangspunkt der mysteriösen Beziehungen zwischen Südamerika und Ozeanien gewesen ist. Es heißt

auf der Osterinsel	in Nordperu	
unu	unu	Wasser
hapay	apay	tragen
kiri	kiri	Haut
toki	toki	Axt
ariki	awiki	Häuptling
tuu	tunu	Pfosten
karu	koroa	fern
poko-poko	ponko	Schacht, tiefes Loch
rarako	raku	helle Farbe, Schnee
kimi	kimi	Flaschenkürbis

Diese Identität wichtiger Vokabeln ist natürlich kein Zufall, ganz besonders nicht bei dem hier an letzter Stelle genannten Wort für die Lagenaria vulgaris, den Flaschenkürbis, der in Polynesien wie in Südamerika *kimi* heißt. Genau wie die Batate stammt auch der Flaschenkürbis – wie überhaupt alle Kürbisarten – aus Amerika. Namentlich der Flaschenkürbis ist eine ausgesprochen amerikanische Urwaldpflanze. Sowohl in Polynesien wie in Peru wurde von alters her nicht nur die Frucht, sondern auch die Schale dieser Pflanze genutzt. Über dem Feuer getrocknet, gab sie hervorragende Wasserbehälter ab. Und als solche haben sowohl die polynesischen Seeleute und Fischer wie die indianischen Küstenbewohner von Peru diese Kürbisart schon Jahrhunderte vor jeder Berührung mit den Conquistadoren und Entdeckern aus der Alten Welt verwendet. Kürbisse, gleichgültig, um welche Art es sich handelt, vertragen nun Salzwasser auf gar keinen Fall, auch für kürzere Zeit nicht. Sie können also, ob es nun der Flaschenkürbis, der Turbankürbis oder irgendeine andere der in Polynesien verbreiteten Kürbissorten ist, nur auf Fahrzeugen, die von Menschen gesteuert wurden, in die Südsee gelangt sein. Und die bereits oben erwähnte Tatsache, daß die Lagenaria vulgaris hüben wie drüben *kimi* hieß, gibt ein weiteres Indiz für die amerikanische Herkunft dieser Pflanze. In die Reihe dieser Übereinstimmungen gehört schließlich noch die Sapindus saponaria, eine aus dem tropischen Amerika stammende Heilpflanze, die zusammenziehende Wirkung hat und die gleichzeitig als Seife dient. Diese Pflanze wächst auch in Polynesien, und merkwürdigerweise führt sie bei den Osterinsel-Leuten denselben Namen wie in Amerika: zu beiden Seiten des Ozeans wird sie *para-para* genannt.

In den geistig-religiösen Beziehungen zwischen den Inseln der Südsee und deren östlichen Ufern sieht es nun ganz ähnlich aus. Während der peruanische Virakocha-Mythos verkündet, der weiße Religionsstifter habe eines Tages seinen Mantel auf das westliche Meer gebreitet und sei, darauf sitzend, im Ozean verschwunden, erzählt eine alte Sage auf den Tonga-Inseln im südwestlichen Polynesien von der magischen Entrückung früher polynesischer Menschen in ein weit im Osten jenseits des Meeres gelegenes Land. Als nämlich die Wassermassen der großen Sintflut, die Tangaloa, der oberste Gott, vorzeiten über die Erde gesandt hätte, abgelaufen gewesen seien, habe er zwei von seinen Söhnen bestimmt, mit ihren Familien in Polynesien Land zu nehmen. Aber der eine, ein neidischer, fauler Mann, habe den fleißigen und erfinderischen Bruder ermordet. Da sei Tangaloa ergrimmt. Er hätte, meinen die Tonga-Leute, die Familie des Ermordeten nach Osten entrückt, in ein fernes Land weit über dem Meer, er hätte allen ihren Angehörigen weiße Hautfarbe verliehen, erstaunlich viel Geschicklichkeit, glänzende Reichtümer und die Befähigung, große Schiffe zu bauen. Dann habe Tangaloa verkündet: «Der Wind soll von eurem Land nach Tonga blasen. Die anderen aber sollen in Tonga bleiben, dunkle Haut haben und keine Reichtümer. Eure weißen Brüder sollen sie euch bringen und mit euch Handel treiben.»

Das hat um 1818 der Engländer F. Merian, einer der ersten, die in Polynesien systematisch forschten und ebenso systematisch Aufzeichnungen machten, aufgeschrieben. Er war gewiß, daß es sich dabei um eine sehr alte Sage handle, und als hundert Jahre später der deutsche Forscher Georg Gerland, der sich mit Sintflutsagen beschäftigte, die Tonga-Mythen nachprüfte, da meinte auch er: «Hier ist mit einem gewiß sehr alten Mythos, der sich auf das Götterland Pu-Lotu und seine licht gefärbten göttlichen Bewohner bezog, die öfters nach Tonga kamen, in späteren Zeiten die Erscheinung der Weißen pragmatisch verknüpft.»

Virakocha nach Westen im Meer verschwindend, Tangaloas Enkel nach Osten über den riesigen Ozean in ein anderes Land versetzt, beide weißer Hautfarbe und von ihren dunklen Brüdern durch größere Geschicklichkeit und hohen Reichtum unterschieden: so reichen sich die Ufer des Pazifiks schon vorzeiten in ihren Kindern die Hände! Daher wird Kon-Tiki, der peruanische Gott, auch in Polynesien verehrt – bezeichnenderweise vor allem in Ost- und Zentralpolynesien. Daher taucht Tane, wie Thor Heyerdahl berichtet, einer der Jünger und Gefolgsleute Virakochas, auch im nordöstlichen Polynesien auf: als Kon-Tikis Nebengott, als Gott der Handwerker und der Geschicklichkeit – als Gott und Stammvater der Weißen, wie Peter H. Buck lange vor Heyerdahl und ganz unabhängig von ihm in einer beiläufigen Bemerkung erzählt!

Im Gesamtzusammenhang unseres Berichts muß das höchst merkwürdig berühren. Wenn man sich vergegenwärtigt, daß Götter wie Tiki und Tane gleichmäßig auf den beiden Gegenufern des Pazifischen Ozeans bekannt sind, so kann dies nur für recht enge meerüber bestehende Zusammenhänge sprechen. So leicht Waffen und Schmuck übertragen werden, so schwer gehen nämlich Götter auf Wanderschaft. Dafür bedarf es sehr fester Brücken, langer und ungestörter Beziehungen von Volk zu Volk, und meist ist eine gewisse rassische oder blutsmäßige Verwandtschaft dabei die Voraussetzung. Für diese sehr engen Beziehungen zwischen Peru und Polynesien gibt es nun aber auch recht handgreifliche

32. Metallbecher aus Peru. Auf dem Kopf dieser Figur befindet sich eine Art Krone oder Stirnreif, genauso wie bei den Steinidolen von St. Agostin in Kolumbien oder auf der Osterinsel.

bildhafte Indizien: nämlich jene Standbilder der Osterinsel, die in ähnlicher Form in Kolumbien und Peru und vielfach auch in Polynesien anzutreffen sind. Auf der Osterinsel haben diese Statuen ein ganz europäisches Aussehen: sie sind schmalgesichtig, haben markante, scharf profilierte Nasen, dünne, wie spöttisch gekräuselte Lippen und ein ausgeprägtes, spitzbärtiges Kinn. Wer ihnen, sei es auch nur im Bild, jemals begegnet ist, wird zugeben müssen, daß diese Standbilder unter gar keinen Umständen nach mongoloiden oder negroiden Vorbildern geschnitten sein können. Wenn man nicht annehmen will, daß die Osterinsel-Statuen allein der freien, schöpferischen Phantasie ihrer Urheber entsprungen sind und daß diese ihren Schöpfungen ganz zufällig das Aussehen des weißen Mannes gaben, dann bleibt nur der Schluß übrig, daß diese Standbilder porträtähnlich sind, oder mindestens, daß sie die von einer ehrfürchtigen Genealogie überlieferten Antlitze der Urväter abbildeten. Auch Heyerdahl, jener junge norwegische Ethnologe, den wir hier schon mehrfach nannten, zieht diesen Schluß.

Heyerdahl berichtet dann weiter, nach der Genealogie der Osterinsel seien zwischen 400 und 500 n. Chr. weiße Männer mit großen Seefahrzeugen von Osten her zu dem einsamen Eiland im Pazifik gekommen, während die braune Bevölkerung von den polynesischen Inseln stamme. Peter H. Buck, der in allen Polynesien-Fragen als erste Autorität gelten darf, weiß von diesen Dingen offenbar nichts. Er berichtet zwar von den Ergebnissen seiner anthropologischen Untersuchungen, die ihm die Überzeugung vermittelten, die Polynesier seien Europäer; er erzählt, wie wir hörten, im Zusammenhang mit dem Handwerkergott Tane, er sei der Stammvater der Weißen; er teilt mit, daß es auf den Mangareva-Inseln vorzeiten zwei Könige gegeben habe, den Akarikitea, den weißen König, und den Akariki-pangu, den dunklen König: aber er mißt diesen Überlieferungen augenscheinlich keine rechte Bedeutung bei, zweifellos deshalb, weil er zur Zeit der Abfassung seines Buches keine Erklärung dafür fand, woher seine weißen Polynesier gekommen sein könnten. Buck behauptete daher, die Steinmetzen, die die Riesenantlitze der Osterinsel herstellten, könnten nur von den Marquesas-Inseln und Raivavae stammen, wo sich gleichfalls solche gewaltigen Standbilder fänden, während auf den Gesellschaftsinseln, auf Hawaii und Neuseeland nur kleinere Steinfiguren errichtet wurden. Von Peru und irgendwelchen Zusammenhängen zwischen der Osterinsel und Südamerika spricht er nicht.

Nun findet sich bei den meisten Osterinsel-Figuren rings um den Leib ein aus dem vulkanischen Tuff herausgearbeitetes eigenartiges Gürtelrelief, das auch die peruanischen Riesenantlitze am Titicacasee aufweisen. Es handelt sich hierbei, wie Heyerdahl betont, um den Regen-

33. Ein «Ariki» der Osterinsel mit dreieckig gebündeltem Federschmuck in einem Kanu. Schriftzeichen von einer Osterinsel-Tafel.

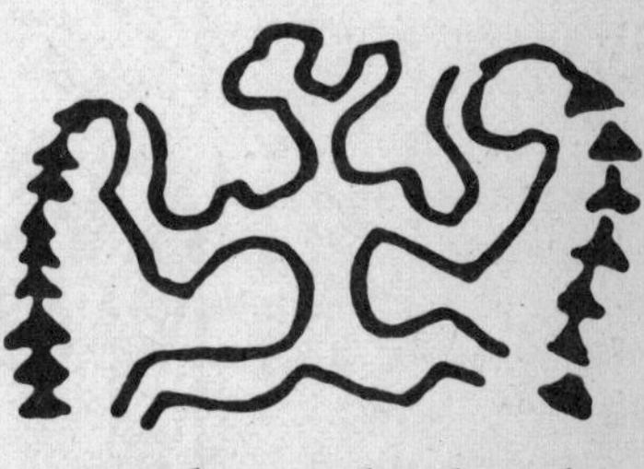

34. Häuptling mit dreieckig gebündeltem Kopfschmuck, ein weiteres Schriftzeichen von der Osterinsel.

35. Federmosaik auf dem Silberblech von Pachacamac. Auch in Peru ist der dreieckig gebündelte Kopfschmuck bekannt.

bogengürtel, das mythische Symbol Kon-Tikis. Auch auf der Mangareva-Gruppe in Polynesien waren alte Legenden überliefert, nach denen der Sonnengott seinen Regenbogengürtel von sich streckte und über ihn, wie über eine südamerikanische Hängebrücke, nach Mangareva herabstieg. Doch sind von dort keine Gürtelreliefs bekannt. Dies scheint dafür zu sprechen, daß der künstlerische Zusammenhang zwischen Peru und der Osterinsel enger war als zwischen den Marquesas und der Osterinsel.

Ganz speziell dafür gibt es nun eine Reihe von kleinen Einzelbelegen, die zwar sämtlich durchaus und seit Jahren bekannt sind, die im Gesamtzusammenhang aber bisher nur selten gewürdigt wurden. Bischof Jaussen, lange Zeit hindurch Seelsorger der Osterinsel-Leute und gleich-

36. Mythischer Vogel, von zwei Stäben eingefaßt. Symbol vom Tempelkrug von Trujillo, Peru.

zeitig einer ihrer Erforscher, führt in seinem Wörterbuch der Osterinsel-Sprache die auf der vorstehenden Seite abgebildeten Zeichen an. Man sieht darauf ein Kanu und in ihm Menschen, deren Haar- oder Federschmuck dreieckig gebündelt ist. Solche dreieckige Zopf- oder Federzopfbündelung ist nur noch von zwei anderen Gegenden der Welt bekannt: vom Amazonas nämlich, wo sie der Indianerforscher I. Fr. Ph. von Martius zu Anfang des vorigen Jahrhunderts bei den Juris, einem wilden Indiostamm, sah – und von Peru, wie das die nebenstehende Abbildung aus Pachacamac beweist. Auf diesem Zierstück aus Silberblech findet sich auf der Vorderseite als Federmosaik das Bild zweier Dämonen mit langen, dreieckig gebündelten Zöpfen.

Auf dem berühmten, in jeder größeren Kunstgeschichte abgebildeten «Krug von Trujillo» in Peru, einem herrlichen Stück altindianischen

37. Mythischer Vogel, von zwei Stäben eingefaßt. Schriftzeichen von der Osterinsel

Kunstgewerbes, erscheint die rechts oben gezeigte Figur, eine von zwei senkrechten Stäben eingefaßte stilisierte Vogeldarstellung. Möglicherweise handelt es sich dabei um eine Darstellung des «Inti»-Vogels, jenes geflügelten Begleiters, der Virakocha umflatterte und der wie Odins Rabe alles wußte, vergangene und zukünftige Dinge. Dieses Symbol erinnert auffällig an kultische Vogeldarstellungen, die aus Melanesien, namentlich von den Negern der Salomon-Inseln bei Neuguinea, bekannt sind. Aber auf Schrifttafeln der Osterinsel trifft man genau das gleiche Symbol wie in Peru. Und von James Cook und den Forsters wissen wir, daß sich auf den Marai, den pyramidenartig ansteigenden Begräbnisplätzen der polynesischen Häuptlinge und Heroen, nicht selten Skulpturen eines Vogels fanden, gelegentlich gepaart mit Abbildern eines Fisches. Man wird zugeben müssen, daß dies höchst eigentümliche Fälle von «Konvergenz» oder – um das Ding auf gut deutsch beim rechten Namen zu nennen – von Übereinstimmung sind!

Noch eine Einzelheit soll hier berichtet werden, die die hier gezeigten Linien der Zusammengehörigkeit nachdrücklich verstärkt. Es handelt sich dabei um eine in ihrer Bedeutung bisher unbekannte Einzelfigur von der Vorderseite des sogenannten Pumakastens aus dem Museum für Völkerkunde in Berlin, die auf dem Rücken eine Art zackiges Ornament zeigt, das man als Federn, Fell oder Schuppen deuten mag: ein Ornament, das auch von zwei voneinander unabhängigen Osterinsel-Tafeln bekannt ist und das sich sowohl auf der Tafel in der Eremitage in Petersburg befindet wie auf der Tafel des Museums Braine-le-Comte in Belgien. Ein Symbol dieser Art ist sonst von keinem anderen Teil der Welt bekannt. Es kommt nur in Peru und nur auf der Osterinsel vor, und man wird zugeben müssen, daß das mehr als sonderbar ist.

Es ist recht bezeichnend, daß nicht ein Wissenschaftler strenger Observanz auf diese seltsamen Identitäten aufmerksam gemacht hat, sondern die Malerin K. von Möller, die vor einem runden Dutzend Jahren in der *Zeitschrift für Ethnologie* davon berichtete: ein Außenseiter also, der ungestraft auf solche Gleichheit der Bilder hinweisen und daraus den Schluß ziehen kann, den der gesunde Menschenverstand in solchen Fällen ziehen *muß*: daß hier nämlich Berührungen und Beziehungen bestanden haben, von denen wir nichts Näheres wissen, Beziehungen, die wegen des Mangels einer schriftlichen Überlieferung aber keinesfalls für nicht vorhanden erklärt und als ein bloßes Hirngespinst angesehen werden können!

Was soll man nun zu all diesen Dingen sagen? Sind das alles nur Zufälligkeiten? Haben sich die Forscher, die nun seit fast zwei Jahrhunderten am Werk sind, um Stein zu Stein zu legen, Indiz auf Indiz zu häufen, samt und sonders geirrt? Haben sie alle unter dem Zwang einer vorgefaßten Meinung gestanden und nur *die* Fakten gesehen, die zu ihrer Theorie paßten? Und um ganz korrekt zu fragen: sind denn die Überquerungen des Pazifiks tatsächlich von Ost nach West gegangen, von Amerika also zu den polynesischen Inseln, oder erklären sich diese Absonderlichkeiten dadurch, daß die Polynesier, die ja wirklich hervorragende Seeleute waren, nach Amerika gesegelt sind?

Gewiß, man darf mit hoher Wahrscheinlichkeit annehmen, daß hin und wieder tatsächlich ozeanische Auslegerboote an die Westküste Amerikas gelangt sind. Aber diese Anlandungen haben wohl nicht in Peru stattgefunden, sondern wesentlich südlicher, dort nämlich, wo der kalte Weststrom des Pazifiks auf dessen östliche Ufer trifft. Das vollzieht sich in der Gegend des 40. Breitengrades, etwa zwischen Valdivia und Valparaiso, also weit südlich von Peru. Aber: hier gab es keine *kumar* genannte Batate, keinen Flaschenkürbis und keine Sapindus saponaria, hier gab es keine Knotenschrift, keine Götter namens Tiki oder Tane, keine Riesenstandbilder, hier gab es keine Legenden von weißen Religionsstiftern aus einem fernen östlichen Land. Das alles beschränkt sich auf Peru, insbesondere auf Nordperu, und scheint dafür zu sprechen, daß die amerikanisch-ozeanischen Beziehungen von Amerika ausgegangen sind, nicht von Polynesien. Wind und Meeresströmungen *mußten* Fahrzeuge, die von Peru aus in See gingen und die vom Humboldt-Strom erfaßt wurden, nach Ozeanien mitnehmen.

Es kommt noch hinzu, daß die polynesischen Auslegerboote trotz aller seemännischen Meisterschaft ihrer Kapitäne schiffbautechnisch immerhin primitive Fahrzeuge waren. Die Auslegerkonstruktion zwang nämlich dazu, so zu segeln, daß der Ausleger stets in Luv blieb, das heißt also, daß er durch die Schräglage des unter Segeldruck stehenden Hauptbootes aus dem Wasser erhoben wurde, daß er nicht etwa unter die Wasseroberfläche geriet. Für jeden alten Segler ist das selbstverständlich. Gleichwohl war es gar nicht einfach, von Männern, die als junge Leute selbst noch in der Südsee gewesen sind, eine Bestätigung dafür zu erlangen – wesentlich wohl deshalb, weil durch den Einfluß der Europäer das Segeln im Auslegerboot auch in der Südsee schon zu einer kaum noch bekannten Sache geworden ist. Nur so viel war zu erfahren, daß sich keiner dieser alten mit den Wassern aller sieben Weltmeere gewaschenen Seeleute entsann, je ein polynesisches Boot mit vollen Segeln über Stag gehen gesehen zu haben. Adelbert von Chamisso hat auf seiner Weltreise 1815 bis 1818, also einige vierzig Jahre nach den Reisen Cooks und der beiden Forsters, noch Gelegenheit gehabt, polynesische Auslegerboote, wie sie heute in unseren Museen stehen, unter Segel zu erleben. Er schildert solch ein Fahrzeug wie folgt:

«Quer über seiner Mitte ist ein elastischer Hängeboden befestigt, der nach beiden Seiten hinaus über das Wasser ragt: kürzer unter dem Winde, länger auf der Windseite, wo dies leichte Gebälk gegen das Ende nach unten zu gebogen ist und sich einem dem Schiffskörper parallelen Schwimmbalken anfügt. Auf diesem Hängeboden, außerhalb des Körpers auf der Windseite, ist der Mast, der, an mehreren Seilen befestigt, nach dem Ende geneigt wird, welches zum vorderen werden soll, und an dem ein einfaches dreieckiges Segel aufgezogen wird, von dem eine Ecke an dem Vorderschiff befestigt wird. Gesteuert wird vom Hinterteil des Schiffes mit einem Handruder. Die Schiffenden stehen oder liegen auf dem Hängeboden und nehmen ihren Stand bei stärkerem Winde näher dem Schwimmbalken und bei schwächerem näher dem Schiffskörper...»

Daraus geht klar hervor, daß die Polynesier den Ausleger wie eine Art Balancierstange benutzt haben. Solange das Segelgeschirr hielt, hat man mit solchen Booten jeden noch so starken Wind aussegeln können und zweifellos phantastische Geschwindigkeiten erzielt. Es ist auch ganz unfraglich, daß man Kurse von Tahiti nach Hawaii oder umgekehrt, quer zur vorherrschenden Windrichtung, zu halten wußte. Was man schlechterdings mit solchen Fahrzeugen nicht konnte, das war ein über längere Strecken hin erfolgendes Aufkreuzen in unserem Sinne. Und gerade dies wäre ja nötig gewesen, eine endlose Zeit hindurch und über endlose Entfernungen, wenn von Polynesien nach Südamerika gesegelt worden wäre. Einzelnen Fahrzeugen ist das zwar sicherlich hin und wieder geglückt. Daß aber ganze Flotten mit Frauen, Kindern, Proviant und Vieh an Bord den verwegenen Sprung über die Wasser des Abgrunds gewagt hätten, der Polynesien von Amerika trennt, ist unter den Wind- und Strömungsverhältnissen historischer Zeiten völlig ausgeschlossen.

Aber wie sind denn nun eigentlich jene unbekannten südamerikanischen Auswanderer nach Polynesien gelangt? Chamisso hat behauptet: «Kein amerikanisches Volk war ein Schiffervolk», und diese Behauptung ist von seiner Zeit an wieder und wieder aufgestellt und nur selten einmal angefochten worden. Freilich hatten die Indianer, soweit wir wissen, in der Regel nur ziemlich primitive Kanus oder Binsenflöße, die man in unmittelbarer Küstennähe natürlich auch auf dem Meer benutzen konnte. Daneben besaßen sie aber, wenigstens in Südamerika, große, seegehende und besegelte Flöße, die aus mächtigen Balsa-Stämmen bestanden und denen man durch viele zwischen den Stämmen befestigte Senkschwerter eine gewisse Kursfestigkeit zu geben vermochte. Der spanische Kapitän Bartolome Ruiz, der einer der vorbereitenden Expeditionen Pizarros angehörte, hat sehr eindrucksvoll berichtet, wie tief er erschrocken sei, als er 1525 weit draußen vor der Küste von Ecuador ein großes Seefahrzeug unter vollen Segeln erblickt habe. Er hätte ja, so erzählte er, vermuten müssen, daß die riesigen geschwellten Segel einem spanischen Schiff gehörten und daß ihm irgendein anderer Caballero auf der Suche nach dem Eldorado zuvorgekommen sei. Erleichtert habe er aufgeatmet, als er dann feststellte, daß es keine spanische Karavelle sei, die vor ihm auftauchte, sondern «nur» ein indianisches Hochseefloß, ein Fahrzeug, das etwa dreißig Tonnen Wasserverdrängung und eine Besatzung von einigen zwanzig Mann gehabt habe.

Dieser Bericht, den Prescott in seiner berühmten Geschichte der Eroberung Perus durch Pizarro ziemlich ausführlich bringt, ist hunderttausendmal gelesen und ebensooft überlesen worden. Die Jahrtausende, in denen unsere frühen europäischen Vorfahren den Riesenschritt vom besegelten Floß zum Boot unternahmen, liegen so ewig lange zurück, daß gerade unsere befahrenen Seeleute sich nicht vorzustellen vermögen, wie man so ein hilfloses Ding handhaben könne. Mindestens glaubte man annehmen zu müssen, daß die Besatzung eines solchen Seefahrzeugs vom ersten schweren Brecher weggefegt werden würde. Man sah also gar keine Möglichkeit, diese ungefügen Flöße mit leidlichem Erfolg über die Tausende von Kilometern des Pazifiks zu steuern.

Den Beweis dafür, daß selbst völlige Landratten dazu imstande sind, hat vor einigen Jahren ein kleiner Trupp Norweger geliefert, der sich von Callao aus, dem Hafen von Lima, auf einem altindianischen Vorbildern nachgebauten Segelfloß mit dem Humboldt-Strom und dem Passat in hunderttägiger Fahrt nach Polynesien treiben ließ: die berühmte «Kon-Tiki-Fahrt», der wir oben bereits gedachten. Diese sechs Norweger, echte Nachfahren jener Normannen, von denen wir hier schon so viel sprachen, aber von Haus aus keine Seeleute, haben mit ihrer Expedition den ganz unzweifelhaften Nachweis geführt, daß selbst mit primitivsten Fahrzeugen unwahrscheinlich große Entfernungen zurückgelegt werden können. Es ist nach der glücklichen Durchführung dieses Experiments nicht mehr daran zu zweifeln, daß die Besiedlung Polynesiens tatsächlich von Osten her erfolgt sein *kann.* Mindestens wird man zugeben müssen, daß Heyerdahls Theorien dadurch ein erhebliches Gewicht gewonnen haben, daß er und seine fünf Kameraden ihr Leben daransetzten. Wenn man gerecht sein will, läge es nun bei den Anhängern jener Hypothesen, die eine präkolumbische Erreichung Südamerikas durch ozeanische Seefahrzeuge verfechten, ihrerseits von Polynesien aus mit einem ozeanischen Hochseekanu ostwärts in See zu gehen. Es ist uns nicht bekannt, daß Versuche dieser Art auch nur diskutiert worden wären.

Allerdings ist mit Heyerdahls großartiger Treibfahrt immer noch nicht bewiesen, daß eine von Osten über den Pazifischen Ozean gehende Besiedlung Polynesiens tatsächlich erfolgt *ist.* Denn zumindest haben Heyerdahl und seine Kameraden ja *gewußt*, daß am Ende ihrer Reise Land auf sie warte. *Sie* kannten den Globus. *Sie* hatten Seekarten an Bord, *sie* standen durch Funk immer wieder mit der zivilisierten Welt in Verbindung. Die angeblichen weißen Einwanderer aus der Mitte des 1. nachchristlichen Jahrtausends verfügten über diese technischen Hilfsmittel der neuen Zeit aber nicht. Sie hatten weder Radio noch Seekarten, sie sind mit Mann und Frau und Kind offenbar einfach ins Blaue gefahren.

Darf man das annehmen? Darf man glauben, daß jene ersten Siedler auf das Meer gingen, ohne daß sie auch nur ahnten, wo ihre Fahrt enden könne? Daß sie sich auf ihren einfachen Flößen dem ungeheueren Südmeer anvertrauten, ohne genau zu wissen, Wind und Strömung würden sie bei einigem Glück auf Land treiben? Nun, so etwas gibt es nicht. Wenn wir in einem der nächsten Kapitel miterleben, wie vorsichtig sich die Island-Normannen an Grönland herantasteten, wie sie das neue Land sorgfältig und exakt auf seine Lebensbedingungen hin untersuchten, dann weiß man, wie sich solche Landnahmen vollzogen haben. Es ist völlig undenkbar, daß jene Polynesien-Fahrer auf Gedeih und Verderb über See gingen.

Heyerdahl unterstellt nicht, daß die weißen Exilanten von Peru sich der hochseefähigen Schiffe bedient hätten, die im Europa dieser Jahrhunderte üblich waren – obschon diese Theorie, wenn man überhaupt an eine präkolumbische weiße Bevölkerung Perus glaubt, durchaus nicht so ganz abwegig zu sein brauchte –, er vermutet vielmehr, sie hätten die aus der altindianischen Überlieferung bekannten Balsaflöße benutzt. Er kann sich dabei darauf stützen, daß Flöße ähnlicher Art auch auf den ostpolynesischen Inseln der Mangarevagruppe noch nach der Entdekkung durch die Europäer in Gebrauch waren. Buck hat sich auch mit diesem Phänomen beschäftigt und zum Ausdruck gebracht, daß Flöße in der Mångarevagruppe lediglich als Transportfahrzeuge zur Beförderung von Lasten zwischen den nahen Inseln gebraucht wurden, während weitere Fahrten im Doppel- oder im Auslegerkanu durchgeführt wurden. Flöße seien, wie er meint, nur deshalb noch in Gebrauch gewesen, weil sie schneller herzustellen waren und weniger Holz, gleichzeitig auch weniger hochspezialisierte Handwerker erforderten als seegehende Kanus. Dieses Argument könnte für unsere weißen Flüchtlinge an der Küste Perus auch von Bedeutung gewesen sein, da sie nach dem Angriff des Häuptlings Cari wahrscheinlich nicht viel Zeit hatten und da sie außerdem das für die Herstellung ihrer Seefahrzeuge benötigte Holz mühsam aus den Bergwäldern der Anden an die Küste herantransportieren mußten.

Heyerdahl äußert sich über diese so wichtige Vorfrage seiner Expedition nur andeutungsweise. Er gibt indessen der Vermutung Ausdruck, Kon-Tiki sei nach dem Überfall durch Cari nur auf die Flöße gegangen, um seinen Feinden zu entgehen, und dann gegen die eigentliche Absicht vom Humboldt-Strom nach Westen verschlagen worden. Anscheinend hat es aber doch schon in früheren Zeiten auch in der Neuen Welt Gerüchte über das Vorhandensein von Land im westlichen Meer gegeben. Es ist überliefert, daß der Inka Tupac Yupanqui, Alleinherrscher in Peru und Ecuador, kurz vor dem Erscheinen der Spanier mit zahlreichen Flößen in See gegangen ist, um diese Inseln zu suchen. Es scheint, als habe er dabei die Galapagos-Inseln gefunden. Jedenfalls ist es ihm nach fast einem Dreivierteljahr geglückt, wieder heimzukehren. Man ist daher geneigt, anzunehmen, daß Virakocha gewußt oder mindestens gehofft hat, er werde im Westen auf Land treffen.

Woher mag ihm dieses Wissen oder diese Hoffnung zugekommen sein? Man kann sich kaum vorstellen, daß es irgendeinem frühen Seefahrzeug von Westen her gelungen sein sollte, die Tausende von Kilometern offener See gegen die Meeresströmungen und gegen den Passat zu überwinden. Und trotzdem hörten wir oben schon, daß zwischen dem astronomischen Wissen der Babylonier und dem der Tolteken angeblich so auffällige Übereinstimmungen beständen, daß man daraus nur auf eine frühe, intensive Berührung der Alten und der Neuen Welt schließen könne.

Heyerdahl berichtet in seinem obengenannten Buch, daß sein Floß in vierundzwanzig Stunden 60 bis 80 Seemeilen zurückgelegt habe. Das entspricht einer Geschwindigkeit von 6 km in der Stunde; es ist völlig undenkbar, daß primitive Fahrzeuge auf einer Reise nach Osten in der Lage gewesen wären, mit so starken Strömungen fertig zu werden. Heyerdahl hält daher eine auf dem Seeweg erfolgte Besiedlung Südamerikas von Westen her für ausgeschlossen und bemerkt in seinem Buch *‹Kon-Tiki. Ein Floß treibt über den Pazifik›*:

«Wenn wir dann wieder an Bord des Floßes sprangen, ließen wir uns oft im Kreis um das Paraffinlicht auf dem Bambusdeck nieder und sprachen über jene alten peruanischen Seefahrer, die fünfzehn Jahrhunderte vor uns gelebt hatten. ... Wir hatten sie in der Mythologie und Architektur den ganzen Weg entlang von Mexiko nach Mittelamerika und hinein in die Nordwestgegend von Südamerika bis nach Peru verfolgen können ... Waren diese wunderbaren Lehrmeister der Inkas ein Kulturvolk aus den Mittelmeerländern, das einmal in der Vorzeit auf dieselbe einfache Weise sich mit dem Passatwind und einer nach Westen gehenden Meeresströmung von den Kanarischen Inseln bis zum Golf von Mexiko durchgeschlagen hatte? Wir glaubten nicht mehr an die Rolle des Meeres als vollkommener Isolator. Viele Forscher haben mit gewichtigen Gründen behauptet, daß die großen Indianerkulturen von den Azteken in Mexiko bis zu den Inkas in Peru nach plötzlichen Impulsen aus dem Osten her über das Meer entstanden seien, während alle gewöhnlichen Indianerstämme Jäger- und Fischervölker asiatischer Herkunft sind, die im Lauf von zwanzigtausend oder noch mehr Jahren von Sibirien nach Amerika einsickerten. Es ist ja auch augenfällig genug, daß man keine Spur einer allmählichen Entwicklung in den Hochkulturen finden kann, die sich einst von Mexiko bis nach Peru erstreckten. Je tiefer die Archäologie hinuntergräbt, desto höher wird das Kulturniveau. Schließlich gelangt man zu einem bestimmten Punkt, an dem die alten Kulturen ersichtlich eingesetzt haben müssen – ohne Übergang, inmitten von primitiven Stämmen.

Und diese Kulturen sind gerade dort aufgetreten, wo die Strömung vom Atlantik hereinkommt, mitten in Amerikas so erschlaffenden Wüsten- und Dschungelgegenden, statt in den gemäßigten Zonen, wo Kulturen – damals wie heute – leichtere Entwicklungsbedingungen haben.»

Das mag recht journalistisch klingen. Aber was Thor Heyerdahl hier in seinem für die breite Öffentlichkeit bestimmten Fahrtbericht mit leichter Hand zu Papier brachte, das hat ein so genialer Mann wie der 1939 verstorbene berühmte deutsche Amerikanist Walter Lehmann bei seiner Antrittsvorlesung in München vor einigen Jahrzehnten in die Worte gekleidet:

«Es ist interessant, daß dieselbe Figur, die übereinstimmend als bärtig und mit langem Gewande bekleidet geschildert und dargestellt wird, unter anderem Namen auch in Kolumbien, in Ecuador und Peru uns wiederbegegnet. In letzteren beiden Ländern kam sie vom Pazifischen Meer in fernen Vorzeiten an die Küste. Diese Überlieferungen sind nicht bloß reine Mythen, sondern gehen auf bestimmte, in Südamerika fremde Kultureinflüsse zurück, die sich gerade an der Küste von Ecuador und Peru archäologisch nachweisen lassen und die, wenn überhaupt woandershin, nur auf Mittelamerika deuten können.»

Wie phantastisch hört sich das an! Aber wir haben hier schon so viel Seltsames anhören müssen, das gleichwohl gut bezeugt war, daß Lehmanns und Heyerdahls Hypothesen nicht ohne weiteres von der Hand zu weisen sind. Natürlich kann nach den Gepflogenheiten unserer historischen Wissenschaft nichts als gesichert gelten, was nicht schwarz auf weiß belegt ist, und diese Strenge hat sicherlich insofern ihr Gutes, als sie uferlosen Träumereien einen Deich entgegenstellt. Für die Früh- und Vorgeschichte scheint dieses Prinzip der Wahrheitsfindung aber nicht immer auszureichen; dort, wo es zu irgendeiner Form von Hochmut auf unsere technischen Fortschritte führt, ist es jedenfalls abzulehnen. Es besteht kein Zweifel, daß uns die Technik manches überwinden half, was für die Vorväter unüberwindlich schien; andererseits haben wir dabei vieles verlernt, was den Alten selbstverständlich war. Daher halten wir es für unglaubhaft, daß es bereits in frühen Zeiten möglich gewesen sein sollte, breite Meere zu queren. Dies ist aber ganz zweifellos der Fall gewesen, und deshalb ist es vielleicht doch denkbar, daß schon im Altertum weiße Menschen über den Atlantik gefahren sind. Sicherlich würden sich die zahlreichen, auf dem Boden der Neuen Welt gefundenen Zeugnisse für die Tätigkeit unbekannter, kulturell hochstehender und wahrscheinlich weißer Menschen sehr befriedigend erklären lassen, wenn man dieser Hypothese einige Wahrscheinlichkeit zuspricht. Jedenfalls sollte man nicht vergessen, daß die vielfachen im frühen Europa vorhandenen Gerüchte über ein großes Land westlich des Ozeans und über immer neue Forschungsfahrten dorthin durch die Expedition Thor Heyerdahls eine bemerkenswerte Ergänzung erfahren haben.

4

Freilich scheint zunächst nur festzustehen, daß Basken und Kelten schon ziemlich früh in den Nordwestteil des Atlantiks und damit in die unmittelbare Nähe Amerikas vorstießen. Bei den Basken sind zwar recht lebhafte mündliche Volksüberlieferungen erhalten, die von einer bereits vor langen Jahrhunderten erfolgten Auffindung des «Stockfischlandes», also der überaus fischreichen Küstengebiete von Neufundland, reden, eine schriftliche Überlieferung ist aber nicht nachzuweisen, da die Archive der baskischen Städte ausnahmslos vernichtet sind. Daß aber Fischer aus der Gascogne schon lange vor Kolumbus in den amerikanischen Gewässern zu Hause waren, hat Eugen Gelcich in seinen Veröffentlichungen mit einer an Gewißheit grenzenden Sicherheit nachgewiesen. Es überrascht deshalb auch nicht besonders, daß zahlreiche Nachrichten umlaufen, die besagen, man habe in indianischen Sprachen gallisch-keltische Wörter festgestellt, ja man habe sich mit gewissen Indianerstämmen ganz leidlich verständigen können, wenn man sich des Gälischen, das ja heute noch in Irland und in Teilen von Wales gesprochen wird, bediente. Paul Gaffarel zitiert in seiner kleinen Veröffentlichung *‹Les Irlandais en Amérique avant Colomb›* mehrere solcher Nachrichten. Sie beziehen sich auf Gebiete in Kentucky, Virginien und Carolina, also auf jene Gegenden, die wir oben schon als die Hauptsitze der Tuscarora und anderer «weißer» Indianer nannten. Aus Carolina wird sogar ausdrücklich gesagt, die gälischen Ureinwohner hätten sich noch eine durchaus lebendige Erinnerung an die Fahrten ihres Stammeshelden Madoc bewahrt. In diesem Zusammenhang werden die Tuscarora-Indianer besonders genannt. Ein englischer Geograph namens Owen berichtet in seiner *‹Sammlung bretonischer Altertümer›*, einem 1877 in London erschienenen Buch, von den Abenteuern eines Jonas Morgan, der 1685 in Virginien als Gefangener in die Hände der Tuscarora geriet. Man habe ihn, da er gälisch sprechen konnte, nicht skalpiert, sondern im Gegenteil sehr freundlich behandelt. Vier Monate lang hätte er sich bei den Tuscarora aufgehalten, und er habe sich auf gälisch ziemlich mühelos mit ihnen verständigen können.

Man tut natürlich gut daran, sich gegen diese und ähnliche Nachrichten recht kritisch zu verhalten, zumal auch schon phönizische und ägyptische Wortstämme in indianischen Sprachen «entdeckt» worden sind. So behauptete zum Beispiel La Condamine im Jahre 1746, er habe in der Sprache der Inka hebräische Worte festgestellt. Der Brite Donelly «fand» in mexikanischen Ortsnamen altarmenische Sprachstämme, wogegen sein Landsmann Hyde Clark Sprachanklänge zwischen afrikanischen und mexikanischen Idiomen «aufdeckte». Gegenüber solchen Phantastereien (der Amerikaner Augustus Le Plongeon erklärte in seinem Werk *‹Sacred Mysteries among the Mayas and the Quichuas 11,500 Years ago›* im Jahre 1886 sogar: «Die Mayasprache ist zu einem Drittel reinstes Griechisch!») ist es empfehlenswert, immer wieder auf Alexander von Humboldt hinzuweisen, der in klassischer Formulierung über diese Torheiten den Stab brach: «Die Struktur der amerikanischen Sprachen erscheint für diejenigen Völker, die moderne europäische Sprachen sprechen, sonderbar bizarr. Man läßt sich daher leicht durch zufällige Ähnlichkeiten täuschen.»

Gleichwohl erregte es in der ganzen wissenschaftlichen Welt, die die seemännischen Fähigkeiten der Phönizier lange Zeit sehr erheblich überschätzte, riesiges Aufsehen, als 1874 die sogenannte Inschrift von Parahyba in Brasilien entdeckt wurde. Fast zwanzig Jahre lang hat man sie vielfach für echt gehalten und als eine Art Beweis dafür angesehen, daß tatsächlich einige vom Sturm verschlagene phönizische Seeleute nach Südamerika gelangt waren.

Ein noch längeres Leben hatte eine 1899 unweit Rio de Janeiro aufgefundene angeblich altphönizische Felsmeißelung, als deren Entdecker Professor Ladislaus Netto, der hochangesehene Direktor des Brasilianischen Nationalmuseums, bezeichnet und über die in einer wissenschaftlichen geographischen Zeitschrift Nordafrikas bald darauf ausführlich berichtet wurde. Diese Inschrift hat folgenden Wortlaut.

«Wir sind hier, Söhne des Landes Kanaan in Syrien. Wir werden vom Unglück verfolgt. Es ist schrecklich, so festzusitzen wie wir. Sicher haben wir nicht mehr lange zu leben. Verzweiflung hat uns gepackt – und was für eine Verzweiflung! Bald sehen wir das neunte, ja das zehnte Jahr unseres Aufenthalts hier zu Ende gehen... Es herrscht hier eine unerträgliche Hitze. Das wenige Wasser, das es zu trinken gibt, ist ganz schlecht... Was ist dies für ein verfluchtes Land! Fieber verzehren uns, und es ist hier wie ein glühender Ofen. Keinen anderen Trost haben wir als Baal...»

Diese an entlegener Stelle veröffentlichte Inschrift scheint europäischen Orientalisten lange Zeit hindurch unbekannt gewesen zu sein, so daß der deutsche Geograph Richard Hennig noch 1940 von ihr berichten konnte. Auch er setzte hinter diese Meldung natürlich starke Fragezeichen, andererseits war aber ja bekannt, daß es kaum etwas Schwierigeres gab als die Erforschung derart früher und im ganzen noch wenig bekannter Sprachen. Der Streit, der um die ersten persischen Keilschriftfunde im vorigen Jahrhundert tobte, ist dafür recht bezeichnend. Nach den von angeblich fachwissenschaftlicher Seite angestellten Untersuchungen über die Inschrift von Rio de Janeiro vermutete man, deren Verfasser seien Karthager gewesen, die nach dem Untergang ihrer Stadt im Jahre 146 v. Chr. meerüber geflüchtet oder auf der Flucht durch Stürme verschlagen worden seien. Daß dies ganz unmöglich sei, wird man kaum behaupten können, zumal ja feststeht, daß schon rund dreihundert Jahre vor diesem Zeitpunkt Karthager auf den Azoren gewesen sind.

Neuerdings scheint dieses Rätsel jedoch aufgeklärt zu sein. Die Untersuchung des oben abgebildeten Faksimils der angeblich phönizischen Inschrift durch einen deutschen Orientalisten hat ergeben, daß diese

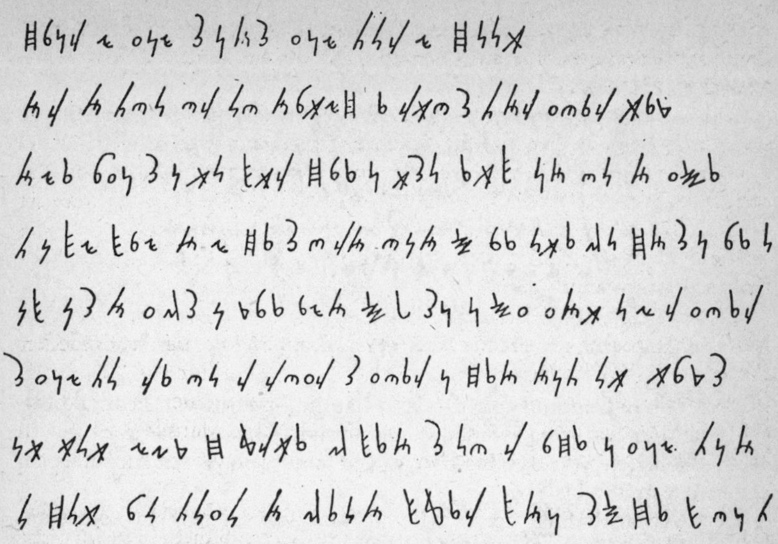

38. Die bei Rio de Janeiro entdeckte angeblich «phönizische» Inschrift.

Felsmeißelung von Rio de Janeiro eine Fälschung war. Und dasselbe erklärte das Brasilianische Ministerium für Erziehung und Unterricht, dessen Gutachten der Verfasser dieses Buches einholte. Damit ist dieses Geheimnis wohl erledigt und wie manche anderen südamerikanischen «Rätsel» höchst nüchtern auf einen Irrtum oder auf eine Fälschung zurückgeführt: so überaus schwierig es beim heutigen Stand unserer Kenntnisse des Phönizischen auch ist, einen Text zu verfertigen, der Sinn und Verstand hat.

Trotz der Vorbehalte, die, wie wir eben hörten, seitens der Wissenschaft gegen angeblich phönizische Inschriften in Südamerika gemacht werden, ist vor rund zwei Jahrzehnten unweit Rio de Janeiro eine weitere, angeblich in Keilschrift abgefaßte Felsmeißelung phönizischer Herkunft entdeckt worden. Es handelt sich dabei um eine seit langem bekannte, bis dahin aber nicht entzifferte «Inschrift» an einer schwer zugänglichen Felswand in dem kleinen Ausflugsort Pedra da Gavea. Dort befindet sich in einer Höhe von fast 900 m an einer senkrecht abfallenden Steilwand eine auf weite Entfernung hin sichtbare, wie eine Inschriftmeißelung wirkende Felsritzung, die man lange Zeit unbekannten prähistorischen Völkern Amerikas zugeschrieben hat. Die nähere Untersuchung dieser Felsritzung hat dann angeblich Sicherheit darüber erbracht, daß es sich um eine phönizische Inschrift handle. Sie soll folgende Worte enthalten: «Tyrus, Phönizien, Badezir, Erstgeborener des Jethbaal ...»

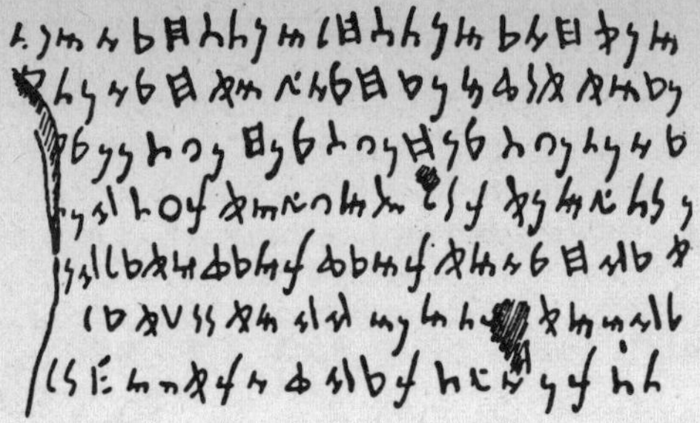

39. Eine echte phönizische Inschrift aus dem 9. Jahrhundert v. Chr.

Wenn diese Deutung zutrifft, dann hat die Inschrift von Pedra da Gavea ein Alter von rund zweitausendachthundert Jahren. Badezir herrschte in Phönizien von 855 bis 850 v. Chr. und sein Vater Ittobaal oder Jethbaal von 887 bis 856.

Der Wissenschaftler, der dies herausfand, war freilich ein höchst ungewöhnlicher Mann. Er hieß Bernardo da Silva Ramos, stammte aus Manaos im Innern Brasiliens und war ursprünglich *cauchero*, Gummizapfer, in den riesigen Urwäldern von Amazonien gewesen. Fleißiger, klüger und wohl auch glücklicher als seine Kameraden, brachte er es bald zu Selbständigkeit und Vermögen. Aus dem Gummizapfer wurde ein Gummi-Industrieller – und als Entspannung wählte er sich ein in den Amazonas-Dschungeln seltenes Steckenpferd: er wurde Münzensammler. Um sich dieser Leidenschaft ganz widmen zu können, verkaufte er schließlich sein Unternehmen und zog sich ganz aus der Gummiindustrie zurück.

Das geschah vor der verheerenden Gummi-Baisse zu Anfang dieses Jahrhunderts. Bernardo da Silva Ramos behielt sein Vermögen, er ging nach Europa und publizierte in Rom ein dreibändiges Werk über seine Münzensammlung. Dann unternahm er eine jahrelange Studienreise nach Ägypten, Syrien und Griechenland, und kurz vor Beginn des Ersten Weltkriegs tauchte er, nun schon über die Fünfzig hinaus, abermals in Amazonien auf.

Und jetzt erst begann sein eigentliches Lebenswerk. Schon lange wußte man, daß hin und wieder in den Urwäldern am Amazonas Steinblöcke gefunden worden waren, die eine Art Inschrift zu enthalten schienen. Aber noch nie hatte sich jemand darum gekümmert. Jetzt ging Silva Ramos diesen Dingen nach: und sein in Ägypten und Kleinasien geschultes Auge glaubte auf den Blöcken phönizische Schriftzeichen zu sehen. Aber er verstand kein Phönizisch. Darum kopierte er die merkwürdigen Zeichen, die er zu sehen meinte, kehrte in unendlichen Märschen durch Urwälder und Sümpfe nach Manaos zurück und legte seine Zeichnungen dem gelehrten Rabbi der uralten jüdischen Kolonie von Manaos vor. Und siehe da: der jüdische Gelehrte vermochte das wirre Gekritzel zu entziffern! Diese Inschriften entstammten einer frühen semitischen Sprache: es konnte also nur Phönizisch sein.

Wer einmal *cauchero* gewesen ist, dessen Lebenslicht hat in dieser Zeit an beiden Enden gebrannt: so furchtbar ist das Höllenleben im Busch. Wer gleichwohl fünfzig wird oder das fünfte Jahrzehnt noch überschreitet, ist Gottes Liebling. Wer dann aber noch die Kraft hat, um irgendwelcher alter Steine wegen jahrein, jahraus in den Wäldern herumzustöbern, der muß ein Besessener sein. Solch ein Besessener war Bernardo da Silva Ramos. Mehr als zwanzig Jahre lang hat dieser seltsame Mann in den Amazonas-Dschungeln Steinmeißelungen gesucht, fotografiert und gezeichnet. 1931 ist er dann, dreiundsiebzigjährig, gestorben: fieberkrank, von den ungeheueren Strapazen dieser zwei Jahrzehnte abgezehrt, aber bis zum letzten Atemzug von einer unbeugsamen, wilden Energie. Er hinterließ ein dickleibiges, zweibändiges Werk mit einem Verzeichnis von zweitausendachthundert frühgeschichtlichen Inschriften, von denen – seiner Meinung nach – die meisten griechisch und phönizisch sind.

Seine Vaterstadt Manaos machte ihn zum Präsidenten des dortigen geographisch-historischen Instituts und hält sein Andenken noch heute in Ehren. Ein Teil der übrigen wissenschaftlichen Welt hat ihn verlacht, so wie sie einst Don Marcellino de Sautuola seiner spanischen Höhlenbilder wegen verlacht hat, so wie sie den Kaufmann Heinrich Schliemann verlachte, als er meinte, er habe Troja ausgegraben. In Rio de Janeiro lacht man nicht. Da ist man entsetzt: «Es handelt sich hier unglücklicherweise um einen Autor, der sein Talent damit verschwendete, die einfachsten Dinge falsch darzustellen und damit absurde und unlogische Theorien zu begründen...»

Natürlich hat der Verfasser dieses Berichts auch hinsichtlich der Inschrift von Gavea in Rio de Janeiro nachgefragt. Wie zu erwarten, war die Stellungnahme der offiziellen archäologischen Wissenschaft Brasiliens auch dieser «Inschrift» gegenüber völlig ablehnend. Seitens des Ministeriums für Erziehung und Gesundheit wurde mit Nachdruck festgestellt, daß sie nach fachwissenschaftlichen geologischen Untersuchungen nichts weiter sei als ein zufällig wie eine Inschrift wirkendes Erosions- und Verwitterungsphänomen. Das Gutachten der zuständigen brasilianischen Behörde schließt mit den Worten: «Die brasilianische Archäologie verneint die Existenz phönizischer Inschriften gänzlich, in welchem Teil des Landes es auch immer sein möge.» Das ist so endgültig, daß nichts mehr hinzuzufügen ist, falls der Fortschritt der Wissenschaft nicht irgendwann einmal neue Tatsachen ans Licht bringt.

Ob das je geschehen wird, vermag natürlich niemand zu sagen. Aber die kühne Tat eines einzelnen Mannes, des französischen Arztes und

Ozeanographen Dr. Louis Alain Bombard, der sich in einem primitiven, empfindlichen Gummifloß daranmachte, den Atlantischen Ozean zu überqueren – diese Tat wirft auf die eben genannten Probleme ein ganz neues Licht. Natürlich hat Dr. Bombard, der Ende August 1952 von Casablanca in Nordafrika aufbrach und der nach einer Treibfahrt von fünfundsechzig Tagen am Heiligen Abend desselben Jahres glücklich in Bridgetown auf der Antilleninsel Barbados landete, nichts ferner gelegen, als nachweisen zu wollen, jene punische Armada, von der wir oben sprachen, habe auf der Flucht vor den Römern mit dem Nordostpassat tatsächlich Amerika erreicht. Zur Zeit ist es fraglich, ob er von den alten Mythen, die das behaupten, überhaupt je erfahren hat. Ihm ging es vielmehr darum, Untersuchungen, die der norwegische Ethnologe Thor Heyerdahl auf seiner berühmten «Kon-Tiki»-Expedition unternommen hatte und die auch von anderen Forschern bereits angestellt waren, zu beenden. Ihm ging es um die Frage, ob ein Schiffbrüchiger von normaler Konstitution in der Lage sei, sich lange Wochen hindurch nur von Plankton und Fisch zu ernähren, und ob die Möglichkeit bestehe, den Flüssigkeitsbedarf des menschlichen Körpers durch Salzwasser und mit dem Saft ausgepreßter roher Fische zu befriedigen.

Die glückliche Beendigung seiner Expedition hat diese beiden Fragen ein für allemal beantwortet. Im Zusammenhang unserer Darstellung hat sie überdies bewiesen, daß es auch in frühen Zeiten ganz unzweifelhaft möglich gewesen ist, den Atlantischen Ozean zu überwinden. Das gibt allen Hypothesen von präkolumbischen Ozean-Überquerungen neue Akzente, angefangen bei den Nachrichten, die Odysseus von der Zauberin Kirke über das jenseits des Ozeans gelegene Totenland der Persephone erhielt, bis hin zu den Arbeiten des von der Wissenschaft verlachten Bernardo da Silva Ramos.

Vorläufig werden wir uns hiermit zu begnügen haben. Gleichwohl wollten wir nicht darauf verzichten, von diesen Dingen zu berichten, weil man sich bewußt bleiben sollte, daß es nicht etwa vereinzelte Nachrichten sind, die auf frühe Verbindungen mit der Neuen Welt schließen lassen, sondern daß es sich dabei um ein dichtes Gewebe von allen möglichen Einzelzügen handelt. Gerade die Vielartigkeit dieser Meldungen, die ja völlig unabhängig voneinander sind und die zahlreiche, verschiedenste Gebiete menschlicher Lebensäußerungen und Betätigungen betreffen, macht es so wahrscheinlich, daß ihnen doch wahre und tatsächliche Geschehnisse zugrunde liegen.

Diesen Standpunkt hat im großen und ganzen auch die Fachwissenschaft eingenommen, die mit wenigen Ausnahmen auch ihrerseits überzeugt ist, daß frühe europäisch-amerikanische Verbindungen mit hoher Wahrscheinlichkeit bestanden haben.

Dieser Meinung sind übrigens nicht allein die Geographen. Auch die Historiker haben ihr, namentlich in bezug auf die Iren, vielfach Ausdruck gegeben. So erklärt zum Beispiel einer der besten Kenner der irischen Frühgeschichte, der Deutsche Julius Pokorny, ausdrücklich, daß durchaus die Möglichkeit einer Entdeckung Amerikas durch irische Seefahrer bestehe. Ein anderer bekannter Forscher, der Schotte W. F. Skeene, äußert sich ähnlich. Er urteilt über die Erzählungen der Brandans-Legende: «Sie beruhen auf geschichtlichen Grundtatsachen.» Und ebenso hat sich auch der irische Historiker E. O'Curry ausgesprochen, der die See-Legenden seines Volkes folgendermaßen wertet: «Diese sehr alten Berichte sind natürlich ungenau und mit vielen dichterisch-romanhaften Zügen belastet. Gleichwohl ist nicht zu bezweifeln, daß sie auf Tatsachen beruhen. Höchstwahrscheinlich würden diese den größten Wert haben, wenn wir sie nur in ihrer Originalgestalt kennten.»

Gleichlautende Stellungnahmen liegen noch von einer Reihe anderer Gelehrter vor: es ist also nicht so, daß nun alle phantastisch klingenden alten Überlieferungen einfach als Legenden abgetan werden könnten. Und das gibt auch der Sage von Hvitramannaland eine gewisse Bedeutung. Noch ist dieses Problem freilich keinesfalls geklärt, und es sieht nicht so aus, als wenn eine Klärung so bald zu erwarten wäre. Eine noch vor den Skandinaviern erfolgte Entdeckung Amerikas durch weiße Menschen dürfte zwar recht wahrscheinlich sein, doch läßt sie sich nicht endgültig beweisen. Das Hvitramannaland gehört damit in die lange Reihe erdkundlich und geschichtlich rätselhafter Dinge, die die alte Geographie zu einem der reizvollsten Themen machen.

Teil VII

Der Runenstein von Kensington und das Rätsel der Grönland-Wikinger

Olaf Ohmans Entdeckung · Ein seltsamer Notariatsakt · «Plumper Schwindel!» sagt Professor George O. Curme · Wer ist Hjalmar R. Holand? · Wikinger um 1362 in Minnesota? · Können Schwindler auch zaubern? · Die «Hällristningar» und die «Kökkenmöddinger» · Nordeuropäischer Seeverkehr in der Steinzeit · Drachenschiffe und Knorre · Der Kompaß bei den Wikingern · Römer auf Island? · Wikingische Segelanweisung für die Island-Fahrt · Das Märchen vom «Volk ohne Raum» und Harald Blondhaar · Grönland, die Sackgasse · Warum Hans Egede der Apostel der Eskimos wurde · Wo liegt die Eystribyggd? · Dänische Archäologen auf den Friedhöfen der Grönland-Wikinger · Mittelalterliche europäische Kleidermoden in Grönland · Erich der Rote · Die Gunnbjörnschären · Das «Grüne Land» · Vom Küchenzettel der Grönland-Normannen · Klimaänderung in Nordeuropa? · Grönländische Exportartikel · Großkapital und Handelsschiffahrt im mittelalterlichen Norwegen · Die Hanse in der Grönland-Fahrt · Der Vatikan und der Bischof von Grönland · Rätselhafter Untergang der wikingischen Westsiedlung · Die «Skraelinger» · Polarexpeditionen der Grönländer · Weiße «Eskimos» · Ein ganzes Volk verhungert

1

Funkensprühend schlug die Spitzhacke mit mächtigem Schwung aus dem Boden zurück. Ärgerlich fuhr sich der Mann über die schweißnasse Stirn. Verdammt heiß dieser August 1898! Und nun steckte auch noch irgendein Stein da unten, das konnte eine schöne Schinderei werden! Aber weg mußte der Baum, dessen Wurzeln er hier anlüftete. Es war schade drum, ein prächtiger Baum! Schlank und gerade wie ein Mast und sicher seine sechzig, siebzig Jahre alt. Obgleich Espen lange nicht soviel Schatten warfen wie andere Bäume, es ging nicht, nein, es ging nicht! Gerade hierher sollte der Gemüsegarten kommen, da brauchte es Sonne.

Noch einmal die Spitzhacke! Wieder sausten Funken. Holla, das war ja ein ordentlicher Block da unten! Nun mußte das Grabscheit her, nun mußte man abtasten, was da eigentlich war. Mit steigender Sonne hatte der Mann es geschafft. Sandüberkrustet lag ein rechteckiger, etwa 80 cm langer, 40 cm breiter und 15 cm dicker, merkwürdig regelmäßiger Stein am Rand des Grablochs. Lange mußte er da unten gesteckt haben, dieser Klotz! Rechts und links an seinen Schmalseiten umgaben ihn die Wurzeln des alten Baumes, ganz abgeplattet von dem Druck des Steins. Der mußte schon da unten gelegen haben, als das Saatkorn der Espe sich in den Boden gesenkt hatte.

In der glutenden Hitze dieses Augustnachmittags dauert es nicht lange, bis der Sand, der den Block überzogen hat, getrocknet ist. Er fällt ab, als der Mann den Klotz aus dem Wege wälzt, und – nanu, was war denn das? Das sah ja aus wie Schriftzeichen, was da hervorkam, Schrift, in den Stein gemeißelt – mein Gott, das waren ja Runen!

Tief betroffen war er, unser Mann. Denn als Kind, lange, lange bevor er über das große Wasser ging und sich hier in Minnesota die Farm kaufte, da hatte er Runen gesehen. Zu Hause war das gewesen, in Helsingeland in Schweden, wo er geboren und zur Schule gegangen war. Da hatte ihm der Lehrer im Museum einmal einen Runenstein gezeigt und hatte von den Alten erzählt, die Runen in Buchenstäbe schnitten und die in Skandinavien und im großen Rußland und in Dänemark und weiter unten, in Deutschland, Steine gesetzt hatten mit Runeninschriften, als Zeichen ihrer Anwesenheit. Runen! Richtig, in Großvaters Kalender waren auch Runen gewesen. Die hatten sie da hineingesetzt für die alten Leute, denen es wohltat, wenn von vergangenen Zeiten die Rede war.

Wie Rührung und Heimweh stieg es hoch in dem Mann. Runen! Das mußte er seinem Jungen zeigen, der ja nichts wußte von der alten Heimat drüben. Und die Nachbarn erst! Es saßen viele Schweden ringsum. Sicher hatten sie damals, als Kinder, zu Hause, auch einmal Runen gesehen. Was *die* Augen machen würden! Das war ja ein richtiger langer Text. Laß einmal sehen: eins, zwei, drei, vier... neun Zeilen waren das, und da, an der Längsseite, waren auch noch einmal drei lange Zeilen.

Olaf Ohman rief seinen Sohn. Er schickte den Knecht zu den Nachbarn. Sie wunderten sich sehr. Wie kamen diese Runen hierher, hier, mitten in den USA, 1500 km vom Atlantischen Ozean entfernt, hier in Salem bei Kensington in Minnesota, unmittelbar westlich der Großen Seen?

2

In Douglas County in Minnesota wohnt seit einigen Jahren der Rechtsanwalt und Notar R. J. Rasmusson. Er erledigt die Rechtsgeschäfte und die Notariatsfälle der vielen skandinavischen Siedler ringsum. Er ist ein rechtschaffener Mann. Es geht ihm gut.

Eines Tages im Jahre 1909 erscheinen drei Männer bei ihm, und R. J. Rasmusson beurkundet den seltsamsten Notariatsakt seines Lebens. Diese drei Männer sind Olaf Ohman, Farmer, ansässig in Sektion 14 des

Stadtgebiets von Salem, Minnesota, 54 Jahre alt, verheiratet, unbescholten und seit 1881 in Amerika. Sein Begleiter ist offensichtlich auch Farmer. Er heißt Nils Flaten, ist Nachbar von Olaf Ohman und stammt wie dieser aus Schweden. Beide Männer wünschen eine eidliche Aussage zu machen und beantragen die notarielle Beurkundung ihrer Aussage. Der dritte Mann ist sehr viel jünger. Er heißt Hjalmar R. Holand, macht einen städtischen Eindruck und ist ganz zweifellos kein Farmer. Er hat mit der ganzen Sache auch eigentlich nichts zu tun und ist nur als Begleiter mitgekommen.

Bis auf Olaf Ohman werden die Parteien von R. J. Rasmusson ins Wartezimmer geschickt, und Ohman beginnt nun zu erzählen. Der Notar faßt am Schluß dieser langen, merkwürdigen Erzählung zusammen, was er hörte, dann wird gemeinsam der Text redigiert, den Ohman beeidet. Und dies ist die von R. J. Rasmusson bekundete Aussage:

«Ich, Olaf Ohman, Salem, Douglas County, Minnesota, mache, in aller Form vereidigt, die nachstehende Aussage:

Ich bin 54 Jahre alt und stamme aus Helsingeland in Schweden, von wo ich im Jahre 1881 nach Amerika auswanderte. Seit 1891 bin ich auf meiner Farm, Sektion 14 des Stadtgebiets von Salem, ansässig. Im August 1898 war ich in Begleitung meines Sohnes Edward damit beschäftigt, eine von Marsch- und Sumpfland umgebene Anhöhe in der südöstlichen Ecke meines Anwesens umzugraben, rund 500 Fuß westlich vom Hause meines Nachbars, Nils Flaten, und in voller Aussicht darauf. Beim Roden einer Espe, die an ihrem Fuß einen Durchmesser von 10 Zoll hatte, entdeckte ich einen flachen Stein, der mit mir unverständlichen Schriftzeichen beschrieben war. Der Stein befand sich eben unter der Oberfläche in einer sanft geneigten Lage, mit einer Ecke beinahe hervorragend. Die zwei stärksten Wurzeln des Baumes umfaßten den Stein in der Weise, daß sich der Stein dort mindestens so lange befunden haben muß wie der Baum selbst. Eine der Wurzeln ging direkt nach unten und war an der dem Stein zugewandten Seite abgeplattet. Die andere Wurzel erstreckte sich annähernd horizontal quer über den Stein und machte an seiner Ecke eine rechtwinklige Wendung abwärts. Von dieser Wendung ab war die Wurzel an der dem Stein zugewandten Seite abgeplattet. Diese Wurzel hatte einen Durchmesser von rund 3 Zoll. Nachdem die an der Oberfläche haftende Erde abgewaschen war, zeigte die Inschrift einen Verwitterungszustand, der mir als genauso alt erschien wie die unberührten Teile des Steines. Ich lenkte unverzüglich die Aufmerksamkeit meines Nachbarn, Nils Flaten, auf die Entdeckung, und er kam noch denselben Nachmittag herüber, um den Stein und den Baumstumpf zu besichtigen, unter dem er gefunden wurde.

Ich behielt den Stein einige Tage auf meinem Hof. Dann überließ ich ihn der Bank von Kensington, wo er zur Besichtigung für einige Monate verblieb. Während dieser Zeit wurde er zur Begutachtung nach Chicago gesandt und kam bald in demselben Zustand zurück, in dem er hingeschickt worden war. Seitdem behielt ich ihn auf meiner Farm bis zum August 1907, als ich den Stein H. R. Holand zeigte. Der Stein war, wie ich mich erinnere, ungefähr 30 Zoll lang, 16 Zoll breit und 7 Zoll dick, und ich erkenne die Abbildung auf Seite 16 aus H.

R. Holands Geschichte der norwegischen Siedlungen in Amerika als eine fotografische Reproduktion der Inschrift des Steines wieder.

Gezeichnet: Olaf Ohman.»

Die Tatsache dieser Beeidigung wird von zwei Zeugen schriftlich bestätigt, dann beglaubigt R. J. Rasmusson Aussage und Unterschrift. Ohman wird ins Wartezimmer geschickt, Nils Flaten, sein Nachbar, wird hereingebeten, er macht seine Aussage, die sich inhaltlich mit der von Ohman deckt, Rasmusson vereidigt Nils Flaten, läßt ihn seine Aussage unterschreiben und beurkundet dann auch diesen zweiten Akt.

Auf den ersten Blick hat diese ganze außerordentlich seltsame Geschichte natürlich eine befremdende Stelle, und R. J. Rasmusson fragt selbstverständlich sofort danach:

1898 ist der Grauwackenblock mit der Runeninschrift gefunden worden. Wie kommt es, daß Olaf Ohman erst jetzt, 1909, elf Jahre später, den Wunsch hat, die Tatsache und die Umstände dieses Fundes in beeideter, notariell beglaubigter Form festzuhalten? Und die zweite Frage: Hat Ohman nach so vielen Jahren die Einzelheiten über die Lage des Steines in den Wurzeln der alten Espe noch so genau im Kopf? Denn wenn der Stein wirklich so zwischen den Wurzeln des Baumes gelegen hat, wie Ohman das schildert, dann *muß* der Runenstein alt sein, sehr alt sogar. Um 1830, als Ohmans Espe sich aussäte und zu wachsen begann, war hier rings um Douglas Country, war um Salem, war um Kensington nichts als Wildnis, unberührte, menschenleere, unerforschte Wildnis. Weiße gab es damals hier überhaupt noch nicht, geschweige denn Weiße, die Runen in Felsen meißelten.

Stimmte Ohmans Bekundung? Edward Ohman, des Farmers Sohn, hatte dasselbe gesagt und Nils Flaten, der Nachbar, auch. Aber wer war dieser städtisch aussehende dritte Mann, der die beiden Farmer begleitete? Was hatte dieser junge Mann eigentlich hier zu suchen?

R. J. Rasmusson rief die drei nun zusammen in sein Zimmer. Und jetzt ergab sich folgendes:

Sowohl Ohman wie seine Nachbarn waren bei der Auffindung des Steins sogleich der Ansicht gewesen, diese merkwürdige Inschrift könne nur eine Runenritzung sein, so wie sie sie einst in Schweden gesehen hatten. Runen lesen konnte aber keiner von ihnen. So fertigten sie eine Abschrift der Runenmeißelung an – ein Stück dieser Kopie ist vom Historischen Verein von Minnesota aufbewahrt worden – und sandten sie an O. J. Breda, Professor für skandinavische Sprachen an der Universität von Minnesota.

Dieser gab eine Übersetzung derjenigen Worte, die er zu entziffern vermochte und die folgenden Inhalt hatten.

«... Schweden und ... Norweger auf einer Entdeckungsreise von Vinland West ... wir lagerten ... einige Tagereisen nördlich von diesem Stein. Wir ...

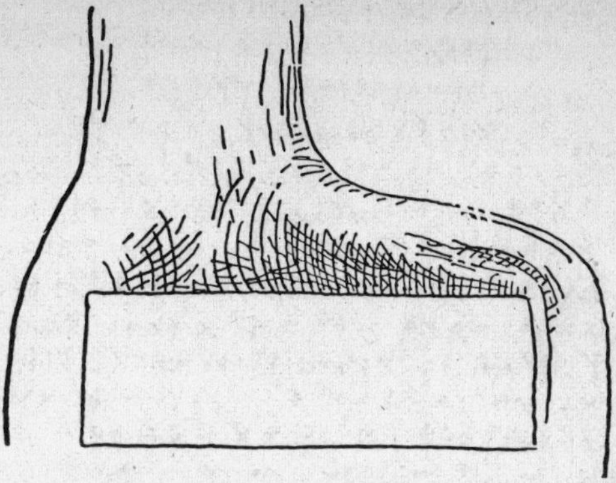

40. Die Lage des Runensteins von Kensington zwischen den Wurzeln der Espe. (Nach Hjalmar R. Holand.)

fischten einen Tag. Als wir heimkamen, fanden wir ... Männer rot von Blut und tot. A. V. M. rette uns von ... haben ... Männer am Meer, um auf unsere Schiffe aufzupassen ... Tagereisen von dieser Insel. Jahr ...»

Dieser teilweisen Übersetzung fügte Breda in einem Interview die Mitteilung an, er glaube nicht an die Echtheit der Inschrift. Erstens sei es so gut wie nie vorgekommen, daß sich Schweden und Norweger zu Erkundungs- und Raubfahrten zusammengefunden hätten, und zweitens sei die Sprache der Inschrift kein Altnordisch, sondern ein Gemisch von Schwedisch, Norwegisch und Englisch, und das sei im frühen Mittelalter natürlich unmöglich.

Breda war um 1900 in Minnesota eine Autorität. Da seine negative Einstellung gegenüber dem Kensington-Stein einleuchtend schien, wurde dieser fast allgemein für eine Fälschung gehalten, die von einem der in Minnesota besonders zahlreichen schwedischen Einwanderer vorgenommen sei. Zu diesem Schluß kam auch der Skandinavist der Northwestern University von Evanston, Professor George O. Curme, der den Runenstein von Kensington für einen *clumsy fraud*, einen plumpen Schwindel, erklärte. Damit war die Diskussion über Olaf Ohmans Fund, der natürlich großes Aufsehen hervorgerufen hatte, zunächst abgeschlossen. Sein Finder wurde ziemlich unverhüllt als Lügner und Betrüger hingestellt, und tief verärgert baute Ohman seinen Fund als Türschwelle in den Kornspeicher seines Hofes ein.

Dies ungefähr war es, was Notar Rasmusson von seinen beiden Klienten erfuhr. Zunächst ergab sich daraus, daß Ohman und Flaten genug Ärger gehabt hatten, um sich auch nach elf Jahren noch der Auffindung

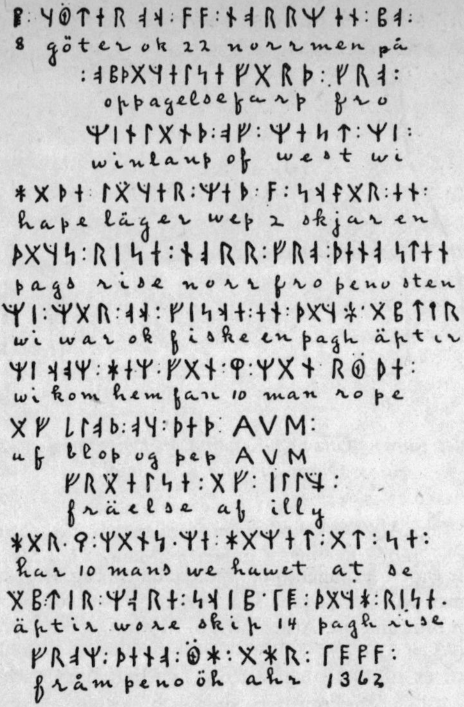

41. Die Inschrift des Runensteins von Kensington. (Nach Holand.)

des Steins genau zu entsinnen. Kein Zweifel, daß sich ihnen alle Umstände tief eingeprägt hatten. Es ergab sich weiter, daß weder für Ohman noch für Flaten irgendein Vorteil aus der ganzen Sache herausgesprungen war. Im Gegenteil, man hatte sie lächerlich gemacht und Fälscher geheißen: für Einwanderer eine besonders unangenehme Belastung. Es war psychologisch daher nur verständlich, wenn Ohman den Stein nur als Schwelle benutzte, um ihn gewissermaßen jeden Tag mit Füßen treten zu können. Was aber war geschehen, daß Ohman jetzt abermals mit diesen alten Geschichten kam? Es war so viel Gras darüber gewachsen, daß er eine «Rehabilitierung» nicht mehr brauchte. Mußte er nicht fürchten, sein Ansehen und seinen moralischen Kredit völlig zu verlieren, wenn der ganze Rummel nun abermals losging? Oder war er gar kein Fälscher? Hatte er vielleicht doch recht?

Und hier schaltete sich nun Hjalmar R. Holand ein, der junge Mann, der Ohman begleitet hatte. Er legte dar, daß die Espe des schwedischen Farmers nach den Unterlagen des Landwirtschaftsministeriums der USA tatsächlich sechzig bis siebzig Jahre alt sein mußte. Der Kensington-Stein hatte also mindestens seit den zwanziger Jahren des 19. Jahrhunderts im Boden gelegen, seit einer Zeit, in der es westlich der Großen Seen noch gar keine weiße Besiedlung gab. Erst 1858 war der erste weiße Siedler hier ansässig geworden, der erste Skandinavier sogar erst 1867.

1907, neun Jahre nach der ganzen Sache, sei er, Hjalmar R. Holand, Amerikaner, aber von schwedischen Eltern stammend, zufällig in diese Gegend gekommen. Er habe natürlich von Ohmans Fund gehört, und die phantastische Möglichkeit, die Runenschrift könne trotz des über sie gefällten Verdammungsurteils doch echt sein, habe ihn nicht schlafen lassen. Er hätte sich den Stein, der die längste aller bekannten Runenmeißelungen trage, angesehen, habe ihn entziffert, und Ohman, da er von der Echtheit des Steins und der Inschrift überzeugt sei, gebeten, die Fundumstände durch feierlichen Eid und durch notarielle Beurkundung dieses Eides zu bekräftigen. Und hier sei der Text der Runeninschrift:

> «(Wir sind) 8 Goten (Schweden) und 22 Norweger auf
> Entdeckungsreise von
> Vinland nach Westen. Wir
> hatten ein Lager bei zwei Schären, einige
> Tagereisen nördlich von diesem Stein.
> Wir waren (draußen) und fischten einen Tag. Danach
> kamen wir heim, fanden 10 (unserer) Leute rot
> von Blut und tot. A(ve) V(irgo) M(aria),
> erlöse (uns) vom Übel.»

Neben diesen neun Zeilen auf der Breitseite des Steins befindet sich auf der 15 cm messenden Kantenseite folgende dreizeilige Runenritzung:

> «(Wir) haben 10 von unserer Mannschaft an der See, zu achten auf unsere Schiffe, 14 Tagereisen
> von dieser Insel. Jahr 1362.»

Mit dieser Übertragung, die er, Hjalmar R. Holand, im Januar 1908 veröffentlicht habe, sei die wissenschaftliche Diskussion über den Kensington-Stein abermals in Gang gekommen. Deshalb wäre es nötig geworden, die Umstände seiner Auffindung nunmehr dokumentarisch festzuhalten.

3

Frühsommer 1948. Es hat im Mittelwesten ziemlich viel geregnet dieses Jahr. Dann ist es plötzlich heiß geworden. Rasend schnell wächst das Getreide heran, plötzlich blüht der Weizen, unmittelbar darauf ist auch schon die Frucht da, die Ernte beginnt, und die Arbeit, die sich sonst über Wochen hinzog, muß nun in ein paar kurzen Tagen verrichtet werden. Deshalb nimmt außer einigen Fachwissenschaftlern in ganz Minnesota und Wisconsin eigentlich kein Mensch recht Notiz davon, daß der Kensington-Stein, sozusagen das Nationalheiligtum dieser Staaten, nach Washington geht. Freilich hat er nun auch schon seit ziemlich langer Zeit in Alexandria/Minn. gelegen. Die USA-Regierung hat beschlossen, den berühmten Stein als vornehmstes historisches Dokument, das bisher auf dem Boden Nordamerikas gefunden wurde, in das Smithsonian Institute des Nationalmuseums in Washington überzuführen und ihn dort auszustellen.

Ehe das geschieht, werden neben amerikanischen Wissenschaftlern auch europäische Archäologen und Runologen nach Amerika eingeladen und zur Abgabe eines Gutachtens über die Echtheit des Steins aufgefordert. Deren Meinungen gehen auseinander. Während die Runologen, freilich mit Ausnahmen, der Meinung sind, die Inschrift könne nicht echt sein, entscheiden sich die Archäologen, wie vor ihnen schon die Geographen und die Historiker, in der Mehrzahl für die Echtheit und gegen die Annahme einer Fälschung.

Sehr maßgeblich für den Entschluß des Nationalmuseums in Washing-

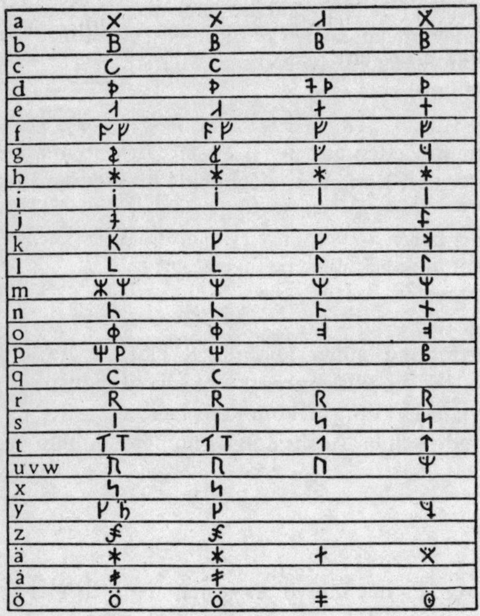

42. Vier mittelalterliche Runenalphabete. (Nach Holand.) Erste und zweite Reihe: Alphabete aus Dalekarlien. – Dritte Reihe: Alphabet von Schonen, um 1250. – Rechts: Alphabet des Kensington-Steins.

ton, den Kensington-Stein öffentlich auszustellen, war die Untersuchung seines Verwitterungszustands, der natürlich übereinstimmen mußte mit dem Alter der Inschrift, so wie es sich aus der Datierung 1362 ergab. Diese Untersuchungen wurden chemisch und mikroskopisch von der Northwestern University of Chicago vorgenommen, deren Sachverständige bereits 1899 erklärten: «Die äußere Erscheinung des Steins ... ist derart, daß seine Inschrift recht gut sechshundert Jahre alt sein kann.» Zehn Jahre später untersuchte der Staatsgeologe von Wisconsin, Professor Hotchkiss, den Stein. Sein Gutachten lautete: «Ich habe die verschiedenen Verwitterungsphasen des Steins mit aller Sorgfalt untersucht, und bei aller Hochachtung vor den Ansichten der Linguisten bin ich gleichwohl der Überzeugung, daß die Inschrift nicht erst kürzlich angefertigt worden sein kann ...» Und Professor Winchell, der Staatsgeologe von Minnesota, dessen Prüfung des Kensigton-Steins mehr als ein Jahr in Anspruch nahm, erklärte amtlich, daß dessen Runenmeißelung rund fünfhundert Jahre alt sei. Da es überaus schwer, ja geradezu unmöglich ist, an Mineralien «künstlich» Verwitterungszustände zu erzeugen, die einer fachwissenschaftlichen Untersuchung standhalten, hielt sich das Nationalmuseum in Washington für berechtigt, den Kensington-Stein öffentlich zu zeigen. Es ließ durch den bedeutenden dänischen Sprachforscher Wilhelm Thalbitzer in den *Smithsonian Miscellaneous Collections* 1951 erklären:

«... Es ist ein Stück nach dem anderen zutage gefördert worden, das die Echtheit bezeugt ... Wenn auch nicht ganz einwandfrei zu belegen ist, daß der Stein eine wirkliche Urkunde darstellt, so ist die Wahrscheinlichkeit doch so überzeugend, daß dieses Gedenkstück von den Smithsonian-Archäologen als eines der bemerkenswertesten historischen Dokumente angesehen wird, die in der Neuen Welt bisher gefunden worden sind ... Von Anfang an hegten die Skandinavisten lebhafte Zweifel an seiner Echtheit. Die hier benutzten Schriftrunen entsprachen, wie eingewandt wurde, nicht denen, die von den norwegischen Runenkundigen verwendet wurden. Auch sprach die Meißelung von einem Lager an einem See – der Stein wurde jedoch auf dem Gipfel eines Hügels gefunden, und es war keine Überlieferung bekannt, nach der eine normannische Expedition 1362 in die Nähe Nordamerikas gekommen sei ... Dennoch mußte ein Einwand nach dem anderen fallengelassen werden. Zwar stimmen die Runen nicht mit denen der Berufsschreiber überein, wohl aber gleichen sie denen, die ein einfacher Mann im 14. Jahrhundert in Norwegen anwandte. Die Geologen haben ferner festgestellt, daß die Anhöhe, auf der der Stein in unserer Zeit gefunden wurde, 1362 noch der Teil eines Seeufers war.

Der eindrucksvollste Beweis ist die Tatsache, daß in dieser Zeit wirklich eine skandinavische Expedition in Nordamerika gewesen sein muß. Sie setzte sich zusammen aus einer Anzahl ausgewählter junger Männer vom Hof des norwegischen Königs, die ausgesandt wurden mit der Aufgabe, die verschollenen Grönland-Siedler zum Christentum zurückzuführen.

Wahrscheinlich hat diese Expedition ... die grönländische Westsiedlung leer vorgefunden und von den Eskimos gehört, daß deren Bewohner schon lange zuvor nach Süden abgewandert waren. Sie ist ihnen dann in dieser Richtung gefolgt ...»

Soweit die Erklärung Thalbitzers, die logisch unanfechtbar ist und der man trotz einiger runologischer Einwände nicht viel anhaben kann.

Hinzu kommt folgende Überlegung: vier angesehene Einwohner von Salem, alles Nachbarn von Olaf Ohman, haben unter Eid bekundet, sie hätten den Stein kurz nach seiner Auffindung besichtigt und unter anderem auch die durch den Druck des Blocks hervorgerufene Abplattung der ihn umgebenden Wurzeln der Espe deutlich wahrgenommen.

Sie sind bei dieser außerordentlich wichtigen Aussage, genau wie Ohman selbst, geblieben, obwohl sie jahrelang im Kreuzverhör durch Reporter und Wissenschaftler standen – hätten sie sich verabredet, gemeinsam die Unwahrheit zu sagen, so hätte sich im Laufe der seit der Bergung des Steins vergangenen fünfzig Jahre unter allen Umständen in ihrem Lügengebäude eine schwache Stelle gezeigt. Und außerdem: alle diese einfachen Farmer und Landwirte, Naturen, die den sie ausfragenden Journalisten und Professoren geistig natürlich in keiner Weise gewachsen waren: sie alle haben nicht den geringsten Nutzen von der ganzen Sache gehabt, sondern nur Scherereien und Ärger. Die wichtigste Frage, die bei der Beurteilung von Fälschungsaffären zu stellen ist, die Frage: *Cui bono?* Wem zuliebe und zu Nutzen ist gelogen und betrogen worden?, diese Frage ist also gar nicht zu beantworten.

Man muß daher tatsächlich annehmen, daß Olaf Ohmans Stein rund siebzig Jahre unter den Wurzeln seines Baumes gelegen hat. Trifft das aber zu, dann ist er unzweifelhaft echt. Denn dann könnte eine Fälschung nur in den zwanziger Jahren des vorigen Jahrhunderts erfolgt sein. Sie müßte von einem Mann angefertigt worden sein, der englisch sprach, der aber eine große Kenntnis von den alten skandinavischen Sprachen hatte, der ein perfekter Runologe war und bereits vor hundertdreißig Jahren wußte, daß das ganze Gebiet westlich der Großen Seen einmal für Skandinavisten interessant werden würde. Das ist natürlich ausgeschlossen. Ja, das Vorhandensein eines runologisch, chemisch, linguistisch und historisch gleich versierten Fälschergenies um 1820 in der Wildnis westlich der Großen Seen würde ein viel größeres Wunder darstellen als das Vorhandensein einer Runenritzung aus dem 14. Jahrhundert.

Wir sind hier deshalb so ausführlich auf diese Probleme eingegangen, weil der Runenstein von Kensington durch die zahlreichen Pressenotizen der letzten Jahre eine Art Weltberühmtheit erlangt hat und weil der interessierte Leser wissen möchte, was es eigentlich mit diesem seltsamen Fund, von dem wir später noch einiges zu berichten haben, auf sich hat. In Fachkreisen ist der Kensington-Stein natürlich schon lange bekannt gewesen. Immer wieder berichteten auch amerikanische Zeitungen und Zeitschriften davon, und endlich legte Hjalmar R. Holand, dessen Name vorhin bereits fiel, in einem 1932 erschienenen sehr interessanten Buch (*‹The Kensington Stone. A Study in pre-columbian History›*) die Ergebnisse seiner damals fünfundzwanzig Jahre hindurch fortgesetzten Arbeit an diesem Problemkreis vor. Diesem ersten Buch sind dann noch zwei weitere gefolgt (H. R. Holand: *‹Westward from Vinland›*, 1942, und H. R. Holand: *‹America 1355–1364. A new chapter in pre-columbian History›*, 1946), in denen seine großartige These von einer mittelalterlichen, zeitweilig erfolgten Besiedlung Amerikas durch Grönland-Wikinger in immer neuen Einzeluntersuchungen unterbaut und weitergeführt wurde.

Hört man zum erstenmal davon, aus dem Zusammenhang gerissen und ohne Kenntnis der jahrzehnte-, ja jahrhundertelangen Vorarbeit, die die Normannen leisteten, ehe sie den großartigen Sprung über den Atlantischen Ozean wagten, so mag das reichlich phantastisch klingen. Aber was davon zu berichten ist, das hat mit Phantasterei nichts zu tun, es ist auch alles andere als eine bloße Hypothese. Es ist Tatsache. Und Tatsache ist auch, daß diese großartigen Entdeckerfahrten der Grönland-Wikinger im Europa ihrer Zeit nicht etwa unbekannt blieben. Nicht nur die Seeleute und Kapitäne des nördlichen Europas haben davon erfahren – unter ihnen später dann höchstwahrscheinlich auch Kolumbus –, der Vatikan hat nicht minder genau Bescheid gewußt und mit ihm wohl sicher auch die großen Finanz- und Handelshäuser des hochmittelalterlichen Abendlandes.

4

Vorderhand ist es aber nötig, von den Vorarbeiten, den Vor-Expeditionen, dem schrittweisen Herantasten der Nordmänner an ihr großes Fahrtenziel jenseits des westlichen Ozeans zu berichten, ein Vortasten und Vorfühlen, das sicher nicht systematisch erfolgte, sondern das mehr oder weniger vom Zufall abhing.

Natürlich ist auch in Nordeuropa die Seefahrt bereits uralt, und schon in sehr frühen Zeiten sind seine Meere für den Handel nutzbar gemacht worden. Aber genauso wie immer noch der Eindruck besteht, die großen Entdeckungsfahrten seien eigentlich erst um die Mitte des 15. Jahrhunderts begonnen worden, ebenso herrscht vielfach noch die Vorstellung, erst mit dem ausgehenden Mittelalter habe es hochseetüchtige Fahrzeuge gegeben: Schiffe also, wie sie die Ozean-Fahrer brauchten. Und sofort entsteht in der Erinnerung das Bild jener hochbordigen Karavellen, in denen ein Kolumbus, ein Vasco da Gama, ein Magellan und wie die großen Entdecker heißen mögen, ihre Fahrten unternahmen. Geht man noch weiter zurück, dann tauchen vor dem inneren Augen wohl auch die gräko-romanischen Vielruderer auf: von den Leistungen der nordeuropäischen Schiffbauer ist aber kaum die Rede, und ihre schönen, schnittigen Boote, die lange vor Portugiesen und Spaniern vom Nordkap bis zum Persischen Golf auf allen Meeren kreuzten, sind doch nur wenigen ein bildhafter Begriff.

Wie schon in Kapitel 1 dieses Berichts ausgeführt wurde, muß bereits die späte Steinzeit, eine Epoche also, die rund fünftausend Jahre zurückliegt, einen lebhaften und ausgedehnten Seeverkehr gekannt haben. Natürlich gibt es davon keine schriftlich überlieferten Nachrichten, auch ist keines dieser ersten frühen Schiffe erhalten geblieben. Dafür wurde im Moor von Duvensee in Schleswig-Holstein vor einigen Jahren ein aus dem 7. Jahrtausend stammendes Paddel gefunden, das bisher älteste bekannte Holzgerät der Welt. Und außerdem existieren einige rohe Felszeichnungen, die sogenannten «Hällristningar», unter denen die Zeichnungen von Bohuslän am Kattegat die berühmtesten sind. Sie führen den unwiderleglichen Nachweis, daß schon diese fernen, frühen Zeiten seegehende Fahrzeuge kannten, und vor allem: es sind Tausende von Funden gemacht worden, aus denen klar hervorgeht, daß bereits die Menschen der Steinzeit eine ausgedehnte Schiffahrt betrieben haben müssen. In den Küchenabfallhaufen der Jungsteinzeit, den berühmten «Kökkenmöddinger» Dänemarks, hat man nämlich Reste von Hochseefischen wie Dorsch und Hering gefunden. Das heißt also, daß bereits das Neolithikum Hochseefahrzeuge gehabt hat. Es versteht sich, daß, abgesehen von Kriegszügen, aber nur Luxuswaren und ganz hochwertige Rohstoffe damals die Gefahren eines Seetransports lohnen konnten. Solche Waren und solche Rohstoffe waren vor allem der Feuerstein und die aus ihm gefertigten Werkzeuge und Waffen. Von einzelnen, eng umrissenen Gebieten Frankreichs, Belgiens und Südenglands aus, wo, wie wir schon wissen, der Feuerstein bergmännisch gewonnen wurde, begannen die Handelszüge, die quer über die Nordsee nach Südschweden führten, die, den Küsten entlang, die Gegend von Calais mit der Schelde- und Elbmündung verbanden, die von Warnemünde nach Gedser, von Swinemünde über Bornholm nach der Südostspitze Schwedens, von Truso nach Gotland gingen und die das Baltikum offenbar schon früh zu einer Empore des schwedischen Handels machten. So hat man zum Beispiel in Bornholm und Gotland, wo es keinen Feuerstein gibt, ganze Lager dieses kostbaren Rohstoffs gefunden, und in Nordschweden wurden Feuersteinäxte und andere Werkzeuge, die vermutlich aus Schonen und Dänemark kamen und die sicher auf dem Seewege dorthin geschafft worden sind, geradezu stapelweise ausgegraben.

Gegen Ende der Steinzeit, etwa um das 3. Jahrtausend v. Chr., scheint sich das Seewesen schon auf einer beträchtlichen Höhe befunden zu haben. In diese Zeit fällt nämlich die erste große Einwanderung schwe-

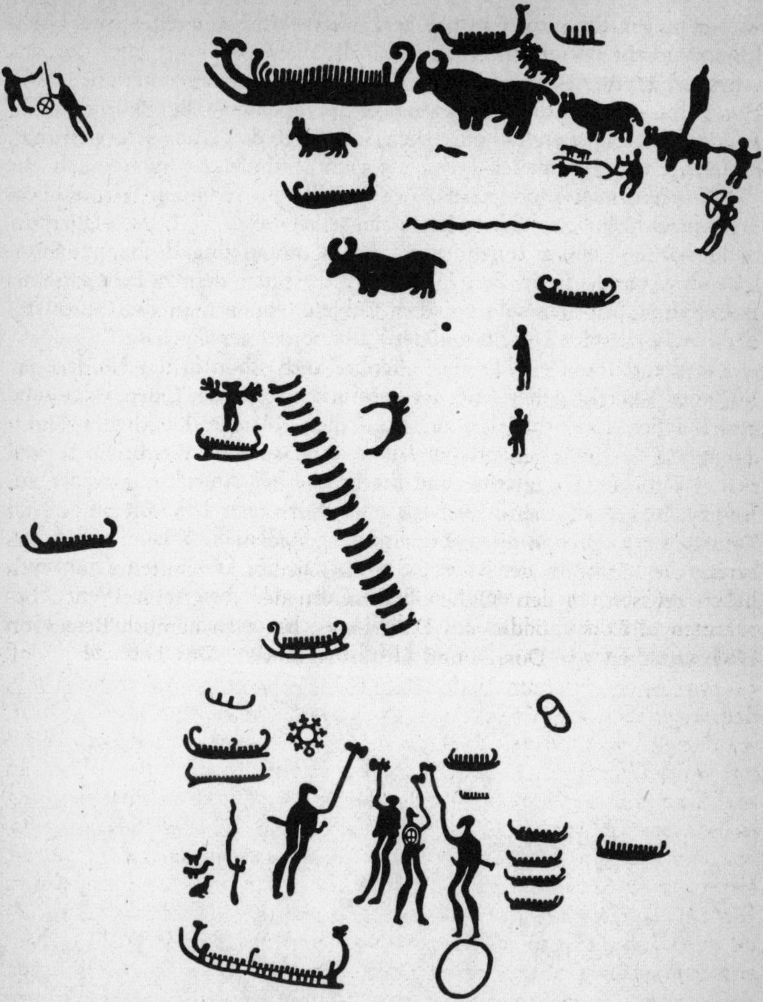

43. Ritzzeichnungen auf Felsen bei Tanum/Schweden, Schiffe, Widder, Hunde und miteinander kämpfende Menschen, das sind die von den meisten nordischen Felszeichnungen behandelten Themen.

discher Bauern in Finnland und im Baltikum. Sie ist quer über die Ostsee hinweggegangen und hat natürlich für die Überwindung der immerhin rund 250 km Seestrecke das Vorhandensein großer, tragkräftiger, seegehender Fahrzeuge zur Voraussetzung gehabt. Ebenso mußten die rückwärtigen Verbindungen der Auswanderer technisch ganz gesichert sein:

Es hat hier mithin ein regelmäßiger, vom Wetter weitgehend unabhängiger Verkehr bestanden. Wer die Tücke der Ostsee mit ihren kurzen, schweren Brechern jemals selbst erlebt hat, wird ermessen können, welche Anforderungen dieser regelmäßige Seeverkehr an die doch immerhin gebrechlichen und unvollkommenen Fahrzeuge der Frühzeit gestellt hat. Bei den 2 bis 3 Seemeilen (3,7 bis 5,5 km) Stundengeschwindigkeit, die diese ersten, meist noch nach Art der Fellboote genähten Schiffe höchstens erreicht haben dürften, lagen sie, selbst wenn die Ostsee-Überquerung, wie das wohl anzunehmen ist, über Gotland ging, doch lange Stunden ohne Landsicht in See. Und das nicht unter dem milden Himmel mittelländischer und subtropischer Gebiete, sondern in den Sturmstößen, den wallenden Nebeln und der Kälte nordischer Gewässer!

Um die gleiche Zeit hat aber offenbar auch schon in der Nordsee ein lebhafter Verkehr geherrscht, der vermutlich sogar ein Queren der rund 700 km See von Schweden zur englischen Küste nicht scheute. Dafür scheinen Grabfunde zu sprechen, die man sowohl im westlichen Schweden wie in England machte und die in gleicher Anordnung weder aus Deutschland noch aus Dänemark oder Norwegen bekannt sind. Nun können diese Verbindungen ja allerdings trotzdem die Küsten entlanggegangen sein; immerhin ist es seltsam, daß die erwähnten Grabfunde auf Schweden und Ostengland beschränkt geblieben sind. Wenn man ferner berücksichtigt, daß auf Helgoland, auf dem der Feuerstein nicht vorkommt, eine Unzahl vorgeschichtlicher Feuersteinwerkzeuge gefun-

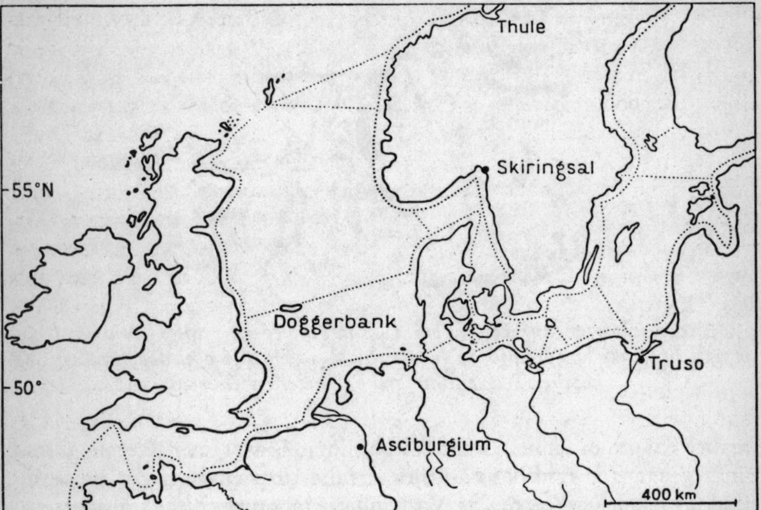

XVII. Seeverkehrswege der Steinzeit

den wurde, und wenn man schließlich in Rechnung setzt, daß der hohe Handelsgewinn des kostbaren Rohstoffs an schönen Tagen die Nordsee-Überquerung ratsam werden lassen mochte – ehe man den langen, gefährlichen und räuberischen Überfällen ausgesetzten Weg den Küsten entlang wählte –, so mag es schon eher als möglich erscheinen, daß kühne Kapitäne lieber die Route über das offene Meer einschlugen. Hinzu kommt allerdings, daß der Spiegel der nordeuropäischen Meere sehr wahrscheinlich erheblich gestiegen ist, und zwar um etwa je 5 m in tausend Jahren. Wenn das zutrifft – und nach den letzten Untersuchungen besteht wohl kaum ein Zweifel daran –, so würde noch um 2000 v. Chr. das Gebiet der heutigen Doggerbank, das jetzt etwa 16 m tief liegt, Insel gewesen sein. Damit wäre allerdings die Nordseefahrt wesentlich kürzer und leichter gewesen, zumal bei dem niedrigen Wasserspiegel ja auch die Küsten erheblich weiter als heute in die See hinausgingen. Hält man das alles zusammen, so muß wohl als möglich angenommen werden, daß um 2000 v. Chr. in der Tat ein seegehender Verkehr sowohl in der Ostsee wie in der Nordsee stattfand, bei dem auch küstenferne Fahrten unternommen wurden.

Leider sind nun keinerlei Seefahrzeuge aus diesen frühen Zeiten erhalten. Man hat bisher lediglich eine Reihe aus der beginnenden Bronzezeit stammender, ziemlich roher Felszeichnungen gefunden, die darauf schließen lassen, daß man das Segel noch nicht kannte und daß die Fahrzeuge allein durch Ruder oder lange Stechpaddel vorwärts bewegt wurden. Nun kann es sich bei diesen zufällig gefundenen Zeichnungen allerdings recht gut um Darstellungen von Schiffen des Küstenverkehrs handeln. Da für die gleiche Zeit Überquerungen der Nordsee als sicher anzunehmen sind, muß auch angenommen werden, daß die Führer dieser Hochseeboote über den Gebrauch des Segels wohl unterrichtet waren. Für bloße Ruderschiffe scheint die Entfernung, namentlich bei dem Transport schwerer Lasten, doch recht groß. Die bedeutendsten in diesen Felszeichnungen abgebildeten Fahrzeuge weisen zwanzig Ruder auf, dürften also unter Zugrundelegung des für einen Ruderer benötigten Raumes rund 25 m lang gewesen sein. Vermutlich handelt es sich aber bei dieser Zeichnung um eine glorifizierende Übertreibung: man wird sich doch fragen müssen, ob Boote solcher Größe damals bautechnisch überhaupt möglich gewesen sind.

Aus späteren Zeiten, vor allem aus der bewegten Epoche des 3. und 4. Jahrhunderts unserer Zeitrechnung, liegen zahlreiche Funde vor. Während man in Niedersachsen eine Reihe von Einbäumen ausgrub – unter ihnen Fahrzeuge, die mit rund 15 m Länge immerhin fünfundzwanzig bis dreißig Mann faßten –, fanden sich in Skandinavien einige Boote, die einen nachhaltigen Eindruck von dem schiffbautechnischen Können der Nordeuropäer vermitteln. Von ihnen ist besonders eines, das berühmte Gokstad-Boot, das 1880 gefunden wurde und das etwa aus dem 6. Jahr-

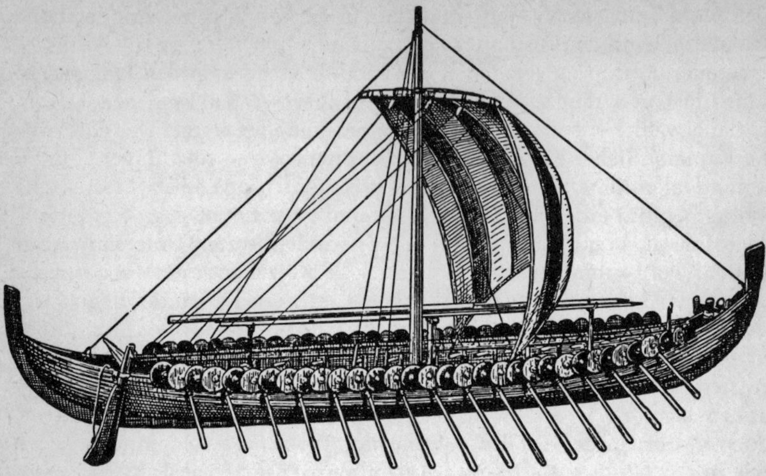

44. Wikingerschiff. 6 bis 8. Jahrhundert Schiffe dieser Art: sehr schnell, weitgehend seetüchtig, aber so flach, daß man auf ihnen auch kleinere Flüsse befahren konnte, haben lange Zeit hindurch das bevorzugte Wikinger-Fahrzeug dargestellt. Sie wurden in regelrechten Werften mit Hellingen und Ablaufbahnen gebaut, von hochbezahlten Spezialisten, die über eine lange Erfahrung verfügten. Regelmäßig wurde der Mast so verankert, daß er wie bei unseren Sportbooten mit wenigen Handgriffen umgelegt werden konnte. Wanten und Pardunen bestanden aus Walroßhaut-Tauen, das Segel aus fest vernähten Friesbahnen. Mit Flaschenzügen, die etwa unseren Taljen entsprechen, konnte das Segel dichtgeholt oder gefiert werden.

hundert stammt, sehr bekannt geworden. Seine Abmessungen kommen schiffbautechnisch dem Idealfall recht nahe, und es wird nur von wenigen neuzeitlichen Konstruktionen noch übertroffen. Bei einer größten Länge von 23,5 m erreicht dieses ebenso zum Rudern wie zum Segeln bestimmte Fahrzeug eine größte Breite von 5 m. Der Tiefgang liegt bei etwa 90 cm, und das geringste Freibord erreicht etwa 1,20 m. Es handelt sich bei diesem Bau um ein absolut hochseefähiges Schlechtwetterschiff, das unseren modernen Rettungsbooten sehr ähnlich ist und das sicher in der Lage war, selbst wochenlang ohne Küstenberührung zu bleiben.

Diese aus der Beschaffenheit des Gokstad-Bootes gewonnene Hypothese erfuhr ein Dutzend Jahre nach Auffindung des Schiffes eine ungemein interessante praktische Bestätigung, als ein dem Gokstad-Schiff getreu nachgebautes Boot, die «Wiking», 1893 anläßlich der Chicagoer

8* *Dionysos im Schiff. Mit lang ausgezogenem Rammsporn und schöngeschwungenem Heck zeigt dieses frühe Boot von der Schale des Exekias um 540 v. Chr., wie genau die vom Festland zum Meer vorgestoßenen Griechen beobachtet haben. Dieses Schiff des Dionysos ist eine Art großer Bruder der Delphine, die es rings umgeben.*

7* linke Seite *Römische Kupferbarren mit der Darstellung eines Rindes, das älteste römische Geld. 4. Jahrhundert v. Chr. Ursprünglich hat man mit Vieh bezahlt. Deshalb findet sich auf diesem Metallbarren die Abbildung eines Rindes. Auch in der sprachlichen Begriffsbildung kommt der enge Zusammenhang zwischen der bäuerlichen Viehwirtschaft und dem frührömischen Geldwesen bekanntlich zum Ausdruck: pecus heißt Vieh und pecunia Geld.*

9* *Alexander der Große. Etwa dreizehn Jahre nach seinem Tode, um 310 v. Chr., ist dieses in Pompeji gefundene Mosaik hergestellt worden.*

12* rechte Seite *Opferwagen aus Bronze. Um bei großen Banketten alle Teilnehmer an der Festlichkeit so schnell wie möglich bedienen zu können, konstruierte man schwere fahrbare «Mischkessel», eine Art Bar auf Rädern. Dieser hier stammt aus Zypern, etwa um 1000 v. Chr. Die geflügelten Fabeltiere weisen deutlich auf seine Herkunft aus Asien hin.*

10* *Das Hochland von Pamir. Über diese ungeheueren, trostlosen Gebirge drang Alexander einst zum Wunderland Indien vor.*

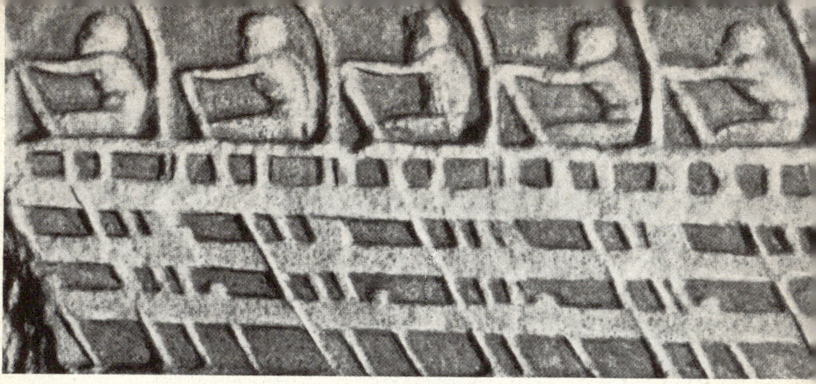

11* *Schiffswand einer Triere mit Ruderern. Relief, um 450 v. Chr. Überlange Schiffe liegen schlecht im Wasser. Deshalb werden antike Seefahrzeuge in die Höhe konstruiert. Man erfindet die Triere, ein Schiff mit drei Ruderreihen übereinander, das bis zum 2. Jahrhundert v. Chr. der vorherrschende Schiffstyp gewesen ist. Über die Sitzanordnung auf diesen Fahrzeugen ist man nicht genau unterrichtet.*

13* *So schmal waren die Straßen in altrömischen Städten. Durch seinen großen Eckbalken wirkt dieses Haus in Pompeji ganz modern. Aber der Trittstein vorn rechts im Bild, so gesetzt, daß Wagenräder eben daran vorbeigehen, daß der Fußgänger die Straße jedoch trocken überqueren kann, läßt erkennen, wie es hier an Regentagen ausgesehen hat.*

14* Das Balsa-Floß «Kon-Tiki» des bekannten norwegischen Ethnologen Thor Heyerdahl.

15* Wie Schlangen krochen die Schiffe über das Meer ... So berichtet die «Votans»-Legende der Mayas von Yukatan über den vorzeiten erfolgten Einfall eines fremden Seevolks blonder, blauäugiger weißer Menschen.

16* *Die Ruinenfelder von Sillustani auf der Halbinsel Umayo werden überragt von diesen 8 m hohen Türmen, die aus gewaltigen, minuziös behauenen Blöcken bestehen und wohl Mausoleen darstellen. Es ist nicht bekannt, welche alten Völker diese Bauten errichteten.*

17* *Die Klosterkirche San Domingo in Cuzco erhebt sich auf dem alten Fundament des Sonnentempels Coricancha. Es ist bis heute ungeklärt, wie die riesigen, aus Andesitquadern bestehenden halbrunden Blöcke des Inkafundaments zubehauen werden konnten.*

18 Ruinen der Tempelburg von Ollantaitambo bei Cuzco. Die bis zu 40 t schweren Riesenblöcke aus Granitporphyr wurden aus dem im Hintergrund sichtbaren Gebirgen gebrochen, 1500 m tief ins Tal gelassen, über den Urubamba geschafft und dann auf die Höhe des alten Tempelberges von Ollantaitambo transportiert.*

19 Dieses aus Ton gebrannte Kinderspielzeug, das kürzlich in Mexiko ausgegraben wurde, scheint zu beweisen, daß die Indianer das Prinzip des Rades gekannt haben.*

20 In den Tempelbauten von Chichen-Itza in Yukatan findet sich dieses Standbild. Ist es ein Abbild der «Weißen Götter»?*

21 Hunderte solcher riesigen Köpfe, hoch wie ein vierstöckiges Haus, stehen auf der Osterinsel. Waren weiße Menschen ihre Vorbilder?*

22 In Rußland und China zeigen diese alten Monumente Menschen mit mongolischen Gesichtern. Sie sind Abbilder ihrer Schöpfer.*

23* *Die Skraelinger kommen gepaddelt. Die Amerika-Wikinger glaubten, es seien draußen auf der See eine Art Mühlen im Gang. Sie kannten keine Paddelboote.*

24* *Die Gletscher kalben. Himmelhoch steigt der Gischt, gleich wird eine furchtbare Flutwelle losbrechen. Diese tödlichen Gefahren lauerten allüberall auf der Fahrt von der wikingischen Ost- zur Westsiedlung.*

25* *Kurzärmlige Männertracht aus sehr grobem Fries von den Friedhöfen der Grönland-Wikinger.*

27* rechte Seite *Goldschmuck von Hiddensee. Dieser Goldschmuck hat wahrscheinlich dem dänischen König Harald Blauzahn gehört, der 986 n. Chr. starb. Das Gesamtgewicht der Schmuckstücke beträgt rund 500 g. Die kreuzförmigen Hängestücke enden in stilisierten Falkenkopf-Darstellungen.*

26* *Goldschmuck von Wiskiauten in Ostpreußen. An dieser etwa um 1000 n. Chr. entstandenen wikingischen Halskette hängen sechs persische Goldmünzen. Aus dem Gräberfeld von Wiskiauten.*

28* *Flugbild von Brattahlid. Im Vordergrund Ställe und Futterkammern, rechts die Kirchenruine mit dem Friedhof, im Hintergrund, mit der Front zum Wasser, das Wohnhaus Erichs des Roten.*

29* *Wenn Allah zürnt, schickt er den Samum. Hier bricht er mit riesigen Sandstaubwolken über die kleine Oase herein. Gleich wird es Nacht werden, gleich wird er glühend heiß durch die geschlossenen Fenster dringen, gleich wird er den Menschen mit würgenden Krallen anfallen.*

30* *In den Wüsten des Tarim-Beckens. Schaudernd blickten die Reisenden der alten Seidenstraßen von den im Hintergrund sichtbaren Hügeln auf dieses Meer von Sand herab.*

Weltausstellung von Norwegen aus nach Amerika segelte. Wir haben uns inzwischen daran gewöhnt, daß Ozean-Überquerungen nicht allein im Einhandsegelboot oder auf dem Floß, sondern sogar im winzigen Faltboot durchgeführt werden. Vor fünfzig Jahren bedeutete es jedoch eine außerordentliche sportliche Leistung, sich eines fast zweitausend Jahre alten Schiffsmusters zu bedienen, um von Europa nach Amerika zu gelangen. Daher hat diese Fahrt viel zur Berühmtheit der Wikingerschiffe beigetragen, doch hat es gleichwohl schwergehalten, der Tatsache Anerkennung zu verschaffen, daß kühne, unerschrockene Männer mit solchen Booten sehr wohl in der Lage waren, ein halbes Jahrtausend vor Kolumbus die Entdeckung vorwegzunehmen, die ihn berühmt und unglücklich gemacht hat.

Freilich werden nun Langschiffe wie das Gokstad-Boot kaum als die eigentlichen «Überseer» der Skandinavier betrachtet werden können. Sie waren zwar außerordentlich schnell und sicher in der Lage, Stundengeschwindigkeiten von mehr als zehn Knoten zu erreichen, also fast ebensoviel wie ein moderner Trampfahrer. Aber eine hohe Geschwindigkeit ist nur für Kriegsfahrzeuge wichtig: als solche sind die langen Normannenboote, die wegen ihrer schöngeschwungenen, meist höchst kunstvoll geschnitzten Vorder- und Achtersteven «Drachenschiffe» genannt wurden, auch vorwiegend benutzt worden. In den Schären und Fjorden nördlicher Meere haben sie sich genauso bewährt wie im Mittel- und im Schwarzen Meer und an den Ufern der großen europäischen Flüsse. In der weitschwingenden Dünung des Ozeans werden ihre Kapitäne aber doch wohl gewünscht haben, ein breiteres hochbordiges und vor allem kürzeres Fahrzeug zu besitzen. Zwar pflegten sich die Wikinger in schwerer See

45. Dies ist eine Knorr, der «Überseer» der Wikinger, eine Art Vorläufer der Hanse-Kogge. Abbildung auf dem ältesten Siegel von Danzig vom Jahr 1299.

genauso zu helfen wie vor ihnen schon die Ägypter: sie legten, wie früher schon ausgeführt wurde, um Vor- und Achterschiff starke Tauwickel, die über Deck durch straff zusammengedrehte Strecktaue verbunden waren. Trotzdem wird manches lange, schlanke Drachenschiff in der Überhangbelastung weitschwingender Wellen ebenso zerbrochen sein wie jener schwedische Nachbau, der im Sommer 1950 in der Deutschen Bucht havarierte und mit Mann und Maus versank.

Infolgedessen gingen die Wikinger bei weiteren Ozean-Fahrten, also auf den Routen nach England, Island und Grönland, mehr und mehr dazu über, einen «Knorr» genannten Schiffstyp einzusetzen, ein breit gebautes, hochbordiges Segelschiff von stark gebauchten Formen, das viel mehr Seegang vertrug als die Drachenschiffe und das auch viel mehr Segel setzen konnte. Während die Langboote etwa 50 t maßen, erreichten die Knorr 60 bis 100 t, und da sie infolge ihrer großen Segelfläche kaum langsamer waren als die eigentlichen normannischen Kriegsfahrzeuge, begannen sie allmählich jene weitgehend zu verdrängen. Späterhin scheinen Drachenschiffe nur noch für schnelle Vorstöße in flachen Gewässern, als Aufklärer und als Erkundungsfahrzeuge bei Expeditionen benutzt worden zu sein, und man wird sich beispielsweise von den skandinavischen Amerika-Fahrern vorzustellen haben, daß sie nach Überquerung des Ozeans ihre schweren Knorr vor Anker legten und dann auf schnell gezimmerten Langschiffen die Küsten entlang und die Ströme aufwärts auf Kundfahrt gingen.

Noch nicht endgültig geklärt ist leider die Frage nach den nautischen Hilfsmitteln, die den Wikingern zu Gebote standen. Fest steht aber, daß sie viel umfassender waren, als man lange angenommen hat. Bereits um 1000 n. Chr. kannten sie die Breitenbestimmung, und ebenso war ihnen etwa um diese Zeit die magnetische Nordweisung wohl durchaus geläufig. Es wäre anders auch gar nicht zu erklären, wie sie ihre großen Entdeckungsreisen hätten durchführen können. Gerade von den normannischen Amerika-Fahrten ist nämlich überliefert, daß das beabsichtigte Ziel an der fremden Küste nach langer Fahrt über die offene See auch wirklich erreicht wurde. Natürlich war dabei die Breitenbestimmung, das heißt also die Feststellung des Unterschieds in der Nordlage, das wichtigste Problem. Denn es mußte dem norwegischen Fahrensmann sehr bald auffallen, daß der Schatten seines Mastes vor den Küsten Frankreichs und Spaniens kürzer war als zu Hause und daß dort andererseits der Nordstern tiefer stand als über den heimatlichen Fjorden. Gleichzeitig erkannte er auch, daß der Tag, der im Norden ja bis zu vierundzwanzig Stunden dauerte, im Süden viel schneller zu Ende ging. Es lag also nahe, daß ihm die Bestimmung der Breite wichtiger und wertvoller erscheinen mußte als die Feststellung der Länge, unter der er segelte.

Das wird deutlich aus einer von der Grönland-Fahrt überlieferten Segelanweisung der Norweger. Es heißt darin:

«... Von Hernum (Bergen) soll man segeln immer nach Westen nach Hvarf in Grönland... und es wird dann gesegelt nördlich Shetland so weit, daß es eben gut auf der Kimm zu sehen ist. Und südlich Färöer so, daß die Kimm läuft in Mitte Berghang, und südlich rund um Island, daß man die Seevögel und Wale sehen kann. Dann kommt man zu dem hohen Land auf Grönland, welches Hvarf heißt. Am Tag davor wird ein anderer Berg sichtbar, der Hvidserk heißt, und bei diesen beiden Bergen liegt Herjulfsnes. Nahe dabei befindet sich ein Hafen, der Sand genannt wird. Das ist der allgemeine Hafen für Norweger und Kaufleute...»

Bergen und Hvarf (das heutige Kap Farvel) liegen nun beide auf 60 Grad nördlicher Breite. Wenn die Segelanweisung sagt, es solle Westen Kurs, und zwar so gesegelt werden, daß Shetland eben, Färöer etwas besser zu sehen seien, so ist damit klar, daß nur eine genaue Breitenberechnung die Einhaltung des rund 1000 Seemeilen langen Kurses möglich machte. Offenbar ist also die Breite von Hvarf gemessen worden, und offenbar waren die nautischen Kenntnisse der Wikinger bereits so entwickelt, daß sie daraus den Schluß ziehen konnten, es müsse von Bergen nach Hvarf auf Westkurs gesteuert werden.

Solange die Sonne schien, war es einfach, die Frage der Breitenbestimmung befriedigend zu lösen. Schwierig wurde es natürlich, wenn wochenlang diesiges Wetter herrschte, so daß der Sonnenstand gar nicht ausgemacht werden konnte, geschweige denn eine Schattenmessung möglich war. Auch heutzutage ist ja dann die Navigation auf Schiffen ohne Funkpeilanlage nicht einfach. In solchen Fällen halfen sich die Wikinger durch den *leidarsteinn*, das heißt Leitstein, einen sehr brauchbaren Vorläufer des Kompasses.

Der *leidarsteinn*, der in der Mitte des 13. Jahrhunderts von dem Picarden Peter von Maricourt, der den Stein in Neapel bei italienischen Seeleuten sah, ausführlich beschrieben wurde, ist in der Geschichte des Kompasses immer als wichtiger Vorläufer dieses magnetischen Richtungsweisers gewertet worden. Er wird auch in den nordischen Sagas häufig genannt, und zwar viel früher, als im Süden davon die Rede ist. Nicht dieser, sondern vielmehr der Norden, der seiner – häufig so unsichtbaren Wetters wegen – auch viel dringender bedurfte, scheint demnach, jedenfalls in Europa, der Erfinder des Kompasses gewesen zu sein.

Darüber berichtet der dänische Historiker Nils Winther in seiner 1857 erschienenen Geschichte der Färöer. Er erzählt dort: «Schließlich sollen die alten Wikinger, den Sagas nach, einen *sejersten i ker*, das heißt einen Magnetstein gehabt haben, der, in einer Holzkapsel eingeschlossen, in einem Wassergefäß frei schwamm und der Nord oder Süd anzeigte.» Ein *sejersten* ist wörtlich übersetzt ein «Segelstein». Aus der Wortbildung Segelstein folgert, wie selbstverständlich er für die Skandinavier gewesen sein muß. Sein Gebrauch war nicht etwa auf die Hochseefahrer oder gar auf die «Überseer» beschränkt – sonst hätte man ihn wohl Islandstein oder Grönland- und Vinlandstein genannt. Er war eben der Segelstein und wer segelauf ging, der hatte ihn an Bord. Es läßt sich denken, daß solche Kompaßsteine anfänglich eine große Kostbarkeit gewesen sind, die man sorgfältig gehütet und vielleicht von Generation zu Generation fortgeerbt hat. Später hat man sie dann wohl beim Kaufmann eingehandelt, und lange Zeit hindurch war Sluys in Flandern der Hauptstapelplatz und Vorort des Handels mit Magnetsteinen.

Auch im Norden blieb die Längenmessung für den Seemann ein schwieriges Kapitel. Sie war damals, wie noch lange Zeit später, meist eine bloße Gissung, das heißt sie wurde dadurch vorgenommen, daß der Seemann die Länge seines Standorts aus der Richtung des Steuerkurses und aus der zurückgelegten Entfernung bestimmte. Das Einfachere war dabei zweifellos die Schätzung der Geschwindigkeit, die vor der Erfindung des Logs nach Augenmaß erfolgen mußte. So unmöglich es dem Nichtseemann erscheint, die Geschwindigkeit eines Schiffes ohne festen Anhaltspunkt zu schätzen, so sicher kann der Fahrensmann darin werden. Namentlich die Kapitäne und Steuermänner von Segelschiffen bringen es dabei zu einer überraschenden Genauigkeit, so daß sie das Log meist gar nicht brauchen. Es versteht sich, daß die Skandinavier, die ja ihr ganzes Leben auf See verbrachten, darin sehr geübt waren.

Sehr viel mehr Schwierigkeiten dagegen muß die Zeitmessung gemacht haben, und es ist recht interessant, daß sich die Wikinger, genau wie die seefahrenden Völker des Südens, vielfach einer Wasseruhr bedienten, um ein unveränderliches Zeitmaß zu gewinnen. Diese Wasseruhr, die wahrscheinlich schon kardanisch aufgehängt war, so daß sie von den Schwankungen des Fahrzeugs nicht beeinträchtigt wurde, tropfte entweder in drei, in zwölf oder in vierundzwanzig Stunden aus. Das letztere Zeitmaß hieß *aettmal*. Von diesem alten Begriff leitet sich unser Etmal ab. Wie in unseren Zeiten, stellte auch bei den Wikingern das *aettmal* nicht nur ein Zeit-, sondern gleichzeitig auch ein Entfernungsmaß dar. Es entsprach einer bestimmten Segelstrecke, die man unter normalen Umständen üblicherweise in dieser Zeit zurücklegte. Gewiß sind diese Methoden alles andere als exakt gewesen; sie müssen den Wikingern aber genügt haben, wie ihre weiten, zielsicheren Fahrten beweisen.

Wir hatten bereits Gelegenheit, über den Stand der nautischen Kenntnisse des alten Südens zu sprechen. Auch die dort erreichten Ergebnisse sind sehr eindrucksvoll. Sie erscheinen aber doch nicht als so erstaunlich, weil die klimatischen Bedingungen des Südens in allen Punkten erheblich besser sind als die des Nordens. Bedeckter Himmel und trübes Wetter gehören dort zu den Ausnahmen, die Sonne ist tagsüber regelmäßig sichtbar. Die Nächte sind klar, so klar, daß, wenn schon einmal tagsüber eine Beobachtung nicht möglich war, die Orientierung nach den Sternen erfolgen konnte. Dazu waren die Skandinavier aber in ihrem eigentlichen Gebiet, den Meeren des Nordens, nur selten in der Lage. Die Sonne ging meist nur für Stunden unter, und in der hellen Dämmerung nordischer Nächte konnte eine zuverlässige Sternbeobachtung kaum erfolgen.

Wie dem aber auch sei: es dürfte nicht mehr als verwunderlich erscheinen, daß kühne Seeleute, die solche nautischen Kenntnisse und solche Fahrzeuge besaßen wie die Wikinger, wohl imstande waren, die Meere der halben Welt zu befahren und zu *ihren* Meeren zu machen. Am nächsten lagen ihnen aber naturgemäß die Meere des Nordens, und so ist denn die Erreichung Islands durch die Skandinavier erstmals für 863 n. Chr. geschichtlich bezeugt und verbürgt.

5

Allerdings ist die Reise nach Island anfangs recht gefährlich gewesen. Obwohl sie gar nicht so lange gedauert hat, ist im Sommer meist nur eine größere Fahrt zwischen Norwegen und der Eisinsel im Meer unternommen worden. Man hat im fremden Land überwintert und ist gewöhnlich im nächsten Sommer in die Heimat zurückgekehrt. Dabei sind die Wikinger zweifellos Kursen gefolgt, die bereits lange bekannt waren, Kursen, die über die Britischen Inseln, die Orkneys, Shetlands, Färöer und dann mit dem nordwestlichen Arm des Golfstromes zur isländischen Südostküste gingen. Die Bevölkerung der Britischen Inseln und der ihnen vorgelagerten Landbrücke hat sie schon vor den Wikingern erkundet.

Neuerdings ist von amerikanischen Numismatikern sogar behauptet worden, Island müsse schon fünfhundert Jahre *vor* der normannischen Entdeckung aufgefunden worden sein. Diese Behauptung wurde aufgestellt auf Grund der Ausgrabung einiger römischer Münzen aus der Zeit des Kaisers Diocletian. Da aber nicht feststeht, wie lange eigentlich diese Münzen im Boden gelegen haben und ob sie nicht erst viel später, nämlich von den Wikingern, nach Island gebracht worden sind, ist diese Behauptung nicht sehr glaubhaft. Immerhin scheinen namentlich die Iren, die wie die Bewohner der Shetlands allerdings bereits seit dem 6. Jahrhundert unter der Herrschaft der Skandinavier standen, schon gegen 795 n. Chr., also lange vor der offiziellen Entdeckung Islands durch die Nordmänner, dorthin gefahren zu sein. Freilich war das keine Landnahme, und man darf wohl annehmen, daß es sich dabei nur um vereinzelte Unternehmungen von weltflüchtigen Mönchen handelte, die sich, wie einst St. Brandan, einsame, weit abgelegene Inseln als Eremitage aussuchten.

Neben alten irischen Quellen bezeugen auch die Skandinavier selbst, daß vor ihnen Iren auf Island hausten. Sie überlieferten das im sogenannten ‹*Landnamabok*› in der großen schriftlichen Urkunde ihrer Ansiedlung auf Island. Dieses Werk ist zwar erst gegen 1200 entstanden,

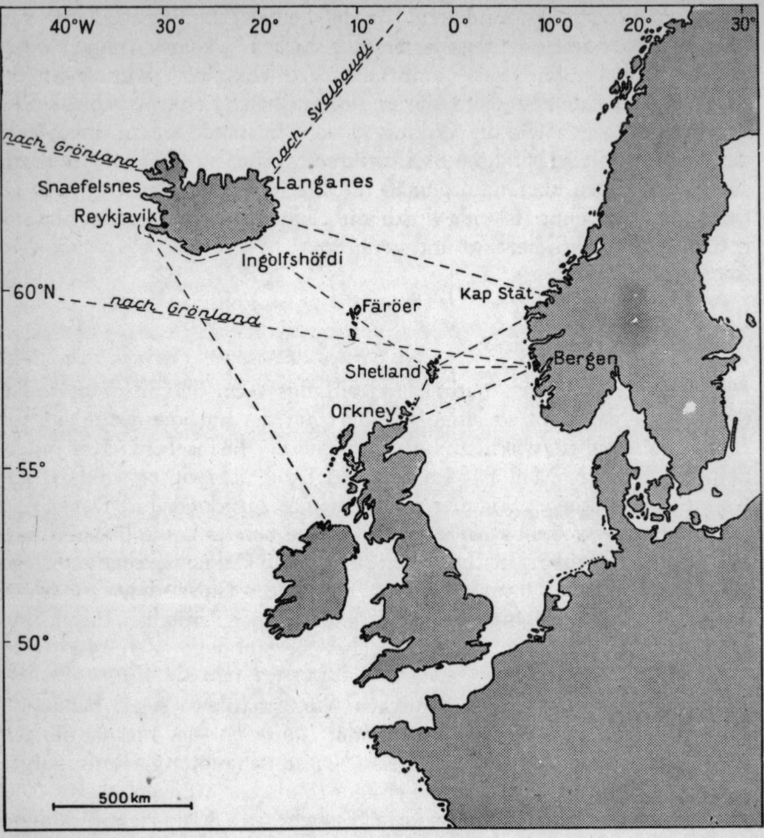

XVIII. Die Reisewege der Wikinger nach Island

seine Angaben haben sich aber in so vielen Punkten als zuverlässig erwiesen, daß auch das Zeugnis über die irische Vorentdeckung als sehr bedeutungsvoll und wichtig gewertet werden muß. Der Bericht des ‹*Landnamabok*› lautet:

«In jener Zeit war Island zwischen dem Strand und den Bergen mit Wald bewachsen. Damals lebten hier christliche Männer, die von den Nordmännern Papar genannt wurden. Diese gingen nachher fort, weil sie nicht mit Heiden zusammen leben wollten. Sie ließen Glocken, Krummstäbe und irische Bücher zurück, woran man erkennen konnte, daß die Leute aus Irland waren.»

Man muß danach also wohl annehmen, daß Island in der Tat zuerst von Iren aufgesucht worden ist. Spuren einer noch früheren Besiedlung sind auf der abgelegenen Insel nicht gefunden worden, so daß die Ansicht, die isländische Urbevölkerung sei keltisch gewesen, kaum zutreffen dürfte. Dafür lag Island auch zu weit entfernt von jedem sonst besiedelbaren Land. Es bedurfte einer weitgehenden Entwicklung des Seeverkehrs, ehe es möglich war, die großen Meeresstrecken dorthin zu überwinden. Daher sind die Wikinger erst später in direkter Fahrt von Norwegen quer über die offene See nach Island gefahren. So bekundet denn auch eine Segelanweisung des ‹*Landnamabok*›, die zunächst den alten Weg über die Britischen Inseln schildert, erst neuerdings werde quer über das Meer gefahren:

«Tyli (Thule) liegt sechs Tage Seereise nördlich von England ... Es wird in alten englischen Büchern gesagt, daß Schiffahrt zwischen England und Island stattfand, bevor sich die Nordmannen auf Island niederließen ... Erfahrene Männer, die in Grönland geboren und kürzlich hierher gekommen sind, sagen, daß von Stadt (Kap Stadr) in Norwegen bis Horn im östlichen Island eine Fahrt von sieben Tagen war und von Snaefellsnes (Westisland), das Grönland am nächsten liegt, zwei Tage und zwei Nächte weite Fahrt bis zu den Gunnbjörn-Schären, zwischen Grönland und Island. Und so wird gesagt, daß die Fahrt, wenn man von Hernum (Bergen) nach Hvarf (Kap Farvel) in Grönland segelt und südlich um Island geht, zwölf Tage dauert ... Von Reykjanes (Island) bis Jöhdulaup in Irland währt es fünf Tage. Von Langanes (Nordisland) bis Svalbardi (Spitzbergen) vier Tage ...»

Vergleicht man die hier gemachten Angaben über die Dauer der Wikinger-Fahrten mit den Zeiten, die man in unseren Tagen auf Segelschiffen für dieselben Entfernungen benötigt, so stellt sich heraus, daß die Skandinavier vor fast eineinhalb Jahrtausenden nicht langsamer fuhren. Auch wir legen auf Segelschiffen in den nördlichen Meeren während einer Wache von vier Stunden selten mehr als dreieinhalb Seemeilen zurück: dasselbe ungefähr gilt für die alten Handelsfahrer der Wikinger. Ihre Langschiffe waren natürlich gelegentlich wesentlich schneller. Aber auch die Knorr konnten, wenn es darauf ankam, recht schnelle Reisen machen. So ist von einem Schiff, das im Jahre 1024 von Trondhjem nach Eyrarbakki im südlichen Island fuhr, überliefert, daß es nur vier Tage gebraucht habe. Da die Entfernung zwischen den beiden Orten zweihundert Seemeilen beträgt, hat dieses Schiff in vierundzwanzig Stunden also fünfzig Seemeilen oder je Wache rund acht Seemeilen zurückgelegt. Für Segelschiffe gehört eine so kurze Reisedauer auf diesem Kurs auch heute noch zu den größten Seltenheiten.

Aber natürlich bedurfte es harter Männer, in so höhen nördlichen Breiten wieder und wieder auf See zu gehen. Harter, entschlossener Männer bedurfte es ganz besonders für den Entschluß, die Sippe auf den Boden der Eis- und Feuerinsel Island zu verpflanzen. Daß dieser Entschluß aber nicht leichthin gefaßt worden ist, sondern nach gründlicher Untersuchung des neuen Landes, steht fest, und das wissen wir. Bei aller Kargheit und Härte Islands waren die Lebensbedingungen, die die Nordmänner hier vorfanden, im ganzen wohl nicht schlechter als die ihrer norwegisch-schwedischen Heimat, zumal im 9. Jahrhundert, als die in späteren Zeiten wahrscheinlich erfolgte Klimaverschlechterung noch nicht eingesetzt hatte. Die einsame Insel lag zwar klimatisch auf der Grenze zwischen dem gemäßigten und dem polaren Raum, gehörte aber doch keinesfalls etwa zu diesem. Dafür sorgte die Fernheizung der Golfstromdrift, die hinreichend warme Wassermassen verfrachtete, um Island aus der eigentlichen polaren Zone herauszuheben. Allerdings beschränkte sich diese Ausnahmestellung im wesentlichen doch auf die Küsten; das Hochland der Insel war und ist kalt und unfruchtbar. Es darf jedenfalls angenommen werden, daß das allgemeine Bild, welches sich den ersten Wikingern auf Island darbot, nicht unfreundlich war.

In den Küstengebieten, namentlich in denen des Südens und des Südwestens, fanden sich allerorts prächtige Wiesen, die vielfach sogar saftiger und fetter waren als die in Skandinavien; an den geschützten Fjorden konnte man Gärten anlegen, die ebenso gediehen wie in Norwegen. In den Flüssen und in den Schärengebieten der Küste wimmelte es von Fischen. Nur ein befriedigender und für die Siedlung ausreichender Kornbau war nicht möglich. Dafür war der Sommer zu kurz, obwohl die hellen Nächte für den Pflanzenwuchs eine geringere Unterbrechung bedeuteten als die der Heimat. Auch Erze, deren die Normannen im Frieden ebenso dringend bedurften wie im Krieg, fehlten völlig. Aber der Mangel an diesen beiden so wichtigen Naturprodukten ließ sich durch die Einfuhr aus Norwegen ausgleichen.

Eine Ansiedlung in Island bedeutete daher keine Verschlechterung der gewohnten Lebensführung. Es war mehr eine Umstellung der Island-Siedler auf die naturgegebenen Bedingungen der neuen Heimat notwendig als eine Anpassung an gänzlich andere Verhältnisse. Namentlich mußte die Weidewirtschaft vor dem Ackerbau den Vorrang haben. Und da der norwegische Bauer ohnehin schon eine ausgedehnte Viehzucht unterhalten hatte, brauchte ihm auch in dieser Hinsicht nicht so sehr viel mehr abverlangt zu werden.

Aber diese wirtschaftlichen Erwägungen waren, so sehr sie – wie wir wissen – bei der Wahl des neuen Siedlungslandes auch mitsprachen, doch nicht das allein Entscheidende. Denn nach Island wurde ja auch Grönland von den Normannen besiedelt, ein Gebiet, das nun doch in schärferem Gegensatz zu den Verhältnissen in Norwegen stand. Jedenfalls versteht man die die Norweger bewegenden Momente falsch, wenn man sie allein wirtschaftlich erklärt. Die Auswanderung nach Island erfolgte nämlich weniger aus Landhunger als vielmehr aus politischen Gründen. Zwar war Norwegen für die ziemlich extensive Wirtschaftsweise seiner Bewohner recht stark bevölkert, so daß die zahlreichen kriegerischen Fahrten der Nordmänner wohl mit aus dem Wunsch erklärt werden dürfen, irgendwo in der Ferne siedlungsfähiges Land zu finden. Den Anlaß zur isländischen Landnahme gab aber der mächtige norwegische Gaukönig Harald Blondhaar, der gegen Ende des 9. Jahrhunderts versuchte, ganz Norwegen in seine Gewalt zu bringen. Da er mit harten Steuern und rücksichtslosen Enteignungen gegen seine Gegner vorging, entschlossen sich diese, die Heimat zu verlassen und auszuwandern, Adel und Bauern in gleicher Weise und in gleichem Umfang.

Sie kamen aus allen Teilen Norwegens, von Halogaland im Norden bis nach Vik und den Upplönd im Süden. Besonders die Gebiete um den Hardangerfjord und den Sognefjord waren nach den Berichten des Landnamabok an der Auswanderung beteiligt.

Bald ergoß sich nach Island ein wahrer Strom von Nordmännern. Etwa um 1000 n. Chr. lebten bereits zwanzig- bis dreißigtausend Einwohner auf der einsamen Insel, und Ausgrabungen in Norwegen haben ergeben, daß in den Landschaften Agder und Rogaland ganze Siedlungen verlassen wurden, daß nicht nur die Zweitsöhne, sondern daß Familien mit Kind und Kegel auswanderten, so daß einst urbar gemachtes Land wieder Wüstenei wurde. Um einer Entvölkerung Norwegens vorzubeugen, wurde die Auswanderung mit einer «Reichsflucht»-Steuer belegt: 5 Öre, später dann sogar eine halbe Krone mußte jeder dem König zahlen, der die Fahrt nach Island unternehmen wollte. Freilich verließen viele heimlich das Land. Nur in vier Fällen wird vom Landnahmebuch berichtet, daß die Auswanderung mit Vorwissen Haralds geschah. Allerdings erfolgte die Emigration manchmal auch aus sehr persönlichen Gründen. Vielfach erzählt das *‹Landnamabok›*, daß die Island-Fahrer ihre Heimat wegen Mordes oder Totschlags verlassen mußten oder wegen alter Sippenfeindschaften, die den Nachkommen der zweiten oder dritten Generation das Verbleiben in Norwegen unmöglich machten. Schon diese knappe Übersicht ergibt, daß die Beweggründe zur Aussiedlung aus der norwegischen Heimat nicht einheitlich waren. Wenn auch politische Gründe im allgemeinen überwogen, so kamen doch auch allerlei andere Motive hinzu, und man wird die innere Geschlossenheit der an der isländischen Landnahme Beteiligten daher nicht allzu hoch veranschlagen dürfen.

Wir sind über die für die Geschichte der Nordgermanen so bedeutsame Landnahme in Island durch eine Reihe alter Quellen sehr gut unterrichtet, so daß sich fast jede Phase dieses Ereignisses übersehen läßt. An erster Stelle unter diesen alten Überlieferungen ist das *‹Landnamabok›* zu nennen. Sein Verfasser ist unbekannt, er gehört aber wohl zur Schule Ari Frodes, des von 1067 bis 1148 lebenden Meisters der altisländischen Geschichtsschreibung. Der Zweck dieses Werkes war kein historisch-wissenschaftlicher, sondern ein wesentlich genealogischer. Infolgedessen enthält es manche sagamäßigen und anekdotischen Züge.

Aber auch diese sind für uns von höchstem Wert, denn sie erbringen zahlreiche für die Kulturgeschichte Islands wichtige Aufschlüsse. Das Hauptinteresse dieses in der Weltgeschichte einzig dastehenden Buches gilt jedoch der Besiedlung Islands und den Schicksalen der an ihr beteiligten Sippen. So können wir denn die Landnahme bis ins einzelne verfolgen. Die Aufteilung des Landes, das Vordringen in Wiesengründen und Flußtälern, die Errichtung und die Lage der einzelnen Höfe wird darin genau angegeben, wir kennen die Namen der Siedler, ihre Herkunft und ihre Nachkommen, und offenbar haben dem Verfasser dieses großartigen Werkes die Ahnentafeln aller vornehmen isländischen Familien vorgelegen: dreitausend Personennamen und vierzehnhundert Ortsnamen sind im ‹*Landnamabok*› verarbeitet.

Die zweite Hauptquelle für uns ist das Isländer-Buch des Ari Frode. Dieses *vor* dem ‹*Landnamabok*› entstandene Werk stellt eine bewußte Abkehr von der volkstümlichen Saga-Erzählung dar. Während sich die Sagas immer nur mit einzelnen Helden, Sippen oder Gegenden befassen, hebt es diejenigen Dinge und Ereignisse hervor, die für die allgemeine Geschichte Islands wichtig sind. Das Isländer-Buch ist also bewußt gelehrt. Es sichtet und siebt die alte Volksüberlieferung, ordnet sie chronologisch und bemüht sich um eine strenge Zeitbestimmung. Ari Frode war Geistlicher und zweifellos ein hochgelehrter Mann. Gleichwohl verlor er als Häuptling und einer der Führer seines Volkes nie den lebendigen Zusammenhang mit ihm, wie denn überhaupt die Christianisierung der Isländer, die um 1000 n. Chr. erfolgte, keinen Bruch mit der Überlieferung bedeutete.

Üblicherweise nimmt man an, entsprechend den Angaben des Isländer-Buches und des ‹*Landnamaboks*›, daß die Reise des ersten Siedlers, des Häuptlings Ingolf, im Jahre 870 unternommen wurde. Das Island-Buch sagt darüber folgendes:

«Island wurde zuerst von Norwegen aus besiedelt, in den Tagen des Harald Blondhaar, und zwar zu der Zeit, als Ivar den König der Angeln, Edmund den Heiligen, erschlagen ließ. Das geschah aber 870 Winter nach Christi Geburt, wie dies in seiner Geschichte geschrieben steht.»

Von diesem Jahr 870 an dürfte also wohl der Beginn der Besiedlung Islands zu datieren sein. Neben Norwegern, die natürlich das Hauptkontingent der Landnahmemänner stellten, waren an ihr auch Angehörige zahleicher anderer Nationen beteiligt. Einer der ersten Erforscher der Eisinsel, Gardar, war beispielsweise ein Schwede. Es ist weiterhin überliefert, daß Ingolfs Bruder mehrere irische Sklaven an Bord hatte. Das ‹*Landnamabok*› gibt auch über diese Frage Auskunft. Es hat die Namen der vornehmsten an der isländischen Landnahme beteiligten Ausländer sorgfältig überliefert. Danach waren neben Irland, Schottland, Däne-

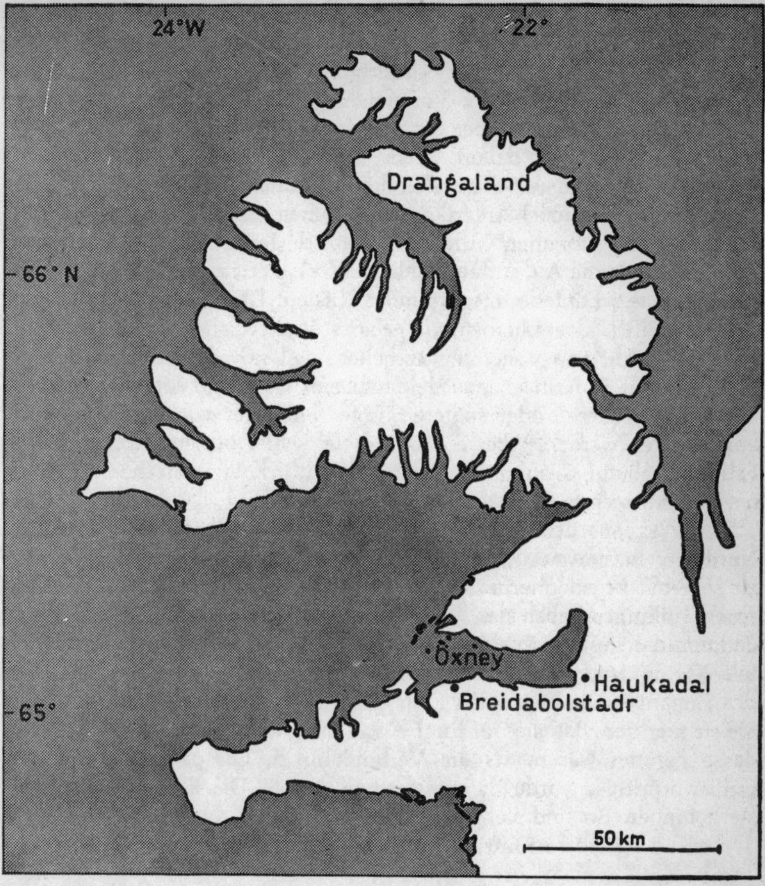

XIX. Island mit den Wohnsitzen Erichs des Roten in Drangaland, Haukadal und Oexney

mark und den Hebriden Schweden und Gotland besonders stark beteiligt. Auch Lappen und Finnen, die letzten meist als Sklaven und Hausgesinde, befanden sich unter den Auswanderern. Mit ihnen und mit den zahlreichen Kelten waren in das sonst einheitliche Grundelement der Island-Fahrer von Anfang an blutsmäßig zum Teil fremde Bestandteile eingefügt, die vielleicht dazu betrugen, die Isländer gegenüber der norwegischen Heimat allmählich zu verselbständigen. Trotzdem blieb der Isländer und mit ihm der normannische Grönländer der alten Heimat in Sitte und Brauchtum natürlich eng verbunden. Wir können das hier nur streifen. Gleichwohl werden wir uns bewußt zu bleiben haben, daß alle diese in die Weite der nördlichen Welt verschlagenen Menschen, ob in Island, Grönland oder Vinland-Amerika, Europäer waren und es auch blieben. Wir werden bei der Schilderung des Untergangs der Grönland-Normannen noch davon hören.

Island war der erste Schritt, den die Skandinavier in Richtung auf das schließliche Fahrtenziel Amerika unternahmen. Ein Schritt, der natürlich unbewußt unternommen wurde und der sich den Zeitgenossen nur dargestellt hat als die Auffindung eines neuen Landes in der nicht abreißenden Kette der Entdeckungen fremder Küsten. Dem späteren Betrachter mag es freilich so erscheinen, als gebe es eine Weisheit des Zufalls und als sei es nicht von ungefähr geschehen, daß sich die Nordmänner auf der Eis- und Feuerinsel ansiedelten. Denn Grönland lag hier vor der Tür, eines früheren oder späteren Tages *mußte* es von den Wikingern aufgefunden werden. Aber die Tür, die sich hier öffnete, führte in eine Falle: es gab auf Grönland weder Holz noch Erz. Würden die Nordmänner den Ausweg finden?

Der Weg aus dem grönländischen Eisgefängnis ging quer über das Nordmeer nach Amerika, zu dessen unermeßlichen Holzbeständen und zu seinem ebenso unermeßlichen Reichtum an Erzen. Die gröndländischen Wikinger haben den Weg zwar gefunden, als sie Markland entdeckten, die riesigen Waldgebiete von Neuschottland, Neubraunschweig und Maine. Und es scheint so, als hätten sie sich von Vinland aus auch den Zugang erkämpft zu den Erzlagerstätten um die Großen Seen. Aber als sie merkten, daß sie mit ihrer Ansiedlung auf Grönland in eine Sackgasse geraten waren, als die Verbindung zu Europa immer dünner, immer brüchiger wurde, da war es schon zu spät. Das Eis Grönlands hielt sie gefangen. So sind sie – allerdings viel später – untergegangen, verdorben und gestorben mit Weib und Kind und bis zum letzten Mann.

6

Der Sommer 1721 war heiß und trocken. Tagein, tagaus glühte die Sonne auf das dürre Land, Wiesen und Weiden verbrannten, die Wasserkünste in den Parks der großen Herren lagen still, der Bauer betete um Regen.

Für Hans Egede aus Trondenaes von den Lofoten, eben in diesem heißen Sommer auf der Fahrt nach Grönland begriffen, war diese glühende Geißelung der Welt ein Gotteszeichen. Die Robben, Nahrung und Jagdbeute der grönländischen Eskimos, waren weit nach Norden zurückgewichen, die kleinen, schlitzäugigen Trolle hungerten, und wessen Magen leer ist, dem ist zumeist das Herz offen für Gottes Wort. Und dieses göttliche Wort den Eskimos zu bringen, das war seine, das war Hans Egedes große Aufgabe.

Auch das Eis war heuer viel weiter nach Norden zurückgegangen als sonst in den Sommern. Zwar donnerte es unaufhörlich von der hohen Küste herunter. Ganze Eisgebirge brachen an den scharfen Felsrändern ab und stürzten mit höllischem Rauschen, Ächzen und Rumpeln in die hochaufgischtende, schäumende See; aber die unabsehbaren Eisfelder, von denen die englischen Kapitäne Davis und Baffin hundert Jahre zuvor berichtet hatten, die gab es nicht mehr. So kam es, daß Hans Egede erst ziemlich weit nördlich an der Mündung eines tief in das Land einschneidenden Fjordes ankerte, in Godthaab, dem Hafen der «Guten Hoffnung», auf fast 65 Grad Nord.

Er ahnte nicht, daß vierhundert Jahe vor ihm schon einmal weiße Menschen in dieser Gegend gelebt hatten. Vielleicht hatte sogar irgendein unbekannter Vorfahre gerade *seiner* Familie hier die ehrwürdigen Hochsitzpfeiler in das Meer geworfen, um dann dort das Land zu nehmen, wo sie nach dem Rat der Götter an die Küste trieben. Große Bauernhöfe hatten hier einst gestanden, ein zweistöckiges Pack- und Lagerhaus war errichtet, eine würdige Kirche erbaut worden. Aber der Missionar fand nichts!

Daß die Altvordern einstmals Grönland entdeckt und besiedelt hatten, das wußte man in Norwegen und Dänemark freilich noch recht gut; aber man hatte sich von den klugen Leuten der Wissenschaft irreführen lassen. In den Sagen stand, so sagten die studierten Herren, Eystribyggd hätte die eine normannische Kolonie geheißen, «Ostsiedlung», und Vestribyggd, «Westsiedlung», die kleinere zweite. Also, folgerten sie, müsse das mächtige Eystribyggd an Grönlands Ostküste gelegen haben, das ärmlichere Vestribyggd, welches überdies bereits 1342 untergegangen wäre, an der Westküste des nordischen Eislandes. Das war ein Mißverständnis, hervorgerufen durch die Tatsache, daß die Ostsiedlung in den innersten Fjordwinkeln lag und daß man ein paar Tage lang Westkurs steuern mußte, wenn man von dort auf das Nordmeer hinausfuhr.

Auch Hans Egede hat den gelehrten Herren geglaubt. Und im stillen hat er gehofft, trotz der vielen, vielen Jahrhunderte doch vielleicht noch einen der norwegischen Landsleute hier oben finden zu können. An die Vestribyggd, in deren Bereich er landete, wird er freilich kaum gedacht haben. Zu lange lag das zurück. So hat er denn wohl der Ruinen nicht geachtet, die immer noch dort stehen, als Denkmal einer erschütternden Tragödie von Hunger und Verlassenheit. Er ist nicht gewahr geworden, daß er hier und dort über Gräber schritt.

Er fand nichts. «Anbelangend das alte grönländische Eystribyggd, da glaube ich ohne Zweifel, daß es noch am Leben ist und mit Nachkommen reinen norwegischen Volkes erfüllet, welche auch mit Gottes

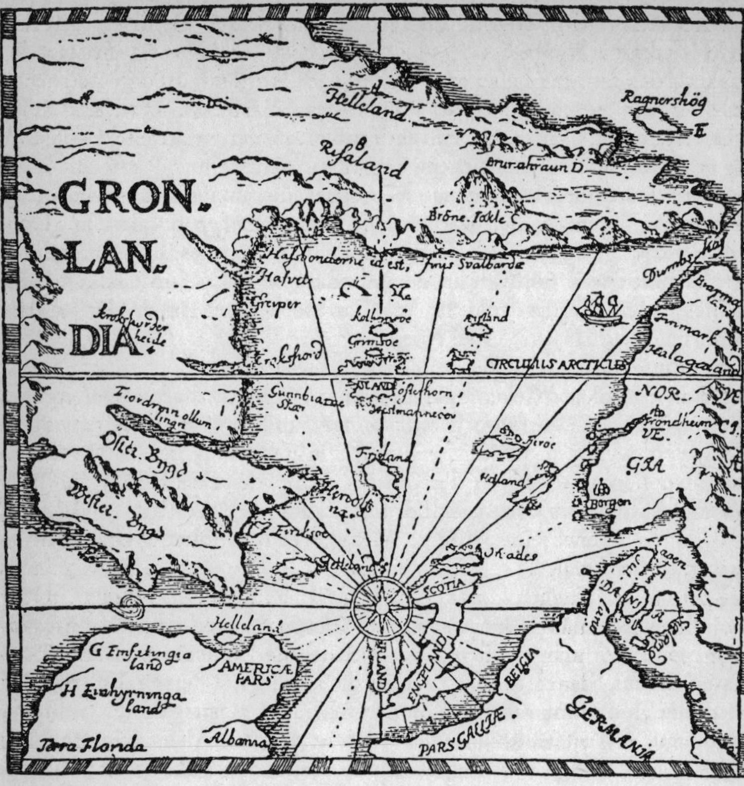

46. «Öster-Bygd» und «Wester-Bygd», die beiden normannischen Grönlandsiedlungen, auf der Karte des Isländers Jon Gudmundsson um 1600. Nordostasien mit Finmarken und Bjarmaland ist nur durch eine schmale Durchfahrt von Grönland getrennt. Die Ostsiedlung liegt an Grönlands Ostküste, die Westsiedlung an der atlantischen Seite der Eisinsel. Zwischen Grönland und Amerika befindet sich gleichfalls nur eine schmale Durchfahrt.

Hilfe und bei Zeit und Gelegenheit entdeckt werden», schrieb er nach Hause. Und dann ging er im Sommer 1723 in sein Boot und fuhr unter ständiger Lebensgefahr den kalbenden Gletschern des Inlandeises entlang nach Süden. Er hat dabei fast die ganze Küste der wirklichen Eystribyggd abgefahren; zum Greifen nahe lag das alles: die Ruinen der alten Klöster, die gewaltigen Mauern des grönländischen Bischofssitzes in Gardar bei dem heutigen Julianehaab, die ausgedehnten Friedhöfe, in deren eisigen Gräbern die Toten geduldig harrten, daß einer ihres Volkes kommen würde, die immer noch mit mancherlei europäischen Pflanzen besetzten, fremdartig-bunt blühenden Gärten der Wikinger. Zum

Greifen nahe! Aber Hans Egede fuhr daran vorbei. Denn es war ihm nicht bestimmt, Ausgräber zu sein, Archäologe: er sollte der Apostel der Eskimos werden. Und als er, viele, viele Jahre später, auf der dänischen Insel Falster entschlief, da begleiteten seine Seele die dankbaren Lobpreisungen zahlloser christlicher Eskimos im weit entfernten Grönland, die er befreit hatte von der Angst vor ihren Dämonen.

Genau zweihundert Jahre nach Hans Egedes erster Grönland-Fahrt, in dem heißen Sommer 1921, geht wieder eine Expedition nach Grönland, die nach den Urahnen Umschau halten will. Wieder dörrt alles Land unter der glühenden Sonne, wieder stehen die Wasserkünste still, wieder steigen die Stoßseufzer der Bauern zum ehernen Himmel. Und wieder ist das Eis weit nach Norden zurückgewichen. Der starre Küstenboden ist weich und gibt willig her, was er in sich birgt.

Schon 1586 hat der englische Kapitän und Arktisfahrer John Davis in Grönland zufällig ein Grab gefunden, über dessen Toten ein Kreuz lag. Und seit Walfänger regelmäßig in Westgrönland Anker werfen, häufen sich in Kopenhagen die Meldungen über Grab- und Skelettfunde. Diese Funde, die ausnahmslos von der grönländischen Westküste stammen, bekräftigen die neue Theorie der Wissenschaftler, Eystribyggd und Vestribyggd hätten beide an der Westküste des gottverlassenen Eislandes gelegen. Diese Theorie setzt sich mehr und mehr durch, und unmittelbar nach dem Ersten Weltkrieg entsendet Dänemark eine von dem Archäologen Paul Nörlund geführte wissenschaftliche Kommission nach Grönland. Und was dem Gottesstreiter Hans Egede nicht beschieden war, das ist dieser Expedition zubestimmt: sie findet die norwegischen Urahnen.

Sie sind seit vierhundert Jahren tot. Ihre Friedhöfe sind zerstört, ihre Kirchen und Klöster liegen in Ruinen, auf ihren Feldern und Gärten wächst Unkraut und Strandhafer. Aber unten, in den Gräbern, in der Tiefe des ewig gefrorenen Bodens, da hat die Zeit stillgestanden. Da liegen die Wikinger, wie sie einst beigesetzt wurden: Bischof Jon Smyrill, der «Sperber», mit Bischofsring und Bischofsstab, einem schön geschnitzten Stück Walroßzahn, der einst aus den kunstfertigen Händen der Pfarrersfrau Margret hervorgegangen war und den man dem «Sperber» mit ins Grab gelegt hat. Da liegt die Jungfrau Ingibjorg, vor achthundert Jahren verstorben, vielgeliebt von den trauernden Eltern und darum in einem Grab bestattet, schön mit Sandstein eingefaßt und runenbeschriftet. Da schlummert Ozurr Asbjarnarson, wintertags verstorben auf einer kleinen Fjordinsel und in ungeweihter Erde bestattet. Aber man hatte ihm, als das Grab zugeworfen wurde, einen Pfahl auf die Brust gesetzt. Und als dann der Frühling einzog, als das Eis wich, als der Priester kam, da zog man den Pfahl heraus, und Weihwasser wurde durch das Loch auf seine Brust gegossen. Nun ruhte auch er in geweihter Erde. Da liegt Frau Gudveig, oder vielmehr es liegt nur ein Runenstäbchen im Grab. Und darauf steht zu lesen: «Diese Frau wurde im

Grönlandmeer versenkt, die Gudveig hieß.» Gudveig ist auf hoher See gestorben und nach Seemannsart, in Segeltuch genäht und einen Stein aus dem Ballast zu Füßen, im Meer beigesetzt. Aber das Meer ist nicht geweiht, es ist Sitz und Wohnort der Teufel. So wird denn das Runenstäbchen stellvertretend und statt ihrer in geweihtem Boden beerdigt. Da sind Kindergräber: artig, mit gekreuzten Händen liegen die Kleinen, ein Kreuz hat man ihnen zwischen die starren Finger gesteckt, und irgendwo in der Ecke des Grabes findet sich wohl auch ihr Spielzeug, von der Mutter im letzten Moment verstohlen in die ewige Heimstatt des kleinen Sonnenscheins geschmuggelt.

So steht das alles zu lesen in dem sachlich-ernsten, aber erschütternden Buch ‹*Wikingersiedlungen in Grönland*›, das Paul Nörlund 1937 erscheinen ließ. Erschütternd: nicht nur, weil hier Menschen starben und weil sie andere Menschen in Trauer und Schmerz zurückließen. Erschüt-

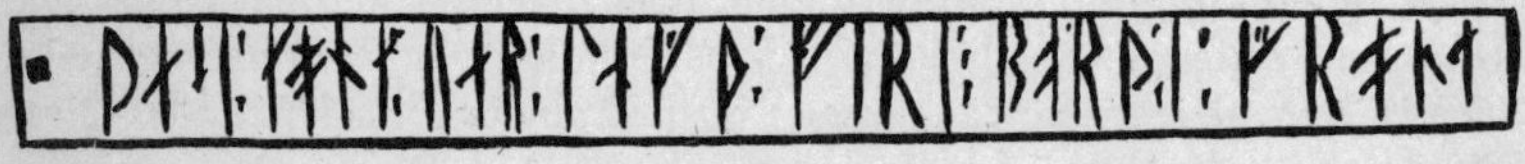

47. Gudveigs Runenstab vom Friedhof von Herjulfsnes

ternd vielmehr, weil fast alle diese Toten sehr verkrüppelt waren, zwergwüchsig, fürchterlich unterernährt, rachitisch krumm und verzogen, schwer tuberkulös wahrscheinlich. Erschütternd, weil diese von generationslangem Mangel gezeichneten armen Wesen kaum älter geworden sind als einige zwanzig Jahre. Erschütternd, weil sie sämtlich, auch die Kinder noch, nach der jeweils neuesten europäischen Mode gekleidet waren, nicht in Samt und Seide freilich wie ihre fernen Verwandten in Skandinavien, sondern in dem grobfädigen Wollfries, der in Grönland selbst hergestellt wurde. Aber doch zierlich gewandet, in Syrkot und Kaprun, Oberrock und Mütze, wie man sie im europäischen Hochmittelalter trug, in die knielange Cotharde, wie sie im Frankreich des 14. Jahrhunderts Mode wurde, in die Zopfkapuze, die wir von Abbildungen Dantes und Petrarcas kennen, in die hohen Burgundermützen, wie Memling und andere sie malten als Kopfbedeckung der großen Herren ihrer Zeit und wie Karl der Kühne von Burgund (1433 bis 1477) und Ludwig XXI. von Frankreich (1423 bis 1483) sie trugen.

Das kann nur bedeuten und bedeutet sicher, daß die Ärmsten der Armen, verloren und vergessen in der Einsamkeit des unendlichen Eises, bis in das späte 15. Jahrhundert hin mit Europa Kontakt hatten, daß fremde Schiffe kamen, daß Seeleute und Kaufherren an Land gingen und endlich: daß in jenen verkrüppelten grönländischen Zwergen bis zuletzt Lebensmut und Lebenswille genug vorhanden war, sich modisch zu kleiden.

Aber warum sind sie dann untergegangen? Nach dem Gesetz, nach dem sie angetreten, waren sie schon zum schließlichen Verlöschen verdammt. Wieder stehen wir schaudernd vor einem Sinnbild gnadenloser Prädestination, unbarmherziger Vorbestimmung, die von vornherein weiß und festsetzt, welche Samenkörner aufgehen sollen und Frucht tragen und welche nicht.

Das Gesetz, nach dem sie angetreten: Eirik Raudi, Erich der Rote, hieß der Mann, der den Fluch dieses Gesetzes mitnahm in das «Grüne Land», das er entdeckte. Viezüchter, Bauern und Jäger waren die Nordmänner, es blieb ihnen konstitutionell verwehrt, sich auf eine bloße Fisch- und Fleischnahrung umzustellen. So gingen sie zugrunde, in demselben Raum, bei denselben Bedingungen, zur gleichen Zeit, in der die Eskimos blühten und gediehen.

Es ward Erich dem Roten, dem Sohn Thorwald Asvaldssons aus Jaederen bei Stavanger in Norwegen, nicht an der Wiege gesungen, daß er einst viele tausend Kilometer westlicher und etliche nördlicher im ewig gefrorenen Boden Grönlands und nicht auf seinem guten Hof mit Äckern, Wiesen und Wäldern die letzte Ruhe finden würde. Nur daß er nicht eher Ruhe haben werde als im Tod, das stand schon in frühen Jahren fest. Denn bereits sein Großvater war in mancherlei hitzige Händel verwickelt gewesen, und seinem Vater Thorwald ging es ähnlich. Noch in reifen Jahren gab es in dessen Leben manche Stürme, und um 960 war das Maß voll: eines Totschlags wegen mußte er den Hof seiner Väter verlassen und mit seiner Familie nach Island auswandern.

Zu dieser Zeit war sein Sohn Erich etwa zehn Jahre alt, alt genug also, um zu erkennen, daß der Hof in Drangaland, einer der rauhesten und unwirtlichsten Gegenden im nördlichen Island, sich in keiner Weise mit dem heimatlichen Besitz in Jaederen messen konnte. Aber es war nichts anderes übriggeblieben. Seit siebzig Jahren war der Grund und Boden Islands verteilt. Wer so spät kam wie Thorwald, noch dazu als Landflüchtiger, der mußte vorliebnehmen. Thorwald fand sich damit ab. Sein Sohn nicht. Er wußte, seine Sippe war eine der angesehensten und mächtigsten in Jaederen. Hier auf der Eisinsel achtete niemand darauf, hier waren sie ganz kleine, ganz unbedeutende, arme Siedler.

Wie von so vielen anderen Geschehnissen aus der Frühzeit Islands hat auch hiervon das ‹*Landnamabok*› einen eingehenden Bericht überliefert. Danach haben Thorwald Asvaldsson und sein Sohn Erich in Hornstrand auf Dranger (Spitzklipp) Land genommen. Der Vater stirbt, Erich der Rote übernimmt den Hof, heiratet und gelangt dadurch in verwandtschaftliche Beziehungen zu einem sehr angesehenen isländischen Geschlecht. Dies ermöglicht es ihm, einen neuen Hof in Haukadal, weiter im Süden, zu beziehen. Aber nun kommt es zu Schwierigkeiten. Wie Großvater und Vater gerät auch Erich in Händel, und als zweimal hintereinander seine Gegner tot auf dem Platz ihrer Auseinandersetzung mit dem wilden Norweger zurückbleiben, bestraft das Thing zu Thornes An-

XX. Grönland mit Eystribyggd und Vestribyggd. Ziemlich nördlich der Ostsiedlung lag die «Vestribyggd», die Westsiedlung. Die Entfernung zwischen beiden betrug etwa 180 Seemeilen, also über 330 km, oder wie es in einer alten Chronik überliefert ist: «Sechs Tage rudern mit sechs Mann in einem sechsrudrigen Boot.» Da der Seeweg an nicht ungefährlichen Gletschern entlangführte, deren Kalbeis mit scharfkantigen Blöcken das Fahrwasser nicht selten völlig blockierte, dürfte die Verbindung zwischen beiden Niederlassungen nicht so sonderlich eng gewesen sein.

fang 982 ihn und seine Leute mit dreijähriger Verbannung aus Island. Abschließend erzählt das ‹*Landnamabok*›:

«Erich rüstete ein Schiff aus in der Erichsbucht... Er sagte, er wolle das Land suchen, das Gunnbjörn, der Sohn von Ulf Krake, erblickt habe, als er westlich von Island im Meer umhertrieb, und das seitdem die Gunnbjörnschäre genannt wurde. Er versicherte, er werde zu seinen Freunden zurückkehren, wenn er das Land gefunden hätte. Sie trennten sich in aller Freundschaft. Erich versprach ihnen seine Hilfe, wenn er es vermöchte und wenn sie seiner bedürfen sollten.»

Soweit das ‹*Landnamabok*› an dessen eingehendem und genauem Bericht nicht zu zweifeln war. Im Frühjahr 982, wohl im Laufe des Mai oder des Juni, hat Erich der Rote mit westlichem Kurs Island verlassen, um ein gegen 900, also rund achtzig Jahre früher, flüchtig gesichtetes, unbekanntes Land im Meer zu suchen. Was es mit diesem Land, dessen Sichtung durch Gunnbjörn, einem der ersten Landnahmemänner, auf Island großes Aufsehen gemacht hatte, so daß sich alte Leute dieser Entdeckung noch wohl entsannen, was es also mit diesem Land im Westen von Island auf sich hat, ist unsicher. Offenbar hat Gunnbjörn Ulfson, ähnlich wie andere Kapitäne auch, eine Umseglung Islands vorgenommen, nur wird er sich weiter westlich gehalten haben. Es ist überliefert, er habe noch den Snaefells-Gletscher auf Island sehen können, als zugleich im Westmeer ein anderer Gletscher aufgetaucht sei. Man hat diese Angabe schon früh dahin gedeutet, daß es sich bei den von Gunnbjörn aufgefundenen «Schären» vielleicht um die Inselchen vor Kap Farvel, der Südspitze von Grönland, gehandelt habe. Das ist aber nicht gesichert, und es muß dahingestellt bleiben, wo Gunnbjörn gesegelt ist; allerdings darf man nicht vergessen, daß zur Sommerszeit in diesen Breiten Luftspiegelungen nicht selten sind, und ebenso, daß der Eisblink, das heißt also der Widerschein des auf den gewaltigen Schnee- und Eisflächen Grönlands gebrochenen Sonnenlichts, sehr viel weiter sichtbar ist als der Gletscher selbst. Der Vollständigkeit halber soll auch noch erwähnt werden, daß in dem durch starke vulkanische und seismische Tätigkeit ausgezeichneten Gebiet um Island das plötzliche Auftauchen wie das ebenso plötzliche Verschwinden von Inseln und Klippen durchaus möglich ist.

Wie dem aber auch sei, jedenfalls sind die Gunnbjörnschären der nicht eben handgreifliche Anlaß für die Entdeckung Grönlands gewesen. Denn dadurch, daß Erich der Rote weit nach Westen in das Meer hinausfuhr, kam er in den Bereich der hier über Nord nach West drehenden Golfstromdrift, die ihn bei günstigem Wind mit Sicherheit nach Grönland treiben mußte. Das geschah auch, und zu seinem Glück landete er nicht an der meist von Packeis gesperrten, trostlos unwirtlichen Ostküste Grönlands, sondern vielmehr an dessen Südwestflanke, bereits jenseits von Kap Farvel, also in der klimatisch günstigsten Gegend dieses Landes. Denn selbst in diesen Breiten noch macht sich die Heizwirkung des Golfstromes in einer ungewöhnlich hohen Temperatur bemerkbar. Im Jahresdurchschnitt liegt sie um fast 5 Grad höher, als es ihr an sich und im Vergleich mit den Temperaturen etwa des nordamerikanischen Kon-

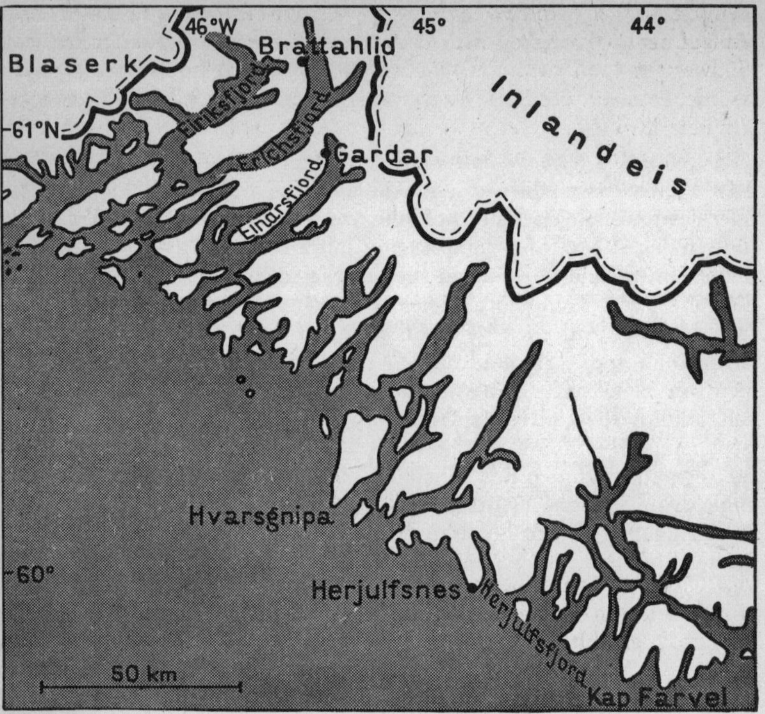

XXI. Die Ostsiedlung der Normannen auf Grönland

tinents zukäme. Während dort beispielsweise die südliche Hudson-Bay, auf derselben Breite wie Kap Farvel in Grönland, im Januar eine Durchschnittstemperatur von minus 30 Grad hat, sinkt hier die Temperatur nur auf durchschnittlich 5 Grad Kälte. Und andererseits läuft die Minus-5-Grad-Isotherme von Kap Farvel auch durch Halifax in Kanada, obwohl dieses auf 45 Grad nördlicher Breite liegt, auf einer Höhe also wie Venedig oder Belgrad. Allerdings ändert sich das Bild in Grönland sofort, wenn die Messungen in einiger Entfernung von der Küste vorgenommen werden. Hier schwächt sich der Einfluß der Golfstromdrift erheblich ab, und die Kühlwirkung der gewaltigen Eiskappe, die Grönland bedeckt und tief in die Magmamassen des Erdinnern hineindrückt, macht sich siedlungsfeindlich und vernichtend bemerkbar.

Erich der Rote hat nun zwar vom Verlauf der Isothermen nichts gewußt, und auch die Heizwirkung des Golfstromes war ihm unbekannt. Als umsichtiger Sippenältester und verantwortungsbewußter Führer seiner Gefolgsleute hat er aber die drei Sommer seiner Verbannung dazu benutzt, sich in Grönland sehr gründlich umzusehen, und als er nach Ablauf der Ächtungszeit nach Island zurückkehrte, wußte er genau, daß Südwestgrönland siedlungsfähig war und wo er selbst sich niederlassen würde. Dies war der tiefe, durch hohe Berge vor den kalten Stürmen geschützte Eiriksfjord, der heute Tunugdliarfik heißt, die klimatisch günstigste Gegend in ganz Grönland. Südlich davon lag der Einarsfjord, heute Igalikofjord genannt, und zwischen diesen beiden Fjorden auf einer Landzunge der Hauptort Gardar. Der Amitsuarsuk, der einstige Herjulfsfjord, war seiner geschützten Lage wegen der Hafen, der mit am längsten eisfrei blieb und in dem die Europa- und Island-Schiffe zunächst Anker warfen. Man sieht: des landflüchtigen Nordmanns neue Siedlung war mit Bedacht und Umsicht ausgesucht.

Nach der Rückkehr aus der Verbannung hat sich Erich der Rote nicht lange in Island aufgehalten. Schon im Sommer darauf ist er wieder nach Grönland aufgebrochen, diesmal, um endgültig zu siedeln und auf ihm Land zu nehmen. Auch dieses Unternehmen ist vom *‹Landnamabok›* getreu festgehalten und überliefert worden. Außerdem finden sich darüber eingehende Nachrichten auch in der *‹Saga von den Grönländern›*, einer um die Wende vom 12. zum 13. Jahrhundert in Grönland verfaßten Chronik, die im wesentlichen auf der Familienüberlieferung der führenden Grönland-Fahrer beruht und die als nüchtern und sachlich urteilend gilt. Wir lassen die beiden Berichte hier nacheinander folgen. Das *‹Landnamabok›* erzählt:

«So sagen kundige Männer, daß in diesem Sommer fünfundzwanzig Schiffe aus dem Breidafjord nach Grönland fuhren. Aber nur vierzehn kamen dort an. Etliche trieben zurück, etliche versanken in den Wogen. Das war vierzehn oder fünfzehn Winter, bevor das Christentum in Island angenommen wurde...»

Die *‹Saga von den Grönländern›* berichtet fast dasselbe wie das *‹Landnamabok›*, führt aber mit den Kindern Erichs des Roten und Herjulfs neue Namen und Personen in die Darstellung der Geschehnisse ein, Personen, die uns in späteren Kapiteln dieses Buches noch mehrfach beschäftigen werden. Das Grönland-Buch berichtet:

«Herjulf war der Sohn Bards, des Sohnes von Herjulf... Thorgard hieß seine Frau und Bjarni beider Sohn. Dieser war ein kühner, unternehmender Mann. Schon in jungen Jahren wagte er weite Meerfahrten. Dabei gewann er Vermögen und Mannesruhm. Einen Winter war er immer außer Landes und einen bei seinem Vater. Bald hatte Bjarni selbst ein Schiff für seine Meerfahrten. Im letzten Winter, als Bjarni in Norwegen war, ging Herjulf mit Erich dem Roten nach Grönland und verließ seinen Hof in Island... Herjulf siedelte sich in Herjulfsnes an. Er war ein sehr angesehener Mann. Erich der Rote nahm Land in Brattahlid. Er hatte dort großes Ansehen, und alle beugten sich vor ihm. Erichs Söhne waren Leif, Thorwald und Thorstein, seine Tochter hatte den Namen Freydis. Diese heiratete einen Mann, der Thorward hieß. Die beiden hatten einen Hof in Gardar, wo jetzt der Bischofssitz ist. Sie war sehr stolz und mutig, dagegen war Thorward ein schwacher Mann. Er hatte sie nur erhalten, weil er reich war. Damals waren die Grönländer noch Heiden...»

Diese beiden Zeugnisse über die grönländische Landnahme geben ein ziemlich genaues Bild über die Vorgänge bei der Besiedlung dieser fernen, unwirtlichen Insel. Sicher ist schon die Expedition Erichs des Roten, an der seine Familie mit mehreren kleinen Kindern und fünf oder sechs Knechte teilnahmen, reich ausgerüstet und mit allem Lebensnotwendigen für einen längeren Zeitraum versehen gewesen. Aber diese Fahrt war nichts gegenüber dem eigentlichen Landnahme-Unternehmen. Fünfundzwanzig Schiffe gingen in See, und da es sicher alles Knorre gewesen sein dürften, werden sie etwa siebenhundert Menschen neben einer sehr großen Fracht in Vieh und Hausrat befördert haben. Man vermag daraus mit einem hohen Grad von Sicherheit zu schließen, daß Erichs des Roten grönländischer Siedlungsplan auf Island gewaltiges Aufsehen gemacht hat. Gewiß waren die Verhältnisse auf der Insel gegen Ende des 10. Jahrhunderts infolge ihrer Überfüllung nicht eben erfreulich; ausschlaggebend dürften aber nicht so sehr diese Beschwerden gewesen sein als vielmehr das Ansehen, das Erich genoß, und die Schilderungen von den wirtschaftlichen und klimatischen Zuständen in dem neuen Land. Wahrscheinlich wird Erich der Rote dabei den Mund etwas voll genommen haben: nicht umsonst heißt es im ‹*Landnamabok*›, er habe sein Land Grönland, Grünes Land, genannt, «denn er glaubte, daß die Menschen mehr dorthin gehen würden, wenn das Land einen schönen Namen habe». Immerhin war aber der Unterschied zwischen der grönländischen Ostsiedlung und Island nicht so groß, daß ein Isländer vor der Landnahme dort zurückschrecken mußte.

Nur eines gab es nicht, und das war Holz. Während Island zur Zeit der Landnahme teilweise ziemlich stark bewaldet war, fanden sich in Grönland allenfalls ein paar kümmerliche Birken. Dazu kam freilich Treibholz, das mit der Nordpolarströmung von Sibirien aus herangeführt wurde. Boote jedoch konnte man damit nicht bauen. Gesehen hat Erich der Rote diesen Mangel ganz zweifellos; aber er war in erster Linie wohl Bauer und Viehzüchter, kein Seemann. Vielleicht hat er auch darauf vertraut, daß man das nötige Holz unschwer aus Island oder Norwegen holen können würde. Jedenfalls hat er nicht geahnt, daß der Holzmangel einmal so entscheidend gefährlich werden würde und daß er trotz aller Vorsicht bei seinem Entschluß, in Grönland zu siedeln, in eine Sackgasse eingebogen war.

Wie die Bekundungen des ‹*Landnamabok*› ergeben, wurden als Siedlungsplätze ausnahmslos Fjorde ausgewählt. Das unterscheidet die Landnahme der Nordmänner grundsätzlich von der später durch die Eskimos erfolgten Besitznahme des Landes. Der Eskimo blieb an das Meer und an die Küsten gebunden. Er war ausschließlich Jäger und Fischer und lebte darum auf dem äußersten Insel- und Schärengürtel vor der Küste. Nur im Sommer ging er zum Rentierfang gelegentlich auch in die Fjorde. Der Nordmann dagegen war in erster Linie Viehzüchter und Bauer. Er war auf Weidegebiete und Wiesengründe angewiesen und hielt sich darum stärker an das Binnenland in der Nähe der Fjorde, die klimatisch ganz besonders begünstigt waren. Ihre innersten Winkel wurden durch hohe Felswände vor den Winden geschützt, und ihre Temperaturen lagen daher um mehrere Grade über denen des angrenzenden Landes. Angeblich sind hier gelegentlich sogar Äpfel reif geworden. Jedenfalls berichtet der grönländische Geistliche Ivar Bardsen um die Mitte des 14. Jahrhunderts, es gebe «Früchte in Gestalt bestimmter Äpfel, von bestem Geruch»; und aus dem 18. Jahrhundert erzählt Hans Egede, an besonders geschützten Stellen sei es möglich, Rüben und Kohl zu ernten. Heutzutage bringt man es bei geeigneter Behandlung sogar fertig, Radieschen, Mohrrüben, Rhabarber und Kartoffeln zu ziehen. Auch trifft es unzweifelhaft zu, daß die Normannen anfangs Pferde- und Schweinezucht zu betreiben vermochten, was heute ganz unmöglich wäre. Aber unmittelbar landeinwärts der Fjorde beginnt dann meist schon die Region des Dauerfrostbodens und des Inlandeises.

Diese dicht an der Küste gelegene Fjordlandschaft war der eigentliche Lebensraum der grönländischen Siedler; ihre eigentümliche Lage erklärt, warum die Normannen hier gleichzeitig Fischer und Viehzüchter waren. Allerdings brachten die grönländischen Nordmänner diese Neigung zu zwei so verschiedenen wirtschaftlichen Betätigungen bereits aus ihrer norwegischen Heimat mit. Auch dort, wie nachher in Island, war die Fjordlandschaft ja ihr eigentliches Gebiet, da das dahinterliegende Hochland einen Weidebetrieb nur ausnahmsweise zuließ. Und diesen brauchte der Nordgermane von alters her deshalb so nötig, weil der größte Teil seiner Lebensmittel aus Käse, Milch und Fleisch bestand. Schon Caesar erzählt das von den Germanen; wir wissen es auch aus Norwegen und Island. Und von Grönland berichtet der um 1225 in Norwegen entstandene *‹Königsspiegel›*, eine Art Unterrichtsbuch für junge Prinzen, über die Ernährungsweise der Bevölkerung:

«... Was deine Frage betrifft, ob es dort irgend etwas von Getreidebau gebe oder nicht, so glaube ich, daß das Land nur wenig davon Nutzen zieht. Doch sind Männer vorhanden, und gerade die, welche als die vornehmsten und mächtigsten gelten, die des Versuchs wegen Getreide anbauen. Aber es ist doch die große Menge im Lande, die nicht weiß, was Brot ist, und noch nie Brot gesehen hat ... Es wird erzählt, daß in Grönland gutes Gras wächst, es sind da gute und große Höfe, denn die Leute haben da viele Rinder und Schafe, es wird reichlich Butter und Käse erzeugt, davon meistens leben die Leute, ferner von Fleisch und Jagdbeute aller Art, vom Fleisch der Rentiere, Wale und Robben, von Bärenfleisch. In dieser Weise ernähren sich die Menschen dort im Lande ...»

In warmen Jahren ist es den Grönland-Normannen freilich gelungen, Getreide zum Reifen zu bringen. Aber es hat sich dabei um sehr widerstandsfähige Sorten, wie Gerste und Strandhafer gehandelt, und der *‹Königsspiegel›*, der von dem gelegentlichen Anbau von Getreide in Grönland berichtet, fügt, wie wir oben hörten, gleich hinzu: «Die meisten in diesem Lande wissen jedoch nicht, was Brot ist, und haben nie Brot gesehen.» Nun hat man bei Ausgrabungen auf Grönland zwar in der Nähe der großen Wikingerhöfe Kornmühlen gefunden, und auch jetzt noch gedeiht der Strandhafer dort recht gut. Aber diese Kornmühlen können natürlich auch zum Mahlen des aus Europa eingeführten Getreides benutzt worden sein, so daß man wohl annehmen darf, daß der auch sonst gut unterrichtete und zuverlässige *‹Königsspiegel›* in diesem Punkt ebenso zutreffend berichtet hat wie in anderen: Brot und Getreide sind in Grönland zweifellos seltene Festspeisen gewesen.

Im wesentlichen haben die Grönland-Wikinger also von den Erzeugnissen ihrer Vieh- und Milchwirtschaft gelebt. Auch in der Gegenwart wird von den Eskimos auf Grönland neben Fischfang hauptsächlich Viehzucht getrieben; aber sie beschränken sich doch fast durchweg auf Schafe und Ziegen, während die alten Nordmänner vorwiegend Kühe hielten. Das wäre in unseren Tagen gänzlich ausgeschlossen. Auf dem Hof Erichs des Roten finden sich beispielsweise die Ruinen von vier Ställen mit insgesamt etwa vierzig Ständen für Rindvieh. Noch größer ist der Kuhbestand des Bischofssitzes im benachbarten Gardar gewesen. Dessen zwei große Ställe, die längsten Gebäude in ganz Grönland, haben etwa hundert Kühe aufnehmen können. Aber auch der durchschnittliche Hof dürfte in der Ostsiedlung fünfzehn bis zwanzig Kühe gehabt haben, also eine ganz stattliche Anzahl. Diese recht beträchtlichen Stallungen liegen heute in einer trostlosen Umgebung. Entweder sind die Hauswiesen der Normannen zu dürren Flechtensteppen verkümmert, oder die Fjorde wurden durch das Kalbeis der Inlandgletscher ganz unzugänglich. Das läßt darauf schließen, daß im frühen Mittelalter Klima und Pflanzenwuchs günstiger und reicher gewesen sind als in der Gegenwart und daß seither eine Klimaverschlechterung eingetreten ist.

Diese Annahme ist lange stark umstritten gewesen, weil irgendwelche schriftlich fixierten Unterlagen, auf die sie sich stützen konnte, fehlen. Auch hier sind unsere historischen Wissenschaften nicht frei von einer Sünde gegen den Geist der Geschichte. Statt zu berücksichtigen, daß Klimaänderungen nur ganz allmählich vor sich gehen und daß ein Menschenleben in der Regel nicht ausreicht, ihrer innezuwerden, beharrte man viele Jahrzehnte hindurch stur bei der Behauptung: hätte eine Klimaschwankung stattgefunden, so müßte sie von den Altvorderen aufgezeichnet und vermerkt worden sein. Das ist ganz zweifellos nicht der Fall. In dem auf uns überkommenen Material der Sagas, Chroniken und Annalen findet sich keine Stelle, die darauf Bezug nimmt.

So haben uns erst die dänischen Ausgrabungen in Südgrönland weitergeholfen. Es ergab sich dabei nämlich, daß die meisten Gräber auf den Friedhöfen der Eystribyggd in dauernd gefrorenem Boden lagen. Wir wissen aber, daß der Dauerfrostboden in Grönland erst viel weiter nördlich begonnen hat und daß in der Eystribyggd keine Rede davon gewesen ist. Nun ist es bekannt, wie rasch sich ein Stück Tuch zersetzt, wenn es in der Erde liegt, ganz besonders, wenn es eine verwesende Leiche umhüllt. Erstaunlicherweise sind aber die Gewänder, in die die toten Wikinger von Grönland bei ihrer Beisetzung gekleidet waren, in der Mehrzahl ganz außerordentlich gut erhalten. Daraus kann nur gefolgert werden, daß bald nach Anlegung dieser Grabstätten in Grönland eine Klimaänderung eingetreten ist, in deren Verlauf der Erdboden dauernd gefror.

Dazu kommen nun noch einige andere Tatsachen, die ebenfalls auf eine Verschlechterung der klimatischen Verhältnisse hindeuten. Daß einige Fjorde heute viel stärker mit Eis gefüllt sind, als das nach Lage der Dinge zur Zeit der normannischen Landnahme der Fall gewesen sein kann, erwähnten wir bereits. Damit stimmen auf Grönland angestellte Untersuchungen überein, die ergeben haben, daß bestimmte Pflanzen, wie zum Beispiel die großblättrige Birke, während des Mittelalters wesentlich stärker vertreten waren als in der Gegenwart. Weiter ließ sich bei der Untersuchung der Moore von Vestribyggd erkennen, daß gegen Ende der Wikingerzeit ein plötzlicher Vegetationswandel eingesetzt hat, der in erster Linie durch eine Verringerung der Niederschläge verursacht worden zu sein scheint. Eine wesentliche Änderung der Sommertemperatur konnte nicht festgestellt werden.

Bemerkenswerterweise ist auch in skandinavischen Mooren der Nachweis gelungen, daß dort bis zum Hochmittelalter, etwa bis 1200 oder 1250, ein verhältnismäßig günstiges Klima geherrscht haben muß, welches sich dann zum Schlechteren hin änderte. Beobachtungen dieser Art sind übrigens nicht allein in Grönland und Skandinavien gemacht worden. Wie der Gletscherforscher Dr. Hans Hanke vor einigen Jahren berichtete, hat auch in den Alpen zu Beginn des 13. Jahrhunderts eine Klimaänderung eingesetzt, durch die manche bis dahin gletscherfreien Alpengebiete vereist wurden. Am augenfälligsten ist das vielleicht an den alten Goldbergwerken in den Tauern in Erscheinung getreten. Das unaufhaltsame Vordringen des Eises zwang die mittelalterlichen Knappen schließlich dazu, ihre höher gelegenen Stollen, die völlig von Gletschern überdeckt wurden, aufzugeben. Auch in Obergurgl, von zahlreichen anderen Gebieten abgesehen, hat man entsprechende Feststellungen machen können. Hier lagen alte Chroniküberlieferungen vor, wonach sich einst bis über 2000 m Höhe weite Zirbenbestände ausgebreitet hätten. Heute sind dieselben Gegenden schuttüberlagert oder vermoort. Untersuchungen an diesen Mooren haben einwandfrei ergeben, daß die Vegetation einstmals viel weiter hinaufreichte als in der Gegenwart und daß früher lichte Bergwälder standen, wo heute Ödland oder Gletscher sind.

In klimatisch so gefährdeten Gegenden wie den subpolaren Räumen von Südwestgrönland war jede auch noch so geringe Klimaänderung aber von den schwerwiegendsten Folgen begleitet. Viehzucht, Milch- und Weidewirtschaft ließ sich hier ohnehin nur in den geschützten Fjorden betreiben, deren höhere Sommertemperatur eine ausgedehnte Wiesen- und Weidekultur erlaubte. Indessen war die wärmere Jahreszeit auch hier natürlich außerordentlich kurz. Schon Ende August begann das Wasser zu gefrieren, und im Laufe des Oktobers bedeckten sich dann die Fjorde mit Eis. Wer bis dahin seinen Wintervorrat nicht in der Scheuer hatte, ging schlimmen Monaten entgegen, zumal die pflanzliche Zukost, die im wesentlichen aus Beeren, Engelwurz und einigen als Gemüseersatz herangezogenen Gras- und Tangsorten bestand, ohnehin keineswegs ausreichte. Für mitteleuropäische Verhältnisse ist es kaum vorstellbar, welche Probleme daher die Ernte aufwarf und welche Arbeit in den kurzen Wochen des Sommers geleistet werden mußte. Wenn man dabei bedenkt, wie lang die Winterzeit war, für die durch die Ernte Vorsorge geleistet werden mußte, dann scheint es ganz ausgeschlossen, daß die einzelnen Höfe mit dieser Aufgabe allein fertig werden konnten. Denn der Bedarf an Futtermitteln war ungeheuer groß.

Das meiste von dem, was an Heu geerntet werden konnte, bekamen die Kühe. Schafe, Ziegen und Pferde mußten den größten Teil des Winters über hinter ihnen zurückstehen. Nach altisländischen Angaben rechnete man je Tag und Kuh mit rund fünfundzwanzig Pfund Heu. Da der Winter, das heißt also die Zeit, während deren die Kühe im Stall gehalten wurden, in Grönland mit etwa zweihundertzwanzig Tagen anzusetzen ist, ergab sich je Kuh ein Heubedarf von rund fünftausendfünfhundert Pfund. Ein durchschnittlicher Hof der Ostsiedlung wird gegen zwanzig Kühe gehalten haben. Er brauchte also eine Futtermenge von über hunderttausend Pfund Heu. Das war natürlich rein arbeitsmäßig kaum zu schaffen, zumal der Transport dieser Heumengen meist mit Booten über die Fjorde erfolgen mußte.

Die zahlreichen Schwierigkeiten der Winterversorgung führten dazu, daß man die Kühe, wie das in Nordnorwegen heute noch geschieht, hilfsweise mit Fischen oder mit Fischabfall fütterte oder daß man sie, wie das im Mittelalter auch in südlichen Gebieten geschah, nur sehr knapp fütterte. Meist waren die Tiere beim Austrieb zu Frühjahrsbeginn so matt, daß sie getragen werden mußten. Die Milcherzeugung während des Winters ging entsprechend zurück. Infolgedessen wurde die in der guten Jahreszeit gewonnene Milch konserviert, das heißt gesäuert und gesalzen, so daß *skyr* entstand, eine Art Dickmilch, die man in großen Bottichen längere Zeit aufheben konnte. Auch Butter und Käse wurden in erheblichen Mengen für den Winter zubereitet und aufgehoben. Da es an Fleisch

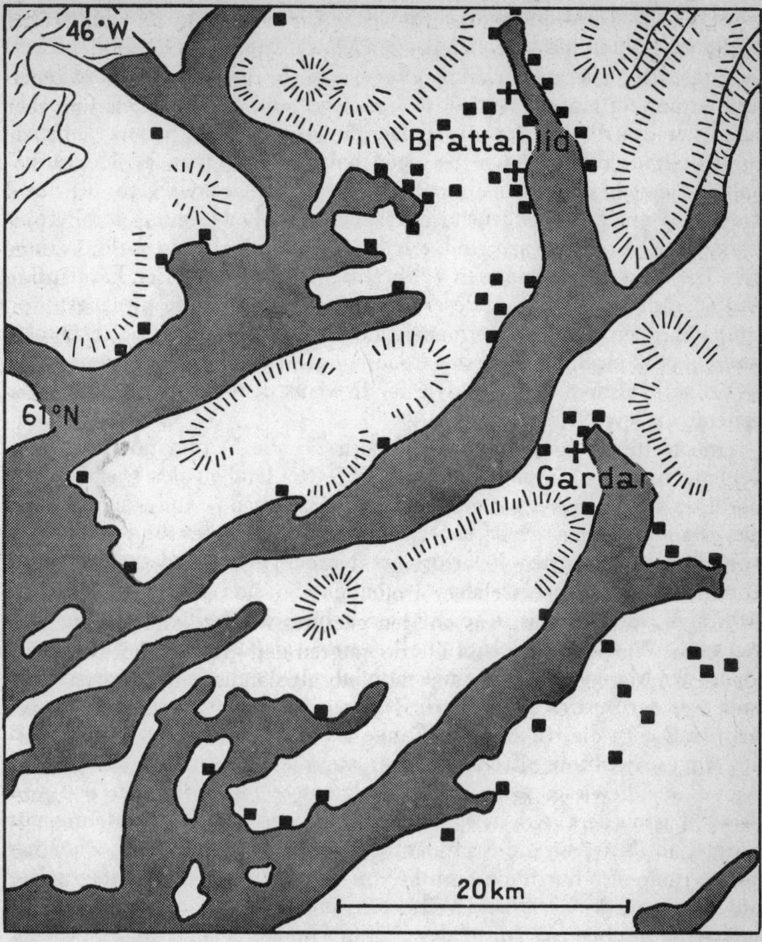

XXII. Brattahlid am Eiriksfjord und Gardar am Einarsfjord, die Hauptorte der Eystribyggd, der normannischen Ostsiedlung in Grönland

nicht fehlte – meist wurde Robbenfleisch gegessen –, beschränkte sich der eigentliche Mangel auf pflanzliche Produkte. Solange die Verbindung mit Island und Norwegen bestand, war das nicht weiter bedenklich, da der nötige Zuschußbedarf an Kohlehydraten auf dem Wege der Einfuhr sichergestellt werden konnte. Später wurde das, wie wir noch hören werden, anders.

So ist die skandinavische Besiedlung Grönlands anfangs ziemlich dicht gewesen. Im Fjordinnern war jeder kleinste Talzug mit Gehöften besetzt; wo sich einige Hektar Gras- und Weideland fanden, ließ sich ein wikingischer Bauer nieder. Man schätzt, daß sich in ganz Grönland zweihundertachtzig Höfe befanden, wovon rund hundertachtzig zur Ostsiedlung, zur Eystribyggd, gehörten. Die Bevölkerungszahl dürfte demnach rund dreitausend Menschen betragen haben. Wenn man berücksichtigt, daß die jetzt in denselben Landstrichen wohnenden etwa vier- bis fünftausend Menschen weitgehend auf Lebensmittelversorgung aus Europa und Amerika angewiesen sind, erhellt, welche ungeheuere kolonisatorische Leistung die Normannen vollbrachten, indem sie diesen kargen Boden so dicht besetzten. Andererseits zeigt sich darin die große Anpassungsfähigkeit der Nordgermanen an die Bedingungen des arktischen und subpolaren Raumes – eine Anpassungsfähigkeit, die sie wenig später in so südlichen Gebieten wie Sizilien aus dem subtropischen Raum gegenüber bewiesen.

Eine weitere Schwierigkeit ergab sich für die Nordmänner aus dem Fehlen von Eisen. Zwar finden sich auf Grönland in der Disko-Bucht, nördlich der Vestribyggd, gerade in den Hauptfang- und -jagdgebieten der alten Wikinger, große Lager von Eisenerzen. Aber sie wurden erst von dem schwedischen Polarforscher Nordenskiöld entdeckt, und ihre Förderung hat nicht vor 1870 begonnen. So sind die grönländischen Wikinger auf Raseneisen angewiesen geblieben. Auch diese Lager waren groß. Was ihre Ausbeutung aber entscheidend gehemmt hat, ist vor allem der Mangel an Feuerungsmaterial gewesen. Ähnlich wie auf Island war der Buschbestand durch Raubbau und Viehschaden – das Jungvieh fraß gern die frischen Schößlinge ab – bald vernichtet, so daß man auf angeschwemmtes Treibholz oder auf die Einfuhr aus Europa und Amerika angewiesen war. Dieser Holzmangel hat auch den Bau von Schiffen gehindert. Als in späteren Jahrhunderten die Verbindung mit Europa abriß, waren die Nordmänner auf Grönland gefangen. Zunächst konnte man sich durch die Einfuhr von Holz aus Amerika, insbesondere aus dem von den Grönland-Wikingern um 1000 entdeckten Markland, helfen. Noch bis zur Mitte des 14. Jahrhunderts sind immer wieder Fahrten dorthin unternommen worden. Das beweist die nachfolgende Eintragung in den *‹Isländischen Annalen›* des Bischofs von Skalholt auf Island zum Jahre 1347:

«Da kam auch ein Schiff aus Grönland, kleiner noch als die kleinen Island-Fahrer. Es fuhr in den äußeren Straumfjord und hatte keinen Anker. Es befanden sich auf ihm siebzehn Mann, die nach Markland gefahren waren, die aber der Sturm hierher verschlagen hatte.»

Später scheinen solche immerhin doch ausgedehnteren Fahrten seltener oder gar unmöglich geworden zu sein, vielleicht weil es den nach dem Zusammenbruch ihrer Viehwirtschaft unterernährten Nordmännern an Kräften gebrach, vielleicht weil infolge des drückenden Eisenmangels Nägel fehlten, um die Planken größerer, seetüchtiger Boote aneinanderzunageln. Das wirft ein grelles Licht auf die Lage der späten grönländischen Wikinger. Ohne Eisen, ohne Holz, ohne ausreichende Ernährung war die Aufrechterhaltung ihrer Lebensweise und ihrer Kultur nicht möglich. In einem Land, das dem Eskimo reichlich Lebensraum bot, mußte der Nordmann schließlich untergehen, wenn seine Verbindung zu den Nachschubgebieten abriß.

7

Zunächst war aber davon keine Rede. Im Gegenteil, eine ziemliche Zeit hindurch ist der Verkehr zwischen Grönland und Norwegen recht lebhaft gewesen. Der vorsichtige Seemann fuhr zwar lange Zeit von Norwegen erst nach Island, wenn er nach Grönland wollte. Später scheinen die meisten Kapitäne aber den direkten Weg eingeschlagen zu haben, der, wie wir bereits wissen, von Bergen oder dem benachbarten Herö bzw. Kap Stadr über die Shetlands und Färöer südlich an Island vorbei nach Kap Farvel, dem wikingischen Hvarf, führte. Leif, Erichs des Roten Sohn, ist den alten Berichten nach der erste gewesen, der diesen direkten Kurs gesegelt ist. Die beiden Fahrten, von denen uns erzählt wird, waren allerdings nicht ohne aufregende Abenteuer, aber Leif kam doch beide Male an das gewünschte Ziel.

Dieses Glück hatten nun keineswegs alle Kapitäne. Viele Schiffe gingen spurlos unter. Andere gerieten im Packeis in Verlust, das vom Polarstrom von Nordosten herabgeführt wird und das die Golfstromdrift gegen die Ostküste Grönlands preßt, und die Allerunglücklichsten retteten sich nach der Strandung ihres Fahrzeugs über den Eisrand hinweg an den menschenleeren Steinstrand. Die Allerunglücklichsten: denn nun stand ihnen ein langsames, qualvolles Sterben bevor. Nur ein einziges Mal wäre der Versuch, sich aus diesem Inferno heulender Stürme, beißender Kälte und absoluter Einöde zu retten, durch einen Marsch über das Inlandeis nach Westen, auf die Siedlungen der Nordmänner zu, fast geglückt. Der Isländer Einar Thorgeirsson gelangte nach Übergang des Inlandeises mit zwei Begleitern bis auf einen Tagesmarsch an die ersten Höfe heran. Dort brachen er und seine Leute völlig entkräftet zusammen. Ihre Leichen wurden später auf dem Kirchhof von Herjulfsnes beigesetzt.

Trotz der zahlreichen Schiffbrüche in der Grönland-Fahrt fanden sich aber immer Männer genug, die sich nicht fürchteten, das Glück zu versuchen. Allerdings war der Gewinn, der bei diesen Fahrten erzielt werden konnte, auch außerordentlich groß. Holz, Eisenwaren, Getreide und

Salz, das alles waren Dinge, die die Grönländer sehr dringend brauchten und für die sie hohe Preise bezahlten. Natürlich fand die Bezahlung auf dem Wege des Tauschhandels statt. Dafür kamen neben Butter, Käse und Wolle die grönländischen Friese in Frage, die in Nordeuropa lange Zeit höchst begehrt waren, dazu ferner weiße und blaue Fuchsfelle, Eisbärfelle, Walroß- und Narwalzähne und Walroßhaut. Namentlich die letzten drei Artikel waren bei den europäischen Kauffahrern sehr «gefragt». Walroßzähne galten nämlich, solange echtes Elfenbein aus Elefantenzähnen infolge des sarazenischen Seeräuberunwesens im Mittelmeer schwer zu beschaffen war, als vollwertiger Ersatz dafür. Sie stellten ein ähnlich begehrtes Handelsobjekt dar wie früher der Bernstein für die nordgermanischen Stämme an der Ostsee und lohnten selbst die weiten und gefährlichen Fahrten bis nach Grönland, das ja als das Ende der Welt galt. Auch Narvalzähne standen hoch im Kurs, sie wurden in Europa als Zähne des geheimnisvollen Einhorns ausgegeben, und man hielt sie bei bestimmten Krankheiten für besonders heilkräftig.

Diese Narvalzähne sind eine Art Handelsmonopol der grönländischen Skandinavier gewesen und haben lange Zeit dazu beigetragen, daß der Verkehr mit Europa nicht abriß. Der Walroßfang wurde nämlich auch von Skandinavien aus, und zwar in den östlichen Gewässern um Nowaja Semlja, betrieben; es war natürlich für den mitteleuropäischen Kaufmann billiger, Walroßzähne direkt in Norwegen einzuhandeln, als bis nach Grönland zu fahren. Hinzu kam, daß die Verbindungen durch das Mittelmeer allmählich sicherer wurden, so daß Elfenbein bequemer und wohlfeiler zu beschaffen war; hinzu kam vor allem, daß die modische Bevorzugung des Elfenbeins im Laufe der Zeit nachließ. Da hat der Narwalzahn den Grönländern zu helfen vermocht, denn dessen abergläubische Verehrung hielt sich noch lange. Ebenso blieben Walroßseile, aus Walroßhaut gearbeitete Trossen, sehr begehrte Artikel. Der Hauptmarkt hierfür war von alters her Köln am Rhein, und von hier gingen Anker- und Segeltaue aus grönländischer Walroßhaut nach ganz Europa.

Nun waren aber Walrosse nicht eben leicht zu erlegen. Man traf sie zum Teil an der grönländischen Ostküste, die deshalb gelegentlich von normannischen Fangexpeditionen aufgesucht wurde, obwohl man dabei kaum weit über Angmagssalik vorgestoßten sein dürfte, zum größten Teil jagte man sie aber in Nordrsetur, den Fangplätzen in der Gegend der Disko-Bucht auf 70 Grad Nord. Im Sommer gingen, wie überliefert ist, zahlreiche Fangboote dahin, und sicher waren es aufregende Abenteuer, die sich bei der Jagd auf so wehrhaftes Wild wie Narwal und Walroß abspielten, Abenteuer, die ganz nach dem Herzen der unerschrockenen Nordmänner waren. Kamen die Boote dann mit dem sinkenden Sommer zu den heimatlichen Häfen zurück, so wurden sie hier bereits mit drängender Neugier erwartet. Ein guter Fang bedeutete, daß man im

48. Köln am Rhein um 1490. Im Vordergrund eine Knorr für den Verkehr mit Island. Holzschnitt von Wilhelm Pleydenwurff für Hartmann Schedels «Weltchronik» 1492. Die Zeichnung zu diesem Holzschnitt stammt vermutlich von Albrecht Dürer.

nächsten Jahre Getreide, Metallwaren und dieses oder jenes köstliche Ding aus den Schätzen der europäischen Händler würde kaufen können.

So sind denn ganze Schiffsladungen mit Walroß- und Narwalzähnen von Grönland aus nach Süden gegangen. Anfangs waren es wohl fast ausschließlich norwegische Schiffe, auf denen diese Transporte bewerkstelligt wurden. Später haben sich Hansekoggen, die für weite Hochseefahrten geeigneter waren, in den Handel mit Grönland eingeschaltet. Daß die Hansestadt Köln der Hauptumschlagplatz für Walroßhäute war, spricht jedenfalls dafür, daß der Grönland-Handel weitgehend in die Hände hansischer Seeleute und hansischer Reeder geriet. Dementsprechend hat man in Grönland zahlreiche Stücke braunes Steingut gefunden, wie es im Rheinland und am Niederrhein damals hergestellt wurde.

Jedenfalls steht fest, daß der norwegische Handel um 1300 bereits stark rückläufig war. Der Grund dafür lag in der Überalterung der norwegischen Kauffahrteiflotte, die vielfach noch niedrige Ruderschiffe in Dienst hatte. Die hochbordigen Hansekoggen waren ausnahmslos besegelt, sie benötigten weniger Mannschaft, beförderten größere Lasten und waren sehr viel seetüchtiger. Es hätte erheblicher Kapitalien bedurft, die norwegische Handelsmarine zu modernisieren; aber die Geldgeber, die großen weltlichen und geistlichen Gutsherren Norwegens, begannen gerade um diese Zeit sich vom Außenhandel mit seinen zahlreichen Aufregungen und Risiken zurückzuziehen. Die allgemeine Prosperität während des Hochmittelalters sicherte ihnen für den Absatz ihres Getreides und ihrer sonstigen landwirtschaftlichen Erzeugnisse einen hinreichenden Gewinn.

Hierzu kamen noch mancherlei andere, sehr schwerwiegende Abhaltungen. Zweimal wütete der «Schwarze Tod», die Pest, in Skandinavien. Von 1349 bis 1351, als die furchtbare Seuche zum erstenmal in Norwegen einkehrte, starben ungezählte Tausende, und 1392 erneuerte sich dieser Schrecken in einer gleichfalls sehr bedrohlichen Entvölkerung des Landes. Ein Jahr darauf, 1393, wurde Bergen, der Vorort der Grönland-Fahrer, von Seeräubern überfallen und so verwüstet, daß es sich lange Zeit nicht davon zu erholen vermochte. Es leuchtet ein, daß gegenüber diesen Sorgen die um die Aufrechterhaltung der Verbindungen zu den Grönländern stark in den Hintergrund treten mußten.

Politische Schwierigkeiten dürften schließlich für das Aufhören des sichtbaren Verkehrs zwischen Skandinavien und Grönland ausschlaggebend gewesen sein. Durch Privilegienbriefe des Königs Erich III. von Norwegen erhielten 1294 lediglich einheimische Kaufleute, namentlich solche aus Bergen, das Recht des Handels mit Grönland. Allen anderen war die Schiffahrt dorthin verboten. Das bezog sich namentlich auf die Hansen, praktisch wirkte sich die Beschränkung aber auch im Handel des eigenen Landes aus. Der norwegische Staat hatte nämlich die Erteilung der Privilegien von 1294 dazu benutzt, sich für die Grönland-Fahrt allmählich eine Monopolstellung zu schaffen. Schon seit 1261, als sich die Grönländer an Norwegen anschlossen, scheint ein staatliches Handelsschiff, die sogenannte «Knarre» (Knorr), zwischen Bergen und Grönland verkehrt zu haben, und es ist anzunehmen, daß man die grönländischen Nordmänner mit dem Angebot einer staatlich betriebenen regelmäßigen Schiffsverbindung nach Norwegen recht wirksam zur Aufgabe ihrer Selbständigkeit verlockt hat. Tatsächlich ist auch in späteren Urkunden, namentlich in solchen aus der ersten Hälfte des 14. Jahrhunderts, wiederholt die Rede von dieser «Grönlandsknarre».

Um nun die staatliche, von der Krone betriebene Linie nach Grönland, die durch das hohe Risiko dieser Route ziemlich kostspielig war, lebensfähig zu machen, scheint man das Privileg von 1294 so ausgelegt zu haben, daß aller Handels- und Personenverkehr mit Grönland lediglich auf der Linie der Krone erfolgen durfte. Jedenfalls war es verboten, ohne königliche Erlaubnis nach Grönland zu fahren; ebenso war es nicht gestattet, dorthin ohne besondere Lizenz Handel zu treiben. Es versteht sich, daß die so geschaffene Monopolstellung der Krone dem Grönland-Handel nicht eben dienlich war.

1369 ist eines dieser Grönland-Schiffe des norwegischen Königs auf der Rückfahrt nach Bergen unweit der Küste gescheitert. Die gesamte Mannschaft wurde zwar gerettet, das Schiff mit seiner ganzen, gewiß sehr wertvollen Ladung ging aber verloren, und es scheint, als habe dieses Ereignis das Ende des offiziellen Verkehrs zwischen Norwegen und Grönland bedeutet. Jedenfalls ist nie wieder die Rede von einer neuen «Knarre». Das Handels- und Schiffahrtsverbot mit Grönland wurde deshalb aber nicht aufgehoben, sondern sogar noch verschärft. Die Krone verhängte schließlich die Todesstrafe auf jede unbefugte Schiffahrt dorthin, und als 1389 einige Schiffer vom Sturm nach Grönland verschlagen wurden, wurden sie um Haaresbreite hingerichtet. Der durch die Kalmarische Union von 1397 staatsrechtlich besiegelte Übergang der politischen Vorherrschaft in Skandinavien an Dänemark hat die offizielle Grönland-Fahrt dann vollends zum Erliegen gebracht. Denn für Kopenhagen lag die grönländische Kolonie noch viel mehr am Ende der Welt, als das schon für Norwegen der Fall war. Es leuchtet ein, daß Königin Margarete von Dänemark keine große Lust hatte, das Grönland-Geschäft wieder in Gang zu bringen.

Offenbar ist, wie wir schon oben erwähnten, die Hanse weitgehend in diese Bresche gesprungen. Zwar befand sie sich dabei nicht allein im Gegensatz zu den norwegischen Gesetzen, sondern auch zur eigenen Rechtssatzung, wie sie wiederholt vom Hansetag festgesetzt worden war. Schon 1416 wurde ein Verbot für die Fahrt nach den Shetlands, den Orkneys und den Färöern ausgesprochen, und der Hansetag von 1434 zog auch Island ausdrücklich in dieses Verbot ein. Wie der deutsche Historiker Karl Pagel vor einiger Zeit in seinem Buch über die Hanse gezeigt hat, haben sich jedoch eine Reihe von Hansestädten, namentlich Hamburg und Bremen, nicht um dieses Verbot gekümmert, sondern einen ausgedehnten Nordmeerhandel und ganz besonders eine rege Schiffahrt nach Island unterhalten. Es darf wohl angenommen werden, daß ein nicht ganz kleiner Teil der von der Hanse nach Island geschafften Waren von dort nach Grönland weiterging. Inwieweit dieses selbst in den Tätigkeitsbereich hansischer Reeder und Kaufleute einbezogen worden ist, steht dahin.

Immerhin ist bezeugt, daß noch im 16. Jahrhundert zweimal, ziemlich rasch hintereinander, hamburgische Schiffe auf der Fahrt nach Island an die grönländische Küste «verschlagen» wurden. Es scheint, als wenn diese Fahrzeuge, die am 1. Juli 1537 und am 9. August 1539 wieder im Hamburger Hafen einliefen, in Grönland nicht Anker geworfen haben. Ob diese Annahme zutrifft, ist aber fraglich. Denn wenige Jahre später, 1541, wird von der Stadt Hamburg eine «Kraffel», eine Kraveel also, der größte hansische Schiffstyp dieser Zeit, zur näheren Erforschung

Grönlands ausgesandt. Das wäre sicher nicht geschehen, wenn man davon nicht Erfolg erwartet hätte, und man wird wohl annehmen dürfen, daß dieses Unternehmen das Ziel hatte, auch den Transitverkehr von Island nach Grönland in die Hand der Hamburger zu bringen. Diese Fahrt, die schon deshalb nicht einfach bloß eine Forschungsexpedition gewesen sein kann, weil man dafür sicher nicht ein Schiff des größten Typs gewählt haben würde, schlug aber fehl, weil es nicht gelang, auf Grönland «zu Menschen zu kommen». Das Unternehmen ist deshalb abgebrochen worden. Der uns hier interessierende Teil dieses Berichts lautet:

«Im Vorjahr wurde erstmalig eine Kraffel nach Grönland gesandt, um das Land zu untersuchen. Und der Schiffer hieß Gert Mestemaker. Er fand das Land, aber er konnte dort zu keinem Menschen kommen. Deshalb kam er ohne Zögern wieder nach Hause.»

Was auf dieser Fahrt von 1541 eigentlich geschehen und ob Gert Mestemaker etwa an der menschenleeren Ostküste Grönlands gelandet ist, bleibt unklar. Ziemlich sicher aber ist diese Nordmeerfahrt eine der spätesten gewesen, die von Mitteleuropa unternommen wurden. Auch der letzte jener dünnen Fäden, die das Grönland der Normannen mit der Alten Welt verbanden, war damit abgerissen.

8

Gleichwohl waren gewisse Beziehungen zu Europa erstaunlich lange erhalten geblieben. Eine von diesen war die Verbindung mit Rom, mit der Kirche. Mit diesem für die Geschichte des europäischen Mittelalters so bedeutungsvollen Faktor verhielt es sich im äußersten Norden ähnlich wie anfänglich auch in Deutschland. Die straffe Organisation der Kirche bot den vorhandenen politischen Gewalten auch in Grönland eine wirksame Handhabe zur Betätigung. Über den oftmals miteinander rivalisierenden Altbauern der Fjorde erhob sich hier eine Zentralgewalt, deren Machtgefüge durch die Priester und christlichen Sendboten schließlich im einzelnen Gefolgsmann verankert war. Es ist zwar überliefert, daß Erich der Rote sich dem Christentum gegenüber ablehnend verhielt, aber auch dem alten Glauben scheint er nicht bedingungslos zugetan gewesen zu sein. Als seine Hochsitzpfeiler an einer ihm ungünstig dünkenden Stelle Grönlands an Land gespült wurden, korrigierte er diese Schicksalsentscheidung kraft eigener Machtvollkommenheit und erbaute sein Haus an dem von ihm ausgewählten Platz in Brattahlid. Als dann um das Jahr 1000 durch seinen Sohn Leif das Christentum in Grönland eingeführt wurde, hielt er sich zwar zurück, ohne aber etwas Entscheidendes dagegen zu tun. Bei seiner Machtstellung als Führer der grönländischen Landnahmemänner wäre es ihm natürlich ein leichtes gewesen, die Verbreitung des Christentums zu verhindern.

Man darf das Problem, das hier gestellt war, nicht falsch sehen: es lag viel weniger in Dingen des Glaubens als in denen einer handfesten, unmittelbaren Nützlichkeit. Vor allem gab den versprengten Siedlern am Rande der Welt der Anschluß an die Religion des Abendlandes eine feste Verbindung mit Europa, dessen Güter ja hier oben noch viel stärker benötigt wurden als etwa in Island. Es kann wohl keine Rede davon sein, daß die ersten christlichen Sendboten in der Lage gewesen wären, die ungefügen grönländischen Fjordbauern ernsthaft zu «bekehren». Aber sie brachten Nägel mit, brachten Getreide, Waffen, Salz, Glas, Messer, Äxte, Pfeil- und Speerspitzen, und auf ihren Schiffen kam auch sonst noch allerlei Nützliches und oftmals Langentbehrtes, wie zum Beispiel Wein: ein sehr schwerwiegender Grund, ihnen freundlich zu begegnen.

Offenbar hat sich das Christentum ziemlich rasch in Grönland durchzusetzen vermocht. Damit wuchs dann auch das «Ende der Welt» in die Sphäre größerer Beachtung hinein. Kurz nach der Gründung des Erzbistums Lund wurde ein besonderer grönländischer Bischof geweiht. Erich Gnupsson aus dem alten isländischen Geschlecht der Valthöflinger war der erste grönländische Bischof. 1112 verließ er Island, um sein Bistum zu übernehmen. Wahrscheinlich hat er sich in der Vestribyggd niedergelassen, wo der erste Bischofssitz und die Domkirche gelegen haben sollen. Neun Jahre darauf brach Gnupsson nach Vinland auf; er ist von dieser Reise nie zurückgekehrt. 1126 kam Arnaldr, der zweite Bischof. Er ließ sich in Gardar in der Ostsiedlung nieder, und hier befand sich fortan der Sitz des Grönland-Bischofs und damit der geistig-politische Mittelpunkt der Siedlungen. In der großen Halle des Bischofssitzes trafen sich die Sippenältesten und Fjordhäuptlinge zu ihren Versammlungen, hier empfing man die Reisenden aus Island und Europa, hierhin gingen auch die Kaufleute mit ihren Waren. Dicht am Hof des Bischofs entstand in den nächsten Jahrzehnten eine Domkirche, ein für grönländische Verhältnisse sehr ansehnliches Gebäude, das sogar Glasfenster besaß: ein höchst erstaunliches Faktum, weil die Glasherstellung in Europa um diese Zeit fast völlig in Vergessenheit geraten war. Unweit davon erhoben sich dann auch bald Klöster. In seinen besten Zeiten hat Grönland ein Mönchs- und ein Nonnenkloster aufzuweisen gehabt, dazu sechzehn Kirchen und Kapellen, von denen vier in der armen Vestribyggd standen, während zwölf auf die Eystribyggd kamen – gewiß ein Zeichen für den Wohlstand, der in diesem fernen nördlichen Vorposten des weißen Mannes geherrscht haben muß!

Aber der Weg nach Grönland war weit, die Verhältnisse blieben schwierig, und die Lebensbedingungen, auch für einen geistlichen Würdenträger, waren doch ziemlich hart. Daher beeilten sich denn die Bischöfe meist nicht sonderlich, nach Gardar zu kommen, und wenn irgendwo in der Welt eine Kirchenversammlung stattfand, an der sie teilnehmen mußten, geschah es nicht selten, daß sie jahrelang von Grönland abwesend waren. So war es denn möglich, daß bereits um die Mitte des 14. Jahrhunderts, von 1349 bis 1368, kein Bischof in Grönland weilte und daß die nördlichste Diözese der römischen Kirche für rund zwanzig Jahre verwaist blieb.

Während dieser Zeit ist dann der sehr fromme König Magnus Erikson von Norwegen, der die Verbreitung des Christentums als seine Lebensaufgabe ansah, in die Bresche gesprungen. Ihm ist es vielleicht zu danken, daß die grönländischen Wikinger wenigstens in der Eystribyggd die schweren Zeiten in der Mitte des 14. Jahrhunderts überstanden. Für die Vestribyggd kam seine Hilfe aber zu spät; sie scheint 1324 – wie man lange Zeit vermutet hat, im Verfolg eines Angriffs der Skraelinger, der Eskimos – untergegangen zu sein. Die ersten Nachrichten hierüber dürfte der norwegische Hof um 1348 durch einen Bericht des Priesters Ivar Bardsen von Gardar erhalten haben. Dieser war 1341 nach Grönland gekommen. Schon ein Jahr später wurde er vom Oberhaupt der Ostsiedlung beauftragt, nach Vestribyggd zu gehen und dort nach dem Rechten zu sehen. Über diese Expedition setzte Bardsen einen Bericht auf, der folgenden Wortlaut hat:

«Es sind von Eystribyggd zur Vestribyggd zwölf Segeltage. Alles ist Einöde. In Vestribyggd befindet sich eine große Kirche, die steht zu Stensnes. Sie war eine Zeitlang Hauptkirche und Sitz der Bischöfe. Die Skraelinger haben nun ganz Vestribyggd geplündert, so daß dort nur noch Ziegen, Schafe, Rindvieh und Pferde sind, alle wild, indessen keine Menschen mehr, nicht Christen, nicht Heiden. Dieses alles hat der Grönländer Ivar Bardsen berichtet, der lange Jahre den Bischofssitz von Gardar als Verwalter betreute. Er hat alles selbst gesehen und gehörte zu denen, die der Gesetzespfleger nach Vestribyggd sandte, um die Skraelinger von dort zu vertreiben. Als sie in Vestribyggd ankamen, fanden sie dort keinen Menschen, weder Christen noch Heiden. Aber sie fanden einiges wild weidendes Vieh sowie Schafe. Sie aßen von dem Vieh und nahmen mit, soviel davon ihre Schiffe aufnehmen konnten. Dann segelten sie heimwärts.»

Dieser nüchterne Bericht war mit anderen ähnlichen Nachrichten offenbar der Anlaß für eine wenige Jahre später von König Magnus Erikson angeordnete große Hilfsexpedition. Dieses Unternehmen, das uns später noch ausführlich beschäftigen wird, stand unter dem Befehl von Paul Knudson, Mitglied der königlichen Leibwache, einem sehr angesehenen, mächtigen Mann, und ist 1355 in See gegangen. Der Erlaß Magnus Eriksons, mit dem diese Expedition angeordnet wird, ist uns überliefert. Da er für unsere Darstellung wichtig wird, sei er hier mitgeteilt:

«Magnus, von Gottes Gnaden König in Norwegen, Schweden und Schonen, entbietet allen, die dieses Schreiben sehen oder davon hören, gute Gesundheit und Glück. – Wir wünschen Euch hiermit wissen zu lassen, daß Ihr der Führer der Männer sein sollt, die mit der Knarre fahren, sowohl der mit Namen genannten wie der nicht mit Namen genannten von Unserer Leibwache oder von den Lehnsleuten oder andern Personen, so Ihr mitnehmen wollt, und daß Paul Knudson, der Führer der Knarre, Vollmacht hat, diejenigen zu bestimmen, die er als die geeignetsten für dieses Unternehmen betrachtet, Offiziere sowohl wie Mannschaften. Wir wollen, daß Ihr diesen Unseren Wunsch gutwillig aufnehmt. Wir unternehmen diese Fahrt zur Ehre Gottes, zum Heil Unserer Seele und wegen Unserer Vorgänger, die das Christentum nach Grönland brachten und dieses dort bis zum heutigen Tage lebendig hielten. Wir wollen nicht zulassen, daß es in Unseren Tagen untergehe. Höret daher und bedenket wohl, daß mit Unserem ernsten Mißfallen und mit harter Strafe zu rechnen hat, wer auch immer Unserem Befehl nicht gehorsamt. Gegeben zu Bergen am Montag nach Simon und Juda, im 36. Jahr Unserer Regierung. Gesiegelt von Unserem Kanzler Orm Oesteinson.»

Es ist nicht bekannt, ob und welchen Erfolg diese Expedition in Grönland gehabt hat, und wir werden uns später deshalb noch einmal damit beschäftigen müssen. Zweifellos handelte es sich dabei aber um eine großangelegte, recht nachdrückliche Aktion, die wohl geeignet war, den bedrängten Grönländern in der Ostsiedlung Hilfe zu bringen – mindestens dadurch, daß sie bei Freund und Feind den Eindruck verwischte, als seien die norwegischen Schatzlande im Mutterland in Vergessenheit geraten.

9

Aber noch in den allerletzten Jahrzehnten der grönländischen Kolonie haben sich nicht nur fromme katholische Könige um ihre Schutzbefohlenen gekümmert; wenn das auch meist nur am Rande und ganz gelegentlich geschah – selbst Rom hat sich schließlich mehrfach bemüht, helfend einzugreifen. Man muß das um so nachdrücklicher anerkennen, als das allgemeine Interesse dieser Zeit sehr viel stärker nach Westen gerichtet war, wo die reichen Küsten Indiens und Kathai-Chinas lockten, die man sich ja bekanntlich jenseits des Atlantischen Ozeans dachte, als nach Norden, wo Eis und Stürme den Seeweg so gefährlich machten. Hinzu kamen die mehrfachen Pestverheerungen Norwegens, das Seeräuberunwesen in den Nordmeeren und der allgemeine Verfall der Kirche, die durch die protestantischen Bewegungen der Hussiten und ihrer Nachfolger voll beschäftigt war. Gleichwohl existiert ein Breve des Papstes Alexander VI. aus dem Jahre 1492, das den Verfall des christlich-kirchlichen Lebens in Grönland mit bewegten Worten beklagt und den Benediktinermönch Matthias, der offenbar eigens aus Skandinavien nach Rom gereist war, zum Bischof von Grönland einsetzt.

Alexander VI. hätte dieses Breve sicher nicht verfaßt, wenn er nicht zuverlässige Nachrichten vom Vorhandensein einer christlichen Gemeinde in Grönland gehabt und wenn er nicht geglaubt hätte, es ließe sich Hilfe leisten. Was mit diesem 1492 ernannten Bischof geworden ist, ist unbekannt. Es ist nicht anzunehmen, daß er wirklich nach Grönland gekommen ist; jedenfalls ist darüber nichts überliefert. Wahrscheinlich hat es ihm aber genauso wie vielen seiner Vorgänger und seinem letzten Nachfolger an einer Schiffsgelegenheit nach Grönland gefehlt. Denn auch Matthias hat noch einen Nachfolger gehabt, und zwar in der Person des Vincentius Pedersen Kampe, des Beichtvaters Christians II. von Dänemark. Dieser wurde, von Christian vorgeschlagen, durch Papst Leo X. im Jahre 1520 zum Bischof von Grönland ernannt – wobei Christian ausdrücklich zusicherte, er werde ein Schiff stellen, das den neuen Bischof in seine Diözese bringen solle. Aber auch dieser letzte Versuch, mit den normannischen Grönländern in Verbindung zu treten, der klar beweist, daß es sich für Rom dabei nicht bloß um eine Formsache handelte, wurde nicht durchgeführt. Unglücksfälle der an diesem Unternehmen führend beteiligten Personen und politische Schwierigkeiten hinderten Christian II. von Dänemark daran, sein Vorhaben auszuführen. Auch dieser letzte Bischof von Gardar hat sein Bistum nie erreicht.

Ziemlich gleichzeitig mit dem Aufhören jeder weltlichen Verbindung der grönländischen Nordmänner zur Alten Welt endeten also auch die geistlichen Beziehungen, die im ganzen doch fast ein halbes Jahrtausend bestanden und die für die Grönländer eine recht erhebliche praktisch-organisatorische Bedeutung gehabt hatten. Das zeigte sich deutlich, als die grönländischen Normannen mit den Skraelingern, den Eskimos, zusammentrafen. Schon als Erich der Rote in Grönland zu siedeln begann, scheinen dort Eskimos gelebt zu haben. Jedenfalls berichtet das Ari Frode in seinem «Isländer-Buch», das im ersten Viertel des 12. Jahrhunderts entstand.

Als Ari Frode diese Nachricht niederschrieb, waren die Eskimos den normannischen Grönländern offenbar noch nicht selbst zu Gesicht gekommen. Das scheint sich erst gegen Ende des 12. Jahrhunderts geändert zu haben. Aus dieser Zeit berichten nämlich alte Chronisten, daß Fangexpeditionen der Grönland-Normannen weit nördlich von deren Siedlungen mit kleinen Leuten zusammentrafen, die Skraelinger genannt wurden. «Eisen haben sie gar nicht», heißt es darin, «und sie benutzen Walroßzähne als Wurfwaffen und scharfkantige Steine als Messer.»

Nach der auf uns gekommenen Überlieferung kann es sich bei diesen ersten Berührungen mit den Eskimos, die sicher unter der Bezeichnung «Skraelinger» zu verstehen sind, nur um ganz vereinzelte Zusammenstöße gehandelt haben. Moderne Forscher, unter ihnen besonders Fridtjof Nansen, haben darauf hingewiesen, daß die Eskimos das friedfertigste Volk der Welt sind. Aber wahrscheinlich hat die herrische Art der

Nordmänner doch auch bei den scheuen, indolenten Eskimos schließlich Widerstand und Gegensätzlichkeit hervorgerufen. Noch immer hat es beim Zusammentreffen zweier so verschiedener Rassen wie dieser gewöhnlich Mißverständnisse und harte Zusammenstöße gegeben. Und wenn man später Berichte abendländischer Verfasser heranzieht, dann sieht es sehr danach aus, als wenn sich die Eskimos ihre Friedfertigkeit erst unter dem Zwang der Verhältnisse, in Erkenntnis der Übermacht des weißen Mannes, angewöhnt hätten.

Jedenfalls haben etwa seit dem Ende des 13. Jahrhunderts die Nordmänner ihre kurzbeinigen, kleinen Gegenüber wohl als ernst zu nehmende Feinde empfunden. Namentlich ihren Priestern mußten die schlitzäugigen, gelbgesichtigen, schwarzhaarigen Eskimos, diese Abkömmlinge des Teufels, verdächtig sein; sich gegen sie zur Wehr zu setzen, war striktes Gebot christlicher Klugheit. So geht denn auch der früheste uns überlieferte Bericht von einer Begegnung mit Eskimos auf einen Geistlichen zurück.

Der im folgenden in seinen wichtigsten Punkten zitierte Brief ist um 1270 von dem grönländischen Priester Halldor an seinen Amtsbruder geschrieben, den Kaplan Arnaldr, der früher einmal selbst in Grönland weilte, nun aber als Feldgeistlicher des norwegischen Königs Magnus Lagaboeter fungierte. Dieser Brief lautet:

«Im Sommer des Jahres 1266 kehrte der Priester Arnaldr aus Grönland heim. Sein Schiff geriet bei Hitarnes in Island auf Land. Da fanden sie draußen im Meer Holzstücke, die von kleinen Querbeilen und Äxten behauen waren, unter ihnen befand sich eines, in dem steckten Teile von Zähnen oder Knochen. In diesem Sommer kamen auch Fangleute aus dem Nordrsetur zurück, die weiter, als das Land den Leuten vorher bekannt war, nach Norden hinaufgefahren waren. Sie fanden, außer in Kroksfjardarheidr, keine Niederlassungen der Skraelinger ...

Darauf wurden von den Priestern Schiffe nach Norden ausgesandt, die untersuchen sollten, wie es jenseits der nördlichsten Stelle aussehe, zu der sie bisher gelangt waren. Sie fuhren von Kroksfjardarheidr so weit, bis das Land unter der Kimm untertauchte. Dann kamen sie in unsichtiges Wetter und waren gezwungen, vom Lande abzuhalten. Als aber das unsichtige Wetter sich hob und es wieder aufklarte, sahen sie viele Inseln mit mancherlei Getier wie Seehunden, Walrossen und vielen Bären. Sie gelangten dabei tief in den Meeresbotn hinein (vermutlich Baffinsbai), und das ganze Land sank unter die Kimm, auch das Südland und die Gletscher. Dort trafen sie auf einige Wohnungen von Skraelingern, die wohl aus alter Zeit stammten. Wegen der Bären vermochten sie jedoch nicht das Land zu betreten – Sodann fuhren sie drei Tage und drei Nächte zurück, und als sie auf etlichen Inseln im Süden landeten, fanden sie dort einige Skraelinger-Wohnplätze. Nach einem weiteren scharfen Rudertag gelangten sie am Tage des heiligen Jakobus (Ende Juli) wieder in Kroksfjardarheidr an. Dortselbst fror es nachts, obwohl die Sonne Tag und Nacht schien. Über Mittag stand sie so hoch, daß ihr Schatten von dem ihr zugewandten

Schiffsbord einem Manne, der im sechsrudrigen Boot quer zum Bord ausgestreckt lag, ins Gesicht fiel. Um Mitternacht stand sie dagegen so hoch, wie sie daheim im Nordwesten steht. Darauf fuhren sie wieder nach Gardar zurück.»

Dieses interessante Dokument enthält, wie wir gesehen haben, den Bericht über ein weit nach Norden vorgetragenes Forschungsunternehmen der Wikinger. Es ist vielleicht nicht die erste Nordfahrt gewesen, auf die die Grönländer gingen. Aber wahrscheinlich hat doch kaum eine frühere Fahrt so hoch hinaufgeführt, dafür spricht die Ausführlichkeit dieser Nachricht und die besondere Betonung der nautischen Angaben an ihrem Schluß. Der Anfangspunkt der Expedition war offenbar der Bischofssitz Gardar, das heutige Igaliko. Von dort ging es zur Vestribyggd, dann an dieser vorbei zu den Nordrsetur, den «Nordsitzen», jenen sommerlichen Fangstationen, von denen wir oben schon berichteten, und schließlich über diese hinaus bis nördlich der Kroksfjardarheidr. Wo dies gelegen hat, ist ungewiß. Der Kroksfjord ist bis hinauf zum 76. Grad gesucht worden. Indessen dürfte Nansens Ansicht, nach der die Kroksfjardarheidr beträchtlich weiter südlich gelegen habe, doch wahrscheinlich sein. Der nördlichste Punkt der Fahrt ist wohl ziemlich sicher die Gegend der Melvillebai in Grönland gewesen. Der 74. Grad wäre damit nur unwesentlich überschritten worden: gleichwohl eine sehr erhebliche Leistung, die erst viele Jahrhunderte später durch John Davis wieder erreicht wurde.

Sehr viel leichter als die Frage, bis wohin diese Expedition der Nordmänner geführt hat, ist die nach den Beweggründen ihres Unternehmens zu beantworten. Im Vordergrund scheint dabei das Bestreben gestanden zu haben, Näheres über die Skraelinger zu erfahren, die sich in der Nähe der Siedlungen gezeigt haben mochten und auf die man wohl mit Recht die primitiven Holzarbeiten und Werkzeuge zurückführte, die im Meer treibend gefunden wurden. Der Bericht klingt nicht so, als hätten sich die Grönländer durch das Auftauchen der Skraelinger sonderlich beunruhigt gefühlt. Aber zwischen den Zeilen spürt man doch eine gewisse Erregung; bekanntlich galten die Skraelinger den Nordmännern als eine Art koboldähnlicher Dämonen, von denen auch nur zu sprechen man möglichst vermied, da das bereits Unheil bringen konnte. Daher hat man das Land wohl ziemlich genau nach Spuren der schlitzäugigen kleinen Fell-Leute abgesucht. In zweiter Linie haben dann sicherlich wirtschaftliche Überlegungen am Zustandekommen des Unternehmens mitgewirkt. Schon von den Nordrsetur wußte man, daß jagdbares Wild dort häufiger zu finden war als weiter südlich. Da wird der Gedanke, festzustellen, ob die Jagdverhältnisse nördlich der alten Fangsitze nicht noch günstiger seien, recht nahegelegen haben. Und man entnimmt dem Wortlaut des Reiseberichts deutlich genug, wie aufmerksam die Teilnehmer an dieser Fahrt nach Walrossen, Eisbären, Seehunden und sonstigem Getier Ausschau hielten. Hinzu kommt schließlich als treibende Kraft das Motiv der Wißbegier, von dem schon der ‹*Königsspiegel*› ausgesagt hatte:

«Deine Frage betreffend, was die Leute dort in dem Lande suchen oder warum sie dorthin segeln mit so großer Lebensgefahr, dazu lockt sie eine dreifache Anlage des Menschen. Das erste ist die Lust am Kampf und Ruhm, denn das ist menschliche Art, sich dorthin zu begeben, wo große Gefahr zu erwarten ist, und sich dadurch berühmt zu machen.

Das zweite ist Wißbegierde, denn das liegt gleichfalls in der Natur des Menschen, die Dinge zu erkunden und zu untersuchen, von denen ihm erzählt wird, und zu erfahren, ob sie so sind, wie ihm gesagt wurde, oder nicht.

Das dritte ist die Aussicht auf Gewinn, denn überall suchen die Menschen nach Gut, wenn sie erfahren, daß sich irgendwo Aussicht auf Gewinn darbietet, mag auch andererseits große Gefahr damit verbunden sein ...»

Die Wißbegier konnte durch die Fahrt von 1266/67 weitgehend befriedigt werden; vermutlich ist sie dadurch aber erst recht angestachelt worden, und ebensowenig, wie dieses Unternehmen das erste seiner Art war, war es auch der letzte. Sicher haben sich die Nordmänner mit einer einmaligen Anwesenheit in so hohen nördlichen Breiten nicht begnügt, und die von Nansen und anderen geäußerte Vermutung, die Grönländer hätten auf ihren Fahrten bereits das Baffinsland wie den Jonas-, den Lancaster- und den Smithsund erreicht, kann durchaus zutreffen.

Wenige Jahrzehnte später sind die Normannen jedenfalls wieder im hohen Norden gewesen. Diesmal berichtet ein bei Upernivik auf rund dreiundsiebzig Grad Nord gefundener Runenstein über die Anwesenheit der Nordmänner in diesen Gebieten. Dieser Runenstein ist schon rund hundertzwanzig Jahre bekannt, gleichwohl hat er die Fachwissenschaft bis zur Gegenwart immer wieder neu beschäftigt. Er enthält nämlich am Schluß der Inschrift einige wahrscheinlich magische Geheimru-

49. Der Runenstein von Upernivik

nen, deren völlige Deutung sich bisher als unmöglich erwies. Der Text des Steins lautet:

«Erlinger Sigvatson, Bjarno Thordsson und Eindridi Oddsson errichteten dieses Denkmal am siebenten Tage vor dem Siegestag.»

Nun folgten die schon erwähnten Zauberrunen, aus denen man anfangs herauslas, die Runenritzung und die Errichtung des Steinzeichens, auf dem sich der Runenstein befand, sei im Jahre 1135 erfolgt. Man ist jetzt davon überzeugt, daß diese Deutung nicht zutrifft und daß der Runentext von Upernivik hundertsechzig bis zweihundert Jahre später entstanden ist. Zu welchem Zweck die Inschrift hier niedergelegt wurde, aus welchen Gründen die drei Nordmänner in dem völlig vegetationslosen Gebiet von Upernivik weilten, welche Absichten ihre Reise hierher hatte: das alles bleibt unklar. Interessant ist aber die Datierung dieser Runenzeichen. Der «Siegestag» war ein altgermanisches, später christianisiertes Fest, das stets am 25. April begangen wurde. In dieser Jahreszeit herrscht nun in hohen Breiten wie der von Upernivik noch tiefer Winter. Man muß also annehmen, daß die drei Wikinger, die Mitte April hier den Runenstein ritzten und das Steindenkmal errichteten, entweder eine winterliche Schlittenreise in den Norden unternommen haben – ein sehr kühnes Unternehmen –, oder aber, daß sie hier überwinterten, was eine ebenso erstaunliche Leistung darstellen würde. Sie müssen also sehr schwerwiegende Gründe für ihre Expedition gehabt haben, und vermutlich hat es sich auch hier wieder um die Skraelinger gehandelt.

Der Runenstein von Upernivik ist übrigens nicht das einzige steinerne Zeugnis für so weite Nordfahrten der Grönland-Wikinger. Neben Gräbern sind es vor allem künstliche, aus Steinen gebaute Nester für Eidergänse, die die Anwesenheit der Normannen in arktischen Regionen bekundeten. Eiderdaunen waren ein sehr wichtiger Exportartikel der Grönland-Normannen. Offenbar war es aber nicht ganz leicht, in deren Besitz zu kommen, da die Eidergänse nicht vergesellschaftet, sondern isoliert zu brüten pflegen. Um sich das Aufsuchen der Nester zu sparen, bauten die Grönländer eine Art künstlicher, aus einigen zusammengetragenen Steinen gebildeter Nester, und da die Eidergänse solche Nester bevorzugt zu haben scheinen, konnten sich die grönländischen Daunen-Exportleute langwieriges Nachsuchen sparen. Solche künstlichen Nester hat man, wie der norwegische Geograph Gunnar Isacksen vor einigen Jahren nachwies, noch auf sechsundsiebzig Grad nördlicher Breite gefunden. Und der amerikanische Arktisforscher George Nares berichtete 1875, er habe noch auf fast achtzig Grad Nord Spuren einer vor langen Jahrhunderten erfolgten Forschungsreise grönländischer Normannen entdeckt.

Möglich, daß auch diese wirklich großartigen Polarreisen der grönländischen Wikinger, die erst viele, viele Jahrhunderte danach übertroffen wurden, durch Nachforschungen nach den Skraelingern veranlaßt worden sind. Auch dies scheint wieder in Verbindung zu stehen mit jener Klimaänderung gegen Ende des Hochmittelalters, von der wir oben schon sprachen.

Der dänische Forscher Thorkel Mathiassen konnte nämlich den Beweis dafür liefern, daß die Eskimos wohl gleichzeitig mit einer durch klimatische Gründe bedingten Südwanderung der Robbe um 1300 begonnen haben müssen, nach Süden vorzurücken. Sie erhielten über den Smithsund offenbar einen starken Zuwachs weiterer eskimoischer Bevölkerungsteile und waren daher gezwungen, ihre Fanggebiete immer mehr auszudehnen. Dabei sind sie dann sicher mit den Normannen in Berührung geraten. Unweit von Upernivik fand sich in alten eskimoischen Abfallhaufen eine kleine Holzpuppe mit langem, engem Rock und hoher Kapuze; sie entsprach ganz der Tracht, die damals in den Siedlungen der Grönländer getragen wurde und die den Eskimos natürlich als fremd und eigenartig auffallen mußte. Das Alter dieser Puppe dürfte rund sechshundert Jahre betragen. Sie ist mithin etwa um die Zeit entstanden, in der die drei Normannen von Upernivik ihr Steindenkmal errichtet haben.

Und nun, im 14. Jahrhundert, hören die Alarmnachrichten über das Vorrücken der Skraelinger im nördlichen Grönland nicht mehr auf. Von Ivar Bardsens 1342 unternommener vergeblicher Reise zur Vestribyggd und seinem hilfesuchenden Bericht an König Magnus Erikson von Norwegen vernahmen wir bereits. Aber es gibt noch eine ganze Anzahl weiterer Überlieferungen, die von sich mehrenden Zusammenstößen zwischen Grönländern und Eskimos sprechen und in denen wiederholt davon berichtet wird, die Skraelinger hätten Wikingersiedlungen von Grund auf verwüstet.

Die auf Grönland veranstalteten Ausgrabungen haben bisher keine Bestätigung dafür gebracht, daß diese Nachrichten zutreffen. Bei den Untersuchungen der Vestribyggd hat man aber an einem der größten Höfe Spuren von Verwüstungen entdeckt, die einen sehr eilig erfolgten Aufbruch seiner Bewohner zur Flucht als möglich erscheinen lassen. Hier und da mag es also wirklich zu größeren Raufereien zwischen den beiden Völkern und vielleicht auch zu Überfällen auf einsam gelegene Höfe gekommen sein. Im großen und ganzen bestätigen die dänischen Ausgrabungen aber das überraschende Bild, welches sich Ivar Bardsen 1342 in der Vestribyggd darbot: der ganze Ort menschenleer und offenbar geplündert, und auf den Wiesen herrenloses, wild weidendes Vieh – Ziegen, Schafe, Rindvieh und Pferde. Aber kein Wort davon, daß in der Vestribyggd Spuren harter Kämpfe sichtbar gewesen seien. Nirgendwo wird gesagt, daß Kirchen und Höfe in Flammen aufgegangen wären und nun in Trümmern lägen. Die Skraelinger hätten die Siedlung ausgeraubt, heißt es in Ivar Bardsens Bericht, und nun sei alles menschenleere Einöde. Diese von den Ausgrabungen bestätigte Nachricht ist sehr auffällig. Was ist denn, so fragt man sich, in der Vestribyggd nun wirklich geschehen? Warum haben die Wikinger ihre Siedlung aufgegeben? Wo sind sie selbst geblieben?

Eindeutig und überzeugend kann diese Frage bis zum heutigen Tage nicht beantwortet werden. Aber es lassen sich doch eine Reihe Vermutungen aufstellen, die einen gewissen Grad von Wahrscheinlichkeit haben. Wir hörten schon oben davon, daß im nordatlantischen Raum seit dem Mittelalter eine Klimaverschlechterung eingetreten sein dürfte und daß Untersuchungen in der Vestribyggd eine Änderung der Vegetation durch eine recht plötzlich aufgetretene Trockenheit nachgewiesen haben. Diese Katastrophe, die sich auf die Tierhaltung der Wikinger wahrhaft vernichtend auswirken mußte, soll gegen das Ende der Nordmännerzeit eingetreten sein. Nun wissen wir aber, daß die Viehzucht die Grundlage für die wirtschaftliche Existenz der grönländischen Normannen gewesen ist. Sie waren also, wurde die Tierhaltung unmöglich, gezwungen, sich entweder auf die geänderten Lebensbedingungen umzustellen, zu «verskraelingern» und wie die Eskimos völlig zur Fisch- und Trannahrung überzugehen oder – auszuwandern.

Die Vestribyggd-Wikinger scheinen die letzterwähnte Möglichkeit gewählt zu haben. In den *‹Isländischen Annalen›* des Bischofs von Skalholt, Gisle Oddson, findet sich zum Jahre 1342 folgender Eintrag:

> «Grönlands Bewohner gingen freiwillig vom rechten Glauben und vom Christentum ab. Nachdem sie sich von allen wirklichen Tugenden und guten Sitten losgesagt hatten, begaben sie sich zu den Völkern Amerikas. Man nimmt nämlich an, daß es von Grönland zu den Westländern gar nicht weit ist ...»

Nun muß allerdings zu dieser erstaunlichen Nachricht bemerkt werden, daß sie in der uns vorliegenden Form erst im 17. Jahrhundert aufgezeichnet wurde. Als nämlich 1630 das Archiv der Hauptkirche von Skalholt auf Island niederbrannte, hat Bischof Oddson alle ihm wichtig dünkenden Dokumente offenbar aus dem Gedächtnis nachgeschrieben. Neben anderen weniger bedeutungsvollen Stücken gehört auch die vorliegende Notiz zu den auf diese Weise überlieferten, was ihren Zeugniswert natürlich mindert. Gleichwohl klingt sie nicht unwahrscheinlich. Amerika, das gesegnete Vinland und das holzreiche Markland, lag ja nur wenige Tagereisen entfernt, und wie wir vorhin hörten, ist noch aus dem Jahre 1347 eine Marklandfahrt der Grönländer ausdrücklich bezeugt. Wenn es sich dabei auch wohl um Fahrensleute aus der Ostsiedlung gehandelt hat, so spricht doch nichts dagegen, daß fünf Jahre vorher nicht Vestribyggd-Leute ebensogut in der Lage gewesen wären, nach Markland zu fahren: zumal ausdrücklich betont wird, das Marklandschiff sei kleiner als die kleinsten Island-Schiffe gewesen.

Auch Ivar Bardsens Bericht läßt darauf schließen, daß sich die Auswanderer der Westsiedlung nicht so weit entfernt haben konnten, daß es ihnen nicht möglich gewesen wäre, das in der grönländischen Heimat zurückgelassene Vieh nachzuholen. Es heißt in seinem Zeugnis ausdrücklich, es hätten sich in Vestribyggd Rindvieh, Pferde, Ziegen und Schafe befunden. Keines dieser Tiere wäre imstande gewesen, den arktischen Winter ohne Schutz in der eisigen Einöde zu überstehen. Bardsen muß also ziemlich unmittelbar nach dem Aufbruch der Nordmänner in der Westsiedlung eingetroffen sein, so daß diese seit der Abfahrt noch keine Zeit gefunden hatten, ihren wertvollsten Besitz, das Vieh nämlich, restlos nachzuholen. Daß zwischen der Annal-Eintragung Gisle Oddsons zum Jahre 1342 und Ivar Bardsens Reisebericht aus dem gleichen Jahr ein innerer Zusammenhang besteht, ist jedenfalls kaum zweifelhaft.

Auch die Frage, ob es für die Vestribyggd-Leute nicht nähergelegen hätte, sich unter dem Druck der Not und vor den näher rückenden Skraelingern zur Ostsiedlung zurückzuziehen, dürfte diesen Zusammenhang der beiden Bekundungen nicht stören. Zunächst einmal muß man sich vergegenwärtigen, daß die Entfernung von der Vestribyggd nach Baffinsland ja nur rund 200 Seemeilen betrug, was einer Reisezeit von etwa zwei Tagen entsprach. Dazu kam, daß man an der amerikanischen Küste ziemlich bald in die kräftig nach Süden gehende Nordströmung geriet. Wollte man von der Vestribyggd zur Ostsiedlung reisen, so mußte längs der grönländischen Küste gegen den Südstrom und in unmittelbarer Nähe des gefährlichen Inlandeises gefahren werden. Außerdem werden sich die Vestribyggd-Leute gesagt haben, daß die Dürre, die über sie selbst hereingebrochen war, auch die Ostsiedlung betreffen werde. Damit hätte sich aber der Lebensraum der Grönländer in dem ohnehin bis an die Grenze seiner Leistungsfähigkeit besiedelten Land so eingeengt, daß die Aufnahme der etwa achtzehnhundert Menschen der Westsiedlung unmöglich gewesen wäre. Hinzu kommt noch, daß die stolzen Bauern der Vestribyggd sicher keine Neigung hatten, bei den Leuten der Eystribyggd oder gar in Island und Norwegen hilfesuchend unterzukriechen. Psychologisch wahrscheinlicher ist es jedenfalls, daß sie der Sitte ihrer Vorfahren gefolgt und in die Ferne aufgebrochen sind, um unter günstigeren Bedingungen Land zu nehmen.

Stand aber einmal dieser Entschluß fest, dann blieb ihnen überhaupt keine andere Möglichkeit, als die Davisstraße zu überqueren und auf der anderen Seite des Meeres siedlungsfähige Gebiete aufzusuchen. Diese Vermutung – um mehr handelt es sich natürlich nicht – erfährt nun eine höchst bemerkenswerte Stütze durch die zahlreichen Nachrichten über das Vorkommen weißer, hochgewachsener, blonder und blauäugiger «Eskimos».

Die erste dieser Nachrichten stammt von einem englischen Fischereikapitän, der um die Mitte des 17. Jahrhunderts unter 72 Grad Nord neben kleinen, dunkelhäutigen und kurzbeinigen Eskimos auch zahlreiche hochgewachsene, gut gebaute und ziemlich hellhäutige Eingeborene fand, deren Aussehen deutlich auf eine Mischung von etwas eskimoischem mit viel skandinavischem Blut hinwies.

John Franklin war dann der nächste, der die Gegenden erreichte, in denen europäisch aussehende Eskimos wohnten. Im Jahre 1824 fand er einen dieser «blonden» Eskimos. Er beschreibt ihn folgendermaßen:

«Das ovale Gesicht trug eine vorspringende Nase und unterschied sich wenig von europäischen Gesichtern, wenn man von den kleinen Augen und der schmalen Stirn absah. Die Haut war frisch und rot, sein Bart war der längste, den ich jemals bei amerikanischen Eingeborenen gesehen habe.»

Dreizehn Jahre später, 1837, trafen zwei amerikanische Arktisforscher, Dease und Simpson, in derselben Gegend mit Eskimos zusammen. «Einer von ihnen», berichten sie, «sah vornehm aus und hätte fast ein Skandinavier sein können.»

Berichte wie diese, ziemlich zufällig herausgegriffen, sind in der Arktis-Literatur zahlreich zu finden. Der amerikanische Gelehrte A. W. Greely sammelte und veröffentlichte sie zu Anfang dieses Jahrhunderts und legte damit den Grund für sehr eifrig betriebene Nachforschungen nach diesem weißen Arktisvolk. Dabei ergab sich, daß verschiedentlich Eskimo-Sagen aufgezeichnet waren, nach denen vor langer Zeit ein hochgewachsenes, fremdes Volk eingewandert sei, das die Ureinwohner des Landes, in Labrador sowohl wie in Baffinsland, Tunnits nannten. Bald darauf wurde dieses merkwürdige Volk von dem isländischen Arktisforscher Stefansson auf dem völlig isolierten Viktorialand in Nordkanada leibhaft aufgefunden. Stefansson war 1908 in die kaum bekannten und durchweg als unbewohnt, ja sogar als unbewohnbar geltenden Gebiete des Viktorialandes aufgebrochen, um dort nach den weißen Eskimos zu suchen. Mitte Mai 1910 gelang es ihm, sie am Kap Bexley im Nordosten des Landes zu finden. Sie wurden von den anderen Eskimos als gewalttätig und bösartig gefürchtet, erwiesen sich aber als liebenswürdige und friedfertige Menschen, die den Kablunat, den Weißen, gastfreundlich aufnahmen, weil er fast genauso aussah wie sie selbst. Diese Ähnlichkeit fiel auch Stefanssons eskimoischen Begleitern auf. Sie meinten: «Das sind ja keine Eskimos, sie kleiden und benehmen sich nur wie Eskimos!» Noch deutlicher und eindrucksvoller wird diese Begegnung mit den seltsamen Menschen aus Stefanssons eigenem Bericht, der hier im Auszug folgt:

«Als ich die Leute vor mir sah, fühlte ich mich am Vorabend einer wissenschaftlichen Entdeckung. Von Kindheit auf mit dem nordischen Schrifttum vertraut, erinnerte ich mich an die skandinavischen Abenteurer, die in Gruppen von hundert, manchmal auch tausend Mann zu verschiedenen Zeiten in den Nebel des Eismeers untergetaucht waren. Entweder hatte ich hier eine Urkunde jener geschichtlichen Ereignisse aufgespürt oder eine neue Frage gestellt, nämlich, warum diese Eskimos wie Europäer aussehen, wenn sie nicht von ihnen abstammen... Vereinzelt haben sie blonde Haare im Schnurrbart, seltener im Kinnbart. Einige Schnurrbärte sind dunkelbraun. Diese Farbe habe ich im Westen (Mackenzie, Alaska) nie gesehen. Hier (Viktoriainsel) gibt es Leute mit dichten, 8 cm langen Vollbärten, die gegen den Rand hin lichtbraun, beim Kinn dunkler sind. Gesicht und Körpermaße gemahnen an sonnverbrannte Skandinavier...»

Das sind keine Eskimos: dies ist auch die Ansicht Stefanssons, der sich mehrere Jahre bei den Tunnits aufgehalten und nach seiner Rückkehr in einem umfangreichen Buch von dem Geheimnis der weißen Eskimos berichtet hat. Während Eskimos als echte Nachfahren mongolischer Volksstämme untersetzt, gelbhäutig und brünett, also schwarzhaarig und dunkeläugig sind, waren die Tunnits hochgewachsene, hellhäutige Menschen, deren Augenfarbe vielfach grau und deren Haar lichtbraun und rötlich war. «Hier sind drei Männer, deren Bärte fast so hell sind wie meiner. Sie sehen wie Skandinavier aus», notiert sich Stefansson am 16. Mai 1910, an dem Tage, an dem er zum erstenmal mit den weißen Arktis-Bewohnern zusammentrifft.

Und noch am gleichen Tage kommt er bereits zum Kernpunkt des ganzen Problems. Mischlinge von Eskimos mit Europäern sehen in der Regel wie Eskimos aus. Unzweifelhaft sind auch die Tunnits ein Mischvolk: gleichwohl wirken sie wie Europäer. Als er später an seinen Freunden Schädelmessungen vornimmt, ergibt sich das gleiche. Die Verhältniswerte von Schädel- und Gesichtsform sind nicht eskimoisch, sie sind europäisch. Das bedeutet also, daß eine starke Gruppe von Europäern sich mit einer zahlenmäßig viel schwächeren Gruppe von Eskimos gekreuzt hat. Diese blutsmäßigen Niederschläge einer wahrscheinlich erfolgten Berührung von Weißen mit mongolischen Eskimos können also nicht auf die gelegentliche Anwesenheit von Walfängern zurückgehen, deren Mannschaft viel zu klein ist. Außerdem weiß man genau, daß vor Stefansson nur zweimal Walfänger und Pelzjäger annähernd so weit nördlich vorgedrungen sind.

Es sei also ganz unerfindlich, meint Stefansson, woher diese seltsamen «Eingeborenen» stammten, und für unvoreingenommene Beurteiler liege es am nächsten, Einflüsse der grönländischen Normannen anzunehmen. Diese seien nicht nur zahlreich genug gewesen, um so eindrucksvolle Erbmerkmale lange Generationen über weiterzugeben, auch die Entfernung zwischen Viktorialand und den Siedlungen der Grönländer wäre relativ so gering, daß für ihre Bewältigung nicht mehr als rund ein Jahr gebraucht werde. «Haben die Viktoria-Eskimos», so rundet Stefansson seine Schlußfolgerungen ab, «wirklich europäisches Blut in sich, dann liefern die skandinavischen Besiedler Grönlands die einzig mögliche geschichtswissenschaftliche Erklärung.»

Natürlich ist die Annahme, die Grönland-Normannen der Vestribyggd seien die Vorfahren der heutigen «weißen Eskimos», nicht mehr als eine Vermutung. Auch Stefansson weist ihr keinen höheren Grad von Sicherheit zu, und es soll nicht verschwiegen werden, daß die Anthropologen sehr skeptisch geblieben sind. Sie haben gemeint, die Beliebtheit von Blutsuppe wie die sparsame Verwendung von Waschwasser seien der wirkliche Grund für die rötliche Verfärbung mancher Eskimobärte, und die blauen Augen seien lediglich eine krankhafte Verfärbung der Iris, wie dies gelegentlich nach einer bösartigen Schneeblindheit eintrete. Das mag durchaus zutreffen, aber derlei erklärt keinesfalls, weshalb die von Stefansson aufgefundenen «weißen» Eskimos ihrem Typ und Wesen nach wie Europäer gewirkt haben. Näheres über das ganze Problem dürfte wohl zu erfahren sein, wäre es möglich, im vereisten Boden der Arktis Ausgrabungen zu veranstalten, Stefansson und andere Forscher haben nämlich sowohl in Labrador wie in Baffinsland und in Viktoria wiederholt die Reste von festen, aus Steinen und Grassoden geschichteten Häusern gefunden, die keinesfalls von Eskimos errichtet sein können und in deren Umgebung der Boden sicher zahlreiche wichtige Zeugnisse für die Herkunft ihrer Erbauer birgt. Aber selbst im heißesten Sommer, wenn die Sonne wochenlang mit unwahrscheinlichen Wärmegraden vom Himmel brennt, taut der Boden nur bis zu einer Tiefe von 10 cm. Diese Schicht müßte abgehoben und dann gewartet werden, bis die nächsten 10 cm und so fort getaut sind. Die Zeit, diesen langwierigen Tauprozeß abzuwarten, hat bisher kein Arktis-Reisender gehabt. Es wird auch wohl niemals ein Reisender diese Zeit haben können, weil er ja auf die Jagd eßbarer Tiere und damit auf ein Nomadenleben angewiesen ist, das ein längeres Verweilen an einem Ort unmöglich macht. Infolgedessen wird das Eis des Nordens, das so viele Geheimnisse umschließt, auch das der Vestribyggd-Normannen noch lange in sich bergen. Aber vielleicht gibt eines Tages der Zufall doch eine Kunde von dem Verbleib der Normannen aus Grönlands Westsiedlung.

10

Über das Schicksal der Eystribyggd-Siedler haben wir seit den 1921 begonnenen dänischen Ausgrabungen in Südwestgrönland und durch die aufschlußreichen Veröffentlichungen von Paul Nörlund ein ziemlich eingehendes Wissen. Auch hier ist, wie um die Mitte des 14. Jahrhunderts bereits in der Vestribyggd, offenbar schließlich die Viehwirtschaft unmöglich geworden. Daran kann eine Klimaverschlechterung schuld sein wie eine vorübergehende Änderung des Wetters mit einer Reihe trokkener Sommer und langer Winter. Wir haben oben schon einmal darauf hingewiesen, wie labil im ganzen die Situation der grönländischen Normannen-Siedlungen gewesen ist. Selbst eine an sich wenig bemerkenswerte klimatische Einengung ihres Lebensraumes wie etwa die Unmöglichkeit, genügend Heu für die Winterfütterung der Tiere zu bergen, mußte schwerwiegende Folgen haben. Trat nämlich einmal ein umfangreiches Viehsterben ein, so war wenig Aussicht, den gelichteten Bestand durch Einfuhr aus Island oder Norwegen wieder aufzufüllen, jedenfalls nicht mehr in einer Zeit, in der die Verbindung mit Europa lediglich durch die unregelmäßigen und gewiß seltenen Fahrten hansischer und englischer Kaufleute hergestellt wurde.

Konnten die Wikinger ihre Viehzucht aber nicht mehr aufrechterhalten, dann waren ihre Lebensgrundlagen bedroht. Es war ihnen nicht möglich, wie die Eskimos allein vom Fischfang oder von der Jagd zu leben. Vermochten sie schon nur unter Schwierigkeiten auf Brot oder Grütze zu verzichten, so war es für sie vollends unmöglich, dazu noch die Milch und alle Milchprodukte aufzugeben. Es ist überaus bezeichnend, daß Skelettfunde in den Friedhöfen der Ostsiedlung ergeben haben, daß die Zähne aller, selbst ganz junger Menschen, außerordentlich abgenutzt waren. Das ist möglicherweise auf eine durch Sand und Kies verunreinigte Pflanzenkost zurückzuführen, deren Genuß ein manchmal völliges Abschleifen der Kauwerkzeuge mit entsprechenden krankhaften Veränderungen am Kiefer bewirkte. Sehr viel wahrscheinlicher sind diese Erscheinungen aber Folgen einer Mangelkrankheit, beispielsweise der Rachitis, die sicher zahlreiche Opfer gefordert hat.

An Fleisch und Fisch dürfte es dagegen nicht gefehlt haben. Folgen von Skorbut fanden sich daher an den Gerippen nicht. Dagegen wiesen sie häufig schwere Rückgratverkrümmungen auf, möglicherweise als Folge von Rachitis oder Tuberkulose. Auch Beckenverengungen, die bei den Frauen schließlich zur Gebärunfähigkeit führten, krankhafte Schwäche der Arme und Beine und endlich Zwergwuchs fand sich an den Skeletten: wie Paul Nörlund feststellt, höchstwahrscheinlich als Folgen einer dauernden Unterernährung. Aus den hochgewachsenen, wuchtigen Gestalten der Landnahmezeit waren schließlich pygmäenhafte Erscheinungen geworden, deren Größe zwischen 140 und 160 cm lag. Dazu muß eine sehr hohe Sterblichkeit gekommen sein. Wie die Ausgrabungen ergaben, ist die Hälfte aller Personen über achtzehn Jahre noch vor dem dreißigsten Lebensjahr gestorben; dementsprechend groß war natürlich auch die Kindersterblichkeit. Der Altersaufbau in den Grönland-Siedlungen ist deshalb immer ungünstiger geworden. Dagegen konnten an Hand der bisher durchgeführten Grabungen keine Anzeichen einer Rassenvermischung mit den Eskimos nachgewiesen werden. Bis zuletzt sind offenbar die Normannen der südlicheren Grönland-Siedlungen vor den kurzbeinigen kleinen Kobolden aus dem Norden zurückgeschreckt. Bis zuletzt haben sie es offenbar auch abgelehnt, die Kultur der Skraelinger anzunehmen.

Wann die letzten Nordmänner in Grönland verschwunden sind – wozu es also gar keines Zusammenstoßes mit den Skraelingern bedurfte –, steht nicht mit aller Sicherheit fest. Für 1534 wird jedenfalls von dem isländischen Bischof Oegmund von Skalholt, der auf der Fahrt von Norwegen nach Island in die grönländischen Gewässer verschlagen wurde, bezeugt, er und seine Leute hätten in Herjulfsnes im Vorbeifahren noch Menschen gesehen. Es sei zwar bereits Abend gewesen, aber sie seien so dicht an der Küste entlanggesegelt, daß sie die Menschen, die Schafställe, die Schafe und die Lämmer genau erkennen konnten.

Der letzte Europäer, der einen Grönland-Wikinger gesehen hat, wenn auch nur als Leiche, war wohl der isländische Kapitän Jon, der auf der Strecke Hamburg–Island fuhr und der dabei so häufig nach Grönland gekommen sein muß, daß ihm der Beiname Grönländer gegeben wurde. Dieser Jon Grönländer hat nun 1540 eine Fahrt unternommen, über die er folgenden Bericht hinterließ.

«Er sei um 1540 auf einem deutschen Handelsschiff nach Grönland verschlagen worden. Dieses Schiff fuhr in einen mit vielen Inseln versehenen Fjord ein, von denen einige von Eskimos in Besitz genommen waren. Sie fürchteten sich, dort an Land zu gehen, und fuhren weiter zu einer abseits liegenden, kleinen, unbewohnten Insel. Da fanden sie Bootshäuser und Steinwälle, wie es sie auf Island gibt. Da sahen sie auch einen toten Mann, der auf dem Gesicht lag. Auf dem Kopf hatte er eine Kapuze, gut genäht, und im übrigen trug er Kleider aus Robbenfellen und Fries. Bei ihm lag ein krummer Dolch mit Scheide, verbogen und durch häufiges Schleifen sehr verschrammt und abgenutzt. Dieses Messer nahmen sie als Andenken mit.»

Da der hamburgische Kapitän Gert Mestemaker, wie wir hörten, ein Jahr später, 1541, auf Grönland keinen Menschen mehr antraf, ist der von Jon Grönländer aufgefundene Tote wohl der letzte Normanne gewesen, den zu bestatten niemand mehr am Leben war.

Es mag scheinen, als sei hier ein großer Aufwand an Gut und Blut tragisch vertan worden, als sei es eine ironische Laune der Geschichte gewesen, daß Erich der Rote, der Bauer und Viehzüchter, nach Westen steuerte, statt in die alte Heimat zurückzufahren. Nach dem Gesetz, nach dem er angetreten, blieb ihm nichts übrig, als die neuentdeckte Wahlheimat eines späten Tages wieder zu verlassen oder in ihr unterzugehen. Er und sein Volk haben das letztere gewählt.

Aber der rauhe Nordmann folgte nicht allein seinem Gesetz, als er den Absprung wagte aus der abendländischen Welt in eine ferne Gegend und zu neuen Ufern, die nach den geographischen Vorstellungen der Alten in unmittelbarer Nähe von Ginnungagap, dem furchtbaren

Weltenstrudel, gelegen sein mußten. Er gehorchte dabei, freilich ohne es zu wissen, dem neuen Weltgedanken, der nach dem Ende des hellenisch-römischen Reiches den Schwerpunkt der zukünftigen Entwicklung in den Westen und Norden verlegte. Erich begann seine Fahrt und wurde so zum Stammvater jener, die nicht viel später zum erstenmal das Land fern im Westen über dem Meer betraten, nach dem seit langem schon die unausgesprochenen, kaum geahnten Hoffnungen, Sehnsüchte und Wünsche des Abendlandes gingen.

Teil VIII

Das Weinland

Bjarni Herjulfsson, der erste Transatlantik-Fahrer · Leif Erichsson segelt nach Vinland · Der wilde Wein, die Lachse und der Indianerweizen Lag Vinland in Massachusetts? · Professor E. F. Gray und «Leifbudir» · Deutsche Quellen für Vinland · Die Wikinger und der Coltrevolver · Mr. Dodd und das Grab von Beardmore · Was heißt «leitadi»? · Darf ein Bischof desertieren? · Der Vatikan wußte von Vinland · Paul Knudson und der Kensington-Stein · Longfellows «Skeleton in armour» · Der Native-Copper-Distrikt am Lake Superior · Noch einmal die Mandan-Indianer · Ist Magnus ein indianischer Vorname? · Wikinger und die Expedition der Pining-Pothorst · Burgundermützen in Grönland · Giovanni Caboto entdeckt Markland · Die Märcheninsel Brazil · War Kolumbus in Island? · Kolumbus und die Vinland-Tradition

1

Da ist Bjarni, Herjulfs und seiner Frau Thorgard Sohn. Und da ist sein Schiff, ein tüchtiges, gutes Meerschiff, mit dem man weite Fahrten unternehmen kann. Bjarni ist trotz seiner Jugend – er ist erst einige zwanzig Jahre alt – ein kundiger Seemann, er hat Vermögen und Tatenruhm. Vieler Länder Menschen hat er kennengelernt, viele Meere hat er gesehen, neue Dinge und Überraschungen ist er gewöhnt. Aber als er im Sommer 985 aus Norwegen, wo er den Winter zugebracht hat, nach Hause kommt, nach Eyrar (Sandstrand) in Island, wo der Hof seines Vaters steht, da dünkt es ihn doch erstaunlich: er findet dort keine Menschenseele vor. Die Eltern haben sich Erich dem Roten angeschlossen und sind über See in ein neues Land jenseits des Meeres gefahren.

Etwa dies ist es, was Bjarni von den Nachbarn erfährt. Es ist nicht sehr viel, es ist reichlich unbestimmt. Ob Bjarni Vater und Mutter je wiedersehen wird, ist recht zweifelhaft. Doch wenn er in Eyrar sitzen bleibt, wird er überhaupt nicht erfahren, was aus ihnen wurde. Hohe

Berge und Gletscher gebe es in dem neuen Land, ganz wie hier auf Island, sagen die Leute. Aber ein grünes Land sei es, erzählen sie auch. Das jedenfalls hätte Erich der Rote berichtet.

So beschließt Bjarni, hinter den Eltern her auf gut Glück nach Westen in den Ozean zu segeln. So entdeckt er, als der erste Europäer, von dem wir sicher wissen, Amerika.

Die *‹Grönlandsaga›*, eine um die Wende vom 12. zum 13. Jahrhundert in Grönland niedergeschriebene Familienchronik, hat Bjarnis Schiffsjournal, freilich durch die Mittelbarkeit der Überlieferung schon ein wenig abgegriffen, aufbewahrt:

«In eben dem Sommer, in dem Bjarnis Vater Herjulf mit Erich dem Roten nach Grönland gefahren war, kam Bjarni mit seinem Schiff nach Eyrar auf Island. Die Nachricht von der Reise seines Vaters schien Bjarni sehr bedeutungsvoll zu sein, und er wollte seine Ladung nicht löschen. Da fragten ihn seine Leute, was er denn vorhabe. Er entgegnete, er wolle bei seiner Gewohnheit bleiben und den Winter bei seinem Vater verbringen. ‹Ich will mit dem Schiff nach Grönland fahren, wenn ihr Folge leistet und mitkommt.› Alle sagten, sie würden mitfahren. Darauf meinte Bjarni: ‹Töricht mag allen unsere Fahrt erscheinen, da niemand von uns bisher in das grönländische Meer gekommen ist.›

Als sie fahrbereit waren, gingen sie in See und segelten drei Tage, bis das Land hinter ihnen im Meer versank. Aber dann flaute der günstige Wind ab, es kam Nebel und schließlich Nordwind. Sie wußten nicht mehr, wo sie waren, und das dauerte viele Tage.

Dann sahen sie die Sonne wieder und konnten die acht Himmelsrichtungen bestimmen. Da gingen sie segelauf und segelten den ganzen Tag und eine Nacht. Dann sahen sie Land und sprachen darüber, was das für ein Land sein könne. Und Bjarni meinte, Grönland könne es nicht sein. Sie fragten ihn, ob er das Land ansteuern wolle. Er meinte: ‹Mein Rat ist, nahe am Land entlangzufahren.› Sie taten das und stellten fest, daß das Land keine hohen Berge hatte, aber Wald und kleine Hügel.

Sie ließen das Land an Backbord liegen, mit dem Heck an der Landseite.

Dann segelten sie zwei Tage, als sie neues Land sahen. Sie fragten Bjarni, ob er glaube, daß das Grönland sei. Er antwortete, daß er dieses Land ebensowenig für Grönland halte wie das zuerst gesichtete Land. ‹Denn es heißt, daß in Grönland große Gletscher sind.› Sie waren dem Lande bald nahe und konnten sehen, daß es Flachland war, auf dem Wald wuchs. Da schlief der Fahrwind ein. Und seine Leute meinten, es sei ratsam, an Land zu gehen. Aber Bjarni wollte das nicht. Sie sagten, man brauche Brennholz und Frischwasser. ‹Ihr seid mit allem wohl versorgt›, antwortete Bjarni. Deshalb hörte er von seinen Leuten einige böse Worte.

Bjarni befahl, Segel zu setzen, und das geschah. Sie wandten den Bug vom Lande ab und segelten drei Tage seewärts bei Südwestwind. Da sahen sie ein drittes Land. Und dieses Land war hoch und gebirgig; auch Gletscher sahen sie. Sie fragten Bjarni, ob er nicht hier an Land gehen wolle. Er lehnte das indessen ab. ‹Nein!› sagte er. ‹Dieses Land scheint mir wenig verlockend zu sein!›

Nun ließen sie das Segel nicht fallen, sondern hielten am Land entlang. Da sahen sie, daß es eine Insel war.

Sie wandten den Bug vom Lande weg und fuhren bei demselben Wind auf die hohe See. Und der Wind frischte auf und versteifte sich. Da befahl Bjarni, zu reffen und nicht härter zu segeln, als Takelung und Schiff aushielten. So segelten sie vier Tage. Da sahen sie das vierte Land. Sie fragten Bjarni, ob er dieses Land nun endlich für Grönland halte. Bjarni antwortete: ‹Das sieht ganz so aus, wie mir Grönland geschildert worden ist. Hier wollen wir landen.› Das taten sie und kamen auf den Abend hin zu einer Landzunge. Dort lagen Boote. Und auf dieser Landzunge wohnte Herjulf, Bjarnis Vater. Von ihm hat die Landzunge ihren Namen bekommen und heißt seitdem Herjulfsnes.

Bjarni ging nun zu seinem Vater und blieb bei ihm, solange dieser lebte. Und nach dessen Tode lebte er selbst hier.»

Es ist klar: Diese trockene Erzählung von Segelkursen, von Wetterverhältnissen und Landsichtungen, ganz unromantisch, ganz sachlich aufgeschrieben, *kann* nur ein Seemann verfaßt haben, kein Gelehrter, kein Literat. Und deshalb haben die Literaten und die Gelehrten diesen Bericht lange Zeit hindurch für unglaubhaft gehalten. Wie kann einer Amerika entdecken, ohne mehr Wesens davon zu machen?

Erst vor einigen Jahren haben sich ziemlich gleichzeitig deutsche und norwegische Forscher für die geschichtliche Echtheit der Saga von Bjarni Herjulfsson eingesetzt. Unter ihnen steht der Norweger A. W. Brögger, Archäologe, Geograph *und* Seemann, mit an erster Stelle. Er hat den wohl aus Bjarnis Logbuch stammenden Bericht der *‹Grönlandsaga›* kritisch unter die Lupe genommen und in seinem schönen Werk *‹Vinlandfahrten›* unzweideutig erklärt: «Bjarnis Erzählung ist ein schlichtes, ein wenig trockenes und sicher ganz ungekünsteltes Schiffsjournal mit den knappen, aber bedeutungsvollen Angaben, die für einen Seemann wichtig sind.»

Nehmen wir also nun Kapitän Bjarnis Bericht über seine Amerika-Reise noch einmal vor! Er ist von Eyrar im westlichen Island abgefahren und drei Tage gesegelt auf Westkurs, bis das Land hinter ihm versank. Bei gutem Wetter, und nur bei solchem ist die Reise natürlich angetreten worden, sind die hohen Berge Islands noch bis auf eine Entfernung von rund 100 Seemeilen zu sehen. Bjarni hat also am vierten Tage der Fahrt, als Nebel kam, 100 Seemeilen westlich von Island in der Straße von Dänemark gelegen, nur rund 60 Seemeilen von Grönland entfernt. Nun setzte bei trübem Himmel Nordwind ein, die Reise ging also in südlicher Richtung und, da die Versetzung durch die Ostgrönland-Drift hinzuzurechnen ist, wohl in südwestlicher Richtung weiter. Das hat, wie die Überlieferung besagt, viele Tage gedauert. Als endlich die Sonne wiederkam und sie die Himmelsrichtungen bestimmen konnten, wußte Bjarni nicht mehr, wo sie waren. Den Grönland-Strom kannte er nicht, da er ja noch nie in Grönland gewesen war. Er ahnte also nichts

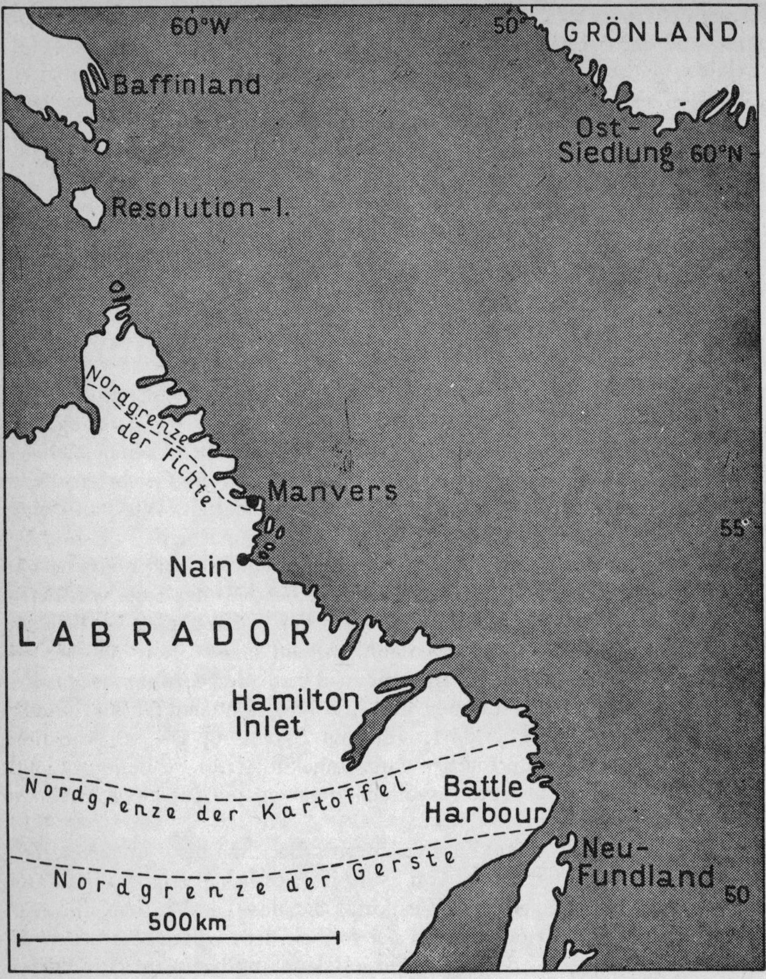

XXIII. Die Küsten von Labrador, Baffinland und Südwestgrönland

von seiner südwestlichen Versetzung und beschloß, westlich zu steuern. Grönland lag im Westen von Island, daher war sein Entschluß nur folgerichtig. Auf diesem Kurs sind er und seine Leute nun einen Tag lang gesegelt, bis sie plötzlich Land sahen, das etwas hügelig und im übrigen bewaldet war.

Welches Land kann das gewesen sein? Unfraglich Amerika, das ist sicher. Aber welcher Teil seiner Ostküste? Um Neufundland wird es sich kaum gehandelt haben, weil es von der See bis auf 800 m Höhe ansteigt. Das sind keine kleinen Hügel, sondern schon recht beträchtliche Erhebungen, namentlich, wenn man sie vom Meer aus erblickt. Ebenso scheidet Nordlabrador aus. Bei Nain und Manvers erreichen die Berge 2000 m Höhe, auch verläuft dort, entlang dem 57. Breitengrad, die Waldgrenze, und der Baumbestand wird dünn und schütter. Aber dafür gibt es in Südlabrador, etwa in der Gegend des Hamilton Inlet, die im ganzen flache, nur von einigen Hügeln belebte Landschaft, von der Bjarni erzählt. Ebenso breiten sich hier ausgedehnte große Wälder mit prächtigen Bäumen, und da die Nordmänner ja gar kein anderes Land gesichtet haben *können* als Amerika, spricht sehr viel dafür, daß sie es etwa hier, in Südlabrador, zum erstenmal ansteuerten.

Nach Sichtung der unbekannten Küste ließen sie sie, heißt es, an Backbord, also linker Hand, liegen und fuhren wieder auf das Meer. Nach zwei Tagen haben sie dann abermals Land gesichtet. Auch hier wuchs noch Wald, und Bjarnis Leute hätten die Gelegenheit einer Windstille gern dazu benutzt, zu ankern und an der Küste Frischwasser und Brennholz einzunehmen. Ihr Kapitän hat das energisch abgelehnt und es in Kauf genommen, daß die Mannschaft deshalb murrte. Auch in späteren Jahren, bis hin zu unserer Zeit, ist er deshalb gescholten worden. Er habe, liest man, die Gelegenheit verpaßt, Amerika wirklich zu entdecken, und eben dies beweise die Unglaubwürdigkeit der ganzen Nachricht. Jeder richtige Nordmann wäre an Land gegangen, um zu sehen, welche Küste er eigentlich vor sich habe.

Nach Bröggers Ansicht beweist aber gerade diese Weigerung die geschichtliche Echtheit der Bjarni-Überlieferung. Die ganze Küste Labradors ist sehr zerrissen. Dem meist sehr flachen Strand sind bis zu fünf Seemeilen hinaus ins Meer Inseln, Schären und Klippen vorgelegt, die das Fahrwasser außerordentlich schwierig machen. Selbstverständlich hat bereits Bjarni das festgestellt und sicher hat ihn das veranlaßt, vorsichtig zu sein. Hinzu kommt die alte Seemannswarnung, die auch heute noch überall auf der Welt und an allen Küsten gilt: «Hüte dich vor Land in Luv; noch ehe der Abend sinkt, kann es in Lee liegen!» Wie sehr diese Erfahrung gerade für Labrador zutrifft, zeigt ein Blick auf die Wetterberichte aus dieser Gegend. Im Sommer und Frühherbst herrschen westliche Winde vor, und naturgemäß ist dabei die See, da sie ja Landschutz hat, im allgemeinen ruhig. Urplötzlich kann der Wind aber in nordöstliche Richtung umspringen. Das Land, das eben noch in Luv lag, liegt nun in Lee, und die Gefahr, von der rasch steifer werdenden Brise und der immer schwereren See auf die Klippen geworfen zu werden, ist überaus groß. Jeder vernünftige Segelschiffkapitän hält sich also möglichst weit auf See, eben das, was Bjarni tat und weswegen man seinen Bericht als unglaubwürdig bezeichnet hat.

Bjarni setzte, wie wir hörten, seinen Willen gegen die Mannschaft durch und ging bei südwestlichem Wind in See, wieder in der Gesamtrichtung Norden, aber wohl mit einigen Strichen West. Hier sichteten sie nach kurzer Zeit hohe Berge und Gletscher, ein Land, das Grönland offenbar ähnelte, das Bjarni aber nicht als verlockend genug erschien. Nach den Mitteilungen, die er in Eyrar über Grönland erhalten hatte und die sicher von einem grünen Land mit lieblichen Fjorden und saftigen Weiden erzählten, war er sich klar darüber, daß dieses dritte Land nicht Grönland sein konnte. Wie Brögger vermutet, ist Bjarni in Sicht des südlichen Baffinlandes gekommen, wo es neben hohen Bergen auch große Gletscher gibt, was auf Labrador nicht der Fall ist.

Daß es sich bei diesem dritten Land jedenfalls nicht um Grönland gehandelt haben kann, wird aus dem letzten Teil des Reiseberichts klar. Es heißt darin, daß die Wikinger bei südwestlichem Wind auf die hohe See hinausgefahren seien und bei steifer Brise, stark gerefft und so den Sturm abwetternd, in vier Tagen Grönland in der Nähe von Herjulfsnes erreicht hätten. Ein solcher Kurs, etwa Ost bis Südost, ist natürlich unmöglich, wären die Nordmänner tatsächlich schon in Grönland gewesen. Das südliche Baffinland ist wohl das einzige Gebiet, das sie als drittes Land gesichtet haben können.

Der erste Entdecker Amerikas also, von dem wir sichere Kunde haben, ist danach Bjarni Herjulfsson mit seiner wohl im Jahre 985 durchgeführten Fahrt. Er hat diese Reise angeblich nicht wiederholt, merkwürdigerweise nicht, wie man wohl hinzufügen muß. Denn da er, wie wir hörten, nach dem Tode seines Vaters auf Herjulfsnes, dem heutigen Ikigeit in Südwestgrönland, ansässig blieb, hätte es für ihn eigentlich nahegelegen, um seinen Holzbedarf zu sichern, gelegentlich einmal nach Markland zu fahren, wie man das von Bjarni gesichtete Waldland später nannte. Wahrscheinlich ist das auch geschehen; wir wissen es vielleicht nur deshalb nicht, weil die Bjarni-Überlieferung von den glanzvolleren Berichten seiner Nachfolger, Leif Erichsson, Erichs des Roten ältesten Sohnes, und Thorfin Karlsefni, eines isländischen Kaufmanns, überstrahlt wird. Und zweifellos hat seine Fahrt erst durch die Expedition Leifs und Thorfins Bedeutung erlangt.

Die Saga berichtet, daß Bjarni nach dem Tode seines Vaters für einige Zeit nach Norwegen fuhr und daß man ihm am Hof des Jarl Erich zu seinem großen Ärger lebhafte Vorwürfe gemacht habe, weil er das von ihm gesichtete neue Land nicht näher erkundete. Mit diesen Vorwürfen noch im Herzen kehrte er nach Grönland zurück, und offenbar hat er hier ausgiebig von seinem Ärger und von dem neuen Land im Westen erzählt. Das habe, heißt es, für die Grönländer Veranlassung gegeben, die unbekannten Westländer zu suchen: anscheinend ist sich Bjarni also erst durch das verständnislose Kopfschütteln seiner Zeitgenossen darüber klargeworden, daß die neuen Ufer im Ozean doch eine gewisse Bedeutung haben konnten, so daß er jetzt mehr von ihnen und von seiner Reise dorthin sprach. Andererseits wird es auch bei den Grönland-Wikingern eine Weile gedauert haben, bis sie merkten, wie wichtig ein nahe gelegenes Waldland für sie war. Es ist jedenfalls recht erstaunlich, daß die unternehmungslustigen, an weite Seefahrten gewohnten Grönland-Wikinger erst jetzt, um das Jahr 1000, fünfzehn Jahre nach Bjarnis Sturmfahrt, auf den Gedanken kamen, sich nach den von ihm entdeckten, unbekannten Ländern umzutun.

2

Natürlich hat die Sippe Erichs des Roten, der ja eine Art ungekrönter König auf Grönland war, diesen Plan am eifrigsten aufgegriffen, und Erichs ältester Sohn Leif ist selbst an die Spitze einer großangelegten Expedition nach den Westländern getreten. Die *‹Grönlandsaga›* berichtet davon:

«Dies ist nun als nächstes zu berichten, daß Bjarni Herjulfsson von Grönland nach Norwegen reiste, zum Besuch bei Jarl Erich. Dieser empfing ihn freundlich, und Bjarni berichtete von seinen Fahrten, und daß er neue Länder entdeckt habe. Dem Jarl und seinen Leuten schien es, daß er wenig Wißbegierde gezeigt habe, weil er nichts Näheres von diesen Ländern zu erzählen wisse, und er empfing deshalb manche Vorwürfe. Bjarni wurde Gefolgsmann des Jarl und fuhr im Sommer darauf nach Grönland zurück. Hier sprach man nun viel davon, diese Länder aufzusuchen, Leif, der Sohn Erichs des Roten, auf Brattahlid, fuhr zu Bjarni nach Herjulfsnes, kaufte dessen Schiff und wählte die Mannschaft aus. Sie waren zusammen fünfunddreißig Mann.

Leif bat seinen Vater Erich, die Fahrt mitzumachen und wie früher der Führer der Unternehmung zu sein. Erich aber wollte lieber frei sein und sagte, er sei zu alt dafür geworden und wäre den Anstrengungen nicht mehr so gewachsen wie früher. Leif entgegnete, von ihrem Geschlecht habe keiner eine so glückliche Hand im Steuern wie er.

Da gab Erich dem Leif nach und ritt von daheim weg, sobald sie fahrtbereit waren. Kurz bevor sie das Schiff erreichten, strauchelte indessen sein Pferd, so daß er herabstürzte und sich den Fuß verletzte. Da sagte Erich: ‹Nicht mehr wird es mir vergönnt sein, weitere Länder zu finden als das, in dem wir jetzt wohnen. Wir werden nun nicht länger zusammen auf Fahrt gehen können.› Erich kehrte darauf nach Brattahlid zurück. Aber Leif und seine Leute machten das Schiff klar. Es war aber ein Mann aus dem Süden mit dabei, ein Deutscher, der Tyrkir hieß. Nun rüsteten sie ihr Schiff. Und als sie fertig waren, gingen sie in See und trafen zuerst auf das Land, das Bjarni und seine Leute zuletzt gesehen hatten. Sie segelten an Land, warfen Anker, setzten das Boot aus und fuhren zur Küste. Nirgends sahen sie dort Gras. Das ganze Hochland bestand aus lauter Gletschern, und wie ein flacher Stein sah alles aus, von den Gletschern bis zur See. Das Land schien ihnen sehr unwirtlich zu sein. Da sagte Leif: ‹Sie sollen von uns nicht sagen, wie von Bjarni, wir hätten das Land nicht betreten.

Aber nun will ich dem Land einen Namen geben. Es soll Helluland, Flachsteinland, heißen.› (Nach dem altnordischen hellur, großer, flacher Stein.)

Darauf gingen sie wieder an Bord. Sie segelten aufs Meer hinaus und fanden das zweite Land. Sie fuhren unter Land, ankerten, ließen das Boot zu Wasser und gingen an Land. Dieses Land war eben und waldbewachsen. Sie sahen weite, weiße Sandstrecken, und das Ufer fiel steil zur See ab. Da sagte Leif: ‹Dieses Land soll einen Namen haben, der seinem Aussehen entspricht. Wir wollen es Markland, das ist Waldland, nennen.› Sie begaben sich dann schleunigst herunter zum Strand und auf das Schiff.

Nun fuhren sie in See vor Nordostwind und waren zwei Tage unterwegs, bis sie wieder Land sichteten. Sie steuerten darauf zu und gelangten an eine Insel, die nördlich an dem Lande lag. Sie gingen hinauf und sahen sich bei gutem Wetter um. Da bemerkten sie, daß Tau auf dem Grase lag. Sie faßten mit den Händen nach dem tauigen Gras, schmeckten daran und meinten, noch nie etwas so Süßes gekostet zu haben.

Danach fuhren sie wieder zu ihrem Schiff und segelten in den Sund zwischen der Insel und einem Kap, das vom Lande nach Norden in die See vorsprang. Sie steuerten westlich an diesem Kap vorbei. Dort war das Wasser bei Ebbe außerordentlich seicht; das Schiff geriet auf Grund, und es war von ihm bis zur See sehr weit. Sie waren aber so wißbegierig auf dieses Land, daß sie nicht abwarten wollten, bis die Flut ihr Schiff wieder flottmachte; daher liefen sie ans Ufer.

Dort kam ein Fluß aus einem See. Als aber das Meer unter dem Schiff wieder gestiegen war, nahmen sie das Boot, ruderten zum Schiff und schleppten es aufwärts in den Fluß hinein und dann in den See. Dort ankerten sie, trugen ihre Ledersäcke vom Schiff und schlugen die Zelte auf. Sie beschlossen, den Winter über hierzubleiben, und bauten sich große Häuser (Leifbudir).

Weder in dem kleinen Fluß noch in dem See mangelte es an Lachsen. Größere Lachse hatten sie früher nie gesehen. Das Land war überhaupt so gut, daß sie der Meinung waren, das Vieh bedürfe hier zur Winterszeit keiner Fütterung. Es gab auch keinen Frost, und das Gras welkte nur wenig. Tag und Nacht waren in ihrer Länge nicht so verschieden wie in Grönland oder auf Island. Die Sonne hatte dort am Wintersonnenwendtag *eyktarstad* und *dagmalastad*.

Als sie mit dem Hausbau fertig waren, sagte Leif zu seinen Leuten: ‹Jetzt will ich unsere Mannschaft teilen und das Land untersuchen. Die eine Hälfte bleibt hier bei den Häusern, die andere soll das Land erkunden. Sie soll aber nicht weiter gehen, als daß sie am Abend wieder zurück sein kann, und sie soll zusammenbleiben und sich nicht zersplittern.› So geschah es eine Zeitlang. Leif ging bald mit auf Erkundung, bald blieb er zu Hause. Er war ein großer, starker Mann und in jeder Hinsicht ein kluger Führer.

Eines Abends geschah es nun, daß ein Mann aus der Schar fehlte, und das war der Deutsche Tyrkir. Leif war deshalb in großer Sorge, denn Tyrkir war schon lange bei seinem Vater und bei ihm und hatte ihn als Kind sehr geliebt. Darum schalt Leif seine Leute heftig und machte sich mit zwölf Mann auf, ihn zu suchen. Sie waren indessen noch nicht weit gekommen, als sie Tyrkir begegneten. Er wurde voller Freude empfangen. Aber Leif merkte alsbald, daß sein Ziehvater ganz außer sich war. Es war das ein flachgesichtiger, kleiner und unansehnlicher Mensch, sommersprossig, aber mit lebhaften Augen und ein tüchtiger Kerl in allen Handfertigkeiten. Leif sagte ihm: ‹Ziehvater, warum kommst du so spät? Und warum hast du dich von den anderen getrennt?› Tyrkir antwortete auf deutsch, sprach lange und aufgeregt, rollte die Augen und schnitt Grimassen. Sie verstanden ihn daher nicht. Nach einiger Zeit redete er dann nordisch und sagte:

‹Ich bin nicht viel weiter gegangen als die anderen, aber ich habe etwas Neues entdeckt: ich habe Weinstöcke und Reben gefunden.›

‹Ist das wahr, Ziehvater?› fragte Leif.

‹Gewiß ist das wahr›, entgegnete Tyrkir, ‹denn ich bin ja in einer Gegend groß geworden, wo es weder an Trauben noch an Weinstöcken fehlt.›

Sie schliefen die Nacht über wie gewöhnlich, aber am Morgen sagte Leif zu seinen Leuten: ‹Jetzt haben wir zwei Arbeiten, abwechselnd jeden Tag. Wir wollen Weintrauben sammeln oder Weinstöcke hauen und Bäume fällen als Ladung für unser Schiff!›

So geschah es. Das Achterschiff war bald mit Weintrauben gefüllt, dann wurde Holz als Fracht für ihr Schiff gefällt.

Im Frühjahr machten sie sich fertig und segelten weg. Leif gab dem Lande einen Namen nach seiner Beschaffenheit und nannte es Vinland, Weinland . . .»

Soweit die Vinland-Erzählung der *‹Grönlandsaga›*, insofern sie sich auf Leif Erichsson und seine Abenteuer in dem gesegneten Weinland im Westen bezieht. Schon am Ton dieses Berichts erkennt man, daß er auf etwas ganz anderes zielt als Bjarnis nautisches Tagebuch. Das eigentliche Seemännische tritt weitgehend in den Hintergrund. Das Interesse gilt nicht so sehr den Landmarken, der Windrichtung und dem Segelkurs, sondern vielmehr den wunderbaren Erlebnissen in dem Schlaraffenland an der neuen Küste. Zwar wird auch von nautisch wichtigen Dingen gesprochen: dort zum Beispiel, wo von der Natur des unwirtlichen Hellulandes oder des waldreichen Marklandes mit seinem breiten Sandstrand erzählt wird, und ebenso dort, wo durch die Angabe der Sonnenstände am kürzesten Tage des Jahres versucht wird, eine Art Breitenbestimmung zu geben. Aber die *‹Grönlandsaga›* ist doch kein Schiffsjournal und kein Logbuch. Deshalb wird mancherlei Sensationelles aus dem neuen Lande berichtet, und den Grönländern mag vieles recht märchenhaft geklungen haben. Selbst Dinge indessen wie der süße Tau sind keine Märchen. Noch heute kommt in manchen Gegenden Nordamerikas ein sogenannter Honigtau vor, süß schmeckende, tauartig wirkende Ausscheidung bestimmter Blattläuse und Fliegen. Ebenso trifft der Bericht über die Auffindung von Weinstöcken zu. In Nordostamerika gibt es sogar rund dreißig verschiedene Arten von wildem Wein, der sich bis in die Nähe des St. Lorenz-Golfs ausbreitet. Nansen hat das bestritten und die ganze Vinland-Saga infolgedessen als einen Wunschtraum der Wikinger bezeichnet. Das ist zweifellos unrichtig. Noch jetzt heißt eine Nebenbucht des St. Lorenz-Golfs aus der Zeit der französischen Besiedlung Baie du Vin, Weinbucht, und ebenso wird eine Insel am Nantucket-Sund bis zu unserer Gegenwart hin als Martha's Vineyard, also Marthas Weingarten, bezeichnet. Als 1524 der Italiener Verrazano in diese Gegend kam, da berichtete er:

«Die Weinreben winden sich an den Bäumen empor, genauso, wie man das auch in Südfrankreich beobachten kann. Würden sie veredelt und gepflegt, so wäre es sicher möglich, aus den Trauben den besten Wein zu bereiten. Denn sie sind süß und kaum geringwertiger als unsere.»

Ähnliche Nachrichten liegen bis auf die jüngste Gegenwart vor. Es kann danach gar kein Zweifel bestehen, daß die Meldungen der Nordmänner über Vinland in diesem Punkt zutreffen, und bei der für sie geradezu sensationellen Bedeutung des Vorkommens von Wein leuchtet es ein, daß sie das neue Land danach benannten.

Es versteht sich, daß Leifs Vinland-Expedition in Grönland sehr großes Aufsehen machte. Die *‹Grönlandsaga›* berichtet darüber, indem sie ausführliche Nachrichten von einer Vinland-Fahrt bringt, die Leifs Bruder Thorwald wenig später unternahm. Thorwald, der 1002 oder 1003 aufgebrochen sein dürfte, hat Vinland auch erreicht und angeblich sogar den Ort Leifbudir wiedergefunden, jenen Platz, wo Leif ein Jahr früher überwinterte. Aber es war ihm nicht bestimmt, seine eisige Heimat Grönland wiederzusehen. Es kam zu Gefechten mit Indianern, während deren ihn ein Pfeilschuß tötete. Sein Steuermann hat die Expedition zwei Jahre später nach Grönland zurückgeführt.

Nach Thorwald versuchte dann, wohl 1006, auch Thorstein, Erichs des Roten dritter Sohn, Vinland zu erreichen. Dieses Fahrt mißlang jedoch. Die Reisenden trieben wochenlang auf hoher See, bis sie endlich in der Vestribyggd wieder an Land kamen. Trotz dieses Mißerfolgs fand sich aber bald darauf ein unternehmender Mann, der die Vinland-Fahrten und vor allem die Besiedlung des Westlandes, die anscheinend schon Leif geplant hatte, in großem Stil aufnahm. Das war der Isländer Thorfin Karlsefni, ein Kaufmann, der auf Grönland von den märchenhaften Ländern im fernen Westen hörte und sogleich beschloß, mit großen Kapitalien an das Projekt heranzugehen. Von ihm berichtet sowohl die *‹Grönlandsaga›* wie die zweite große Saga über die Vinland-Fahrten der Winkinger, die im späten 13. Jahrhundert in Island niedergeschriebene *‹Saga von Erich dem Roten›*, die weite Teile ihrer Erzählung aber Thorfin Karlsefni widmet und die daher auch «Karlsefni-Saga» genannt wird. Diese beiden Hauptsagas sprechen von Karlsefni im einem Ton respektvoller Achtung. Und zweifellos ist Thorfin Karlsefni ein Kolonialpionier großen Maßstabs gewesen, so daß es sich lohnt, seine Geschichte hier ausführlich zu erzählen.

«Ein Mann hatte den Namen Thorfin Karlsefni. Er war des Thord Pferdekopf Sohn, der zu Reynisnes im Skagafjord wohnte, im Norden von Island. Er gehörte zu einer vornehmen Sippe und hatte ein großes Vermögen. Seine Mutter hieß Thorun. Thorfin unternahm viele Handelsfahrten und war als ein tüchtiger Kaufmann angesehen.

Während eines Sommers rüstete er ein Schiff aus, um nach Grönland zu fahren. Es fuhr mit ihm Snorri Thorbrandson aus dem Alptafjord, und es waren vierzig Männer auf dem Schiff.

Ein Mann hieß Bjarni Grimolfsson und war aus dem Breidifjord. Ein anderer wurde mit Namen Thorhall Gamlisson genannt, dieser stammte aus den Ostfjorden. Sie rüsteten ein Schiff in demselben Sommer wie Karlsefni, um nach Grönland zu fahren. Ihr Schiff hatte ebenfalls vierzig Mann Besatzung.

Sie gingen in See, als sie beide Schiffe klar hatten. Es ist nicht berichtet, wie lange ihre Fahrt meerüber dauerte. Das aber kann gesagt werden, daß beide Schiffe im Herbst in den Eiriksfjord gelangten.

Erich und andere Grönländer ritten zu den Schiffen, und es erfolgte ein lebhafter Kaufhandel. Die Führer der beiden Schiffe boten Erich ihre Ware an, welche auch immer er wollte. Auch Erich zeigte sich sehr gastfreundlich, denn er bot den beiden Kapitänen und ihren Mannschaften an, den Winter bei ihnen in Brattahlid zuzubringen.

Das nahmen diese gern an und blieben bei Erich dem Roten. Darauf brachte man ihre Waren nach Brattahlid, wo es nicht fehlte an schönen und weiträumigen Schuppen für ihre Aufbewahrung. Den Handelsherren gefiel es während dieses Winters bei Erich gut ...

Nach dem Julfest sagte Karlsefni bei Erich dem Roten die Werbung an um Gudrid, weil er meinte, daß dieser das Recht habe, seine Werbung anzunehmen. Sie erschien ihm aber als ein tüchtiges und kunstfertiges Weib. Erich antwortete freundlich, gern nähme er diesen Antrag an, Gudrid verdiene einen guten Mann. Sie möge ihrem Schicksal gehorsamen. Er habe nur gute Nachrichten von ihm. Es geschah dann, daß sich Thorfin mit Gudrid verlobte. Dann wurde ein Festmahl hergerichtet und Hochzeit gefeiert. So war den Winter hindurch in Brattahlid große Freude.

In jenem Winter gab es allerlei Unterhaltung. Man veranstaltete Brettspiele und Sagaerzählungen und mancherlei anderes, was zur Belustigung im Hause beitrug. Thorfin und Snorri aber beschlossen, nun Vinland aufzusuchen, und man sprach viel von dieser Fahrt.

So rüsteten denn Thorfin und Snorri ihre Schiffe und setzten die Fahrt nach Vinland auf den Sommer fest. Zu dieser Fahrt entschlossen sich auch Bjarni und Thorhall auf ihrem Schiff, mit den Männern, die sich ihnen anschlossen.

Ein Mann hieß Thorward. Er hatte Freydis, die uneheliche Tochter Erichs des Roten, geheiratet. Er fuhr mit ihnen, und ebenso Thorwald Erichsson und Thorhall, der der ‹Weidmann› genannt wurde ...

Sie fuhren in dem Schiff, in dem Thorbjörn nach Grönland gekommen war. Sie machten es nun klar, um mit Karlsefni und Snorri zu fahren. Die meisten von ihnen waren Grönländer. Auf den Schiffen waren hundertvierzig Mann.

Sie segelten zur Vestribyggd und nach Bjarna-ey (Bäreninsel). Und von da fuhren sie zwei Tage und zwei Nächte mit nördlichem Wind nach Süden. Dann sahen sie Land. Sie ruderten in den Booten heran und untersuchten es. Dabei fanden sie viele flache Steine, so groß, daß zwei Mann ausgestreckt, Fußsohle an Fußsohle, darauf hätten liegen können. Es waren viele Weißfüchse da. Da gaben sie dem Land einen Namen und hießen es Helluland, Steinland.

Dann segelten sie wieder zwei Tage mit nördlichem Wind und fanden ein

Land. Es waren dort große Wälder und viele Tiere. Südöstlich davon lag eine Insel. Da erlegten sie einen Bären. Sie nannten die Insel Bjarney, das ist Bäreninsel, und das Land Markland, das ist Waldland.

Nach wiederum zwei Tagen sahen sie abermals Land, steuerten darauf zu und gelangten zu einem in das Meer hinausgehenden Landvorsprung. Sie hielten dem Lande entlang und hatten es auf Steuerbord. Es fand sich dort kein Hafen, und die Küste war ein öder Sandstrand. Sie gingen in den Booten an Land und fanden auf der Landzunge einen Schiffskiel. Darum nannten sie sie Kjalarnes (Kielspitze). Auch dem Strand gaben sie einen Namen und hießen ihn Furdurstrandr (Wunderstrand), weil er so zum Verwundern lang war. Dann wurde die Küste von Buchten aufgespalten, und in eine dieser Buchten fuhren sie hinein ...

Es lag aber eine Insel davor, und eine starke Strömung umfloß sie. Deshalb nannten sie sie ‹Straumsey› (Strominsel). Es waren auf ihr so viel Eidervögel, daß ein Mann zwischen den Eiern kaum den Fuß niedersetzen konnte. Sie fuhren den Fjord entlang und nannten ihn ‹Straumfjord› (Stromfjord). Und sie holten die Sachen vom Schiff und richteten sich ein, dort zu bleiben. Sie hatten Vieh aller Art mit, Berge waren dort, und das Land war schön anzusehen. Sie waren viel unterwegs, um das Land zu erkunden. Es war reich mit Gras bewachsen.

Sie blieben hier den Winter über. Es wurde ein harter Winter, und vom Sommer her hatten sie nur noch wenig Lebensmittel. Die Jagd war schlecht, und es gab wenig zu essen. Sie fuhren zu der Insel hinaus in der Hoffnung, sie würden dort etwas Jagdbares antreffen. Aber auch dort war es schlecht um Lebensmittel bestellt. Sie beteten zu Gott um Nahrung, aber ihr Gebet wurde nicht so schnell erhört, wie sie gewünscht hätten ...

Als es Frühling wurde, fuhren sie wieder in den Straumfjord hinein. Sie erlegten jagdbare Tiere auf dem Lande und holten Eier von den Inseln und Fische aus der See.

Nun berieten sie miteinander über die Weiterfahrt. Thorhall, der Weidmann, wollte nach Norden am Furdurstrandr entlang und um Kjalarnes herumfahren, um so den Weg nach Vinland zu finden. Karlsefni aber wollte südlich und ostwärts an der Küste entlangfahren und meinte, das Land würde immer besser, je weiter südlich sie vorankämen. Es schien ihm gut, wenn das Land in beiden Richtungen erkundet wurde.

Da machte Thorhall sein Schiff segelfertig, es gingen aber nicht mehr als neun Mann mit. Mit Karlsefni dagegen fuhren alle anderen ...

Thorhall ging segelauf und fuhr nordwärts am Furdurstrandr entlang und an Kjalarnes vorbei. Und sie wollten dann nach Westen segeln. Aber der Wind war ungünstig, und sie wurden bis nach Irland verschlagen. Hier gerieten sie in Knechtschaft oder wurden getötet. Wie Fahrensleute sagten, verlor auch Thorhall sein Leben.

Thorfin Karlsefni segelte in südlicher Richtung am Lande entlang, zusammen mit Snorri, Bjarni und den übrigen. Sie fuhren lange, bis sie zu einem Fluß kamen, der hoch vom Lande her in einen See und durch diesen in das Meer strömte. Vor der Mündung des Flusses lagen hohe Sandbänke, und man konnte nur bei Flut hineinkommen. Karlsefni und seine Leute fuhren in die Mündung hinein und nannten das Land Hop, das ist: Haff. Da fanden sie selbstgesäte Weizenfelder und in den Wäldern und auf den Anhöhen Weinstöcke. Jeder Bach war voller Fische. Wo die höchste Flut das Land bespülte, legten sie Gruben an. Wenn dann die Ebbe kam, waren Heilbutte in diesen Gruben. In den Wäldern war Wild aller Art. Sie hielten sich dort einen halben Monat auf, ohne daß etwas Besonderes geschah. Ihr Vieh hatten sie bei sich.

Eines Morgens früh, als sie um sich blickten, bemerkten sie neun Fellboote, und auf ihnen wurden Stangen geschwungen, fast so wie beim Korndreschen. Da fragte Karlsefni: ‹Was mag das zu bedeuten haben?› Snorri meinte, daß das vielleicht ein Friedenszeichen sei. ‹Wir wollen einen weißen Schild nehmen und ihn ihnen entgegentragen.› Das taten sie.

Da ruderten jene näher, wunderten sich über die Leute, die sie da fanden, und gingen dann auf das Land hinauf. Es waren kleine häßliche Menschen mit wirrem Haar, großen Augen und breiten Gesichtern. Sie blieben einige Zeit da und wunderten sich. Dann fuhren sie weg nach Süden um die Landspitze herum.

Karlsefni und seine Leute hatten ihre Häuser oberhalb des Sees gebaut. Manche standen näher daran, andere ferner. Dort blieben sie während des Winters. Es gab keinen Schnee, und alles Vieh blieb draußen auf der Weide und sorgte für sich selbst.

Als das Frühjahr kam, sahen sie eines Morgens, daß eine Menge Fellboote von Süden her um die Landspitze gerudert kam, und es waren ihrer so viele, daß die See von ihnen schwarz war wie von Kohlenstücken. Wieder wurden auf jedem Boot Stangen geschwenkt. Karlsefni und seine Leute hoben die Schilde hoch.

Dann begannen sie einen Tauschhandel miteinander, und jene wollten am liebsten rotes Tuch kaufen. Sie boten dafür Felle und Graupelze im Tausch. Auch Schwerter und Speere wollten sie kaufen, aber das verboten Karlsefni und Snorri. Für einen Pelz bekamen die Skraelinger eine Spanne rotes Tuch, und das banden sie sich um den Kopf. Das ging so eine Weile.

Als das rote Zeug bei Karlsefni und seinen Leuten knapp wurde, schnitten sie es in schmale Streifen, nicht breiter als ein Finger. Doch gaben die Skraelinger ebensoviel dafür wie früher oder noch mehr.

Da geschah es, daß ein Stier, der Karlsefni gehörte, aus dem Walde herausgelaufen kam und laut brüllte. Die Skraelinger erschaken darüber, liefen zu ihren Booten und ruderten nach Süden der Küste entlang fort. Drei Wochen lang sahen sie nichts von ihnen.

Aber als diese Zeit um war, kam von Süden eine große Menge Skraelingerboote herangefahren, so viele wie ein großer Strom. Jetzt schwangen sie alle die Stangen gegen die Sonne, und alle Skraelinger heulten laut.

Da ergriffen Karlsefni und seine Männer die roten Schilde und trugen sie ihnen entgegen. Die Skraelinger liefen aus den Booten, und danach gingen sie aufeinander los und kämpften. Es entstand eine heftige Beschießung. Die Skraelinger besaßen auch Schleudern. Da sahen Karlsefni und seine Leute, daß die Skraelinger an einer Stange einen ziemlich großen, dunkelblauen Ball festmachten, etwa von der Größe eines Schafbalges. Diesen schleuderten sie von der Stange weg über Karlsefnis Leute hin, und es klang schrecklich, als er niederfiel. Darüber entsetzten sie sich sehr, so daß sie an nichts anderes dachten, als zu fliehen und den Fluß hinauf zurückzugehen. Denn es schien ihnen, daß die Skraelinger von allen Seiten kamen. Sie zogen sich also zurück und machten nicht eher Halt, als bis sie zu einer felsigen Schlucht kamen. Da leisteten sie harten Widerstand.

Freydis kam aus einem Haus heraus und sah, wie Karlsefni und seine Leute wegliefen. Da rief sie: ‹Warum lauft ihr großen Kerle vor solch kleinem Gesindel davon? Ihr könntet sie doch totschlagen wie Schlachtvieh, scheint mir. Hätte ich Waffen, so würde ich besser kämpfen als ihr.› Sie hörten aber nicht auf ihre Worte. Freydis wollte ihnen folgen, aber es ging langsam, da sie schwanger war. So ging sie hinter ihnen her in den Wald, und die Skraelinger verfolgten sie.

Da fand sie vor sich einen toten Mann, das war Thorbrand Snorrison. In seiner Stirn steckte eine Steinaxt. Sein Schwert lag neben ihm. Sie hob es auf und schickte sich an, sich damit zu wehren. Als sich die Skraelinger ihr näherten, nahm sie die Brüste aus dem Hemd und schlug mit dem flachen Schwert darauf. Davor entsetzten sich die Skraelinger, eilten zu ihren Booten und fuhren weg.

Karlsefni und seine Leute gingen zu Freydis und lobten ihren Mut. Zwei Mann von ihnen waren gefallen, aber vier Skraelinger, obwohl diese zahlenmäßig weit überlegen gewesen waren ...

Die Skraelinger fanden auch einen toten Mann, neben ihm lag seine Axt. Sie nahmen sie auf und hieben damit in Holz, der eine nach dem anderen. Und die Axt schien ihnen ein kostbarer Gegenstand zu sein, da sie gut schnitt. Da nahm sie einer auf, schlug gegen einen Stein, und die Axt zersprang. Es schien ihnen deshalb, daß sie wenig nützlich sei, weil sie nicht einmal einem Stein standhielt. Und sie warfen sie weg.

Karlsefni und die Seinen meinten nun, die Lebensbedingungen dieses Landes seien zwar gut, es würde aber von den Menschen, die früher hier gewohnt hätten, immer Unfriede und Streit sein. Darauf bereiteten sie alles zur Abfahrt vor und brachen in ihr Land auf. Sie steuerten nordwärts und fanden drei schlafende Skraelinger nahe am Meer in ihren Fellkleidern. Sie hatten Gefäße bei sich mit einer Mischung von Tierknochenmark und Blut. Karlsefni und seine Männer meinten, diese Männer müßten aus ihrem Land verbannt sein, und schlugen sie tot.

Dann fanden sie ein Kap und viel Wild darauf. Es war anzusehen wie ein Düngerhaufen, weil hier des Nachts viele Tiere zu liegen pflegten.

Nun kamen sie wieder an den Straumfjord, und dort war alles, was sie nötig hatten, genügend vorhanden ...

Sie waren den dritten Winter in Straumfjord. Da gerieten die Männer der Frauen wegen in mancherlei Zwist. Die Unverheirateten kamen den Verheirateten ins Gehege, und daraus entstand viel Streit und Unfriede. Dort wurde Karlsefnis Sohn Snorri geboren. Und er war drei Winter alt, als sie wegfuhren.

Sie hatten Südwind, als sie von Vinland fortfuhren, kamen nach Markland und fanden fünf Skraelinger. Einer von ihnen hatte einen Bart, und bei diesem waren zwei Frauen und zwei Kinder. Thorfins Leute nahmen die Knaben, aber die anderen entkamen und versanken in der Erde. Die Knaben aber nahmen sie mit sich und lehrten sie ihre Sprache und ließen sie taufen. Sie nannten ihre Mutter Vätildi und ihren Vater Vägi. Sie sagten, daß ihr Land von zwei Königen regiert würde, der eine hieße Avaldamon und der andere Valdida. Sie sagten, daß es dort keine Häuser gebe und daß die Leute in Höhlen oder Löchern schliefen. Ihnen gegenüber läge ein Land, wo die Männer weiße Kleider anhätten, laut schrien und Stangen trügen, an den Fahnen befestigt seien. Das, meinte man, müsse Hvitramannaland, das Land der weißen Männer, sein, das auch Groß-Irland genannt werde.

50. *Karte der Vinland-Fahrten von Sigurd Stefansson, um 1570. Sigurd Stefansson, Rektor der Gelehrtenschule von Skalholt im südlichen Island, zeichnete um 1570 diese Karte der Vinland-Fahrten. Das Original ging später verloren. Hundert Jahre nach ihm, um 1670, fand Bischof Thord Thorlaksson von Skalholt eine Kopie der Karte von Sigurd Stefansson, die er bearbeitete. Man sieht darauf, daß Norwegen, Bjarmaland, Grönland und Vinland in der Vorstellung dieser Zeit* e i n e n *großen, zusammenhängenden Landkomplex bilden.*

Nun kamen sie nach Grönland und waren im Winter auf dem Hofe Erichs des Roten.»

Soweit der Bericht über Thorfin Karlsefnis und seiner Frau Gudrid Siedlungsunternehmen in Vinland, wie uns darüber in der Saga Thorfin

Karlsefnis erzählt wird. Die *‹Grönlandsaga›* berichtet dann noch, was weiterhin mit Thorfin Karlsefni geschah. Deshalb soll dieser Bericht hier abschließend folgen:

«Im Frühling darauf machte er sein Schiff zur Fahrt nach Island fertig. Als er das getan hatte und sein Schiff abfahrbereit im Hafen lag, da kam zu ihm ein Deutscher, der aus Bremen in Niedersachsen stammte. Er wollte dem Karlsefni seine schön geschnitzte Schiffsbrasse abkaufen. ‹Ich will sie gar nicht verkaufen›, sagte Karlsefni. ‹Ich will dir eine Mark Gold dafür zahlen›, antwortete der Deutsche. Karlsefni schien das gut, und so schloß er den Kauf ab. Der Deutsche ging mit der geschnitzten Brasse weg. Und er wußte nicht, daß sie aus Mösurholz aus Vinland war.

Darauf segelte Karlsefni ab und gelangte, von Norden her kommend, zur Gegend am Skagafjord. Dort setzte er sein Schiff den Winter über aufs Land. Im Frühling des nächsten Jahres kaufte er den Hof Glaumbö mit allen Äckern und Weiden und wohnte dort, solange er lebte. Er war ein hochgeachteter Mann. Es stammen viele Menschen von ihm und seiner Frau Gudrid ab, eine edle Sippe. Nach dem Tode Karlsefnis übernahm Gudrid den Hof und ihr Sohn Snorri, der in Vinland geboren war. Nach Snorris Heirat reiste Gudrid nach Norwegen und von dort aus in Pilgerfahrt nach Rom. Dann kam sie wieder zurück auf den Hof Snorris. Er hatte in Glaumbö eine Kirche gebaut. Später ging Gudrid als Nonne ins Kloster und wohnte dort, solange sie lebte...

Viele Menschen stammen von Karlsefni ab. Er ist ein Mann gewesen, dem das Schicksal in seinen Nachfahren wohlgesinnt war. Karlsefni hat sehr genau von den Geschicken berichtet, die allen Männern widerfuhren auf den Fahrten, von denen hier einiges erzählt wurde.»

Damit schließt die *‹Grönlandsaga›*. Vor uns liegt ein Entdeckungs- und Forschungsbericht, der zu den stolzesten der an solchen Nachrichten wahrlich reichen Weltliteratur gehört. Natürlich wußten die Nordmänner nicht, daß sie einen neuen Erdteil entdeckt hatten. Noch rund fünfhundert Jahre später zeichnete der Isländer Sigurd Stefansson eine Karte von Helluland, Markland und dem «Promontorium», dem Vorgebirge Vinland, in dem all diese Gebiete als mit Grönland und dieses wieder mit Bjarmaland, mit Sibirien, in fester Landverbindung stehend dargestellt wurden. Aber daß sie, von Bjarni über Leif Erichson bis zu Thorfin Karlsefni, etwas Großes geleistet hatten, etwas, das sich würdig den Saga-Heldentaten aus der Landnahmezeit in Island an die Seite stellen ließ, ja das diese vielleicht noch übertraf, das wußten sie, und darauf waren sie mit Recht stolz.

3

Unsicher bleibt, an welchem speziellen Punkt der Küste Leif geweilt hat. Am häufigsten und von alters her wird in der sehr ausgedehnten wissenschaftlichen Diskussion dieser Frage die Küste von Massachusetts genannt. Indessen steht das wohl nicht eindeutig fest, und daher werden immer wieder Stimmen laut, die Leif Erichssons Vinland ebensowohl nach Virginia oder Florida wie nach Neuengland oder Neufundland verlegen. Immerhin scheint es doch, als wenn die Einwände, die gegen Massachusetts vorgebracht werden, nicht befriedigen. Sehr bedeutungsvoll dürfte dabei die von den Sagas überlieferte Nachricht sein, der Winterfrost in Vinland sei so gering gewesen, daß das Gras kaum verwelkte und daß das Vieh während der ganzen kalten Jahreszeit hätte im Freien bleiben können. Das ist, wie die amerikanische Wissenschaft betont hat, an der Küste von Massachusetts immerhin möglich, während unmittelbar nördlich keine Rede davon sein kann. Bereits Quebec hat eine mittlere Januartemperatur von –13 Grad Celsius, und das weiter landein gelegene Montreal ist noch kälter.

Natürlich waren die klimatischen Verhältnisse südlich von Massachusetts aber doch günstiger, und die Mitteilung über die milden Winter würde dort viel allgemeiner zutreffen. Das hat dazu geführt, daß man meinte, Vinland sei in Virginia, North Carolina oder sogar Florida zu suchen. Dem widerspricht jedoch die Nachricht vom massenhaften Vorkommen großer Lachse, Fischen, die den Skandinaviern aus Grönland und Norwegen ja gut bekannt waren. Der Lachs ist ein Kaltwasserfisch, man trifft ihn an der ostamerikanischen Küste nur bis 41 Grad Nord. Unter der Voraussetzung, daß die klimatischen Verhältnisse zur Zeit der ersten Vinland-Reisen den unsrigen im großen und ganzen ähnlich gewesen sind, ist mit der Erwähnung des Lachses also eine sichere Südgrenze für die Lage Vinlands gegeben. Es muß danach in Massachusetts/Connecticut gelegen haben. Dafür sprechen auch die Grenzwerte, die die Amerikaner bei ihren Untersuchungen über das Vorkommen von wildem Weizen ermittelten. Dessen nördliche Verbreitung geht nicht über den 48. Grad hinaus, seine Mittelgrenze liegt etwa auf 42 Grad. Auch dies deutet auf eine Gegend zwischen Boston und New York.

Der Vollständigkeit halber soll nicht unerwähnt bleiben, daß die von der *‹Grönlandsaga›* gemachte nautisch-astronomische Bemerkung: die Sonne hätte am Tage der Wintersonnenwende *eykstarstad* und *dagmalastad* erreicht, von den Fachleuten wieder und wieder zu deuten versucht worden ist, ohne daß bisher eine allgemein befriedigende Lösung gefunden werden konnte. Gegenwärtig scheint man danach geneigt zu sein, Vinland südlicher als früher zu suchen. Der deutsche Gelehrte Otto Sigfrid Reuter schließt aus dieser Angabe auf eine Breite von 27 bis 31 Grad Nord – also etwa Florida – und der Norweger Mjelde auf die Gegend der Chesapeake-Bay unter 37 Grad Nord. Diese Unsicherheit rührt daher, daß die Begriffe *eykt* und *dagmal*, die bestimmte Aufgangs- und Untergangsstellungen der Sonne bezeichnen, natürlich von den Normannen nicht exakt-mathematisch, sondern nur ungefähr festgelegt

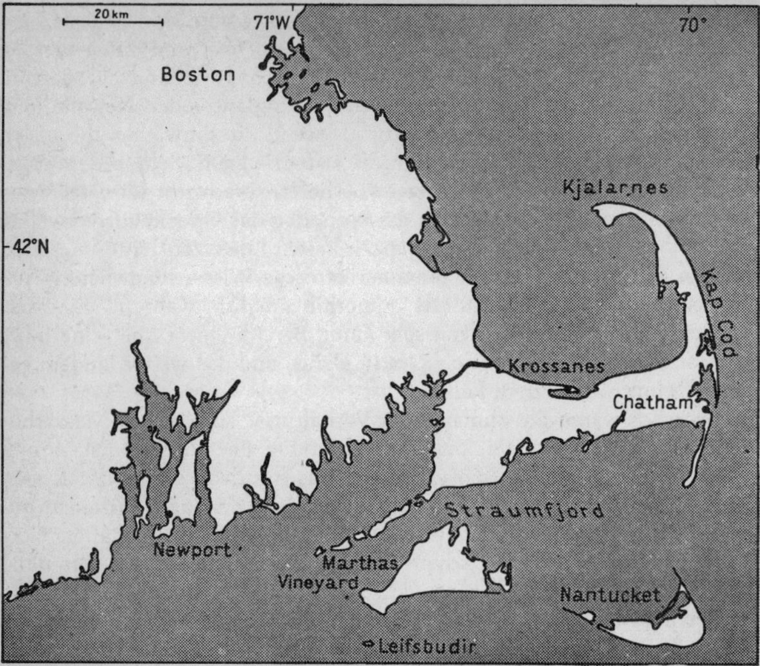

XXIV. Die Lage Vinlands (nach E. Gray). Die Inseln Nantucket und Martha's Vineyard bildeten früher mit No Man's Land (Leifbudir) ein zusammenhängendes Ganzes, so daß der Nantucket-Sund (Straumfjord) in der Tat einen Fjord darstellte. Kap Cod wird danach mit Kjalarnes gleichgesetzt, die lange Sandküste von Barnstable mit dem Furdstrandr (Wunderstrand) der Nantucket-Sund mit Straumfjord, Martha's Vineyard mit Straumsey und ein Punkt an der Nordküste der Barnstable-Halbinsel mit Krossanes. Gray führt mit Nachdruck an, daß alle frühen Amerika-Expeditionen hier landeten: so 1524 Verrazano, 1542 Allefonsce, 1602 Gosnold, 1604 Champlain, 1614 Smith, 1614 Hunt, 1619 Bermer, 1620 die «Mayflower». Wilde Weintrauben wachsen noch heute hier, der weiße Sandstrand an der Ostküste von Barnstable fällt noch heute auf, und die starke, an ihm entlang nach Norden gehende Strömung hemmt die übliche Segelgeschwindigkeit so stark, daß die Fahrt hier «zum Verwundern» lange dauert. Gray weist weiter darauf hin, daß die heftigen Strömungen im Straumfjord noch 1602 den Entdecker Gosnold davon abhielten, ihn zu durchfahren.

werden konnten. Ungenauigkeiten von beispielsweise nur vierzehn Minuten in der Beobachtung des Sonnenstands haben immerhin zur Folge, daß danach vorzunehemende Breitenbestimmungen um drei Breitengrade, das heißt also um mehrere hundert Kilometer, auseinandergehen. Es hat daher wenig Sinn, dieser Bekundung allzu großes Gewicht beizulegen; sie soll sicherlich nur besagen: So weit südlich waren wir, daß wir noch am kürzesten Tage des Jahres viele Stunden Licht hatten – eine Bemerkung, die für die in Grönland lebenden Nordmänner besonders interessant sein muß, weil sie ja den ganzen Winter über in Dämmerung oder Nacht saßen.

Es sieht danach so aus, als ob sich bei dem heutigen Stand unseres Wissens für die Lokalisierung Vinlands nur Grenzwerte aufstellen ließen. Gleichwohl sind über die Lage von Leifbudir, der eigentlichen Vinland-Kolonie der Wikinger, eine große Zahl mehr oder minder eingehender Untersuchungen angestellt worden. Um zu zeigen, wie gründlich derartige Forschungen sind, soll hier ein kurzer Abriß der Vinland-Hypothese folgen, wie sie vor einiger Zeit von einem der besten Sachkenner, dem amerikanischen Geographen E. F. Gray, aufgestellt wurde und nach der das Standlager der Wikinger in der Nähe der Halbinsel Barnstable, südlich von Boston, zu suchen ist.

Diese Hypothese stützt sich vornehmlich auf die alten Sagas, wobei der Bericht über Leifs Fahrt ebenso herangezogen wird wie der über Karlsefnis Expedition. Außerdem sind dann in der in Frage kommenden Gegend an Ort und Stelle nähere Untersuchungen angestellt worden. Danach ist die Fahrt nach Erreichung der Halbinsel Barnstable wie folgt vor sich gegangen: Nach der ersten Landung in der Gegend von Chatham Harbour, dort, wo die Nordmänner auf den Gräsern süßen Tau fanden, seien sie in den Nantucket-Sund eingelaufen und hätten diesen in Richtung auf die schmale Durchfahrt zwischen der Insel Martha's Vineyard und der Südspitze von Barnstable gequert. Das in den Sagas genannte, vom Land nach Norden in die See vorspringende Kap wird dabei mit der tatsächlich weit nach Norden vorspringenden Spitze von Martha's Vineyard gleichgesetzt. Diese Insel sei gleichbedeutend mit Karlsefnis Strominsel (Straumsey), und der Nantucket-Sund wie die Durchfahrt zwischen Martha's Vineyard und dem Festland entsprächen dem Stromfjord (Straumfjord). Diese Namensgebung sei durchaus berechtigt, da hier dem Land entlang in östlicher Richtung eine starke Strömung stehe.

Hier, auf Straumsey, hätten nach den Sagas Eidervögel in solcher Zahl genistet, daß man zwischen den Eiern und Gelegen kaum habe den Fuß niedersetzen können. Das treffe für die Verhältnisse auf Martha's Vineyard, so versichert Gray, auch heute noch zu – allerdings wesentlich früher im Jahr. Da Leif/Karlsefni ihre Unternehmungen im Frühsommer antraten, so daß sie mit Beginn des Hochsommers bei Barnstable eintrafen, konnten sie die Brut der Eidervögel nicht mehr beobachten. Gray führt hierzu aus, daß Martha's Vineyard gelegentlich von Sturmfluten heimgesucht würde; würden dabei die Gelege zerstört, so brüteten die Vögel – Eiderenten, Seeschwalben und Möwen – abermals, so daß man hier von Mitte Juli bis Anfang August in großer Zahl auf Gelege treffe. Dieser Termin stimmt überein mit dem ersten Reifwerden wilder Weintrauben. Unterstellt man also, daß Grays Annahme richtig ist, und ferner, daß die Saga-Angaben über das Auffinden von Vogeleiern und Weintrauben stimmen, dann hätte man für das Eintreffen Leif/Karlsefni in Vinland einen ungefähren Termin. Es muß das um Mitte Juli bis Anfang August erfolgt sein.

Nach der Überwindung der Strömungen des Nantucket-Sunds seien die Nordmänner westlich an der Nordspitze von Martha's Vineyard vorbeigesegelt, heißt es in den Sagas. Das Fahrwasser wäre hier bei Ebbe sehr seicht gewesen, so daß sie schließlich auf Grund geraten wären. Auch das trifft auf die heute am Nordufer der Insel herrschenden Verhältnisse zu. Es befinden sich hier mehrere sehr seichte Untiefen, die die Schiffahrt erschweren.

Nach der Strandung haben Leif und seine Leute nicht erst die Flut abgewartet, die ihr Schiff dann ja auch wieder flottmachte, sondern sind zu Fuß an Land gewatet. Sie fanden dabei einen kleinen Fluß, der aus einem Binnensee zum Meer herabfloß und in den sie ihr Schiff hineinschleppten. Gray ist der Meinung, daß es sich dabei um den Menemsha-See auf Martha's Vineyard gehandelt habe, dessen Lage den Angaben

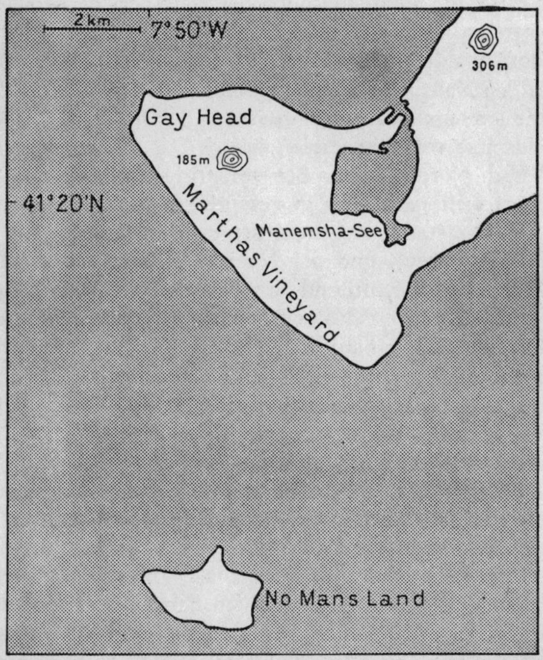

XXV. Der Menemsha-See und No Man's Land bei Barnstable. (Nach E. Gray.)

der Saga entspreche und in dem sich auch Lachse fänden. Aber nicht Martha's Vineyard sei Leifbudir, also der Ort, wo Leif überwinterte und wo nach ihm Thorwald und Karlsefni Anker warfen, sondern die kleine Insel No Man's Land, südlich von Martha's Vineyard. Gray stützt sich dabei auf die Nachricht in der Saga Thorfin Karlsefnis, daß die Nordmänner auf Straumsey einen harten Winter hatten und «zu der Insel hinausfuhren». Diese Insel sei das kleine Eiland No Man's Land gewesen, das im Bereich des warmen Golfstromes liege und auf dem die winterlichen Temperaturen den Saga-Berichten entsprechen sollen, was am Menemsha-See nicht der Fall wäre. Hier, auf No Man's Land, sei der wirkliche Überwinterungsort Leifs und Karsefnis gewesen, hier sei Leifbudir, der Ort Leifshaus, wo sich die Wikinger ihre Häuser erbaut hätten.

Grays Theorie mag mancherlei für sich haben, zumal nach Zeitungsmeldungen vom Sommer 1952 bei Ausgrabungen auf Barnstable vermorschte alte Hölzer gefunden wurden, die von Wikingerschiffen stammen sollen. Andere Forscher sind aber ganz anderer Ansicht, und so eingehend Grays Untersuchungen auch sind, man spürt schon nach dieser auf die Hauptgedanken beschränkten Übersicht über seine Forschungen, auf wie unsicheren Füßen der Versuch steht, die Lage Vinlands im einzelnen festzulegen. Es ist nicht unsere Aufgabe, tiefer in die Dinge einzudringen und uns mit dem Widerstreit der Annahmen, Vermutungen und Deutungen näher zu beschäftigen. Man wird sich damit zu begnügen haben, daß Massachusetts wohl am ehesten den Angaben über die Lage Vinlands entspricht, die wir aus den alten Sagas haben, und daß vollends an der Erreichung Ostamerikas durch die Nordmänner, insbesondere durch Leif Erichsson und Thorfin Karlsefni, kein Zweifel bestehen kann.

Ebensowenig Zweifel bestehen auch über den Zeitpunkt, zu dem dies geschah. Es sind das die ersten Jahre unseres Jahrtausends, genauer gesagt: es ist wohl der Frühsommer des Jahres 1000, als Leif sein Unternehmen antritt, es ist der Frühling des Jahres 1001, als er nach Grönland zurückkehrt. Sicherlich ist Bjarni Herjulfsson der erste historisch bezeugte Nordmann, der Amerika gesichtet hat. Der Entdecker der Neuen Welt aber ist Leif Erichsson gewesen. Und es ist deshalb berechtigt, wenn man ihm, nicht Bjarni, in Boston ein prachtvolles Denkmal setzte. Ist doch seine Leistung eine der eindrucksvollsten Glanztaten nordgermanischer Entdeckertätigkeit! Nicht allein, daß seine Unternehmung über eine Distanz von rund 8000 km ging – von Baffinsland bis Massachusetts sind es allein 3500 km –, auch die Anforderungen, die während seiner Fahrt an die Intelligenz und an die seemännischen Fähigkeiten des Schiffsführers gestellt wurden, waren ganz außerordentlich groß. Daß er diesen Anforderungen gerecht wurde, daß er, über ein Jahr unterwegs, in der Lage war, Vinland systematisch zu untersuchen und trotz aller Fährnisse mit seiner Mannschaft gesund und wohlbehalten nach

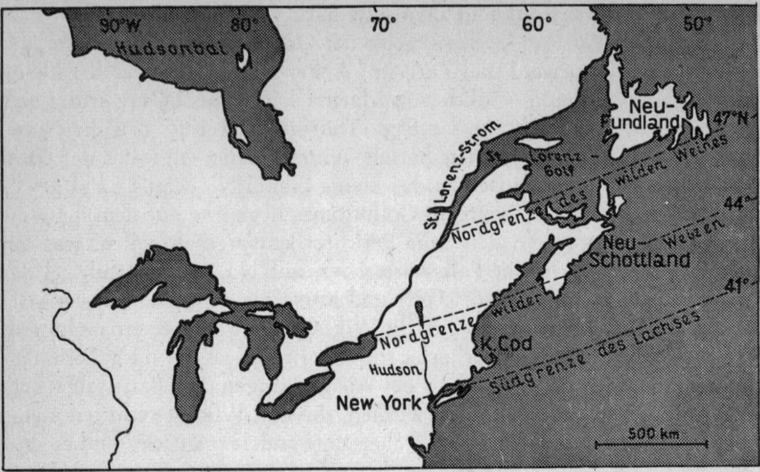

XXVI. Wo lag Vinland? Da die Südgrenze des Lachses bei 41 Grad, die Nordgrenze des wilden Weizens bei 44 Grad liegt, kann Vinland nur innerhalb dieser Grenzen gesucht werden. Nur wilder Wein kommt bis zum 47. Grad vor.

Grönland zurückzukehren, das versetzt ihn in die erste Reihe aller Entdeckungsreisenden. Er verdient es, mit Männern wie Kolumbus und Magellan in einem Atem genannt zu werden.

Von den Zeitgenossen Leifs und Thorfin Karlsefnis an bis zur Gegenwart hat die Nachricht, die Wikinger seien auf «Skraelinger» gestoßen und hätten sich ihretwegen entschlossen, die Besiedlung Amerikas aufzugeben, besonderes Interesse erregt. Anfangs hat man gemeint, die Fellboote, von denen die Amerika-Wikinger erzählten, könnten nur Eskimo-Kajaks gewesen sein. Neuerdings hat sich die Wissenschaft aber doch dafür entschieden, in den Skraelingern eher Indianer als Eskimos zu sehen. Denn neben den bekannten leichten Rinden-Kanus besaßen die Indianer auch Lederboote, und während Eskimos entweder den Einmann-Kajak oder das etwa neun Personen fassende Weiberboot, den *umiak*, benutzten, bedienten sich die Indianer des nördlichen Amerika in der Regel eines mittelgroßen Fahrzeugs, das den Saga-Berichten entspricht. Hinzu kommt die Tatsache, daß Eskimos von alters her viel weiter nördlich lebten als in den Gebieten, in denen wir Vinland suchen müssen. Sie bewohnten in einer kaum jemals von Ausnahmen durchbrochenen Regel auch nur waldlose Küsten. Wo sich Wald befand, wurden sie meist von Indianern abgelöst. Daß es sich bei den Skraelingern wohl tatsächlich um Indianer gehandelt hat, zeigt unter anderem auch die Erzählung von dem «dunkelblauen Ball», den sie mittels einer langen Stange zu ihren wikingischen Gegnern hinübergeschleudert hätten. Dieses wahrscheinlich zauberische Kampfmittel entspricht vielleicht dem sogenannten «Dämonenhaupt» der Algonkin-Indianer südwestlich vom St. Lorenz-Golf. Von ihm berichten europäische Siedler aus der Zeit ihrer ersten Kämpfe mit den Rothäuten. Es sei das, heißt es, ein in eine bemalte Tierhaut eingeschlossener Stein gewesen, der während des Kampfes von den Indianern mittels einer langen Schleuderstange zu ihren Feinden hinübergeworfen wurde, damit er dort für einen gefährlichen Zauber gehalten werde und Schrecken errege. Um diese Zeit hatten sich die Weißen allerdings langsam den Glauben an dämonische Kampfmittel abgewöhnt. Bei den Nordmännern war das nun freilich nicht der Fall. Sie glaubten ohnehin, das koboldartige Volk brauner Trolle, das ihnen in den Skraelingern gegenübertrat, könne zaubern, ebenso wie sie das von Finnen und Lappen annahmen. So ist es verständlich, daß der «dunkelblaue» Ball der Skraelinger bei ihnen Entsetzen erregte. Sich vor Zauber zu erschrecken und ihm nach Möglichkeit auszuweichen, galt bei den Wikingern nicht als schimpflich. Wo außermenschliche Mächte eingriffen, war alle Tapferkeit nutzlos. Da blieb gar nichts anderes übrig, als zu fliehen!

Neben diesen Indianerlegenden hat die Wissenschaft immer wieder auch die Saga-Berichte über das Vorkommen wildwachsenden «Weizens» unter die Lupe genommen. Und immer wieder ist behauptet worden, diese Nachricht zusammen mit der über den wilden Wein beweise unwiderlegbar, daß die ganze wikingische Amerika-Überlieferung weiter nichts als Mythos und Märchen sei. Alle Völker der Welt hätten irgendwann einmal von fruchtbaren, reichen Zauberländern geträumt und diesen Traum dann in heldischen Bardengesängen zur feierabendlichen Erholung von des Tages Last und Mühe behaglich ausgesponnen. Aber genauso, wie es im östlichen Nordamerika wilden Wein gibt, so gibt es dort auch eine Art wilden Weizens. Und gerade diese angeblich legendäre Nachricht liefert nun einen weiteren Anhaltspunkt zur Beantwortung der Frage, wo Vinland gelegen haben könnte. Denn dieser «Indianer-Weizen», der kaum einer Pflege bedarf, um gute Ernten abzuwerfen, und der für die Existenz der nordamerikanischen Eingeborenen jene große, aus allen Indianer-Büchern von Coopers *‹Lederstrumpf›* bis zu Karl Mays *‹Winnetou›* bekannte Rolle gespielt hat, kommt nur bis etwa zum 44. Grad Nord vor. Dies ist aber seine äußerste Nordgrenze. Seine eigentlichen Lebensbedingungen liegen südlich davon. Auch diese letzte hier noch zu erwähnende natürliche Abgrenzung für die Lage des wikingischen Vinlands spricht für eine Gegend an der Küste von Massachusetts. Aber auch an dieser Stelle muß noch einmal gesagt werden, daß all dies nur Fingerzeige und Hinweise sind und daß sich die Lage Vinlands zur Zeit nicht mit Bestimmtheit ermitteln läßt.

4

Merkwürdigerweise sind nun die alten grönländischen und isländischen Quellen über Vinland und weitere Fahrten dorthin außerordentlich wortkarg. Nach den fünf Amerika-Reisen zu Anfang des 11. Jahrhunderts, von denen hier eben gesprochen wurde, wird Vinland in späteren Berichten nur noch zweimal, Markland sogar nur einmal flüchtig genannt. Diese völlige Schweigsamkeit hat Nansen seinerzeit darin bestärkt, die ganze normannische Vinland-Überlieferung als unglaubhaft zu verwerfen. Er meinte, so glückhafte Länder wie diese müßten wieder und wieder aufgesucht und in den Sagas wieder und wieder genannt worden sein, wenn sie tatsächlich existiert hätten.

So überzeugend dieser Einwand klingt, so unberechtigt ist er gleichwohl. Wir haben nämlich eine von den isländischen und grönländischen Saga-Berichten völlig unabhängige Quelle, die auch ihrerseits von Vinland spricht. Es ist dies die *‹Hamburgische Kirchengeschichte›* des Domscholasters Adam von Bremen, die 1070 verfaßt wurde und die im vierten Buch unter der Überschrift *‹Beschreibung der Inseln des Nordens›* unzweideutig bekundet:

> «Außerdem erzählte der Dänenkönig, daß noch eine Insel in diesem Ozean von vielen entdeckt sei, die Vinland heiße, weil dort Weinstöcke wild wüchsen, die den besten Wein trügen. Daß dort auch Früchte ungesät im Überfluß vorhanden sind, wissen wir nicht durch fabelhaftes Gerede, sondern durch den sicheren Bericht der Dänen.»

Diese Kenntnis von Vinland hat Adam von Bremen bei seinem Aufenthalt in Roskilde in Dänemark am Hof des Sven Estrithson erworben, und diese seine Kenntnis ist wahrscheinlich sogar ganz unmittelbar aus erster Hand gekommen: von dem isländischen Häuptling Gellir Thorkelsson nämlich, der um 1070 auf der Rückkehr von einer Pilgerfahrt nach Rom für längere Zeit in Roskilde einkehrte und der über die Entdeckungen der Wikinger jenseits des westlichen Meeres natürlich genau unterrichtet war. Es kann also gar kein Zweifel bestehen, daß Vinland tatsächlich aufgefunden worden ist und daß es keinesfalls zur Gilde der Märcheninseln gehört.

Freilich ist damit noch nicht geklärt, warum Isländer und Norweger nicht häufiger von Vinland und Markland gesprochen haben und warum in ihren Sagas von allem möglichen die Rede ist, aber nur so wenig von ihren großartigen neuen Entdeckungen. Um diese merkwürdige Schweigsamkeit zu motivieren, hat man von skandinavischer Seite darauf hingewiesen, daß sowohl die *‹Grönlandsaga›*, die im wesentlichen von Erich dem Roten erzählt, wie die Saga von Eirik Raudi, die dem Isländer Karlsefni gilt, ja reine Familienüberlieferungen waren, geschrieben lediglich zu dem Zweck, zwei einzelne mächtige Geschlechter zu verherrlichen.

Diese Sagas seien keine Annalen, keine Chroniken und Historienbücher, und was andere Familien geleistet hätten, *könne* diese beiden großen Erzählungen überhaupt nicht interessieren.

Abgesehen von den ersten Entdeckungsreisen und den ersten Kolonisationsversuchen in Vinland sind Fahrten zu diesen neuen Ufern für die Zeitgenossen offenbar auch in keiner Weise sensationell gewesen. Es hat sich für die Grönländer anscheinend einfach nicht gelohnt, von so alltäglichen Dingen zu erzählen. Das beweist jener Bericht zum Jahr 1347, der sich in den isländischen Skalholt-Annalen findet und den wir oben schon einmal zitierten. Er spricht davon, daß in diesem Jahr in Island ein grönländisches Schiff gelandet sei, «kleiner als die kleinsten Islandschiffe». Dieses Schiff habe keine Anker mehr gehabt und sei, mit siebzehn Mann an Bord, vom Sturm quer über das Meer von Markland aus nach Island verschlagen worden.

Wie aus der Formulierung dieser Nachricht deutlich hervorgeht, ist sie nicht deshalb überliefert worden, weil das grönländische Schiff aus Markland kam, sondern weil es so klein war, weil es unterwegs seine Anker verloren hatte und weil es vom Sturm über die ganze Breite des Ozeans hinweg nach Island getrieben worden war. Dies allein erschien dem Chronisten als wichtig, und deshalb nahm er diese Mitteilung in seine Chronik auf. Wenn man sich dabei klarmacht, daß seit der Auffindung von Markland immerhin fast 350 Jahre vergangen waren, als unser isländischer Mönch diese Nachricht niederschrieb, dann kann man daraus folgern, daß Amerika-Fahrten noch um die Mitte des 14. Jahrhunderts etwas durchaus Übliches und ganz Gewöhnliches gewesen sind, sonst hätte er sich sicherlich veranlaßt gesehen, mehr von Vinland und Markland zu berichten.

Auch die großen dänischen Ausgrabungen auf Grönland haben zu demselben Schluß geführt. Sie zeigten nämlich, in welchem Umfang in Grönland Holz verwendet wurde. Nicht nur für die Schiffe wurde Holz benötigt, festes, gutes Langholz von hohen, starken Bäumen, auch die Wohnhäuser, die großen Ställe, die hohen Dome und Kirchen und nicht zuletzt die Särge erforderten Holz, viel, sehr viel Holz. Während fast alle anderen hölzernen Gegenstände vernichtet sind, haben sich die Särge im grönländischen Eisboden wesentlich besser erhalten. Bei ihrer Untersuchung ergab sich, daß dafür meist Holz verwendet worden war, das nicht aus Norwegen stammte. Zum kleineren Teil wird es sich dabei um Treibholz gehandelt haben, zum größeren Teil um Bestände, die aus Markland geholt worden sind.

Markland lag ja nun gewissermaßen vor der Tür. Anfangs wird man die Fahrtroute dorthin vielleicht so gelegt haben, daß die beiden großen Meeresströmungen zwischen Grönland und Labrador ausgenutzt wurden: der Grönland-Strom, der längs der Westküste dieses Landes nach Norden geht, und der Labrador-Strom, der parallel zur Küste Nordamerikas nach Süden läuft. In der Gegend der Vestribyggd oder etwas nördlicher, unweit der Disko-Bucht, erfolgte wohl der Absprung nach Westen. Und wie in Grönland die von der Ostsiedlung abfahrenden Schiffe vom Grönland-Strom mitgenommen wurden, so transportierte sie jenseits der Davis-Straße die Labradorströmung nach Süden. Später ist man dann von Südwestgrönland aus wohl direkt nach Südlabrador gesegelt, quer über das Meer hinweg. Die Entfernung von der Ostsiedlung zum Hamilton Inlet in Labrador war nicht viel größer als die zwischen Stavanger in Norwegen und den Färöern. Sie betrug kaum mehr als ein Drittel des Weges von Grönland nach Skandinavien, dem nächsterreichbaren Land mit Schiffs- und Bauholz. Achtete man nur auf das Wetter, und blieb es einigermaßen beständig, dann bot die Amerika-Fahrt keine besonderen Schwierigkeiten.

Markland-Reisen sind von den Grönland-Wikingern also sicherlich sehr häufig vorgenommen worden, auch wenn keine Überlieferung das meldet. Irgendwelche Kolonisationsversuche wird man dort aber wohl kaum unternommen haben. Obwohl das große Waldland 8 bis 10 Breitengrade südlicher lag als Grönland, war das Klima dort infolge der nur mehr recht geringen Einflüsse des Golfstroms und wegen der abkühlenden Wirkung der eisigen Labradorströmung nicht gelinder als in Südwestgrönland. Außer dem Holz und der sicherlich reichen Jagd fand sich hier nichts, was die Wikinger locken konnte, und mehr als einige Holzfäller- und Jagdhütten, die den Sommer über bewohnt gewesen sein dürften, wird es in Markland nicht gegeben haben.

In Vinland lagen die Dinge natürlich anders, und man versteht durchaus, daß die Nordmänner den Versuch unternahmen, dort Fuß zu fassen. Nach den oben zitierten Saga-Überlieferungen ist dieser Versuch weder Leif Erichsson noch Thorfin Karlsefni gelungen. Der Grund dafür ist die unter bestimmten Bedingungen unbestreitbare Unterlegenheit der Metallkultur gegenüber der Steinkultur – ein Paradoxon, das von uns bereits im Grönland-Abschnitt dieses Berichts angedeutet wurde. Diese Unterlegenheit ergab sich in Grönland wesentlich wohl durch den Mangel an Feuerungsmaterial, der es nicht erlaubte, die Rasenerzlager des Eislandes in einem dem Bedarf entsprechenden Umfang zu verhütten. Es begann schließlich in gefährlichem Maße an Eisen zu fehlen. In Vinland wurde dieser Umstand insofern noch bedrohlicher, als die Zusammenstöße mit den Skraelingern einen dauernden Waffennachschub notwendig machten. Gewiß fehlte es hier nicht an Feuerholz. Wir hören aber kein Wort davon, daß Rasenerze gefunden wurden. Die normannischen Siedler waren also wohl nicht in der Lage, sich ihre metallenen Waffen selbst herzustellen, sondern mußten warten, bis wieder ein Schiff aus der Heimat eintraf. Das dauerte aber unter günstigen Umständen mindestens ein Jahr, während die Skraelinger sich ihre Steinwaffen unschwer im Land selbst anfertigen konnten.

Man erinnert sich dabei daran, daß der Wilde Westen Amerikas später erst durch die Erfindung des Coltrevolvers, der den Weißen die notwendige waffentechnische Überlegenheit gegenüber den Indianern gab, siedlungsfähig wurde. Mit der einschüssigen Büchse war gegen die in schneller Folge heranzischenden Indianerpfeile nichts auszurichten. Ganz ähnlich war die Lage in Vinland für die Wikinger. Ihre Eisenwaffen nutzten ihnen nicht so viel, daß damit ihre Überlegenheit über die Skraelinger von vornherein feststand; sie befanden sich jenen gegenüber auf der äußeren Linie, und die Nachschubverbindungen mit der Heimat waren außerordentlich dünn und spärlich. Thorfin Karlsefni sah das klar und deutlich. Wenn in seiner Saga abschließend bemerkt wird, daß das Leben in Vinland durch die Angriffe der Skraelinger stets unruhig und gefährlich sein werde, so bedeutet das die Erkenntnis, daß nur auf kriegerischem Wege ein Fußfassen in den Westländern möglich war: eine Erkenntnis, die von den blutigen Tatsachen der späteren Besiedlungsgeschichte Amerikas nur zu sehr erhärtet wird.

5

Und trotzdem hat es im 11. Jahrhundert in Amerika eine Kolonie von Wikingern gegeben. Es ist sogar nicht ausgeschlossen, daß diese Kolonie rund zweihundert Jahre bestanden hat und daß dann ein Teil der Leute aus der Vestribyggd um 1342 aus Grönland auswanderte, um diesen Stützpunkt fern im Westen aufzusuchen. Aber das ist eine lange Geschichte.

Diese Geschichte beginnt mit ihrer letzten Phase am 24. Mai 1930. Sie spielt in der Nähe von Beardmore, einem kleinen Ort in der Nähe des Nipigon-Sees in Ontario/Kanada, und hat zum Helden: erstens Mr. James Edward Dodd, *freight conductor* der Canadian National Railway und im Nebenberuf Prospektor und Erzsucher, und zweitens einen seit fast tausend Jahren toten, in vollem Waffenschmuck beigesetzten unbekannten normannischen Krieger, dessen Grab Mr. Dodd zufällig entdeckte. Und als dritter wird in dieser Geschichte Erich Gnupson eine Rolle spielen, der erste Grönland-Bischof der Wikinger, der wenige Jahre nach der Ankunft in seiner Diözese auf einer Dienstreise 1121 in Vinland verschollen ist.

Abgespielt hat sich der seltsame Grabfund auf eine höchst nüchterne Art und Weise. Mr. Dodd hat am Morgen dieses 24. Mai 1930 auf seinem *claim* einen Quarzgang entdeckt, der ihm vielversprechend vorkommt und den er bis zu seinem Ende verfolgen möchte. Aber nach ein paar Spatenstichen stößt er auf ein Hindernis. Tief in der Erde steckt ein Birkenstubben, so hart, daß dem Ding weder mit Axt noch mit Brechstange beizukommen ist.

Dynamit her! Fachmännisch baut Mr. Dodd die Sprengladung ein, dann steckt er die Zündschnur an, wirft sich platt auf den Boden – und schon geht der Stubben mit Getöse in die Luft. Bis zu einer Tiefe von 100 cm ist der Fels freigelegt: unten findet sich Schiefer, und eingebettet darin liegt ein längliches rostiges Eisending – ein altes Schwert, wie Mr. Dodd bei näherem Zusehen feststellt, dazu eine ebenso rostige alte Axt, ferner eine Art Handgriff, gleichfalls schrecklich rostig, und schließlich eine nur noch aus Rost bestehende zertrümmerte Schale oder flache Halbkugel, die sofort zerbricht und die Mr. Dodd aus dem Stubbenloch herausschaufelt.

Man darf ihm nicht gram sein deshalb. Er sucht ja keine verrosteten alten Eisendinge – lieber Gott, was kann das schon sein? Irgendein Erzschürfer lange vor ihm hat das Zeug mal weggeworfen – nun, vielleicht sind das auch alte Indianer-Werkzeuge, was geht ihn das an? Er sucht ja einen Erzgang. Immerhin nimmt er abends, als er nach Port Arthur, seinem Wohnsitz, zurückfährt, die Eisensachen mit, er macht sich sogar die Mühe, ein paar Bruchstücke von jener zerbröckelnden flachen Schale zusammenzuklauben und einzustecken.

Und nun geht es ihm ähnlich wie dreißig Jahre vorher Mr. Olaf Ohman in Salem bei Kensington. Gelegentlich erzählt er jemand etwas von seinem Fund, der sieht sich die rostigen Dinge an, die Mr. Dodd gern verkaufen möchte, er findet, die Sachen sähen aus wie alte Wikinger-Waffen, die Zeitungen erfahren davon, und ehe sich Mr. Dodd dessen versieht, ist er auch schon in den Verdacht geraten, ein hübsches kleines Theater inszeniert zu haben. 1650 km Entfernung sind es von Beardmore zur Küste. Noch nie hat jemand von ähnlichen Funden hier in der Gegend gehört, und überall ringsum sind Skandinavier ansässig. Es ist nur verständlich, wenn die Zeitungen argwöhnen, Mr. Dodd habe sich wichtig machen wollen.

Der Lärm in den Zeitungen dringt auch zu Mr. Curelly, dem Direktor des Archäologischen Instituts in Toronto. Er ist ein alter Fachmann, es fällt ihm sogleich ein, daß Samuel Champlain, einer der großen Pioniere Kanadas, im Jahre 1610 von einer alten Indianer-Überlieferung berichtet hat, an der Hudson-Bay habe es vorzeiten «weiße Holzboot-Männer» gegeben. Von der Hudson-Bay zum Nipigon-See ist es nicht weit. Sollte der seltsame Fund echt sein? Wikinger-Waffen, ein Wikinger-Grab?

Dr. Curelly fährt nach Beardmore. Er sieht sofort: jawohl, das sind normannische Waffen, fast tausend Jahre alt, aus dem beginnenden 11. Jahrhundert. Das ist ein Schwert, eine Streitaxt, der Handgriff eines Schildes und die Reste eines flachkugligen Schildbuckels. Europäische Museumsdirektoren bestätigen ihm das später. Und Dr. Curelly weiß auch sofort, daß diese vier zusammengehörigen Dinge nicht etwa durch irgendeinen Zufall in die Hände von Indianern geraten und verloren worden sein können. Denn Indianer teilen sofort, was sie erbeuten;

unter allen Umständen hätten sie wohl Kostbarkeiten wie die beißenden Waffen auch vor tausend Jahren schon unter sich aufgeteilt, so daß sie dann niemals zusammen hätten gefunden werden können.

Hier mußte schon ein Nordmann bestattet worden sein. Bestattet? Von wem? Wiederum keinesfalls von Indianern. Wäre dieser Wikinger ein Kriegsgefangener gewesen, dann hätte man ihm, als er totgeschlagen wurde, natürlich seine Waffen abgenommen. Und sicherlich hätten die Indianer sich auch nicht die Mühe gemacht, den toten und nun völlig wertlos gewordenen weißen Sklaven so tief in die Erde zu senken. Also mußte dieser Mann von Leuten seines eigenen Volkes bestattet worden sein, und zwar von so vielen, so gut bewaffneten Leuten, daß sie es nicht nötig fanden, ihrem gefallenen Kameraden die Waffen abzunehmen: kein verirrter, halbverhungerter Haufen halb verzweifelter Männer, folgerte Dr. Curelly weiter, sondern eine regelrechte Truppe, eine Expedition vielleicht, die einen der Ihren sorgfältig und in ziemlicher Tiefe beigesetzt hatte.

An sich waren Funde früher skandinavischer Waffen und Geräte in Nordamerika keine große Seltenheit. Jeder von ihnen war freilich ein ungeheuerer Glücksfall. Die achtzigtausend Goten, die einst in Italien Land nahmen, hatten in ihren Gräbern den Archäologen nicht mehr als rund fünfzig Gewandfibeln hinterlassen, jene großen, künstlerisch oft sehr wertvollen Vorläufer unserer Sicherheitsnadeln, mit denen man vorzeiten die wehenden Stoffbahnen seiner Kleidung zusammenhielt. Wenn also in Amerika Funde gemacht wurden aus dessen skandinavischer Epoche, so bedeutete das bei der ungeheueren Weite dieses riesigen Kontinents dasselbe, als wenn jemand in einem fünfstöckigen Kornsilo eine Nadel wiederfindet.

Trotzdem ist das in einer ganzen Reihe von Fällen geglückt. Schon lange, ehe man ernsthaft an die Möglichkeit einer wikingischen Kolonie auf amerikanischem Boden gedacht hatte, waren vorkolumbischen Gräbern in der Gegend von Middleboro und Four Corners in Massachusetts altnordische Waffen und Geräte wie Löffel, Pfeilspitzen, Silberarbeiten usw. entnommen worden, und der deutsche Amerikanist Rudolf Cronau, der in seinem großen Amerika-Werk 1892 darüber berichtete, meinte schon damals, daß von den Grönland-Normannen sehr nachhaltige Kultureinflüsse nach Ostamerika gegangen sein müßten.

Dann war Hjalmar R. Holand auf dem Plan erschienen, den wir oben schon als den Erforscher und Sachverständigen des Kensington-Steins kennenlernten. Er hatte mit einer bewundernswerten Zähigkeit alle Meldungen aufgegriffen, die von skandinavischen Funden sprachen. Von Neuschottland angefangen, wo schon 1880 eine alte, wahrscheinlich aus dem 11. Jahrhundert stammende Streitaxt entdeckt wurde, war er über Michigan und Minnesota den bis dahin neun Ausgrabungen altskandinavischer Waffen und Geräte nachgegangen und hatte durch sorgfältigste Untersuchung der Funde und der Fundumstände dafür gesorgt, daß das große über der wikingischen Epoche Amerikas liegende Dunkel ein wenig erhellt wurde.

Der Beardmore-Fund, der so interessante, logisch unbezweifelbare Rückschlüsse auf frühe, erfolgreiche Kolonisationsunternehmen der Nordmänner in Amerika zuließ, stand aber ganz einzigartig und ganz vereinzelt da.

6

Aufs neue begann die Wissenschaft, das alte skandinavische Quellenmaterial zu prüfen. Dabei stieß man auf eine kurze, im ganzen nur vier Worte umfassende Meldung der ‹*Island-Annalen*› zum Jahre 1121, die wie folgt lautet: *eirikr bykop leitadi Vinlandz*, auf deutsch: Bischof Erich brach auf nach Vinland. Diese, in einer späteren Eintragung etwas ausführlicher wiederholte Nachricht war an sich seit der zweiten Hälfte des vorigen Jahrhunderts bekannt. Aber da man zu dieser Zeit die Vinland-Expeditionen der Grönland-Wikinger für erfolglos ausgehende, bald wieder eingestellte Unternehmen ansah, übersetzte man das Wort *leitadi* mit dem Begriff: suchen und legte die Meldung der ‹*Island-Annalen*› so aus, als habe Bischof Erich Vinland gesucht.

Inzwischen wissen wir, daß zu diesem Zeitpunkt von irgendeiner «Suche» nach Vinland nicht die Rede sein konnte. Jedes Kind in Grönland wußte genau, wo das gute Vinland lag, und neuere Untersuchungen des deutschen Geographen Richard Hennig machen es sehr wahrscheinlich, daß das altskandinavische *leitadir* nicht «suchen», sondern vielmehr «aufsuchen» bedeutet. Das würde also heißen, daß Bischof Erich 1121 Vinland aufgesucht hätte.

Aber damit stehen wir ganz unmittelbar vor der Frage, was dieser Bischof Erich denn eigentlich in Vinland wollte. 1112 war er, wie der dänische Historiker Gustav Storm festgestellt hat, als erster Bischof der nördlichsten Diözese der Welt in Grönland eingetroffen. Er entstammte dem altisländischen, hochangesehenen Häuptlingsgeschlecht der Gnupson, und sicher ist er ein knorriger, harter Wiking gewesen, so wie sie im äußersten Norden gebraucht wurden. Aber auch seine hohe Abkunft entband ihn natürlich nicht von der Gehorsamspflicht gegenüber der Kirche, ihn noch weniger als einen Priester aus kleinerem Stand. Und wenn ihn das Wikingerblut seiner Vorfahren noch so sehr angetrieben haben mag: es ist völlig undenkbar, daß er als Bischof aufgebrochen wäre, um Vinland zu «suchen». Er ist dorthin vielmehr aufgebrochen, um es zu *besuchen*: weil es zu seiner Diözese gehörte, weil es dort Seelsorge zu treiben galt, weil die Amerika-Kolonie der Wikinger ein ganz besonderes Anrecht darauf hatte, durch das Blut und den Leib Christi in wilder, heidnischer Umgebung gestärkt zu werden. Dies, und *nur* dies, kann der Grund gewesen sein, weshalb der Hirte seine Herde im Stich ließ. Fern im Westen, weit über dem Meer, bedurfte man seiner noch dringlicher als in Grönland, und er ist diesem Ruf gefolgt, als einer der ersten jener vielen Hirten Christi, die Leib und Leben daran gaben, den Befehl des Herrn zu erfüllen: Gehet hin in alle Welt und lehret alle Völker!

Aus Gründen der Korrektheit soll nachdrücklich betont werden, daß es bisher nicht gelungen ist, irgendeinen völlig überzeugenden Beleg für diese Hypothese zu finden. Zwar teilte Lukas Jelič, ein sehr bekannter katholischer Forscher, auf dem Internationalen Katholikentag 1895 in Brüssel mit, seinen Feststellungen nach sei Erich Gnupson 1112 durch Papst Paschalis II. (1098 bis 1118) zum Bischof von Grönland *regionumque finitimarum* (und der angrenzenden Länder) geweiht worden: also auch zum Seelenhirten von Vinland – und erst als sich Erich Gnupson entschlossen habe, in Vinland zu bleiben, hätten die Grönland-Normannen auf einem 1121 stattgefundenen Thing gebeten, einen neuen Bischof zu ihnen zu entsenden: es ist aber bisher nicht möglich gewesen, die aktenmäßigen Unterlagen für diese Angaben aufzufinden, weder in den Archiven des Vatikans noch sonstwo. Sollten diese Urkunden überhaupt noch existieren, so werden sie doch vielleicht einmal entdeckt werden. Vorhanden gewesen sind sie sicherlich.

Daß nämlich Rom und die Kurie über Grönland und Vinland auf das eingehendste und aus erster Hand unterrichtet waren, steht fest, weil unzweifelhaft überliefert ist, daß immer wieder Isländer und Grönländer zur Hauptstadt der christlichen Welt aufgebrochen sind. Wie man einige Jahrhunderte später dort genau Bescheid wußte über das christliche Abessinien, über die Thomaschristen in Asien, über den Großkhan in Karakorum und über das seltsame Land China fern im unendlichen weiten Osten, so war man im Vatikan um diese Zeit auch über die neuen westlichen Lande zweifellos ausgezeichnet informiert. Aber die alten Bücher schweigen, und vielleicht werden deshalb die Steine fortfahren, ihre Stimme zu erheben, so wie sie zu unseren Zeiten schon damit begonnen haben. Noch sind alle nordamerikanischen Grabungen nur Zufallstreffer gewesen. Es ist durchaus möglich, ja, es ist fast wahrscheinlich, daß die Archäologen im Laufe der Jahre noch mancherlei Entdekkungen machen werden.

Zu Anfang des vorhergehenden Abschnitts unserer Erzählung hatten wir bereits von einer solchen archäologischen Entdeckung auf dem Boden Nordamerikas berichtet: von jenem merkwürdigen Runenstein nämlich, den der schwedische Farmer Olaf Ohman aus Salem bei Kensington im Jahre 1898 unter den Wurzeln eines alten Baumes hervorholte. Wir hatten dann freilich rückgeblendet, hatten von Island, von Grönland und Vinland gesprochen und unseren Schweden verlassen, als er mit Nils Flaten und Hjalmar R. Holand bei Mr. R. J. Rasmusson saß, dem *notary public* von Douglas County, Minnesota. Aber diese Rückblendung war nicht unversehens vorgenommen worden, sondern aus der zwingenden Notwendigkeit, dem Leser in kurzem Überblick einen Teil des Wissens, der Überlegungen und Vermutungen zu vermitteln, die Hjalmar R. Holand während dieser langen Stunden im Vorzimmer von R. J. Rasmusson durch den Kopf gingen. Ihm spiegelte sich, aus Kenntnis und Kombination, ein ziemlich deutliches, in manchen Einzelheiten freilich nicht immer ganz scharfes Bild wider von dem, was sich einst abgespielt hatte: von Grönland nach Vinland und *«westward ho!»* in die Wildnis des großen amerikanischen Kontinents.

Denn Hjalmar R. Holand hatte nicht nur die Steine zum Reden gebracht, er hatte auch die europäischen Aktenberge beschworen, diese ungeheuerliche Anhäufung von Staub, Blut, Tränen und Heiligkeit. Und gehorsam hatten sich die Archive dem amerikanischen Zauberer geöffnet. Dabei kamen merkwürdige Dinge ans Tageslicht. Nicht eigentlich neue Dinge, denn das, was Holand wieder auffand, war schon fünfzig Jahre vor ihm publiziert worden. Aber erst jetzt fügten sich die Linien der Zusammenhänge glatt ineinander. Da war Ivar Bardsens Bericht aus dem Jahre 1342 über die rätselhafte Flucht der Vestribyggd-Leute. Da war Gisle Oddsons gleichfalls schon zitierte Eintragung für 1342 mit der Nachricht, die Westleute seien nach Amerika ausgewandert. Da war das Patent des frommen schwedischen Königs Magnus Erikson für Paul Knudson, Kommandeur seiner Garden, vom Jahre 1354. Da war endlich der Runenstein von Kensington in Minnesota von 1362. Das alles hing dicht verzahnt aneinander.

Der Schlüssel hierfür kam aus der Kritik, die Runologen und Sprachforscher am Text des Runensteins von Kensington übten. Denn die Gelehrten dieser beiden Disziplinen meinten, weder entsprächen die auf dem Kensington-Stein verwendeten Runen der in Skandinavien herrschenden Norm, noch seien die folgenden fünf Wörter *of* (dritte Zeile), *theth* (*ded*, achte Zeile), *illy* (neunte Zeile), *mans* (zehnte Zeile) und *fram* (zwölfte Zeile) altnordischen Ursprungs; sie kämen vielmehr aus dem Englischen. Diese Behauptung scheint nun auf alle Fälle irrig zu sein, denn es wurde übersehen, daß die Inschrift im altgötaländischen Dialekt verfaßt, also nicht nordisch im Sinne von Norwegisch ist. Aber dieser Irrtum veranlaßte Holand dazu, zahlreiche Belege aus dem Altgötaländischen des 14. Jahrhunderts beizubringen und dadurch nachzuweisen, daß diese fünf Ausdrücke damals durchaus gebräuchlich waren. Und diese rein sprachlichen Ermittlungen stimmten nun ganz überein mit dem Bild, das man sich von der nationalen Zusammensetzung der Rettungsexpedition Paul Knudsons zu machen hat. Denn offenbar haben sich an ihr Schweden *und* Norweger beteiligt. Das ist sonst sehr selten vorgekommen. In Grönland hat es jedenfalls nur norwegische Wikinger gegeben. Bei dieser Expedition wurde wohl deshalb eine Ausnahme gemacht, weil der norwegische Regent, Magnus Erikson, selber aus Schweden stammte. Er gehörte der vornehmen, im westlichen Götaland beheimateten Sippe der Folkunger an, und mit ihm waren viele hohe Beamte seines Hofes aus Schweden nach Norwegen übergesiedelt. Bei der an Paul Knudson ergangenen unmißverständlichen Anweisung, auch Leute der königlichen Leibwache mitzunehmen, die sich zweifellos weitgehend aus schwedischen Wikingern zusammensetzte, muß es als sicher angesehen werden, daß zu dieser großen Hilfsexpedition zahlreiche vornehme Schweden gehörten: Männer also, die götaländisch sprachen und schrieben, jenen Dialekt, der in der Runeninschrift des Kensington-Steines gebraucht wird.

Holand hat in seinen Büchern mit Nachdruck darauf aufmerksam gemacht, daß die Bekundung: «Wir sind acht Schweden und zweiundzwanzig Norweger» der Lage der Dinge höchst auffällig entspricht. Denn wahrscheinlich ist zwar die Zahl der an dieser Fahrt beteiligten Schweden geringer gewesen als die der Norweger, aber offenbar gehören jene zu den Führern des Unternehmens, so daß es schicklich war, sie in einer Runenritzung an erster Stelle zu nennen.

Diese Schlußfolgerung bildet sozusagen die Verzahnung der Brücke von Hypothesen, die Holand zwischen der Nachricht von der götaländisch-norwegischen Expedition Paul Knudsons und dem Runenstein von Kensington errichtet hat. *Tatsachen*, die eine Verbindung zwischen beiden ermöglichten, sind nicht überliefert. Alles ist auf Indizien gestellt, allerdings höchst auffällig und einmalige Indizien.

Am dunkelsten dabei sind die Nachrichten über Paul Knudsons Rettungsexpedition. Sie ist angeblich neun Jahre unterwegs gewesen, aber es wird nicht gesagt, wo sie eigentlich geweilt hat. Daß sie sich diese ganzen neun Jahre lang allein in Grönland aufgehalten hat, ist ausgeschlossen. Der besiedlungsfähige Lebensraum des Nordlandes war so eng begrenzt, daß die Nachsuche nach den verschwundenen Vestribyggd-Leuten in kürzester Frist hätte durchgeführt werden können. Das Inlandeis zog für eine Wanderung binnenwärts eine unübersteigliche Grenze. Die nördlichen Fangsitze wiesen kaum noch Graswuchs auf: auch für die bescheidenste Viehhaltung bestanden hier keinerlei Möglichkeiten mehr. Knudson und seine Leute sind also sicher über die Davis-Straße nach Amerika hinübergefahren. Labrador hätte, namentlich in seinen südlichen Teilen, den ausgewanderten Westleuten an sich schon Lebensmöglichkeiten bieten können, und es ist nicht undenkbar, daß die heimatlosen Nordmänner sich hier eine Zeitlang aufgehalten haben.

Daß die an das mildere Klima Südskandinaviens gewöhnten Schweden, die die Führer der Knudsonschen Expedition gewesen sind, sehr geneigt waren, die verschwundenen Westleute in Labrador zu suchen, ist wenig wahrscheinlich. Sie werden ihr Augenmerk auf südlichere Gegenden gerichtet haben, die ihrer Auffassung vom Existenzminimum an Lebensbedingungen eher entsprachen. Es ist also zu vermuten, daß sie die Auswanderer in Markland oder Vinland gesucht haben.

Diese Vermutung scheint neuerdings ihre Bestätigung gefunden zu haben. Schon lange war bekannt, daß in dem kleinen Badeort Newport auf Rhode Island eine sehr alte Turmruine stand. Immer wieder hatte man gemeint, dieses Bauwerk könne eigentlich nur von den Vinland-Wikingern errichtet worden sein. Da aber jeder Beweis hierfür fehlte, nahm man an, es sei der Rest einer sehr alten, im 17. Jahrhundert gebauten Windmühle, und diese Annahme setzte sich auf lange Zeit hin durch. Für die Feinfühligkeit des dichterischen Menschen bezeichnend ist vielleicht die Tatsache, daß sich Longfellow nicht mit der Windmühlen-Theorie abfand. Seine ‹*Saga of the Skeleton in Armour*›, die 1840 in New York erschien, erklärte den Newport-Tower nachdrücklich als uralten Wikingerbau und stilgerecht romantisch als trutziges Liebesnest für die aus Norwegen entführte Wikingerprinzessin·

«Three weeks we westward bore
And, when the storm was over,
Cloudlike we saw the shore
Stretching to leeward.
There for my lady's bower
Built I the lofty tower
Which to this very hour
Stands looking seaward.»

Während des letzten Krieges begann man sich genauer mit dem Newport-Tower zu beschäftigen. Es versteht sich, daß Hjalmar R. Holand als erster amerikanischer Sachkenner an diesen Untersuchungen besonderen Anteil hatte. Ihm und seinen Mitarbeitern ist es nach jahrelangen Forschungsarbeiten gelungen, den Nachweis zu erbringen, daß der Newport-Tower höchstwahrscheinlich ein schwedisch-norwegischer Bau ist, der der St. Olafs-Kirche in Tunsberg in Norwegen nachgebildet wurde. Gewisse Spezifika in der Anordnung der Kaminkonstruktion und der Fenster machen ersichtlich, daß dieser Bau dem 14. Jahrhundert angehört.

Die Schlußfolgerung, daß Newport die Basis des Knudsonschen Amerika-Unternehmens gewesen ist, liegt danach nahe. Zumindest ist es wahrscheinlich, daß Knudson den Hafen von Newport für seine Zwecke benutzt hat. Er ist einer der besten Häfen der amerikanischen Ostküste, und es ist daher kaum denkbar, daß Knudson ihn nicht gefunden hätte – wenn nicht ohnehin die Grönland-Amerika-Fahrer schon von alters her hier ankerten. Dies möchte man annehmen, wenn man sich klarmacht, daß die Errichtung einer steinernen Kirche doch eine sehr große Aufgabe war. Sie erforderte viel Zeit und eine erhebliche Zahl von Arbeitskräften. Man kann sich nicht recht vorstellen, daß Knudsons Leute nach dem Abmarsch der Suchexpedition zu den Großen Seen, sozusagen um sich die Wartezeit bis zur Rückkehr ihrer Kameraden zu verkürzen, auf die Idee gekommen sind, eben rasch einmal eine Kirche zu bauen. Sie hatten sicherlich vollauf zu tun, den Wachdienst zu versehen, Befestigungen zu errichten, ihre Schiffe instand zu halten und für Nahrungsmittel zu sorgen. Man wird daher annehmen müssen, daß in Newport mehr Wikinger lebten, mit anderen Worten, daß hier für die gewiß zahlreichen von Grönland herüberkommenden Schiffe seit langer Zeit ein Standlager vorhanden war. Sicherlich lag es für die Paul Knudson-Expedition nahe, zunächst einmal zu diesem Vinland-Standlager zu gehen und von hier aus weitere Schritte zu unternehmen.

Unterstellen wir das einmal als richtig – und wir sind hier deshalb so ausführlich geworden, um den Leser mit gutem Gewissen zu weiterem Mitgehen auffordern zu können –, so erhebt sich die Frage, was die wikingischen Forschungsreisenden von 1362 denn eigentlich an den Großen Seen gesucht haben mögen. Zwar wissen wir schon, daß die Wikinger nicht selten ohne ersichtlicheren Grund als etwa Abenteuerlust in viel unwegsamerem Gelände, als es Minnesota und das übrige mittlere Nordamerika gewesen sind, nämlich in den eisigen Gebilden der Arktis, weite Fahrten unternommen haben. Wir werden noch von ihren über Tausende von Kilometern hinwegführenden Vorstößen in den Süden hören, wir werden erfahren, daß sie östlich vielleicht sogar über Nowaja Semlja hinausgekommen sind. Aber das alles waren meist doch zeitlich begrenzte Unternehmen, die nur selten Jahrhunderte hindurch wiederholt wurden. Eben das scheint aber hier in Amerika der Fall gewesen zu sein. Der Waffenfund von Beardmore stammt aus dem 11. Jahrhundert, der Kensington-Stein und sämtliche anderen Ausgrabungen in Michigan, Wisconsin und Minnesota aus dem 14. Jahrhundert. Es wäre ein wenig viel, wollte man annehmen, alle diese Funde seien nur zufällig in der gleichen Gegend gemacht. Wahrscheinlicher ist wohl, daß die Wikinger aus einem bestimmten Grund bis zu diesen entfernten Gegenden vordrangen.

Wir wissen davon nicht das geringste. Aber vielleicht hilft die Vorgeschichte weiter. Wie der deutsche Archäologe Friedrich Behn kürzlich noch einmal bestätigte, haben bereits die Indianer gewußt, daß sich im Native Copper-Distrikt am Lake Superior ausgedehnte Kupfervorkommen befanden. Schon lange vor den Weißen sind diese Fundgegenden das Wanderziel oft weit entfernt wohnender Indianerstämme gewesen. Dort holte man sich den unentbehrlichen Rohstoff für Waffen und Geräte, von hier aus wanderte das kostbare Metall im Osten bis zum Atlantischen Ozean, im Westen bis zum Mississippi, im Süden bis in die Staaten am Golf von Mexiko. Zierplatten, Ringe, Perlen und anderer

Schmuck, aber auch Beile, Lanzenspitzen, Messer und Pfrieme, die allüberall im Boden gefunden wurden, zeugen davon. Ja, am Oberen See wurde von den Rothäuten sogar ein regelrechter Kupferbergbau betrieben, von dem noch manche Spuren vorhanden sind: Schächte von mehr als 5 m Tiefe, in die Erde gebaute Holzgerüste, schwere alte Leitern, gewaltige Kupferklumpen, Steinhämmer und Schlägel aus Kupfer, große Holzschalen und -schöpfer zur Entwässerung der Gruben usw.

Man wird daraus zu schließen haben, daß das Gebiet der Großen Seen einst eines der Zentren der nordamerikanischen Indianerkultur gewesen ist. Wahrscheinlich haben die Nordmänner davon erfahren. Möglich, daß sie glaubten, das rote Metall, von dem ihnen die Indianer erzählten, sei Gold, möglich, daß sie ganz einfach durch die Tatsache großer Erzvorkommen gelockt wurden. Denn für eine allein auf sich gestellte weiße Kolonie war natürlich auch Kupfer von allerhöchstem Wert. Durch geschickte Kaltschmiedearbeit ließ sich selbst dieses von Natur aus weiche Metall so hinreichend härten, daß man daraus Pfeil- und Speerspitzen, Dolche und Kurzschwerter herstellen konnte. Und bei dem drükkenden, aus der grönländischen Heimat nicht zu befriedigenden Metallmangel waren die normannischen Vinland-Kolonisten sicher nicht wählerisch.

Gewiß, das sind nur Hypothesen. Wenn man aber bedenkt, daß die Wege, auf denen sich einmal ein Kulturaustausch zwischen fremden Völkern vollzogen hat, gern wieder begangen werden, könnte man, zumal bei der Häufung mittelalterlich-skandinavischer Funde in dieser Gegend, durchaus zu der Ansicht kommen, daß die Gebiete um die Großen Seen und die Mississippiquellen wiederholt von Wikingern besucht worden sind und daß sich hier einstmals eine wesentlich größere Zahl von Nordmännern aufgehalten hat als die, von deren Anwesenheit uns der Kensington-Stein Kunde gibt. Auch das Ziel und die Absicht dieser Suchexpedition würde dann klarer. Offenbar, so könnte man vermuten, haben die dreißig Skandinavier des Kundson-Unternehmens gewußt, daß weit im Westen lockende, reiche Gefilde lagen. Da die Vestribyggd-Leute in Vinland nicht gefunden wurden, konnten sie nur dort sein. Infolgedessen hat Paul Knudson wohl schwächere Teilkräfte nach Westen entsandt.

Wenn unsere Vermutung zutrifft, wenn man tatsächlich annehmen darf, daß in die Gegend zwischen dem Quellgebiet des Mississippis und den Großen Seen nachdrückliche wikingische Kultureinflüsse gegangen sind, dann scheint auch ein anderes Problem leichter lösbar zu werden, das wir in unserem Bericht über das rätselhafte Hvitramannaland schon berührten. Wir erzählten dort von den Mandan, jenen seltsamen «weißen» und sozusagen zivilisierten Indianern, die sich so völlig von den übrigen nordamerikanischen Indianervölkern, ganz besonders aber von den sie umgebenden, auf viel niedrigerer Kulturstufe stehenden Sioux, unterschieden, und erwähnten bereits, daß der Indianerforscher und Indianermaler Georg Catlin als erster die Vermutung aussprach, die Mandan seien hervorgegangen aus einer vor langen Zeiten erfolgten Mischung eines unbekannten weißen Volkes mit Indianern. Wie, wenn dies wikingische Amerika-Kolonisten gewesen wären? Jene allerersten Pioniere, zu deren geistlicher Betreuung Bischof Erich Gnupson 1121 nach Amerika reiste, von deren Existenz 1362 dunkle Gerüchte zu Paul Knudson drangen, so daß er dreißig seiner besten Leute in den Wilden Westen sandte, von denen noch Jahrhunderte später Indianer erzählten als von den «Holzboot-Männern»?

Wir haben diese von Hjalmar R. Holand 1946 in seinem letzten Buch ‹*America 1355–64*› aufgestellte Hypothese mit Absicht in die Form eines Fragesatzes gebracht. Alle Zeugen, die ihre Stimme dafür erheben könnten, sind tot oder verschollen. Die Mandan sind ausgestorben, von Erich Gnupson scheint niemand jemals wieder auch nur ein Wort gehört zu haben, und was aus Paul Knudsons Expedition geworden ist, ist auch in Dunkel gehüllt. So beiläufig, wie gelegentlich berichtet wird, sie sei acht bis neun Jahre unterwegs gewesen, so beiläufig erzählen die alten Urkunden auch, 1363 oder 1364 sei ein aus Grönland kommendes Schiff in Norwegen gelandet. Aber kein Wort vom Kommandeur der königlichen Garde und von seinem Unternehmen. Als hundertsechzig Jahre später der Italiener Giovanni Verrazano an der Ostküste von Nordamerika kreuzte, da wunderte er sich zwar gewaltig, wenn er hörte, daß hier und dort Indianer Magnus hießen – wir wissen, daß das einst zu Ehren von König Magnus von Norwegen geschehen sein muß, Paul Knudsons königlichem Herrn und Freund –, und berichtete aus der Gegend der Narragansett-Bay auch, hier gebe es Indianer, die eher zur weißen als zur roten Rasse zu rechnen seien: aber das alles ist doch nichts Greifbares, auch Knudson ist für uns verschollen.

Es ist allerdings nicht gesagt, daß er und seine Leute, daß Gnupson und vielleicht noch frühere Pioniere verschollen *bleiben*. Immer wieder kommen aus Nordamerika Meldungen von archäologischen Funden, von alten Waffen und geheimnisvollen Inschriften, und wenn das meiste davon auch wohl auf Indianer zurückgeht, so ist doch mit großer Wahrscheinlichkeit zu erwarten, daß die Ergebnisse weiterer Forschungen das Dunkel lichten werden, in dem wir herumtappen.

7

Zu Beginn dieses Abschnitts unserer Erzählung wiesen wir darauf hin, daß das Schicksal den Wikingern offenbar eine Falle gestellt habe, als es sie nach Grönland und Amerika lockte. Sie sind untergegangen, ohne mehr als kümmerliche Spuren ihrer einstigen Existenz, ihrer stolzen

Eroberungs- und Entdeckungsfahrten zu hinterlassen. Und lange Zeit hindurch hat diese Ansicht auch allgemein vorgeherrscht. Aber wie nach der Lehre der theoretischen Physik weder Materie noch Kraft untergeht, wie sich eines in das andere und jedes wieder in sich wandelt, sich umsetzt, die Erscheinung wechselt – aber nicht wirklich erlischt, so scheinen auch der Menschen Wege, im großen gesehen, nicht sinnlos in die Irre zu laufen. Jedenfalls ist die bis zu unseren Tagen hin immer wieder geäußerte Meinung, die Amerika-Fahrten der Wikinger seien im Grunde nutzlos geblieben, doch wohl nicht zutreffend. Es führt vielmehr eine gerade Linie von den Vinland-Pionieren der Nordmänner zu bestimmten Fahrten, die ein halbes Jahrtausend später unternommen wurden. Die Entdeckungsreisen des Kolumbus liegen, wie gleich hier bemerkt werden soll, nicht unmittelbar auf dieser Linie, wenn der Genuese vermutlich auch von den Westland-Fahrten der Gröndland-Wikinger gewußt hat. Daß es auf der westlichen Halbkugel mancherlei zu entdecken gab, das glaubte ja schon das Altertum annehmen zu dürfen. Aber was er suchte, waren nicht irgendwelche Länder im Atlantischen Ozean, sondern Indien und China und der Westweg zu ihnen. Immerhin wird die Nachricht, daß im Westen des Ozeans unbekannte Länder aufgefunden worden seien, seine Hoffnung auf ein glückhaftes Ergebnis seiner Pläne bestärkt haben.

Die gerade Linie unmittelbarer Verbindungen zwischen den skandinavischen Nordmännern und ihren neuzeitlichen Nachfahren erstreckt sich zunächst einmal natürlich auf die alten Seefahrergegenden von Flandern, den Niederlanden und Friesland. Walroßzähne und Walroßhaut stellten dort begehrte Handelsartikel dar, und welche Monopolstellung Grönland als Erzeugergebiet des Walroßzahns bis in das Hochmittelalter hatte, hörten wir bereits. Es leuchtet ein, daß die großen Gewinne, die lange Zeit im Handel mit diesem Importartikel erzielt wurden, unternehmungslustige Kaufleute dazu veranlassen mußten, die Skandinavier aus ihrer Vermittler- und Zwischenhändlerrolle zu verdrängen und direkt mit Grönland in Verbindung zu treten. Die wirtschaftliche und politische Entwicklung in Norwegen, durch die der unmittelbare Verkehr zwischen dem Mutterland und der eisstarrenden Kolonie im hohen Norden mehr und mehr unterbunden wurde, förderte diese Verlagerung der Handelswege. Wie eng die Verbindungen zwischen Mitteleuropa und Grönland tatsächlich gewesen sind, haben erst die Ausgrabungen in der Eystribyggd ergeben. Wir werden gleich davon hören.

Aber auch zu Südeuropa, insbesondere zu Rom, bestanden durch die Organisation der Kirche mannigfache Beziehungen. Noch 1327 leistete Grönland seinen Beitrag zum Peterspfennig und zum Kreuzzugszehnten. Der päpstliche Nuntius Bernhard de Ortolis quittiert in diesem Jahr den Empfang von rund zwanzig Zentnern Walroßzähnen: für die kleine grönländische Kolonie eine recht stattliche Sammel- und Beitragsleistung! Auch sonst sind direkte Bezugnahmen hoher kirchlicher Würdenträger auf die arktische Diözese gar nicht so selten gewesen. Selbst die Päpste haben sich ihrer erinnert, sogar in Zeiten, in denen Grönlands offiziell sonst kaum noch gedacht wurde.

Wahrscheinlich war der Vatikan über das ferne Nordland sogar besser unterrichtet als mancher andere, an sich daran viel stärker interessierte Hof. Dazu mag nicht unerheblich beigetragen haben, daß Gudrid, Thorfin Karlsefnis Frau, die ja an der großen Vinland-Expedition ihres Mannes teilgenommen hatte, auf einer Pilgerfahrt selbst nach Rom kam. Selbstverständlich hat sie dort ausführlich von ihren Erlebnissen berichtet. Ihre Reise nach Rom dürfte im ersten Viertel des 11. Jahrhunderts erfolgt sein. Unmittelbar nach ihr ist der isländische Häuptling Gellir Thorkelson in der Hauptstadt der christlichen Welt gewesen, und wenige Jahre später hat sich auch der erste isländische Bischof, Isleiv, dort aufgehalten. Seine Erzählungen haben den Eindruck, den Gudrids und Thorkelsons Berichte sicherlich hervorriefen, noch verstärkt. Ganz offenbar hat sich der Vatikan daraufhin eingehender mit dem Norden beschäftigt. 1004 wird Lund in Schweden Bischofssitz; Vinland und Grönland gehören zum Sprengel des schwedischen Diözesanen. 1106 folgen Holar, 1110 die Färöer, 1123 Gardar in der grönländischen Ostsiedlung und 1152 Drontheim als Bischofssitze.

Wenig später hatte dann einer der Päpste selbst, Hadrian IV., Gelegenheit, sich sozusagen an Ort und Stelle zu unterrichten. Er lebte von 1154 bis 1159 in Norwegen, also zu einer Zeit, als beide Grönland-Kolonien noch in voller Blüte standen und als es dort für die Söhne der großen Geschlechter zum guten Ton gehörte, einmal nach Island oder Norwegen gekommen zu sein. Fünfzig Jahre später, um 1200, weilte sogar der Grönlandbischof Jon persönlich in Rom. Zwischendurch kam immer wieder einmal ein Isländer, ein Norweger oder Däne in die Ewige Stadt. In der zweiten Hälfte des 12. Jahrhunderts fand nämlich der Aufruf der Kirche zum Heiligen Krieg wider die Ungläubigen besonders starken Widerhall im Norden. Manches gute Schiff und mancher gute Mann sind diesem Ruf damals gefolgt, nicht selten zu ihrem Verderben. Fast zwangsläufig führte ihr Weg dabei über Rom, so daß es dort das ganze Hochmittelalter hindurch an Nachrichten über Grönland und Vinland nicht gefehlt hat. Noch 1369 wird der Besuch eines Grönland-Bischofs, des Jon Erichson Skalle, in Rom beurkundet. Dann hören solche Reisen aber auf. Daß der Vatikan Grönland jedoch nicht vergaß, ergibt sich aus jenem schon erwähnten Breve Alexanders VI., in dem der Papst den skandinavischen Bischöfen die Betreuung Grönlands besonders ans Herz legt. Dieses Breve stammt vom 10. August 1492. Es ist also sieben Tage nach der ersten Ausreise des Kolumbus geschrieben. Ja, noch 1520 ist in Rom die Rede von Grönland – zu einer Zeit, als die spanisch-portugiesischen Entdeckungsreisen längst im Vordergrund des allgemeinen Interesses standen.

Auch in Südeuropa war die Kenntnis Grönlands aber nicht auf die Kirche beschränkt. Natürlich haben direkte Handelsbeziehungen dorthin wohl kaum bestanden, obwohl die Tatsache, daß die Kirche zu Hvalsey in der grönländischen Ostsiedlung Glasfenster besaß, sehr eindringlich auf Verbindungen zu Venedig hinweist, dem einzigen Ort in Europa, der sich um diese Zeit mit der Herstellung von Glas in größerem Rahmen beschäftigte. Dafür waren es die großen weltlichen Herren, die aus ganz bestimmten Gründen an Grönland Anteil nahmen. Wie man weiß, gehörte die Jagd mit abgerichteten Falken zu den bevorzugten sportlichen Betätigungen der mittelalterlichen Fürsten und Könige. Die weißen Grönland-Falken galten nun allgemein als die besten Jäger und Fänger, und da sie verhältnismäßig selten und schwer zu erlangen waren, wurden ungeheuere Summen für sie gezahlt. Das hielt das Wissen um Grönland nachdrücklich wach, und es ist bezeichnend, daß Kaiser Friedrich II. in seinem Buch ‹*De arte venandi cum avibus*› (Über die Kunst der Beizjagd), das um 1250 verfaßt wurde, Grönland und seine Lage unweit von Island als bekannt voraussetzen konnte. Da Friedrich II. meist im normannischen Sizilien lebte, wußte er allerdings von der Überlieferung der Wikinger. Aber noch zu Ende des 15. Jahrhunderts wird in einem anderen Lehrbuch über die Beizjagd ausdrücklich erklärt, die Grönland-Falken seien die für diesen Sport der Könige geeignetsten Tiere. Das läßt doch darauf schließen, daß die Kenntnis des fernen Nordlandes sehr viel verbreiteter war, als man anzunehmen geneigt ist.

Daß das tatsächlich der Fall war und daß die Verbindungen zwischen Grönland und Mitteleuropa bis zum 16. Jahrhundert ziemlich eng gewesen sein müssen, haben die Ausgrabungen im Gebiet der einstigen grönländischen Wikinger-Siedlungen ergeben. Sie zeigten nämlich, wie wir schon hörten, daß die Kleider der Grönländer nach Schnitt und modischer Richtung genau denen entsprachen, die man zu gleicher Zeit in Europa getragen hat. Die Grönland-Wikinger waren also nicht in armselige und primitive Felle gehüllt, wie man vermutet hatte, vielmehr traf der mittelalterliche Kaufmann und Matrose, der nach Grönland kam, dort auf Menschen seinesgleichen: auf ein Volk, das trotz aller Schwierigkeiten Wert darauf legte, genauso angezogen zu sein wie ein ehrenfester Bürger flandrischer und hansischer Städte. So fanden sich hier ebensowohl die langen, faltenreichen Gewänder des 12. und 13. Jahrhunderts wie die kurzen, enganliegenden Trachten, die um 1350 in Mitteleuropa Mode waren. Dazu kamen dann die entsprechenden Hüte, Hauben und Kapuzen. Am kennzeichnendsten darunter sind die hohen, großen Hüte, die über der Stirn steil emporsteigen, um sich im Nacken zu erweitern, und die wir als «Burgundermützen» von den Bildern Memlings, Bouts' und anderer niederländischer Maler kennen. Sie kamen in Mitteleuropa in der Epoche Karls des Kühnen von Burgund auf, etwa um 1475. Zur gleichen Zeit sind diese Mützen auch in Grönland Mode gewesen, was überzeugend und nachdrücklich beweist, daß bis etwa um 1500 noch ziemlich enge Verbindungen zwischen Grönland und der übrigen Welt bestanden haben müssen. Allerdings muß hinzugefügt werden, daß Herjulfsnes ein Hafenort von sozusagen «internationalem» Gepräge war. Es ist nicht gesagt, daß die wikingischen Grönland-Bauern in den abgelegenen Seitentälern der Eystribyggd ähnlich reich bekleidet waren. Auch in Mitteleuropa haben die niederen Volksschichten, namentlich die des flachen Landes, einfachere Kleider getragen. Denn was uns auf den Bildern dieser Zeit gezeigt wird, das sind doch meist wohlhabende Bürger oder zum mindesten Einwohner reicher, blühender Städte.

Wir haben uns im Grönland-Abschnitt dieses Berichts schon näher mit der Frage beschäftigt, wie lange man in Europa von dem arktischen Wikinger-Vorposten Kenntnis gehabt hat. Es ergab sich dabei, daß bis in das 16. Jahrhundert hinein immer noch europäische Schiffe, namentlich englische und hansische, nach Island und Grönland gekommen sein dürften. Es nützte nichts, daß die norwegische Krone mit polizeilichen Vorschriften gegen den fremden Handel mit Island anging und daß die nordnorwegischen Fischer und Seeleute wegen der britischen und hansischen Konkurrenz immer wieder am Hof ihres Königs vorstellig wurden. Die spärlichen Schiffsverbindungen zwischen Norwegen und der Feuer- und Eisinsel im Nordmeer reichten nicht entfernt aus, die Bedürfnisse der Isländer zu befriedigen. Es blieb diesen gar nichts anderes übrig, als neben den Hansen auch die Engländer zu ermutigen und ihren Schiffen die Umgebung der norwegischen Aufenthaltsbeschränkungen zu erleichtern. Als schließlich 1450 eine Verordnung der norwegischen Krone herauskam, nach der alle in Island betroffenen Deutschen und Engländer als friedlos erklärt wurden, wurde der Schmuggel und andererseits die Invasion Islands durch ausländische Seeleute und Händler geradezu organisiert.

Eben während dieser Zeit erlebte aber die Sammlung und die schriftliche Fixierung der Vinland-Sagen auf Island ihren Höhepunkt. Es konnte daher gar nicht ausbleiben, daß die Nachrichten über lange zuvor entdeckte unbekannte Land im fernen Westmeer auch nach Europa drangen. Das war schon fortlaufend geschehen; jetzt, um die Mitte des 15. Jahrhunderts, trafen diese Nachrichten aber insofern auf eine neue Lage, als durch die zahlreichen Expeditionen der Portugiesen eine mehr oder minder allgemeine Geneigtheit zu erdkundlichen Forschungsfahrten entstanden war. Das hatte den Händlern sowohl wie den Helden, den Kaufmannsdynastien wie den Herrschern und Königen gerade im Hinblick auf den Norden bis dahin aber völlig ferngelegen. Sie waren zufrieden, wenn ihre Schiffe mit Walroßzähnen und Walroßhäuten beladen heimkehrten und wenn es nicht an jenen grönländischen Jagdfalken fehlte, über deren besondere Eignung für die Beizjagd schon berichtet wurde. Weiter ging ihr Ehrgeiz nicht. Die Kurie hätte freilich aus Gründen der Christianisierung und der Mission gern mehr getan. Da ihre Einflußmöglichkeiten auf die Inhaber des weltlichen Schwerts aber nur beschränkt waren, blieben ihr nichts als drängende Briefe und immer neue Bitten, die grönländischen Christen doch nicht zu vergessen.

Den Anstoß zu diesem Wandel der Interessen hatte Portugal gegeben, in dessen Herrscherhaus händlerische, christliche, erdkundliche und machtpolitische Antriebe in merkwürdiger Mischung zusammentrafen. Schon König Alfons IV. (1325 bis 1357) scheint im ersten Drittel des 14. Jahrhunderts weite Seefahrten in westlicher Richtung, die wahrscheinlich den Kanaren galten, veranlaßt zu haben. Diese Tradition wurde später dann von dem Prinzen Heinrich dem Seefahrer (1394 bis 1460) wiederaufgenommen und fortgesetzt, mit dem Ziel südlich um Afrika herum einen Seeweg nach Indien zu finden. Aber das war ein mühseliges Beginnen. Expedition um Expedition ging von Lissabon hinaus, jede von ihnen kam auch ein Stückchen weiter voran, aber die Süderstrekkung des dunklen Erdteils war doch viel größer, als Heinrich angenommen hatte, und gegen Ende seines Lebens wußte er, daß noch viel Zeit vergehen würde, bis der Seeweg nach Indien entdeckt sein würde – falls es nämlich überhaupt eine Seeverbindung dorthin gab.

In den letzten Jahren seines Lebens erhielt Heinrich nun von seinem Onkel, König Erich von Dänemark, ein Geschenk, das ihn ganz außerordentlich interessierte. Es war dies eine Kopie der großen Nordeuropa-Karte, die einer der berühmtesten skandinavischen Geographen dieser Zeit, Claudius Clavus, 1427 gezeichnet hatte. Angesichts dieser Karte scheint Heinrich dem Seefahrer nun der Gedanke gekommen zu sein, ob man nicht besser täte, einen nordwestlichen Seeweg nach Indien zu suchen. Vielleicht war dieser Weg viel kürzer als der südöstliche, für dessen Auffindung er schon so viel Gut und Blut darangesetzt hatte. Durch Marco Polos Berichte war man ja über Indien und China ziemlich gut unterrichtet, und für kluge Köpfe stand es fest, daß man auch auf dem Westweg, nicht allein über den Osten, dorthin gelangen konnte. Anscheinend hat Heinrich der Seefahrer bereits König Erich von Dänemark vorgeschlagen, eine Expedition nach Nordwesten zu entsenden. Aber Erich starb bald, und erst sein Nachfolger, Christian I. von Dänemark, hat diesen Vorschlag aufgegriffen. Jedenfalls wurde in den siebziger Jahren des 15. Jahrhunderts von Island ein großes norwegisch-portugiesisches Unternehmen ins Werk gesetzt, das auf den Wegen der alten Wikinger nach Norden gegangen ist und das wohl nach den fernen Westländern suchen sollte. Diese Expedition ist um 1473 von Island ausgefahren, und es ist nicht ausgeschlossen, daß sie etwa auf dem Kurs Bjarni Herjulfssons Amerika achtzehn Jahre vor Kolumbus erreicht hat.

Die ein wenig abgelegenen Quellen über diese Fahrt sind schon seit längerer Zeit bekannt. Den Schlüssel für sie bildete ein im Jahre 1909 aufgefundenes Schreiben des Kieler Bürgermeisters Karsten Grip an König Christian III. von Dänemark, das aus dem Jahre 1551 stammt, also etwa achtzig Jahre nach dieser Expedition verfaßt wurde und folgenden Wortlaut hat:

«Ew. Königliche Hoheit belieben hieraus zu entnehmen, daß Ew. Majestät Land Grönland sich auf beiden Seiten nach der Neuen Welt hin erstreckt und nach den Inseln, die von den Spaniern und Portugiesen gefunden wurden, so daß es möglich ist, von Grönland aus zu Land dort hinzukommen. Dies Jahr sah ich eine Karte, die über Ew. Königlichen Majestät Land Island herausgekommen ist, mit Beschreibung aller Wunderdinge, die dort zu sehen sind. Diese Karte ist hergestellt in Paris zu Frankreich. Es ist auch gesagt, daß Island doppelt so groß ist wie Sizilien, das hinter Italien liegt. Es ist weiter darin angeführt, daß die beiden Admirale Eures Großvaters, Seiner Königlichen Majestät Christian I., Pining und Pothorst, auf Veranlassung Seiner Königlichen Majestät des Königs von Portugal etc. mit mehreren Schiffen auf eine Fahrt nach den neuen Inseln und den Kontinenten im Norden gesandt wurden. Es wird darin vermerkt, daß sie auf der Klippe Wydthszerck (Hvitserk) vor Grönland, gegenüber den Sniefeldsickel (Snäfellsjökull) auf Island, eine große Seemarke angefertigt und errichtet haben, der grönländischen Piraten wegen, die mit zahlreichen kiellosen Schiffen in großer Menge angreifen ...»

Dieses Aktenstück zeigt, welche Ziele die Expedition von 1473 verfolgte. Sie sollte die «Neuen Inseln» und die Kontinente im Norden suchen, und man darf wohl annehmen, daß die Fahrt Nordostamerika gegolten hat. Bürgermeister Karsten Grip ist sich jedenfalls klar darüber, daß Grönland von den Inseln und Ländern im Westen nicht weit entfernt ist und daß diese zu der von den Spaniern aufgefundenen Neuen Welt jenseits des Ozeans gehören.

Obwohl das Schreiben des Karsten Grip nichts darüber enthält, was das Unternehmen eigentlich erreicht hat, muß vermutet werden, daß seine Führer, die *sceppere* (Schiffer) Pining und Pothorst, zwei deutsche Kapitäne, die in dänische Dienste getreten waren, sich mit einer Landung in Grönland, das offenbar als Stützpunkt benutzt wurde, nicht begnügt haben. Denn einmal war man ja, wie wir gesehen haben, über das ferne Land im hohen Norden in Europa um 1470 recht gut unterrichtet, und andererseits heißt es in Karsten Grips Brief ausdrücklich, die Fahrt der beiden dänischen Admirale habe den Zweck gehabt, neue Inseln und Länder zu entdecken. Grönland konnte man nun schlechterdings nicht als neues Land bezeichnen, dafür war es viel zu bekannt. Befand sich die Expedition aber erst einmal in Grönland, dann ist sie auch mit hoher Wahrscheinlichkeit nach Westen weitergefahren. Dafür sorgte schon die bei den Grönland-Wikingern natürlich ganz lebendige Vinland-Tradition. Es kann daher auch kaum daran gezweifelt werden, daß das portugiesisch-dänische Unternehmen nach Nordamerika bestimmt gewesen ist.

Vermutlich hat sich an dieser Kundfahrt neben Pining und Pothorst noch eine weitere leitende Persönlichkeit beteiligt, und zwar der Portugiese João Cortereal. Daß er an irgendwelchen anderen Expeditionen teilgenommen habe, ist nicht bekannt, gleichwohl wurde ihm vom König von Portugal als Lohn für die Auffindung des «Stockfischlandes», worunter sicherlich die fischreichen Küsten von Neufundland und Labrador zu verstehen sind, der Posten eines Statthalters auf der Azoreninsel Terceira verliehen. Er muß also zu dem Unternehmen der Admirale Pining und Pothorst gehört haben, und skandinavische Fachgelehrte – von deutscher Seite Richard Hennig – haben sich neuerdings daher auch stark für die Annahme eingesetzt, daß Cortereal als Verbindungsmann zur portugiesischen Krone an der Expedition Pining/Pothorsts teilgenommen habe. Das erscheint auch als denkbar, einmal deshalb, weil das ganze Unternehmen ja von Portugal angeregt war, und zum anderen, weil späterhin Cortereals Söhne um 1500, wie einer Art Familientradition folgend, vornehmlich diese nördlichen Teile Amerikas zu erforschen bestrebt waren.

Über diesen João Vaz Cortereal und seine Söhne Gaspar und Miquel, die 1502 in Neufundland verschollen sind, besteht nun zwischen den alten wikingischen Amerika-Pionieren und Kolumbus, dem eigentlichen Amerika-Entdecker, eine sehr merkwürdige Verbindung. Las Casas, der Biograph des Kolumbus, hat nämlich überliefert, der große Entdecker habe Gaspar und Miquel Cortereal gekannt. Das kann nur bedeuten, daß er auch von der Stockfischlandreise ihres Vaters und von Pining und Pothorst, den Helden dieser Unternehmung, erfuhr. Er hat also gewußt, daß es im Westen Land gebe und daß immer wieder Fahrten zu diesen Ländern unternommen wurden. Denn es wäre schon recht seltsam, wenn Cortereal und Kolumbus nichts von der wikingischen Vinland-Tradition gehört hätten. Selbst wenn das der Fall gewesen sein sollte, so waren zu ihrer Zeit die Beziehungen zwischen Dänemark und Portugal doch so eng, daß gewiß etwas von den in ganz Skandinavien umlaufenden Nachrichten über unbekannte Länder im Westen des Ozeans nach Portugal gedrungen ist. Wie gut Grönland auch um diese Zeit in Südeuropa bekannt war, wissen wir bereits. Und es kann wohl kaum als zweifelhaft gelten, daß diese Nachrichten Kolumbus in seinen eigenen Absichten erheblich bestärkt haben.

Haben also vielleicht Deutsche, Norweger und Portugiesen das amerikanische Festland schon rund fünfundzwanzig Jahre vor Kolumbus betreten, der den eigentlichen Kontinent, nicht nur dessen vorgelagerte Inseln, erst am 1. August 1498 erreichte – so gelang es auch den Engländern unter Führung des Venezianers Giovanni Caboto, noch vor Kolumbus nach Amerika zu kommen. Auch dieses Unternehmen, das auf mittelalterlich-romantische Kundfahrten nach der ozeanischen Sageninsel Brazil zurückgeht, beruht zum wesentlichen Teil gleichfalls auf der alten Wikinger-Tradition.

Die älteste Nachricht über diese merkwürdige Fahrt findet sich in einer Chronik, die dem englischen Priester Wilhelmus von Worcester, der im 15. Jahrhundert lebte, zugeschrieben wird. Dort heißt es:

«15. 7. 1480. ‹Jon Jay Junior›, 80 Tonnen, trat die Fahrt an aus dem Hafen von Bristol nach der Insel Brazylle westlich von Irland ... Am 18. September gelangte die Kunde nach Bristol, das Schiff sei rund neun Wochen auf dem Wasser umhergesegelt. Sie haben die Insel aber nicht gefunden und sind schwerer Stürme wegen zurückgekehrt ...»

Die Insel Brazil, von der hier als dem Ziel der Jon Jay Junior die Rede ist, gehört zur Gilde jener Märcheninseln, die sich die Menschen von alters her erträumt haben. Homer erzählte von Ogygia, dem Wohnsitz der Kalypso, die späteren Griechen schwärmten romantisch von den «Inseln der Seligen», und vom Elysium, und über Rom und Gallien ist die schönste Fabel von dem wunderbaren Eiland weit draußen im westlichen Meer im frühen Mittelalter dann nach Irland gewandert. Dort hat sich dieser alten Legende die an den Küsten Westirlands recht häufige Naturerscheinung der Fata Morgana überlagert, ein Phänomen, das vornehmlich aus den Wüstengebieten des Ostens und Südens bekannt ist. Während sich hier freundliche Oasen und liebliche Seen dem durstigen Pilger zu zeigen pflegen, sind es dort grüne, fruchtbare Inseln, die spukhaft über der Kimmung auftauchen, die sich dem auf sie zusegelnden Fischer aber ebenso zauberisch entziehen wie die Oasen dem Karawanenführer. Nur wenn es gelingt, ein Stück Eisen auf diese Inseln zu werfen oder einen Pfeil auf sie abzuschießen, sei es möglich, sie «fest» zu machen, heißt es in den irischen Volksmärchen. Aber unter dieser irischen Verkleidung bleibt das antike Sagengut doch immer deutlich sichtbar. So fruchtbar wie sonst kein Land der Welt sei Brazil. Goldene Äpfel gebe es dort und einen Farbstoff, mit dem man die weiße Wolle der Schafe purpurrot färben könne. Das ist, wie wir ja wissen, echteste Antike und Rückerinnerung an phönizische und altgriechische Frühzeiten. Damals mochten Fruchtbarkeit, goldene Äpfel und Purpurfarbe schon hinreichen zur Glückseligkeit. Den Iren erschien das aber offenbar als ein wenig kümmerlich, und so fügten sie hinzu, diese herrliche Insel werde von vielen, dem Seefahrer freundlich gesinnten Jungfrauen bewohnt. Und nun glaubten sie sich befugt, den Ehrentitel «O'Brazil», die Glückliche, an das im Meer verlorene Eiland zu verleihen.

Es ist verständlich, daß beides, die zahlreichen Jungfrauen und der kostbare Purpurfarbstoff, auf die Zeitgenossen dieser Sagen tiefen Eindruck machte und daß bei ihnen der Wunsch entstand, jene glückhafte westliche Insel aufzufinden. Die Kartenzeichner des frühen Mittelalters sind diesem Wunsch bereitwilligst entgegengekommen. Westlich von Irland bis südlich zu den Kanaren belebten sie die sonst leere Fläche des Ozeans mit Brandans- und Brazilinseln, und auf der Piziganokarte von 1367 finden sich, vielleicht um ihren internationalen Absatz zu fördern, gleich drei Inseln Brazil: eine westlich von Irland, eine weitere südwestlich davon und eine dritte in der Gegend der Kanarischen Inseln. Und so stark war die Illusionskraft der alten Sagen, daß der Begriff Brazil noch auf der Karte der Meeresströmungen des Engländers Findlay vom Jahr 1851 als Bezeichnung für einen angeblich im Ozean liegenden Felsen verwendet wurde.

Nun ist freilich kaum anzunehmen, daß die kühlen Handelsherren der mächtigen Hafenstadt Bristol um 1480 geneigt gewesen sind, ihr gutes Geld für die Erreichung einer Insel mit matrosenfreundlichen Huldinnen auszugeben. Auch Schafe, goldene Äpfel oder Farbstoff zur Erzeugung eines satten Rots haben sie wohl kaum dazu gelockt. Das Geheimnis des phönizischen Purpurs hatte keinen sehr großen Reiz mehr, da man inzwischen gelernt hatte, auch auf anderem Wege ein leuchtendes, warmes Rot zu gewinnen. Vermutlich haben die Eigner der Jon Jay Junior und der anderen um diese Zeit von Bristol aus in See gehenden Schiffe ebenso wie ihre portugiesischen und spanischen Kollegen beabsichtigt, Indien und Cathay-China zu erreichen. Dort winkten, wie man von Marco Polo und aus den Berichten anderer Reisender gehört hatte, unvorstellbare Reichtümer. Es ist recht einleuchtend, anzunehmen, daß man die werbende Wirksamkeit des mythischen Begriffs Brazil nur als Vorspann benutzt hat. Für die fernen, etwas nebelhaften «Länder des Großkhans» sein Leben aufs Spiel zu setzen, mochte man vielleicht keinem Seemann zumuten. Die glückliche Brazilinsel war propagandistisch zweifellos wertvoller. Deshalb, so vermuten wir wohl nicht mit Unrecht, hat man sie als Fahrtziel genannt und nicht die «Länder des Großkhans».

Alle diese Fahrten, die in Brüssel von 1480 an siebenmal hintereinander wiederholt wurden, blieben indessen ohne Resultat. Dann trat gegen Ende des Jahres 1495 oder zu Anfang 1496 der schon seit einiger Zeit in Bristol ansässige Seefahrer Giovanni Caboto aus Venedig mit seinen drei Söhnen an die Spitze der Unternehmungen. Damit begann ein neuer Abschnitt in der Geschichte dieser Fahrten. Freilich, die Insel Brazil wurde auch von ihm nicht entdeckt, und die Küste Nordamerikas, die Caboto 1497 noch vor Kolumbus erreichte, erwies sich als karg, hart und wenig fruchtbar. Mit Indien oder Cathay hatte das neue Land jedenfalls nichts gemein. Über diese Epoche der Brazil-Amerika-Fahrten berichten mehrere voneinander unabhängige Quellen, unter denen ein Privatbrief des venezianischen Gesandten in London, Pasqualigo, dem Caboto seine Pläne vielleicht näher geschildert hat, hier zitiert werden soll. Pasqualigo berichtet am 23. August 1497 an seine Familie:

«Unser Venezianer, der auf einem kleinen Fahrzeug seinerzeit von Bristol abreiste, neue Inseln aufzufinden, ist wieder zurück und hat mitgeteilt, er hätte, 700 italienische Meilen entfernt, das Festland im Herrschaftsbereich des Großkhans erreicht. Er sei 300 Meilen der Küste dieses Landes entlanggefahren, indessen habe er keine Menschen gesehen. Doch hat er dem König von dort einige Schlingen für den Fang von Wild und eine Nadel zum Netzstricken geschenkt. Er hat weiterhin Bäume gefunden, an denen sich Einkerbungen befanden. Daraus hat er gefolgert, daß die Gegenden nicht unbewohnt sind. Aus Gründen der Vorsicht sei er wieder an Bord gegangen. Er ist drei Monate fortgewesen. Das ist verläßlich. Er hält sich mit seiner Frau und seinen Söhnen in Bristol auf... Man heißt ihn Großadmiral und behandelt ihn sehr ehrenvoll. Er kleidet sich in Seide, und die Engländer laufen ihm wie die Narren nach. Er will indessen mit ihnen gar nichts zu tun haben... Der Entdecker dieser Gebiete hat dort die englische Flagge gehißt, aber auch die von San Marco, da er ja aus Venedig stammt. So ist denn unser Banner in weiter Ferne aufgepflanzt...»

Dieser Nachricht dürfte ein recht hoher Wert beizumessen sein, es geht aus ihr klar hervor, daß Cabot versucht hat, wie vor ihm schon die portugiesisch-dänische Expedition der Pining-Pothorst, durch eine Reise nach Nordwesten zu den Landen des Großkhans, das heißt also nach Ostasien zu kommen, und ferner, daß er tatsächlich die Küste von Nordostamerika erreicht hat. Welchen Teil der Neuen Welt er aber nun entdeckte, wird leider nicht gesagt. In der Regel sucht man die von ihm aufgefundenen Gegenden in Südlabrador, Neufundland oder Neuschottland, also etwa im Markland der Wikinger. Da unzweifelhaft überliefert ist, daß Cabots Reise auf dem Bristoler Islandfahrer *Mathew* erfolgte, ist es sehr wahrscheinlich, daß er von Isländern, die häufig in Bristol, dem Vorort des Islandhandels, vor Anker gingen, wesentliche Anregungen für seine Fahrt erhalten hat. Möglicherweise haben sich unter den achtzehn Mann Besatzung seines Expeditionsschiffes auch einige Isländer befunden, die als Piloten dienten. Jedenfalls gelangte auch er auf den alten Segelkursen der Wikinger über Island nach Nordamerika.

Es bedarf keines Beweises, daß die Bedeutung der wikingischen Vinland- und Marklandfahrten durch die Reisen der Pining-Pothorst, Cortereal und Caboto nachdrücklichst unterstrichen wird. Von hier aus gesehen erscheint die Entdeckung Nordamerikas im 15. Jahrhundert wie ein Wiederauffinden alter, längst befahrener und erprobter Reisewege; sie ist durchaus kein bloßer Zufall, sondern eine mehr oder minder direkte Anknüpfung an die alte Überlieferung. Die Ansicht, den Amerika-Fahrten der Wikinger komme ein praktischer Wert nicht zu, dürfte daher irrig und in dieser apodiktischen Form nicht haltbar sein.

Auch für Kolumbus ist diese Tradition und ihre Wiederbelebung durch die in nordwestliche Richtung gehenden großen Seereisen in der letzten Hälfte des 15. Jahrhunderts nicht ohne Bedeutung geblieben.

51. Weltkarte aus Hartmann Schedels «Weltchronik» von 1493. Diese Karte gibt die erdkundlichen Vorstellungen wieder, die zu Ende des 15. Jahrhunderts im allgemeinen herrschten. Asien und Afrika hängen am Südrand zusammen, der Indische Ozean ist ein Binnenmeer. Westlich von Nordafrika im Ozean liegen die «Inseln der Seligen», Skandinavien ist eine Insel, und das Nördliche Eismeer reicht bis nach Preußen und Sachsen. Die große Insel im Indischen Ozean ist nicht Australien, sondern Ceylon.

Wir hörten schon davon, daß er die Söhne Cortereals kannte und daß mit hoher Wahrscheinlichkeit angenommen werden dürfe, er habe sie über die Entdeckungen ihres Vaters eingehend befragt. Möglicherweise ist seine Kenntnis der Dinge aber viel unmittelbarer gewesen. Las Casas hat in seine Biographie des Kolumbus eine Notiz aufgenommen, die wohl auf einen Brief des Kolumbus an seinen Sohn zurückgeht und die folgendermaßen lautet:

«Im Februar 1477 segelte ich etwa 100 Meilen jenseits von Thule, dessen nördlicher Teil auf 73 Grad liegt, nicht auf 63 Grad, wie von manchen behauptet wird. Und Thule liegt nicht auf dem Meridian, der den Anfang des Westens bildet, sondern viel weiter westlich. Nach dieser Insel, die ebenso groß ist wie Britannien, segeln die Engländer mit ihren Waren, namentlich von Bristol aus. Als ich dort war, war das Meer nicht mit Eis bedeckt. Hier beträgt an einigen Stellen der Unterschied zwischen Ebbe und Flut 26 braccia (Faden).»

Diese in sehr bestimmtem Ton gehaltene Angabe klingt an sich nicht unglaubhaft, zumal Kolumbus ja in der Tat eine ganze Reihe von Seefahrten absolviert hatte, ehe er 1492 zur Entdeckung Amerikas aufbrach. Infolgedessen ist diese Stelle in dem Werk Las Casas' auch lange Zeit für echt gehalten worden. Namentlich die norwegische Geographenschule hat bis zu unseren Tagen daran festgehalten, und kürzlich erst hat auch Samuel Eliot Morison in seinem großen Werk über Kolumbus der Ansicht Ausdruck verliehen, der Genuese sei tatsächlich in Island gewesen. Allerdings muß man dabei bemerken, daß die Mitteilung des Las Casas im einzelnen mancherlei Ungereimtheiten enthält. Weder beträgt der Gezeitenunterschied an irgendeiner Stelle Islands 26 Braccia (ein Braccio maß 58 cm), noch liegt es auf 73, vielmehr auf etwa 65 Grad Nord, und diese Versetzung der altbekannten und häufig angesegelten Insel um volle 8 Grad ist trotz der zeitbedingten Ungenauigkeit in der Breitenbestimmung doch recht seltsam. Und schließlich muß auffallen, daß der Genuese im Februar in Island gewesen sein will. Das ist durchaus ungewöhnlich, da die Schiffahrt im Winter im allgemeinen ruhte; unmöglich ist eine solche Fahrt freilich nicht. Wenn danach auch nicht ohne weiteres behauptet werden kann, Kolumbus habe Island nie besucht und dieser ganze Abschnitt in Las Casas' Biographie sei interpoliert oder überhaupt frei erfunden, so tragen die eben vorgebrachten Einwände andererseits nicht eben zur Erhöhung der Glaubwürdigkeit des ganzen Berichts bei.

Die Auseinandersetzung über die angebliche Island-Fahrt des Kolumbus, über die eine umfangreiche Literatur entstanden ist, ist aber ziemlich belanglos, weil Kolumbus, wie wir schon mehrfach betonten, ja ganz andere Länder suchte als die kargen und harten Gebiete, die die grönländischen Wikinger auffanden. Was ihnen Eindruck machte: die weiten Wälder, die Weintrauben, die wildwachsenden Getreidefelder –

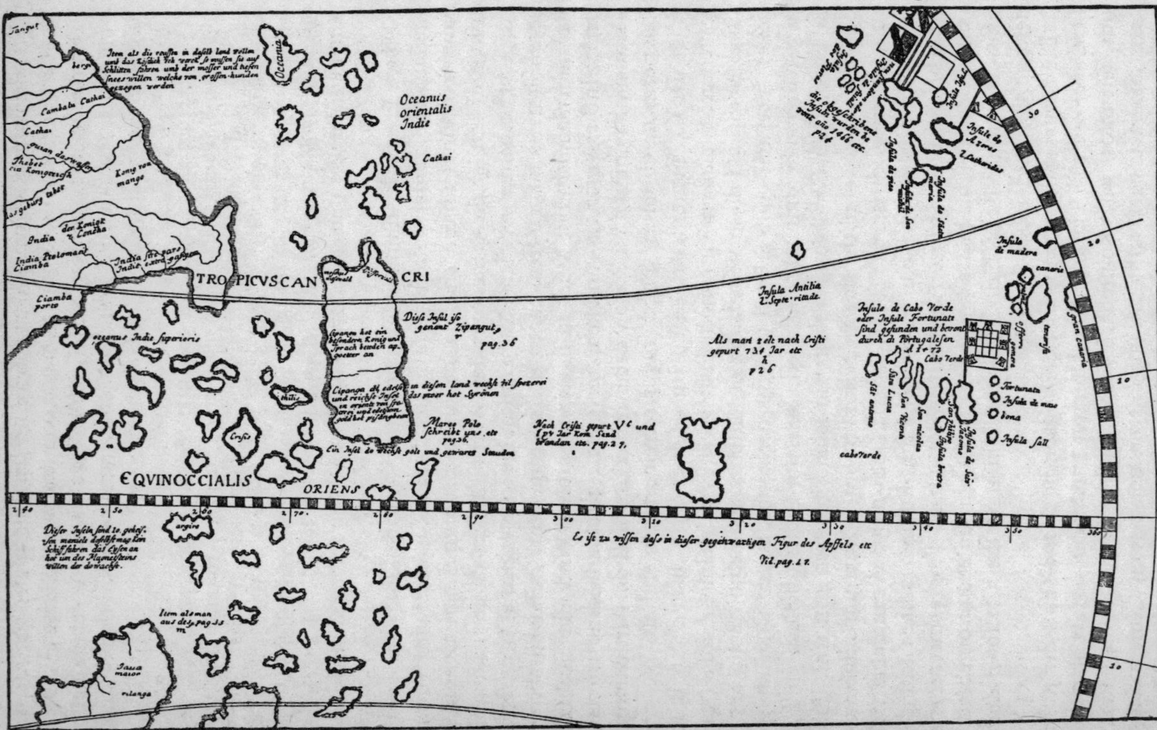

52. *Die atlantischen Inseln. Ausschnitt aus dem Globus von Martin Behaim, 1493*

das bedeutete für einen Sohn der gesegneten italienischen Küsten nicht viel. Als Kolumbus ausfuhr, um die Länder des Großkhans zu erreichen, da standen vor seinem inneren Auge die üppigen Bilder, die Marco Polo in Cathay geschaut hatte, und was er von Indien und Cipangu-Japan berichtete: menschenwimmelnde, fruchtbare Länder unter einem ewig sommerlichen Himmel, mit großen Städten, mit unermeßlichen Schätzen an Gold, Silber und den herrlichsten Juwelen, mit riesigen Ballen von köstlicher Seide und mit Bergen von allerlei im damaligen Europa höchst gesuchten und ebenso teuren Gewürzen. *Diese* Länder waren das Ziel des Kolumbus. Selbst wenn er in Island gewesen ist und dort, was dann allerdings sehr wahrscheinlich und naheliegend wäre, von Vinland gehört hat, so hat er diese Nachricht doch nicht unmittelbar verwerten können, weil die von den Wikingern entdeckten Gebiete sehr viel nördlicher lagen als die von ihm gesuchten Gegenden Ostasiens, und ferner, weil die Schilderung von diesen Ländern in keiner Weise zu den Nachrichten Marco Polos über Cathay-China paßte.

Aber natürlich haben die Nachrichten der Wikinger-Tradition, von denen Kolumbus mit höchster Wahrscheinlichkeit erfuhr, seine eigene Zuversicht sehr gestärkt. Es stand danach fest, daß es im westlichen Ozean Land gab, sogar sehr viel und sehr ausgedehntes Land. Man brauchte also nicht zu befürchten, daß man uferlos im Meer umherfahren mußte, ohne jemals Land zu sehen und ohne sich mit Frischwasser und Lebensmitteln versorgen zu können. Andererseits glaubte man zu wissen, daß sich Cathay sehr weit nach Norden hin erstreckte. Martin Behaim notierte 1492 auf seinem Globus bei diesen Gegenden:

«Item als die reussen in daselb land wellen, umb das köstlich Veh Werck, so müssen sie auf Schlitten fahren, umb der wasser und tiefen Snees willen, welche von grossen hunden gezogen werden.»

Wenn Kolumbus also aus der Wikinger-Tradition entnahm, daß sich in Helluland Gletscher und in Markland viele jagbare Tiere befanden, so mochte er durchaus der Meinung des Caboto sein, es handle sich bei diesen Gegenden um die Tatarei oder Nordcathay, und südlich davon müsse Indien liegen. Von hier aus gewinnt diese alte Überlieferung aus den Sagas der Wikinger daher eine neue, recht eindringliche Bedeutung. Daß Kolumbus diese Tradition gekannt hat, muß als sehr wahrscheinlich angesehen werden. Es bedarf dazu keiner Island-Reise, und es bedarf auch keines Zusammentreffens mit den Cortereals. Es genügt völlig, daß Kolumbus, wie das eine Eintragung in sein Schiffsjournal vom 21. Dezember 1492 aufweist, in den siebziger Jahren des 15. Jahrhunderts in England gewesen ist. Wir haben oben davon gehört, wie eng die Seeverbindungen zwischen England und Grönland um diese Zeit waren. Nichts liegt daher näher als die Annahme, daß der genuesische Seefahrer, der begierig nach Mitteilungen über die westlichen Länder fahndete, während dieses Aufenthalts von den Grönland-Wikingern und ihren Vinland-Fahrten gehört hat. Und sicher haben ihm diese Nachrichten eine Bestätigung seiner eigenen Anschauungen und eine starke Ermutigung bedeutet in dem Sinne, in dem wir das hier eben besprachen.

Darum bleibt des Kolumbus Leistung natürlich, was sie war: eine einmalige erdkundliche und seemännische Tat. Aber sie stellt keinen rein aus sich selbst gezeugten Genieblitz dar, der von seiner Umwelt völlig unabhängig war. Sie ist vielmehr das organische Glied einer lebendigen Kette, die von den Grönland-Wikingern über Kolumbus bis in unsere Tage reicht. In diesem Sinne sind die Seegermanen, die vor nun bald tausend Jahren zum erstenmal nach Amerika fuhren, durchaus Vorgänger und Ahnen ihrer späteren Nachfahren und Vollender. Wir führten schon aus, daß sie dieser Rechtfertigung ihrer Fahrenslust nicht bedürfen, ebenso wie Kolumbus ihrer als Zeugen seiner eigenen großartigen Leistung nicht bedarf. Aber von jeher sind ihre Fahrten mit einem auf die Ziellosigkeit ihres Tuns gerichteten warnend-pädagogischen Unterton beurteilt worden. Das geht nicht an. Denn wieder hat sich an ihnen jenes alte Sprichwort bewahrheitet, das da lautet: Der geht am weitesten, der nicht weiß, wohin er geht.

Teil IX

Von Jotunheimar und Svalbard nach Bagdad und Kanton

«Tickets nach Zaitun ausverkauft», sagt Obersteward Suleiman · Chinesische Dschunken mit Appartements, Badezimmern und Toiletten · stud. jur. Ibn Batuta wird Weltreisender · Ibn Batuta und Graf Felix Luckner sehen den «Seiltrick» · Was kostet eine Konkubine? · Ibn Batutas Frauen, die Kokosnuß und der Haschisch · Vom Satin, von der Parfum-Nuß und von der Seide · Chinesisches Papiergeld als Binnenwährung · Was ist und von wem stammt der «Konnungsskuggsja»? · Woher kennt Dante das Kreuz des Südens? · Edrisi-Karte und Rogerbuch · Eisbärfelle in Ägypten · Arabische Sportberichte über den Skilauf in Norwegen · Ibrahim Ibn Jaqub wundert sich in Mainz · Hatte Skandinavien eine arabische Valuta? · Ein maurischer «Baedeker» für die Wegstrecke Magdeburg–Prag · Hat Nestor von Kiew wirklich gelogen? · Miklagard und die Waräger · Wikinger in Bagdad · Kapitän Othere in Archangelsk · Bis zum Ural und nach Sibirien · Das «Bahrwaränk» der Araber · Der Runenstein von Hönen · Werden Jungfrauen schwanger, wenn sie Wasser trinken? · Jotunheimar ist das Land der Kobolde, und «Svalbard» heißt «Kalte Küste»

1

Indigniert hemmte der vornehme Diplomat auf der Gangway des China-Bootes seinen Schritt. Zu Salzsäulen erstarrt, standen hinter ihm die Träger und Diener. Es war, als wenn sich plötzlich Stille ausgebreitet hätte über dem Hafen. Deutlich hörte man die kleinen Wellen gegen die Kaimauern klatschen, in den riesigen Bastsegeln des Schiffes raschelte der Wind, und am Ende des Laufstegs kicherten und flüsterten die Frauen.

Denn natürlich reiste ein hochmögender Herr wie Seine Exzellenz Abu Abdallah Mohammed, Botschafter des Sultans Mohammed von Delhi in Indien, auf einer wichtigen Mission zum Kaiser von China begriffen, mit seinem Harem: rechtmäßigen Frauen, Beischläferinnen und Sklavinnen.

Die Exzellenz stutzte. Denn aufgeregt, große Schweißtropfen auf der Stirn, stürzte ihm der Superkargo des China-Bootes entgegen. Er salaamte ehrerbietig und sprudelte dann einen Schwall von Worten hervor, denen der Botschafter des Sultans verärgert entnahm, daß auf diesem Schiff nun doch alle Appartements der 1. Klasse besetzt seien.

Abu Abdallah Mohammed, Ibn Abdallah, Ibn Mohammed, Ibn Ibrahim, seit rund siebenhundert Jahren bekannt unter dem Namen Ibn Batuta und als der ausdauerndste Globetrotter aller Zeiten, hat viele Jahre später, als er im Auftrag des Sultans Abu Iman von Marokko seine Reiseerinnerungen verfaßte, selbst davon erzählt, was hier um 1330 im Hafen von Kalikut in Indien auf dem China-Boot passiert war.

«Die chinesischen Großkaufleute haben die Kabinen für die Hin- und Rückreise gebucht», habe ihm der arabische Superkargo Suleiman aus Safad bei Akka in Palästina erklärt. «Aber mein Schwager hat eine Kabine, die ich Exzellenz geben kann. Leider hat sie kein Badezimmer. Vielleicht ist es jedoch möglich, daß unterwegs einer der Chinesen mit Exzellenz tauscht!»

Nun, Ibn Batuta ist mitgefahren, obwohl er zunächst nur eine einfache Kabine hatte, ohne Badezimmer und ohne eigene Toilette. Aber er wird dann getan haben, was große Herren im Osten in derlei Fällen zu tun pflegten: er wird ein Bakschisch, ein Trinkgeld, gegeben und dann jedenfalls sein Appartement bekommen haben. Denn, so erzählt er später:

> «Ich will eine Kabine, die niemand mit mir teilt – wegen der Sklavinnen; es ist nun einmal meine Gewohnheit, nur mit ihnen zu reisen ... Es gibt Kabinen, die Waschzimmer und Toiletten enthalten. Sie haben einen Schlüssel, mit dem der Inhaber sie absperren kann. Man nimmt seine Sklavinnen und Frauen mit sich. Oft ist ein Passagier in seiner Kabine, und niemand sonst auf dem Schiff weiß von ihm, bis man sich trifft, wenn man in irgendeiner Gegend angekommen ist.»

Erster Klasse, Badezimmer, Toiletten, Appartements, Hin- und Rückbuchung: nein, man hat sich wirklich nicht verhört. Es ist so! Es ist so auf den riesigen Dschunken, die den Verkehr zwischen China und Indien versehen. Es ist so im frühen 14. Jahrhundert, und da Ibn Batuta von diesen luxuriösen Bequemlichkeiten als von selbstverständlichen Dingen erzählt, wird es sie schon einige Jahrhunderte lang gegeben haben.

Wir wissen darüber recht gut Bescheid, weil zahllose Nachrichten existieren, die alle dasselbe berichten. Da ist der chinesische Buddhist Fahien, der 414 n. Chr. auf einem sehr bequem eingerichteten Handelsschiff, das neben der Ladung noch zweihundert Menschen an Bord hat, von Java aus quer über das Südchinesische Meer nach Kanton segelt: tausend Jahre vor Ibn Batuta. Da sind viele Erzählungen von den ersten großen Seefahrtsunternehmen indischer Reeder, die ihre Schiffe über den Golf von Bengalen nach Malaya und Indonesien senden: mit ganzen Koppeln von Pferden an Bord, die dann nach China weitergehen. Da sind endlich die alten römischen Segelhandbücher aus dem 1. nachchristlichen Jahrhundert.

Gewiß, Badekabinen und eigene Toiletten wird es auf diesen alten orientalischen «Überseern» noch nicht gegeben haben. Zur Zeit Ibn Batutas ist man aber längst soweit. Sicherlich nicht allein aus Gründen eines gesteigerten Komforts für eine Handvoll reicher Kaufleute, sondern aus zwingender sanitärer Notwendigkeit. Denn an Bord solch eines riesigen Schiffes befinden sich etwa zwölfhundert Menschen, soviel wie in einer durchschnittlichen mittelalterlichen Kleinstadt, und oft liegt man lange Monate in See. Da sind zunächst sechshundert Mann seemännisches Personal, Ruderer und Matrosen: eine ungeheuere Zahl, und jeder Reeder versucht, daran herumzuknapsen und die Forderungen der Kapitäne zu beschneiden. Aber die gewaltigen Mattensegel, aus Bambusrohr geflochten, sind so schwer, daß ihre Bedienung viel Personal nötig macht. Man braucht ja auch immer noch Ruder, riesige, zehn und mehr Meter lange Balken, die von einem Dutzend Sklaven bewegt werden. Deshalb sind sechshundert Mann gar nicht viel, und es war sicherlich ein langsames, mühseliges Reisen. Dann sind noch vierhundert Seesoldaten an Bord, meist Abessinier, weil sie am wildesten kämpfen, und meist Armbrustschützen mit naphthagetränkten Brandpfeilen. Auch sie sind bitter nötig. Überall lauern Seeräuber, und wer nicht in der Lage ist, sich wirkungsvoll zu verteidigen oder exorbitante Lösegelder zu zahlen, der geht ohne Erbarmen über Bord. Zu diesen tausend Mann kommen dann noch zwei- bis dreihundert Passagiere. Diese riesigen Schiffe, die ja Frachter und deshalb bis an die Reling mit Waren aller Art vollgepackt sind, Konstruktionen von 2000 bis 3000 t, gegen die sich die Karavellen des Kolumbus wie Kinderspielzeug ausgenommen hätten, wimmeln also von Menschen. Badezimmer, Toiletten und sonstige erstaunlich moderne hygienische Einrichtungen sind deshalb kein Luxus, sondern eine sehr dringliche Notwendigkeit.

Das klingt märchenhaft. Aber Ibn Batuta hat mit dürren Worten und unzweifelhaft überliefert, daß es diese Riesenschiffe tatsächlich gab:

«Die großen chinesischen Schiffe heißen ‹Junk› (Dschunke). Auf ihnen gibt es bis zu zwölf Segel. Die Segel bestehen aus Bambusrohren, die wie Matten geflochten sind. Sie werden nie herabgelassen, und man dreht sie der Richtung entsprechend, aus welcher der Wind bläst. Wenn man die Schiffe verankert, läßt man die Segel im Winde stehen. Auf jeder dieser Dschunken dienen tausend Mann, von denen sechshundert Matrosen und vierhundert Krieger sind. Unter diesen gibt es Bogenschützen, Schildträger und Armbrustschützen, nämlich Leute, die Naphthageschosse schleudern. Man baut diese Schiffe in der Stadt Zaitun in China (dem heutigen Tsüen-tschou-fu) oder in Sin-kalan (unserem Kanton) ... An den Seiten des Schiffes befinden sich die Ruder, die groß wie Schiffsmasten sind und an jedem von denen zehn bis fünfzehn Mann zusammen rudern. Man rudert im Stehen in zwei Reihen, jede Reihe der anderen gegenüber. An dem Ruder sind zwei gewaltige Seile befestigt, die die Stärke einer Holzkeule haben. Eine der beiden Gruppen zieht an dem Seile, dann läßt sie los und die andere Gruppe zieht. Solch einem Schiff sind vier Verdecke aufgesetzt. Es enthält Zimmer, Kabinen und offene Salons ...»

Zwanzig Jahre bevor Ibn Batuta zur Feder griff, hat schon ein anderer dasselbe niedergeschrieben: es ist der Dominikaner Jordanus Catalani, Bischof von Columbo, dem heutigen Quilon im südlichen Vorderindien. Er läßt um 1330 ein für seine Ordensbrüder im fernen Europa bestimmtes, natürlich handgeschriebenes Büchlein erscheinen, die ‹*Mirabilia descriptu*›, Beschreibung der Wunder genannt, in dem er mit dem ganzen Hochmut des abendländischen Weißen – übrigens in schrecklichem Küchenlatein – von den chinesischen Dschunken erzählt:

«*Navigia quae navigant in Cathay sunt permaxima.* Die Cathay-Schiffe sind riesig groß. Sie haben über dem Schiffskörper mehr als hundert Kajüten und setzen bei gutem Wind zehn Segel. Es sind sehr bauchige, schwere Fahrzeuge, da sie dreifach beplankt sind ... Und das ist eine sehr starke Konstruktion. Tatsächlich wagen sie sich aber nicht weit auf das Meer hinaus; jenes indische Meer ist selten oder niemals bewegt, und wenn ein Seegang herrscht, der, wie sie meinen, gefährlich werden könnte, würden unsere Seeleute sagen, es sei schönes Wetter. Ohne Übertreibung, einer unserer Seeleute würde auf dem Meer hundert oder mehr jener wert sein ...»

Wir wissen, daß sich hier Richtiges mit Falschem mischt. Ohne Zweifel sind europäische Seeleute in manchen Dingen weiter gewesen als ihre farbigen Kameraden. Namentlich in der Nautik haben sie mehr geleistet. Aber wenn Jordanus schreibt, die Cathay-Dschunken seien bloße Küstenfahrer gewesen, so ist das eine Verkleinerung, die unberechtigt ist und die nicht zutrifft. Sehr viel gerechter wird der Bischof von Quilon den indischen Seeleuten – es wird sich freilich dabei meist um Schiffe gehandelt haben, die arabischer Konstruktion waren und eine arabische Mannschaft an Bord hatten, die aber indischen Reedern gehörten. Der Inder selbst ist nämlich nicht auf See gegangen, wie das die Indogermanen als ein offenbar ganz kontinentales Volk ursprünglich alle nicht getan haben. Jedenfalls findet Bischof Jordanus die Schiffe «dieser Inder» bewundernswert: «*sunt mirabilia*» meint er,

«denn obwohl sie sehr groß sind, sind sie doch nicht mit Eisen verbunden. Sie sind vielmehr mittels einer Nadel genäht und mit einem Faden, der aus einer bestimmten Pflanze hergestellt wird. Die Schiffe haben niemals ein Deck, sondern sie sind offen und nehmen so viel Wasser über, daß die Seeleute immer oder fast immer in einer Lache stehen müssen, um das Wasser auszuschöpfen».

Auch dies mag wie ein Märchen aus Tausendundeiner Nacht klingen, erzählt von Sindbad dem Seefahrer. Aber Bischof Jordanus ist ein wür-

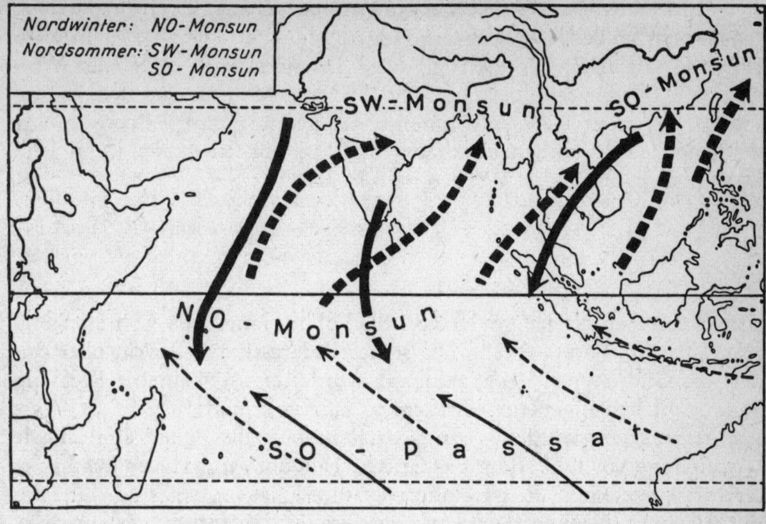

XXVII. Der Nordost- und der Südwest-Monsun im Indischen Ozean

diger Mann, dem Märchen so fern wie möglich liegen. Was er hier berichtet, das ist absolute Wahrheit. Denn diese «genähten» Schiffe gibt es noch heute. Es sind das die «Mausim-Fahrer», die Monsun-Boote, die heute wie vor dreitausend Jahren zwischen der Malabarküste in Indien und Sansibar in Ostafrika 4500 km freie See überwinden, die zwischen Kalikut und Sokotra kreuzen, auf 2100 km offener Meeresbreite, die mit vier bis fünf Seemeilen je Stunde die 1700 km zwischen Ceylon und Sumatra hin- und herfahren.

Genähte Schiffe! Ihr Rumpf enthält keinen Bolzen, keinen Nagel. Spanten, Kiel, Planken, Waschbord: alles ist zusammengenäht, zusammengebunden, verpicht und verknotet mit dem unzerreißbaren, wasserfesten Koirgarn, einer Art Bindfaden, mühsam gewonnen aus dem bräunlichen Bast, der die Kokosnüsse umhüllt. Ntepe heißen diese Schiffe heute, es sind offene oder halbgedeckte Boote von etwa 40 t, mit niedrigem Bug, steil hochgezogenem Achterschiff, mit schräg nach vorn geneigten Masten und gewaltigen, schön geschwungenen lateinischen Dreiecksegeln.

Anfang Oktober gehen sie seit Urzeiten ohne Kompaß, ohne Segelhandbücher, ohne Radio in Südasien auf das Meer, mit dem erfrischenden, mäßig steifen Nordost-Monsun der Wintermonate, der etwa bis Ende Februar bläst und der diese Nußschalen in dreißig Tagen nach Afrika bringt. Im März springt der Monsun nach völligen Flauten und unstetem Schralen des Windes um. Nun kommt er aus Südwesten, tagein, tagaus: ein halbes Jahr hindurch. Jetzt brechen sie überall auf. In allen Häfen Ostafrikas gehen die Segel hoch. Donnernd, mit drohenden Wolken, von Blitzen zerrissen, jagd der Südwest-Monsun aus den unendlichen Steppen und Wäldern Innerafrikas heran, reißt die Boote in eine windgepeitschte, kochende, schäumende See und trägt sie, wenn kein Zyklon sie packt, in drei Wochen nach Indien.

2

Soviel von den Ntepe, soviel von Bischof Jordanus aus Columbo und zurück zu Ibn Batuta. Wenn aus seinem interessierten Bericht über chinesische Schiffstypen etwa gefolgert würde, er sei vielleicht Seemann oder Schiffsbau-Ingenieur gewesen, so ist das grundfalsch. Er ist – wie wir heute sagen würden – eine Art Reisejournalist, ganz ähnlich wie lange, lange vor ihm schon der Grieche Herodot. Von Hause aus hat er als Jurist begonnen. Er ist eine verkrachte Existenz, ein stud. jur., der nie zu einem Examen gekommen ist. Freilich, eigentlich «gebummelt» hat er gar nicht. Er hat im Gegenteil ganz fleißig studiert. Aber wenn man Student ist, namentlich Student aus gutem Hause, dann hat man als gläubiger Mohammedaner ganz besonders die Pflicht, einmal im Leben nach Mekka zu pilgern. Das ist eine langwierige Sache, und wer erst in Amt und Brot steht, für den ist das beruflich recht störend. Also geht man meist in jungen Jahren nach Mekka. Und so hat es Abdallah Ibn Mohammed Ibn Ibrahim, Batutas Vater, ein sehr angesehener Handelsherr der Stadt Tanger an der Meerenge von Gibraltar, bestimmt. Sein studierender Sohn soll die weite Fahrt bald hinter sich bringen.

Als Ibn Batuta am zweiten Tag des Rajab 725 nach der Hedschra, nach unserem Kalender am 14. Juni 1325 n. Chr., seine Heimatstadt Tanger verläßt, um die Pilgerfahrt anzutreten, da ahnt er nicht, daß er erst volle vierundzwanzig Jahre später als sechsundvierzigjähriger Mann wieder heimkehren wird. «Vater und Mutter waren, als ich abreiste, noch am Leben. Krank vor Schmerz, nahm ich es doch auf mich, von ihnen zu gehen. Ich war eben zweiundzwanzig Jahre alt geworden.»

Einige Monate später ist Ibn Batuta in Mekka. Er steht am Grab des Propheten in der Mesdschid el Haram, der «Heiligen Moschee», er hat die vorgeschriebenen sieben Rundgänge um die Kaaba gemacht, er hat den *hadschar el aswad*, den schwarzen, silbergefaßten Meteoriten geküßt, der in die Kaaba eingemauert ist – er müßte nun eigentlich wieder nach Hause zurück. Aber die Pilgerfahrt hat dem jungen Mann gefallen. Als eine Karawane nach Südostafrika aufbricht, schließt er sich ihr an, und nun geht es ein halbes Menschenleben hindurch kreuz und quer durch die Welt: nach Ägypten, Syrien und Persien, über Kleinasien und das Schwarze Meer zur Krim, wolgaaufwärts nach Bulgar, einer großen Handelsstadt an der Einmündung der Kama, und von dort am Kaspischen Meer und am Aralsee vorbei auf einer uralten Karawanenstraße über Afghanistan nach Indien. Nach mehrjährigem Aufenthalt in Delhi reist er nach China, und fünf Jahre nach dem Aufbruch von Delhi, zweiundzwanzig Jahre nach der Abreise von Tanger, wieder nach Indien und über Persien und Ägypten nach Mekka zurück. Anfang November 1349 langt Ibn Batuta in Fez an.

Seine Reisetagebuch ist ein dickleibiges Werk, das neben langatmigen Partien höchst kurzweilige Dinge enthält. Denn die Tatsache, daß Batuta nicht als reicher Globetrotter reiste, sondern daß er sich als Kaufmann, Reisebegleiter, als Kadi, Verwaltungsbeamter und Diplomat selbst sein täglich Brot verdienen mußte, gibt seinen Berichten eine spürbare Lebendigkeit und Frische. Offenen Auges und aufgeschlossenen Geistes ist der junge Mann, der hier durch Steppen und Wüsten, über Sümpfe und durch unendliche Wälder zu menschenwimmelnden Städten und über die vereisten Pässe himmelhoher Gebirgszüge marschiert. Er erzählt und läßt sich erzählen, wie das arabische Art ist, mit der noch ganz ungehemmten Freude am Plaudern, an Klatsch und Tratsch, an Märchen und Legende. Aber er paßt gut auf dabei, unser stud. jur. Batuta, er hört kritisch zu, zweifelnd, ungläubig. Und so schreibt er denn später, als er endlich wieder zu Hause ist, keine Märchensammlung im Stile Sindbads des Seefahrers, sondern Reisememoiren und bei Licht besehen eine veritable Kulturgeographie der orientalischen Welt seiner Zeit.

Als er in Indien eintrifft, ist das riesige Land seit gut hundert Jahren mohammedanisch beherrscht. Ibn Batuta fühlt sich fast wie zu Hause. Überall findet er Landsleute. Der Superkargo des China-Schiffes, auf dem er als Gesandter des Sultans nach dem Fernen Osten geht, ist Araber und kommt aus Syrien. In China trifft er den berühmten arabischen Juristen Kiwam ed-Din es-Sebti, der aus Ceuta stammt, unweit von Tanger. Als Ibn Batuta fünfundzwanzig Jahre später die Sahara durchquert, bis nach Timbuktu, begegnet er dort dem Bruder seines China-Bekannten: «Welche Entfernung zwischen den Geschwistern!» notiert sich unser Weltreisender.

In der Tat: welche Entfernung! Die ganze Welt scheint arabisch geworden zu sein, von Spanien bis tief nach China und zur Südsee, von Timbuktu an der Sahara und von der Sambesimündung bis nach Rußland hinein. Aber es ist doch nur eine dünne Schicht hochmögender Herren, unternehmender Kapitäne und wagemutiger Kaufleute, die dem Lauf der Winde, dem Strömen der Flüsse und der Meere folgt. Die Menge des arabischen Volkes hat die heimatlichen Steppen und Wüsten nie verlassen. Als Ibn Batuta später von seinen Erlebnissen erzählt, da ist es ihm ergangen wie dem *Messer Millione*, dem Marco Polo, dessen Erzählungen aus China sich so unglaublich anhörten, daß man ihm den Spitznamen «Herr Million» gab, um seine vermeintlichen Übertreibungen anzuprangern.

Auch Batutas Memoiren sind weit über das Fassungsvermögen seiner Zeit hinausgegangen, und es hat länger als ein halbes Jahrtausend gedauert, ehe er recht gewürdigt und verstanden wurde. Denn sie sind so vollgepackt mit merkwürdigen Abenteuern, so reich an Dingen, die der abendländischen Welt als Märchen erscheinen mußten, daß es viel Zeit brauchte, ehe sie in ihrem vollen Gehalt anerkannt wurden.

Da ist beispielsweise eine Schilderung – wohl die erste überhaupt – des berühmten «Seiltricks» indischer Fakire, über dessen Geheimnis auch heute immer noch keine rechte Klarheit besteht. Ibn Batuta berichtet davon nach der Übersetzung des deutschen Orientalisten Hans Mzik folgendes:

«... In dieser Nacht trat ein Zauberer auf ... Der Emir sprach zu ihm: ‹Laß uns eines deiner Zauberstücke sehen.› Darauf ergriff dieser eine Holzkugel, in welcher sich mehrere Löcher befanden, durch welche lange Riemen liefen. Er warf die Kugel in die Luft, und diese stieg empor, bis sie unseren Blicken entschwand. Dabei befanden wir uns inmitten der Residenz, und es war zur Zeit der großen Hitze. Als sich in seiner Hand nur mehr ein kurzes Ende des Riemens befand, gab er einem seiner Lehrlinge einen Befehl; dieser klammerte sich an den Riemen und stieg in die Luft hinauf, bis er unseren Augen entschwand. Nun rief ihn der Zauberer dreimal, aber jener gab keine Antwort. Da erfaßte er ein Messer, als ob er im höchsten Zorn wäre, und hängte sich an den Riemen, bis auch er unsichtbar wurde. Dann warf er eine Kinderhand auf die Erde, hierauf einen Fuß, dann die zweite Hand, den zweiten Fuß, den Rumpf und schließlich den Kopf. Nun stieg er keuchend herab, und seine Kleider waren mit Blut bespritzt. Er küßte die Erde vor dem Emir und sprach zu ihm in chinesischer Sprache. Der Emir gab ihm irgendeinen Befehl: daraufhin nahm er die Glieder des Knaben, befestigte sie aneinander, gab dem Ganzen einen Fußtritt, und siehe – der Knabe stand unverletzt da. Ich war aufs höchste erstaunt, und ein Herzklopfen befiel mich, geradeso wie es mir bei dem König von Indien ergangen, als ich etwas Ähnliches gesehen. Man flößte mir eine Arznei ein, die mein Übel vertrieb. Der Richter Afhar ed-Din stand an meiner Seite und sprach zu mir: ‹Bei Gott, hier gab es kein Hinauf- noch Hinabsteigen, noch ein Gliederabschneiden. Das ist alles nur Taschenspielerei.›»

Immer wieder ist bestritten worden, daß derlei möglich sei, auch als Trick, und der englische Orientalist E. Denison Ross erklärte deshalb, es handle sich um eine bloße Legende. «Nie hat sich jemand gefunden, der das Kunststück mit eigenen Augen gesehen hat. Das Ganze ist eine Überlieferung. Nachdem die Geschichte einmal aufgekommen war, fand sie solchen Anklang im Volk, daß sie nie wieder ganz verschwand. Sie wurde zum Gerücht, das der Volksmund im indischen Dorf verbreitete. Hypnose kommt als Erklärung nicht in Frage!» Bekanntlich hat Queen Victoria gegen Ende des vorigen Jahrhunderts zweitausend Pfund ausgesetzt, um das Geheimnis des Seiltricks zu erfahren. Diese Summe ist später dann auf zehntausend Pfund erhöht worden; sie liegt aber noch immer auf der Bank von England, es hat sich niemand gefunden, der sie abgeholt hätte. Und trotzdem ist der Seiltrick auch von Zeitgenossen gesehen und bestätigt worden. Einer der letzten von ihnen war der deutsche Kaperkapitän Graf Luckner, der berühmte «Seeteufel», der in seinem Buch *‹Seeteufels Weltfahrt›* noch 1951 ausdrücklich erklärte: «Ich habe es mit eigenen Augen gesehen, daß die Fakire ein einfaches Tau in die Luft warfen, das steil stehenblieb wie eine Stange, so daß einer nach dem anderen heraufklettern konnte und oben irgendwo verschwand...»

Es ist eine recht weitgespannte Zeugenkette, die hier von dem Globetrotter Batuta zum Weltfahrer Luckner führt, über sechshundert Jahre hinweg. Und selbst wenn ganz skeptische Naturen der Meinung sein sollten, Graf Luckner sei ein liebenswerter später Nachfahre des Barons Münchhausen und sein Zeugnis für den Seiltrick habe einen scharmant-ironischen Charakter: auf Ibn Batuta kann sich dieser augenzwinkernde Verdacht nicht beziehen, weil es zu seiner Zeit noch gar keinen Streit um den Seiltrick gab. Er hat unbefangen berichtet, was er zu sehen glaubte. Man wird also wohl sagen dürfen: den Seiltrick hat es tatsächlich gegeben und anscheinend bis zur Gegenwart hin – als ein bisher nicht geklärtes Geheimnis östlicher Magie.

Daß dies dem Ibn Batuta auffallen mußte, liegt auf der Hand. Aber auch von unscheinbaren Dingen hat er höchst interessiert berichtet. Im Grunde seines Wesens ist er ein ganz moderner Mensch. Die Reizschwelle des für ihn Wichtigen und Erzählenswerten liegt keinesfalls mehr ausschließlich im Märchenhaften, und so verwirrend Indien auch auf diesen Sohn der westlichen Hemisphäre wirkt, er hat doch einen untrüglichen Sinn für das Interessante. Dazu gehört etwa der *berid*, die indische Staatspost, von der unser arabischer Reisender sehr beeindruckt erzählt. Es gebe in Indien, so berichtet er, eine Schnellpost, den *ulak*, die geschwind sei wie ein Falke und die mittels eines bis ins letzte durchorganisierten Relais- und Stafettensystems die gewaltige Entfernung von den nördlichen Gebirgen bis an das südliche Meer in wenigen Tagen überwinden könne; es gebe daneben den gewöhnlichen *berid*, auch eine staatliche Einrichtung und nur für den Sultan benutzbar, die von Stafettenläufern betrieben werde. An sich ist das nichts Neues. Aber das Mittelalter hat längst vergessen, daß bereits Kyros und Darius, Artaxerxes und die Sassaniden eine Stafettenpost besaßen. Es weiß nicht mehr, daß schon die Ägypter bestimmte Bestellzeiten hatten, richtige Postämter und beamtete Briefträger, daß es schon seit langem eine reibungslos funktionierende Telegraphie mit verkodeten Lichtsignalen gab. Es ahnt nicht, mit welcher Geschwindigkeit einst die *carruca dormitoria* – Reiseschlafwagen, so weich gefedert, daß die Sekretäre der Staatsmänner und die Adjutanten der Generale darin anstandslos zu stenographieren vermochten – über die Römerstraßen des letzten Jahrhunderts v. Chr. brausten, es entsinnt sich auch nicht, daß Byzanz diese Einrichtung sozusagen geerbt hat und daß Araber und Mongolen mit ihrer Staatspost auch nur Erben und Nachfahren früherer Zeiten sind. Zum mindesten hat es Ibn Batuta nicht gewußt. Er hat offenbar auch nicht geahnt, in der typischen Harmlosigkeit westlicher Reisender, die sich in den totalitären Dschungeln orientalischer Diktatoren verirren, daß dieser *berid*, diese Staatspost, gleichzeitig ein geheimer Melde- und Sicherheitsdienst ist. Der *sahib-el-berid*, der Postmeister, deren sich einer in jeder indischen Provinzhauptstadt befindet, ist nämlich ein dem Kalifen direkt unterstellter politischer Beamter, dessen einzige Aufgabe darin besteht, den Staatsapparat zu überwachen. Selbst die Statthalter, also die offiziellen Träger der staatlichen Hoheitsgewalt, werden vom *sahib-el-berid* bespitzelt und leben in dauernder Unsicherheit über das, was der Postmeister nach Delhi berichtet. Von diesen Hintergründen hat Ibn Batuta offenbar nicht das geringste gewußt. Vielleicht haben ihn politische Dinge nicht interessiert, vielleicht hat er es aber auch für rätlich gehalten, seinem Sultan in Marokko nichts davon zu erzählen. Jedenfalls sagt er nichts darüber. Desto ausführlicher wird er, Sohn eines Kaufmanns und Angehöriger eines alten Händlervolkes, wenn er von dem Preisgefüge Indiens spricht:

«In der ganzen Welt gibt es kein Land mit billigeren Preisen. Ich sah, wie in Bengalen eine Milchkuh um 3 Silberdinare (etwa 3 Mark) verkauft wurde... Junge Tauben wurden 15 Stück um 1 Dirhem (etwa 35 Pfennig) hergegeben. Ich war dabei, wie ein fetter Widder mit 2 Dirhems bezahlt wurde; ein Pfund Zucker mit 4 Dirhems, wobei das Pfund nach dem Gewicht von Dihli gemeint ist; 1 Pfund Sirup mit 8 Dirhems, 1 Pfund Butterschmalz mit 4 und 1 Pfund Sesamöl mit 2 Dirhems. Ich sah, wie feiner Baumwollstoff von bester Qualität, der 30 Ellen maß, für 2 Dinare verkauft wurde; wie eine anmutige junge Sklavin als Beischläferin für einen einzigen Golddinar zu haben war, was soviel ist wie 2 1/2 magrevinische Dinare (30 Mark) ...»

Wichtig ist ihm weiterhin der Pfeffer, eines der Gewürze, mit deren Übernahme von fernöstlichen Handelskarawanen und mit deren Weitergabe an abendländische Kaufleute die Araber Jahrhunderte hindurch ungezählte Goldmillionen verdient haben, für den sich der Westen der Welt so brennend interessiert und von dem er gleichwohl so gut wie nichts weiß. Wichtig ist ihm das Zimtholz, das berühmte Sapanholz, dessen rötlichgelbes Mark man in den Färbereien braucht und das in Europa mit Gold aufgewogen wird. Wichtig ist ihm die Kokosnuß, von der kurz vorher die ersten Schiffsladungen in das Abendland gelangt sind und der man alle möglichen Heilwirkungen zuschreibt, eine darunter, die sie gerade für Araber wichtig macht: sie gilt als Aphrodisiakum!

«Die meisten Bäume der Malediven», schreibt Ibn Batuta, «sind Kokosnußbäume. Sie liefern zugleich mit den Fischen der See den Lebensunterhalt der Einwohner. Die Natur der Kokosnußbäume ist wunderbar. Ein solcher Baum trägt alljährlich zwölf Kokosnußbüschel, von denen jeden Monat eines hervorkommt. Einige dieser Büschel sind klein, einige schon groß; einige trocken, einige noch grün, ohne daß eine Unterbrechung einträte. Man stellt aus der Frucht Milch, Öl und Honig her. Aus dem Honig macht man süße Bäckerei, die man zu den getrockneten Kokosnüssen ißt. Von alledem und von der Fischgattung, von der sie sich nähren, erhalten die Bewohner eine merkwürdige und unvergleichliche Liebeskraft. Die Insulaner leisten darin erstaunliches. Ich selbst hatte in diesem Lande vier rechtmäßige Frauen, abgesehen von den Konkubinen. Ich war jeden Tag für alle da und brachte außerdem die ganze Nacht bei der zu, die an der Reihe war; ich lebte in dieser Art anderthalb Jahre...»

Für europäische Leser dieser Notiz mag es scheinen, als sei dies weiter nichts als eine von den Stories, die Ibn Batuta, wie das jeder Reisejournalist zu tun pflegt, seinen Nachrichten anfügt. Für die arabische Welt hat diese Mitteilung aber deshalb eine besondere Bedeutung, weil herkömmlicherweise der Ritus der Beschneidung dort bei Männern *und* Frauen ausgeübt wird. Dies führt bei beiden Geschlechtern zu einer Dämpfung ihrer sexuellen Erregbarkeit, die bei den Frauen bis zur Frigidität geht. Infolgedessen sind Aphrodisiaka außerordentlich begehrt und in gewissem Sinne soziologisch notwendig. In den breiten Volksschichten der orientalisch-arabischen Welt ist die Sitte der Beschneidung beider Geschlechter bis zur Gegenwart hin lebendig geblieben. Infolgedessen sind Anregungsmittel dort heute genauso wichtig wie zur Zeit Ibn Batutas, und das hat zur Folge, daß ganz allgemein Haschisch geraucht wird, eine Droge, die in bestimmter Dosierung stimulierend wirkt. Sie ist deshalb bei Fortdauer dieser barbarischen Beschneidungssitten geradezu unentbehrlich. Mäßiger Genuß von Haschisch in guten Qualitäten ist angeblich nicht schädlicher als Alkohol. Bei dürftiger Ernährung wirkt das Gift aber zerrüttend, und in vorgerückten Intoxikationsstadien gesellen sich dem Haschisch dann meist andere Rauschgifte zu: dies sind die wesentlichsten Gründe für die offenbare Unmöglichkeit, den Rauschgifthandel im Nahen Osten zu unterdrücken.

Ein halbes Jahrzehnt bleibt Ibn Batuta in Indien, dann reist er nach China. Und das hat folgende Bewandtnis: Der chinesische Kaiser schickt dem Sultan von Delhi eine Gesandtschaft mit Geschenken: hundert Sklaven und Sklavinnen, fünfhundert Gewänder aus Kamha-Seide aus der Stadt Zaitun – as-Zaituni nennen die Araber dieses wunderbare Gewebe, die Spanier machen *acetuni, setuni* daraus, und wir sagen heute: Satin – und hundert Seidengewänder aus der Seidenfabrikstadt Hansa, unserem Hang-Tschou-fu an der Mündung des Tsaen-tang-kiang. Diese Gesandtschaft muß natürlich erwidert werden, und als eines ihrer führenden Mitglieder wird Ibn Batuta dazu bestimmt, nach China zu gehen.

Die Reise hat ziemlich lange gedauert. Zeit spielte damals im Fernen Osten eine wohl noch geringere Rolle als heute. So hat Ibn Batuta genug Möglichkeiten, sich auf der Reise gehörig umzutun. Da sie über die Sunda-Inseln führt, damals das Produktionszentrum der Gewürznelke, benutzt Ibn Batuta die Gelegenheit, sich über diese Pflanze näher zu informieren. Die europäischen Giaur, die Heiden, schütten getrocknete Gewürznelkenblüten händevoll in ihren Wein und in ihr Dünnbier, die Araber können nicht genug davon heranschaffen. Es ist höchst nützlich, Näheres davon zu wissen.

«Die Gewürznelkenbäume sind von langer Lebensdauer und sehr umfangreich. Sie finden sich im Heidenlande häufiger als im Gebiet der Muslime, und weil sie so häufig sind, gibt es keinen Privatbesitz daran. Das, was wir ‹Gewürznelken› nennen, ist ein Teil der Blüte, der abfällt und ähnlich wie die Blüte der Orange aussieht. Die Frucht des Gewürznelkenbaumes ist die Muskatnuß, in unserer Heimat Jauz-el-tib genannt, Parfum-Nuß. Die Blüte dieser Bäume ist die Muskatblüte. Ich habe das alles mit eigenen Augen gesehen.»

Viele Monate später und nach mancherlei gefährlichen Abenteuern geht Ibn Batuta dann in China von Bord. Zu seiner großen Überraschung trifft er auch hier zahlreiche Landsleute. Südchina erscheint ihm wie eine arabische Provinz. Das hat eine lange Vorgeschichte. Anfangs sind nämlich die Araber alles andere als Seefahrer und Entdecker. Sie sind ein reiselustiges Händlervolk mit starken nomadischen Antrieben – aber sie sind ebenso seefremd und meerfeindlich, ja geradezu wasserscheu wie einige tausend Jahre vor ihnen die Ur-Phönizier. Wie jene sich erst an das Meer gewöhnen müssen, so dauert es auch bei den Arabern eine ganze Zeit, ehe sie es wagen, zur See zu gehen. Erst Kalif Murawija beginnt um 650 n. Chr. mit dem Bau einer Flotte, mit der er versucht, Byzanz zu überwältigen. Das bereits unter Konstantin dem Großen gegen 330 n. Chr. erfundene griechische Feuer, ein aus Flammöl, gebranntem Kalk und Salpeter bestehendes unlöschbares Kampfmittel, vereitelt zwar alle Angriffe Murawijas, aber der «Arabische Flottengedanke» ist nun geschaffen, und wenig später stehen erhebliche Teile des Mittelmeeres unter der Kontrolle arabischer Kriegsschiffe.

Fast gleichzeitig damit, um 650, wird in Ägypten der antike Suezkanal zwischen dem Nil und dem Roten Meer wieder ausgebaggert, und bald darauf erscheinen arabische Schiffe im Persischen Golf, an der ostafrikanischen Küste und in Indien. Bereits gegen Ende des 7. Jahrhunderts n. Chr. säumen arabische Niederlassungen die indische Westküste bis hin nach Ceylon und werden alsbald zu Ausgangspunkten für den arabischen Fernost-Handel. Dessen chinesisches Zentrum scheint Khanfu, unser Kanton, gewesen zu sein. Dort existiert etwa seit 750 eine große persisch-arabische Kolonie, die schon wenige Jahre danach so stark ist, daß deren Bewohner die Chinesenstadt eines Tages überfallen und plündern können. Gute hundert Jahre später erhalten die Fremden dafür die Quittung des verletzten chinesischen Nationalstolzes. Anläßlich der Revolution, die der Gardeoffizier Wang-tschou 875 entfesselt und die sich namentlich gegen die Ausländer richtet, kommt es in Kanton zu einem entsetzlichen Massaker, das Tausende von Fremden aller Bekenntnisse und Nationalitäten das Leben kostet.

Kanton verliert damit seine Vorortstellung im Handel mit der arabisch-persischen Einflußsphäre. An seine Stelle treten arabische Kolonien am Jangtsekiang; auch Hang-tschou, das Quinsay Marco Polos, und das nördlicher gelegene Ming-tschou (Ming-po) spielen schon eine bedeutsame Rolle. Wir haben darüber eingehende Berichte des arabischen Geographen Ibn Kordadbeh um 880 und des arabischen Kaufmanns Ibn Wahab um 870, der selbst in China gewesen und bis nach Nanking an den Kaiserhof gekommen ist. Danach wissen wir, daß die Araber neben indischen Edelsteinen und Perlen vor allem Gewürze aus den Molukken nach China gebracht haben. Auch indische Baumwolle hat als Importartikel wohl eine gewisse Rolle gespielt. Dagegen scheinen keine Belege für eine arabische Einfuhr von Opium vorzuliegen. Etwa seit 870 n. Chr. befindet sich auf den arabischen Dhaus dann eine neue, in China hochbegehrte Ware: Negersklaven aus Ostafrika. Schon damals hat also das «schwarze Elfenbein» einen Wert gehabt, der weite, gefährliche Fahrten lohnte.

Denn natürlich war die Indien-China-Fahrt voller erheblicher Risiken. Zwar scheint man, wie aus chinesischen Quellen hervorgeht, seit der Mitte des 11. Jahrhunderts in der China-Fahrt den Kompaß benutzt zu haben – übrigens haben das nicht etwa die Chinesen getan, die den Magnetstein zwar schon lange kannten, ihn jedoch nur für kultische Zwecke heranzogen, sondern gerade die fremden Kapitäne, von denen die eben erwähnte chinesische Überlieferung dies ausdrücklich bezeugt –, gleichwohl blieb der Indische Ozean unberechenbar, und die Schiffsverluste dürften daher erheblich gewesen sein, und manches Fahrzeug ist mit Mann und Maus gesunken.

Ibn Batuta ist nun, freilich unter mancherlei Gefahren, glücklich in das Land der Mitte gekommen. Er hat weder das geistige Format eines Marco Polo noch dessen Stellung als Minister des chinesischen Kaisers. Aber er sieht genug von dem fernen, fremden Land, um aus einem Staunen in das andere zu fallen. Hundert riesige Dschunken, alle so groß wie das Schiff, auf dem er selbst gekommen ist, liegen im Hafen von Zaitun, in dem er von Bord geht. Die kleineren Schiffe sind unzählbar. Es ist der größte Hafen der Welt. Menschen aller Rassen wimmeln durcheinander. Alle sind sie in Seide gekleidet. Seide muß also billig sein, folgert der Araber. Weshalb ist sie so billig? «Weil die Würmer, die sie hervorbringen, an gewissen Früchten haften, von diesen fressen und nicht viel Pflege brauchen.» Das Unmaß von Arbeit, das an der Herstellung der

Seide hängt, sieht Ibn Batuta nicht. Er sagt sich auch nicht, daß der ungeheuere Bevölkerungsdruck die Arbeit in China zu einer billigen Ware macht und daß nur deshalb das Produkt dieser Arbeit, die Seide, so preiswert sein kann, daß sie «sogar zur Bekleidung der Armen und Elenden des Landes dient». Es ist ein ausgesprochener Kapitalist, der so urteilt und der gleich darauf fortfährt: «Wären nicht die Kaufleute, so hätte die Seide gar keinen Wert. Ein einziges Baumwollkleid in China wird um viele Seidenkleider gekauft.»

Ebenso verständnislos steht er vor dem «Wunder» des Papiergeldes, einem Wunder, das sich allein erklärt aus der absoluten, erdrückenden Machtfülle des Kaisers. Denn von irgendeiner Deckung der handtellergroßen Papierstücke, die mit dem Namen des Kaisers versehen sind, ist natürlich keine Rede, und als einige Jahrzehnte später in Indien und in Persien der Versuch unternommen wird, die Staatsfinanzen auf dem Wege über das Papiergeld zu sanieren, da enden beide Versuche in heilloser Verwirrung und mit totalem Mißerfolg. Daß Macht als Deckung für eine Binnendevise genügt, vorausgesetzt, daß man für den Außenhandel hinreichend international gültige Zahlungsmittel hat, mit anderen Worten: daß solch eine Binnenvaluta nichts anderes ist als eine Art Arbeits-Anrechtschein – dies alles sind Überlegungen, die Ibn Batuta natürlich völlig fern liegen. Er sieht, er staunt, er berichtet.

3

Wir müssen den verkrachten Juristen, den Forschungsreisenden und Weltentdecker, den Reisejournalisten, zeitweiligen Kadi, Diplomaten und Kaufmann, von dem wir hier so lange erzählten, wir müssen Ibn Batuta zurücklassen. Der Fluß unserer Erzählungen reißt uns unversehens nach Norden, nach Europa, in das felsige, von Eis und Schnee bedeckte Skandinavien. Da sitzt am Hof des Königs von Norwegen, wenige Jahrzehnte vor dem Auftreten Ibn Batutas, ein Unbekannter und grübelt über die Welt und ihre Rätsel. Ein Unbekannter, denn die Geschichte hat uns zwar sein Werk überliefert, das Werk eines genialen Mannes, aber seinen Namen hat die Zeit vergessen. Wir wissen nicht, wer er war und wie er hieß. Aber daß es kein geringer Mann war, das spricht aus dem von ihm hinterlassenen dickleibigen Buch, das ergibt sich ferner daraus, daß er wohl im Auftrag seines Königs schrieb: als ein Lehrbuch für des Herrschers heranwachsenden Sohn. Eine Kosmographie sollte das werden, muß sein Auftrag gelautet haben, eine Erdbeschreibung, und sie sollte das volle Wissen der Zeit enthalten. Nichts sei wichtiger, als sich von der Erde, den Ländern und Meeren, von Strömen und Winden, von den heißen und kalten Gegenden das rechte Bild zu machen. Gerade als König dürfe man nie vergessen, daß hinter den Bergen auch Menschen wohnten. Dies dem hitzigen Sohn deutlich zu machen, sei des Erziehers erste Aufgabe.

So entsteht in Norwegen um 1250 der *‹Konnungsskuggsja›*, der *‹Königsspiegel›*, jenes von uns schon einmal genannte Prinzenlehrbuch, das in Form eines Zwiegespräches zwischen Vater und Sohn die erdkundlichen und naturwissenschaftlichen Kenntnisse seiner Zeit zusammenfaßt. Und darin findet sich nun die hier folgende Stelle:

«... Nun sollst du verstehen, daß der Erdkreis kugelförmig ist und nicht an allen Orten der Sonne gleich nahe. Und da, wo der gewölbte Ring der Sonnenbahn am nächsten an die Erde kommt, da wird es am allerheißesten, und die Länder, die ihren ungebrochenen Strahlen gerade gegenüberliegen, sind zum Teil unbewohnbar. Aber die, welche so liegen, daß die Sonne sie trifft mit schrägen Strahlen, diese Länder kann man wohl bewohnen ...

Ich erwähnte, daß eine heiße Zone sich wie ein Ring von Ost nach West um die Erde legt. Wenn ich dies mit Recht gesagt habe, so halte ich es für sicher, daß es ebenso kalt am Südende wie am Nordende sein muß. Ferner meine ich, daß alle Länder, die jener heißen Zone nahe sind, ob südlich oder nördlich, warm sind; jene aber, die auf beiden Seiten weiter abliegen, sind kalt. Wenn du bemerktest, Sohn, daß alle Leute sagen, die Länder seien um so wärmer, je weiter man nach Süden fährt, so kommt das daher, wie ich glaube, daß du niemand gefunden hast, der so weit nach Süden in die Länder vom heißen Wege gereist wäre, wie die Länder nach Norden von ihm abliegen, von denen ich gesprochen habe. Und wenn du darüber gesprochen hast, daß die Winde, die aus den Südgegenden kommen, wärmer sind als andere, so ist das natürlich, daß der Wind warm wird, wenn er zu uns kommt, mag er auch von dem gefrorenen Südende der Welt ausgehen, denn er bläst durch den gebogenen Ring des brennenden Weges, und so kommt er warm nach Norden hindurch, wenn er auch kalt von Süden her bläst. Wenn Menschen ebenso nahe jener kalten Zone auf der südlichen Seite wohnen wie die Grönländer auf der nördlichen, halte ich es für sicher, daß der Nordwind ebenso warm zu ihnen kommt wie der Südwind zu uns, denn sie müssen nordwärts blicken zum Mittag und zu der ganzen Sonnenbewegung, wie wir südwärts zu blicken haben, die wir nördlich der Sonne wohnen ... Und wenn sich die Sonne zum äußersten Südrande ihres schrägen Weges bewegt, so haben *die* Sommer und reichlichen Sonnenlauf, die am äußersten Ende der Welt im Süden wohnen; aber wir haben dann Winter und Mangel an Sonne. Wendet sie sich aber zum äußersten Nordrande, so haben *wir* reichlich Sonnenlauf und *sie* Winterkälte; und so geht es immer, daß sie dann aufsteigt für den Norden, wenn sie absinkt für den Süden, und wenn sie für den Norden absteigt, beginnt sie sich zu erheben für die südliche Seite ...»

Wenn man bedenkt, daß die Lehre von der Kugelgestalt der Erde, die zwar schon Pythagoras (580 bis 500 v. Chr.) und nach ihm Aristoteles (384 bis 324 v. Chr.) gelehrt hatten, die dann aber wieder ganz in Vergessenheit geraten war, noch im 15. Jahrhundert keineswegs allgemein anerkannt wurde, dann ist dieser kurze Traktat höchst bemerkenswert. Nicht nur, daß hier die Kugelgestalt der Erde an sich behauptet wird, es werden daraus sogleich auch alle logischen Folgerungen gezogen, wie zum

Beispiel, daß die Erde als Gürtel eine heiße Zone aufweise, daß Nord- und Südpol gleichermaßen kalt sein müßten und endlich, daß dem Sommer der nördlichen Halbkugel der Winter der südlichen und umgekehrt entspreche. So sicher seiner Sache ist der unbekannte Verfasser des *‹Königsspiegels›*, der einer der größten Geographen des Mittelalters gewesen ist, daß er auch mit dem Einwand fertig wird, alle Fahrensleute, die weit nach Süden gekommen seien, hätten immer nur berichtet, es werde dort heißer, niemals aber, daß es dort kälter würde. Das will schon etwas heißen, und man ist vielleicht geneigt zu meinen, hier die Funkenstrecke eines Genieblitzes aufleuchten zu sehen. Wie gern möchten wir das glauben! Aber in den geographischen Disziplinen sind solche divinatorischen Erhellungen selten; das meiste ist Fleiß und Erfahrung. So wird es auch hier sein. Was der *‹Königsspiegel›* lehrt, das ist keine theoretische Kombination, das ist Wissen, das sind Kenntnisse, die auf weiten Fahrten gewonnen wurden.

Nun ist nicht überliefert, daß sich die Nordmänner bei ihren Unternehmungen bis in die kalten Zonen der südlichen Welt vorgetastet hätten. Sicherlich haben sie nicht einmal den Äquator erreicht. Woher haben sie dann aber gewußt, daß der gemäßigte und kalte Norden sich auf der südlichen Erdhälfte sozusagen widerspiegle? Ist das nicht überaus seltsam?

Aber solcher Seltsamkeiten finden sich viele. Um eine von ihnen zu nennen: Dante (1265 bis 1321) hat im ersten Gesang des Purgatorio, des *‹Fegefeuers›*, folgende Verse gebracht:

«Io mi volsi a man destra, e puosi mente
All'altro polo, e vidi quattro stelle
Non viste mai fuor ch'alla prima gente.
Goder pareva il ciel di lor fiammelle:
Oh settentrional vedovo sito,
Poi che privato sei di mirar quelle!»

«Zur Rechten hingewandt, ward ich gewahr
Den andern Pol, dort zeigten sich vier Sterne,
die nur geleuchtet einst dem ersten Paar.
Ihr lichtes Funkeln sah der Himmel gerne:
O Norden, stets verwaist und arm erfunden
bleibst du, weil dir ihr Anblick ewig ferne!»

Diese Stelle (Vers 22–27) ist schon von Alexander von Humboldt als eine Beschreibung des Südlichen Kreuzes verstanden und in diesem Sinne näher untersucht worden. Da aber dieses für südliche Breiten kennzeichnende Sternbild nördlich des 30. Grades überhaupt nicht sichtbar ist, war es einigermaßen rätselhaft, woher Dante es gekannt hat. In Europa ist es nach Aufnahme der großen Entdeckungsreisen erst um die Mitte des 15. Jahrhunderts bekanntgeworden! Das Wissen um dieses auffallende Sterngeviert, das, wie Dante andeutet, früher tatsächlich auch in nördlicheren Breiten sichtbar gewesen ist, bis es infolge der Präzession der Tagundnachtgleichen schon vor dem Beginn unserer Zeitrechnung unter dem Horizont verschwand – dieses Wissen läßt darauf schließen, daß Dante über weitreichende Nachrichtenquellen und über vorzügliche astronomische Kenntnisse verfügt hat. Es ist ihm auch bekannt gewesen, daß der Große Bär, das Sternbild des Nordens, immer stärker niedersinkt, je weiter man nach Süden kommt und je höher das Kreuz des Südens sich über den Horizont erhebt. Denn im Anschluß an die eben zitierte Stelle fährt der erste Gesang des ‹*Fegefeuers*› fort:

«Com'io da loro sguardo fui partito,
Un poco me volgendo all' altro polo,
Là onde il Carro già era sparito
Vidi presso di me un veglio solo...»

«Als ich, ihn anzuschaun, den Blick entbunden
und mich zum andern Pole hingewandt,
Da, wo des Wagens Sternbild schon entschwunden,
Ein Greis in meiner Nähe einsam stand...»

An einer anderen Stelle des ‹*Fegefeuers*› (4, 55 ff.) berichtet Dante, daß er zur südlichen Halbkugel der Welt hinübergeschritten sei und dort die Sonne im Norden erblickt hätte. Für den durchschnittlichen Zeitgenossen ist das natürlich überaus befremdend gewesen, und man wird wohl folgern müssen, daß dem großen Florentiner derlei Kenntnis nicht allein aus einer bloß theoretischen Überlegung gekommen ist. Dafür ist das reale Wissen, über das Dante verfügt, viel zu exakt. Er muß darüber unterrichtet gewesen sein, daß dem Sternbild des Großen Wagens auf der nördlichen Halbkugel ein ebenso auffälliges Sternbild auf der südlichen entsprach: das Kreuz des Südens. Aber woher wußte er das? Erst hundert Jahre später begann die Überzeugung, die Erde sei eine Kugel, sich in Europa allgemein durchzusetzen. Wie kam also Dante zu seiner Erkenntnis?

Man wird anzunehmen haben, daß sie ihm vom Hof des Normannenkönigs Roger II. von Sizilien (1130 bis 1154) zukam, in dessen Residenz sowohl das erdkundliche Wissen aller wikingischen Nordvölker wie aller arabischen Seefahrer und Entdecker zusammenströmte.

Palermo, Rogers Königssitz, ist einer der wenigen friedlichen Tangentialpunkte, in denen sich die Machtsphären der nördlichen und der südlichen Seenomaden berühren. Seit langem schon kennen sich die beiden Völker. In unzähligen Seegefechten, großen und kleineren Scharmützeln, haben sie sich miteinander gemessen. Arabische Mädchen und Frauen sind als Gefangene nach Norden gewandert, wikingische Galeerensklaven rudern maurische Kriegsschiffe oder dienen als Leibwache im Gefolge maurischer Edelinge. Sie sind sich in vielen Dingen ähnlich, die beiden Völker, und eine merkwürdige Art von gegenseitiger Haßliebe verbindet sie miteinander.

Schon im frühen 9. Jahrhundert dringen die Normannen durch den Norfasund, die Straße von Gibraltar, in das Mittelmeer ein, und 1059 setzen sie sich in Sizilien und ganz Unteritalien fest. Seit langem sind diese Gegenden griechisch besiedelt. Im frühen Mittelalter hat sich dann eine dünne Schicht arabischer Krieger und Großgrundbesitzer über die gräkoitalischen Kolonialvölker gelegt, und nach ihnen kommen für hundertfünfzig Jahre die Normannen.

Sie sind Christen, aber mit Rom stehen sie meist in heftigen Auseinandersetzungen; der lange Arm der Kirche reicht jedenfalls nicht bis zu den Kathedern und Studierzimmern Siziliens, und so kann man hier als Wissenschaftler genau das sagen, was man denkt. Man darf das sogar, wenn man Araber ist. Im Gegenteil, die blonden nördlichen Barbaren sind voller Hochachtung, und so kommt es, daß ein arabischer Philosoph, Arzt und Geograph, Ibn Edrisi, der erste Mitarbeiter Rogers II. wird. Aus der Zusammenarbeit beider, des hellhäutigen, blonden Königs und des braunhäutigen, dunkelhaarigen Arabers, entsteht ein völlig einmaliges Werk, in dem sich das Wissen der beiden einander so fremden Völker akkumuliert: Edrisis riesige, in Silber getriebene Weltkarte und die in Buchform herausgebrachte Beschreibung dieser Karte, das berühmte *‹Rogerbuch›*.

Beide, Roger und Edrisi, sind strenge Wissenschaftler. Sie forschen um der Erkenntnis, der Wahrheit willen – ein ganz moderner Zug ihres Wesens, der das Heraufkommen eines neuen Menschentyps ankündigt –, und was sie nicht selbst ganz unmittelbar für glaubhaft halten in dem Strom von Nachrichten, von Mären und Legenden, der ihnen zufließt, das berücksichtigen sie nicht. Unzweifelhaft kennen sie die skandinavischen Saga-Überlieferungen von Grönland und Vinland. Aber in ihrer Weltkarte werden diese beiden Länder nicht abgebildet, in deren Beschreibung sind sie nicht genannt. Denn noch ist von diesen Gegenden ja nichts fixiert, noch werden die überall in der normannischen Welt umlaufenden Nachrichten über diese sehr entfernten Länder nur von Mund zu Mund weitergegeben – so wenig bestimmt, so ausgeschmückt und aufgeputzt, daß die beiden nüchternen Männer an den Kartentischen des Hofes von Palermo das ganze Gerede als Seemannslatein abtun. Daher stellen Irland und die Kanaren die äußerste Westgrenze der bekannten Welt dar.

Im Fernen Osten verhält es sich genauso. Japan wird zwar genannt, unter dem Namen der «Sila-Inseln», aber von Polynesien und der pazifischen Inselwelt wird nichts gesagt. Dabei ist das Vorhandensein dieser Inselwolken bei den Ost-Arabern genausogut bekannt wie Grönland und Vinland bei den wikingischen Seeleuten. Es ist sogar schriftlich über

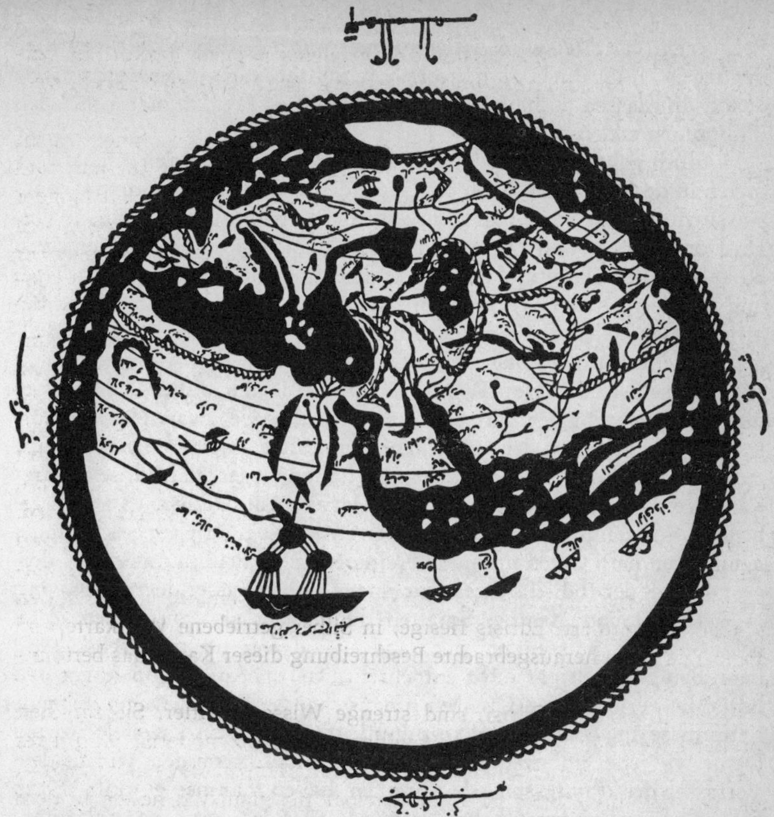

53. Weltkarte von Edrisi. Wie das Original, ist diese aus dem späten 15. Jahrhundert stammende Kopie der berühmten Weltkarte nach Norden orientiert. Im äußersten Norden liegt Skandinavien, als Insel gezeichnet, so daß die Ostsee einen Zugang zum Nördlichen Eismeer erhält. Die Britischen Inseln sind sehr verzerrt und nicht wiederzuerkennen. In Norddeutschland liegen eine Reihe von Seen: mit ein wenig gutem Willen könnte man darin das Oder-Haff, das Frische Haff und vielleicht die Zuider-See erblicken. Spanien ist ein großes Ästuar, die Stiefel-Kontur Italiens wird angedeutet. Schwarzes Meer und Kaspi-See sind flüchtig bekannt, der Ural wird skizziert, Rotes Meer und Persischer Golf sind da, Ceylon findet sich in der typischen viereckigen Form früher Karten vermerkt – aber Afrika erstreckt sich ungeheuer weit nach Osten, und der Nil entsendet einen westlichen Arm quer durch den Schwarzen Erdteil zum Atlantischen Ozean.

sie berichtet. Ali Masudi hat das getan, ein zu Beginn des 10. Jahrhunderts in Bagdad geborener arabischer Geograph und Reiseschriftsteller. Aber was in seinen «Goldenen Wiesen», den ‹*Murudsch al-dhahab*›, von

Polynesien berichtet wird, ist für Roger und Edrisi wohl nicht präzise genug. Es klingt ihnen zu märchenhaft, zu unbestimmt, sie sagen nichts davon und lassen deshalb die östliche Welt mit Java, Sumatra und den Philippinen enden.

Nördlich geht ihr Blick bis nach Archangelsk und zu den Pelzjagdgebieten in der Petschora. Auch die Gegenden um den Ladoga- und Onega-See sowie die um Newa und Dwina werden genannt und mit ihnen Wolga, Don, Dnjestr und Dnjepr. In Asien kennen sie unter anderem den Baikal-See, den Onon und den Amur, den Ili und den Jenissei. Auch Tibet und die riesigen Gebirge Innerasiens sind ihnen ein ziemlich klarer Begriff. Daß Mitteleuropa sich deutlich abzeichnet mit Donau, Rhein und Elbe, mit seinen großen Städten, mit seinen Meeren und Küsten, versteht sich von selbst. Aber von Westafrika erscheint ihnen über Südmarokko hinaus nichts recht gesichert, also lassen sie alles weg, was sie davon hörten. Und während an der ostafrikanischen Küste arabische Dhaue längst zum Sambesi und nach Sofala fahren, halten Roger und Edrisi in ihrer Kartenzeichnung und Beschreibung an der alten, auf Ptolemäus zurückgehenden Vorstellung fest, das südliche Afrika biege in weit geschwungenem Bogen nach Osten um und vereinige sich schließlich mit Asien, dergestalt, daß der Indische Ozean zu einem Binnenwasser degradiert wird.

Viel Licht und mancher Schatten treffen hier also zusammen. Aber beide gehören nun einmal zueinander, und wer plastisch sehen will, kann den Schatten gar nicht entbehren. Daß über diese von Roger und Edrisi hell erleuchteten Grenzen hinaus mancherlei viel weiter gehende Kenntnisse im Umlauf waren, unterliegt gar keinem Zweifel. Sowohl Dante wie jener unbekannte Magus des Nordens, von dem wir als dem Verfasser des *‹Königsspiegels›* sprachen, haben manches gewußt, das in Palermo für zu ungenau befunden wurde oder das dort sogar unbekannt blieb. Denn offenbar ist die arabisch-normannische Verzahnung, obwohl sie bis zu den Kreuzzügen hin im wesentlichen beschränkt blieb auf die führenden Schichten risikofreudiger Kaufleute und verwegener Haudegen, doch viel enger gewesen, als man lange Zeit annahm.

Den Grund dafür scheint die Mode abgegeben zu haben, namentlich die fast das ganze Mittelalter hindurch vorhandene modische Bevorzugung des Pelzwerks. Merkwürdigerweise fanden nämlich auch die Araber Gefallen daran, Pelzwerk zu tragen. Jedenfalls entwickelte sich schon im frühen Mittelalter zwischen dem hohen Norden, dem Erzeugergebiet wertvoller Pelze, und subtropischen oder sogar tropischen Ländern wie Persien, Ägypten, Arabien und Indien ein lebhafter, im wesentlichen von arabischen Kaufleuten betriebener Handel, in dem bei ausgesprochenen Liebhaberpreisen sehr hohe Gewinne erzielt wurden und der beispielsweise dazu führte, daß es in Ägypten Eisbärfelle und in Indien Hermelincapes gab. Diese Gewinne veranlaßten die orientalischen Handelsherren dazu, auch große Unbequemlichkeiten und Gefahren auf sich

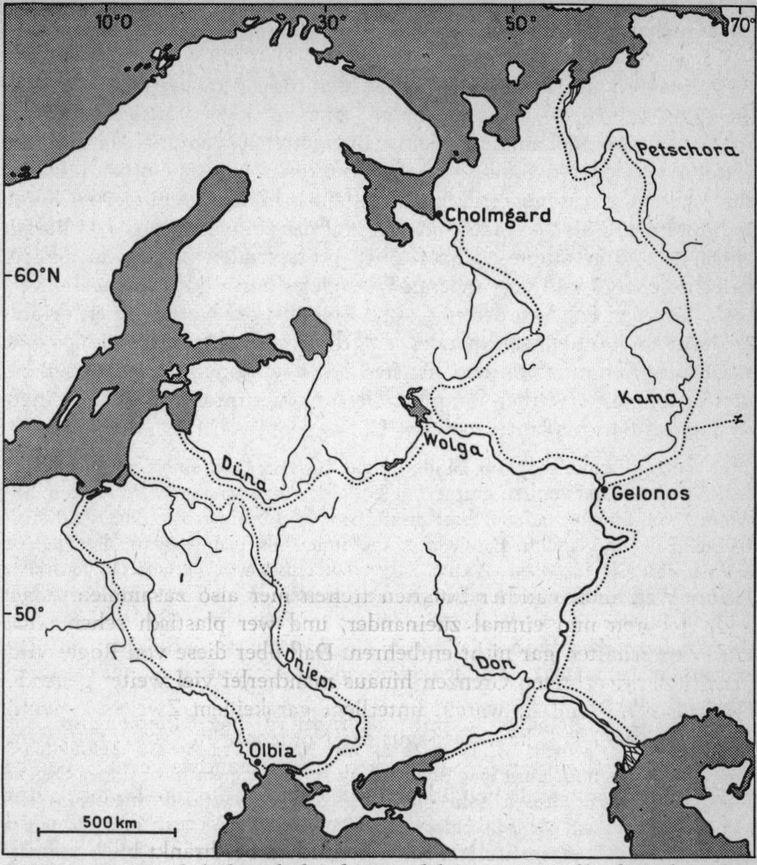

XXVIII. Vor- und frühgeschichtliche Handelswege in Rußland. Neben dem Weichsel–Dnjestr-Weg nach Olbia und der baltischen Straße entlang Düna und Dnjepr sind auch der Dwina–Wolga- und der Petschora–Kama–Wolga-Weg sehr begangen gewesen. Der Bernstein der Samlandküste wie das Pelzwerk Westsibiriens, das bis nach Indien transportiert wurde, waren dabei die wesentlichen Anriebe. – Über die Lage von Gelonos sind keine näheren Angaben überliefert. Vermutlich lag es an der Stelle des späteren Bulgar. Cholmgard ist natürlich erst eine Gründung des Mittelalters. Wahrscheinlich wurde diese stark unter norwegischem Einfluß stehende Siedlung an der Stelle eines vorgeschichtlichen Fischer- und Jägerdorfes errichtet.

zu nehmen. Anfangs reisten sie nur bis Bulgar, der Hauptstadt eines um 700 am Zusammenfluß von Wolga und Kama wohnenden Turkvolkes. Später sind sie dann wesentlich weiter nördlich vorgedrungen und ebensowohl nach Sibirien wie ans Weiße Meer gelangt, wo Cholmogory, unweit Archangelsk, das wikingische Holmgard, einer der Mittelpunkte des westlichen Pelzhandels gewesen ist.

Von diesen Gegenden, die im einzelnen nicht genau festzulegen sind, berichtet eine Notiz des Ibn Fadhlan, eines in Bagdad ansässigen Griechen, der zum Mohammedanismus übergetreten war und am Hof des Kalifen Muktedir (908 bis 932) eine Vertrauensstellung einnahm. Dieser Ibn Fadhlan, ein kluger, erdkundlich offenbar höchst interessierter Mann, wurde um 920 als Gesandter an den Hof des Königs Almus von Bulgar entsandt und erstattete darüber einen umfassenden Bericht, in dem er Selbstgesehenes und von anderen Erkundetes geschickt miteinander verwob. Von den Ländern der «Gog und Magog», der Nordmänner, erzählt er darin so viel Kennzeichnendes, daß die Araber daraus zweifellos eine recht gute Kenntnis von den für sie höchst seltsamen Verhältnissen bei den Wikingern erwerben konnten. Der uns hier interessierende kleinere Teil dieses Berichts lautet nach der Übersetzung von F. Markwart:

«Zwanzig Tagereisen vom Lande Bulgar entfernt liegt eine Gegend, die Isu heißt, und jenseits von Isu gibt es ein Volk, das Jura genannt wird ... Die Einwohner von Bulgar machen Reisen in ihr Land und bringen von dort Kleidungsstücke, Salz und andere Dinge mit, die ihnen als Handelsware dienen. Als Transportmittel für diese Waren haben sie Fuhrwerke hergestellt, nach Art kleiner Wagen, die von Hunden gezogen werden, da es dort viel Schnee gibt und ein anderes Tier in diesem Lande nicht vorwärts käme. Die Menschen binden Rinderknochen an ihre Fußsohlen, ein jeder nimmt zwei Stöcke mit Spitzen in die Hand, stößt sie in den Schnee hinter sich und gleitet auf der Oberfläche des Schnees dahin ...

Der König der Bulgaren hat mir erzählt, daß in einer Entfernung von drei Monaten hinter seinem Lande ein Volk mit Namen Wischu sich befindet, bei dem die Nächte noch nicht eine Stunde lang sind. In einem Meer dieser Gegend lebt ein Fisch, aus dessen Zahn sie Messer und Schwertgriffe machen. Wenn ein Schiff in diesem Meer in Richtung des Polarsternes fährt, so kommt man in eine Gegend, wo es im Sommer gar keine Nacht gibt und wo im Winter, im Gegensatz dazu, die Sonne über dem Haupt nicht sichtbar wird und am Himmelskreis wie eine Mühle sich dreht. Und dann folgt eine Gegend, wo das ganze Jahr nur einen Tag und eine Nacht zählt ...»

Von den Wikingern selbst erzählt Ibn Fadhlan folgendes:

«Niemals habe ich so große Männer gesehen. Sie sind hoch wie Palmen, rotbackig und rothaarig. Sie tragen weder Rock noch Kaftan, sondern die Männer haben nur einen groben Mantel, den sie über die Schulter hängen, so daß eine Hand frei bleibt. Jeder Mann trägt eine Axt, ein Messer oder ein Schwert bei sich; ohne diese Waffen sieht man sie niemals. Ihre Schwerter sind breit, mit wellenförmigen Zieraten geschmückt und fränkische Arbeit. Auf der einen Seite des Schwertes von der Spitze bis zum Griff sind Bäume, Figuren oder ähnliches dargestellt. Die Frauen tragen auf der Brust eine Kapsel aus Eisen, Silber, Kupfer oder Gold, je nach dem Vermögen ihres Mannes. An der Kapsel ist ein Ring, und in diesem ist, ebenfalls auf der Brust, ein Messer befestigt. Um den Hals tragen sie goldene und silberne Ketten. Wenn nämlich ein Mann 10 000 Dirhemen besitzt, läßt er seiner Frau eine Halskette machen. Hat er 20 000, so bekommt sie zwei, und immer bekommt die Frau eine neue Kette zu den übrigen, sooft der Mann um 10 000 Dirhemen reicher wird. Darum hat eine Frau der Rus oft eine Menge Ketten um den Hals. Der vornehmste Schmuck dieses Volkes sind Glasperlen von der Art, wie sie sich auch an ihren Schiffen befinden. Sie schätzen sie sehr hoch und bezahlen einen Dirhem dafür und ziehen sie auf Schnüre als Halsketten für die Frauen ...»

Dieser Bericht, wie oben gesagt, nur ein kleiner Teil des umfangreichen uns überlieferten Reisewerks des Ibn Fadhlan, ist zweifellos in seinen entscheidenden Zügen echt und zeugt von hervorragender Beob-

54. Skilauf im 16. Jahrhundert. Holzschnitt nach Olaus Magnus, Historia der Völker des Nordens

achtungsgabe und der Fähigkeit, Wahres von Erdichtetem zu sondern. Wie seltsam mußte es für einen Bewohner der Tropen sein, davon zu hören, daß es Menschen gab, die auf Rinderknochen – zweifellos den Vorläufern unserer Skier – über den Schnee glitten und die sich von Hundegespannen ziehen ließen. Denn nicht einmal für die Normannen scheint das Skilaufen selbstverständlich gewesen zu sein. Das läßt sich aus der Art und Weise schließen, in der der ‹*Königsspiegel*› davon berichtet. Er erzählt nämlich, ein wenig umständlich und so, als wenn seine Nachricht bei manchen Hörern auf Unglauben oder mindestens auf Unkenntnis stoßen würde:

«Aber das wird jenen als ein größeres Wunder erscheinen, wenn man erfährt, daß es Leute gibt, die Hölzer oder Bretter so zu zähmen wissen, daß jemand, der nicht schneller auf den Füßen ist als andere, wenn er nur seine Schuhe anhat oder barfuß ist – sobald er sich die Bretter unter die Füße schnallt, die acht oder neun Ellen lang sind, da besiegt er die Vögel im Flug oder die Windhunde im Lauf, die am schnellsten laufen können, oder das Rentier, das doppelt so schnell ist wie der Hirsch ... Nun wird dies schwer glaubhaft und in allen Ländern als wunderbar erscheinen, in denen die Leute nicht wissen, durch welche Kunst und Gewandtheit es möglich ist, bloße Bretter zu solcher Geschwindigkeit zu bringen, daß oben im Gebirge nichts, das an die Erde gebunden ist,

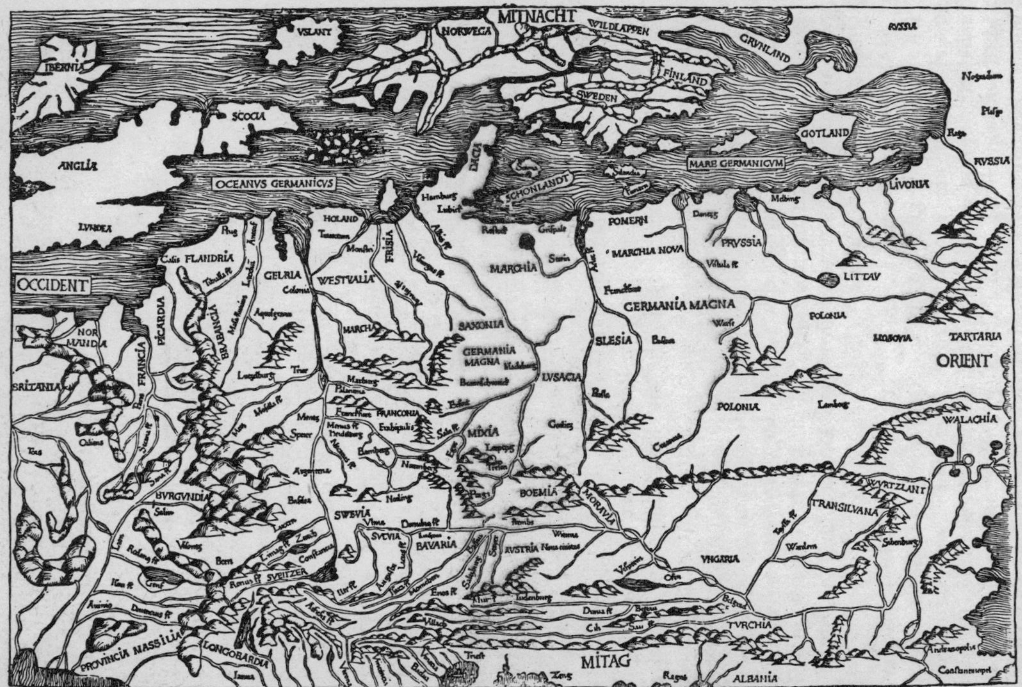

55. *Karte von Mitteleuropa aus Hartmann Schedels «Weltchronik» von 1492. Bei der erstaunlichen Kenntnis, die die Araber schon im 10. Jahrhundert von Mitteldeutschland hatten, berührt es seltsam, daß das erdkundliche Wissen am Ende des 15. Jahrhunderts so eng begrenzt war, wie diese Abbildung zeigt.*

hoffen kann, einem Mann im Lauf und in der Geschwindigkeit zu entgehen, der die Bretter an den Füßen hat. Aber sobald er die Bretter von den Füßen ablegt, da ist er nicht schneller als andere. Doch dort, wo man hieran nicht gewöhnt ist, da wird man kaum einen hurtigen Mann finden, dem nicht alle Geschwindigkeit verlorenzugehen scheint, wenn ihm solche Hölzer, von denen ich gesprochen habe, unter die Füße geschnallt werden. Wir jedoch kennen diese Sache gut und haben in jedem Winter die Möglichkeit, sobald Schnee liegt, genug Leute zu sehen, die sich auf diese Kunst verstehen.»

Um wieviel unglaubhafter mußten die gleichen Meldungen auf Menschen wirken, die gar nicht wußten, was Schnee eigentlich war, und die keine schnellere Art der Fortbewegung kannten als die auf dem Rücken ihrer Pferde oder Dromedare! Daß Ibn Fadhlan es wagte, seine Stellung am Hof zu Bagdad mit der offiziellen Weitergabe solcher naturgemäß lügnerisch klingenden Nachrichten zu belasten, läßt darauf schließen, daß die Diplomaten seines Herrn, des Kalifen Muktedir, bereits ähnliches berichtet hatten. Überhaupt sind wohl die Nachrichtenverbindungen bereits im 1. Jahrtausend unserer Zeitrechnung sehr viel dichter gewesen, als wir uns das meist vorstellen. Ebenso dürften auch die Handelsbeziehungen schon damals eine Engmaschigkeit erreicht haben, die der unserer Zeit nicht viel nachgibt. So ist zum Beispiel ein arabischer, aus dem Jahre 973 stammender, auf einen maurischen Arzt und Kaufmann namens Ibrahim Ibn Jaqub zurückgehender Bericht über die deutsche Kaiserstadt Mainz vorhanden, in dem sich das Erstaunen des Berichterstatters über die diese Stadt mit dem fernen Orient verbindenden Beziehungen deutlich widerspiegelt. Ibrahim Ibn Jaqub erzählt:

«Magandscha (Mainz) ist eine sehr große Stadt, von der ein Teil bewohnt und der Rest Ackerland ist. Sie liegt im Frankenlande an einem Flusse, der Rin genannt wird, und ist reich an Weizen, Gerste, Dinkel, Weinbergen und Obst. Dort gibt es Dirheme aus der Samarkander Münze vom Jahre 301 und 302 nach der Hedschra (913 bis 914 n. Chr.) mit dem Namen des Münzherrn und dem Datum der Prägung. Ich halte sie für Münzen des Samaniden Nasr Ibn Ahmed (912 bis 942). Seltsam ist auch, daß es dort Gewürze gibt, die nur im fernsten Morgenlande vorkommen, während die Stadt doch im fernsten Abendlande liegt, z. B. Pfeffer, Ingwer, Gewürznelken, Spikanarde, Costus und Galgant. Sie werden aus Indien eingeführt, wo sie in Mengen vorkommen ...»

Nachrichten dieser Art, aus denen sich ergibt, welche große Bedeutung arabische Münzen für Ost- und Mitteleuropa um die erste Jahrtausendwende gehabt haben, finden sich auch anderweit, und zwar so häufig, daß das Vorkommen arabischer Münzen selbst in Island – es handelt sich dabei zweifellos nicht um Sammlerstücke, sondern um Münzen, die schon vor den ersten Landnama-Generationen mitgebracht wurden – als nicht besonders erstaunlich erscheint. Das ist es in der Tat auch nicht. Denn aus den drei Jahrhunderten von 700 bis 1000 n. Chr. sind aus dem Boden Skandinaviens, Rußlands und Deutschlands viele Hunderttausende solcher aus dem Vorderen Orient stammender und in jenen so weit entfernten Gegenden des Nordens offenbar in Umlauf gewesener Münzen geborgen worden. Allein in Gotland hat man dreizehntausend arabische Münzen aus dieser Prägungszeit entdeckt, und Nachrichten über weitere kleinere und größere Funde gibt es zu Hunderten; selbst in Schweden, das von arabischen Kaufleuten niemals erreicht wurde, waren bis zum Jahre 1857 rund hundertsiebzig verschiedene Fundorte bekannt.

Natürlich sind von den Normannen auf ihren bis zum Kaspischen

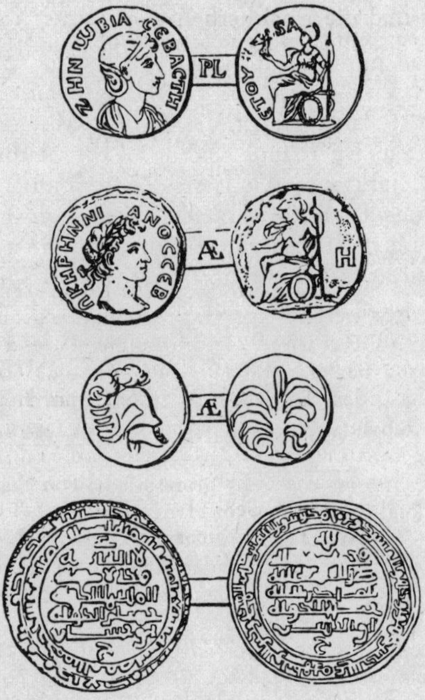

56. Kufische Münzen aus russischen Funden

Meer und nach Bagdad führenden Zügen große Mengen vorderasiatischer Münzen erbeutet worden. Aber auch wenn man dies voll in Rechnung setzt, so bleibt es doch völlig unerklärlich, wie diese Wanderung so ungeheurer monetärer Werte vor sich gegangen sein mag. Denn selbstverständlich vollzog sich der von den Arabern betriebene Handel in der Regel auf dem Wege des Tausches, nicht der Zahlung. Man wird daher anzunehmen haben, daß vorderasiatische Währungen in Rußland, Skandinavien und Deutschland teilweise Kurswert hatten, also als Zahlungsmittel angesehen worden sind. Diese Vermutung erfährt insofern eine Unterstützung, als es feststeht, daß das Gewichtssystem der schwedischen Wikinger am persischen Gewichtssystem ausgerichtet war. Die Gewichtseinheit war 1 Drachme, gleich 4,25 Gramm und auf ein schwedisches Pfund gegen 96 Drachmen. Das Pfund wog also 408 Gramm.

Dieses Kapitel in dem weiten Grenzgebiet zwischen der Geschichte und der Erdkunde gehört, wie überhaupt ja Themen und Fragestellungen aus den Berührungszonen zwischen den einzelnen Disziplinen so häufig, auch in der Gegenwart zu den absoluten Rätseln. Einerseits weiß man beispielsweise aus den Itineraren, das heißt den Reiseprotokollen mittelalterlicher Herrscher, recht genau Bescheid über die Schwerfälligkeit des Verkehrs und die Unsicherheit aller seiner Verbindungen. Anderseits scheint in derselben Zeit eine Leichtflüssigkeit des Handels und seiner Beziehungen geherrscht zu haben, die vielleicht nur in der Epoche vor 1914 übertroffen wurde. Wie genau die Araber schon im 10. Jahrhundert etwa über Mitteldeutschland unterrichtet waren, ergibt sich aus folgender Reiseanweisung für die Strecke von Magdeburg bis Prag, die gleichfalls auf Ibn Jaqub zurückgeht:

> «Der Weg von Magdifung (Magdeburg) nach dem Lande des Buislaw (Boreslav II. von Böhmen, 964 bis 998) und von da nach der Festung Kalbe (Kalbe an der Saale) ist zehn Meilen (etwa 20 km) weit, und von da nach Nub Grad (Nienburg) zwei Meilen. Das ist eine Burg, aus Steinen und Mörtel gebaut, sie liegt am Flusse Salawa (Saale), und in ihn fließt der Fluß Bode. Von Nub Grad bis zum Salzwerk der Juden (Dürrenberg), das auch am Salawa liegt, 30 Meilen. Von da nach Burdschin (Wurzen) – diese Festung liegt am Flusse Muldawa (Mulde) – und dann weiter bis zum Anfang des Waldes sind 25 Meilen. Dieser erstreckt sich von seinem Anfang bis zu seinem Ende über 40 Meilen und befindet sich in unwegsamen Gebirgen (Erzgebirge). Dort steht eine hölzerne Brücke (wohl Gegend von Brüx) über dem Sumpf auf etwa zwei Meilen. Vom Ende des Waldes kommt man in die Stadt Braga (Prag).»

Daß Ibn Jaqub es für notwendig hielt, über seine Fahrten in Mitteleuropa, die ihn von Mainz und Magdeburg aus nach Prag und Krakau, nach Polen und Mecklenburg, nach Schleswig und Itraht (Utrecht), nach Waterburuna (Paderborn) und Ebulda (Fulda) führten, alles zur Zeit des großen deutschen Königs Huto (Otto der Große) – daß er es also für notwendig hielt, schriftlich darüber zu berichten, das läßt darauf schließen, daß er nicht der einzige war, der diese Gegenden bereiste. Fahrende arabische Kaufleute muß es daher in größerer Zahl gegeben haben, und vielleicht geht man nicht fehl in der Annahme, daß sie vor tausend Jahren auf den Landstraßen Mitteleuropas ebenso häufig anzutreffen waren wie vor dreißig und vierzig Jahren italienische «Figuri»-Händler und Gablonzer Hausierer.

Ebenso wie die Araber zeitweise ganz Europa durchstreift zu haben scheinen, sind auch die Wikinger im ganzen Abendland zu finden gewesen. Indessen waren ihre Züge meer- und flußgebunden. Daher berührten sie von Ostamerika bis zum Ural und von Spitzbergen bis nach Bagdad wesentlich nur die Meeresräume oder die Flußlandschaften. In südöstlicher Richtung war die normannische Wanderung natürlich ausschließlich an Flußläufe gebunden. Der Dnjepr, der Don und die Wolga stellten die Stoßlinien dar, denen entlang die Angriffe der Nordmänner erfolgten.

Das geschah um die Mitte des 9. Jahrhunderts. In dieser Zeit brachen schwedische Wikinger, die Waräger, in Rußland ein. Der Sage nach haben slawische Völker die Waräger gerufen und sie aufgefordert, einen Staat zu gründen. Das bekundet der Mönch Nestor in Kiew, der Vater der frührussischen Geschichtsschreibung, in seiner zu Anfang des 12. Jahrhunderts geschriebenen Chronik. Er berichtet dort:

«Im Jahre 6357 (859) kamen die Waräger über das Meer und forderten Tribut von den Tschuden, den Slawen, den Meren, Wessen und Kriwitschen. Im Jahre 6370 (862) jagten diese die Waräger über das Meer zurück, gaben ihnen keinen Tribut und fingen an, sich selbst zu regieren. Und es gab kein Recht unter ihnen, Geschlecht erhob sich gegen Geschlecht, und es herrschte Zwietracht und Uneinigkeit. Und sie begannen Krieg gegeneinander zu führen. Da sagten sie zueinander: ‹Laßt uns einen Fürsten suchen, der über uns herrschen und der darüber befinden kann, was Recht ist.› Und sie gingen über das Meer zu den Warägern, zu den Rus, denn so hießen diese, wie andere Swien hießen, andere Nurmannen, andere Anglänen, andere endlich Goten. Und die Tschuden, die Kriwitschen, die Slawen und Wessen sagten zu den Rus: ‹Unser Land ist groß und fruchtbar, aber es herrscht keine Ordnung, darum kommt, um uns zu regieren und über uns zu herrschen.› Und drei Rus wurden ausgewählt mit ihrer Sippe, und diese nahmen alle Rus mit und kamen über das Meer. Und der Älteste, Rurik, herrschte in Nowgorod. Und der zweite, Sinjeus, am Bjelo-Osero-See und der dritte, Truwor, in Isborsk. Und das Land, besonders bei Nowgorod, erhielt seinen Namen nach diesen Rus. Dies sind die Nowgorod-Leute aus warägischem Stamm, früher waren die Nowgorod-Leute Slawen. Aber nach zwei Jahren starben Sinjeus und sein Bruder Truwor, Rurik übernahm allein die Herrschaft und verteilte Städte an seine Gefolgsleute, an den einen Polotosk, an einen anderen Rostow, an einen weiteren Bjelo Osero. Und die Waräger zogen in diese Städte ein; vor ihnen waren zu Nowgorod Slawen, in Polotosk Kriwitschen, in Rostow Meren, in Bjelo Osero Wessen und in Murom Muromen. Über alle diese machte sich Rurik zum Herrscher.»

Bekanntlich ist dieser Bericht Nestors von Kiew, sicherlich aus guten Gründen, neuerdings bestritten worden. Es ist nicht unsere Aufgabe, das Für und Wider dieser Streitfrage zu untersuchen. Man muß aber doch wohl annehmen, daß das Gardarrike Ruriks, sein «Burgenreich», das die wesentliche Aufgabe hatte, die warägischen Handelsplätze zu sichern und für weitere Fahrten eine Ausgangsstellung zu schaffen, die Keimzelle der russischen Staatsgründung gewesen ist. Hierfür war die Beherrschung der Quellgebiete von Dnjepr und Wolga, jener beiden durch die Waldregionen Rußlands führenden Wasserverkehrswege, notwendig. So ist denn die warägische Einflußnahme auf Rußland auch von hier ausgegangen. Ruriks erster Stützpunkt, Aldeigjuborg am Ladogasee, öffnete über den Onegasee und den Bjelo-Osero-See den Weg zur Wolga; seine zweite, etwa um 860 gegründete Residenz Nowgorod, an der Mündung des Wolchow in den Ilmensee, ermöglichte den Zugang sowohl zur Wolga wie zum Dnjepr.

Auch die sprachliche Erklärung des Namens Rus – den man früher auf das slawische *rusyi*, blond, zurückführte, heute meist auf die finnische Bezeichnung *ruotsi*, womit Männer aus dem Lande «Roslagen» am nördlichen Gegenufer der Ostsee gemeint sind – spricht dafür, daß die warägische Landnahme tatsächlich über den Raum des Finnischen Meerbusens erfolgte. Die von Nestor von Kiew aufgeführten Namen der warägischen Anführer sind übrigens zweifellos nordischen Ursprungs. Rurik ist der skandinavische Name Hrorik, Sinjeus entspricht Signjut und Truwor dem nordgermanischen Thorward. Zwar scheint die Führung des wikingischen Rußland-Unternehmens bei den schwedischen Warägern gelegen zu haben. Unzweifelhaft sind diese aber nicht allein beteiligt gewesen, Norweger, Dänen und Finnen haben daran ebenso teilgenommen. Sie alle sind von den Slawen mit dem Sammelbegriff «Waräger» bezeichnet worden.

Zur selben Zeit, in der Rurik nach Nowgorod ging, das von alters her ein bedeutender Handelsplatz war, sind zwei Waräger, Haskuld und Dyri, die nicht zu Ruriks Sippe gehörten, gleichfalls zu einer Slawenfahrt aufgebrochen. Wie einige Jahrhunderte vorher Rom, so war jetzt Byzanz, das die Waräger Miklagard (Großhof) oder Tzargrad nannten, das lockende Ziel im lichten Süden. Aber Haskuld und Dyri haben Byzanz ebensowenig bezwungen wie irgendein Wikinger nach ihnen. Auf ihrer Fahrt den Dnjepr abwärts, ein Reiseweg, der von den Nordmännern bereits lange vor Rurik bis zum Schwarzen Meer hin erkundet worden war, kamen sie zunächst nur bis Kiew. Hier, in der Hauptstadt der Polänen, gefiel es ihnen so gut, daß sie zu bleiben beschlossen. Zwanzig Jahre dauerte ihre Herrschaft über die bald von ihnen unterworfenen Polänen. Dann wurden sie von Helgi, Ruriks Sohn und Nachfolger, mit Krieg überzogen und nach seinem Sieg, 882, getötet. Von nun an war Kiew die Hauptstadt des russischen Warägerreiches. Es ist bezeugt, daß die Einwohner der wikingischen Residenz noch im 11. Jahrhundert in der Mehrzahl Skandinavier waren.

Aber trotz dieser Landnahme blieb doch die Lockung von Miklagard. 907 gelangte Helgi mit angeblich zweitausend Schiffen an das Goldene Horn. Ein gewaltiges Lösegeld befreite die Stadt von der Gefahr, in die

Hand der Waräger zu fallen. 941 pochte abermals ein Nordmann, Ingvar, Helgis Sohn, an die Tore Miklagards. Diesmal rettete das «griechische Feuer», das den Warägern übel mitspielte, die bedrohte Weltstadt. Aber wenige Jahre später meldete sich Ingvar, den die Slawen Igor nannten, wieder und mit gewaffneter Hand. Wieder zahlte Byzanz Lösegeld. Und wieder half das für ein rundes Menschenalter. Seitdem hat Rußland immer erneut den Versuch gemacht, Konstantinopel in seine Gewalt zu bringen.

Die Wikinger sind freilich nicht gut beraten gewesen, als sie, um Byzanz näher zu sein, ihre Hauptstadt nach Kiew verlegten. Damit verlängerten sich die Verbindungslinien zur alten Heimat so sehr, daß sich der Zusammenhang mit ihr in verhängnisvoller Weise lockerte. Der Einfluß der slawischen Umwelt wurde so übermächtig, daß die Waräger bald ganz im Volkstum des von ihnen regierten Landes aufgingen. Die Isländer haben Rußland noch «Großschweden» genannt, und die Gesandtschaft des byzantinischen Kaisers Theophilus an den deutschen Kaiser Ludwig den Frommen, die 839 auf der Pfalz in Ingelheim eintraf, erklärte, die Rus seien schwedischer Abstammung. Selbst zu Beginn des 14. Jahrhunderts war Nowgorod noch eine skandinavische Stadt. Aber wenig später wurde auch dieser letzte warägische Vorposten vom Slawentum überflutet. Nur in den Bylinen, alten russischen Heldenliedern, die bis in unsere Tage im Volk des nördlichen Rußlands lebendig waren, sind warägische Einflüsse erhalten geblieben. Aber diese Lieder sind auch das einzige, was an jene frühen Wikinger-Zeiten in Rußland erinnert. Alles andere ist längst vergessen.

Wie wir hörten, ist es den Warägern nie gelungen, Konstantinopel zu erobern. Dafür sind sie dort aber als Kaufleute und Soldaten in großer Zahl eingesickert. Namentlich in militärischer Hinsicht gewannen sie bald erheblichen Einfluß. Denn die byzantinischen Kaiser, die der Treue ihrer Landeskinder nicht immer sicher waren, bildeten ihre Leibwache sehr früh völlig aus Warägern. Diese stammten in der Mehrzahl wohl aus Rußland, nicht selten aber auch aus Skandinavien. Der erste Nordmann, der als im Dienst des Kaisers stehend genannt wird, war sogar ein Isländer, der durch eine offenbar sehr seltsame Verkettung von Umständen schon vor 950 nach der Goldenen Stadt kam. Schließlich hat die Waräger-Garde des byzantinischen Großherrn einen Staat im Staate gebildet, dem eigenes Recht und eigene Gerichtsbarkeit verliehen war. Selbstverständlich war auch ihr Führer stets ein Waräger; einem von ihnen, wohl dem berühmtesten aller Warägerkommandeure, Harald dem Harten, der später dann König von Norwegen war, werden wir noch begegnen. Im 13. Jahrhundert nehmen die Byzanz-Fahrten der Wikinger stark ab. Die Waräger-Garde wird nun meist durch Engländer ergänzt. Bestanden hat sie aber bis zum Jahre 1453, also bis zur Eroberung Konstantinopels durch die Türken.

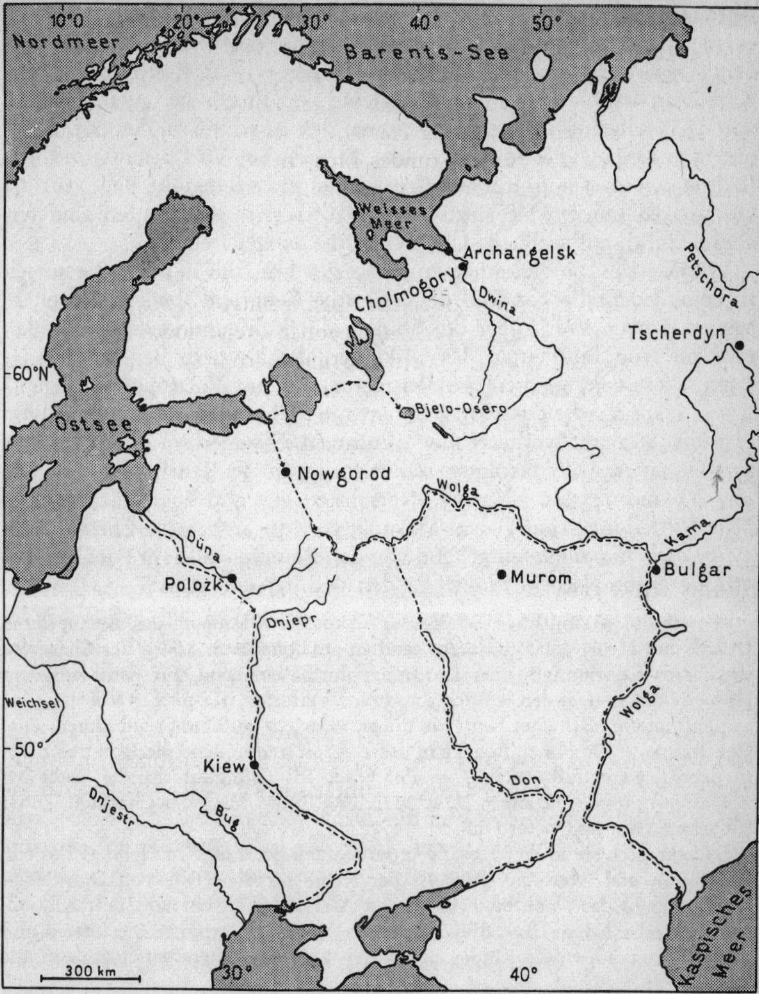

XXIX. Die Stoßlinien der Wikinger in Rußland

Neben dem Dnjepr und dem Don ist es vor allem die Wolga gewesen, die den Warägern als Straße zu südlicheren Zonen gedient hat. Merkwürdigerweise wird von den großen Unternehmungen, die die Wikinger bis nach Persien und Bagdad geführt haben, in nordischen Literaturquellen nicht das geringste überliefert. Das ist um so erstaunlicher, als Bagdad seit langem schon der Endpunkt vieler Transporte aus dem Fernen Osten war, die von der Malabarküste über Ormuzd und den Persischen Golf nach Basra gingen. Seit der Kalif um 760 hierher übersiedelte, begann Bagdad den alten ägyptischen Vorort Kairo zu überflügeln. Man sollte also meinen, irgendeine skandinavische Quelle berichte von der Weltstadt, in der man dazumal den Anschluß an den Seehandel mit dem Orient gewann. Aber dem ist nicht so. Von Byzanz und den Kriegstaten im Kampf mit den Griechen ist nicht selten die Rede; für die viel ausgedehnteren Heereszüge im Machtbereich des Kalifen sind wir aber lediglich auf arabische Überlieferungen angewiesen.

Wikingische Händler scheinen schon ziemlich früh in Bagdad gewesen zu sein. Jedenfalls berichtet der arabische Geograph Ibn Kordadbeh in seinem großen Werk über die Straßen des Kalifenreiches, das um 845 erschien, von Kaufleuten der Wikinger, die bis nach Bagdad gelangt seien. Diese wikingischen Händler waren aber nur Vortrupps der eigentlichen Hauptmacht der Nordmänner, die während des Jahrzehnts von 870 bis 880 mit verheerender Wucht in Nordpersien einbrach. Die schwersten Angriffe erfolgten indessen erst im 10. Jahrhundert, so 909 bis 912 und 943/44. Über die Heerfahrten von 909 liegt eine ausführliche Mitteilung Abul Hasan Masudis vor, der in seinem Chronikwerk *‹Murudsch al dhahab›* eingehend von den Kämpfen der Jahre 902 bis 912 erzählt. Seine Nachricht lautet in den wichtigsten Teilen:

«Sowie die wikingischen Schiffe zur Festung am Eingang des Aestuariums (Asowsches Meer) gelangt waren, sandten sie Boten zum König der Chasaren, um dessen Genehmigung zur Durchreise durch sein Land, zur Fahrt auf dem Flusse (Don) und in den See der Chasaren zu erbitten (Kaspisches Meer) ... Sie sagten ihm die Hälfte der Beute zu, die sie erlangen würden. Er gab ihnen seine Genehmigung. Darauf fuhren sie in das Aestuar und in den Fluß Don und dann in den Chasarenfluß (Wolga) an der Stadt Itil (frühgeschichtliche Stadt bei Astrachan) vorbei und durch seine Mündung in das Meer der Chasaren. Es ist ein sehr breiter und tiefer Fluß.

So gelangten sie in den See und unternahmen Beutezüge in El-Jid el Dailem, Tabaristan und Aboskun – das ist der Name für die Küste von Djordjan – und ferner in das Naphthagebiet, gegen Aserbeidschan bis zur Stadt Ardobil, die in Aserbeidschan liegt, drei Tagereisen vom Meer entfernt. Sie töteten und plünderten, machten die Kinder zu Sklaven und entsandten Beutetrupps in alle Richtungen ...

Die Rus blieben mehrere Monate in diesem Meer. Die Einwohner an den Küsten hatten keine Möglichkeit, sie zu vertreiben ... Als die Wikinger Beute und Gefangene genug gemacht hatten, segelten sie zum Chasarenfluß zurück und entsandten Boten mit Geld und Beute zum König, entsprechend den von ihnen eingegangenen Bedingungen. Der König der Chasaren hatte keine Schiffe auf diesem Meer, denn die Chasaren sind keine Seeleute. Wenn sie das wären, so würden sie für die Mohammedaner eine sehr große Gefahr bedeuten ...»

Es ist wohl kaum ein Zweifel möglich, daß diese großen Fahrten, die die Wikinger Tausende von Kilometern von ihrer nordischen Heimat entfernten, nicht so sehr aus erdkundlichen als vielmehr aus kriegerischen und händlerischen Beweggründen erfolgt sind. Der reiche Gewinn, die große Beute, die in den Südländern zu machen war, lockten. Daneben hat dann aber wohl auch die Wißbegier als bewegendes Moment mitgewirkt. Der Wunsch, in Erfahrung zu bringen, was hinter der verdämmernden Ferne für Länder lägen, ist ja kennzeichnend für die skandinavische Wesensart. Wie es die Wikinger nach Norden und Westen trieb, so auch in den Süden und den Osten: von 75 Grad Nord – den unwirtlichen Küsten des Smithsundes in Grönland – bis auf rund 34 Grad, die Breite von Bagdad, und von 75 Grad West, der ungefähren Länge von Kap Cod an der Ostküste Amerikas, bis 70 Grad Ost, die Länge von Nowaja Semlja und des nördlichen Ural.

Die Kund- und Handelsfahrten in diese entlegenen nordöstlichen Gebiete haben wahrscheinlich sogar noch früher begonnen als die in die übrigen Himmelsrichtungen. Das lag ja auch nahe, da die Nordmänner nur die Küsten Skandinaviens entlangzufahren brauchten, um schon bald in fremde Länder zu kommen. Und diese fremden Länder erwiesen sich als sehr reich an Pelzen, an Walroßzähnen und manchen anderen begehrten Handelsdingen. Der norwegische Gelehrte Thormod Thorfaeus meinte im 18. Jahrhundert, die Nordmänner könnten bereits im 3. Jahrhundert den Weg ins Weiße Meer gefunden haben. Das läßt sich nicht beweisen. Wohl aber hat die Spatenforschung ergeben, daß das alte Bjarmer- oder Permerreich, dessen einstiger Mittelpunkt die Stadt Tscherdyn war und dessen Einfluß sich bis zum Weißen Meer erstreckte, bereits hundert Jahre vor der Schaffung eines geeinten Norwegens durch Harald Blondhaar mit Skandinavien im Tauschhandel stand. Es steht danach mit Sicherheit fest, daß die ersten Nordmänner spätestens im 8. Jahrhundert in den Küstenländern des Nördlichen Eismeeres geweilt haben. Urkundlich belegt sind solche Fahrten aber erst aus dem 9. Jahrhundert. Namentlich die, von der hier eingehend berichtet werden soll, hat erst um 870 stattgefunden. Sie stellte zu ihrer Zeit aber wohl kaum etwas Besonderes, sondern vielmehr eine ziemlich alltägliche Unternehmung dar. Jedenfalls berichtet die skandinavische Saga-Überlieferung, daß im 9. Jahrhundert Fahrten nach Bjarmaland nicht selten gewesen seien. Nur der zufällige Umstand, daß wir von dieser Reise ausführlich unterrichtet sind, macht sie für uns wichtig.

Unternommen wurde sie von dem Normannen Othere, einem in Halogaland im nördlichen Norwegen ansässigen Großbauern, den es trotz seines Reichtums – es ist überliefert, daß ihm sechshundert Rentiere gehörten – immer wieder auf die See hinauszog und der seinen Wohlstand durch Walroßfang und erfolgreiche Handelsfahrten sehr erheblich zu mehren wußte. Dieser Othere, von dem wir sonst nicht allzuviel wissen, scheint zu seiner Zeit ein sehr bekannter Seefahrer gewesen zu sein. Jedenfalls zog ihn König Alfred der Große von England im Zuge seiner um 880 begonnenen Flottenbaupläne als Ausbilder englischer Kapitäne und Mannschaften an seinen Hof, und während der Jahre, in denen Othere in England weilte, ist wohl der nachstehend folgende Bericht über eine Fahrt ins Weiße Meer entstanden. Dieser Bericht geht in der uns überlieferten Fassung unmittelbar auf König Alfred, einen der genialsten Menschen seiner Zeit, zurück. König Alfreds Mitteilung lautet:

«Da berichtete Othere dem König Alfred, daß er von allen Nordmännern am weitesten nördlich ansässig sei. Er wäre der Küste entlang nach Norden gefahren. Das Land erstrecke sich hier sehr weit nördlich, es sei aber völlige Einöde, außer an einigen Stellen, wo Finnen lebten, die im Winter auf die Jagd und im Sommer auf Fischfang gingen. Wie er erzählte, hätte er einmal sehen wollen, wie weit sich das Land nach Norden erstrecke und wohin man nördlich der Einöde gelange. Er sei deshalb der Küste entlang genau nach Norden gefahren. Drei Tage lang ließ er dabei die See zur Linken, das wüste Land zur Rechten liegen. Dann war er so weit nördlich wie gewöhnlich die Walfischfänger. Er segelte aber noch weiter nach Norden, so weit, wie man in nochmals drei Tagen kommen kann. Dann wich das Land nach Osten zurück – oder das Meer erstreckte sich hier in das Land hinein – das vermochte er nicht zu sagen. Er mußte dort aber auf Wind aus West oder Westnordwest warten. Dann fuhr er nahe dem Lande weiter in Ost-zu-Süd-Richtung, so weit, wie es in vier Tagen möglich war. Dort mußte er warten, bis Nordwind kam, weil das Land nach Süden ging. Darauf segelte er in der Nähe des Landes südlich, fünf Tage lang. Hier kam ein großer Fluß aus dem Land. Sie fuhren in die Flußmündung hinein, weil sie aus Sorge vor Feinden nicht weiter vordringen mochten. Denn jenseits des Flusses war das Land dicht bewohnt und bebaut. Das war zum ersten Male, seitdem er seinen eigenen Hof verlassen hatte. Denn während der ganzen Fahrt war das Land nur von Fischern, Jägern und Vogelstellern bewohnt gewesen, und alle waren Finnen. Links hatte er aber immer nur die offene See gesehen.

Dort lag das Land der Bjarmer, ein gut bebautes Land, das zu betreten man ihnen jedoch nicht gestattete. Das Land, wo die Terfinnen wohnten, war dagegen Einöde und nicht bebaut, da lebten nur Jäger, Fischer und Männer, die auf Vogelfang gingen. Die Bjarmer erzählten Othere vieles von ihrem eigenen Land wie von den benachbarten Ländern. Er wußte aber nicht, was davon wahr ist. Es schien ihm, als sprächen Finnen und Bjarmer ungefähr die gleiche Sprache. Hierher war er gefahren, weil er das Land erkunden wollte und auch wegen der Walfische und Walrosse. Diese haben nämlich in ihren Zähnen sehr gutes Elfenbein. Einige von diesen Zähnen brachte er dem König mit. Auch ist die Walroßhaut sehr geeignet für die Herstellung von Schiffstauen. Dieser Walfisch sei viel kleiner als andere Wale. Er werde nicht länger als 7 Ellen. Aber in Otheres Land sei der Walfischfang am besten. Dort würden sie 48 Ellen lang, die größten sogar 50 Ellen. Von Walrossen hätten sie, wie er sagte, in zwei Tagen zu sechs Mann 60 Stück erlegt.

Er sagte noch, das Land der Nordmänner sei sehr lang und schmal. Alles Weide- und Ackerland liege nahe am Meer. An vielen Stellen seien aber Berge, und weiter oberhalb erstrecke sich entlang dem angebauten Land wilde Ödenei. Im Osten sei das bebaute Land am breitesten, im Norden werde es immer schmaler. Nach Osten hin sei es gegen 60 Meilen breit oder noch etwas mehr.

In der Mitte etwa 30 und nördlich, wo es am schmalsten ist, seien es nur drei Meilen bis zur unbebauten Wildnis. Diese erstrecke sich teilweise so in die Breite, daß man zur Durchreise zwei Wochen benötige. An einigen Stellen könne man aber in sechs Tagen hindurchkommen. Hinter der Ödenei liege südlich das Svealand (Schweden) und weiter im Norden das Land der Finnen, Kwänland.»

Wie man sieht, ist Otheres Bericht außerordentlich genau und zuverlässig, eine für Reiseberichte durchaus nicht immer zutreffende Feststellung. Seine Mitteilung über die für die Reise benötigte Zahl von Segeltagen gibt vielleicht zu Zweifeln Anlaß. Es ist aber natürlich gut möglich, daß bei solchen Ziffernangaben Überlieferungsfehler vorliegen und daß Otheres eigene Angaben ganz anders gelautet haben. Dagegen sind die Nachrichten über die Erstreckung Norwegens nach Länge und Breite wie die über seine landwirtschaftliche Nutzbarkeit durchaus geeignet, einen ziemlich deutlichen Eindruck von der Natur des Nordmänner-Landes zu geben. Othere ist offenbar ein scharfer Beobachter gewesen, und die auf seinen Seereisen gewonnene nautische Erfahrung setzte ihn instand, erdkundliche Nachrichten, die ihm zugingen, entsprechend zu werten. So werden seine Angaben über das Verhältnis des kultivierten Landes zum Ödland in Norwegen höchstwahrscheinlich recht weitgehend zutreffen. Die Mitteilungen vollends über den Küstenverlauf nördlich Hammerfest und des Nordkaps stehen ganz im Einklang mit der Wirklichkeit. Man hat hier einen in so frühen Zeiten ziemlich alleinstehenden Ausnahmefall vor sich, und der von König Alfred festgehaltene Bericht Otheres ist die überhaupt erste zuverlässige Kunde, die wir aus dem Mittelalter über die Meere des hohen Nordens besitzen.

Wo Othere im einzelnen gewesen ist, und insbesondere, welchen Fluß an der Weißmeerküste er angesteuert hat, ist in König Alfreds Bericht nicht gesagt. Wahrscheinlich dürfte es sich dabei aber um die Dwina handeln, deren Mündung von alters her ein Handelsplatz von großer Bedeutung war. Hier entstand Cholmogory-Holmgard und später Archangelsk, beides Städte, deren Gründung nicht zufällig oder auf Grund eines diktatorischen Machtspruchs erfolgte, sondern die sich nach den Notwendigkeiten und den Gegebenheiten des Handels entwickelten. Nur hier dürfte es damals auch bebautes Land gegeben haben. Denn die Murmanküste wird bereits vor tausend Jahren ebenso öde gewesen sein, wie sie es heute ist.

Übrigens scheint es noch ein weiteres Bjarmaland gegeben zu haben. Bei Saxo Grammaticus (1150 bis 1216), dem Sekretär des Bischofs Absalon von Roeskilde in Dänemark und gleichzeitig dem berühmten Chronisten des mittelalterlichen Dänemark, findet sich nämlich, und zwar in seiner *‹Historia danica›*, seiner «Dänischen Geschichte», die Mitteilung, jenseits des schon bekannten Bjarmalandes an der Dwinamündung habe es noch ein Bjarma alterior ein «äußerstes» Bjarma gegeben, das unter tiefem Schnee begraben liege, in dem es keinen rechten Sommer gebe und das eine waldreiche Wildnis sei, voller unbekannter Tiere und reich an Flüssen. Zweifellos kann es sich bei diesem Bjarma ulterior nicht um die Gegenden an der Dwinamündung gehandelt haben, vielmehr werden damit wahrscheinlich die Länder an der Petschora und Kolwa bis hin zum Ural gemeint sein. Wie arabische Quellen bekunden, war dieses Gebiet vorzugsweise reich an Pelztieren; auch finden sich hier ja die großen Urwälder und die vielen Flüsse, von denen Saxo Grammaticus als kennzeichnend spricht. Zweifellos waren diese Landstriche ein wertvolles Handelsgebiet. Es ist unwahrscheinlich, daß es die Nordmänner links liegengelassen haben. Auch Nansen ist der Meinung, daß die Fahrten der Nordmänner weit über Otheres Reisen hinausgingen und tief in das östliche Eismeer führten. Es ist demnach ziemlich wahrscheinlich, daß Bjarma ulterior, die Landschaften bis zum Ural, zu den Fahrtzielen der Nordmänner gehört hat.

Auch die nördlichen und östlichen Teile der Ostsee traten um diese Zeit in das Blickfeld der Seefahrer. Noch wußte man von diesen Gegenden nicht viel, und auch ein Mann wie Othere konnte König Alfred nur wenig mitteilen. Um so interessanter mußte für den englischen König daher die Bekanntschaft mit dem Kapitän Wulfstan sein, der die Ostsee bis zum Frischen Haff besegelt hatte. Wer Wulfstan war, ob ein Sachse oder wie Othere ein Nordmann, ist unbekannt. Ebenso läßt sich nicht ermitteln, wann er seine Ostsee-Fahrten unternommen hat. Wahrscheinlich geschah das etwa in derselben Zeit, in der Othere am Weißen Meer weilte, also zwischen 870 und 880. Schließlich ist es nicht eindeutig klarzustellen, wie weit Wulfstan eigentlich gekommen ist. Sein Bericht läßt darüber verschiedene Ansichten zu:

«Wulfstan erzählte, sie seien von At Haethum (Haithabu a. d. Schlei) abgefahren und nach sieben Tagen und Nächten in Truso eingetroffen. Die ganze Fahrt über sei gesegelt worden. Das Land der Wenden habe rechts gelegen, links dagegen Langeland, Laaland, Falster und Seeland, und diese Länder gehören alle zu Dänemark. Und darauf kam zur linken Seite das Burgundaland (Bornholm), wo sie einen eigenen König haben. Nach Burgundaland folgten Bleckingen, Meore, Öland und Gotland auf Backbord, aber diese Länder gehören Schweden. Und das Land der Wenden lag während der ganzen Fahrt zur rechten Hand, bis zu Wislemudan (Weichselmündung). Die Weichsel ist ein sehr großer Fluß zwischen Witland und Wendenland. Und Witland gehört zum Land der Esten. Die Weichsel kommt aus dem Wendenland und fließt in das Meer der Esten (Frisches Haff). Dieses ist mehr als 15 Meilen breit. Dann strömt der Fluß Ilfing (Elbing) von Osten kommend in das Estenmeer, und zwar aus dem See, an dem Truso liegt. Es fließen im Meer der Esten zusammen die Ilfing von Osten aus dem Estenland und von Süden die Weichsel aus dem Land der Wenden. Dann verliert die Ilfing ihren Namen an die Weichsel und strömt vom Estenmeer in nordwestlicher Richtung in die See. Dieses Gewässer nennt man Wislemudan.

Das Land der Esten ist sehr ausgedehnt. Es hat viele Ortschaften, und jede Ortschaft hat einen König. Dort gibt es auch viel Honig und reichlichen Fischfang. Der König und die Vornehmen trinken Pferdemilch, die Sklaven und Armen Met. Es ist sehr viel Streitigkeit bei ihnen. Bier brauen die Esten nicht, aber Met.»

So interessant dieser Bericht ist, im Grunde ist er doch recht dürftig. Denn Wulfstans Kenntnis reicht nicht weiter als von Haithabu, der großen Handelsstadt an der Schlei, bis nach Gotland und zum Frischen Haff. Auch das Land der «Esten» – es sind das nicht etwa die heutigen Esten, sondern die Aesti des Tacitus, die etwa den Pruzzen, also den Preußen, entsprechen – hat Wulfstan nicht betreten. Truso, einen sehr alten Handelsplatz und Knotenpunkt des Bernsteinhandels bereits zur Zeit der Römer, hat er dagegen wahrscheinlich selbst kennengelernt. Truso lag am Drausensee im Norden des heutigen Elbing und in unmittelbarer Nähe der Ilfing. Dieser Fluß strömte dann in die Weichsel, die ihrerseits damals durch die jetzige Nogat ins Frische Haff mündete. Die in dieser Hinsicht recht klaren Angaben des Wulfstan sind im übrigen durch neuzeitliche geologische Untersuchungen weitgehend bestätigt worden. Es hat hier, etwa in der Nähe von Danzig, vor tausend Jahren eine schiffbare Wasserverbindung von der Ostsee bis tief in das Land hinein, wohl noch über Truso hinaus, bestanden. Weiter nach Osten dürfte Wulfstan kaum gekommen sein. Offenbar sind König Alfred aber doch irgendwie Nachrichten übermittelt worden, aus denen hervorging, daß die Ostsee sich noch erheblich weiter nach Osten erstreckte und daß sie in nordöstlicher Richtung abbog. Diese Meldungen müssen den König zu dem ja auch sonst im frühen Mittelalter verbreiteten Irrtum gebracht haben, die Ostsee sei nur ein «Seearm» des von Othere befahrenen Nordmeeres und Skandinavien daher eine Insel. Aus der geringen Strecke, die Wulfstan in die Ostsee hineinfuhr, ließe sich ein solcher Schluß nicht gut ziehen.

Diese geringe Kenntnis der Ostsee ist nun um so überraschender, als sie um diese Zeit längst kreuz und quer befahren wurde. Seit der Abwanderung der Sachsen nach England im 5. Jahrhundert n. Chr. hatten sich die Friesen, an deren von Meeresarmen und Sümpfen geschützten Wohngegenden die Sturzflut der germanischen Völkerwanderung vorbeigegangen war, allmählich in den Vordergrund geschoben. Bereits unter den ersten römischen Kaisern, etwa von 200 n. Chr. an, scheinen sie sich in den Handelsverkehr zwischen den Rheinmündungen und Skandinavien eingeschaltet zu haben. Im 8. Jahrhundert sind die Friesen die erste Handelsmacht Nordeuropas. Ihre Vertreter sitzen in Mainz und Worms, in Xanten und Duisburg; sie liefern Tuche – diese aus eigener Herstellung –, sie liefern sämtliche skandinavischen Waren: Walroßhaut, Walroßzahn als Elfenbeinersatz, Bernstein und Pelzwerk; sie importieren in den Norden Pfeffer und andere Gewürze, die aus der Levante über Venedig und die Alpen zum Oberrhein kommen; sie kaufen rheinische Schmiedearbeiten; sie beziehen aus dem Elsaß und von der Donau Wein, sie verkaufen an Dänen und Schweden; sie haben nach dem Abzug der Römer aus Britannien Niederlassungen in London und York, sie sitzen endlich in Hollingstedt und Sliesthorp auf der Jütischen Halbinsel. Von hier fahren sie nach Skiringssal am Oslofjord, nach Birka, einer Insel im Mälarsee, und wahrscheinlich auch bereits nach Truso, dem schwedisch-gotischen Handelsplatz an der Weichselmündung.

Daß die Friesen noch weiter nach Osten gelangt seien, ist allerdings nicht anzunehmen. Es läßt sich auch nicht beweisen, daß Alfred der Große, von dem wir oben ausgingen, umfassende Berichte über die Ost-Erstreckung des ihm von Wulfstan geschilderten Meeres erhielt. Daß aber die schwedischen und norwegischen Wikinger beispielsweise den Finnischen Meerbusen bereits im 9. Jahrhundert gut gekannt haben, geht aus den Sagas und der frühen Geschichte Rußlands eindeutig hervor. Bei der Adhäsionskraft, die zwischen Norwegern und Arabern bestand, ist es kaum erstaunlich, daß auch sie bereits von der Ostsee gewußt haben. Sie erzählen in ihren alten Chroniken von einem nördlichen Meer, das Waränk heiße und das eine sich weit nach Süden erstrekkende Bucht des Eismeeres sei. Ganz zweifellos kann es sich bei diesem Meer nur um die Ostsee handeln. Der Bottnische Meerbusen kommt ja in der Tat sozusagen von Norden herunter, und es ist verständlich, daß er lange Zeit als Arm des Nördlichen Eismeeres gegolten hat. Außerdem geht der Begriff Waränk natürlich auf dieselbe Wurzel zurück wie die Bezeichnung Waräger für jene schwedischen Wikinger, mit denen die Araber auf manchen Handels- oder Beutezügen ja schon Bekanntschaft geschlossen hatten. Die Ostsee wird von den Arabern überdies ausdrücklich Bahrwaränk genannt, Meer der Waräger, und demnach ist es wohl ziemlich sicher, daß sie den Skandinaviern bis hin zum Bottnischen Meerbusen bereits frühzeitig gut bekannt war.

Aber das eigentliche Betätigungsfeld der Wikinger war doch der Nordwesten. Hierhin zog es sie vornehmlich. Hier lag Erichs des Roten «Grünes Land», hier Vinland, das Gute. Auch Harald der Harte, jener berühmte Kommandeur der kaiserlich oströmischen Waräger-Garde, den wir vorhin schon nannten und der vornehmlich Südeuropa erkundet hatte, wurde schließlich vom Norden angezogen. Zu seiner Zeit war Vinland in ganz Skandinavien ein feststehender geographischer Begriff; es hätte wundernehmen müssen, wenn Harald an dieser Lockung vorbeigegangen wäre. Die Fahrt dorthin konnte nicht als besonders schwierig erscheinen. Eine knappe Woche dauerte sie bis Island, von dort waren es vier Tage bis zur grönländischen Küste. Ihr entlang bis zu den Siedlungen der Grönland-Wikinger brauchte es wieder einige Tage, und dann lag Vinland zum Greifen nahe: es konnten nicht viele Wochen sein, bis man es erreichte. So brach Harald denn auf, wahrscheinlich im Jahre 1065, dem einzigen leidlich friedlichen Jahr im Leben dieses wilden Haudegens und verwegenen Glücksuchers.

Wir wissen nichts Positives über den Zeitpunkt seiner Fahrt, genauso, wie wir auch über sein wirkliches Ziel nur ungenügend unterrichtet sind. Überliefert ist lediglich eine kurze Notiz bei Adam von Bremen und eine Runenritzung auf einem Stein bei Hönen, einem kleinen Ort in der Landschaft Ringerike in Norwegen. Dieser Stein stellt offenbar das Grabdenkmal für einen dort bestatteten vornehmen jungen Fahrensmann dar, dessen Name aber unbekannt geblieben ist. Die Runeninschrift selbst ist leider beschädigt, so daß sich nur ein Teil hat deuten lassen. Da diese Inschrift höchstwahrscheinlich aus derselben Zeit stammt, in der Harald der Harte seine Nordfahrt unternahm, so daß, wie der deutsche Geograph Richard Hennig betont hat, ein gewisser Zusammenhang damit nicht möglich ist, soll sie hier folgen:

«Sie kamen hinaus und über große Strecken und ermangelten des Zeuges, sich daran zu trocknen, und des Essens, weiter nach Vinland hin und auf die Eisflächen in den Einöden. – Schlimmes kann das Glück verscheuchen, so daß man früh stirbt.»

Es ist hier, wie man sieht, nicht der geringste Bezug auf eine Fahrt Haralds des Harten genommen. Wenn man aber in Rechnung stellt, daß die Entstehungszeit dieser Runen etwa dieselbe ist wie die der kühnen Expedition des großen Waräger-Generals und späteren Norwegerkönigs, wenn man hinzunimmt, daß die Landschaft Ringerike, in der Hönen liegt und in der der Runenstein gefunden wurde, die Heimat Haralds ist, und wenn schließlich bedacht wird, daß aus dieser Zeit sonst keinerlei Unternehmen bekannt ist, das dem Haralds entspräche, so liegt die Annahme nahe, daß der Runenstein von Hönen mit Haralds Fahrt in Zusammenhang zu bringen ist. Ist das erlaubt, so ergibt sich sofort auch ein handgreifliches Motiv für diese Unternehmung, von der Adam von Bremen uns berichtet:

«Hinter dieser Insel, sagt er (der Dänenkönig Sven Estrithson), findet man in jenem Meer kein bewohntes Land mehr, sondern alles, was jenseits liegt, ist voll von unüberwindlichem Eis und unermeßlicher Finsternis. Dieser Tatsache gedenkt Martian folgendermaßen: ‹Jenseits von Thule›, sagt er, ‹ist das Meer auf die Entfernung einer Tagesfahrt gefroren.› Dies hat kürzlich der gut unterrichtete Norwegerfürst Harald erkundet. Dieser durchforschte die Breite des Nordmeeres zu Schiffe und entrann zuletzt, als vor seinen Augen die Grenzen der Welt sich im Nebel verloren, dem ungeheuren Schlund des Abgrundes kaum mit rückwärts gewandten Schritten wohlbehalten ...»

Adam von Bremen ist kein unbeherzter Mann gewesen, wie wir wissen, aber er war eine Landratte, kein Seemann. Beides spürt man deutlich aus dieser erschreckten Nachricht, die leider vergißt zu sagen, wo Harald nun eigentlich gewesen ist, welchen Kurs er steuerte und wohin er wollte. Gleichwohl dürfte es sich dabei nicht um ein bloßes Gerücht handeln. Adam gilt im allgemeinen als zuverlässig, außerdem pflegen Reisefabeln nicht so ergebnislos nüchtern zu sein wie dieser Bericht, der nur zum Schluß etwas Seemannslatein bringt. Aber Nachrichten wie diese, gewürzt mit Schauerbildern, vom düsteren Ende der Welt und vom gewaltigen Weltenstrudel, gehörten durchaus zu den Vorstellungen jener Zeit. Sie sind nicht besonders fabulös. Man darf also wohl unterstellen, daß Adam von Bremen recht unterrichtet war und daß Harald der Harte wirklich eine ausgedehnte Nordfahrt unternommen hat. Offenbar ist er von Island aus – denn dies ist wohl die Insel, hinter der es kein bewohnbares Land mehr gab –, aber nicht westlich oder südwestlich gesteuert, sondern auf nördlichem Kurs, so daß er in die ostgrönländische Eisdrift geriet. Diese ziemlich starke, überdies von dichten Nebeln besonders unwirtlich gemachte Strömung konnte, ja *mußte* in den normannischen Fahrensleuten durchaus den Eindruck erwecken, als näherten sie sich einem jener gefährlichen Strudel, wie sie ihnen von den Lofoten, wo der Mahlstrom tobte, von Bodö, wo es den Saltstrom gab, und von anderen Gegenden her bekannt waren. Erklärt doch auch der *‹Königsspiegel›*, die Ostgrönlandströmung sei ebenso schnell wie ein Schiff, das vor gutem Wind segle! Auch jetzt ist in der mit gewaltigen Eisblöcken versetzten heftigen, immer nebligen Grönland-Strömung keineswegs ein besonders gemütliches Fahren. Es ist also verständlich, wenn Adam von Bremen vermutet, Harald sei in der Nähe des mythischen Ginnungagap gewesen, des Weltenstrudels, von dem die alten Sagen so viel zu berichten wußten.

Wohin der unerschrockene Norwegerkönig eigentlich wollte, kann nur vermutet werden. Und vielleicht gibt der hier vorhin erwähnte Runenstein von Hönen einen gewissen Fingerzeig. Es ist dort von Vinland die Rede – und bei Haralds des Harten Natur dürfte es durchaus als möglich erscheinen, daß er plante, dem reichen Vinland einen Besuch abzustatten. Gewiß ist das nur eine Vermutung. Daß aber König Harald völlig ohne Absicht und Ziel im Nordmeer herumgefahren sein soll, ist bei seiner zielstrebigen Natur keineswegs anzunehmen. In Grönland war für einen weltkundigen Mann wie ihn nicht viel zu holen, es bleibt als Ziel also tatsächlich nur Vinland übrig. Demzufolge hat Gustav Nekkel, ein hervorragender Kenner der ganzen Materie, es als eine naheliegende Vermutung bezeichnet, «daß es sich bei König Haralds unerhört kühner und weiter Ozeanfahrt um einen Versuch gehandelt habe, das gerade damals viel besprochene Vinland seinem Reiche einzuverleiben. Der Gedanke wäre seines Urhebers würdig.»

Ob Harald eine solche Einverleibung wirklich beabsichtigte, steht dahin. Daß er eine weite Fahrt im Nordmeer unternommen hat, steht fest.

57. Der Mahlstrom. Alter Holzschnitt von Olaus Magnus

Und es ist sicher, daß ein solches Unternehmen zu seinem Charakter paßte. So gehört auch er in die große Zahl tapferer Arktis-Fahrer, die immer wieder dem lockenden Ruf des Nordens gefolgt sind.

Wie groß ihre Zahl eigentlich ist, wird für immer unbekannt bleiben. Denn natürlich ist nur ein kleiner Bruchteil der vielen Fahrten bekanntgeworden, die in den Norden gerichtet waren, wie überhaupt ja nur die wenigsten der immer wieder und zu allen Zeiten unternommenen Reisen bis auf unsere Tage überliefert sind. So muß denn auch die hier gegebene Übersicht über die Entdeckungen der Normannen notwendig lückenhaft bleiben. Nur sehr wenige ihrer Reisen sind von der Geschichte festgehalten, und auch diese sind vielfach nur so spärlich überliefert, daß man häufig auf Vermutungen und Hypothesen angewiesen ist.

Selbst von den *Nord*fahrten der Wikinger, die doch zu ihrem eigentlichen Aufgabenbereich gehörten, wissen wir nur recht wenig. Sehr bezeichnend für die schon eben hervorgetretene Lückenhaftigkeit unserer Kenntnisse und für die Undeutlichkeit der Quellen ist zum Beispiel folgende seltsame Notiz über eine von Island unternommene Expedition in das Eismeer, die sich in den ‹*Monumenta Historica Norwegiae*›, einer Sammlung mittelalterlicher Quellen zur Geschichte Norwegens, findet und die den nachstehenden Wortlaut hat:

«Einige Kapitäne wollten von Island aus nach Norwegen zurückfahren. Sie wurden aber durch ungünstige Wirbelstürme nach Norden verschlagen und landeten schließlich in einer zwischen den Bjarmern und den Grönländern gelegenen Gegend. Sie behaupteten, sie hätten hier merkwürdig große Menschen ge-

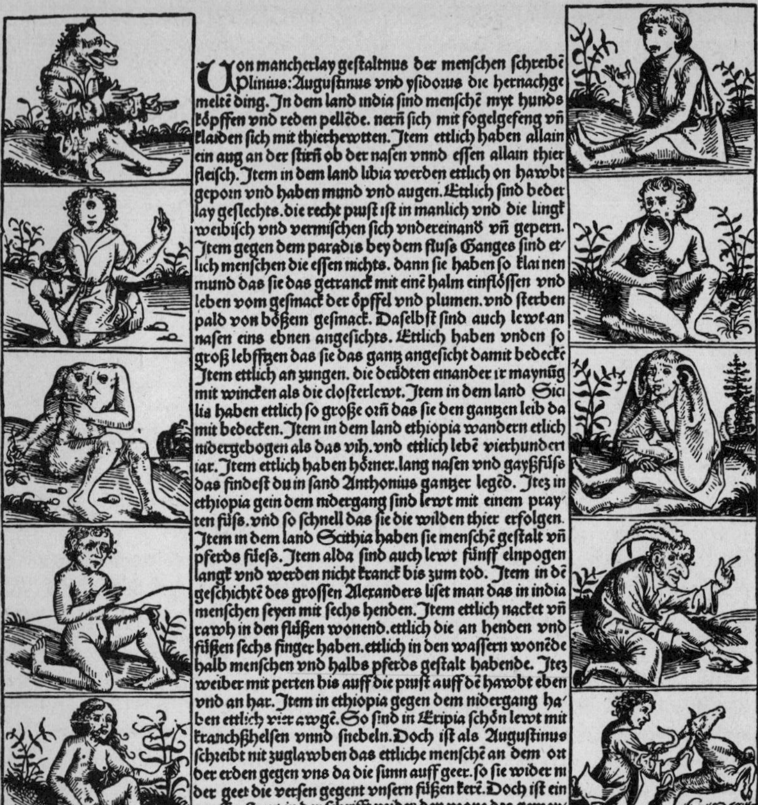

Von mancherlay gestaltnus der menschen schreibē
Plinius: Augustinus vnd ysidorus die hernachge
meltē ding. In dem land india sind menschē myt hunds
köpffen vnd reden pellēde. neñ sich mit fogelgefeng vñ
klaiden sich mit thierhewtten. Item ettlich haben allain
ein aug an der stirñ ob der nasen vnnd essen allain thier
fleisch. Item in dem land libia werden ettlich on hawbt
geporn vnd haben mund vnd augen. Ettlich sind beder
lay geslechts. die recht prust ist in manlich vnd die lingk
weibisch vnd vermischen sich vndereinand' vñ gepern.
Item gegen dem paradis bey dem fluss Ganges sind et-
lich menschen die essen nichts. dann sie haben so klainen
mund das sie das getranck mit einē halm einflössen vnd
leben vom gesmack der öpffel vnd plumen. vnd sterben
pald von bößem gesmack. Daselbst sind auch lewt an
nasen eins ebnen angesichts. Ettlich haben vnden so
groß lebsftzen das sie das gantz angesicht damit bedeckē
Item ettlich an zungen. die deudten einander ir maynūg
mit wincken als die closterlewt. Item in dem land Sici
lia haben ettlich so große orñ das sie den gantzen leib da
mit bedecken. Item in dem land ethiopia wandern etlich
nidergebogen als das vih. vnd ettlich lebē vierhundert
iar. Item ettlich haben hörner. lang nasen vnd gayßfüss
das findest du in sand Anthonius gantzer legēd. Itez in
ethiopia gein dem nidergang sind lewt mit einem pray-
ten füss. vnd so schnell das sie die wilden thier erfolgen.
Item in dem land Scithia haben sie menschē gestalt vñ
pferds füess. Item alda sind auch lewt fünff elnpogen
langk vnd werden nicht kranck bis zum tod. Item in dē
geschichtē des grossen Alexanders liset man das in india
menschen seyen mit sechs henden. Item ettlich nacket vñ
rawh in den flüßen wonend. ettlich die an henden vnd
füßen sechs finger haben. ettlich in den wassern wonēde
halb menschen vnd halbs pferds gestalt habende. Itez
weiber mit perten bis auff die prust auff dē hawbt eben
vnd an har. Item in ethiopia gegen dem nidergang ha-
ben ettlich vier awgē. So sind in Eripia schön lewt mit
kranchßhelsen vnnd snebeln. Doch ist als Augustinus
schreibt nit zuglawben das ettliche menschē an dem ort
der erden gegen vns da die sunn auff geer. so sie wider ni
der geet die versen gegent vnsern füßen kerē. Doch ist ein
grosser streyt in der schrifft wider den wone des gemay-
nen volcks. das geringßumb allenthalben menschē auff
der erden seyen. vnd die füß gegen einander kerende dar-
auff steen. vnnd doch alle menschen ir schayttel gem hi-
mel keren. in verwunderūg warūmb doch wir oder die
die ir fersen gegen vnns wennden nit fallen. Aber das
kömbt auß der natur. dann gleicherweis als der stul des
feürs nynndert ist denn in den feüern. der wasser nyndert
denn in den wassern. vnnd des gaysts nynndert denn in
dem gayst. also auch der stul der erden nynndert anderß
wo denn in irselbs.

58. Die Völker in den Ländern des Großkhans. Holzschnitt aus der Schedelschen «Weltchronik» von 1493 troffen und jenes Land gefunden, wo die Jungfrauen durch Wassertrinken schwanger würden. Die Grönländer sind von ihnen durch eisstarrende Schären getrennt.»

Schon auf den ersten Blick ergibt sich, daß hier ein ehrenfester, braver Kapitän bei viel Met ein kräftiges Seemannslatein erzählt hat. Andererseits muß man wissen, daß die Geschichte von den Jungfrauen, die durch den Genuß von Wasser schwanger werden, sozusagen zum ständigen

Zum nebenstehenden Bild: Die hier gezeigten Abbildungen entsprechen den Vorstellungen, die im Europa des 16. Jahrhunderts durchgängig über Indien und die anderen Länder des Großkhans herrschten. Der Text lautet: «Von mancherlei Gestaltnis der Menschen schreiben Plinius, Augustinus und Isidoris die im folgenden berichteten Dinge. In dem Land Indien sind Menschen mit Hundeköpfen und reden bellend. Sie nähren sich vom Vogelfang und kleiden sich in Tierhäute. Wieder andere haben allein ein Auge an der Stirn über der Nase und essen allein Tierfleisch. In Libyen werden etliche ohne Haupt geboren und haben Mund und Augen. Etliche sind beiderlei Geschlechts. Die rechte Brust ist männlich und vermischen sich untereinander und gebären. Nahe beim Paradiese am Fluß Ganges leben Menschen, die essen nichts. Denn sie haben einen so kleinen Mund, daß sie das Getränk durch einen Halm einflößen, sie leben vom Saft der Blumen und Äpfel. Und sie sterben beinahe am bösen Geruch. Daselbst sind auch Leute ohne Nasen, mit einem sonst ebnen Gesicht. Etliche haben unten so große Lippen, daß sie das ganze Angesicht damit bedecken können. Etliche haben keine Zunge. Die deuten einander ihre Meinung durch Zeichen wie die Klosterleute. In dem Land Sicilia haben etliche so große Ohren, daß sie den ganzen Leib damit bedecken. In dem Land Äthiopia gehen etliche niedergebogen wie das Vieh, und etliche leben 400 Jahre. Etliche haben Hörner, lange Nasen und Geißfüße, das findest du in St. Antonius' ganzer Legende. In Äthiopia gegen Westen sind Leute mit einem breiten Fuß und so schnell, daß sie die wilden Tiere erreichen können. In dem Land Scythia haben sie Menschengestalt und Pferdefüße. Allda sind auch Leute, fünf Ellenbogen lang, die werden nicht krank bis zum Tod. In der Geschichte des großen Alexander liest man, daß in Indien Menschen leben mit sechs Händen. Etliche wohnen nackend und rauh in den Flüssen, etliche, die an Händen und Füßen sechs Finger haben, etliche, die in den Wassern wohnen, haben halb die Gestalt von Menschen, halb die von Pferden. Item auch Frauen mit Bärten bis auf die Brust, auf dem Haupt aber ohne Haar. In Äthiopien, gegen Westen, haben etliche vier Augen. So leben in Eripia schöne Leute mit Kranichhälsen und Schnäbeln. Doch ist, wie Augustinus schreibt, nicht zu glauben, daß Menschen an dem Ort leben, uns gegenüber, wo die Sonne aufgeht, und die, wo sie wieder niedergeht, die Fersen gegen unsre Füße kehren. Und es ist ein großer Streit in der Schrift gegen den Wahn des gemeinen Mannes, daß ringsum auf der Erde überall Menschen lebten und die Füße gegeneinander kehrend darauf stehen und die Scheitel gegen den Himmel wenden, in Verwunderung darüber, warum doch wir oder die, die ihre Fersen gegen uns kehren, nicht fallen. Aber das ist wider die Natur. Denn gleicherweise wie der Stuhl des Feuers nirgendwo ist als in den Feuern, der des Wassers nirgendwo als in den Wassern und der des Geistes nirgendwo als im Geist, also ist auch der Stuhl der Erde nirgend anders als in ihr selbst.»

Requisit aller Arktis-Fahrer des frühen Mittelalters gehörte. Unser Kapitän, dem die Ehre zuteil wurde, in die berühmten *‹Monumenta›* aufgenommen zu werden, hat also nur das erzählt, was seine Kameraden von anderen Schiffen auch berichteten, und sicherlich genau das, was die Landratten hören wollten!

Auch Adam von Bremen ist diese Story von den merkwürdigen Jungfrauen natürlich zu Ohren gekommen. Er verlegt ihr Reich in den Bottnischen Meerbusen und fügt in seinem Bericht noch an:

«Und wenn sie zum Gebären kommen, so werden die Kinder männlichen Geschlechts Hundsköpfe, die weiblichen Geschlechts die schönsten Frauen. Diese lebten nur mit ihresgleichen und verschmähen den Umgang mit Männern, die sie sogar, wenn welche kommen, mannhaft von sich zurückweisen. Hundsköpfe sind aber Wesen, die das Haupt auf der Brust haben ...»

Nun gibt es bekanntlich bei sehr vielen Völkern der Erde Amazonenmythen. Sie sind häufig als Rückerinnerung an frühe, vorgeblich mutterrechtliche Sozialordnungen gedeutet worden. Auch Legenden von hundsköpfigen Menschen sind nicht selten. Um ihre Entstehung zu erklären, hat man entweder gleichfalls den großen Unbekannten der modernen Tiefenpsychologie bemüht, das «kollektive Unbewußte» und seine dunklen Erinnerungen an jene viele Hunderttausende von Jahren zurückliegenden Zeiten, in denen die Vorfahren des Homo sapiens tatsächlich hundeartige Schnauzen besaßen, oder man hat an ein Zusammentreffen mit primitiven Negervölkern gedacht, die sich durch starken Prognathismus auszeichneten. So sucht man zum Beispiel die zahlreichen indischen Sagen über das Vorkommen hundsköpfiger Menschen durch den Hinweis auf die urtümlichen Menschenrassen zu erklären, die die Andamanen, jene isolierte Inselgruppe im Golf von Bengalen, bewohnen. Noch Hartmann Schedels *‹Weltchronik›* von 1493 ist voll von Nachrichten über hundsköpfige Menschen und von allen möglichen anderen Fabelgestalten. In unserem Fall brauchen wir uns aber nicht annähernd so den Kopf zu zerbrechen wie in anderen. Die Sprachforscher haben nämlich darauf aufmerksam gemacht, daß der finnisch-ugrische Name für Finnland *kainulaiset* von den Schweden in «Quänland» verbalhornt worden sei, und da von Island bis hin zu den alemannischen Gauen Quän, Kwino oder Queen «Frau» bedeutet, liegt es auf der Hand, warum Quänland mit Frauenland übersetzt wurde und weshalb jeder Eismeerfahrer, der etwas auf sich hielt, von diesem Weiberland erzählen mußte.

Aber die gelehrten Herausgeber der *‹Monumenta Historica Norwegiae›* haben diese Notiz natürlich nicht aufgenommen, um von den wassergeschwängerten Jungfrauen zu erzählen, sondern wegen eines Berichtes, der sich wenig später in der *‹Saga Samsons des Schönen›* aus dem Jahre 1350 findet. Darin wird gemeldet, nordöstlich von Rußland liege das Land Jotunheimar, die Heimat der Trolle und Kobolde. «Und von hier in Richtung auf die grönländischen Einöden zieht sich das Land, das Svalbard heißt.» Dazu kommt dann noch eine Aufzeichnung in den *‹Isländischen Annalen›*, wo es zum Jahre 1194 heißt: «Svalbard gefunden.»

Diese Berichtsfolge stellt zunächst ziemlich dunkle Rätsel. Svalbard heißt «kalte Küste» und ist wohl das nördlichste Gebiet, das von den Wikingern erreicht wurde. Welches Land von den Nordmännern, die ja an Kälte gewöhnt waren, mit dem Beiwort «kalte Küste» belegt worden ist, geht aber aus den obengenannten Quellen nicht klar hervor. So sind diese Nachrichten auf den Norden von Ostgrönland gedeutet worden, weiter auf Jan Mayen, Spitzbergen, Nordsibirien und Kaiser-Franz-Joseph-Land. Davon scheiden aber Jan Mayen, auf das der Begriff Küste nicht passen würde, ferner Nordsibirien und Franz-Joseph-Land sofort aus; denn daß die beiden letzten nicht auf einer zufälligen Sturmfahrt erreicht werden können, ist seit Nansens Arktis-Expedition und seinen Nachrichten über die Drift- und Eisverhältnisse völlig klar.

Es würde danach nur Spitzbergen übrigbleiben. Und diese Annahme ist vor allem von Nansen unterstrichen worden. Er hat betont, daß Schiffe, die von Island aus dem ostgrönländischen Eisrand entlang nach Norden fahren, ganz von selbst nach Spitzbergen kommen müssen. Diese Auffassung gewinnt nun noch dadurch an Wahrscheinlichkeit, daß Spitzbergen auch heute noch reich ist an wertvollen Pelztieren; da die Schiffahrt dahin über Sommer nicht schwieriger war als überhaupt im Nördlichen Eismeer – die Segelentfernung dorthin wird später vom ‹Landnamabok› mit nur vier Tagen angegeben –, lag es für die Normannen nahe, es aufzusuchen. Man wird daher wohl annehmen dürfen, daß unter Svalbard unser heutiges Spitzbergen zu verstehen ist.

Trifft diese Annahme zu, und man braucht daran wohl kaum zu zweifeln, dann würde man unter dem Land Jotunheimar Nowaja Semlja zu suchen haben. Daß die Skandinavier bis ins Petschoragebiet gelangten, hörten wir bereits oben. Waren sie erst einmal bis hierher gekommen, so lag es natürlich nahe, die einem weiteren Vordringen nach Osten barriereartig entgegengesetzte Inselgruppe von Nowaja Semlja zu untersuchen. Einen klaren Eindruck von seiner Lage und seiner Natur wird man dabei kaum gewonnen haben, ebensowenig übrigens, wie die Normannen schon die Insellage von Spitzbergen erkannten. So mußte denn die Annahme naheliegen, daß sich von Grönland eine Landbrücke nach dem äußersten Nordosten von Europa erstrecke, von der Spitzbergen ein Teil sei. Diese Auffassung, die durch die Kenntnis Nowaja Semljas wesentlich bestärkt worden ist, war namentlich seit dem 15. Jahrhundert, als sie von Claudius Clavus ausgesprochen wurde, sehr verbreitet. Sie wurde erst im späten 17. Jahrhundert aufgegeben. Um diese Zeit begann man nämlich auch im äußersten Nordosten der Welt den alten Segelwegen der Normannen nachzugehen, genauso wie das von den Pining, Pothorts, den Cortereal und Caboto um 1500 im äußersten Nordwesten geschehen war. Als sich herausgestellt hatte, daß es hier keine Durchfahrt nach Asien gab, oder wenigstens, daß sie von meterdickem Eis bedeckt war, nahm man die Suche nach einer Durchfahrt im Osten auf. Wir hörten schon, daß das ‹*Landnamabok*› berichtet hatte, nach Spitzbergen sei eine offene Seefahrt von vier Tagen möglich. Wie, wenn man auch darüber hinaus noch eisfreies Wasser antraf? Wie, wenn sich hier eine Verbindung nach Fernost finden ließ, die die riesigen Umwege um die langausgezogenen Südspitzen von Amerika und Afrika ersparte?

Die Holländer greifen diesen Gedanken tatkräftig auf. Noch lebt bei ihnen eine dunkle Erinnerung an die weiten Handelsfahrten der Altvordern und an den Gewinn, der einst in den pelzreichen Nordländern erzielt wurde. Den Weg nach Indien entdecken sie zwar auch nicht, und die berühmte nordöstliche Durchfahrt wird erst viel später aufgefunden. Aber gegen Ende des 16. Jahrhunderts landen sie auf Spitzbergen.

Und nun kommen Schiffe aus aller Herren Länder: Holländer vor allem, dann Engländer, Deutsche, Dänen, Franzosen. Alle sind sie Walfänger und Pelzjäger. Riesige Trankochereien entstehen in Svalbard, schon beim Ausheben der Keller entdeckt man, daß es Kohle gibt! Schöne, feste Steinkohle, dicht unter der Erde! Aber erst 1913, als der Internationale Geologenkongreß in Toronto feststellt, daß die Kohlenbestände von Svalbard mehr als acht Milliarden Tonnen betragen, wird die ferne Eisinsel interessant.

Svalbard-Spitzbergen scheint die letzte arktische Entdeckung der Wikinger gewesen zu sein. Ihr Hauptinteresse hat sich wohl mehr nach Südwestgrönland und andererseits in die reichen Gegenden um das Weiße Meer und die Petschora als in die eisigen Einöden des Nordens und Nordostens gerichtet. Das ist auch nur zu verständlich. Wer ein hartes Leben hat, der hat selten Zeit und Neigung, allein des bloßen Entdekkens halber in die Welt hinauszufahren. Dafür bedarf es dann meist eines lohnenden Ziels. Und dieses Ziel bot sich auf dem Weg über Grönland. Es lag weit jenseits dieses eisigen «Grünlandes», aber es war für einen tapferen Mann doch nicht unerreichbar. Es hieß, wie wir wissen, Vinland, und es lockte mit wildwachsendem Wein, mit üppigen Getreidefeldern und mit Holz.

Welche Wege sind wir hier wieder gewandert, welche Meere haben wir wieder besegelt! Wie weit öffnete sich die Welt, welche neuen Ufer hoben sich allüberall aus der Flut! Gab es überhaupt noch ein Land, jetzt schon, im Mittelalter, das der weiße Mann nicht durchmessen hatte? Man möchte daran zweifeln. Denn der nächste Abschnitt wird zeigen, daß auch das im Sand seiner riesigen Wüsten vergrabene Asien schon von vielfachen Pfaden durchzogen war, von den Füßen vieler Männer begangen wurde, lange, lange, ehe die Portugiesen aufbrachen, Indien zu entdecken.

Teil X

Die Kreuzzüge, der Priester Johannes und der Großkhan

Der Inschriftstein von Singanfu · Pater Trigault ist kein Fälscher · Ist Maria die Mutter Gottes? · Das Geheimnis und die Geschichte der Seidenstraße · Professor Lactantius über die Amoral der Geographie · Von der «Affektbesetzung» früher Reiseberichte · Wer waren die «Drei Weisen aus dem Morgenland»? · Die Thomas-Christen · Warum Napoleon den Suezkanal nicht gebaut hat · Kaiser Justinian betreibt Wirtschaftsspionage, aber die Perser sind schlauer · Mittelalterlicher «Baedeker» für die Reise ins Heilige Land · Wer ist der Priester Johannes? · Das Sendschreiben des Priesters Johannes: Mystifikation oder Utopie? · Die Geschichte vom Sidicus · Eine Gesandtschaft des Großkhans · Päpstliche Legaten in Karakorum · Siebenbürgische «Spezialisten» im Alatau-Gebirge · «Visum fuit mihi, quod evasissem de manibus daemonum» · Zwei Mönche desertieren · «Wenn ihr gut zaubern könnt, werde ich Christ», sagt der Kaiser von China · Marco Polo friert auf dem «Dach der Welt» · Chinesisches Papiergeld · Die Märcheninsel Cipangu · Johannes von Montecorvino wird Erzbischof von China · Alafas, die «pajoks» für die technische Intelligenz der Chinesen · Reisebericht aus dem Land, wo der Pfeffer wächst · Hanns Schiltberger bei den Heiden · Barfüßer-Mönchen in Astrachan

1

Auch dieser Abschnitt unserer Erzählung muß wieder mit einem alten Inschriftstein anfangen. Aber diese Geschichte spielt nicht in Amerika, sondern in Asien, und es sind keine Runen, die in den Stein geritzt worden sind, sondern alte chinesische Schriftzeichen. Und es ist auch keine unberührte Wildnis, in der dieser Inschriftstein gefunden wird, sondern die ehrwürdige Stadt Singanfu am Weiho, Hauptstadt der Provinz Schensi in China: seit langem Kreuzungspunkt großer Handelsstraßen nach den östlichen und südlichen Teilen des Reichs der Mitte, von alters her einer der Endpunkte der Seidenstraße, die zu den barbarischen Ländern des Westens führt.

Unmittelbar außerhalb der riesigen, 12 m hohen Festungsmauer der Stadt sind an diesem Vorfrühlingstag des Jahres 1625 n. Chr., mit dem unsere Geschichte anhebt, ein Dutzend Kulis damit beschäftigt, die Keller eines neuen Hauses auszuschachten. Es hat lange gedauert, bis die Kulis begriffen, warum ein Haus, das doch über der Erde steht, unter der

Erde begonnen werden müsse. Nicht viele Häuser in der Provinz Schensi haben Keller. Aber die aus dem Westen gekommenen fremden Teufel, die des Kaisers Gnade schützt, wollen es so. Mögen sie also wie die Ratten unter der Erde wohnen!

Emsig arbeiten die Kulis. Es wird Käsch geben am Abend, gutes, blankes Geld. Sie werden es glänzend putzen, sie werden Schnüre ziehen durch das quadratische Loch in der Mitte und es sich um den Hals hängen, sie werden Tee kaufen, fern aus Szetschuan herangeschleppt, sie werden im Haus der Träume endlich wieder den Rausch des Vergessens trinken.

Da taucht unter den Spaten tief in der Erde der Stein auf, ein mächtiger Block von 2,5 m Höhe, 1 m Breite und 25 cm Dicke. Und da unsere Kulis gebildete Leute sind, die zwar weder lesen noch schreiben können, aber recht gut wissen, wie Schrift aussieht und wie zufällige Ritzungen, spüren sie: dies hier ist wichtig! Sofort läuft einer von ihnen hinüber zu dem Haus, in dem der kaiserliche Statthalter die fremden weißen Teufel untergebracht hat. Glücklicherweise ist der Pater Trigault, der schon ein halbes Menschenalter in Asien weilt, in der Mission anwesend. Er kommt sogleich und stellt zu seinem größten Erstaunen fest, daß der mit alten chinesischen und syrischen Schriftzeichen bedeckte Stein von einem christlichen Bischof Adam berichtet, der einst hier in Singanfu gelebt habe und der zur Zeit der Abfassung der Inschrift «Priester und Meister des Gesetzes in Zinistan», in China, gewesen sei. Auch eines Kaisers namens Tai-tsung tut dieser Stein Erwähnung. Und Wunder über Wunder: schließlich erzählt er, vor langen, langen Zeiten sei einst das Christentum bis nach China gedrungen, seine Lehren wären «in den kaiserlichen Privatgemächern» überprüft worden, und als Tai-tsung ihre Richtigkeit und Wahrheit erkannt habe, da hätte er angeordnet, es solle gepredigt und verbreitet werden.

Es war leicht festzustellen, daß dieser Kaiser Tai-tsung tatsächlich gelebt hatte. Seine Regierungszeit fiel in die Jahre 626 bis 649 n. Chr., er war der zweite Kaiser der Tang-Dynastie und ein hochbedeutender, genialer Mann. Aber das war zunächst alles, was Pater Trigault ermitteln konnte. Von einer so frühen Anwesenheit christlicher Sendboten in China war nicht das geringste bekannt. Eben erst war der römischen Kirche erlaubt worden, einige Missionare nach China zu entsenden. Ringsum fanden diese tapferen Männer, meist Jesuiten, nur finsterstes Heidentum. Es gab auch nicht die winzigste Spur einer früheren Christianisierung. Und da behauptete dieser Stein, zur Zeit des Kaisers Tai-tsung seien Christen im Land gewesen? Es sei gepredigt worden? Es habe einen Bischof gegeben? Christliche Kirchen hätten in allen Städten gestanden, und hier in Singanfu sei 638 auf kaiserlichen Befehl sogar ein prächtiger Dom errichtet worden?

Auch Pater Trigault war Jesuit. Unglücklicherweise, möchte man sa-

59. Inschrifttafel von Singanfu mit Nestorianerkreuz, errichtet 781 n. Chr. als Denkmal der Ausbreitung der «erleuchteten Ta-ch'in Religion» (Christentum) im Reich der Mitte.

gen. Denn im Abendland, das damals von den Fiebern der Reformation, der Gegenreformation und der Skepsis der Freigeister geschüttelt wurde, stand die Societas Jesu nicht eben bei allen Zeitgenossen in Ansehen. Infolgedessen glaubte man Pater Trigault nicht. Man hielt ihn für einen abgefeimten Fälscher, der die Mittel durch den Zweck heilige, und es hat rund zweihundertfünfzig Jahre gedauert, bis man dieses Verdikt zurücknahm. Erst um die Mitte des vorigen Jahrhunderts wurde endgültig nachgewiesen, daß das Christentum tatsächlich schon während des 7. und 8. Jahrhunderts weite Verbreitung gewonnen hatte.

Freilich nicht das römisch-katholische, sondern das nestorianische Christentum, und damit werden wir vom beginnenden 7. Jahrhundert nach Christi Geburt nochmals zwei Jahrhunderte zurück in das eben anhebende 5. Jahrhundert versetzt. In dieser Zeit lebt Nestorius, Patriarch von Konstantinopel, ein sehr kluger, sehr frommer Mann, der sich höchst tiefsinnig den Kopf zerbricht über die Wesenheit Christi. Er meint, das Göttliche und das Menschliche haben in der Person des Heilands die für sie kennzeichnenden Eigenschaften bewahrt: Christus sei zwar *homoiousios*, gottähnlich, aber nicht *homoousios*, gottgleich. Er sei Mensch gewesen, sei es in wesentlichen Teilen seiner Existenz auch geblieben, und deshalb könne Maria, seine Mutter, nicht Mutter Gottes genannt werden, sondern nur Mutter Christi.

Dem modernen, theologisch weder geschulten noch interessierten Menschen mag dies heute als ziemlich nebensächlich erscheinen. Damals, 1500 Jahre vor unserer Zeit, hatten diese Fragen aber allerhöchste Bedeutung. War Christus wirklich Gottes Sohn, als Träger der Sünden der Welt ans Kreuz geschlagen, unter dieser Sündenlast gestorben und verdorben und dann wieder aufgefahren zum Himmel, so stand der Erlösungsgedanke desto leuchtender über der gequälten Menschheit. Weder Thor noch Zeus, weder Jupiter noch Ammon, weder Jahve, der Gott der Juden, noch Borvon, der oberste Gott der Kelten, hatte je eine Erlösungsreligion entwickelt. Es gab nur Strafe, nur Rache: Auge um Auge, Zahn um Zahn, und das bis ins dritte und vierte Glied. Aber im ganzen Abendland mit seinen vielen jungen und im vollsten Sinne des Wortes gläubigen Völkern schrie das geistige Leben nach Gnade und Erlösung. Hier *konnte* Christus nur als Gott verstanden werden, hier durfte er nur Gott sein, und hier war Maria selbstverständlich Gottesmutter.

In Asien verhielt es sich damit ganz anders. Dort war der große Gedanke der Erlösung der Menschheit durch die Gnade Gottes durchaus nicht etwa neu. Im Gegenteil, es waren so viel Erlösungslehren über die Bewohner des Nahen Ostens ausgeschüttet worden, daß sie skeptisch, daß sie abgekühlt und abgebrüht waren gegen dergleichen und daß ihnen eine Religion, die die menschlichen Seiten des Erlösergottes betonte, näher lag. Als Nestorius auf dem Konzil von Ephesus 431 n. Chr. verdammt und gebannt wurde, da flammte der Nestorianismus wie ein Lauffeuer in Asien auf, und in wenigen Jahrhunderten hatte er diesen riesigen Kontinent von einem zum anderen Ende mit einer Unzahl von Bekennern überzogen. Ganz Kleinasien, Persien und Indien stand unter dem Einfluß des Nestorianismus, und um ein Haar wäre schon zu dieser frühen Zeit auch China christlich-nestorianisch geworden.

Wir müssen die Vorgeschichte, die zu diesem denkwürdigen Augenblick führt, ganz kurz streifen. Wie alt die Karawanenstraßen eigentlich waren, die das Abendland mit China verbanden, ist ungewiß. Möglich, daß schon sehr frühe Zeiten diese Wege benutzten. In das Bewußtsein Europas traten sie aber wohl erst zu Beginn des 2. vorchristlichen Jahrhunderts, als das Reich der Mitte die westlich vorgelagerten Gürtel kriegerischer Nomadenvölker durchbrechen konnte. Anscheinend ging diese erste Berührung mit dem Westen tatsächlich von China aus. Unter dem

XXX. *Kartenskizze der Ausbreitung der Nestorianer in Asien während des Mittelalters. (Nach P. Y. Saeki und J. Thauren.) Von Konstantinopel bis nach Peking gab es während des Mittelalters christliche Gemeinden. Zahlreiche Bischöfe (△) geboten über die Gläubigen, und selbst in Mekka, Karakorum, Lhasa und Delhi hat man christliche Funde (●) gemacht.*

Han-Kaiser Wu-ti (140 bis 86 v. Chr.) erlebte das Reich der Mitte eine Periode des glücklichsten Aufschwungs. Der industrielle Überdruck, unter dem es während dieser Epoche gestanden zu haben scheint, und das sozusagen nationale Hochgefühl, das damals die führenden Schichten des riesigen Landes erfüllt haben mag, machen es verständlich, daß sich seine um 100 v. Chr. zögernd einsetzenden Handelsbeziehungen zum Westen rasend schnell steigerten. Bis zu zwölf Karawanen mit je hundert Leuten und einer entsprechenden Anzahl Lasttieren gingen, wie der deutsche Seidenstraßen-Erforscher Albert Herrmann berichtet, in dieser Zeit jährlich nach Westen ab.

Jenseits der Pamir-Pässe waren es vornehmlich die Volksstämme des Iran, die die Waren chinesischer Karawanenführer aufnahmen und weiterbeförderten. Offenbar ist das altberühmte Baktra im östlichen Iran der Mittelpunkt dieses Handelsverkehrs gewesen. Dort gliederten sich dann die Parther in die lebendige Brücke ein, die in gewaltigem Schwung die riesige Entfernung zwischen den beiden großen Imperien, dem östlichen in China, dem westlichen in Rom, überwand. Syrien war schließlich der letzte Pfeiler und das Gebiet, in dem diese 10 000 km lange Handelsbrücke endete. Welche ungeheuere wirtschaftliche Bedeutung sie für das Rom der ausgehenden Republik und der frühen Kaiser hatte, hörten wir bereits in früheren Kapiteln dieser Darstellung.

Etwa in der Zeit, in der Rom das mächtige Ägypten erobert und damit die Seeverbindung mit Indien und China erhält, also kurz vor Beginn unserer Zeitrechnung, kommt der Karawanenverkehr auf der Seidenstraße für zwei Menschenalter plötzlich zum Erliegen. Die Hiung-nu, Vorläufer der Hunnen, machen sich das Tarim-Gebiet untertan und sprengen die interkontinentale Handelsverbindung. Für Parther und Baktrer ist das ein empfindlicherer Verlust als für Rom, das die Sperre des Tarim-Beckens weiter südlich zur See umgeht. Ganz folgerichtig sind es diesmal die Westvölker, nämlich eben Baktrer und Perser, die nach Osten vorstoßen und die um die Wende des 1. zum 2. Jahrhundert unserer Zeitrechnung die Tarim-Sperre aufgehoben finden. China ist abermals erstarkt und hat die Hiung-nu zurückgeschlagen. Um 130 n. Chr. bricht das alles aber wieder zusammen. Die Oasen der Tarim-Wüste geraten erneut in die Hände der Hunnen, und da sich der Seeverkehr zum Fernen Osten inzwischen eingespielt hat, verödet die Seidenstraße für lange Jahrhunderte. Auch chinesische Schiffe erscheinen nun allmählich auf den Meeren. Schon von 400 n. Chr. an greift der chinesische Handel weiter nach Süden aus. Über Malakka springt er nach Ceylon, und seit dem 6. Jahrhundert gehen riesige Dschunken zum Persischen Golf und wieder zurück.

Im frühen Mittelalter ist der Landverkehr zwischen Europa und Innerasien wieder in Gang gekommen. Vom 7. Jahrhundert wissen wir, daß ein reger Handel über den Pamir und durch die Tarim-Wüste gegangen ist. Das hat eine sehr einfache Ursache. Denn 618 erhebt sich in der chinesischen Residenz ein tatkräftiger Abenteurer. Er zwingt den regierenden Kaiser zur Abdankung, besteigt selbst den Thron und begründet die Tang-Dynastie. Mit seinem Regierungsantritt erlangt China seine größte Ausdehnung: vom Gelben Meer bis fast zur Wolga gibt es nur einen Willen, den des chinesischen Kaisers, nur eine Macht, die des Reiches der Mitte. Das Tarim-Becken und das Perser-Reich sind fest in der Hand der Himmelssöhne.

In dieser Zeit brechen nestorianische Missionare offenbar zahlreich nach China auf. Die *‹Nestorianische Tafel›* von Singanfu, verfaßt um 780, wird geschrieben vom Priester Mar-Its-Busid, dem Sohn eines aus Afghanistan eingewanderten christlichen Geistlichen. Gegen 640 ist ein Missionar Olopön, aus Syrien kommend, erschienen, dem sich die Kaiserin so sehr zuwendet, daß man sie wohl Christin nennen darf, und dem auch Tai-tsung selbst anhängt. Von 711 an kommen etwa alle zehn Jahre byzantinische Gesandtschaften zum kaiserlich chinesischen Hof, von 750 ist die Ankunft eines aus Persien stammenden hohen christlichen Priesters überliefert, und noch um 840, zweihundert Jahre nach Tai-tsungs Tod, ist die Lage des Nestorianismus so günstig, daß etwa eine Viertelmillion Chinesen, und gerade die führenden Schichten der Minister und Hofbeamten, Christen sind.

Fünf Jahre darauf bricht die ganze christliche Macht von einem Tag auf den anderen zusammen. Das Christentum und bezeichnenderweise auch der Buddhismus werden 845 durch kaiserliches Edikt verboten, alle christlichen Kirchen werden zerstört, die Hauptschuldigen schlägt man tot, die Belasteten verkriechen sich, die anderen tun, als sei nichts gewesen, und vergessen. Und so gründlich sind Zerstörung und Vergessen, daß Pater Trigault achthundert Jahre später als Fälscher des Steins von Singanfu gilt. Es sieht ganz so aus, als seien auch hier völlig vergeblich riesige Irrwege in der Weite der Welt unternommen worden. Und doch bleibt in der Erinnerung jener unter- oder halbbewußten Schichten der menschlichen Seele, aus der die Sagen und Mären kommen, etwas haften von dem Wissen um die fernöstlichen Christengemeinden. Der geheimnisvoll-drohende Glanz, der nachmals die Figur des «Priesters Johannes» umwittert, der noch über den blutigen Erscheinungen der mongolischen Großkhane liegt, ist aus diesen abgründigen Reichen aufgestiegen.

Immerhin, obwohl Hunderte, ja Tausende von Menschen in diesen Zeiten die weite Reise von Vorderasien nach China angetreten haben mögen, es hat sich dabei doch immer nur um eine begrenzte Zahl gehandelt: um Flüchtlinge, um Glaubensboten, um Abgesandte der Kaiser und Könige, um eine Handvoll Kaufleute, Kapitäne und Karawanenführer.

Das ökumenische Bewußtsein, das die antike Welt auszeichnete, die unmittelbar erlebte Tatsache, einem universellen Kulturkreis anzugehören, war in den Stürmen der Völkerwanderung und mit dem Hinscheiden des Römischen Reiches verlorengegangen. Auch das weltweite Wissen der klassischen Zeit war vergessen; unendlich mühsam mußte es zurückgewonnen werden. Dabei lagen Wissensdurst und Freude an neuen Erkenntnissen dem Mittelalter und seinen Menschen völlig fern, und es besteht gar kein Zweifel, daß das anfänglich auf die breiten Schichten der Bevölkerung beschränkte Christentum sich recht lange ausgesprochen kulturfeindlich gezeigt hat. Die Gnade des Glaubens senkte sich in der Regel auf die auch im Geiste Mühseligen und Beladenen. Was bedurfte es da des Wissens, was neuer Erkenntnisse? Das geistige Leben empfing seine Gesetze nicht mehr aus sich selbst, sondern aus dem Dogma. Insbesondere galt geographische Unwissenheit, wie das Lactantius, der Erzieher der Söhne Konstantins des Großen, um 300 n. Chr. aussprach, geradezu als verdienstlich und Gott wohlgefällig. Lange sind es daher allein die barbarischen Randvölker gewesen, die forschten und entdeckten, die zu gewaltigen Reisen in die Sättel der Pferde stiegen oder an Bord ihrer Schiffe gingen. Im Norden rauschten Wikinger-Boote von Island nach Grönland, querten die Davis-Straße und landeten in Amerika. Im Süden drangen arabische Karawanen tief nach Innerafrika vor, im Osten überwanden sie in unendlichen Märschen die zentralasiatischen Wüsten.

In Mitteleuropa hatten sich derweil die beim Zusammenbruch der alten universalistischen Welt freigewordenen Individualkräfte zunächst nach innen gewandt, dem Reich Gottes zu. Von Cluny und Lothringen aus setzte um 925 eine Erneuerungsbewegung ein, die zu ungeheuerer Wirkung kam. Aber bald drehten sich diese Antriebe nach außen. Auch die armen heidnischen Völker überall in der Welt sollten des Heils teilhaftig werden: das Forschen und Entdecken war zu einer religiösen Aufgabe geworden.

Man wird es daher kaum für einen Zufall halten können, daß der Kreuzzugsgedanke gerade von einem Anhänger Clunys und auf dem Boden Südfrankreichs ausgesprochen worden ist, in einer Welt, die bei allem kirchlichen Eifer gleichzeitig doch auch im besten Sinne des Wortes ritterlich war. Aber gerade deshalb hat es für Papst Urban II., der 1095 nach dem Abschluß des Konzils von Clermont-Ferrand seinen berühmten Kreuzzugsaufruf erließ, sicher eine erhebliche Überraschung bedeutet, daß sein Gedanke auch von den breiten Kreisen der Bevölkerung aufgenommen und daß aus dem geistlich-ritterlichen Abenteuer eine Massenbewegung voll apokalyptischer Phantastik wurde.

Für die Erweiterung der Erdkenntnis sind die kriegerischen und vielfach sehr blutigen Orient-Fahrten dieser Jahrhunderte von allerhöchster Bedeutung gewesen. Zwar gingen sie nirgendwo über Gebiete hinaus, die Griechen und Römern nicht schon längst bekanntgewesen wären; selbst das, was den Kreuzfahrern als dunkles Gerücht zukam, von arabischen und indischen Händlern, entstammte einer Welt, die der Antike zu Beginn des eben abgelaufenen 1. Jahrtausends unserer Zeitrechnung leidlich vertraut gewesen war. Aber daß nicht der einzelne, daß Tausende und aber Tausende mit dem Orient selbst in Berührung kamen, daß dieser Kontakt breiter Volksschichten mit den Wundern des Ostens über viele Dezennien, ja über Jahrhunderte immer wieder erneuert wurde, das ist der nicht hoch genug einzuschätzende Einfluß der Kreuzzüge auf die Geschichte der Erderforschung.

Wie tief der Eindruck war, den diese enge Berührung zweier so verschiedener Kulturen in Europa hinterließ, zeigt die Unzahl von arabischen Wörtern, die während der Kreuzzugsepoche in die abendländischen Sprachen einsickerten. Anfangs waren es vielfach seemännische Ausdrücke, die man übernahm. Worte wie Admiral, Arsenal, Kabel, kalfatern, Korvette usw. sind arabischen Ursprungs. Dasselbe wiederholte sich bei waffentechnischen Bezeichnungen – manche Waffenarten, wie zum Beispiel die Armbrust, waren vor den Kreuzzügen im Abendland überhaupt noch nicht bekannt –, es setzte sich fort bei Ausdrücken des täglichen Lebens – das Wort Laute als Bezeichnung für ein Saiteninstrument ist beispielsweise arabischer Herkunft, ebenso Ausdrücke wie Alkoven, Sofa, Matratze, Kattun, Samt, Karaffe und so fort –, es steigerte sich schließlich bei Nahrungs- und Genußmitteln, namentlich Gewürzen, die nun in ungeheueren Mengen ins Abendland zu strömen begannen. Bald wäre der Verzicht auf sie nur unter völliger Änderung der Lebensweise möglich gewesen.

Zu den nach Europa exportierten Waren gehörten in erster Linie natürlich Dinge, die Syrien und Palästina selbst hervorbrachten. Das waren vor allem Früchte wie Rosinen, Datteln, Feigen, Zitronen, Orangen, Apfelsinen, Aprikosen, Mandeln, Johannisbrot und ganz besonders Rohrzucker. Von den in Kleinasien heimischen «Spezereien» – ein Sammelbegriff, der sowohl Heilmittel wie Duftstoffe umfaßt – waren Balsam sowie die Harze des Gummibaumes, der Myrrhe und der Terebinthe besonders begehrt. Aus Innerasien und Arabien kamen, meist über Bagdad-Damaskus, Ambra, Aloë und Weihrauch. Aber auch Reis und Mais wurden von den Karawanen mitgebracht und ganz besonders natürlich Pfeffer, Gewürznelken, Kardamom und Muskatnuß.

An industriellen Waren standen Textilien wie Kattun aus einheimischer Baumwolle, Seidengewebe wie Atlas, Musselin oder Damast aus importierten oder im Nahen Osten selbst erzeugten Rohstoffen, Glas, insbesondere Spiegel, die den europäischen Spiegelersatz aus polierten Metallblättern ablösten, und Papier im Vordergrund. Auch Teppiche fanden zu dieser Zeit starkes Interesse, und bald verwendete das Abendland sie ebenso, wie die Kreuzfahrer das bei den Arabern gesehen hatten. Dort waren die Zeltböden mit Teppichen belegt und die Zeltwände mit ihnen behängt. Genauso machte man es auf den Ritterburgen und Schlössern Europas. Auch dort fanden sich nun allenthalben Teppiche, und bei den kalten Steinfußböden und Steinwänden der meist recht kargen ritterlichen Behausungen mag man diese orientalische Neuerung als sehr dankenswert empfunden haben.

Den Löwenanteil an all diesen guten Dingen eines verfeinerten Lebens hatte natürlich der Kaufmann, namentlich der oberitalienische in Genua, Pisa und Venedig, aber auch der oberdeutsche in Augsburg und Nürnberg. Dabei fingen die italienischen Reeder, die das Passagium, die Überfahrt ins Heilige Land, anfangs für sich monopolisiert hatten, einen sehr erheblichen Teil des klingenden, klirrenden Segens ein, den die Kreuzzüge über das Abendland ausschütteten. Der einfache Pilger zahlte für die Hin- und Rückreise nach Syrien immerhin 30 Mark, eine für damalige Begriffe beträchtliche Summe. Der ritterliche Knappe mußte für einen Platz an Deck rund 35 Mark und sein Herr, der Ritter, für einen Platz in der Kajüte 60 Mark erlegen. In der Regel befanden sich tausend bis fünfzehnhundert Fahrgäste auf einem Kreuzfahrerschiff. Der Reeder hatte also einen Umsatz von 30 000 bis 50 000 Mark gemacht, ehe das Schiff überhaupt abfuhr. Natürlich war das Risiko für ihn groß. Man suchte es dadurch zu begrenzen, daß man zum Schutz gegen die Piraten im Konvoi fuhr und meist in Landsicht blieb. So dauerte zwar das Passagium, das entweder im zeitigen Frühjahr begann – so daß die Passagiere zum Osterfest in Jerusalem waren – oder Ende Juni – man war dann Ende August/Anfang September in Palästina –, rund zwei Monate, aber man hatte eher die Aussicht, das Schiff heil zurückzubekommen, als wenn man quer über See gegangen wäre und riskiert hätte, daß der erste beste Sturm den Geleitzug auseinanderblies und den Piraten in die Arme trieb.

Alle italienischen Hafenstädte, ohne Ausnahme, haben in diesen Dezennien den Grund zu ihrem nachmaligen Reichtum gelegt. Immer schon standen sie aktiv im Levante- und Orient-Handel. Das Geschäft aber, das jetzt zu machen war, überstieg alles Dagewesene. Denn es lag ja nicht nur die Passagierfahrt, sondern auch der Nachschub an Waffen, Munition und Lebensmitteln in ihren Händen. Hinzu kam eine Spekulation auf Sicht. Wenn der Kreuzfahrerbetrieb einmal nachlassen sollte, so waren sie es, bei denen das Monopol der Verbindung zum Orient lag. Und sehr bald hatte sich der europäische Lebensstandard so gehoben, daß eine Zurückschraubung der überall gewaltig gesteigerten Ansprüche undenkbar schien.

Wir sind hier auf diese Dinge so ausführlich eingegangen, um deutlich zu machen, welch tiefe Zäsur die Kreuzzüge für die Geschichte Europas bedeuten. Ganz zweifellos liegt hier der Beginn jener Entwicklung, die über Renaissance und Humanismus zur Neuzeit führt. Nicht allein, daß äußerlich ein ganz neuer, den alten patriarchalischen Gewohnheiten fremder Lebensstil entsteht, auch geistig-seelisch ergeben sich viele neue Aspekte. Denn durch den Zusammenprall mit anderen kulturellen, sozialen und zivilisatorischen Gegebenheiten erwächst recht eigentlich erst die Möglichkeit, im Vergleich mit dem so vielfältig Fremden zu sich selbst zu kommen. Primär bezieht sich das natürlich auf das Anderssein orientalischen Lebens; sekundär empfindet aber auch der Franzose, der Deutsche, der Italiener, der Engländer seine nationale Individualität. Der Begriff des «Ich», den die kluniazensische Reform auf geistlichem Gebiet ans Licht gebracht hatte, hier wird er nun weltlich konzipiert.

Das ist auch für unsere Betrachtung wichtig. War man bisher unter sozusagen anonymen Antrieben ausgezogen, die Welt zu entdecken: weil eine göttliche Botschaft es so befahl, wie etwa dem heiligen Brandan, der dabei vielleicht Amerika «vorentdeckte», weil religiöse Unterdrückung das Leben in der Heimat unmöglich machte, wie etwa bei den Juden oder bei den nestorianischen Christen, weil der Gruppeninstinkt es so wollte, wie bei den Wikingern, die, um Holz und andere für ihre Grönland-Siedlungen wichtige Rohstoffe zu holen, nach Vinland fuhren, so scheinen jetzt mehr persönliche Momente wirksam zu werden. Gewiß sind solche gleichsam anonymen Antriebe auch in einer Natur wie etwa Marco Polo noch durchaus lebendig gewesen. Aber man hat doch lebhaft den Eindruck, als wenn in ihm die persönlich-individuelle Komponente viel deutlicher hervortrete als bei seinen Vorläufern. Zweifellos gehört er schon zu den Renaissance-Menschen, die das Abenteuer um des Abenteuers willen suchen, weil es Selbstbestätigung und Selbsterhöhung bedeutet.

3

Wir wissen bereits, daß Marco Polo durchaus nicht etwa der erste war, der seit Beginn der Kreuzzüge weit nach Osten vorstieß. Sicherlich vermochte er seine Reisen besonders weit auszudehnen. Entscheidender war aber doch wohl, daß sie seiner Zeit wichtig und interessant erschienen. Das war etwas durchaus Neues. Gewiß, schon lange vor dem Venetianer hatten die mittelalterlichen Chronisten dieses oder jenes kühnen Reiseunternehmens gedacht. Über trockene, kurze Notizen gingen sie aber selten hinaus. Der Schwerpunkt ihres Interesses lag nämlich auf ganz anderen Gebieten. Daß jemand Expeditionen unternahm, daß er dabei mancherlei seltsame Dinge erlebte und zu berichten hatte, war nicht etwa schon an sich wichtig. Der Wert- und Wichtigkeitsakzent kam vielmehr aus einem kaiserlichen Befehl, aus einem Auftrag des Vatikans, aus der Absicht, eine Reliquie heimzuholen usw.

So erfahren wir etwa um 530 n. Chr. von Kosmas Indikopleustes (Indien-Fahrer), einem ägyptischen Kaufmann, der später Mönch wurde und in einem der Klöster des Sinai lebte, in seiner ‹*Topographia christiana*›, seiner Christlichen Weltbeschreibung, zwar mancherlei höchst krauses Zeug von seiner Überzeugung, daß die Erde eine viereckige Scheibe sei, aber leider nur sehr wenig über seine Reisen und von der Tatsache, daß er in Abessinien, Indien und Ceylon gewesen ist. Ausführlicher wird er lediglich bei seinen Nachrichten über die berühmten Thomas-Christen in Ceylon und Indien, von deren Existenz schon dunkle Nachrichten nach Europa gedrungen waren:

«In Ceylon, einer Insel im Indischen Meer beim diesseitigen Indien, besteht eine christliche Kirche ... wie auch der Male-(Malabar-)Küste, wo der Pfeffer herkommt, und in Kalliana (Kalyana bei Bombay). Der Bischof dort ist von Persien eingesetzt, ebenso der Bischof der Insel Dioskorides (Sokotra), gleichfalls im Indischen Meer. Dort leben griechisch sprechende Menschen, Nachfahren der Ptolemäer, die Alexander von Mazedonien in der Herrschaft folgten; dort befinden sich auch in Persien geweihte Geistliche, die zu der dortigen christlichen Gemeinde entsandt wurden. Zwar bin ich an dieser Insel vorbeigefahren und nicht dort gelandet; deren Bewohnern bin ich aber begegnet, als sie nach Äthiopien kamen. Auch in Baktrien, bei den Hunnen, in Persien, im sonstigen Indien sowie bei den Medern und Elamiten gibt es viele Christen, zahlreiche Mönche und Bischöfe ...»

Dem schließt sich nun freilich ein kurzer Passus über Ceylon an, der deutlich zeigt, daß das einstige Wareninteresse des Kaufmanns hier mit dem abgeklärten, frommen Mönch noch einmal durchgegangen ist:

«Taprobane, die Insel, liegt in der Mitte. Aus allen Gegenden von Äthiopien Indien und Persien kommen Schiffe dorthin, und ebenso gehen eigene Schiffe von dieser Insel in alle Teile der Welt. Von den Ländern der fernsten Himmel, wie z. B. von Tzinitza (China), aber auch aus anderen Gegenden, kommt Seide, dazu Gewürznelken, Aloë und manches andere. All dies geht von hier aus nach Malabar, wo der Pfeffer erzeugt wird, nach Kalliana, mit Export von Sesamöl, Kupfer und Kleiderstoffen, nach Sindhu (an der Indusmündung), nach Persien, dem Yemen und nach Adulis (Zula bei Massaua) am Roten Meer ...»

Auch von Ostafrika wird noch ein wenig erzählt: wieder, weil von kostbaren Handelswaren die Rede ist, von Gold nämlich und von Weihrauch. Aber das bleibt doch nur am Rand, und im Grunde interessiert es auch nur Kosmas selbst. Für seine Zeitgenossen sind seine Reisen, so erstaunlich sie waren, offenbar nicht eben wichtig gewesen. Anscheinend hat sein Buch wesentlich deshalb Interesse gefunden, weil man hier erstmals ausführlich von den zwar als Ketzer geltenden, aber doch als bemerkenswert empfundenen indischen Christen erfuhr.

Lange Zeit hindurch hat das Mittelalter geglaubt, das indische Christentum gehe auf die drei Weisen aus dem Morgenland zurück, die zu Jesu Geburt nach Bethlehem gekommen und später in ihre östliche Heimat zurückgekehrt seien. Das ist natürlich frommer Aberglaube. Denn tatsächlich hat es sich, wie Kepler bereits zu Anfang des 17. Jahrhunderts vermutete, bei diesen angeblichen Königen aus dem Morgenland wohl um jüdische Astronomen aus Babylon gehandelt. Man weiß, daß es in Sippar bei Babylon eine alte Astronomenschule gab, und es ist durch einen zufällig überlieferten Keilschrifttext bekannt, daß die berühmte Konjunktion von Saturn und Jupiter aus dem Jahre 7 v. Chr. in Sippar beobachtet worden ist. Nun galt der Saturn in der Astronomie Babylons von alters her als besonders bedeutungsvoll für die Westländer Syrien und Palästina; möglicherweise hing das mit altjüdischen Überlieferungen zusammen, nach denen der Saturn der Stern Israels war. Die Konjunktion eines so schicksalhaften Gestirns mit dem königlichen Planeten Jupiter mußte von den frühen Astronomen als ein Ereignis von höchster Wichtigkeit angesehen werden. Es ist also sehr verständlich, daß einige jüdische Astronomen, die das erste Zusammentreten der beiden großen Planeten am 12. April des Jahres 7 v. Chr. beobachtet hatten, den Entschluß faßten, selbst nach Syrien zu reisen. Nach der Engstellung der beiden Gestirne am 12. April wurden sie Anfang Oktober und Anfang Dezember noch einmal so nahe beieinander sichtbar, daß sie fast wie *ein* Stern ausgesehen haben müssen. Und so läßt Matthäus denn seine Weisen auch fragen: «Wo ist der neugeborene König der Juden? Wir haben seinen Stern gesehen im Morgenland und sind gekommen, ihn anzubeten.»

Dies ist die Geschichte der drei Weisen aus dem Morgenland, und tatsächlich hat das asiatische Christentum mit diesen drei «Weisen» nicht das geringste zu tun. Vielleicht sind Juden die ersten Träger der Idee des Christentums gewesen, vielleicht auch jene zahlreichen Flüchtlinge, die während der frühen Christenverfolgung in die Randgebiete des römischen Imperiums auswichen. Jedenfalls hat schon um 170 n. Chr. am Tigris eine «wohlorganisierte Christengemeinde» bestanden, wie Richard Hennig berichtet, und auf diesem Unterbau ist während des 5. Jahrhunderts dann in Persien eine regelrechte nestorianische Reichskirche errichtet worden.

Das indische Christentum dagegen geht wohl auf einen christlichen Missionar namens Pantaenus von Alexandrien zurück, der um 200 n. Chr. in Indien weilte. Erst während des 8. Jahrhunderts tauchte nämlich in Europa die Version auf, es sei dem Apostel Thomas im Jahre 52 n. Chr. gelungen, nach Indien zu entkommen, die drei Weisen aus dem Morgenland aufzufinden und sie durch die Taufe dem christlichen Glauben zu gewinnen. Nach des Apostels Thomas Tode sei ihm sein Begleiter, Jakob von Antiochia, als Patriarch von Indien gefolgt. Er habe aus Gründen dankbarer Pietät den Namen Thomas angenommen, und seitdem würden alle indischen Patriarchen Thomas genannt. Zweifellos ist dies eine fromme Legende, schon deshalb, weil das Malabar-Christentum viel älter war als diese Legende, und in Wirklichkeit leitet sich der Begriff «Thomas-Christen» wohl von einem reichen indischen Kaufmann namens Mar Thomas her, von dem überliefert ist, daß er den Malabar-Christen große Besitztümer überschrieb. Aller Wahrscheinlichkeit nach sind auch die Thomas-Christen Nestorianer gewesen. Gegen Ende des 8. Jahrhunderts haben sie, wie wir wissen, einen eigenen Metropoliten erhalten, und bald darauf entwickelte sich aus dieser hierarchischen eine profane Organisation: ein christlicher Staat mit Königen an seiner Spitze, den sogenannten Tamutiri.

So wie Kosmas nur aus ganz bestimmten Gründen für seine Umwelt wichtig gewesen ist, nicht einfach bloß seiner Reisen wegen, so hören wir auch von einem anderen Mönch, dem Iren Fidelis, der zwei Jahrhunderte später gen Süden fuhr, nur höchst beiläufig und sozusagen in Nebensätzen. Die über diesen Reisenden vorhandenen Nachrichten verdanken wir dem irischen Geographen Dicuilus, der, am Hof Karls des Großen lebend, um 825 eine umfängliche Geographie verfaßte. Darin erzählt er von einem Mönch, der um 750 bei einer Wallfahrt nach Jerusalem zum Nilland weitergereist und der dann durch einen Kanal vom Nil ins Rote Meer gelangt sei:

«Zwar habe ich nirgends bei einem Chronisten gefunden, daß ein Arm des Nils sich ins Rote Meer ergieße, doch hat dies Frater Fidelis erzählt und in meiner Gegegenwart bestätigt. Nach seiner Darstellung sind sowohl Kleriker wie Laien, die als Wallfahrer nach Jerusalem gekommen sind, weiter zum Nil gereist. Dann hätten sie auf dem Nil liegende Schiffe bestiegen und seien zu dessen Mündung ins Rote Meer gelangt . . .»

Dicuilus konnte nicht, wie wir, wissen, welche Bewandtnis es mit der unbekannten Mündung des Nils ins Rote Meer habe, daß es sich dabei um einen Kanal handelte, und welche Abkürzung dieser Kanal für die Indien-Fahrt bedeutete. Tatsächlich hat der von Negrelli und Lesseps, den Erbauern des Suezkanals, in der Mitte des vorigen Jahrhunderts konzipierte Plan einer Kanalverbindung zwischen dem Mittelmeer und dem Roten Meer auf uralten Vorbildern beruht. Denn die erste künstlich geschaffene Verbindung zwischen diesen beiden Meeren geht – zunächst freilich auf dem Umweg über den Nil – bereits auf Ramses II., den Großen, und auf das 13. Jahrhundert vor unserer Zeitrechnung zurück. Allmählich fressen Wüste und Sand das gewaltige Bauwerk auf. Siebenhundert Jahre darauf, gegen 600 v. Chr., läßt Pharao Necho den Kanal erneuern. Herodot hat davon als von einem wunderbaren, großartigen Bauwerk berichtet: «Dieser Kanal», schreibt er, «ist so lang, daß die Durchfahrt vier Tage erfordert. Und so breit ist er, daß er zwei Triremen nebeneinander aufzunehmen vermag. Das Wasser wird vom Nil hergeleitet, 120 000 Ägypter gingen bei der Arbeit an diesem Werk zugrunde.»

Hundert Jahre später wird der Schiffahrtsweg vom Perserkönig Darius ausgebessert und erweitert. Eine Keilinschrift aus dem 5. vorchristlichen Jahrhundert bezeugt das. Nach den auf uns überkommenen Resten ist der Kanal 45 m breit und gegen 6 m tief gewesen. Seine Ufer waren mit Quadern vermauert. Dann tritt Stille ein. Ein halbes Jahrtausend danach hören wir von Plutarch, nach der Schlacht von Aktium hätte Kleopatra versucht, ihre Flotte über die Landenge zu befördern und im Roten Meer zu versammeln. Doch das Werk mißlingt, weil offenbar nur noch kleine Teile des Kanals benutzbar sind. Aber den römischen Geographen der Kaiserzeit ist es durchaus bekannt, daß einmal eine schiffbare Verbindung zwischen den Meeren bestanden hat. Amnis Trajanus, den Trajansfluß, nennen sie den Suezkanal, und daraus ist gefolgert worden, Trajan habe ihn wieder schiffbar gemacht. Anderweitig ist davon aber nicht das geringste überliefert, man wird wohl annehmen müssen, daß es beim Versuch geblieben ist. Um die Mitte des 7. Jahrhunderts wird der Kanal vom Kalifen Omar nach der Eroberung Ägyptens wiederhergestellt, und mehr als hundert Jahre wird er nun, immer noch als Verbindungsweg zwischen Nil und Rotem Meer, von arabischen Schiffen benutzt. Zumeist sind es wohl Kriegsschiffe, die ihn passieren. Denn natürlich waren es militärische Gründe, die es dem Kalifen Omar nahelegten, eine schnelle Verbindung zwischen Arabien und Ägypten zu schaffen. Aber es müssen doch auch Handels- und Passagierschiffe hier verkehrt haben. Denn zweifellos hat Fidelis ihn in dieser Zeit durchfahren. Um 770 läßt dann der abassidische Kalif Abu Dschafar, der in Bagdad residiert, das gewaltige Bauwerk auf weite Strecken hin zuschütten, um südarabischen Aufständischen den Wasserweg nach Ägypten zu verlegen.

Wieder tritt ein langes Schweigen ein. Noch gegen Ende des 15. Jahrhunderts sind aber von dem alten Kanal deutlich sichtbare Spuren vorhanden. Als Mönche und Laienbrüder im Auftrag des Papstes um 1484/85 nach Abessinien reisen, sehen sie staunend die vom Sand verdeckten Reste.

«Am zweiten Tage nach unserer Abreise von Kairo», berichtet einer dieser geistlichen Herren, ein gewisser Battista d'Imola, «erreichten wir das Rote Meer, und am Tage darauf überschritten wir einen breiten Graben. Diesen ließ Sesostris, König von Ägypten, ausheben, dann Darius von Persien und Ptolemäus: hundert Fuß breit, das heißt fünfunddreißig Schritt, und dreißig Fuß tief, verband er das Rote Meer mit dem Mittelmeer. Aber da der Indische Ozean einen höheren Spiegel hat als das Mittelmeer, wollten diese Könige den Kanal nicht fertigstellen. Denn die Verbindung der beiden Meere hätte ganz Ägypten unter Wasser gesetzt. Noch jetzt erfüllen einen die davon übriggebliebenen Spuren mit Staunen, wenn auch der vom Samum herangeführte Sand den Graben an bestimmten Stellen zur Hälfte wieder zugeschüttet hat.»

Zweihundert Jahre darauf, 1671, liegt auf dem Arbeitstisch Ludwigs XIV. von Frankreich ein schmales Aktenstück. In zierlicher Hofschrift trägt es auf der ersten Seite den seltsamen Titel: ‹*Consilium Aegyptiacum*›, Ägyptischer Ratschlag. Es stammt von Leibniz, dem berühmten deutschen Mathematiker und Philosophen. Und weil der Mann im fernen Hannover so groß ist, daß auch die Höflinge in Versailles seinen Namen kennen, haben sie nicht gewagt, diese Akte dem König vorzuenthalten: trotzdem sie so ganz und gar verrückt ist wie alles, was sich diese Deutschen ausdenken:

«Sire,
der Ruf der Weisheit, den Ew. Majestät sich erwarben, ermutigt mich, Ihnen die Ergebnisse meiner Betrachtungen über ein Projekt vorzulegen, das nach dem Urteil zahlreicher hervorragender Männer zu den denkbar größten und am leichtesten zu verwirklichenden zählt. Ich meine damit die Eroberung Ägyptens ... Der Besitz Ägyptens würde Frankreich eine rasche Verbindung zu den reichsten Ländern des Orients eröffnen. Er würde den Handel Indiens an Frankreich fesseln und großen Führern die Straße zu weiteren Eroberungen auftun, würdig eines Alexander ...»

So steht es in diesem ‹*Consilium Aegyptiacum*›. Kein Wort natürlich von einem Kanal zwischen Mittelmeer und Rotem Meer, und zweifellos gehört der große Hannoveraner nicht zu den Vätern des Suezkanals wie Ramses II. und Darius. Aber auch kein Zweifel, daß Frankreich als erstes sich damit beschäftigt hätte, eine solche schiffbare Verbindung zwischen den beiden Meeren herzustellen – wenn es nämlich nach Ägypten gegangen wäre!

Aber es geht nicht nach Ägypten, es fällt vergeblich und erfolglos in den Niederlanden ein, und die Denkschrift von Leibniz wird in den Archiven Ludwigs XIV. abgelegt.

Dort findet sie Napoleon I. Dem großen korsischen Staatsmann leuchten die Vorschläge des großen deutschen Philosophen ein, 1799 bricht er zur Eroberung Ägyptens auf, und wenig später steht er selbst vor den noch immer deutlich erkennbaren Resten jener uralten künstlichen Wasserstraße, die den «Wall zwischen dem Roten und dem Mittelmeer» durchbricht. «*Messieurs, voilà*: der Kanal der Pharaonen!»

Aber seine Ingenieure, geführt von dem Chefkonstrukteur Lepère, melden schwere Bedenken an. Wie zweitausendfünfhundert Jahre vor ihnen die Baumeister Ramses' des Großen, wie späterhin die Gelehrten des Mittelalters, glauben sie, der Spiegel des Roten Meeres liege höher als der des Mittelländischen Meeres, und da sie diese Niveaudifferenz auf 10 cm veranschlagen, ist ihrer Ansicht nach ein kunstvolles System von Schleusen notwendig, um zu verhindern, daß der Indische Ozean ins Land bricht und daß ganz Ägypten überflutet wird. Dies melden sie Bonaparte.

Genauso lauten auch die Gutachten, die sie der Presse zur Veröffentlichung übergeben. Und dem Publikum leuchtet das ein. Auch Napoleon glaubt daran. Nur einer glaubt nicht daran, und das ist der große französische Physiker und Mathematiker Laplace, der haarscharf nachweist, all dies sei Unsinn, und es gebe keine Niveaudifferenz der Meere. Aber niemand hört auf ihn. Seit fast zweitausendfünfhundert Jahren «weiß» man, daß der Spiegel des Roten Meeres höher liegt. Da haben logisch-physikalische Überlegungen kein Gewicht.

Der Suezkanal wird also nicht gebaut. Goethe, der schon 1827 zu Eckermann äußerte, «es wäre wohl der Mühe wert», noch fünfzig Jahre länger zu leben, um den Durchstich durch die Landenge zwischen den Meeren Europas und Asiens mit eigenen Augen zu sehen, ist längst gestorben, als der erste Spatenstich an dem großen Werk getan wird. Auch der allmächtige österreichische Staatskanzler Fürst Metternich, dessen Tatkraft 1846 die Gründung einer Studiengesellschaft des Suezkanals durchsetzt, ist tot, als 1869 der Kanal eröffnet wird. Tot ist auch der Ingenieur Negrelli, auf dessen Berechnungen und technischen Vorschlägen das großartige Bauwerk beruht, tot sind Hunderttausende ägyptischer Arbeiter, die in der Wüste umkamen. Aber der Kanal ist da, und Jahr um Jahr erhalten die Aktionäre der Compagnie universelle du canal maritime de Suez gewaltige Dividenden, gewissermaßen als Bestätigung jenes seltsamen Orakelspruchs, den die Priester Pharao Necho kündeten: «Laß ab, o Herr, von diesem Plan. Wenn du ihn durchführst, so wirst du nicht Ägypten, sondern habgierigen Barbaren dienen!»

Zur gleichen Zeit, in der Kosmas und Fidelis in den Nahen Osten und nach Indien fuhren, sind aber schon Reisen vollbracht worden, die das abendländische Maß gesprengt haben. Denn aus der Epoche des oströmischen Kaisers Justinian (527 bis 565 n. Chr.) ist überliefert, daß zwei christliche Mönche in Byzanz eintrafen, die aus dem fernen Ostland Serinda kamen und die wichtige Geheimnisse von dort mitbrachten. Und nun erzählen uns die alten Bücher von einem hübschen Stückchen frühmittelalterlicher Wirtschaftsspionage und von wirtschaftspolitischen Auseinandersetzungen zwischen den großen Mächten jener Zeit, die ganz den Auseinandersetzungen entsprechen, welche heutzutage um Öl und Uran geführt werden.

Natürlich ging es damals nicht um diese stinkenden oder heimtückisch brennenden Stoffe, mit denen die Menschheit noch nichts anzufangen wußte, sondern um Seide. Alle Welt nämlich trug Seide. Könige, Herzöge, Bischöfe, die reichen Kaufleute, die großen Gelehrten, alle waren sie in Seide gekleidet, ihre Frauen prangten in den raffiniertesten Seidenstoffen, und es gab keinen anspruchsvollen Haushalt, in dem dieses wunderbare Gewebe nicht eine gewichtige Rolle gespielt hätte. Schon im Rom der ersten Kaiser führte der Seidenluxus der Großstädte zu einer sehr schweren Gefährdung der abendländischen Handelsbilanz gegenüber dem Osten. Inzwischen hatte sich das Problem noch verschärft, weil die Kirche als ein ungeheuerer Seidenverbraucher auf dem Plan erschienen war. Namentlich die oströmischen Kirchen starrten von Seide.

Nun wäre das alles nicht so schlimm gewesen, wenn die seinerzeit von den chinesischen Kaisern eröffneten Seidenstraßen, die quer durch Asien liefen, gangbar geblieben wären. Aber um 130 n. Chr. wurde das Tarim-Becken in Zentralasien durch den Einfall wilder hunnisch-mongolischer Völker unpassierbar, und der daraufhin eingerichtete Seidenseeweg zur westlichen Welt endete bei den Parthern und bei deren Macht- und Rechtsnachfolgern, den persischen Sassaniden. Parther und Perser begriffen sofort, welch ein Monopol damit in ihre Hand gelegt worden war, beide Völker bemühten sich nach Kräften, daraus soviel Kapital wie möglich zu schlagen, und während ein Kilo Seide zur Zeit des römischen Kaisers Aurelian um 275 n. Chr. mit etwa viertausend Mark bezahlt wurde, kostete dasselbe Quantum unter Justinian um 550 n. Chr. rund dreizehntausend Mark.

Das war natürlich bitter. Hinzu kam noch, daß zwischen Byzanz und den Persern mancherlei politische Meinungsverschiedenheiten bestanden. Griff man zur Waffe, um sie auszutragen, dann stockte die Seidenzufuhr natürlich völlig, und nicht nur Justinians Frau und Tochter, sondern, was viel schlimmer war, auch seine Bischöfe und Patriarchen lagen dem Kaiser mit sehr lästigen Klagen im Ohr.

Die Lage war schwierig. Justinian versuchte, ihr durch ein großangelegtes wirtschaftspolitisches Umgehungsmanöver zu begegnen. Von alters her, das heißt etwa seit dem frühen 4. Jahrhundert, bestanden zwischen Byzanz und dem christlichen Reich Axum, das etwa dem heutigen Nordabessinien entspricht, sehr enge politisch-diplomatische Beziehungen. Klug und energisch hatten sich die christlichen Könige von Axum allmählich an das Rote Meer vorgearbeitet, und lange Zeit vermochte ihr Hafen Adulis, das heutige Zula südlich von Massaua, sogar den Glanz und die Bedeutung des mächtigen alten Alexandrien zu verdunkeln. Sogar nach Arabien waren die Herrscher von Axum hinübergegangen, und etwa seit 520 gehörte das Reich der Himjariten, das heutige Südarabien mit dem Yemen, unbestritten zum Machtbereich der Axumiten. Von dort, aus Südarabien, kamen aber seit Urzeiten die besten Seeleute und Matrosen des Indischen Ozeans. Wie, wenn man sich mit deren Hilfe den Seidenhandel in die eigene Hand spielte? Wenn Byzanz selbst Schiffe nach Ceylon, der damaligen Weltbörse des Seidenhandels, schickte und Parthern wie Persern das Nachsehen ließ? Natürlich würde Justinian Axumiten und Himjariten erhebliche Provisionen zahlen müssen. Trotzdem müßte es ein ausgezeichnetes Geschäft werden, wenn man die persischen Handelshäuser mit ihrer frechen Profitgier an die Wand quetschte!

Gedacht, getan! Um 535 schickt Justinian einen seiner besten Diplomaten, den Admiral Nonnosos, nach Axum und in den Yemen. Auf beiden Seiten des Roten Meeres leuchtet das vorgeschlagene Geschäft ein, die Partner sagen nach langem Feilschen um die Provisionssätze schließlich ja, alle notwendigen Vorbereitungen werden getroffen, um mit dem nächsten Monsun nach Ceylon gehen zu können – da stellt sich plötzlich heraus, daß nicht die Perser, sondern daß Justinian und seine Geschäftsfreunde das Nachsehen haben: irgendwie muß es den Persern gelungen sein, Vertrauensleute in die Gremien von Reedern, Seidenkaufleuten und Finanziers zu entsenden, die in Byzanz, in Adulis und im Yemen verhandelten. Als nämlich die Schiffe der Himjariten in Ceylon eintreffen, da gibt es dort auch nicht eine Elle Seide mehr. Die Perser sind früher aufgestanden, ihre Beauftragten haben einfach die ganze Produktion aufgekauft, haben die Lagervorräte en bloc übernommen, und die Kapitäne aus Yemen müssen fluchend zusehen, wie Ballen um Ballen des köstlichen Stoffes in fremden Schiffen verstaut wird.

Eben in diesem Moment erscheinen in Byzanz, wie Prokopios, der bedeutendste Historiker der frühbyzantinischen Zeit, überliefert hat, zwei christliche Mönche, die lange in Serinda gelebt haben und die das Geheimnis der Seide kennen. «Auf die wiederholten Fragen, was es eigentlich für eine Bewandtnis mit der Seide habe, erzählten die Mönche dem Kaiser, der Erzeuger dieses Stoffes sei eine bestimmte Art von Würmern, deren Natur es wäre, sich unablässig der Produktion von Seide hinzugeben.» Die beiden Mönche fügten hinzu, sie sähen nicht ein, weshalb die Würmer ihrer Tätigkeit nicht auch im Römischen Reich nachgehen würden. Man müsse sie nur erst aus Serinda holen. «Lebendig ließen sie sich nicht herbeischaffen. Aber die Würmer könne man rasch haben, denn die Eier jeder einzelnen Generation wären zahllos.»

Natürlich war Justinian von diesen Mitteilungen höchst angetan. Prompt schickte er die beiden Mönche nach Serinda zurück – wir wissen nicht ganz genau, wo dieses Land gelegen haben mag, aber es wird sich wohl um die Oase Khotan im südwestlichen Sinkiang gehandelt haben, in der der Seidenbau zweihundert Jahre vorher eingeführt worden war –, und einige Jahre später waren die beiden geistlichen Herren und Schmuggler wieder da. Und in ihren hohlen Wanderstöcken hatten sie zahlreiche Eier der Seidenraupe versteckt. «Diese verwandelten sich», wie Prokopios berichtet, «durch eine Neugeburt in Würmer, die auf den Blättern von Maulbeerbäumen lebten. Und seitdem begann man im Römischen Reich mit der Herstellung von Seide.» Das geschah vor allem in Griechenland, insbesondere auf dem Peloponnes. Seiner vielen Maulbeer- und Seidenbaufarmen wegen hieß er das ganze Mittelalter hindurch Morea, von Morus alba, dem Maulbeerbaum.

4

Schon diese Berichte zeigen deutlich, daß es nicht etwa der Kreuzzüge bedurft hat, um Pilgerfahrten oder Reisen zum Osten in Gang zu setzen. Namentlich zum Heiligen Grab in Jerusalem sind zu allen Zeiten, zwar vereinzelt, aber doch immer wiederholt Wallfahrten unternommen worden. Lange Jahrhunderte hindurch, auch noch unter arabischer und türkischer Herrschaft, ist diese Reise, abgesehen von gelegentlichen Überfällen durch Räuberbanden und den üblichen Zollschikanen, nicht beschwerlicher oder gefährlicher gewesen als andere Reisen auch. Zwischen Karl dem Großen und Harun al Raschid kommt es Ende der neunziger Jahre des 8. Jahrhunderts und zu Beginn des 9. Jahrhunderts sogar zum Austausch regelrechter Gesandtschaften und zur Anbahnung freundlicher Beziehungen. Es versteht sich, daß diese diplomatischen Höflichkeiten sich auch auf das Tagesgeschehen ausgewirkt haben. Die Reisemöglichkeit ins Heilige Land scheint dadurch so erleichtert worden zu sein, daß es sich offenbar gelohnt hat, regelrechte Reisehandbücher herauszubringen. Die Peregrinatoren, eine Zunft von Schriftstellern, die sich mit der Abfassung solcher «Baedeker» befaßte, haben sich anfangs auf die bloße Angabe von Reiserouten, Entfernungen, Unterkunftsmöglichkeiten, Zöllen und Abgaben beschränkt. Später werden diese meist sehr knappen Bemerkungen durch kurze Angaben über Land und Leute, über Sehenswürdigkeiten, Kuriosa und geographische Besonderheiten erweitert, und es entstehen so Werke, die mit unseren Reisehandbüchern recht viel Ähnlichkeit haben.

Das klingt überraschend. Tatsächlich wird damit aber nur auf einen sehr alten Brauch zurückgegriffen. Reisehandbücher, eines sogar für Reisen nach China – leider hat es sich nicht erhalten –, hat es nämlich bereits im Altertum gegeben. Anscheinend ist die Antike eine recht reiselustige Zeit gewesen.

Immer wieder findet man beispielsweise an den Gräbern der alten ägyptischen Pharaonen Kritzeleien antiker Vergnügungsreisender, die staunend vor den Pyramiden standen und die dann rasch ihren Namen auf irgendeine Quader malten. Von Troja, das bekanntlich als Mutter-

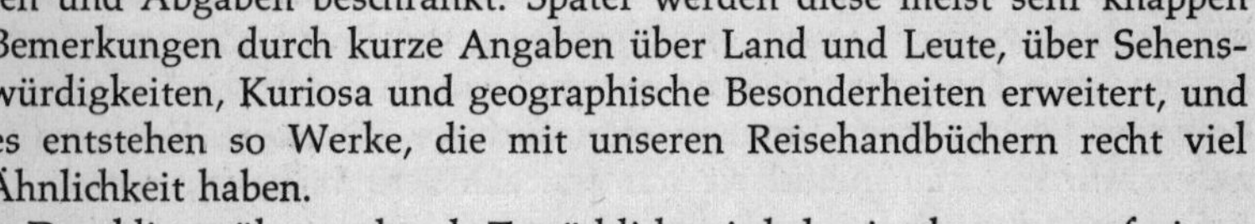

60. Griechische Söldner des Pharao Psammetich II. ritzten um 590 v. Chr. diese unbeholfene Inschrift in den Unterschenkel eines der Kolosse von Abu Simbel in Nubien.

stadt Roms galt, und von Athen wissen wir, daß es dort Fremdenführer gab und daß die Reiseandenken-Industrie geblüht hat. Und der Großindustrielle Flavius Zeuxis aus der phrygischen Stadt Hierapolis, der zur Zeit der ersten römischen Kaiser lebte, hat in seiner Grabinschrift ausdrücklich bekundet, er sei zweiundsiebzigmal nach Italien gereist. Für einen einfallsreichen Kopf muß es bereits vor zweitausend Jahren nahegelegen haben, das Reisehandbuch zu «erfinden». Das ist denn auch geschehen, und der berühmteste dieser alten «Baedeker» ist das zehnbändige Griechenland-Reisebuch des Pausanias, das um 200 n. Chr. herauskam. Von ihm führt eine lange, nie ganz abgerissene Kette von Büchern dieser Art bis zu unseren Tagen.

Mit den Kreuzzügen beginnt die Sphinx Asien allmählich bekannter und hinter den Sandschleiern ihrer großen Wüsten sichtbarer zu werden. Schon damals gilt dieser riesige Erdteil als das Land magischer Wunder und zauberischer, mit der Ratio nicht erklärbarer Dinge. Die mit den Kreuzzügen erfolgende Verbreitung orientalischer Sagen und Märchen in der Dichtung des Abendlandes, die Übernahme zahlreicher indischer Legendenstoffe, das Auftreten von Löwen, Schlangen, Zauberern, Weisen und Seefahrern, wie etwa des Sindbad, machen die erschrocken-erstaunte geistige Haltung des Europäers gegenüber dieser rätselhaften fremden Welt deutlich. Als dann das Vorhandensein starker christlicher Einflüsse auf den Islam festgestellt wird, als aus Indien, Persien, Abessinien und anderen fernen Ländern christliche Jerusalem-Pilger ins Heilige Land kommen, ist es nur noch ein Schritt bis zur Entstehung jenes halb christlichen, halb magischen Mythos, demzufolge in den ungeheueren Bergen und den riesigen Wüsteneien Innerasiens ein geheimnisvoller Priesterkönig Johannes lebe. Nach Christi Kreuzestod habe er, «der den Tod nicht gesehen» und der sowohl mit dem Täufer Johannes wie mit Jesu Lieblingsjünger in Zusammenhang gebracht wird, sich unerkannt nach Asien begeben und dort, von Alter und Tod unan-

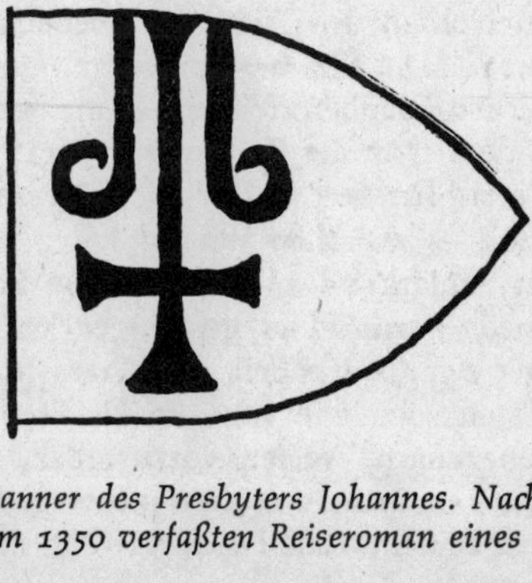

61. Das angebliche Banner des Presbyters Johannes. Nach dem «libro del conoscimiento», dem um 1350 verfaßten Reiseroman eines spanischen Mönches.

gefochten, ein ungeheueres christliches Reich begründet, dessen königlicher Herr und oberster Priester er sei.

Vorbereitet wurde das Aufkommen dieser Fabel dadurch, daß im Jahre 1122 bei Papst Calixtus II. in Rom ein angeblicher Bischof Johannes, Patriarch von Indien, erschien, der mancherlei Wunderbares zu erzählen hatte. Recht eigentlich aufgebracht hat diese Legende aber ein sehr kluger, gelehrter Mann, Bischof Otto von Freising nämlich, einer der berühmtesten Geschichtsschreiber des Mittelalters. Dieser Otto von Freising wurde im Herbst 1145 zu Konferenzen mit Papst Eugen III. nach Viterbo in Italien berufen, und während seines Aufenthalts am päpstlichen Hof lernte er dort den Bischof von Antiochia in Syrien kennen. Dieser Kirchenfürst, so hat es Otto von Freising der Nachwelt überliefert, habe ihm erzählt, daß vor wenigen Jahren ein gewisser Johannes, der noch hinter Persien und Armenien im äußersten Osten wohne, der König und Priester zugleich sei und der mit seinem Volk dem christlichen Glauben zugehöre, die Könige der Perser und Meder bekriegt und die Stadt Egbattana, den Sitz ihrer Herrschaft, erobert hätte. Das klingt nun reichlich märchenhaft, aber die Nachricht von einer großen, im Osten geschlagenen Schlacht wird auch von arabischen Quellen, und zwar für das Jahr 536 nach der Hedschra (1141), bekundet. Damit darf als erwiesen gelten, daß das von Otto von Freising erzählte Hauptereignis, die große Schlacht im Osten, auf Wahrheit beruht. Es liegt nahe, zu folgern, daß auch die mit diesem Hauptereignis unmittelbar zusammenhängende Nachricht, der Führer des siegreichen Heeres sei Christ gewesen, etwas für sich hat.

Wer war nun dieser Priester Johannes? Die Antwort auf diese Frage steht wohl nicht endgültig fest. Möglich, daß die Priesterkönige der Thomas-Christen das Vorbild des Priester-Johannes-Mythos waren, möglich, daß sich diese Legende auf die christlichen Herrscher Abessiniens bezog, möglich auch, und dies liegt wohl am nächsten, daß darunter Yi-lü-ta-schi, der Häuptling der Khara-Kitai, eines zu Beginn des 12. Jahrhunderts im Norden des Tien-schan beheimateten Turkvolkes, verstanden werden muß. Die Khara-Kitai bekannten sich teilweise zum nestorianisch-christlichen Glauben, teilweise zum Buddhismus. Auch ihr König Yi-lü-ta-schi, dem es in der Zeit zwischen 1125 und 1144 gelang, ein großes Reich zu errichten, soll Nestorianer gewesen sein.

Im Jahre 1141 kam es zwischen ihm und den mohammedanischen Seldschucken unweit Samarkand zu einer großen Schlacht, bei der die Anhänger Mohammeds vernichtend geschlagen wurden. Ganz Turkestan stand nun unter der Oberhoheit der Khara-Kitai, und ihr König soll im Begriff gewesen sein, wie vor ihm die Hunnen und nach ihm Dschingis-Khan, weiter nach Westen vorzustoßen. Daraus ist irgendwelcher uns unbekannter Gründe wegen nichts geworden. 1144 starb Yi-lü-ta-schi, und mit seinem Tode brach das von ihm geschaffene Riesenreich lautlos in sich zusammen, so wie die Reiche eines Cyrus und Darius, die Großstaaten der Hunnen, die Imperien der Türken, der persischen Sassaniden und der Mongolen schließlich wie Blasen zerplatzten.

Wie gesagt: es steht durchaus nicht fest, ob dieser angeblich christliche, vielleicht auch buddhistische Turkkönig tatsächlich das Urbild der Priester-Johannes-Legende gewesen ist. Möglich könnte das insofern sein, als die Nachricht von einer schweren Niederlage des Islam durch einen christlichen Großkönig zu einer Zeit in Europa eingetroffen ist, als die Araber nach den Erfolgen des ersten Kreuzzugs eben zu wuchtigen Gegenschlägen gegen die abendländischen Invasionstruppen angesetzt haben. Am ersten Weihnachtstag des Jahres 1144 wird Edessa von den Mohammedanern zurückerobert: das ist ein schmerzlicher Verlust, und bei den sehr unliebsamen Zuständen im Heiligen Land scheint das der Auftakt zu weiteren schweren Schlappen. Als wenig später die ersten dunklen Gerüchte, dann deutlichere Nachrichten von der Schlacht von Samarkand nach Europa gelangen, macht die Annahme, ein christlicher Herrscher im fernen Asien habe die gefürchteten und bewunderten Anhänger des Propheten vernichtend geschlagen, dort natürlich tiefen Eindruck. Der ferne, fremde Großherr, dem das gelungen ist, scheint wie von Gott selbst gesandt, und so mag sich aus Verzweiflung und Hoffnung die Priester-Johannes-Legende gebildet haben.

In diese Situation, die nach dem erfolglosen Ausgang des zweiten Kreuzzugs von 1147 und 1148 noch bedenklicher geworden ist, platzt nun eine Sensation ersten Ranges, die zu ihrer Zeit die Kanzleien aller hohen Herren dieser Welt in Aufregung brachte: Manuel I., Kaiser von Byzanz, Friedrich Barbarossa, Kaiser des Heiligen Römischen Reiches Deutscher Nation, und der Papst erhalten Briefe des Priesterkönigs Johannes! Ungewöhnlich hochfahrende, ungewöhnlich anmaßende Briefe! Denn den obersten Vertretern der drei damaligen Weltmächte wird hier höchst massiv bescheinigt, daß ihre Macht und ihr Reichtum armselig seien gegenüber der totalen Vollkommenheit des Priesters Johannes:

> «Wenn Du, Manuel, aber Meine Größe und Vorzüglichkeit wirklich erkennen und wenn Du wissen willst, wo auf Erden Unsere Allmacht herrscht, so mußt Du einsehen und ohne jeden Zweifel glauben, daß Ich, der Presbyter Johannes, der Herr der Herrscher bin und daß Ich alle Könige der gesamten Erde an Reichtum, Gnade und Allmacht übertreffe. Allein zweiundsiebzig Könige sind Uns tributpflichtig.»

In diesem Stil geht es nun viele Seiten fort. Der Presbyter Johannes schildert ausführlich die Wunder seines Landes, die ungeheuere Menge Gold und Edelsteine in den Flüssen, die Pracht seines Herrscherpalastes, die Fruchtbarkeit seiner Äcker und Gärten – aber er schildert auch, daß es in seinem Reich keinen Krieg gebe, keinen Privatbesitz und daher keine Armut, und zum Schluß betont er, daß er trotz seiner unendlichen Vollkommenheit vor Gott nur ein einfacher, demütiger Priester sei:

«Weshalb nun Unsere Ehrwürdigkeit mit keinem würdigeren Namen als dem eines Presbyters genannt zu werden erlaubt, wird Deine Klugheit nicht verwundern. Wir haben an Unserem Hofe viele Ministerialen, die höhere geistliche Ämter und Würden innehaben. Unser Truchseß z. B. ist Primas und König, Unser Mundschenk König und Erzbischof, Unser Kämmerer Bischof und König, Unser Marschall König und Archimandrit, Unser Küchenmeister König und Abt. Und deshalb kommt es Unserer Hoheit nicht zu, sich mit den gleichen Namen zu nennen und die gleichen Rangstufen zu tragen, von denen Unser Palast überquillt. Unsere Erhabenheit zieht es deshalb vor, aus Demut mit einem geringeren Namen und Amt bezeichnet zu werden.»

Was es mit diesem seltsamen Schreiben wirklich auf sich hat, ist ungeklärt geblieben. In der Regel hat man gemeint, es habe sich dabei um die Mystifikation eines Wahnsinnigen gehandelt. Vor einigen Jahren wurde dann mit einleuchtenden Gründen die Ansicht vertreten, diese Allerweltserklärung reiche nicht aus, es handle sich bei diesem geheimnisvollen Dokument vielmehr um eine politische Utopie, deren Sinn es gewesen sei, den hohen Herren ihrer Zeit einen Spiegel vorzuhalten. Dabei sei die Phantastik der Darstellung ebenso wie der hochmütige Ton des Schreibens nichts als ein Kunstgriff: beide darauf abgestellt, dem Brief zu publizistischer Wirksamkeit zu verhelfen.

In der Tat ist der angebliche Brief des Presbyters Johannes in sämtliche europäischen Sprachen übersetzt worden, und zweifellos hat der unbekannte Verfasser dieses merkwürdigen Schriftstücks so die Möglichkeit gehabt, vor dem Forum des Abendlandes auf die Schäden und Beschwernisse seiner Epoche hinzuweisen, in den Grundzügen ähnlich der naturrechtlich-demokratischen Staatsauffassung, die runde zweihundert Jahre später Nikolaus Chryffts vortrug, der uns als Nikolaus von Cues bekannt und vertraut ist. Während sich die mittelalterlichen Kaiser nach der Sitte der Antike als *divi*, als göttlich bezeichnen und ehren lassen, erklärt der ungleich mächtigere Priesterkönig Johannes, er sei und bleibe ein sterblicher Mensch und habe, trotz seiner fast göttlichen Allmacht, sein Genüge daran, ein einfacher Priester zu sein. Und während die beginnende Geldwirtschaft im mittelalterlichen Abendland die gottgegebenen Gegensätze zwischen Ritter und Bürger auf der einen, dem geschundenen Bauern und dem entrechteten Tagelöhner auf der anderen Seite schmerzhaft fühlbar zu machen anfängt, betont der christlich-kommunistische Verfasser des priesterköniglichen Briefes, daß es in dem unermeßlich weiten und reichen östlichen Wunderland keinen Privatbesitz gebe, weil alles Eigentum Gottes und seines obersten Priesters sei. Und schließlich: während im Abendland des 12. Jahrhunderts nichts herrscht als Krieg, Parteiung, Zwietracht, Neid, Totschlag und Gewalttat, leben die Länder des Presbyters Johannes in wunschlos-ewigem Frieden, gesicherten Rechtszuständen und frei von jeder Furcht außer der des höchsten Gottes.

So scheint es dem unbekannten Verfasser dieses mysteriösen Schriftstücks gelungen zu sein, in das blutige, friedlose Zeittheater seiner Epoche das Bild eines idealen Weltherrschers, so wie das Mittelalter ihn erhoffte und erwartete, zu projizieren. Wenn die hier kurz skizzierte These zutrifft, wird es allerdings verständlich, weshalb der mysteriöse Brief an die drei Antagonisten des 12. Jahrhunderts gerichtet wurde, nämlich an Barbarossa, an den oströmischen Kaiser und an den Papst, und weshalb von diesen «Großen Drei» nur der letzte den Wunsch hatte, auf das Schriftstück einzugehen. Denn die beiden obersten Spitzen der weltlichen Macht Europas haben den Brief des angeblichen Priesters Johannes unbeantwortet ablegen lassen. Das hätte auch der Papst tun können – daß er es nicht tat, sondern daß er ihn ausführlich beantwortete, scheint dafür zu sprechen, daß der Vatikan bereits den utopisch-programmatischen Charakter dieses Briefes erkannte.

Es ist also gar nicht so absurd, wenn der Papst dem «teuersten Sohn in Christo, dem berühmten und herrlichen König der Inder, dem hochheiligen Priester Johannes» ausführlich schrieb, obwohl er dessen Adresse nicht kannte und obwohl ihm niemand zu sagen wußte, wo er den heiligen König zu suchen habe. Der Papst *mußte* ihm schreiben, er mußte angesichts der ungeheueren Verbreitung des priesterköniglichen Manifestes die Grundsätze herausstellen, die das christliche Abendland seit fast zwölfhundert Jahren beherrschten. Als eine Haupt- und Staatsaktion hat aber auch die vatikanische Kanzlei ihr Schreiben offenbar nicht empfunden. Es ist ziemlich massiv abgefaßt und führt dem fernen Priester Johannes sehr deutlich zu Gemüte, daß es nur *einen* Nachfolger Petri gebe, nämlich den römischen Papst, und daß er, der Priester Johannes, nur dann auf eine freundliche Behandlung durch Rom rechnen könne, wenn er die Tatsache beherzige. Dies war für jemand, der sich gerühmt hatte, zweiundsiebzig Könige zahlten ihm Tribut und Könige, Herzöge und Grafen warteten ihm bei Tisch auf, eine ziemlich grobe Sprache. Gleichwohl ist des Papstes Leibarzt, Magister Philippus, der eben erst von einer Reise in den Nahen Osten zurückgekehrt ist, 1177 mit der Aufgabe betraut worden, den Brief Alexanders III., seines Herrn, dem Priester Johannes zu überbringen. Meister Philippus ist, wie wir wissen, tatsächlich zu dieser diplomatischen Mission aufgebrochen. Freilich hat man nie wieder etwas von ihm gehört, und auch der Priester Johannes hat nie wieder von sich hören lassen.

Welch gewaltigen Eindruck des angeblichen Priesters Johannes Sendschreiben an die europäischen Potentaten in der breiten Öffentlichkeit des Abendlandes hervorgerufen hat, spiegeln die zahlreichen Übersetzungen wider, die von diesem Brief gemacht worden sind. Unter den Übertragungen ins Deutsche steht die des Metzer Domherren Otto von Diemeringen, die aus dem frühen 14. Jahrhundert stammt und die den Originaltext zu einer Art Volksbuch ausgestaltet, an erster Stelle. Wir zitieren daraus hier einige Partien, nicht nur, um das geographische Weltbild zu verdeutlichen, das einem gelehrten Mann im Europa des 14. Jahrhunderts vorgeschwebt hat, sondern auch deshalb, um zu zeigen, welche Kraft und Bildhaftigkeit das alte Hochdeutsch besitzt.

Da ist zunächst einmal das ferne Wunderland Indien, von dem die aus Jerusalem heimkehrenden Kreuzritter so viel hörten und erzählt haben. Und natürlich ist

«India gar eyn gros wyt landt, unnd ist mer landes in Indien, denn in allen ubrigen der ganczen werlt, unnd dy konige von Babilonie als Yerses von Persien unnd Allexander unnd dy Romer dy haben dy wege dar yn gemacht».

Und dann ist da die Geschichte von dem Wundervogel Sidicus, von dem die Kreuzfahrer überall berichten, er könne sprechen wie ein leibhaftiger Mensch. Es ist der Sittich, der im Abendland bis dahin unbekannt gewesen ist und von dem Otto von Diemeringen erzählt:

«Do vindet man allirley kauffmanschatz unnd vindet man da sidicus, das ist eyn schone czart vogel. Unnd begriffet menschin sprache unnd gibt rede unnd antwurt recht alz eyn mensche, eyner dem andern, zo gelerig sint dy ... Der vogel ist ubir alle synen lyeb grüne, one dy fusze unnd den snabel, dy sint roth; unnd der vogel hat eynen langen zcagel unnd hat eynen roten stram umb dy kele, unnd hat eyne zcunge alz eyn mensche unnd ist lang unnd smal, nicht vil grosser denn eyn specht ...»

Nach diesen und manchen anderen amüsanten Meldungen in den Einleitungskapiteln kommt Diemeringen nun zum Thema selbst:

«Der prister Johannes hat undir em wol 72 konigriche, dy also grosse herren sint, das iezlicher andere konige undir sich hat; ... Prister Johannes hat syne wonunge in dem lande zcu Pentexorie recht alz der grosse Can zcu Cathay, unnd hat alleczyt zcu weybe des grossen Can tochter ... Unnd wonēt allirmeyst in eyner stadt; dy heisset Susa, unnd hat by em alleczyt wol 12 erczbischoffe unnd wol 20 ander bischoffe, dy alle mechtige herren sint, alz konige unnd fursten. Unnd sint unnder syn hofegesinde unnd synes landes vil gute cristen, dy an dy heylige gryvaldickeit glouben, wy wol sy an vil artickel nicht glouben, dy wyr haben. Sy wissen ouch nicht vil von der cristenheyt noch von unserm glouben noch von unserm bobiste zcu sagen ... Sy haben eynen patriarchen da, alz wir hy eynen bobist haben; dem sint sy gehorsam unnd ouch prister Johannes ... Unnd so prister Johannes andirswo furt eyn kryg, so furet man em nichts denn eyn crutze vor, das ist holczerin, das thut er von andachtyger demutickeyt unnd lest ouch aaleczyt vor em tragen eyne guldin schussel vol erdin ... in eyme bekenntnisse, das seyne herschafft irdisch ist unnd das syn lyb in der erden fulen muss, wye eyn gross here her ouch ist. Unnd das ist eyne grosse vornumpfft.»

Nach der eben gebrachten Schilderung des Priesters Johannes selbst, nach der breit ausgesponnenen Darstellung der Kostbarkeiten seines Palastes erzählt Otto von Diemeringen noch ein wenig von den Wundern Asiens. Die staunende Naivität, mit der der Metzer Domherr berichtet, ist herzerfrischend:

«In des pristers Johannes landen ist manch fremde landt von manchirley sitten von leuten und von thiren, unnd ist an eyme ende synes landes eyn sandtmer; das ist eyn mer von ytelm flissendem sande bedecket, unnd ist des sandes also vil unnd alz ungrundig, das man nicht weis vorwar, ab dar wasser undir ist odir nicht. An etcztlichen enden brechen thire herus als fische; doch glichen sy nicht rechten vischen. Unnd sint gut scu essende ... Unnd das mer czut sich dar bis an dy deserte von Indien, das nymand dy hin kommen mag. Wol drey tageverte von dem mere in dem gewiltnisse unnd in deme deserte lyt eyn gebirge, unnd us dem gebirge flusset der wasser eyn, da das edil gesteyne inne wächset, alz vorgeschreben ist. Unnd jensyt des wassers ist eyn gros breyt plan, eytel sandicht. Der ist sulcher nature, das alle tage, so dy sonne uff geet, so stossen sich us der erden iunge cleyne bomleyn unnd wachsen mit der sonnen uffgang alle tage nuwe us der erden, unnd mit der sonnen nydergang unnd undirgang so vorswinden sy ouch wyder under der erden bis des andern morgens, da komen sy wyder usz ... Ouch sint in dem desert vil wunder, dy sint von der geburte. Denn da sind vil rechte wilde leute, dy herner haben an den koppfen unnd sint eytel haricht unnd gestrubet unnd konnen keyne sprache, sy hulen und grunsen als dy swyn. Ouch sint in der selbin gegent vil Sydicus, das ist sittich, dy in dem felde fligen zcu den leuten unnde reden unnd grussen sy mit rechter sprache, alz ob sy redeten menschliche sprache. Ouch hat der prister Johannes guldin berge und ander metall, da dy meuse unnd dy ameissen und ander thir das golt us scheren, das man es schone und luter vindet, das is nicht zo grosse arbeit alz hy scu lande ...»

Damit soll Otto von Diemeringens Bericht hier abgeschlossen werden. Man sieht, allerlei antikes Sagengut, wie zum Beispiel die Geschichte von den goldgrabenden «meusen» und den «ameissen», mischt sich hier mit neuzeitlichen Zügen, wie etwa der Nachricht, der Priester Johannes habe die Tochter des Großkhans zur Frau. Darin fügen sich naturgeschichtliche Beobachtungen wie die vom Sittich, geomorphologische Meldungen wie jene vom Indischen Sandmeer – erstes Aufblitzen einer Kenntnis der zentralasiatischen Wüsten mit ihren langgezogenen Dünen –, und dem allen ist auch bei Diemeringen die Ansicht überlagert, daß die Könige und großen Herren dieser Welt eben nur sterbliche Menschen seien: ein demokratisch-naturrechtliches Gedankenelement, das deutlich in die Zukunft weist.

Auch die Tatsache, daß die – wie wir sagen würden – «Affektbesetzung» seiner Berichte eine ganz andere ist als die des Kosmas Indikopleustes oder des Mönchs Fidelis, daß für ihn die Erde selbst und ihre Wunder, daß Reisen und Abenteuer, daß die unendliche Weite der Welt schon an sich erstaunlich und erzählenswert ist, liegt in der gleichen

Ebene. Ein neuer Menschentyp, eine neue geistige Haltung kündet sich an im Abendland. Und gleichwohl ist Otto von Diemeringen noch durchaus Mensch des Mittelalters, Kind seiner Zeit. Denn neben diesen wenigen, fremdartig leuchtenden Episoden stehen in seinem umfangreichen Volksbuch breite Partien, die ganz zum mittelalterlichen Wunderroman gehören und die uns hier nicht interessieren.

Trotz aller Enttäuschungen, die der fabulöse Priester Johannes dem auf ihn wartenden Europa gemacht hatte, hat die Hoffnung, irgendwo in Asien lebe ein mächtiger christlicher Herrscher, noch lange eine Rolle gespielt. Selbst als Marco Polos Reiseberichte vorlagen, aus denen sich ergab, der Großherr, der den Namen Priester Johannes geführt habe, sei längst tot, flammte die Hoffnung auf christliche Hilfe aus dem Fernen Osten immer wieder auf. Bis tief ins 15. Jahrhundert hat das Abendland des östlichen Großkönigs geharrt. Dann fand auch der Priester Johannes endlich Ruhe.

5

Alle Glocken läuten.

Durch den hohen Mittag klingen die hallenden Stimmen weit über das Land. Avignon läutet, Avignon, die Papststadt, ruft an diesem Julitag des Jahres 1338 die Gläubigen zum Gebet.

Und überall, soweit Aignons Stimme reicht, rücken die Männer an ihren Mützen, falten Frauen und Kinder die Hände.

Ein Wunder ist geschehen! Ein unbegreifliches Wunder! Und wie ein Lauffeuer ist es aus den winkligen Gassen der alten Stadt herausgedrungen in die Dörfer ringsum: der Großkhan von China hat dem Papst eine Gesandtschaft geschickt, den Bruder Andreas und fünfzehn tatarische Fürsten. Und nun eben, da die Glocken läuten, die dunklen von Notre Dame du Dome, die silbernen von Santa Maria, die ein wenig heiseren vom Stadthaus, nun eben ziehen sie ein in die Stadt.

Voran die Stadtwache, dann die Garden Benedikts XII., des Papstes, dann unter seidenem Baldachin die hohe Klerisei – so wallt der Zug langsam durch die Gassen; stockend zieht er über die schmale Brücke von Sankt Bénézet zum päpstlichen Palast. Und da, da sind sie: Frater Andreas in härener Kutte, demütig gesenkten Hauptes, eine Kerze in der Hand, und hinter ihm in langer Reihe die Tataren: alle auf das wunderbarste gekleidet, von schwerer Seide starrend, übersät mit Edelsteinen und Juwelen. Unter den hohen, spitzen Hauben, die sie tragen, schwingen sich breite Stirnen, weit wölben sich die Backenknochen, schräg geschlitzt stehen die Augen, aus denen gelegentlich ein rascher Blitz schießt über die harrende Menge, über den schäumenden Strom, über die Mauern und Zinnen der Stadt.

So wandert die Prozession allmählich der Höhe des Felsens zu, auf dem das Schloß des Papstes steht. Unbewegt starren die gelben Gesichter, hier und da nur heben sich die schweren Lider zu einem kurzen Blick über das reiche, blühende Land zu Füßen der Stadt.

Auf dem Vorplatz, am Eingang zum Palast, teilt sich der Zug. Die Klerisei schwenkt ein, die stahlklirrenden, die glänzenden, gleißenden Garden des Papstes säumen das Halbrund, die Glocken schweigen. Der Mönch Andreas tritt hervor, und in der tiefen, feierlichen Stille, die nun über der Stadt liegt, hallt seine Stimme einlaßbegehrend zum Palast empor:

«In der Kraft des allmächtigen Gottes! Dies ist der Befehl des Kaisers der Kaiser:

Wir senden Unseren Boten, den Franken Andreas, mit fünfzehn Begleitern über die sieben Meere zum Papst, dem Herrn der Christenheit, in das Land der Franken, allwo die Sonne untergeht, um einen Weg zu öffnen, daß Wir dem Papst und der Papst Uns öfters Botschaften senden können, und damit Wir selbst den Papst bitten, er möge Uns seinen Segen schicken und in seinen heiligen Gebeten immer Unserer gedenken. Und die Alanen, Unsere Diener, des Papstes christliche Söhne, mögen ihm empfohlen sein!»

Hier hält Frater Andreas inne. Denn was nun in dem Brief des Großkhans Shun-ti (mongolisch Togan-Timur, 1332 bis 1370) steht, das gehört nicht hierher, das wird er nachher dem Papst zu lesen geben, das ist, weiß er, ein brennender, ganz persönlicher Lieblingswunsch des Großherren. «Auch möge man Uns von dem Lande des Sonnenuntergangs Pferde und anderes Wunderbare schicken», hat Shun-ti nämlich rasch noch in das fertige Dokument hineinschreiben lassen: ein wenig eingeklemmt steht das nun zwischen dem feierlichen Text des eigentlichen Briefes und zwischen der Unterfertigung des ganzen Schreibens: «Gegeben zu Cambalec im Jahre Rati, im 6. Monat, am 3. Tage des Neumondes.»

Im Juli 1336, vor zwei Jahren, ist das geschrieben worden. Frater Andreas besinnt sich noch gut darauf. Nun steht er also in Avignon, gleich wird er den Papst sehen. Und dann wird er dort, hinter diesen hohen, abweisenden Mauern, auch den zweiten Brief verlesen, den er noch in der Tasche trägt, den Brief der vier Alanen, wie die christlichen mongolischen Prinzen und Fürsten genannt werden:

«In der Kraft des allmächtigen Gottes und in der Ehre des Kaisers, unseres Herrn!

Wir, Futim Juens, Caticen Tungii, Gemboga Evenzi und Johannes Juckoy, entbieten, die Stirn auf der Erde und seine Füße küssend, dem Heiligen Vater, unserem Herrn Papst, unseren Gruß! Wir erflehen seinen Segen und seine Gnade und daß er in seinen heiligen Gebeten unserer sich erinnere und unserer niemals vergesse. Dies aber sei Euer Heiligkeit kundgemacht, daß wir seit langer Zeit im katholischen Glauben unterwiesen wurden und daß wir durch Euren Legaten, Bruder Johannes (Johannes von Montecorvino), einen starken, heiligen und geduldigen Mann, heilsam gelenkt und sehr getröstet worden sind. Er ist vor acht Jahren gestorben, und seitdem sind wir ohne Hirten und geistlichen Trost gewesen. Wir hätten gern gehört, daß Ihr für die Entsendung eines anderen Legaten Vorsorge getroffen. Jener ist jedoch noch nicht gekommen. Deshalb flehen wir Eure Heiligkeit an, Ihr möget uns einen guten, geduldigen und weisen Legaten senden, der für das Heil unserer Seele Sorge trage. Und daß er schnell komme, weil wir ohne Oberhaupt, ohne Glaubensunterweisung und ohne Tröstung schlecht dastehen. Wir erflehen gleichzeitig auch von Eurer Weisheit, daß ihr dem Herren, unserem Kaiser, freundlich antwortet, weil so, wie er es selbst wünscht, der Weg geöffnet und für Botschafter, die häufig von Euch zu ihm und von ihm zu Euch gesandt werden mögen, frei und bequem würde, damit Freundschaft begründet werde zwischen Euch und ihm. Deshalb möge Eure Heiligkeit dafür Sorge tragen, daß er eine bestimmte Antwort und Botschaft erhalte, wie es Eurer Heiligkeit ziemt, weil die Christen in diesen Teilen des Landes große Verehrung genießen, auch wenn sich dort gelegentlich Täuschung und Lügen finden.

Geschrieben in Cambalec im Jahre Rati, im 6. Monat, am 3. Tage des Neumonds (Juli 1336).»

Zwei großartige, naive Briefe sind es, die Bruder Andreas hier abgibt. Er ist sicher kein Schwindler gewesen, und seine gelbhäutigen Begleiter waren sicher keine chinesischen Kaufleute, die mit diesem «Dreh» versucht haben, Eingang bei Benedikt XII. zu finden. Die rasch noch in das kaiserliche Schreiben eingeschmuggelte Bemerkung Shun-tis, daß er gar zu gern ein paar Pferde hätte und anderes Wunderbare aus den Ländern des Sonnenuntergangs – arabische Zuchthengste natürlich, denn von den kleinen, struppigen Mongolenpferdchen gibt es in Cambalec genug –, dieser offenbare glühende Wunsch eines Mannes, der ein Pferdenarr ist, kann nur von hoher Hand kommen, kann nur vom Großkhan selbst stammen.

Und die untertänige, unverkennbar von totalitärer Staatsallmacht beeinflußte Diktion des Briefes der Alanenfürsten läßt ebenfalls nur den Schluß zu, daß diese Mission tatsächlich auf den mongolischen Großherrn zurückgeht.

Natürlich ist diese Gesandtschaft der Tataren nicht unversehens erfolgt. Seit der Entstehung des Priester-Johannes-Mythos, also seit 1150, hat jeder Papst immer wieder versucht, jenen angeblich christlichen Herrscher im Fernen Osten ausfindig zu machen. Asien ist in der Mitte des 12. Jahrhunderts in Europa gewissermaßen Mode geworden, so wie China im ausgehenden 18. Jahrhundert Mode ist oder Japan im ausgehenden 19. und im beginnenden 20. Jahrhundert. Gleichwohl ist es zweifellos keine bloße Modesache und kein Zufall, daß sich der Vatikan entschließt, mit den Mächten des Ostens in Verbindung zu kommen. Es ist vielmehr ein klares, vorausschauendes politisches Kalkül, das ihn bewegt und das ihn veranlaßt, einen seiner besten Männer, den Franziskaner Giovanni dal Piano dei Carpini, dafür einzusetzen. Im Frühling des Jahres 1245 erhält Carpini den Auftrag, dem tatarischen Großkhan eine Botschaft des Papstes zu überbringen und freundliche Beziehungen zu den Mongolen anzuknüpfen.

Ob und wie weit Carpini in die letzten Gründe dieses Auftrags eingeweiht wurde, ist unbekannt. Aber da er ein feinfühliger Diplomat von großer Erfahrung war, sind sie ihm wohl kaum verborgen geblieben. Im Sommer des Vorjahrs, Mitte August 1244, war Jerusalem wieder einmal in die Hände der Ungläubigen geraten. Es stand schlecht um die Sache der Christenheit im Heiligen Land, und auch in Mitteleuropa hatte das Papsttum erhebliche Sorgen. So mochte es ihm als empfehlenswert erscheinen, zu außereuropäischen Mächten Fühler auszustrecken. Dabei haben sicherlich Rücksichten auf die Lage im Nahen Osten und die Hoffnung mitgesprochen, es werde möglich sein, die Mongolen, die erbittertsten Feinde des Islam, gegen die Anhänger Mohammeds in Bewegung zu setzen. Wenige Jahre waren vergangen, seitdem weit nördlich der Alpen, in den eben kolonisierten Ostlanden, ein deutsches Ritterheer von den Reitergeschwadern und der Artillerie der Mongolen vernichtet worden war. Wie, wenn es gelänge, die Mongolen nun nach Bagdad zu schicken?

Dies ist die Lage, als man in der Kurie zu Beginn des Jahres 1245 den Entschluß faßt, mit den Mongolenherrschern Verbindung aufzunehmen. Offenbar hat man diese Aktion als sehr wichtig angesehen. Jedenfalls entsendet man vier Einzelgruppen, die parallel zu arbeiten haben. Die erste führt Carpini. Er hat einen ganz politischen Auftrag, und sein Ziel ist Karakorum, die Sommerresidenz der Mongolen und des Großkhans selbst. Gruppe zwei steht unter der Leitung des Laurentius von Portugal. Auch sie ist direkt nach Karakorum bestimmt, hat aber rein missionierende Aufgaben. Von ihrem Schicksal ist nichts überliefert. Die dritte Gruppe der Ostasien-Expedition unter Frater Anselm ist zu dem ersten, irgendwo in der Weite des Ostens erreichbaren Tatarengeneral abgeordnet. Durch entsprechende Verhandlungen soll sie durchsetzen, daß er zukünftig keine Kriegszüge mehr nach Europa unternimmt. Die vierte Gruppe endlich unter Andreas von Longjumeau hat den Befehl, ähnlich wie Gruppe zwei, Heidenmission zu treiben. Ihr Bestimmungsort ist aber nicht Karakorum, sondern wieder, wie bei Gruppe drei, das nächsterreichbare mongolische Heerlager.

Als erster bricht Giovanni dal Piano dei Carpini am Ostersonntag 1245 zu seiner großen Reise auf. Carpini, einer der Schüler und engsten Mitarbeiter des Franziskus von Assisi, ist kein junger Mann mehr. Als er den nicht ungefährlichen Auftrag des Papstes erhält, hat er die Sechzig bereits überschritten. Aber er ist an Strapazen gewöhnt und ein weitgereister Mann. Nacheinander hat er dem Orden des heiligen Franziskus in Sachsen, Böhmen, Ungarn, Lothringen, Norwegen und Spanien gedient und reiche Erfahrungen gesammelt. So scheint er für diese neue, abenteuerliche und verantwortungsvolle Aufgabe wie vorherbestimmt. Über Böhmen und Polen geht er nach Kiew und in der Folge über Don und Wolga nach Saratow. Dort erfährt er, der Großkhan Kuyuk, Dschingis-Khans Enkel, halte sich in Karakorum auf, einem südwestlich vom heutigen Urga an den Berghängen des oberen Orchon gelegenen Ort. In wilder Hetzjagd, auf der Route der mongolischen Staatspost, mit der man, wenn nur die nötigen Papiere da waren, in einem Sitz von Kiew bis Kanton reisen konnte, auf immer neuen Stafettenpferden trabt Carpini in knapp vier Monaten durch Asien, nördlich am Aralsee vorbei und über die Dsungarische Pforte nach der Sommerresidenz des Großkhans. Dort wird er Ende August 1246 Zeuge der Krönung Kuyuks als neuer mongolischer Kaiser, und endlich kann er auch die Botschaft des Papstes abgeben.

An sich ist der Boden für seine Mission gar nicht schlecht. Kuyuks engster Mitarbeiter Cadac, verschiedene seiner Ärzte und einer der Generale des Herrschers sind Christen, die Mongolen selbst religiös indif-

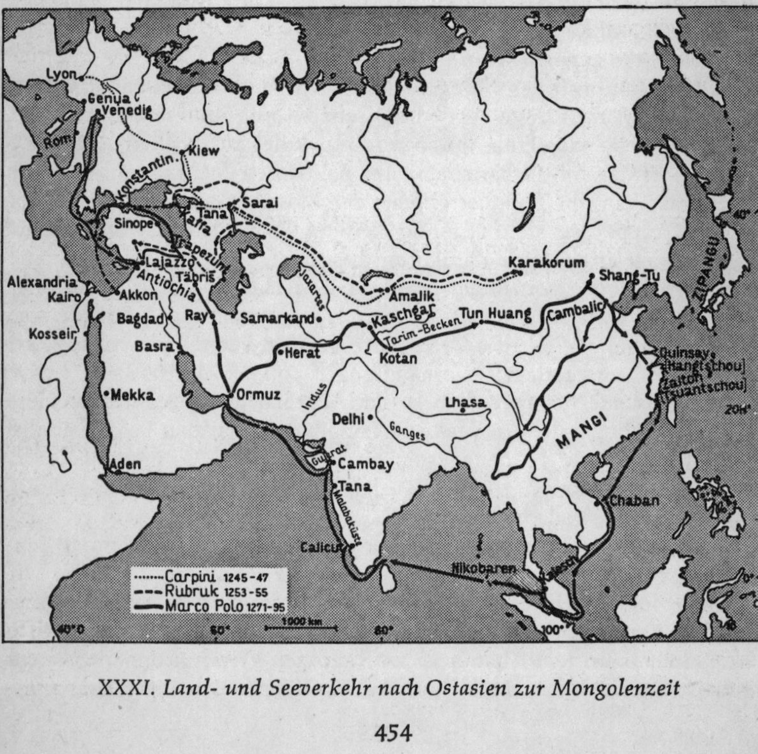

XXXI. Land- und Seeverkehr nach Ostasien zur Mongolenzeit

ferent oder sogar tolerant. Dazu kommt, daß dem Mongolenreich bei Eroberungszügen der letzten Jahrzehnte viele christliche Völker einverleibt und daß ungezählte Tausende christlicher Gefangener, teilweise in geschlossenen Gemeinschaften, in die Weite Asiens verschleppt worden sind. So treffen die päpstlichen Gesandten zum Beispiel in Talas im Alatau-Gebirge in der Dsungarei zahlreiche Deutsche, die dort für die Mongolen nach Gold graben und Waffen für sie herstellen – anscheinend ein verschlepptes siebenbürgisches Bergarbeiterdorf. Und in Karakorum vollends wimmelt es von Franzosen, Flamen, Engländern und Deutschen, die dort in eigenen Karawansereien wohnen. Man muß also wohl annehmen, daß auch hier der Weltverkehr schon recht früh eine viel größere Dichte und Häufigkeit erlangt hat, als wir aus der Überlieferung wissen.

Das Christentum war den Tataren also durchaus bekannt. Dementsprechend hatte Kuyuk auch verordnet, «daß im Gesetze Gottes kein Unterschied zwischen einem Lateiner, einem Griechen, einem Armenier, einem Nestorianer, einem Jakobiten und allen, die das Kreuz anbeten, sein soll. Denn alle sind bei uns eins.» Gleichwohl sieht sich die Welt von Karakorum aus gänzlich anders an als in Rom, und unter den mehreren tausend Großwürdenträgern, die in der Residenz des Großkhans zusammengeströmt sind – darunter russische Großfürsten, Gesandte des Kalifen von Bagdad, Türken, Perser, Koreaner, Chinesen und viele große Herren aus dem Nahen Osten –, unter allen diesen ist Carpini nur einer von vielen, und die Botschaft des Papstes wird entgegengenommen und verstanden als eines der üblichen Unterwerfungsschreiben. Darum antwortet Kuyuk:

> «Deshalb habt Ihr selbst an der Spitze aller Eurer Könige zu kommen und Uns Eure Dienstfertigkeit und Huldigung zu erweisen. Und wenn Ihr den Befehl Gottes nicht beachtet und Unseren Anweisungen zuwiderhandelt, so werden Wir Euch als Unsere Feinde ansehen. Wer den Sohn Gottes und Herrn der Welt, den Großkhan, anerkennt und sich unterwirft, wird gerettet werden, wer die Unterwerfung verweigert, wird ausgerottet werden.»

Derlei Töne kennt man zur Genüge. Aber Kuyuk schreibt weiter:

> «Ihr Bewohner der westlichen Länder haltet Euch allein für Christen und verachtet die anderen. Woher wißt Ihr denn, wer vor dem Angesicht Gottes würdig ist, seiner Gnade teilhaftig zu sein? Wenn Ihr meint: Ich bin Christ, ich bete zu Gott und diene ihm, und ich hasse die anderen, woher wißt Ihr dann, wen Gott für gerecht hält und wem er seine Gnade erweist?»

Darin mögen philosophische Erwägungen aufklingen, wie sie Asien ja nicht fremd sind. Darin liegt aber auch schon ein fast nationalistischer, zumindest jedoch ein dem hochmütigen Westen recht deutlich opponierender Klang, wie wir ihn seitdem aus dem Osten oft und oft gehört haben. Dieser Einstellung gegenüber mußte Carpinis Mission erfolglos sein: in ihrer theologisch-missionierenden wie in ihrer politischen Urabsicht ist sie es auch geblieben. Erfolg hat sie jedoch insofern, als sie sichtbar macht, daß solche weiten Reisen bei leidlichem Glück durchgeführt werden können, mit anderen Worten: daß es möglich ist, die arabische Sperre der Wege nach Asien auch auf dem Landweg zu umgehen.

Carpini ist nach einer sehr harten Winterreise glücklich wieder nach Europa zurückgekommen. Im November 1247 dürfte er am päpstlichen Hof in Lyon eingetroffen sein. Nach den Eindrücken, die er empfing, und nach den Berichten, die er mitbrachte und die er in seiner *‹Historia Mongolorum›*, Geschichte der Mongolen, sehr eindrucksvoll niederlegte, wird es für den Vatikan mindestens zweifelhaft geworden sein, ob eine Anknüpfung an die neue Großmacht in Zentralasien Erfolg verhieß. Dafür springen nun aber andere Großwürdenträger des christlichen Abendlandes in die vermeintliche Bresche. Jedenfalls entsendet sechs Jahre später, im Winter 1253, auch König Ludwig IX. von Frankreich eine Gesandtschaft zum Großkhan in Karakorum – unbewußt vielleicht dem alten fränkischen Raumstreben folgend, sich weit im Osten Freunde zu gewinnen und es keinesfalls mit ihnen zu verderben, so fremd sie dem eigenen Wesen auch sein mochten: Harun al Raschid zu Karls des Großen Zeiten, der Großkhan jetzt!

Diese Mission führt der flämische Franziskaner Wilhelm von Ruysbroek, ein kühler Kopf, von dem man kaum recht glauben kann, daß er seinen Auftrag gern übernahm – zumal er Andreas von Longjumeau, jenen Heidenmissionar des Papstes, den wir vorhin schon nannten, persönlich gekannt hat und von ihm informiert wurde. Andererseits waren immer wieder ziemlich verbürgt erscheinende Nachrichten aus Asien eingegangen, die darauf schließen ließen, daß dieser oder jener mongolische Fürst Christ sei.

Es liegt durchaus im Bereich des Möglichen, daß verschiedene Angehörige der mongolischen Oberschicht tatsächlich getauft worden sind. Aber offenbar haben diese «Christen» die Taufe nur wie eine neue Art Prophylaktikum gegen böse Geister angesehen, ohne daß sie vom wirklichen geistigen Inhalt dieser schönsten und erhabensten religiösen Philosophie des Abendlandes auch nur das geringste begriffen hätten – oder diese «Christen» sind in Wirklichkeit Buddhisten gewesen, und die mancherlei christlichen Einsprengsel in dieser Lehre haben die wenigen flüchtigen Beobachter aus dem Westen nur getäuscht.

Auf alle Fälle ist Wilhelm von Ruysbroek im Jahre 1253 tatsächlich gen Osten aufgebrochen. Auch er ist über die Gegend des Aralsees und durch die Dsungarische Pforte gereist, auf der nördlichen Karawanenstraße also. Sein ursprüngliches Reiseziel sind die Weidegebiete an der unteren Wolga gewesen, wo sich der angeblich christliche Mongolenfürst Sartak aufhalten sollte. Ruysbroek hat Sartak auch erreicht, wird von ihm aber wegen «mangelnder Zuständigkeit» zu Sartaks Vater, Fürst Batu in Saratow, und von diesem zum Großkhan nach Karakorum weitergeleitet. Schon von Sartak hat Ruysbroek keinen sehr freundlichen Eindruck. In seinem Reisebericht bemerkt er:

«Ich weiß nicht, ob Sartak an Christtum glaubt oder nicht. Das weiß ich aber, daß er nicht Christ genannt werden möchte. Es scheint mir vielmehr, als wenn er sich über die Christen lustig mache...»

Während Sartak seine freilich ungebetenen westlichen Gäste kaum beachtet, zeigt sich Batu freundlicher. Aber auch er erklärt sich für unzuständig – offenbar gehört das von alters her zu den herkömmlichen diplomatischen Requisiten des Ostens, zumal unter diktatorischen Regierungsformen – und weist den flämischen Franziskaner an die politische Zentrale in Karakorum. Von dieser Reise hat Wilhelm von Ruysbroek nun einen Bericht hinterlassen, der, wie Oskar Peschel in seiner *‹Geschichte der Erdkunde›* schon vor hundert Jahren geurteilt hat, zu den «größten geographischen Meisterstücken des Mittelalters» gehört.

Auch Ruysbroek bestätigt seinerseits, daß es in Zentralasien zahlreiche Christen gebe. Am Tage des heiligen Andreas, dem 30. November 1253, so berichtet er, sei er unweit Cailac, dem heutigen Kopal in Semirjetschensk, zu einem Dorf gelangt, in dem sich eine nestorianische Kirche befunden habe. «Wir gingen hinein und sangen freudig, so laut wir konnten: *Salve, regina,* denn wir hatten schon lange keine Kirche mehr gesehen.» Aber vernünftigerweise zieht er daraus keine verallgemeinernden Schlüsse, und er meint nun nicht, Asien sei im Grunde eine christliche Provinz. Zwar erreicht er Ende Dezember 1253 den Hof Mangu-Khans, eines Enkels von Temudschin, der damals Großkhan ist und der die westliche Delegation nicht unfreundlich aufnimmt. Im Mai 1254 kommt es sogar zu langen Diskussionen zwischen den verschiedenen in Karakorum vorhandenen Konfessionen; dabei läßt sich Mangu dazu herab, den kleinen flämischen Mönch zu einer eingehenden privaten Unterhaltung über Religionsdinge zu empfangen. Aber natürlich bleibt das alles ohne greifbares Ergebnis, und aus Ruysbroeks Bericht gewinnt man gelegentlich den Eindruck, als habe er sogar Verständnis dafür gehabt, daß sich für einen Herrscher von der Allmacht der Mongolenkhane die religiösen Differenzen zwischen katholischen und nestorianischen Christen, zwischen Juden, Mohammedanern und Buddhisten zu Nebensächlichkeiten einebneten – zum mindesten: daß im unendlichen Asien mit anderen Maßstäben gemessen werde als im schon damals engen, von vielerlei historischen Erinnerungen bedrängten Europa. Jedenfalls bemerkt Ruysbroek am Ende seines Berichts sachlich und kühl:

«Es scheint mir unnütz zu sein, daß abermals ein Bruder zu den Mongolen reist, so wie ich und die Dominikaner zu ihnen gereist sind.»

Die Gabe ruhiger Beobachtung, die Wilhelm von Ruysbroek in Dingen der Religion auszeichnet, hat ihn auch auf Gebieten, die ihm zweifellos fremder gewesen sind, nicht verlassen. Daß er den offenbar etwas lockeren Lebenswandel der chinesisch-nestorianischen Christen mißbilligt, weil ihm die Sitte Innerasiens, der Hauptfrau eine oder mehrere Nebenfrauen zuzugesellen, fremd ist, eine Sitte, die sich im Reich der Mitte seit undenklichen Zeiten eingebürgert hat, mag als naheliegend erscheinen. Ebenso ist es aus dem Geist seiner Zeit heraus verständlich, daß er an den Mohammedanern kein gutes Haar läßt.

Aber trotz diesen für ihn höchst ärgerlichen Dingen übersieht er nicht, in welch wohlgeordnetem Reich er sich befindet. Namentlich hat ihn die Exaktheit und die Schnelligkeit des Verkehrs auf den großen Reichsstraßen der Mongolenherrscher bestochen. Im Gegensatz zu manch anderem westlichen Reisenden fühlt er sich aber im Land des Großkhans nicht recht wohl. Über sein erstes Zusammentreffen mit Tataren hat er sich zum Beispiel notiert: *«Invenimus Tartaros, inter quos, cum intravi, visum fuit mihi recte quod ingrederer quoddam aluid saeculum.»* (Wir trafen auf Tataren. Es kam mir so vor, sobald ich mich zwischen ihnen befand, als sei ich in ein anderes Jahrhundert eingetreten.) Und als er den ersten ihn inspizierenden Tatarenhaufen glücklich passiert hat, seufzt er erleichtert auf: *«Visum fuit mihi, quod evasissem de manibus daemonum.»* (Es kam mir so vor, als sei ich den Händen von Teufeln entronnen.) Man kann danach ermessen, daß ein erheblicher persönlicher Mut dazu gehört, sich freiwillig, wenn auch unter diplomatischem Schutz und als Gesandter des Papstes, den Händen und der Macht der Tataren zu überantworten. Eine große Zahl von Reisenden, vor allem christliche Missionare, haben dabei ihr Leben eingebüßt. Gleichwohl hat Wilhelm von Ruysbroek eine Reihe von wertvollen Nachrichten mitgebracht, wie beispielsweise, daß es in China Papiergeld gebe, daß das Kaspische Meer nicht etwa eine Bucht des südlichen Ozeans sei, sondern ein riesiger Binnensee, oder daß die chinesische Schrift keine Buchstaben-, sondern eine Symbolschrift sei, und mancherlei anderes mehr.

Die eigentliche missionierende Absicht Wilhelm von Ruysbroeks ist aber auf gar keine Weise erreicht worden. Vielmehr hat Mangu-Khan dem «westlichen Teufel» unzweideutig erklären lassen, er möge baldigst heimkehren. Das hat Ruysbroek auch unverweilt getan. Die Delegation des französischen Königs hat also nicht mehr erreicht als die Gesandten, die vom Papst zum Fernen Osten abgeordnet wurden. Der Gedanke einer umfangreichen Missionstätigkeit im weiten Asien ist daher zunächst einmal fallengelassen worden.

Einen ganz zweifellosen und sehr wichtigen Erfolg hatten alle diese sonst ziemlich ergebnislosen Unternehmungen aber doch: West- und Mittelasien wurden in Europa immer bekannter und traten allmählich auch in das Blickfeld der Großhändler. An erster Stelle stand dabei Venedig.

Die schöne Lagunenstadt befand sich um diese Zeit, in der Mitte des 13. Jahrhunderts, auf dem Gipfel ihrer Macht. Ursprünglich war sie ein Fischerdorf gewesen, das sich nicht einmal durch eine besondere Gunst der Lage auszeichnete. Die Hunnen- und Langobardenstürme des 5. und 6. nachchristlichen Jahrhunderts hatten es zum Zufluchtsort für die vielfach städtische Bevölkerung Venetiens werden lassen, so daß sich über der Schicht primitiver Fischer nun ein großbürgerlicher Oberbau erhob. Die Kriege zwischen Byzanz und den Langobarden sahen Venedig als lachenden Dritten und hinterließen es als Gewinner. Schon im 7. Jahrhundert schuf es sich eine Flotte, die bald einen erheblichen Machtfaktor darstellte. So konnte es nicht ausbleiben, daß der Mittelmeerhandel in seine Hände geriet; kluge Abmachungen mit Karl dem Großen sicherten ihm bald auch einen überragenden Einfluß im Überlandhandel Mittel- und Westeuropas.

Die Kreuzzüge mehrten den Einfluß Venedigs noch und ließen es zur unbestrittenen «Königin der Adria» werden. Der nicht endende Streit zwischen Kaiser und Papst gab der Lagunenstadt und ihrer überlegenen Diplomatie ganz ähnlich wie fünfhundert Jahre zuvor während der Auseinandersetzungen zwischen Byzanz und den Langobarden die Möglichkeit, ihre souveräne, in der Tat fast königliche Stellung zu befestigen. Schon reichte sein Einfluß ebenso nach Ägypten wie zum Schwarzen Meer und nach Südrußland, zu den beiden Brennpunkten des mittelalterlichen Asienhandels also. Sowohl auf der Krim als auch in Tana an der Donmündung saßen venezianische Kaufleute – einmal des südrussischen Getreides wegen, zum anderen um jenes uralten Handelsweges willen, der von hier aus, wie wir schon hörten, nach Innerrußland und Sibirien lief; aber auch in Sinope und Trapezunt an der kleinasiatischen Küste des Schwarzen Meeres hatten sich Venezianer niedergelassen. Denn hier endete eine Reihe aus Zentralasien nach Westen führender Karawanenstraßen, hierher floß auch ein erheblicher Teil jenes Warenstromes, der vom Persischen Golf aus nach Nordwesten ging. Venedig war der große Umschlagplatz des Welthandels. Denn was ihm von Osten zukam, das wurde aus den Kontoren der Lidostadt nach Norden und Westen verteilt und weitergeschickt. Wenn um diese Zeit nicht nur die Augsburger und Nürnberger, sondern beispielsweise auch die Stockholmer Hausfrau bei ihrem Kolonialwarenhändler Malabarpfeffer, arabische Spezereien und Myrrhe, chinesischen Reis, spanischen oder italienischen Safran, Zimt aus Ceylon, südasiatischen Galgant und Ingwer aus Indien sowie Paradieskörner aus Westafrika einkaufen konnte, so verdankte sie einen wesentlichen Teil dieser fremdländischen Dinge Venedig.

Es lag nahe, daß sich die Vertreter der Welthandelsstadt nun auch in den Strom der Asien-Reisenden einfügten. Die Konkurrenz mit anderen italienischen Handelsstädten zwang sie dazu, beweglich zu bleiben. Gleichwohl sind die Brüder Nicolo und Maffeo Polo, die auf der Krim eine Faktorei besaßen, doch aus privaten, lediglich merkantilen Gründen, nicht etwa im staatlichen Auftrag, nach Asien aufgebrochen. Als sie im Jahre 1255 ihre Reise begannen, hatten sie auch keineswegs die Absicht, nach China zu gehen. Sie wollten zu dem Mongolenfürsten Barka, dessen Residenz sich abwechselnd in Bulgar oder Sarai – beides alte Wolgastädte – befand. Wirklich haben sie auch Barkas Hoflager erreicht – als sie dann aber heimkehren wollten, hatte das Schicksal eingegriffen. Zwischen Barka und einem anderen Mongolenfürsten war Krieg ausgebrochen, und da der Reiseverkehr auf den Straßen unsicher geworden war, wanderten die beiden Venezianer in Richtung Südosten, kamen so nach Buchara und schlossen sich hier einer Gesandtschaft an, die an den neuen Großkhan Kublai gerichtet war.

Etwa um 1260 sind Nicolo und Maffeo Polo in Buchara gewesen; ein bis zwei Jahre danach werden sie in Kambaluk, dem heutigen Peking, wohin Kublai-Khan seine Residenz in diesen Jahren verlegt hatte, angekommen sein. Ende 1265 haben sie dann wohl die Heimreise angetreten. Jedenfalls sind sie im Frühjahr 1269 wieder in Akkon eingetroffen, und zwar als Überbringer eines an den Papst gerichteten Schreibens, in dem Kublai das geistliche Oberhaupt der westlichen Christenheit um die Entsendung von hundert frommen Mönchen bat.

Die goldene Befehlstafel, die Kublai seinen beiden venezianischen Gästen mitgegeben hatte, sicherte ihnen überall in Asien eine bevorzugte Behandlung. Sie hat ihnen auch in Europa zweifellos als Ausweis für ihre guten Beziehungen zum Großkhan gedient. Gleichwohl konnte sich die Kurie nicht dazu entschließen, die gewünschten hundert Kleriker zu entsenden. Und das hatte recht gute Gründe. Denn bevor die Brüder Polo in das Abendland zurückkehrten, hatte sie der Kaiser zu sich kommen lassen und ihnen erklärt:

«Weshalb soll ich ein Christ werden? Euch selbst muß bekannt sein, daß die Christen dieser Länder nichts Wunderbares wissen und ausrichten. Dagegen seht ihr, daß die Heiden tun können, was sie wollen. Wenn ich an der Tafel sitze, kommen die mit Wein gefüllten Becher von selbst, und ohne daß eine menschliche Hand sie berührt, zu mir her, und ich trinke daraus. Die heidnischen Zauberer haben Gewalt über das böse Wetter und können es in irgendeine Gegend der Welt bannen; ihnen sind noch viele andere Gaben solcher Art verliehen. Ihr seid Zeugen, daß die Götter der Heiden die Gabe der Rede haben und vorhersagen, was man zu wissen wünscht. Wenn ich mich nun zu Christi Glauben bekehrte und ein Christ würde, so würden mich die Fürsten meines Hofes und andere, die nicht zu diesem Glauben neigen, fragen, was für Gründe mich bewogen hätten, mich zum Christen machen zu lassen. Sie würden sagen: ‹Was für außerordentliche Kräfte haben die Priester der Christen gezeigt? Was für Wunder haben sie getan?› Darauf könnte ich keine Antwort geben, und sie würden mich für einen Menschen halten, über den ein großer Irrtum Macht hat, und die Heiden, die vermöge ihrer geheimnisvollen Kunst so große Wunder wirken, könnten mich gar leicht ums Leben bringen. Aber kehrt zu eurem Papst zurück und bittet ihn in meinem Namen, er möge hundert Männer schicken, die in euren Satzungen erfahren genug sind, um sich den Heiden entgegenstellen zu lassen. Dann sollen sie ihre Macht zeigen, die heidnischen Priester überwinden und dartun, daß sie auch über Wunderkräfte verfügen, die sie aber nicht ausüben wollen, weil sie Teufelswerke sind. Sie sollen die Heiden dann in ihrer Gegenwart zwingen, von ihren schlimmen Künsten abzulassen. Wenn ich dessen Zeuge sein kann, so werde ich die Heiden und ihren Glauben mit dem Bann belegen und mich selber taufen lassen. Meinem Beispiele werden dann alle Fürsten meines Reiches folgen, und ebenso ihrem Beispiele alle meine Untertanen, so daß die Christen dieser Länder die Christen eurer Länder an Zahl übertreffen.»

Es lag auf der Hand, daß die Kurie auf diese Bedingungen nicht eingehen konnte, und als die beiden Venezianer 1274 wieder in Richtung China aufbrachen, diesmal mit Nicolas siebzehnjährigem Sohn Marco, erhielten sie von Papst Gregor X. ein geistliches Geleit von zwei Mönchen, dem Nikolaus von Vicenza und dem Wilhelm von Tripolis. Aber diese beiden Missionare fürchteten den weiten Weg bis zu ihrer gelbgesichtigen, schlitzäugigen und bezopften Herde. Schon in Armenien, am Golf von Alexandrette, kehrten sie um, freilich ohne den Papst davon zu unterrichten. Marco Polo ist der Ansicht gewesen, diese ängstliche Desertion habe die Bekehrung Kublais und damit eine Weltenwende verhindert. Ob das zutrifft, ist freilich eine andere Frage. Zwar war der Großkhan, ein 1214 geborener Enkel Dschingis-Khans, ein Mensch von wirklicher Größe und zweifellos einer der genialsten aller Mongolenherrscher. Während Dschingis-Khans unmittelbare Nachfolger zwar Draufgänger und Haudegen, aber kaum geistig interessierte Persönlichkeiten gewesen sind, war der 1256 zum Kaiser erhobene Kublai ein sehr kluger, feingebildeter, wissenschaftlich interessierter Mann. Und sicherlich wird Marco Polo seinen Kaiser und Freund wohl wirklich so gut gekannt haben, wie ein Europäer einen Asiaten nur kennenlernen kann. Aber man muß doch berücksichtigen, daß zu allen Zeiten in Asien mit anderen Größen gerechnet wurde als im Abendland. Wir hörten ja schon oben davon, daß mancherlei einflußreiche Personen in der Umgebung der Mongolenkaiser christlich getauft waren. Auf die Politik der asiatischen Großmacht hat dies aber keinen irgendwie spürbaren Einfluß gehabt.

Auf alle Fälle müssen unsere drei Venezianer nach der Desertion der beiden Kleriker allein weiterreisen. Welchen Weg sie im einzelnen genommen haben, über Mossul und Bagdad oder weiter nördlich in Richtung auf Erzerum, steht nicht eindeutig fest. In Ormudz sind sie aber jedenfalls gewesen, und ebenso auch in Kaschgar. Von da sind sie auf der Südroute über Jarkent, Chotan und Tschertschen nach Schatschou (Saciu) marschiert, wo sie sich dann schon im eigentlichen Reich des Großkhans befunden haben. In Kant-schou, der Hauptstadt der westlichen Provinz Tangut, hat sie ein Ehrengeleit Kublais abgeholt und, anfangs den Hoang-ho entlang, durch den Norden der Provinz Kathai nach Ciandu, der Sommerresidenz des Kaisers, gebracht. Sie sind dort wohl im Frühjahr 1275 eingetroffen.

Der Großkhan hat die drei Italiener offenbar sehr freundlich und mit großen Ehren aufgenommen. Namentlich der junge Marco Polo, der geboren wurde, als sein Vater gerade auf die erste Asien-Reise gegangen war, fand bald das Vertrauen und die Freundschaft des Kaisers. Er wurde dessen Geheimsekretär und schließlich Statthalter des Großkhans in Yang-tschou, der Hauptstadt des südlichen Landes Manzi, das Kublai eben von der Sung-Dynastie übernommen hatte. So vermochte Marco Polo die siebzehn Jahre, die er am Hof Kublais zubrachte, gut zu nutzen; er hat sich mit offenen Augen umgesehen. Während weder Carpini noch Ruysbroek in das eigentliche China gelangt waren, hatte er alle Möglichkeiten, es gründlich kennenzulernen. Obzwar er nicht Chinesisch konnte – dagegen sprach er neben Persisch und Arabisch auch Mongolisch –, haben die von ihm in späteren Jahren verfaßten Berichte einen hohen Quellenwert und große Anschaulichkeit.

Marco Polo beginnt seine Mitteilungen mit den Eindrücken und Erlebnissen während der Reise. Er erzählt von den Tataren, von ihren Jurten, den auf kleinsten Raum zusammenlegbaren Filzzelten, er berichtet von ihrer Lebensweise, ihrer Ernährung, ihren Frauen, Pferden und Hunden. Dann spricht er von dem Marsch über den Pamir:

> «So hoch sind die Berge, daß in der Nähe ihrer Gipfel kein Vogel zu sehen ist; und wie sonderbar es erscheinen mag, es wurde versichert, angezündete Feuer könnten wegen der scharfen Luft nicht dieselbe Hitze geben wie in niederen Gegenden, das Feuer könne auch nicht so kräftig bei der Zubereitung der Speisen wirken.»

Wie wir wissen, sind beide Beobachtungen durchaus richtig. Weder sind in großen Höhen Vögel anzutreffen, mit ganz wenigen Ausnahmen, noch hat das in sauerstoffarmen Gipfelregionen entzündete Feuer auch nur annähernd die Heizwirkung wie im Flachland. Aber natürlich gehen diese Dinge weit über Marco Polos chemisch-physikalisches Wissen hinaus, und im übrigen ist ihm das hochzivilisierte, menschenwimmelnde China mit seiner alten Kultur auch viel wichtiger als die öden

Wüsteneien des Pamir. So berichtet er eingehend von der großen Stadt Campiciu (Kant-tschou in Kansu) mit ihren drei christlich-nestorianischen Kirchen; er erzählt von der alten Seiden- und Kaiserstraße, auf der sie marschieren, er spricht ausführlich über den Hoang-ho, diesen gewaltigen Strom, dem sie in nordöstlicher Richtung folgen. Unweit des Hoang-ho-Bogens betreten sie dann die Provinz Tenduk, das heutige Tien-tök, ein Gebiet, das, wie Marco Polo meint, einstmals das Stammland des Priesters Johannes gewesen ist.

«Hier liegt die Provinz Tenduk; sie enthält zahlreiche Städte und Dörfer, die Hauptstadt heißt ebenfalls Tenduk. Der jetzige König ist ein Nachkomme des Priesters Johannes und heißt Georg; er erhält sein Land als Lehen vom Großkhan, freilich nicht die ganzen Besitzungen des früheren Priesters Johannes, sondern nur einen Teil. Der Kaiser gibt ihm wie den übrigen Prinzen seines Hauses seine Töchter und andere Prinzessinnen der kaiserlichen Familie zu Frauen. Hier findet man den Stein, aus dem die Azurfarbe hergestellt wird; er ist von ausgezeichneter Schönheit. Hier werden Stoffe aus Kamelhaar gefertigt. Das Volk gewinnt seinen Unterhalt aus Ackerbau, Handel und Gewerbe.

Die Herrschaft der Provinz ist in den Händen der Christen, jedoch gibt es unter den Einwohnern auch Götzendiener und Mohammedaner; sie sind die geschicktesten und gebildetsten Handelsleute und zugleich die schönsten Menschen im Lande.»

Dann wendet sich Marco Polo seinem Freund und Herrn zu, dem Kaiser Kublai. Zunächst klingt sein Bericht, als sei er aus dem hochfahrenden Sendschreiben des Priesters Johannes an den Kaiser von Byzanz entnommen. Aber dann folgen doch ganz persönliche Töne, denen man anhört, aus wie menschlichen, freundschaftlichen Bezirken seines Wesens sie stammen:

«Groß und bewunderungswürdig sind die Taten des jetzigen regierenden Herrschers Kublai-Khan. Dieses letzte Wort Khan bedeutet in unserer Sprache ‹Herr der Herren› und wird mit vollem Recht seinem Namen beigefügt. Denn an Zahl der Untertanen, an Ausdehnung der Länder und Größe der Einkünfte übertrifft er alle Fürsten, die es in der Welt jemals gegeben hat oder heute noch gibt.

Kublai-Khan ist von mittlerer Größe, alle Glieder sind wohlgeformt, und die ganze Gestalt ist gut proportioniert. Er hat eine lichte Gesichtsfarbe, durch die das Wangenrot hindurchschimmert, schöne dunkle Augen und eine kräftige, gebogene Nase. Er stammt in gerader Linie ab von Dschingis-Khan, dem ersten Herrscher aller Tataren. Er ist der fünfte Herrscher und bestieg den Thron im Jahre 1256. Die Herrschaft erhielt er vermöge seiner großen Tapferkeit, seiner Tüchtigkeit und Klugheit, obgleich ihm sein Bruder und andere Mitglieder seiner Familie die Herrschaft streitig machten.»

Ebenso eingehend schildert der Venezianer des Großkhans Umgebung: Kublais Sommerresidenz Ciandu (Schang-tu nordöstlich von Kalgan), die sich ausgenommen haben muß wie eines der Lustschlösser im europäischen Rokoko – Kublais Wintersitz in der großen Stadt Kambaluk, unserem Peking. Als Bürger Venedigs, eines der bestregierten Verwaltungskörper Europas, hat es Marco Polo die Staatsverwaltung des Großkhans natürlich besonders angetan. Sie ist auch so klug durchdacht, daß sein Interesse verständlich wird. Unter allen Kapiteln seines Reisewerkes hat daher kaum ein anderes so sehr die Anteilnahme des Abendlandes gefunden, das eben um die Lösung von überalterten, unbrauchbar gewordenen Formen rang, wie gerade dieses. Und es wird durchaus klar, warum die besondere Sehnsucht der Entdecker und Seefahrer dieser Jahrhunderte dahin ging, des Großkhans Land aufzufinden.

«An der Spitze der Verwaltungsbehörden steht ein ziviles und ein militärisches Kollegium, das sich jeweils aus zwölf obersten Räten zusammensetzt und das unmittelbar dem Kaiser selbst verantwortlich ist. Die oberste Militärbehörde bearbeitet und erledigt ausschließlich militärische Angelegenheiten, insbesondere die Beförderung und Bestrafung der Offiziere, ihre Versetzung, die Verlegung von Truppen in andere Garnisonen usw.; sie hat hierbei indessen nur ein Vorschlagsrecht, die letzte Entscheidung liegt in den Händen der erhabenen Majestät selbst, die sich die Ernennungen vorbehalten hat und die den Rang verleiht. In der obersten Zivilbehörde führen zwölf hierzu bestellte Vornehme die Aufsicht über die vierunddreißig Reichsprovinzen. Die eigentliche zentrale Verwaltung wird von jeweils einem obersten Rat besorgt, dem mehrere Hilfsarbeiter und Schreiber zugeteilt sind, der aber für seine Tätigkeit der Zustimmung des zur Oberaufsicht bestellten Kollegiums bedarf. Aufgabe dieser Räte in der Zentralverwaltung ist vor allem die Auswahl der Provinzialbeamten, die, wiederum auf Vorschlag des Aufsichtskörpers, vom Kaiser ernannt werden. Auch das Steuer- und öffentliche Finanzwesen liegt in den Händen der Zentralverwaltung.

Die Münze des Großkhans befindet sich in der Hauptstadt Kambaluk, und man kann von dem großen Mongolenherrscher wahrlich sagen, er habe den Stein der Weisen entdeckt. Er macht sich sein Geld nämlich auf folgende einfache Weise: Die von Maulbeerbäumen abgestreifte Rinde wird von dem ihr anhaftenden Bast befreit und dieser dann in einem Tiegel fein zermahlen und zu einem Brei aufgeweicht. Daraus wird ein Papier gewonnen, welches bis auf seine schwarze Färbung einem aus Baumwolle hergestellten völlig gleicht. Je nach dem Wert, den es haben soll, wird dieses Papier nun in rechteckige Streifen von unterschiedlicher Größe zerschnitten. Das kleinste hat den Wert eines Pfennigs, ein etwas größeres gilt einen Groschen, ein noch größeres zwei Groschen und so fort bis zu zwei Byzantinen. Und all dieses Papier wird mit einer Umsicht behandelt, als wenn es reines Silber oder Gold wäre. Denn auf jedes Stück schreiben nun einige hierzu besonders angestellte Beamte der kaiserlichen Münzverwaltung ihren Namen und bekräftigen diesen mit ihrem Siegel. Dann wandert das Geld zum Oberaufseher der Münze, der alle Papiere außerdem noch mit seinem zinnoberfarbenen Siegel versieht. Auf diese Weise wird jeder der so abgestempelten Scheine zu vollwertigem Gelde; jeder nimmt dieses Geld bedenkenlos an, weil er damit anstandslos jegliche Ware, auch Perlen, Gold und Silber, kaufen kann...

Im Park des Kaisers Wu . . .

... des großen Wu aus dem Hause Han, der von 141–87 v. Chr. regierte, in diesem Park also grasten vor zweitausendeinhundert Jahren einige der seltenen weißen Hirsche. Wu, der an der Krankheit vieler Herrscher litt: an chronischem Geldmangel, Wu hatte schon alle Register der Geldschöpfung gezogen, von Münzverfälschung über Enteignung bis zur Verstaatlichung der Münzprägung (er schuf die berühmten 5-Shu-Münzen, die mit dem viereckigen Loch in der Mitte). Da griff er zu einem Mittel, das erst viel später Schule machen sollte: Er ließ die ersten Geldscheine herstellen, nicht aus Papier, sondern aus Pergament, das von den Fellen eben jener weißen Hirsche aus seinem Park stammte. Die Umlaufsumme war naturgemäß beschränkt. Unter den Tangs (618–907 n. Chr.) wurde dann erstmals Geld aus Papier hergestellt, um leere Kassen zu füllen.

Die ersten europäischen Geldnoten waren Notgeld. 1483 wurde in der von Mauren belagerten spanischen Feste Alhama das Münzmetall knapp: Geldnoten halfen als Notgeld gegen die Geldnot. Ähnliches geschah in den niederländischen Freiheitskriegen.

Auch das erste deutsche Papiergeld wurde von einem finanzschwachen Regenten ausgegeben, dem prunkliebenden pfälzischen Kurfürsten Johann Wilhelm, bekannter unter dem Namen Jan Wellem. Das Papiergeld hatte überall einen unglücklichen Start. Die bequemen Scheinchen, von denen schon Marco Polo berichtet hatte, «daß ein Zettel, der für zehn Gold-Byzantiner gilt, noch nicht so schwer wie ein Pfennig wiegt», sie waren deshalb verständlicherweise lange Zeit unbeliebt. Noch 1820 stand in der «Allgemeinen deutschen Realenzyklopädie für die gebildeten Stände» des Herrn Friedrich Arnold Brockhaus: «Papiergeld ist in vieler Ohren ein so furchtbarer Ton, daß sie schon beim bloßen Namen desselben erschrecken.» Und das eintausendneunhundert Jahre nach der Geldnotschlachtung von Wus weißen Hirschen.

Pfandbrief und Kommunalobligation

Meistgekaufte deutsche Wertpapiere - hoher Zinsertrag - schon ab 100 DM bei allen Banken und Sparkassen

Verbriefte Sicherheit

Auch für den Verkehr hat der Khan in bester Weise Vorsorge getroffen. Von Kambaluk gehen eine große Anzahl Staatsstraßen in alle Provinzen, und auf jeder dieser großen Verkehrsstraßen befinden sich in etwa 30 Meilen Abstand voneinander, also einer Tagereise entsprechend, geräumige und stattliche Rasthäuser, die mehrere Fremdenzimmer enthalten und in denen auch Könige in aller Bequemlichkeit wohnen können. Die Vorräte und den Unterhalt dieser Herbergen besorgt meistenteils die Umgegend, bei einigen auch die kaiserliche Hofverwaltung direkt. Auf jeder Etappenstation werden ständig vierhundert gute Pferde für Kuriere und eilige Gesandtschaften in Bereitschaft gehalten, so daß die Boten des Kaisers nicht nur mit aller Behaglichkeit, sondern auch mit unglaublicher Schnelligkeit reisen. Es ist ihnen unter geschickter Ausnutzung dieses Systems durchaus möglich, in zwei Tagen und zwei Nächten Entfernungen zurückzulegen, zu denen der gewöhnliche Reisende zehn bis zwölf Tage braucht. Im ganzen stehen nicht weniger als 200 000 Pferde für die kaiserliche Post bereit, und 10 000 Poststationen sind ständig mit allem Notwendigen ausgestattet. Allmonatlich wird jede Station einmal überraschend kontrolliert, so daß das Postsystem tatsächlich immer in vollster Bereitschaft ist.

Überlegt man nun, wie es möglich ist, einen so riesigen Apparat aufzubauen und funktionsfähig zu erhalten, so rührt das von zwei natürlichen Vorteilen dieses Landes her. Einmal gibt es hier kinderlose Familien überhaupt nicht, schon deshalb, weil die Heiden ja mehrere Frauen haben, so daß ständig ein Überfluß an Menschen vorhanden ist, und zum andern ist das Volk überaus genügsam. Tataren sowohl wie die Eingeborenen von Cathai und Mansi leben fast ausschließlich von Reis, Buchweizen und Hirse, also von Früchten, die hier einen etwa hundertfältigen Ertrag abwerfen. Nur Weizen gibt nicht soviel her und wird, da man hier kein Brot ißt, nur für die Bereitung von Nudeln und Pasteten benutzt. Deshalb kann die Bevölkerung so zahlreich sein ... Natürlich hat ungünstige Witterung auch hier Mißernten im Gefolge. Aber dann sieht Kublai nicht bloß von der Erhebung der üblichen Steuern ab, sondern läßt das Volk durch besonders hierfür angestellte Beamte mit dem zum Leben und zur nächsten Aussaat nötigen Getreide versorgen. In guten Erntejahren wird daher vom Staat ein großer, sorgfältig aufbewahrter Getreidevorrat angekauft, der in Zeiten der Not zum vierten Teil des üblichen Preises wieder abgegeben wird. In ähnlicher Weise hilft Kublai-Khan, wenn irgendwo eine Seuche unter dem Vieh ausgebrochen ist. Dann stellt er Tiere aus den Staatsherden als Ersatz zur Verfügung ... Alle Gedanken Kublai-Khans sind, man kann es glauben, nur darauf gerichtet, seinem Volk beizustehen, daß es von seiner Arbeit leben und noch sein Vermögen vergrößern kann. So hat er noch eine schöne und zugleich nützliche Anordnung getroffen: Auf beiden Seiten der Landstraße läßt er in zwei Schritt Entfernung Bäume pflanzen, welche rasch und stark wachsen. So haben die Reisenden im Sommer Schatten, und im Winter, wenn alles verschneit ist, zeigen die Bäume den Weg; zudem aber glaubt der Großkhan seinen Sterndeutern, welche gesagt haben, daß das Pflanzen von Bäumen durch ein langes Leben belohnt werde. Wo aber die Straßen über Sandwüsten und felsige Gebirge führen, da läßt er Steine und Säulen setzen, und hohe Beamte haben darauf zu achten, daß stets alle Straßen in bester Ordnung sind.»

Wir sprachen schon davon, daß Marco Polos späterer Bericht in Europa geradezu wie ein Blitz eingeschlagen und als eine Sensation ersten

Ranges gegolten hat. Sicherlich sind von ihm auch nicht nur geographische, sondern unmittelbar kulturgeschichtliche Wirkungen ausgegangen. Jedenfalls darf man annehmen, daß im Abendland die ersten Anregungen zur Bepflanzung der Landstraßen mit Bäumen wie zur Verwendung eines papiernen Symbols als Zahlungsmittel auf Marco Polos Bericht zurückgehen. Neben diesen Nachrichten haben dann auch seine hier gleich folgenden Mitteilungen von einem «schwarzen Gestein», das aus den Bergen gegraben werde und das wie Holzkohle brenne, im Abendland, wo es ein solches «schwarzes Gestein» ja auch gab – zu Anfang des 9. Jahrhunderts wird Steinkohle in England erwähnt, und seit dem 13. Jahrhundert wird dieses Naturprodukt dort bergmännisch abgebaut –, sicherlich höchlichst interessiert. Der Venezianer erzählt:

«Im ganzen Lande findet man aber ein schwarzes Gestein, das man aus den Bergen gräbt, wo es in Adern läuft. Wenn dieser Stein angezündet wird, brennt er wie Holzkohle, hält aber die Wärme weit besser als Holz, so daß sich am Morgen nach Glut findet. Diese Steine brennen ohne helle Flamme, nur beim Anzünden lodern sie ein wenig auf, strömen aber beim Brennen eine starke Hitze aus.»

Besonders bedeutungsvoll sind für Marco Polo dann natürlich die religiösen Vorstellungen der Chinesen. Zum erstenmal hört das Abendland hier etwas Näheres von der Lehre der Seelenwanderung und eingehender von einer Religion, die, wie die Lehre Konfutses, auf die Verehrung der Ahnen bedacht ist.

«Sie glauben, daß die Seele unsterblich sei und immer nach dem Tode des Menschen sofort in einen anderen Körper wandere, wobei sie je nach seinem Lebenswandel erhöht oder erniedrigt werde. Wenn z. B. ein armer Mann edel und bescheiden gelebt hat, wird er zuerst von einer Edelfrau wiedergeboren, dann von einer adligen Dame noch höheren Ranges, und immer höher auf der Leiter des Daseins aufsteigend. Ist er der Sohn eines Edelmannes gewesen und hat sich unwürdig aufgeführt, wird er zunächst der Sohn eines Bauern werden und immer tiefer herabsteigen, bis er schließlich ein Hund wird.

Ehrerbietung und Verehrung gegen die Eltern sind die höchste Tugend der Cathayer. Sollte es sich aber ereignen, daß ein Kind unehrerbietig gegen seine Eltern handelt oder ihnen in der Not nicht beisteht, so ist ein öffentlicher Gerichtshof da, dessen besondere Aufgabe es ist, das Verbrechen kindlicher Undankbarkeit, sobald es ihm zu Ohren kommt, mit aller Strenge zu bestrafen.»

Schon diese knappen, überdies stark zusammengezogenen und gekürzten Zitate aus dem Reisebericht des Marco Polo lassen die warme Anschaulichkeit seiner Darstellung erkennbar werden. Seine Aufzeichnungen sind daher nicht allein erdkundlich, sondern weit darüber hinaus für fast alle Gebiete des Lebens von höchstem Wert. Jedenfalls stellen sie für das China des Hochmittelalters die einzige in solcher Ausführlichkeit fließende Quelle dar.

Überdies ist Marco Polo im Auftrag Kublais weit in China herumgekommen. Eine seiner größeren Reisen führte ihn nach Tibet, das der Großkhan vor kurzem in eine Art Botmäßigkeit gebracht hatte. Von dort ist der Venezianer nach Burma gereist, über dessen Wunder er ausführlich berichtet; darauf hat er sich, weit nach Osten ausholend, wieder nach Norden gewandt, um zur Residenz des Großkhans zurückzukehren. Auf einer anderen großen, gleichfalls nach Süden führenden Reise ist Marco Polo dann auch nach Quinsay gekommen, der südchinesischen Stadt Hang-tschou in Tschekiang. Diese einstige Residenz der Sung-Dynastie, des angestammten Herrscherhauses der Südchinesen, war ein kultureller Mittelpunkt von alters her und sehr viel gepflegter, an Überlieferung und Tradition unendlich reicher als das im Grunde etwas barbarische Kambaluk. Es ist nicht unverständlich, daß sich der von den Verhältnissen Venedigs her urteilende Marco Polo hier wohler gefühlt hat als in der nördlichen Residenz des Großkhans. Auch in Mailand hätte er nicht leben können; er war nun einmal an den weiten Blick, die Beweglichkeit und das quirlende Tempo einer Weltstadt gewöhnt, und das kontinentale Denken, das in Kambaluk ganz natürlich vorherrschte, blieb ihm sein Leben hindurch fremd und unbehaglich.

Hier aber, in Quinsay, der Himmelsstadt, riecht man förmlich das weite, salzige Meer. Matrosen aller Nationen schlendern durch die Straßen; alle Rassen, die gelbe sowohl wie die braune und schwarze, sind vertreten. Tausende und aber Tausende von Masten recken sich im Hafen zum Himmel. Neben den großen Überseefrachtern nach Indien, Persien und dem Inselmeer um Java liegen die unzähligen Dschunken der südchinesischen Küstenfahrer und die Boote von den Kanälen im Landesinnern. Ein buntes, farbig bewegtes Bild! Und dazu die ungeheuere Zahl der Einwohner dieser Stadt! Zu Marco Polos Zeiten berechnen die kaiserlichen Steuerkommissare, daß rund eine Million sechshunderttausend Familien hier ansässig seien, im ganzen also beträchtlich über fünf Millionen Menschen. Natürlich ist Quinsay auch eine immens reiche Stadt. Es erzeugt nämlich Salz, und allein daraus hat der Kaiser, wie Marco Polo angibt, Steuereinnahmen von jährlich sechs Millionen venezianischer Dukaten; dazu kommt, daß Handel und Gewerbe gleichfalls besteuert werden, so daß offenbar gewaltige Summen bei den kaiserlichen Hauptsteuerämtern von Quinsay zusammenströmen.

Bei seinem Aufenthalt in Südchina hört Marco Polo zum erstenmal, daß weit östlich von diesen östlichsten Gestaden der Welt eine große, unermeßlich reiche Insel mitten im riesigen Weltmeer liege, das Land Cipangu, unser Japan. Cipangu scheint in der Vorstellung der Chinesen eine Art Märcheninsel gewesen zu sein. Nur fünfzehnhundert Meilen sei es von der Küste Chinas entfernt. Aber trotz dieser gar nicht so unermeßlichen Entfernung sei es doch nur wenigen Menschen gelungen, nach Cipangu zu kommen. Auch der große Khan habe es nicht erobern können. Dabei sei die Insel unendlich reich. Die Dächer des Königspalastes beispielsweise wären mit Platten aus reinem Gold gedeckt, «gerade wie wir unsere Kirchen mit Blei decken». Die Täfelungen in den Sälen, die Tische, selbst die Fensterrahmen beständen gleichfalls aus schwerstem Gold. Ebenso gebe es massenhaft Perlen und andere Edelsteine – kurz, es herrsche hier an allen Kostbarkeiten der Erde ein unvorstellbarer Überfluß.

Es läßt sich denken, daß Nachrichten wie diese die Aufmerksamkeit des Abendlandes in höchstem Maße erregten. Wie wir wissen, haben sie auch sehr erheblich dazu beigetragen, daß sich die Seefahrer aller zivilisierten Länder darum bemühten, den kürzesten Weg zu diesen glücklichen Gestaden aufzufinden, und unter manchen anderen, freilich sehr dunklen Nachrichten steht Marco Polos klarer, sehr bestimmter Bericht an erster Stelle. Gleichwohl ist es ein reiner Zufall gewesen, daß Marco Polo seinen Reisebericht überhaupt niedergeschrieben hat. Er tut das als Kriegsgefangener. Denn als er 1298, drei Jahre nach der glücklichen Heimkehr aus China, an einer Seeschlacht zwischen Venedig und Genua teilnimmt, gerät er in der Hand der Genuesen. Diese Zeit, rund zehn Monate, hat er dazu benutzt, sein Reisewerk zu verfassen. Neben mancherlei Anerkennung, die nicht zuletzt daher rührte, daß er mit Schätzen beladen in Venedig eingezogen war, hat er freilich auch vielfach heftigen Spott geerntet. Denn da er bei seinen Nachrichten regelmäßig Zahlen von einer im Abendland ungewohnten Größenordnung nannte, erhielt er schon zu Lebzeiten den Spitznamen «Messer Marco Milione», der mit den Millionen nur so herumwerfende Marco. Sicher hat er sich in seinen Zahlenangaben nicht selten geirrt; vielleicht hat er auch, um den an großen Zahlen gewöhnten Venezianern zu imponieren, hie und da einmal ein wenig übertrieben. Im Kern aber beruhen des Marco Polo Reiseerzählungen auf Wahrheit, und der Bericht einer alten italienischen Chronik, der Venezianer habe sich noch 1324, auf seinem Totenbett, beharrlich geweigert, irgend etwas von seinen Berichten zu widerrufen, ist durchaus glaubhaft. Nicht einmal die Hälfte seiner wunderbaren Erlebnisse hätte er mitgeteilt, soll er gesagt haben!

7

Als die drei Polos im Jahre 1292 auf dem Rückweg nach Europa zur See über Indochina, Sumatra und Ceylon nach Indien fuhren, ist ein Abendländer an ihnen vorbei nach Osten gesegelt, der sich fast vierzig Jahre hindurch in China aufhalten sollte. Das war der Franziskanermönch Johannes von Montecorvino, einer der größten Seelsorger und Missionare, die die christliche Kirche hervorgebracht hat. Wir erinnern uns, daß die beiden älteren Polos um 1270 von ihrem ersten Besuch in China mit dem Ersuchen des Großkhans heimkehrten, der Papst möge ihm hundert christliche Missionare senden. Wir hörten auch, daß den wieder nach Ostasien reisenden Venezianern zwei Mönche mitgegeben wurden, daß diese beiden Männer aber schon in Kleinasien umkehrten. Nun hatte Gregors X. Nachfolger, der tatkräftige Papst Nikolaus IV., den alten Plan wieder aufgegriffen. 1288 ging Johannes von Montecorvino mit Briefen des Papstes an Kublai-Khan nach Asien ab. Seine erste Station war Persien, dessen damaliger mongolischer König Aboga, ein Neffe Kublai-Khans, von den nach Osten vordringenden Arabern bedroht war, der deshalb die Aufnahme von Verbindungen zum araberfeindlichen Europa sicher nicht ungern sah.

Von Persien aus reiste Montecorvino wohl im Jahre 1290 nach Vorderindien, wo er sich bei den Thomas-Christen der Koromandelküste fast ein Jahr hindurch aufhielt. Dann ist er auf dem Seewege zu Kublai-Khan nach Peking gefahren. Und hier in Peking hat er sechsunddreißig Jahre darauf als hochbetagter Mann und nach einem Leben voll unbestreitbarer Erfolge die Augen geschlossen. 1310 gelang es ihm sogar, den damaligen Großkhan Haichan (Wu-tsung), den Nachfolger Timurs und Enkel Kublai-Khans, zur Annahme der Taufe zu veranlassen. Diese weithin sichtbare Wirkung seiner Missionstätigkeit, die durch den frühen Tod Wu-tsungs freilich ohne Folgen blieb, war durch die 1307 vollzogene Ernennung Montecorvinos zum Erzbischof von Cathay und durch die Absendung von neun für China bestimmten Bischöfen – von denen allerdings nur drei oder vier ihr fernöstliches Ziel erreicht haben dürften – vorbereitet worden. Und es mochte für einige Zeit so aussehen, als könne es gelingen, dem Christentum in China größeren Einfluß zu verschaffen.

Schon ein rundes halbes Jahrtausend vorher hatte es, wie wir ja bereits hörten, eine Periode gegeben, in der sich das christliche Bekenntnis im Reich der Mitte sehr verbreiten konnte. Begünstigt von Kaiser Taitsung und seinen Nachfolgern, gewann der Nestorianismus zahlreiche Anhänger; er wäre vielleicht sogar zur Staatsreligion erhoben worden, wenn einer der Kaiser selbst sich hätte taufen lassen. Dann ist das alles aber wieder gänzlich zusammengebrochen und von der Oberfläche verschwunden. Lange Jahrhunderte hindurch wurden alle nach China eingedrungenen fremden Religionen rücksichtslos unterdrückt. Immerhin blieb vom Nestorianismus doch manches am Leben, und wir hörten ja mehrfach, daß europäische Reisende auf dem Wege nach Karakorum und Peking christliche Kirchen und nestorianische Gemeinden antrafen.

Man hat mit Bezug auf diese frühe christliche Epoche wie vor allem im Hinblick auf Kublai-Khans freundliche Stellung zum Christentum gemeint, es sei ein bedauerliches Verhängnis gewesen, daß Montecorvino erst in Peking eintraf, als es die Polos bereits verlassen hatten, und ferner, daß Kublai-Khan als fast achtzigjähriger Mann zu diesem Zeitpunkt schon zu alt gewesen sei, um der neuen Lehre noch eine tätige Anteilnahme entgegenzubringen. Es sind in diesem Zusammenhang die kühnsten Perspektiven entworfen worden. Sicherlich wäre, hat man gemeint, eine Art Weltenwende eingetreten, hätte ein jüngerer, zum Christentum übergetretener Kublai-Khan sein Volk kraft der Größe seiner Persönlichkeit auf diesem Wege mitgerissen. Es ist natürlich müßig, mit Wenn und Aber die einmal abgelaufene Bahn der Weltgeschichte korrigieren zu wollen; aber man wird immerhin sehr ernstlich fragen müssen, ob sich dann am Lauf der Dinge tatsächlich etwas geändert hätte. Gerade die in manchem Betracht sehr ähnlichen, erst in der Gegenwart aufgeworfenen geistesgeschichtlichen Fragen des Verhältnisses zwischen Ost und West lassen die oben angedeuteten Probleme doch als sehr kompliziert erscheinen. Und es ist als überaus fraglich anzusehen, ob selbst eine ganz von innen her erfolgende Übernahme europäischer Denkformen und Moralwerte für Asien wirklich neue Aspekte heraufgeführt hätte oder heraufführen kann. So wie einst Alexander der Große nicht zu Tschandragupta kam, dem genialen Beherrscher Indiens, so kamen jetzt der Papst und der Großkhan nicht zueinander. Auch in späteren Jahrhunderten ist trotz mancher Ansätze nie etwas aus dem immer wieder sichtbar werdenden Zueinanderstreben der beiden Welthälften geworden. Vielleicht sollte es noch nicht sein.

Gerade deshalb berührt einer der Briefe, die die geistlichen Sendboten des Abendlandes in China nach Hause schrieben, um so tiefer. Es ist dies ein Brief, den der Franziskaner Andreas von Perugia, Bischof von Zayton, im Winter 1326 an den «ehrwürdigen Vater der Brüder und Vorsteher des Konvents in Perugia» schrieb. Darin heißt es:

«Frater Andreas von Perusio vom Orden der Minoriten, durch göttliche Erlaubnis Bischof genannt, an den ehrwürdigen Vater der Brüder und Vorsteher des Konvents von Perusio Gruß und ewigen Frieden.

Wegen der ungeheuren Entfernung zu Lande und zu Meer zwischen mir und Euch kann ich kaum hoffen, daß die Euch von mir übersandten Briefe in Eure Hände gelangen werden.

Ihr habt erfahren, daß ich und mit mir Bruder Peregrinus, mein Mit-Bischof guten Angedenkens, der alleinige Gefährte meiner Wanderfahrt, nach Überwindung von viel Mühsal und Ermattung, Hunger und den verschiedensten Martern und Gefahren zu Wasser und zu Lande, wo wir aller Dinge beraubt wurden, sogar der Kutten und der Unterkleidung, schließlich durch Gottes Hilfe nach Cambaliech (Peking) gekommen sind, wo sich das Hoflager des Großkhans und Kaisers befindet. Das war, glaube ich, 1308 nach der Fleischwerdung des Herrn. Dort haben wir uns, nachdem gemäß dem uns vom Apostolischen Stuhl gegebenen Auftrag der Erzbischof geweiht worden war, fast fünf Jahre lang aufgehalten. Während dieser Zeit erhielten wir vom hochherzigen Kaiser ein Alafa für den Lebensunterhalt und die Kleidung von acht Personen. Es ist aber dies Alafa eine Zuweisung, die der Kaiser den Botschaftern der großen Herren, den Rednern, den Generalen, den Künstlern der verschiedenen Kunstarten, den Speerwerfern, den Armen und den verschiedensten Personen aus ganz verschiedenen Gründen zuteil werden läßt, Zuweisungen, die den Aufwand der meisten römischen Könige übersteigen.

Von den Reichtümern, der Großherzigkeit und dem Ruhm dieses großen Kaisers, von der gewaltigen Erstreckung seines Reiches, von der Menge der Völker, der Zahl und Größe der Städte und von den vom Kaiser gesetzten Ordnungen, infolge deren niemand das Schwert gegen seinen Nächsten zu erheben wagt, schweige ich, weil es zu weit führt, darüber zu schreiben, und weil es den Lesern unglaublich dünken würde. Denn auch ich, der ich doch hier anwesend bin, höre mancherlei, was ich selbst kaum glauben kann.

Es ist eine große Stadt, am Ozean gelegen, die in persischer Sprache Zayton genannt wird. In dieser Stadt hat eine reiche armenische Dame eine sehr schöne große Kirche errichten lassen, die, mit angemessenen Schenkungen dotiert, ihrem eigensten Willen gemäß, durch den Erzbischof zur Kathedrale erhoben wurde und die zu seinen Lebzeiten dem Bruder Bischof Gerhard und den Brüdern, die bei ihm waren, gegeben wurde. Als dieser Bischof gestorben und in seiner Kirche beigesetzt war, wollte mich der Erzbischof ebendort zum Nachfolger machen, aber da mir weder Ort noch Nachfolge zusagten, übertrug er sie dem genannten Bruder Peregrinus, der sich, sobald sich eine Gelegenheit dazu ergab, dorthin begab und nach wenigen Jahren der Amtsführung im Jahre 1322, neun Tage nach Peter und Paul, verstarb. Rund vier Jahre vor seinem Hinscheiden erreichte ich es, da ich aus einigen Gründen in Cambaliech nicht recht ermutigt war, daß mir das vorgenannte Alafa oder kaiserliche Almosen auch in der Stadt Cayton, die von Cambaliech fast drei Monate Reiseweg entfernt liegt, zugeteilt wurde.

Seitdem lebe ich hier dauernd und bestreite meinen Unterhalt aus dem erwähnten Almosen des Kaisers, das nach der Währung der Kaufleute aus Genua jährlich auf ungefähr hundert Goldgulden ansteigt. Hiervon habe ich einen großen Teil zur Errichtung einer Klosterkirche verwendet. Ich weiß in unserer ganzen Provinz kein Kloster, das sich mit ihm an Schönheit und allgemeiner Annehmlichkeit vergleichen lassen könnte. Endlich erhielt ich, nicht lange nach dem Tode des Bruders Peregrinus, eine Anordnung des Erzbischofs, die mich diesem Sitz zuwies. Ich habe ihr aus guten Gründen zugestimmt und halte mich nun, ganz wie es meinen Wünschen entspricht, entweder in der Kirche der besagten Stadt oder im Kloster auf. Und da ich gesund bin, mag ich wohl, solange es die mir zugemessene Lebensspanne erlaubt, noch etliche Jahre auf diesem Acker arbeiten können. Freilich bin ich, teils infolge körperlicher Schäden, teils meines Alters wegen, grau geworden.

Es gibt in diesem riesigen Imperium Völker, welche allen Stämmen angehören, die es unter dem Himmel gibt, und Menschen aller Sekten. Und allen, einer Gemeinschaft wie dem einzelnen, ist es verstattet, ihrem Glauben gemäß zu leben. Sie haben hier nämlich die Ansicht, oder besser die irrige Ansicht, daß jeder nach seinem eigenen Bekenntnis selig werden könne. Wir können daher frei und ungefährdet predigen; aber von Juden und Mohammedanern wurde niemand bekehrt, unter den Götzenanbetern wurden viele getauft. Indessen gehen viele von den Getauften nicht recht ein in den Weg des Christentums.

Vier unserer Brüder wurden in Indien von den Mohammedanern zu Märtyrern gemacht. Einer von ihnen, obwohl zweimal in ein gewaltiges Feuer geworfen, entging ihm unversehrt. Und trotz dieses erstaunlichen Wunders wurde niemand (der Mohammedaner) von seinem Glauben abgebracht.

All dies Vorgesagte habe ich Eurer Väterlichkeit in Kürze geschrieben, damit Ihr es zur Kenntnis der anderen bringen möget. Meinen geistlichen Brüdern und besonderen Freunden schreibe ich nicht, weil ich nicht weiß, wer von ihnen heimgegangen ist und wer noch lebt. Weshalb ich bitte, daß sie mich entschuldigen. Alle grüße ich und empfehle mich allen so innig wie möglich.

Gegeben in Zayton im Jahre des Herrn 1326, im Monat Januar.»

Zayton ist eines der Bistümer gewesen, die Montecorvino um 1313 gegründet hatte, nach Eintreffen der Überlebenden jener Mönche, die ihm von der Kurie geschickt worden waren. Offenbar hat die Arbeit des Andreas von Perugia in der weltoffenen, geistig lebendigen Hafenstadt gute Früchte getragen. Jedenfalls berichtet er, wie wir hörten, in Zayton befinde sich eine große schöne Kirche und ein Kloster, das an Pracht und Bequemlichkeit jedes andere Kloster dieser Provinz übertreffe. Trotzdem ist anscheinend kein zeitgenössischer chinesischer Bericht bekannt, in dem von den Christen irgendwie die Rede wäre. Selbst als einer der Vasallen des Großkhans, König Georg von Tenduk, ein angeblicher Nachfahre jenes Priesters Johannes, von dem wir oben sprachen, mit dem größten Teil seines Volkes zum Christentum übertrat – Johannes von Montecorvino konnte dieses wirklich bedeutsame Ereignis um 1305 selbst nach Rom berichten –, hat kein chinesischer Annalist dieses Begebnis notiert. Ganz offenbar hat das mittelalterliche Christentum in China nur ein esoterisches Leben geführt, ein Leben am Rande, das keine Beachtung fand. Um so deutlicher hebt sich von dieser äußerlichen Bedeutungslosigkeit die prachtvolle Figur des Johannes von Montecorvino ab, der unter vielen Anfeindungen, inmitten einer oft verständnislosen, aber keineswegs barbarischen, sondern zivilisierten und kultivierten Umwelt, unbeirrt bei seinem Glauben und bei seiner Missionstätigkeit blieb.

«Ich selbst bin grau und ein alter Mann geworden», schreibt er um 1305 ein wenig resigniert nach Rom, «obschon ich nicht älter bin als neunundfünfzig Jahre. Ich spreche und schreibe das Tatarische vollkommen geläufig. Sowohl das Neue Testament wie den Psalter habe ich in diese Sprache übertragen, und ich habe dafür gesorgt, daß sie so schön wie nur möglich abgeschrieben würden. In Schrift, Lektüre und im Gebet lege ich offen Zeugnis ab für Christi Heilslehre...»

Ganz ohne Wirkung ist des Erzbischofs Tätigkeit in China aber nicht gewesen. Neben dem Großkhan selbst waren es, wie er in einem seiner Briefe berichtet, etwa fünftausend Seelen, die er taufen und für das Christentum retten konnte. Gegenüber den riesigen Volkszahlen schon des mittelalterlichen China war das freilich nicht viel, und als Georg von Tenduk gestorben war, mußte Johannes von Montecorvino erleben, daß dessen Untertanen nach und nach wieder vom Christentum abfielen. Immerhin gab es, als er um 1330 starb, in Peking drei Franziskanerklöster, und je eines befand sich in Zayton, Hangtschou und Jang-scho-fu am Jangtsekiang. Es ist auch durchaus möglich, daß die Zahl der Getauften um diese Zeit einige hunderttausend Seelen betragen hat. Gleichwohl wird sich Montecorvino sorgenvoll gefragt haben, welches Schicksal seinem Missionswerk nach seinem Tode wohl beschieden sein werde.

Nach Montecorvino ist dann noch einmal ein hoher katholischer Kleriker in China gewesen: der päpstliche Legat Johannes von Marignola, der 1338 nach dem Fernen Osten aufbricht und der erst fünfzehn Jahre später, 1353, wieder in Europa eintrifft. Dann gelangt in China die nationalistische, fremden- und kirchenfeindliche Ming-Dynastie zur Macht, und damit endet im Jahre 1368 für rund dreihundert Jahre jede abendländische Einflußmöglichkeit auf das Reich der Mitte.

Johannes von Marignola ist im Dezember 1338, also ein halbes Jahr nach Eintreffen jener Gesandtschaft des Kaisers Shun-ti in Avignon, von der wir schon berichteten, nach China aufgebrochen. Er führt Geschenke für den Großkhan und ein Handschreiben Benedikts XII. mit. Der Papst ist so klug gewesen, auf den naiven, aber doch wohl aufrichtigen Brief des Großkhans herzlich, wenn auch nicht ohne vernehmliche Betonung seiner Würde und seiner hohen Stellung zu antworten, und man darf wohl annehmen, daß der von dem Alanen Futim Juens und seinen Mitfürsten zwischen den Zeilen zum Ausdruck gebrachten flehentlichen Bitte, den Großkhan doch ja nicht zu erzürnen, im päpstlichen Handschreiben hinreichend Rechnung getragen worden ist.

So ist also denn Johannes von Marignola nach China abgereist. Er hat von dieser Reise einen ausführlichen, nicht uninteressanten Bericht überliefert, in dem es unter anderem heißt:

«Wir, Bruder Johannes von Florenz vom Orden der Minoriten, unwürdiger Bischof zu Bysinia, wurden im Jahre des Herrn 1338 von dem Heiligen Vater Benedikt XII. mit Briefen und Geschenken des Apostolischen Stuhls als Legat zu dem Kaam, Großkaiser aller Tataren, geschickt, dessen Herrschaft und Gewalt sich beinahe über die Hälfte des Morgenlandes und eine ganz unglaubliche Menge von Ländern, Städten, Völkern, Sprachen und Reichtümern erstreckt. Wir verließen Avignon im Monat Dezember (1338), kamen zu Beginn der Fastenzeit nach Neapel und warteten dort bis gegen Ostern, das auf Ende März fiel, der Ankunft eines genuesischen Schiffes mit den Botschaftern der Tataren, die der Kaam von Kambalek, der größten Stadt dieses Volkes, an den Papst geschickt hatte, um sich Legaten zu erbitten, die Straße zu öffnen und mit den Christen ein Bündnis zu schließen, denn er liebt und ehrt unseren Glauben.

Drei Jahre nach unserer Abreise vom päpstlichen Hof kamen wir an die Grenze von Armalec und zu den Cylloskagon, d. i. zu den Sandbergen, die vom Winde gebildet werden und jenseits deren man vor den Tataren das Land nicht für bewohnbar hielt, ja nicht einmal mehr Land zu finden glaubte. Die Tataren aber überstiegen sie durch Gottes Willen und befanden sich darauf in einer ungeheuren Ebene, die von den Philosophen der heiße Erdgürtel genannt und für undurchdringlich gehalten wird. Gleichwohl drangen die Tataren hindurch und ich zweimal.

Als der Großkhan unserer Zelter und anderer Geschenke nebst den Bullenbriefen des Papstes sowie unserer selbst ansichtig ward, bezeigte er große Freude, fand alles gut oder vielmehr vortrefflich und erwies uns alle mögliche Ehre. Ich aber trat im priesterlichen Schmuck mit einem sehr schönen Kreuz, das ich mit Kerzen und Weihrauch vor mir her tragen ließ, vor den Kaam, der in einem herrlichen Palast saß, und stimmte das ‹Ich glaube an einen Gott› an, und als der Gesang zu Ende war, gab ich jenem einen reichlichen Segen, den er demütig empfing. Hierauf wurden wir in eine für uns höchst anständig eingerichtete Wohnung im kaiserlichen Hofe geführt, und zwei Fürsten wurden uns zugeteilt, die uns durch kaiserliche Bediente mit Speise und Trank und allem Notwendigen bis sogar auf den Papyros zu Laternen reichlich versahen und uns durch beinahe vier Jahre alle mögliche Ehre erwiesen, auch uns und unsere Bedienten mit kostbaren Kleidern aufputzten, so daß wir, zusammen zweiunddreißig Personen, alles genau gerechnet, über viertausend Mark gekostet haben. Es wurden viele Glaubensdispute mit Juden und anderen Sekten gehalten, aber auch viele Seelen geerntet. Auch haben die Minoriten in Kambalek eine Kathedralkirche unmittelbar neben dem Palaste, ein prächtiges Erzbistum und mehrere Kirchen mit Glocken in der Stadt, und alle leben von des Kaisers Tafel in hohen Ehren.

Der Kaiser willigte ungern und nur, als er mich durchaus darauf bestehen sah, in meine Abreise, zu der er mir auf drei Jahre die Kosten und sehr bedeutende Geschenke an den Papst mitgab – jedoch unter der Bedingung, daß möglichst bald ich oder ein anderer Kardinal mit gehöriger Vollmacht wieder in Cambalec eintreffe und Bischof im Lande sei, eine Würde, vor der alle Morgenländer, ob Christen oder nicht, die größte Ehrfurcht haben; auch sollte der Bischof aus dem Orden der Minoriten sein. Denn dies sind die einzigen Geistlichen, die sie dort kennen ...»

Marignola schildert nun sehr eingehend die Schwierigkeiten und Fährlichkeiten seiner wohl um 1345 begonnenen Rückreise, zumeist in der Absicht, seine eigenen Leistungen und seine Person dabei recht herauszustreichen. Das macht seinen Bericht zuweilen ein wenig unsympathisch. Immerhin sind die von ihm gegebenen Reiseschilderungen, etwa des Jangtsekiang, der Städte Hang-tschou oder Zayton, wo auch zu seiner Zeit noch drei christliche Kirchen existierten, der Stadt Colombo (Quilon in Vorderindien), eines der Zentren des indischen Pfefferbaus und Pfefferhandels, sowie der Flora von Ceylon mit dem indischen Brotbaum, mit Kokosnüssen und Bananen, nicht ohne Reiz. So erzählt er beispielsweise vom Jangtsekiang:

«Ich habe ihn überquert, und an seinen Ufern liegen sehr große herrliche und besonders goldreiche Städte, auf dem Fluß selbst aber wohnen für beständig in hölzernen Häusern die geschicktesten Künstler – vorzüglich Weber von Seiden- und Goldstoffen – in solcher Menge, wie sie in ganz Italien nicht zu finden ist; sie fahren auf dem Fluß mit ihren Häusern, ohne etwas daran zu verändern, und mit ihren Familien herum, um die Seide aufzuarbeiten, wovon an den Ufern mehr als in der ganzen Welt wächst. Dies habe ich gesehen ...»

Von Colombo berichtet Marignola:

«Am Palmsonntag 1357 kam ich in Kolumbus, der berühmtesten Stadt von ganz Indien, an, wo aller Pfeffer der Welt wächst. Er wächst aber auf Reben, die genau wie Weinstöcke gepflanzt werden und zuerst wilde Trauben von grüner Farbe treiben. Darauf bildet sich eine Art von Trauben, die roten Wein enthalten, die ich mit eigener Hand als Gewürz auf dem Teller ausgedrückt habe. Hernach reifen sie und trocknen auf den Bäumen. Und wenn sie die übermäßige Sonnenhitze ausgedörrt hat, werden sie mit Stäben abgeschlagen und auf darunter ausgebreiteten Linnen gesammelt. Dies habe ich mit eigenen Augen gesehen und mit meinen Händen gefühlt durch vierzehn Monate. Der Pfeffer wird auch nicht, wie man fälschlich schreibt, gebrannt, noch wächst er in Wüsten, sondern in Gärten. Und die Herren davon sind nicht Sarazenen, sondern Christen des heiligen Thomas, die von jedem Pfund, soviel davon in die ganze Welt versendet wird, eine Abgabe erheben, von der ich, meinem Amt als päpstlicher Legat gemäß, alle Monate hundert, zuletzt tausend Fan Goldes bezog. Dort ist eine lateinische Kirche des heiligen Georg, an der ich blieb, die ich mit schönen Gemälden verzierte und wo ich christlichen Unterricht erteilte ...»

Aber trotz dieser Nachricht und vieler anderer sehr reizvoll erzählter und sicherlich gut beobachteter Nachrichten und trotz mancher unzweifelhafter persönlicher Verdienste hat Marignola doch wohl nicht die menschliche Größe gehabt, die Johannes von Montecorvino so anziehend und so erfolgreich gemacht hat. Andererseits ist auch Kaiser Shun-ti, ein schwächlicher, kraftloser Nachfahre Kublai-Khans, offenbar nicht geeignet gewesen, dem Gesandten der Kurie Relief zu geben. Es geht China während seiner Regierung nicht eben gut. Dürre und Mißernten folgen einander, und als infolge einer furchtbaren Hungersnot im Jahre 1334 rund zehn Millionen Chinesen sterben, weiß sich Shun-ti keinen anderen Rat, als mehr und immer mehr Papiergeld auszugeben.

Schon zu seiner Zeit war dies aber offenbar ein völlig ungeeignetes Mittel, ein verzweifeltes Volk wieder zu beruhigen und von den Herrschertugenden seiner führenden Männer zu überzeugen. So erhob sich, kaum daß Marignola das Reich der Mitte verlassen hatte, dort die Revolution gegen Shun-ti und die Mongolen. Und im Bestreben, diese gefährlichen Fremdlinge aus dem Land zu treiben, wurde kurzerhand alles vernichtet oder vertrieben, was nicht chinesisch war. Natürlich rottete diese Erhebung auch die christlichen Gemeinden in China aus, und als Papst Urban V. 1370 und 1371 mehrere Legaten nach China entsandte, kam keinerlei Nachricht von ihnen nach Europa zurück. Ganz scheint die religiöse westliche Tradition aber nicht vernichtet worden zu sein. Jedenfalls berichtet der deutsche Verkehrsgeograph Richard Hennig, ein im 17. Jahrhundert in China tätiger Jesuitenpater habe dort im Besitz eines vornehmen Chinesen eine in gotischer Schrift auf Pergament geschriebene Bibel vorgefunden.

8

Es ist hier noch ein Appendix zu bringen, der einer der geplagtesten Persönlichkeiten des späten Mittelalters gelten soll: dem Bayern Hans Schiltberger aus Freising bei München, der 1394 als Schildknappe des Ritters Lienhard Reichartinger unter König Siegmund gegen die Heiden ins Feld rückte und der zweiunddreißig Jahre danach, 1427, als fast fünfzigjähriger Mann aus der Kriegsgefangenschaft in den Weiten des Ostens wieder nach Hause zurückgekehrt ist.

Schiltberger hat seine Erlebnisse in fernen Landen bald nach seiner Heimkehr in einem kurzen Bericht niedergelegt, aus dem wir hier einige Abschnitte bringen wollen:

«Ich Johanns schiltberger zoch uss von miner heymat, mit namen münchen, eyne stat gelegen in payren, in der zyt als kunig Sigmund zu Ungern in die haidenschafft zoch. Das was als man zält von cristi geburt das Drützehenhundert und vier und nuitzigeste iar, mit einem herren genannt leinhart Richartinger. Und kam usz der Haydenschafft wider zu land, als man zält von cristi geburt das viertzehenhundert und süben und zwaintzigeste iar. Und was ich die zyt in dem land der haydenschafft strites und wunders erfaren, und och was ich hauptstet und wassers gesehen und gemercken mügen hab, davon vindent ir hienach geschriben, villicht nicht gar volkomenlich. Dorumb das ich ein gefangener man vnd nicht min selbs was ...»

Es folgt nun die Schilderung der Schlacht bei Nikopolis am 28. September 1396 zwischen König Siegmund und Sultan Bajasid I., bei der nach den Angaben Schiltbergers der Herzog von Burgund zur Unzeit einen Angriff geritten und damit in der dritten türkischen Linie steckengeblieben sei. Es habe eine vernichtende Niederlage gegeben, und am nächsten Tage habe Sultan Bajasid alle Gefangenen enthaupten lassen. Als einer von wenigen bleibt Schiltberger übrig, weil sich Bajasids Sohn für den sechzehnjährigen Jungen einsetzt. Schiltberger kommt als Läufer und später als Vorreiter an des Sultans Hof.

«Vnd da nam man mich an des türckischen kunigs hoff. Da must ich sechs iar vor ihm zu fussen loffen mit den andern, wahin er zoch. Vnd in den sechs iaren verdient ich, das man mir hinnach zu ryten gab, vnd rait sechs iar mit im damit ich also zwölff iar by im was ...»

Nach der Schilderung eines vergeblichen Fluchtversuchs und sonstiger Ereignisse am Hof des türkischen Herrschers geht Schiltberger dann über zur Schilderung der großen, am 20. Juli 1402 bei Angora stattfindenden Schlacht zwischen dem Mongolen Timurlenk und Bajasid I., bei der dieser Land und Leben an Timurlenk verliert, während Schiltberger aus türkischer in mongolische Kriegsgefangenschaft gerät.

Schiltberger ist im Laufe dieser Jahre zweifellos an manches gewöhnt gewesen. Timurlenks unbeschreibliche Grausamkeit hat ihn aber doch getroffen. Noch Jahre später erzählte er eine Szene, die für den Mongolenkhan bezeichnend ist. Timur hat die Hauptstadt von Ispahan erobert und legt eine Besatzung in den Ort. Als er selbst abzieht, erheben sich die Bürger gegen die fremden Söldner und schlagen sie tot. Timur bricht seinen Heereszug ab und erscheint wie ein Ungewitter vor der aufsässigen Stadt. Und nun beginnt ein grausiges Morden.

«Vnd was man über viertzehen iar vand, die hiesz er köpfen. Vnd die knaben vnder viertzehen iaren, die hisz er behalten. Vnd vsz den höptern machet er einen turm mitten in die stat. Dornach hiesz er wib vnd kind für die statt vff ein veld furen. Vnd hisz sin gesind über dieselben kind ryten. Vnd da das sin rät vnd der kind mütern sahen, da vielen sie im ze fusz vnd batten in, das er sie mit töttet. Er wolts nit vnd schuff über sie ze ryten; aber kainer wolt der erst sin. Er erzürnet vnd rait selbs vnd sprach, nun will ich gern sehen, welcher mir nit nach ryt? Also musten sie all riten und ritent über die kind vnd zertratten si all mit einander. Der waren by süben tusend. Vnd liess dornach vsz brennen die Stat. Vnd zoch dornach in sin hopstat, genant Semerchant, dorinne er in zwölff iaren nit gewesen was . . .»

Diese furchtbare Tat wird von einigen orientalischen Chronisten bestätigt. Die Nachricht, daß sich Timurlenks hartgesottene Generale anfangs geweigert hätten, den Befehl ihres obersten Kriegsherrn auszuführen, geht im wesentlichen auf Schiltberger zurück. Es ist fraglich, ob sie zutrifft.

Nach Timurlenks Tod kommt Schiltberger zu Schach Roch, Timurs Sohn, der in Herat im Königreich Chorasen residiert. An diesem Hof hält sich ein junger Tatarenprinz auf, der eines Tages nach Hause zurückbeordert wird, weil ihm die Herrschaft übergeben werden soll. Schiltberger erhält den Befehl, mitzureiten.

«Do zoch ich selb fünfft mit im in die grossen tartarien (Kiptschak nördlich des Kaspi-Sees). Ir solt mercken, durch welliche land er zoch. Am ersten durch das land Strana (Eriwan); dorinn wechst syden. Dornach durch ein land, genant Gursey (Georgien); dorinnen sind cristen vnd halten och cristlichen globen vnd sant Jörg ist herr dorinnen. Dornach zoch er durch ein land, genant Schurban (Schirwan); da wachsent die syden, da man die guten tücher zu tamasch (Damaskus) vnd zu kaffer (Kaffa: Feodosia am Schwarzen Meer) vsz macht. Die syden bringt man och gen Venedig vnd gen lickcha (Lucca in Italien), da man die guten samat wirckt. Es ist aber gar ein ungesundes land.

Dornach zoch er durch eins heist Temurtapit in tarterscher sprach, das ist das ysen tor (Derbent, türkisch timurcapi, Eisernes Tor). Das schaidt Persia und Tataria.

Dornach zoch er durch ein stat, genant orgiens (Astrachan). Die ist mächtig vnd lit mitten in einem wasser, genant Edil (Wolga). Dorinne sind vil cristen vnd habent ein Bistum dorinne. Vnd ir priester sind barfüssen ordens vnd künden mit latin vnd singet vnd lesen ir gebet in tarterscher sprach. Das ist dorumb funden, das die leyen dester sterdker in dem globen sint. Es werden och vil heiden besterckt in cristlichen glouben, dorumb das sie die wort vernemen, so die priester singent vnd lesent. Dornach zoch er in die grossen Tartaria vnd kam zu dem land Jbissibur (Sibirien) vnd zugen zwen monat eh das sie dorinne kamen.

In dem land ist ein perg (Ural), der ist zwo vnd drissig tagweid lang. Es mainen och die lüt da selbs, das an dem end des pergs ein wüst angeh; die selbe wüst sy ein ende des ertrichs. Vnd in der selben wüst mag niemant wonung haben von gewürms wegen vnd tier. Es sind och in dem benanten land hund, die ziehen karren vnd och schlitten. Sie müssen och etlich watseck (Säcke, besonders Kleider- oder Mantelsäcke) tragen über land vnd sint och gros als die esel. Vnd in dem land essent sie die hund.

Es ist och zu mercken, das die lüt in dem land in jhesum cristum gloubent, nach dem die III künig komen vnd sie das opffer cristi gen bethlaem brachten vnd in sahen ligen in dem cripplin. Vnd in dem lant lassen sie machen vnsers herren Pild in einem kripplin. Vnd machent das och in iren tempel vnd sprechent ir bet davor. Vnd was volk in disem globen ist, das haist man Ugine (Ugrier). Vnd in der Tartaria ist och vil volkes das den globen hett.»

Nach der Rückkehr aus Sibirien gelangt Schiltberger nach Kaffa, dem heutigen Feodosia auf der Krim. Hier gelingt ihm und vier anderen christlichen Gefangenen die Flucht auf die See und auf ein europäisches Schiff, und nach mancherlei weiteren Abenteuern kommt er im Jahre 1427 endlich wieder nach München zurück.

Nach diesem sehr überschlägigen Bericht über Schiltbergers Reisen läßt sich bereits erkennen, daß er in keinem seiner Zeit gänzlich unbekannten Land gewesen ist. Zu den großen Entdeckern unserer Erde rechnet er also nicht. Trotzdem muß Hans Schiltberger hier genannt werden. Denn sein abenteuerliches Reisebuch hat wie Marco Polos Bericht zu den geographischen Bestsellern des späten Mittelalters gehört und dazu beigetragen, das Abendland auf die bald anhebende Epoche der großen Entdeckungen vorzubereiten. Schiltberger ist keinesfalls eine Persönlichkeit von der Leuchtkraft Marco Polos gewesen. Aber man darf ihn vielleicht auch nicht nach seinen Individualkräften, sondern muß ihn mehr als Wahrzeichen und Sinnbild jener ungezählten Tausende werten, die von Beginn der Kreuzzüge an durch den Osten hin und her verschlagen wurden, die als reife und alte Männer dann irgendwie nach Europa zurückkamen und die nun hier, des Schreibens meist unkundig, zu guter Stunde erzählt haben, was ihnen widerfahren war. Es ist schwer zu entscheiden, was für die Heraufkunft neuer Zeitabschnitte wichtiger ist: die seelische Bereitschaft einzelner oder das dumpfe Ahnen breiter Schichten. Von diesem Gesichtspunkt aus mag man Schiltberger dann wohl einen «deutschen Marco Polo» nennen.

Welch eine Wandlung ist in den Menschen vorgegangen, von denen wir in diesem Abschnitt erzählten! Zu Anfang hat ihnen die Weite der Welt nichts bedeutet. Des Kosmas Indikopleustes, des Fidelis Berichte haben unbeachtet in irgendeiner Klosterbibliothek gelegen, Ibn Batutas Nachrichten wurden vergessen, Marco Polos Erzählungen verlacht. Jetzt sitzen die Menschen überall unter den Linden ihrer Dörfer, in den Herbergen und Schenken der Städte und hören den Fahrenden zu. Eben noch hat sie das alles gar nicht interessiert. Welch neuer Geist ist über sie gekommen?

Es ist der Geist *unserer* Zeit, die sich in ihnen ankündigt und der diese Männer, knappe zwanzig Generationen vor unserem eigenen Dasein, recht eigentlich zu unseren Vätern macht. Die große Wende hat angehoben, die das Mittelalter beendet und die Neuzeit heraufführt.

Mit der Geschichte des Seeweges nach Ostindien, der anfänglich beschritten wurde, um einen Zugang zum Paradies zu finden, das irgendwo in den Einöden Asiens noch damaligen Tages leibhaftig existieren sollte – mit dieser noch zu schildernden Geschichte treten wir nun schon in das morgendlich dämmernde Niemandsland zwischen zwei Epochen, dessen zeitliche Grenze auch unserer Darstellung Grenze ist.

Teil XI

Die Portugiesen und Afrika

Von der ersten deutschen Speisekarte und von alten deutschen Rezepten · Alle Tage Pökelfleisch · Kalter Krieg gegen das Abendland · Liegt das Paradies in Abessinien? · Passive europäische Handelsbilanz gegenüber dem Orient · Wer sind und woher stammen die Guanchen? · Gold von Sofala · Malayen entdecken Madagaskar · Prinz Heinrich der Seefahrer und Afrika · Jean Mermoz fliegt durch den Pot-au-Noir · Negersklaven, eine europäische Sensation · Ist der Senegal ein Nebenfluß des Nils? · Die Portugiesen und der Priester Johannes · Diego Cão geht aufs Ganze · Martin Behaim und das Astrolabium · Neue Instruktionen für die Afrika-Fahrt · Benedetto Dei in Timbuktu · Europäische Inflation, das Bankhaus Centurione und der Goldstandard · Antonio Malfante in der Sahara · Portugal wirft zwei Asse ins Spiel · Das «cabo tormentoso» und die Expediton des Pedro de Covilhao · Vom «Ackermann von Saaz» zur neuen Zeit

1

Hatten wir es zu Anfang der letzten Kapitel in der Regel mit Runen- oder anderen alten Inschriftsteinen zu tun, so ist es diesmal eine Speisekarte, mit der wir beginnen müssen. Es ist die erste Speisekarte, die in deutschen Landen überhaupt erwähnt wird, und die Gerichte, die auf ihr verzeichnet waren, sind sogar noch einige Jahrhunderte älter.

Diese erste deutsche Speisekarte hat während eines der vielen Bankette auf dem Reichstag von Augsburg 1555 neben dem Herzog Heinrich von Braunschweig gelegen, einem ungeheuer dicken Mann, einem klugen und genießerischen Esser. Und sie ist offenbar Herzog Heinrichs Privaterfindung gewesen, beruhend auf einem von weiser Vorsicht getragenen Abkommen zwischen ihm und dem Fuggerschen Küchenchef, der dieses Bankett ausrichtete.

Überliefert hat das alles Heinrichs Tischgenosse, Graf Haug von Zimmern auf Hohenzimmern bei Rottweil in Württemberg. Der sah nämlich, daß der Herzog von Braunschweig einen langen Zettel neben seinem Teller hatte, den er wieder und wieder zu Rate zog. Er fragte Heinrich also, was das zu bedeuten habe, und da ihm die Geschichte wichtig erschien, hat er in den Aufzeichnungen seines Hauses, der berühmten *‹Zimmerischen Chronik›*, davon berichtet:

«Es het Herzog Hainrich ein langen Zedel bei im uf der tafel liegen, den er zum oftermal besahe. Grave Haug sas im gegenuber; den verwundert, warumb doch der Herzog so oft den Zedel besehe, erkeckt doch zuletst und fragt in. Also lies in der Herzog den Zedel sehen. Darinn het im der Kuchenmaister alle Esen und drachten ordenntlichen ufgezaichnet. Unnd kunt sich Herzogen Hainrich demnach mit seinem Esen darnach richten und sich uf die bösten Trachten sparen.»

Was für ein Schlaumeier, hat sich Graf Haug von Zimmern dabei gedacht. Aber auch er hat fleißig von dem «Zedel» des Küchenmeisters Gebrauch gemacht und seinen Appetit auf die «bösten Trachten» eingestellt.

Was stand denn nun auf der Speisekarte? Leider wird das von keiner Chronik erzählt. Aber was unseren Vorfahren geschmeckt hat, das wissen wir trotzdem. Es ist nämlich überliefert in einem aus der Mitte des 14. Jahrhunderts stammenden oberdeutschen Kochbuch, dessen rund hundert Rezepte deutlich erkennen lassen, was für erfahrene Genießer unsere Altvordern gewesen sind. Dieses Kochbuch, 1844 vom Stuttgarter Literarischen Verein unter dem Titel *‹Ein Buch von guter Speise›* veröffentlicht, steht dick verstaubt in jeder größeren Bibliothek. Für Feinschmecker ist es eine Fundgrube aller irdischen Entzückungen. Und trotzdem könnte man es nur unter Beobachtung äußerster Vorsicht verwenden. Denn seine Rezepte sind so scharf gewürzt, so sehr mit Pfeffer, Ingwer, Minze, Kardamon, Galgant, Muskat, Salbei, Petersilie, Kümmel, Safran, Anis, Knoblauch, Mandeln, Gewürznelken, Zwiebeln usw. versetzt, daß uns Hören und Sehen vergehen würde.

Gerichte, wie sie sich in diesem Kochbuch finden, haben sicherlich auch auf Herzog Heinrichs «Zedel» gestanden, und da wir dem geneigten Leser nun einmal davon erzählt und gewissermaßen A gesagt haben, so müssen wir jetzt auch B sagen. Unter anderem hat des Herrn von Fugger Küchenchef sicherlich folgende zwei Gerichte, die sehr beliebt waren und eigentlich nie fehlten, auf des Braunschweigers Menukarte gesetzt:

«eine Pasteden von Vischen.

Wilt du machen pasteden von vischen, so schupe di Vische und ziuhe in ab dy hut, swenn sie ufwallen. Und hau sie zu cleinen stücken. Hacke Peterlin (Petersilie) unnd Salbay dorinn. Und tu dorzu vil pfeffers unnd yngeber (Ingwer), Minze und Saffran. Temper es alles mit wine unnd mache eynen dünnen, derben Teyc. Unnd tu die Vische dorin, giuz den win doruf und decke es mit eynem dünnen Teyge. Und mache daz umme und um gantz. Unnd brich oben ein Loch dorin und lege davor eyn Deckel von Teyge. Und laz ez backen. Also mag man auch hüenre machen, auch Fleisch oder Wildpret, Aale oder Vögele.»

Dies Essen wird die eine der «bösten Trachten» gewesen sein, auf die sich der Braunschweiger und der Graf von Zimmern Appetit aufsparten. Und das andere Gericht sind sicherlich die «gefülten elen» gewesen, gefüllte Aale, die als deftige Grundlage vor heftigem Umtrunk nicht fehlen durften:

«von gefülten elen.

Nim frische Ele und wasche in abe den Slim mit aschen. Löse in abe dy hut bi dem haubte unnd ziuch dy nieder bis an den Zagel (Schwanz). Hacke Salbey unnd petersielyen und tu darzu gestozzen ingeber, pfeffer, Anis und saltz in Mazzen. Und wirf uf die Ele und ziuch dy hut wieder über. Besprenge die Elen uzzen mit Saltze, brat sy gar uf eime hülzinen roste und gib sie hin.»

Das ist sicherlich eine gute Sache. Für uns wäre sie aber völlig ungenießbar, weil wir niemals mit solchen Mengen Pfeffer, Ingwer, Salz und Anis fertig würden. Auch wir kennen und benutzen gern scharfe Soßen, Zutaten und Gewürze. Aber das hält sich doch in Grenzen. Dagegen fehlt bei den Rezepten unserer Altvordern vor fünfhundert Jahren niemals die Bemerkung: Nimm in Massen! Und ganz offenbar haben sie mit jeder Art Gewürz eine wilde Verschwendung getrieben.

Das ist nicht nur Unmäßigkeit gewesen, es war vielmehr recht wohl, und zwar simpel agrarisch, begründet. Vor Einführung des Rübenanbaus und des Fruchtwechsels war die europäische Landwirtschaft nämlich nicht in der Lage, die für eine größere Viehhaltung nötigen Mengen Winterfutter zu beschaffen. Infolgedessen wurde, besonders in Nordeuropa, zu Beginn der kalten Jahreszeit alles Vieh, das nur halbwegs schlachtreif war, geschlachtet und zu Pökelfleisch verarbeitet. Um diese eintönige Kost reizvoller zu machen, wurde sie überaus scharf gewürzt. Dabei muß man bedenken, daß das Mittelalter weder die Kartoffel noch Gemüse in unserem Sinne kannte; allenfalls standen einige Kohlsorten zur Verfügung. Nicht anders war es auch mit den Getränken. Kaffee, Kakao und Tee waren ebenso unbekannt wie Schokolade. Wein war das Getränk reicher Leute. Der Mittelstand trank Dünnbier und andere, im Haus hergestellte, mehr oder minder alkoholische Limonaden, die durch Zusatz von orientalischen Würzstoffen zu einer Art zweifelhafter Bowle wurden.

So verbrauchte jeder Haushalt, auch der des kleinen Bürgers, Unmengen von Gewürzen, die bei ihrem hohen Preis natürlich eine erhebliche Belastung darstellten. Und schließlich muß noch erwähnt werden, daß auch die Medizin in großem Umfang mit Gewürzen arbeitete. Jede der häufigen Epidemien wurde zunächst einmal mit Abbrennen von Räucherwerk bekämpft; half das nicht, so kamen Pillen und Latwergen an die Reihe, deren vermeintlicher Heilwert um so größer war, je brennender und abscheulicher sie schmeckten, je teurer sie waren und je weiter her sie stammten. Infolge des vielgliedrigen Zwischenhandels, der sich in den Weg zwischen Erzeuger- und Verbraucherland einschaltete, waren die Preise für alle diese Waren überaus hoch. Während man zum Beispiel in Marseille im 13. Jahrhundert 100 kg Pfeffer mit 480 Mark bezahlte, kostete dasselbe Quantum in England 700 bis 800 Mark. Das waren natürlich ganz untragbare Zustände, und da nicht anzunehmen war, daß die Bevorzugung orientalischer und afrikanischer Waren in Europa einzudämmen sein werde, steigerte sich das Bedürfnis nach einer direkten Verbindung mit den östlichen und südlichen Erzeugerländern in einem solchen Maße, daß für die Staaten des Abendlandes gegen Ende des 15. Jahrhunderts die Auffindung direkter Wege zum Süden und in den Osten zu einer drängenden Aufgabe geworden war.

Zu dieser wirtschaftlichen kam eine unmittelbare politische Notwendigkeit. Es hatte sich herausgestellt, daß selbst Edikte der höchsten geistlichen Instanz, des Papsttums, nicht ausreichten, die Vorherrschaft ägyptischer und osmanischer Gewaltherrschaft zu brechen. Das aber war notwendig, wenn Europa nicht mit Erfolg einer Blockade unterworfen werden sollte. Zwar konnte von einer wirklichen Bedrohung der Ernährungsgrundlage natürlich nicht die Rede sein. Aber schon die völlig in der Hand der Türken und Ägypter liegende Sperre der Gewürzzufuhr wäre von unabsehbaren Folgen gewesen. Nach dem Fall Konstantinopel 1453 war das Schwarze Meer, eines der großen Tore nach Asien, verschlossen. Und seitdem die Türken 1517 auch Ägypten erobert hatten, kreuzten osmanische Kriegsschiffe im ganzen Mittelmeer. Es mußte etwas geschehen. Und zwar mußte etwas von Staats wegen unternommen werden. Das kleine Portugal war der erste europäische Staat, der diese Notwendigkeit erkannte und deren Last auf sich nahm.

Das ist dem armen, wesentlich agrarischen Staatswesen an der Westküste der Iberischen Halbinsel nicht leichtgefallen. Während Aragon und Kastilien längst auf die See hinausgegangen waren und begonnen hatten, im Mittelmeer oder bei der Flandern-Fahrt eine Rolle zu spielen, verharrte Portugal noch in seinen altväterlichen Verhältnissen. Das änderte sich erst gegen Ende des 14. Jahrhunderts, als es mit englischer Unterstützung die volle Unabhängigkeit von Kastilien gewann. Und nun setzte eine völlig neue Entwicklung ein. 1415 eroberten die Portugiesen die arabische Stadt Ceuta, eine der Säulen des Herkules, und gewannen sich damit den Ausgangspunkt für ihre jetzt beginnenden afrikanischen Unternehmungen.

Natürlich ist der Wunsch nach einer Verbilligung des Gewürzimportes nur *einer* der Gründe gewesen, die gegen Ende des Mittelalters den Schwarzen Erdteil plötzlich in den Vordergrund des allgemeinen Interesses rücken. Anfänglich haben geistig-religiöse Motive sogar ein viel größeres Gewicht gehabt. Denn als mit dem Machtantritt der Ming-Dynastie in China der christlichen Hoffnung auf asiatische Bundesgenossen gegen den Islam ein Ende gesetzt wird, als sich in Asien kein «Priester Johannes» finden läßt, da verlagert sich das geographische Interesse Europas ganz folgerichtig auf Afrika, da wendet sich auch die Aufmerksamkeit des Vatikans Abessinien zu, dessen König ja nun in der Tat Christ war.

Abessinien, das berühmte, mächtige Reich Axum des frühen Mittelalters, dessen Einfluß sich lange Zeit auch nach Südarabien erstreckte, war bereits im 4. Jahrhundert unserer Zeitrechnung christianisiert worden. Das geschah nicht zufällig. Schon seit Jahrhunderten stand nämlich Abessinien als «Erzeugerland» von Kriegselefanten im Mittelpunkt des Weltinteresses, und als die Römer Ägypten eroberten, begannen auch sie, sich für das südliche Hochland zu interessieren. Als erste kamen Feldmesser, die eine Aufnahme des fremden Landes durchführten. Und mit ihnen kamen Kaufleute und Händler. Sie mögen sich allmählich zu christlichen Gemeinden zusammengeschlossen haben, so daß die ersten Ansätze zur Christianisierung Abessiniens bis in das 3. Jahrhundert n. Chr. zurückgehen dürften. Der Sage nach hat sogar schon der Apostel Matthäus in Abessinien gewirkt und dort den Märtyrertod gefunden. Aber erst um 350 wurde das Christentum zur Staatsreligion erhoben, etwa zur gleichen Zeit, in der sich auch Arabien zum Christentum bekannte. Während die christliche Lehre dort jedoch nur vorübergehend Fuß fassen konnte und das Auftreten Mohammeds nicht überdauerte, blieb Abessinien dem Christentum, wenn auch in der uns fremden Form der koptischen Kirche, erhalten: als eines der wenigen christlichen Gebiete Afrikas und Asiens, das der christlichen Lehre seit mehr denn eineinhalb Jahrtausenden anhängt.

Bis zu Mohammed und der um die Mitte des 7. Jahrhunderts erfolgten Eroberung Ägyptens durch die Araber reißen die Beziehungen zwischen Europa und Abessinien nicht ab. Dann wird das seltsame Land aber fast unzugänglich und dadurch zum Gegenstand einer üppigen Sagenbildung. Zwar scheinen zwischen dem Vatikan und Abessinien trotz aller Fährnisse auch jetzt noch direkte Verbindungen bestanden zu haben – im Jahre 1267 werden die Dominikaner vom Papst sogar ausdrücklich aufgefordert, Missionare nach Abessinien zu entsenden –, gleichwohl hat es aber natürlich doch sehr nahe gelegen, das geheimnisvolle Reich des Priesters Johannes, das sich in Asien nicht auffinden ließ, nun in Abessinien zu entdecken. Gegen Ende des 14. Jahrhunderts scheint sich auch die Kurie dazu entschlossen zu haben. Es gilt nun als ausgemacht, der Priester Johannes und das ihm von Gott zur Verwaltung übergebene altbiblische Paradies, das vom mittelalterlichen Menschen als ganz gegenwärtig verstanden wird, könne nur in Abessinien zu finden sein.

Da es infolge der feindlichen Haltung der Araber bald unmöglich wurde, Abessinien auf dem Wege über Ägypten zu erreichen, war es nur folgerichtig, zu fragen, ob man nicht von Nord- oder Westafrika zum Priester Johannes gelangen könne. Dies ist ein weiterer Grund für das im späten Mittelalter beginnende allgemeine Interesse Europas am dunklen Erdteil. Der dritte ist wieder unmittelbar wirtschaftlicher Natur. Er heißt: Gold.

Seit der Islamisierung Nordafrikas hatte zwischen den beiden Gegenufern des Mittelmeeres anfänglich ein dauernder Kriegszustand geherrscht, der hüben wie drüben zu Raubzügen und Überfällen führte. Die gegenseitige wirtschaftliche Ergänzung der Kontinente war aber so groß und das Interesse Afrikas an dem dichtbevölkerten, ungeheuer lukrativen Absatzgebiet Europas so unmittelbar und so dringend, daß seit dem 11. Jahrhundert zwischen den tunesischen und marokkanischen Sultanaten einerseits, den Normannen auf Sizilien und den großen spanischen und italienischen Handelsstädten andererseits ein vielverästeltes Vertragswerk entstand, welches kriegerische Störungen ausschloß oder doch fast unmöglich machte. Und nun rollte der Handel. Zwar war der afrikanische Export nicht entfernt so vielfältig und bunt wie der aus Asien: er beschränkte sich im wesentlichen auf Gold, Elfenbein, Negersklaven, Pfeffer und Ebenholz. Mengenmäßig hat er jenen aber sicherlich übertroffen, wertmäßig wohl mindestens erreicht. Gold kam besonders vom Senegal und vom Niger. Es wurde zunächst nach Timbuktu am Südrand der Sahara gebracht und ging von hier auf zwei Karawanenstraßen nach Marrakesch. Auf einer dritten, die sich in Tuat mit Abzweigungen nach Oran und Constantine gabelte, wurde eine direkte Verbindung zwischen Timbuktu und der Mittelmeerküste hergestellt.

Natürlich war die Aufnahmefähigkeit Europas für den orientalisch-afrikanischen Export erheblich größer als der dort vorhandene Bedarf an europäischen Waren, so daß die Möglichkeiten des bloßen Tauschhandels bald erschöpft waren. Es blieb also nichts übrig, als die orientalischen Einfuhren mit Edelmetallen zu bezahlen. Das führte aber, genau wie tausend Jahre früher in den Zeiten Diocletians, zu einem starken Goldabzug aus Europa, und während des 14. und 15. Jahrhunderts kam es schließlich so weit, daß der Gold- und Silberbergbau der Alten Welt nicht mehr in der Lage war, die alljährlichen monetären Verluste an den Orient zu ersetzen. Allein von venezianischen Galeazzen wurden um diese Zeit jährlich dreihunderttausend Dukaten Gold, eine riesige Summe, nach Alexandrien verschifft. Das hatte zur Folge, daß sich der Wert des Goldes in Europa gegenüber dem Wert des Getreides glatt verdoppelte. Was das für die breiten Schichten der Bauern, Handwerker und Tagelöhner bedeutete, zeigt die von dem deutschen Mineralogen und Kulturgeographen Heinrich Quiring mitgeteilte Tatsache, daß zu dieser Zeit ein Kumpel in den Goldbergwerken von Reichenstein im

Glatzer Bergland fünfzig Schichten fahren mußte, um ein Goldstück zu verdienen. Es lag daher auf der Hand, daß sich Europa auch aus diesen Gründen immer stärker für Afrika zu interessieren begann.

Wie wir aus der Überlieferung wissen, sind im frühen 14. Jahrhundert auch schon zahlreiche Fahrten entlang den ost- und westafrikanischen Küsten unternommen worden. Irgendwelche weitergehenden Kenntnisse vom Schwarzen Erdteil haben aber alle diese Fahrten nicht erbracht. Hätte nicht die Lockung des Goldes gewinkt, wären sie auch wohl kaum unternommen worden. Dafür waren und sind die wasserlosen Küsten von Nordafrika zu unwirtlich. So ist die erdkundliche Bedeutung dieser Reisen nicht groß gewesen. Eines ist den Kapitänen, die diese Strecken fuhren, aber doch gelungen: die Wiederentdeckung der Kanarischen Inseln. Wir hörten schon in früheren Abschnitten dieses Berichts, daß bereits das frühe Altertum die Kanaren gekannt hatte. Namentlich von den Phöniziern sind sie zweifellos häufiger aufgesucht worden, da dem Saft des Drachenbaumes und der Färberflechte die Rohstoffe zur Herstellung des typischen Purpurs entnommen wurden. Sicherlich haben auch die Griechen von diesen Inseln im Ozean gewußt. Aber dann wird es still um die blühenden, fruchtbaren Eilande. Das ganze Mittelalter hindurch scheint man nichts von ihnen gewußt zu haben. Recht glaubhaft ist das eigentlich nicht. Der Pik von Teneriffa ist sehr weit sichtbar, und der aus seinem Krater emporsteigende Rauch kann noch an der westafrikanischen Küste wahrgenommen werden. Schon der arabische Geograph Edrisi hat davon erzählt; so ist es recht wahrscheinlich, daß doch dieses oder jenes Schiff einmal ein wenig westlicher gehalten hat, um zu sehen, was da denn nun eigentlich rauche. Irgendein Bericht über solche Fahrten ist aber nicht auf uns gekommen, und nach dem plötzlichen Auftauchen der Kanaren auf Seekarten des frühen 14. Jahrhunderts muß man darauf schließen, daß diese Inselgruppe erst irgendwann im späten Mittelalter wiederentdeckt worden ist.

Als dies geschah, waren die Kanaren von einem kaum zivilisierten blonden, blauäugigen, offenbar nordischen Volk bewohnt, den im 17. Jahrhundert ausgestorbenen Guanchen. Wann und woher dieses Volk einst auf die Inseln kam, ist noch ungeklärt. Möglich, daß die Guanchen ein Spritzer jener indogermanischen Völkerwoge waren, die Europa im 3. Jahrtausend v. Chr. überschwemmt haben dürfte, möglich, daß es sich um Goten oder Wandalen gehandelt hat, die irgendein Zufall auf die Kanaren verschlug und die dann zu jenem Volk nackter Wilder herabsanken, von denen uns die ersten literarischen Zeugnisse aus der Mitte des 14. Jahrhunderts berichten.

Etwa um die gleiche Zeit dürfte auch Madeira wieder aufgefunden worden sein. Wem diese Entdeckung gelungen ist, kann uns die zuständige Wissenschaft aber leider nicht sagen, und ebensowenig weiß sie, wann das geschehen ist. Auch hier kann man nur aus der Einzeichnung Madeiras in frühen Karten den Schluß ziehen, daß das um 1350 herum erfolgt sein muß. Bis zur Zeit bleibt die Geschichte der Entdeckung Madeiras aber in absolutes Dunkel gehüllt.

Natürlich hat die Auffindung Madeiras und der Kanaren zu Beginn des 14. Jahrhunderts vielfache Fahrten zu diesen Inselgruppen im Gefolge gehabt, und sicherlich hat sich dabei auch die Kenntnis der nordwestafrikanischen Küsten vertieft. Aber weiter als bis zum Kap Bojador auf etwa 26 Grad nördlicher Breite wird man doch wohl kaum gelangt sein. Jedenfalls fehlt für die Küstengebiete südlich dieses Vermarkungspunktes jede Eintragung in den frühen Karten, von denen wir hier schon häufiger sprachen.

Deutlicher als die westafrikanische Küste hat sich im Mittelalter wohl Ostafrika abgezeichnet. Einmal war dessen Küste nicht entfernt so verkehrsfeindlich wie im Westen, zum anderen handelte es sich hier um Gegenden, die bis hin zum «Kap der Strömungen», unserem heutigen Cap Corrientes auf 24 Grad südlicher Breite, schon in frühen Zeiten befahren worden sind. Freilich hat der Mozambique-Strom zwischen Madagaskar und der afrikanischen Küste dann für lange Zeit ein unüberwindliches Hindernis dargestellt. Schiffe, die in nördlichen Richtungen zurückkehren wollten, mußten in großem Bogen und sehr weit südlich ausholend östlich um Madagaskar herumfahren. Erst den Arabern scheint es sehr viel später gelungen zu sein, mit der reißenden Mozambique-Strömung fertig zu werden. Immerhin werden auch sie über die Gegend von Sofala auf etwa 20 Grad nicht weit hinausgekommen und gleichfalls nicht über Cap Corrientes vorgestoßen sein. Sofala selbst war aber für sie von erheblicher Bedeutung, weil die Zandj, wie die Neger von den Arabern genannt wurden, das aus dem tiefen Hinterland kommende Gold hierher zu transportieren pflegten. In Sofala wurde es von den Arabern übernommen und nach Norden gebracht. Natürlich ist diese Kenntnis im Abendland um so weniger unbekannt geblieben, als das Barrengold von Sofala wegen seiner Reinheit allgemein berühmt war. Es brauchte nämlich nicht erst mit Quecksilber behandelt zu werden, wie das mit dem weniger reinen westafrikanischen Gold geschehen mußte. Es ist auch nicht unmöglich, daß dieser oder jener Europäer selbst nach Sofala gekommen ist; namentlich Juden haben oft sehr weite Reisen unternommen. Aber es ist nichts davon überliefert, daß irgend jemand auch nur entfernt ähnliches gewagt und ins Werk gesetzt hätte wie jene ägypto-phönikische Expedition, die unter Pharao Necho um 600 v. Chr. um ganz Afrika herumgefahren ist. Und es sollte auch jetzt noch rund zweihundert Jahre dauern, ehe dies einem Europäer gelang.

Hier muß nun in Kürze noch einer geographisch-seemännischen Großtat gedacht werden, die nicht vom Abendland und seinem Kulturkreis aus, sondern die von Malayo-Polynesiern unternommen wurde und die wir früher schon einmal erwähnten: die Entdeckung Madagaskars nämlich. In das erdkundliche Wissen des Abendlandes trat diese Insel trotz ihrer erheblichen Größe erst zu Anfang des 16. Jahrhunderts, nachdem die portugiesischen Kapitäne Coutinho und Lopes sie zufällig angesegelt hatten. Entdeckt und besiegelt, und zwar quer über die gewaltige Ausdehnung des Indischen Ozeans hin, war sie wohl bereits runde eineinhalb Jahrtausende früher, etwa um Christi Geburt. Um diese Zeit ist, wie Eberhard Stechow vor kurzem nachwies, ein griechischer Seemann und Abenteurer in Madagaskar gewesen. Er hat dort eine hochzivilisierte Bevölkerung angetroffen, die unzweifelhaft malayischer Herkunft gewesen ist. Andere schriftliche Überlieferungen haben wir freilich nicht, und erst viel später, im 12. Jahrhundert berichtet Edrisi von den Handelsbeziehungen zwischen Java und Madagaskar und von den Seefahrten hin und zurück. Er hat überliefert:

«Die Leute von Madagaskar besitzen keine Fahrzeuge für die Seefahrt; zu ihnen kommen Schiffe von Oman und anderswoher. Sie segeln dann weiter zu den Inseln von Djavaga (Java), die einen Teil der Inseln von Indien bilden. Die fremden Seeleute tauschen ihre Waren gegen die der Madagassen. Die Leute von den Inseln von Djavaga kommen zu ihnen auf Barken und großen Schiffen und exportieren deren Waren, denn sie verstehen einer die Sprache des andern.»

Diese Nachricht Edrisis geht auf das Jahr 1144 zurück. Ihr Inhalt ist klar: zwischen Java und Madagaskar wird noch zu Edrisis Zeiten unmittelbar Handel getrieben, beide Völker sprechen dieselbe Sprache, beide Völker stehen in Verbindung mit Sofala und Ostafrika, aber weitere Fahrten unternehmen die Madagassen nicht, weil sie keine großen Schiffe haben. Dazu stimmen alle ethnologischen Beobachtungen. Die ursprüngliche Kleidung der Madagassen besteht aus Sarong und Lamba, das Blasrohr ist ihre Waffe, wie in Malayo-Polynesien ist das Auslegerboot ihr Seefahrzeug, wie in Indonesien wird auch in Madagaskar Reis und Zuckerrohr angebaut, und wie in Indonesien setzen die Tabus, bestimmte, religiös fundierte Verbote, dem sozialen Leben unüberschreitbare, feste Ordnungen. Und von Ibn Said, einem vor Edrisi lebenden arabischen Geographen, wird uns ganz direkt gesagt, daß die Madagassen einst von Indonesien eingewandert seien.

Zweifellos wird man annehmen dürfen, daß tatsächlich ein erheblicher Teil der Bevölkerung Madagaskars wirklich von Indonesien über das Meer auf die fern im Westen gelegene Insel gelangt ist. Sprächen nicht eindeutige ethnographische und sprachliche Beweise für diese Mitteilung, so würde sie sicher als irrig oder unglaubhaft abgetan worden sein. Aber noch immer leben auf Madagaskar fast eine Million brauner Menschen, deren enge Verwandtschaft mit den Malayen nicht bestritten werden kann. Wie es ihren Vorfahren, die etwa vom 1. Jahrhundert unserer Zeitrechnung an in immer neuen, wohl bis zum 10. oder 11. Jahrhundert fortgeführten Expeditionen auf die Insel kamen, gelungen sein mag, die ungeheuere Entfernung von Java nach Madagaskar quer über die Weite des Indischen Ozeans zurückzulegen, in ganz zweifellos primitiven und nach unserer Vorstellung wenig seetüchtigen Fahrzeugen, das ist völlig rätselhaft. Aber es ist geschehen. Nicht einmal und nicht zufällig, sondern in vielen Dutzenden von Fahrten. Und ganz sicherlich hat es sich dabei auch nicht um Unternehmungen irgendeiner kühnen Besatzung gehandelt, sicherlich sind jedesmal viele Boote, Boote mit Frauen, Kindern und Hausrat an Bord, in See gegangen. Wenn überhaupt etwas, dann ist sicher die Geschichte der Besiedlung von Madagaskar geeignet, klarzumachen, daß auch an mancher anderen Stelle der Welt große Siedlungsunternehmen quer über die Ozeane vor sich gegangen sind. Leider sind deren Spuren aber so verwischt, daß wir sie zwar noch erahnen mögen, daß sie aber nicht mehr mit Sicherheit beweisbar sind.

2

Soweit sich diese Forschungs- und Siedlungsunternehmen auf Afrika beziehen, auf einen Kontinent, der lange Zeiten hindurch außerhalb der abendländischen «Oikumene» lag, so steht ganz zweifellos fest, daß sie ohne Nachklang verhallt wären, hätten nicht wenig später die Portugiesen – nicht als einzelne, sondern als Vertreter der hinter ihnen stehenden Macht eines Nationalstaates – die Segel ihrer Schiffe in den Wind gestellt.

Der Promotor dieser Entwicklung war *ein* Mann, der Infant Prinz Heinrich von Portugal, dem die Geschichte den ehrenden Beinamen «der Seefahrer» verlieh, obwohl er selbst niemals zur See gefahren ist. Als Einundzwanzigjähriger hatte er im Jahre 1415 an der Eroberung von Ceuta maßgeblichen Anteil gehabt. Dies war sozusagen das Gesetz, unter dem er angetreten, und diesem Gesetz ist er zeit seines Lebens treu geblieben. Wenn einer, dann war er es, der sein Volk auf die See hinausführte, auf das Meer hinauszwang.

Er begann damit offenbar ganz als ein Mensch des Mittelalters, indem er an die Legende vom Presbyter Johannes anknüpfte und an das fromme Märchen, das biblische Paradies existiere noch irgendwo in den weiten Einöden der Welt. Die ungeheueren Schätze, die ihm bei der Eroberung von Ceuta in die Hände gefallen waren, scheinen in ihm den Gedanken geweckt zu haben, zu deren Ursprungsländern vorzudringen. Es lag ganz im Stil seiner Zeit, daß damit, fast automatisch, die sagenhafte Schattengestalt jenes angeblichen Priesterkönigs beschworen wurde, von dem wir oben so viel gesprochen haben. Über den Nil und das Rote Meer zu ihm vorzudringen, verbot sich durch die machtpolitischen Verhältnisse von selbst. Die mohammedanische Sperre des Ostweges war längst unüberwindlich geworden. Ein organisierter Vorstoß über die Karawanenwege der Sahara war nach den Auskünften, die Heinrich erhielt, gleichfalls aussichtslos, da die Verluste an Menschen und Tieren hier bis zu 90 Prozent anstiegen. So blieb gar nichts übrig, als den dritten Weg zu erkunden, den Weg auf den Ozean hinaus und an den Küsten Afrikas entlang nach Süden.

Die ersten von Prinz Heinrich ins Werk gesetzten Forschungsreisen verliefen nicht besonders ruhmvoll und brachten kaum neue Ergebnisse. Aber schon 1432 entsandte der Infant eine aus mehreren Karavellen bestehende Expedition, die den Auftrag hatte, festzustellen, ob sich im westlichen Ozean Land fände. Möglich, daß diese Forschungsreise auf dunkle Gerüchte unbekannter Seefahrer zurückgeht, sie hätten im Ozean Land gesehen, möglich, daß Prinz Heinrich von phantasievollen Kartenzeichnern angeregt wurde, die das Atlantische Meer mit einer Vielzahl von Inseln ausstatteten, möglich, daß ihn der Gedanke von der Kugelgestalt der Erde so ergriff, daß schon er begann, sich nach Westen vorzutasten; jedenfalls wurden um 1432 von portugiesischen Schiffen die Azoren entdeckt – oder wiederentdeckt: denn wir dürfen mit Sicherheit annehmen, daß bereits um 320 v. Chr. karthagische Schiffe die Azoren angelaufen haben.

Man kann sich leicht denken, welch tiefen Eindruck diese Forschungsfahrt in Portugal gemacht hat, und es liegt nahe, zu vermuten, daß ihre aufmunternde psychologische Wirkung stark dazu beigetragen hat, daß zwei Jahre später, 1434, auch die Umsegelung des berüchtigten Kap Bojador in Westafrika gelang. Hinderlicher dabei als die starke Strömung und die schwere Brandung in dieser Gegend, die sich mit riesigen Wellen brausend und donnernd über weit in die See hinaus vorgeschobene Riffe und Bänke ergießt, ist wohl die von den Arabern übermittelte antike Legende gewesen, südlich dieses so deutlichen Vermarkungspunktes beginne das «Dunkelmeer», hier sei das Ende der Welt. Für den, der die alten Schilderungen von der Düsterkeit dieser Gegend unter der ruhigen Lampe seines Arbeitszimmers liest, der sich ihrer erinnert, wenn er auf einem unserer großen Passagierschiffe weit westlich der Küste geruhsam nach Süden dampft, mag sich dies alles nicht sehr ernsthaft ausnehmen. Wer aber, den ersten europäischen Seefahrern sehr ähnlich, in einem der gebrechlichen Flugzeuge der zwanziger Jahre versuchte, von hier aus nach Südamerika hinüberzuspringen, der erinnert sich des «Dunkelmeeres» mit ehrlichem Grausen. Wir verdanken dem Biographen des französischen Ozeanfliegers Jean Mermoz, der 1935 nach manchem glücklichen Flug auf der Rückkehr von Südamerika in der schwarzen Wetterwand des Pot-au-Noir verscholl, eine sehr eindringliche Schilderung dieses Höllenbereichs:

«Im letzten Schimmer des Tageslichtes sah Mermoz vor sich aus dem rot und grün erglänzenden Meer eine ungeheure schwarze Wand sich erheben. Die grabesdunkle Scheidewand des ‹Pot-au-Noir› schien mit dem Meeresspiegel zu verwachsen. Aber beim Näherkommen glaubte Mermoz, zwischen der dunklen Fläche des Ozeans und dem Beginn der Wolkenberge einen ganz schmalen Durchschlupf wahrzunehmen. Dorthin richtete er das Flugzeug. Bald erkannte er, daß in all diesem erdrückenden Hexensabbat, in den die Tragflächen seiner Maschine hineinstießen wie ein Schwert, dies das Allerschwerste sein würde. Ein Chaos finster wallender Nacht umgab sie. In der Tiefe dieser Welt ohne Licht unterschieden sie Wassersäulen, düstere Anhäufungen, die manchmal die Gestalt riesenhafter Tiere hatten, monströser Burgen und höllischer Gründe. All diese unfaßbaren, schwarzen Gebilde wirbelten endlos um sich selbst, erfaßt von einer fortwährenden sinnlosen Hast. Es glich einem Wirbelsturm ohne Wind. Riesentrichter gähnten ins Unendliche, mit einem Schlag erfüllt von Wolkenmassen und Sekunden später aus ihren Wänden stumm und schaurig wieder neue Lawinen hervorschmelzend.

Stundenlang bahnte das Flugzeug sich schon seinen Weg durch diese feuerdurchrieselte Finsternis, als mit einer wilden Heftigkeit ein brennend heißer Strom sich in die Maschine ergoß. Von allen Seiten bedrängt, hatte Mermoz es nicht mehr vermeiden können, in solch einen Wolkenbruchstreifen hineinzugeraten, der aus flüssiger Lava zu bestehen schien. Die Kabine war von vorn bis hinten überschwemmt. Ein erstickender Dampf würgte die drei Männer in der Kehle. Der Durst peinigte sie. Mermoz, der zuerst betroffen und körperlich gewaltig angestrengt war, litt mehr darunter als seine Kameraden. Trotzdem hing an jedem Handgriff ihrer aller Heil. Die Maschine vibrierte, schütterte, fiel und glitt in unsichtbare Fallen. Um den Preis von drei Menschenleben durfte er sie auch nicht eine Sekunde sich selbst überlassen. Eine zweite Wasserhose brach über ihnen zusammen, drang in den Motor ein, erwürgte, ersäufte ihn.»

Ganz ähnlich mag sich vor fünfhundert Jahren See und Wind den Kapitänen dargeboten haben, die das Kap Bojador zu umfahren versuchten. Erst nach mehreren Anläufen ist den Portugiesen diese Tat gelungen, und zu ihrem Erstaunen wurden sie gewahr, daß es südlich des Gefahrenpunktes weder eine gallertartig verdickte See gab, in der man stekkenblieb, noch daß gräßliche Meerungeheuer ihre Schiffe unter Wasser zogen und daß auch keiner von ihnen unter den sengenden Sonnenstrahlen schwarz gefärbt wurde. Aber so tief saßen alle diese großenteils schon aus dem Altertum stammenden Schauermärchen, das es des ganz unmittelbaren persönlich ausgeübten Drucks des Infanten Heinrich bedurft hatte, ehe seine Kapitäne ihm gehorchten und das furchtbare Kap umsegelten.

Mit dieser ersten größeren, wenn in ihren Ergebnissen auch immer noch recht bescheidenen Unternehmung war sozusagen das Eis gebrochen. Sieben Jahre später standen die Portugiesen bereits am Kap Blanco. Und diese Expedition brachte Neger nach Europa mit – eine Sensation, weil man zwar braunhäutige Araber und Inder, aber noch keine wirklich schwarzhäutigen Menschen kannte. Gewiß waren bereits einzelne Neger im europäischen Sklavenhandel aufgetaucht; die Überlieferung berichtet sogar, daß sich um 1400 ein vornehmer französischer Kolonialpionier eine schwarze Frau und schwarzes Dienstpersonal aus Afrika mitgebracht hätte. Anscheinend waren die Neger aber nur für dunkle Spielarten braungefärbter Volksstämme angesehen worden. Daß es in Afrika eine echte schwarze Rasse gab, erfuhr man erst jetzt. Natürlich war das höchst sensationell, und es hat nicht an Stimmen gefehlt, die diese wulstlippigen, kraushaarigen Zweibeiner für Tiere erklärten. Indessen hat sich diese Ansicht nicht durchgesetzt, und so kam es zum Handel mit «schwarzem Elfenbein». Nur Menschen konnte man vor der ewigen Verdammnis bewahren und zum Christentum bekehren. Negersklaven aus Afrika mitzubringen, war also ein gutes Werk. Natürlich ist es nicht so, als wenn der Sklavenhandel erst von der Erfindung dieses moralischen Doppelsaltos an existierte. Es ist auch nicht so, daß es allen als Sklaven eingefangenen Negern schlecht gegangen wäre. Da sie investiertes Kapital und vielleicht sogar erheblichen Gewinn darstellten, hatten Sklavenhändler wie Sklavenhalter alles Interesse daran, ihren Besitz möglichst pfleglich zu behandeln. Gleichwohl bleibt der Sklavenhandel, der die Geschichte der Entdeckung der Erde durch den weißen Mann über lange Jahrhunderte hin begleitet, ein höchst unerfreuliches Kapitel. Wer dessen Beginn festlegen will, kann sich mit einigem Recht dieses Jahr 1441 notieren.

Vier Jahre darauf, 1445, folgte eine neue Sensation. Ein portugiesisches Schiff entdeckte den Senegal, und damit hatte man nun endlich, wie allgemein angenommen wurde, den schon von der Antike immer wieder vermuteten westlichen Mündungsarm des Nils erreicht. Für Seefahrer, die ausgezogen waren, um einen Wasserweg zum Priester Johannes zu finden, mußte diese Entdeckung natürlich höchst bedeutsam sein, zumal Prinz Heinrich seinen Kapitänen vorausgesagt hatte, sie würden südlich der Wüstenregion die westliche Mündung des Nils auffinden. Der Senegal oder mindestens die Tatsache, daß es in Innerafrika einen großen Fluß gab, war in Europa durch Berichte arabischer Reisender in den Kreisen der gelehrten Kartographen längst bekannt. Es darf daher nicht wundernehmen, daß Prinz Heinrich dessen Auffindung voraussagen konnte. Merkwürdigerweise scheinen die Portugiesen zunächst aber keinen ernsthaften Versuch gemacht zu haben, auf dem Senegal oder auf dem kurz darauf entdeckten Gambia in das Innere Afrikas vorzudringen. Erst zehn Jahre später hörten wir, daß ein im Dienst Portugals stehender genuesischer Kapitän namens Usodimare in den Gambia eingelaufen ist.

1446 erreichten die Portugiesen Kap Verde, das «grüne» Vorgebirge. Auch diese Expedition galt als sensationell. Hatten die wüsten, sandigen Küsten, die man bisher kennengelernt, anscheinend den antiken Geographen und ihrer Lehre von einer sonnenverbrannten sterilen

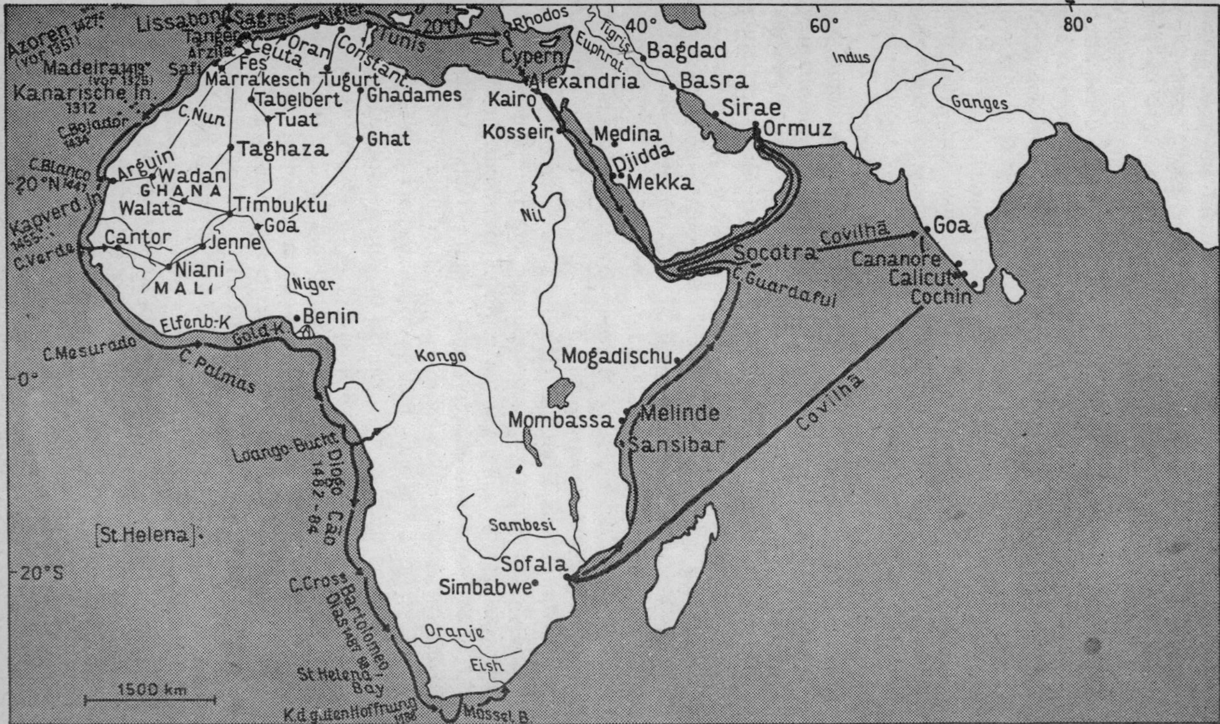

XXXII. Portugiesische Entdeckungsfahrten in Afrika

und unbewohnbaren Zone südlich der gemäßigten Breiten recht gegeben, so zeigten sich nun auf einmal Spuren einer Vegetation, die nach Süden hin immer üppiger wurde. Daher konnte ein zeitgenössischer Beobachter der Unternehmungen des Infanten Heinrich, der Portugiese Diego Gomez, Schloßhauptmann von Cintra, auf die Nachricht von dieser Entdeckung schreiben:

«... Ptolemäus teilte die Welt in drei Teile, nämlich in einen bewohnbaren Teil in der Mitte der Welt, einen nördlichen Teil, der wegen der allzu großen Kälte nicht bewohnt sei, und einen am Äquator gelegenen Teil, der infolge der allzu großen Hitze unbewohnbar sei. Und wir haben nun gefunden, daß es sich damit ganz gegenteilig verhält. Denn wir haben gesehen, daß die nördliche Zone, unmittelbar bis zum Pol hin, bewohnt ist, und am Äquator wohnen Neger, von denen es so viel Völkerschaften gibt, daß man es kaum glauben möchte. Und jener südliche Teil ist voller Bäume und Früchte, freilich von fremder Art, und die Bäume sind dort so dick und groß, daß es fast unglaublich ist...»

Dazu kam, daß der Verlauf der Küste aus der bisherigen Südwestrichtung nach Südost umbog. Das ließ, so hoffte man, darauf schließen, daß das südliche Ende des Schwarzen Erdteils bald erreicht werden würde.

Bis zu diesem Jahr 1446 waren es mehr als fünfzig Schiffe geworden, die Prinz Heinrich nach Süden entsandt und deren Fahrten er finanziert hatte. Außer einigen wissenschaftlichen Sensationen war dabei aber nichts erreicht worden, und man versteht durchaus, daß der Infant bei seinem eigenen Volk zu dieser Zeit mehr berüchtigt als berühmt war. Zwar hatte er dem portugiesischen Nationalstolz schmeicheln können, und es mag ihm sehr gelegen gekommen sein, daß sich Dänen, Deutsche und Italiener bei ihm meldeten, um in seiner Entdeckungsflotte Dienst zu tun. Das änderte aber nichts daran, daß der Prinz gegen Ende der vierziger Jahre des 15. Jahrhunderts hoffnungslos verschuldet war. Außerdem hatten seine Expeditionen Spannungen mit Kastilien zur Folge, das seinerseits Ansprüche auf die westafrikanische Küste erhob, Spannungen, welche schließlich zu einem dreijährigen Krieg zwischen Portugal und Kastilien führten. Diese Auseinandersetzung wurde um 1455 durch einen Entscheid des von beiden Parteien als Schiedsrichter angerufenen Papstes Nikolaus V. beendet. Er sprach die afrikanischen Entdeckungen den Portugiesen zu – und damit war Heinrich dem Seefahrer das Tor zu neuen Unternehmungen geöffnet.

Noch im gleichen Jahr geht daher eine unter dem Befehl des Genuesen Antonio Usodimare stehende Karavelle nach Afrika ab. Prinz Heinrich scheint einen weithin sichtbaren, unmittelbar praktischen Erfolg gebraucht zu haben. Daher gibt er dem Genuesen die Anweisung, den Gambia hinaufzufahren, um endlich nach Abessinien und zum Priester Johannes zu kommen. Anscheinend hat Usodimare das tatsächlich, wenn natürlich auch erfolglos, versucht. Nur dreihundert Meilen sei er noch vom Reich des Presbyters Johannes entfernt gewesen, hat er ein wenig prahlerisch und jedenfalls ganz unzutreffend gemeldet. Leider habe er nicht weiterfahren können, da die Eingeborenen sich feindselig gezeigt und sein Schiff mit vergifteten Pfeilen beschossen hätten. So hätte er umkehren müssen. Es scheint so, als wenn Usodimare selbst fest daran geglaubt hat, er sei von Abessinien nicht mehr weit entfernt gewesen. Er nennt sogar den Namen des regierenden Priesterkönigs. Johannes V. soll er heißen, berichtet er, und da er angibt, er habe Soldaten dieses Johannes V. gesprochen, mochte das auch in der Heimat ganz glaubhaft klingen. Sehr tief ist Usodimare sicher nicht in den Gambia vorgedrungen. Jedenfalls erzählt er noch nichts von der berühmten Stadt Cantor in der Nähe der Stromschnellen von Barrakunda, von wo ab der Gambia damals wie heute für größere Schiffe unpassierbar ist.

Zwei Jahre später, 1457, wird Cantor von einer anderen portugiesischen Expedition erreicht. Nun hört man hier von Timbuktu, dessen Name von den arabischen Karawanenführern der Sahara wieder und wieder genannt worden ist, und erfährt, daß dorthin zahlreiche Kaufleute aus Fes, Tunis, Kairo und anderen Orten der nordafrikanischen Mittelmeerküste gelangen, um Gold einzuhandeln. Wenn je, dann ist man wohl zu diesem Zeitpunkt in Portugal sicher gewesen, den Landen des Priesters Johannes nahe zu sein.

Den Fortgang der sich immer weiter nach Süden erstreckenden portugiesischen Unternehmungen hat Prinz Heinrich der Seefahrer nicht mehr erlebt. Zunächst durch Erschöpfung seiner finanziellen Mittel gelähmt, dann durch einen neuen Krieg gegen die Mauren in Anspruch genommen, kommt er nicht mehr dazu, seine Pläne weiterzuführen. 1460, als sechsundsechzigjähriger Mann, stirbt er eines plötzlichen Todes.

Nun folgt eine lange Unterbrechung. Zwar hat Prinz Heinrich in Lagos eine Art Seefahrerschule eingerichtet, ausgestattet mit allen navigatorischen Hilfsmitteln seiner Zeit, zwar ist ein Stamm zäher, kühner und erfahrener Seeleute herangebildet worden, aber der Kopf der Afrika-Unternehmungen fehlt, und so schwankt Portugal unsicher hin und her, unschlüssig, was es tun soll. Diese Unsicherheit scheint dazu geführt zu haben, daß sich die portugiesische Krone um 1474 an die erste wissenschaftliche Autorität des späten 15. Jahrhunderts, den in Florenz lebenden Geographen und Arzt Toscanelli, mit der Frage wandte, ob man Indien nicht durch eine Westfahrt über den Atlantischen Ozean erreichen könne. Leider ist der Wortlaut der an Toscanelli gerichteten Anfrage nicht bekannt. Dagegen ist die Antwort des Florentiners überliefert. Sie läuft ganz eindeutig darauf hinaus, daß man bei einer Fahrt über den westlichen Ozean nach gar nicht langer Zeit Land auffinden werde, und zwar die Küste Ostasiens. Denn die Erde sei eine Kugel, und eben deshalb könne man auf dem Wege über das große Meer sicher nach Asien kommen.

In diese Zeiten fällt der Versuch Portugals, über den hohen Norden, auf den alten Wikinger-Wegen, nach Asien zu gelangen. Wir hörten bereits von jenem Cortereal, der an der Pining-Pothorst-Expedition teilnahm. Aber seine Berichte über das neue Land westlich des Ozeans werden nicht eben sehr vielsprechend geklungen haben, außerdem waren gerade um diese Zeit, 1473, dem portugiesischen Thronfolger, dem nachmaligen König Johann II., alle Einnahmen aus dem Handel mit Westafrika, namentlich die Erträgnisse des Pfeffers, des schwarzen und des weißen Elfenbeins und des Goldes, als persönlicher Besitz zugesprochen worden. Er hatte daher ein ganz unmittelbares Interesse daran, daß die von dem Infanten Heinrich eingeleiteten Afrika-Expeditionen nun endlich auch merkantil nützlich wurden.

Mitte Dezember 1481 ging daher eine unter dem Befehl seines Vertrauensmannes Diego Cão stehende, aus mehreren Schiffen bestehende Flotte nach Afrika unter Segel. Vier Wochen darauf landete diese Expedition etwas östlich vom heutigen Kap Three Points an der Goldküste und legte dort als Station das Fort und die Stadt Elmina an. Nach Erledigung dieser Aufgabe fuhr Diego Cão nach Süden weiter bis zum Kap Santa Maria auf fast 14 Grad Süd. Wir können seinen Reiseweg deshalb so gut verfolgen, weil Cão ihn selbst markiert hat. Seit 1467 hatten alle portugiesischen Kapitäne, die in unerforschte Gebiete vorstießen, den Befehl, an auffallenden Punkten der Küste Holzkreuze mit einer ihre Anwesenheit bezeugenden Inschrift aufzustellen. In tropischen Gegenden mit ihrer feuchten Wärme erwiesen sich Holzkreuze bald als nicht ausreichend. Als Cão hinausging, hatte er daher aus Marmor gehauene Steinkreuze an Bord. Drei dieser Kreuze sind im Laufe des 19. Jahrhunderts gefunden worden. Eins befand sich unmittelbar südlich der Kongomündung, ein weiteres stand am Kap Santa Maria in Benguella im heutigen Portugiesisch-Westafrika, das letzte endlich, aufgestellt auf einer zweiten Reise Cãos im Jahre 1485/86, am Kap Cross auf 22 Grad südlicher Breite, etwa 120 km nördlich der Mündung des Swakop.

Natürlich war die Inschrift dieser mit dem Wappen des Königs von Portugal geschmückten Steinkreuze stark verwittert; die des Steins von Kap Cross konnte jedoch entziffert werden: sie lautet:

> «Von der Schöpfung der Welt sind verflossen 6685 Jahre, seit der Geburt Christi 1485 Jahre, als der sehr erhabene allerdurchlauchtigste König Johann II. von Portugal durch seinen Ritter Diego Cão die Säule hier zu setzen befahl.»

Ein weiteres Zeugnis für diese so weit südlich führende Fahrt verdanken wir dem Nürnberger Patrizier Martin Behaim von Schwarzbach, der als junger Kaufmann auf einer Handelsfahrt im Sommer 1484 offenbar zufällig nach Lissabon kam. Behaim war an sich im Flandern-Handel tätig gewesen, hatte sicher bereits mehrere Seereisen durchgeführt und war daher aufs höchste interessiert, als ihm der Nürnberger Mathematiker Regiomontanus, vielleicht ein Freund seiner Familie, schon in jungen Jahren die Kenntnis und den Gebrauch des Astrolabiums vermittelte. Dieser nautisch sehr wichtige Vorläufer des Sextanten war gegen Ende des 15. Jahrhunderts noch nicht allzu verbreitet. Den Portugiesen ist er völlig unbekannt gewesen. Es leuchtete ihnen aber natürlich sofort ein, wie wichtig ein Instrument war, mit dem sich der Standort eines Schiffes feststellen ließ, und als König Johann II. von Portugal erfuhr, der junge deutsche Kaufmann wisse mit dem Astrolabium umzugehen, da hat er ihn sehr bald eingeladen, seiner Junta dos mathematicos, einem astronomisch-nautischen Gelehrtenkomitee, beizutreten. Und als Cão von seiner ersten Expedition erfolgreich zurückgekehrt war, hat sich Behaim offenbar dazu bereit erklärt, ihn als nautischer Berater auf einer neuen Unternehmung zu begleiten.

Diese zweite Fahrt des berühmten Kapitäns ist 1485 begonnen und 1486, nach neunzehn Monaten, beendet worden; sie hat mindestens bis zum Kap Cross auf fast 22 Grad Süd geführt, wo sich später die portugiesische Standsäule fand. Von dieser Expedition berichtet eine kurze Inschrift auf dem später von Martin Behaim angefertigten Erdglobus:

«Als man zählte nach Christi unseres Herrn Geburt 1484 Jahre, ließ zurüsten der durchlauchtige König Johann II. in Portugal zweier Schiffe, Karavellen genannt, bemannt, viktualiert und gewaffnet, versehen auf drei Jahre. Dem Volk und den Schiffen war in Königs Namen Befehl gegeben, auszufahren über die Säulen, die Herkules in Afrika gesetzt hat, immer gegen Mittag und gegen den Aufgang der Sonne, sofern es ihnen möglich sei. Auch versah der genannte König die Schiffe mit allerlei Waren und Kaufmannschaft, zum Kauf und Verkauf.»

Am auffälligsten ist in dieser Nachricht die Mitteilung, diese zweite Expedition des Cão habe den Auftrag gehabt, immer gegen Mittag und, wenn möglich, gen Aufgang der Sonne, also nach Osten, zu fahren. Bisher hatten die den Expeditionsführern mitgegebenen Instruktionen nämlich zweifellos dahin gelautet, daß eine Verbindung zum Priester Johannes zu suchen sei, das heißt also, daß sie über den vermuteten westlichen Arm des Nils nach Abessinien gelangen sollten. Davon ist hier keine Rede mehr. Nach Süden und Osten, wenn das möglich sei, sollten die Expeditionen gehen, heißt es klipp und klar, und man kann die Eintragung, die Behaim auf seinem Globus vorgenommen hat, daher nur so verstehen, daß das Ziel der portugiesischen Entdeckungsreisen nun eindeutig und ganz allein die Umfahrung Afrikas war.

Was mag diese Änderung der Aufgabenstellung hervorgerufen haben? Weshalb ist der berühmte Priesterkönig so sang- und klanglos aus den alten Dokumenten verschwunden? Braucht man ihn nicht mehr als propagandistischen Vorspann? Ist die Forschung, ist das Entdecken neuer Ufer zum Selbstzweck geworden? Aber vielleicht findet sich in der

Erreichung einer so hohen Südbreite, wie sie Cão geglückt war, die Erklärung für diese Fragen. Die Portugiesen befanden sich hier – dies war trotz ihrer zweifellos primitiven Möglichkeiten zur Messung des Sonnenstands unschwer festzustellen – weiter südlich, als ihrer Kenntnis nach je ein Europäer geweilt hatte. *Hier* konnte der Priester Johannes unter keinen Umständen mehr gefunden werden, er hatte sich in Afrika genauso in Schall und Rauch aufgelöst wie bereits in Asien. Nun wird er fallengelassen, nun sinkt diese Hülle, in die Heinrich der Seefahrer den Beginn seiner Afrika-Unternehmungen eingekleidet hatte, leer zu Boden. Cão hat das ganz klar gewußt, und die Tatsache, daß seine zweite Expedition volle acht Breitengrade weiter südlich vorgetragen wurde als seine erste Fahrt, läßt vermuten, er habe bei diesem zweiten Anlauf eine Umfahrung Afrikas erzwingen wollen. Da seine Flotte für eine dreijährige Reise ausgerüstet war, hätte sehr wohl die Möglichkeit bestanden, daß der Ruhm der ersten Umseglung des Kap der Guten Hoffnung bereits Cão zuteil geworden wäre. Warum seine Expedition nach nur neunzehn Monaten abgebrochen wurde, ist unbekannt. Wahrscheinlich ist er, wie neuerdings angenommen worden ist, unterwegs erkrankt oder sogar verstorben. Auch von Martin Behaim wird er später nicht mehr genannt.

3

Hier haben wir nun den Fortgang unserer Erzählung für einen kurzen Moment zu unterbrechen. Die bisherige Darstellung könnte zu dem Eindruck geführt haben, als sei die Erforschung Afrikas durch den weißen Mann lediglich auf Seefahrtsunternehmen beschränkt gewesen. Soweit sich das auf die Portugiesen bezieht, trifft das allerdings zu. Da sie ganz systematisch und von Staats wegen vorgingen, hatten sie sich von Anbeginn darüber Klarheit verschafft, daß Afrika niemals auf dem Landweg bezwungen werden konnte und daß der Sperrgürtel der Sahara für größere Unternehmen schlechterdings unüberwindlich war.

Deshalb ist Nordafrika aber nun nicht etwa ein völlig unbekannter, nie begangener Raum gewesen. Es hat im Hochmittelalter vielmehr genau wie Sibirien oder Zentralasien zu den Gebieten gehört, die wieder und wieder von Karawanen durchquert wurden und die auch für weiße Reisende und Kaufleute zugänglich waren. Wir würden nichts davon wissen, wäre nicht zufällig ein Privatbrief des sonst unbekannten florentinischen Kaufmanns Benedetto Dei aus den sechziger Jahren des 15. Jahrhunderts überliefert, in dem er ganz unbefangen und ganz beiläufig davon spricht, er sei um 1470 nach Timbuktu gereist, «einer Stadt im Reich der Berber». Das ist um so erstaunlicher, als erst rund vierhundert Jahre später wieder von der Reise eines Europäers nach Timbuktu, der «Königin der Sahara», berichtet wird: als nämlich der französische Entdeckungsreisende René Caillié 1828 in Timbuktu anlangt. Bis dahin ist die große Wüsten- und Karawanenstadt für alle Giaur, die Christen, genauso unzugänglich wie Mekka. Zur Zeit des Benedetto Dei scheint es damit keine Schwierigkeiten gehabt zu haben. Ganz offenbar hat der Florentiner nicht das Empfinden, seine Reise sei irgendwie erstaunlich gewesen. Geographische Interessen haben ihn jedenfalls nicht zu dieser Reise veranlaßt. Statt zu berichten, wie und auf welchem Wege er eigentlich das Sandmeer der Sahara überwunden habe, erzählt er eigentlich nur, in Timbuktu würden dicke lombardische Tuche gehandelt. Da Benedetto Dei in seinem Brief nicht eben zurückhaltend ist, sondern munter mit sonstigen Erfolgen prahlt, kann man aus der Uninteressiertheit, mit der er von seiner wirklich großen Reiseleistung spricht, nur folgern, daß Timbuktu zu seiner Zeit ein ganz bekanntes, häufig erreichtes Karawanenziel gewesen ist, von dem ausführlicher zu sprechen sich nicht gelohnt hat. Sicher ist auch in Afrika, ungeachtet aller Hemmnisse und Schwierigkeiten, die Dichte des Verkehrs viel größer und die Zahl ausgedehnter, weiter Reisen viel erheblicher gewesen, als wir wissen.

Während Benedetto Dei ein reiner Kaufmann war, den Land und Leute nichts angingen und den nur der Verkauf seiner Waren interessierte, ist zwanzig Jahre vor ihm, um 1450, ein ganz anderer Mann in der Sahara gewesen: der Banksachverständige und Prospektor Antonio Malfante aus Genua. Er ist freilich nicht bis nach Timbuktu gereist, sondern nur bis zu den Oasen von Tuat. Aber er hat schon hier erfahren, was er wissen wollte: daß es nämlich in der Sahara kein Gold gebe und daß die an den nordafrikanischen Küsten anlangenden arabischen Goldkarawanen aus sehr weit entfernten südlichen Gegenden Afrikas kamen.

Malfante ist nicht im eigenen Interesse gereist, sondern als Beauftragter des genuesischen Bank- und Handelshauses der Centurione, das mit seinen Niederlassungen in Genua, Kaffa auf der Krim, Mallorca, Lissabon, Rouen, Antwerpen, Brügge und Bristol um die Mitte des 15. Jahrhunderts Weltgeltung besaß. Die Geschäfte dieser Firma waren durch den reißenden Abfluß der europäischen Edelmetalle in den Orient, ebenso aber auch durch die vielen politischen Störungen, die das 15. Jahrhundert mit sich brachte – den Hundertjährigen Krieg zwischen Frankreich und England, die zahlreichen deutschen Wirren, den Zusammenbruch des oströmischen Reiches, der 1453 zur Übergabe Konstantinopels an die Türken führte –, schwer in Mitleidenschaft gezogen worden. Der immer fühlbarer werdende Mangel an monetären Werten hatte nämlich zur Folge gehabt, daß jeder zur Regierung gelangende Kurfürst und König neue Münzen schlagen ließ, und regelmäßig waren diese neuen Münzen bei gleichem Nennwert geringwertiger als ihre Vorgänger. Überall war das europäische Währungsgefüge gefährlich in Unordnung geraten, überall verfiel der Wert des Geldes, die «Sachwerte» traten in den Vordergrund des Interesses, die übernationalen Handelsbeziehungen wurden durch Clearing-Abkommen nur mühsam aufrechterhalten: kurz, inflationistische Tendenzen machten sich mit bedrohlicher Kraft bemerkbar.

Für die Kunstgeschichte des Abendlandes dürften diese valutarischen Störungen eine sehr ersprießliche Folge gehabt haben: die gelegentlich geäußerte These, diese inflationistischen Erscheinungen hätten das Kapital veranlaßt, «in Sachwerte zu gehen», also prunkvolle Häuser zu bauen, wertloses Geld in Gemälden, Skulpturen und kostbarem Schmuck «anzulegen», hat manches für sich. Für die großen Bankhäuser dieser Zeit war der Zustand einer kaum verhüllten Inflation auf die Dauer aber ebenso unbequem, wie er für die Könige und Kaiser durch das Absinken des Realeinkommens ihrer Untertanen und durch ihre eigenen immer steigenden Bankschulden gefährlich wurde. Im stark kapitalistischen Norditalien scheint sich das Mißvergnügen an den allgemeinen Zuständen am deutlichsten bemerkbar gemacht zu haben. Jedenfalls wurde 1447 in Genua unter Führung der Centurione von einem Sachverständigenausschuß beschlossen, den Goldstandard einzuführen. Und als logische Folge dieser Maßnahme entsandten die Centurione noch im gleichen Jahr ihren Mitarbeiter und Beauftragten Antonio Malfante in die Sahara, um festzustellen, woher eigentlich das aus Innerafrika nach Europa exportierte Gold stamme und ob die Möglichkeit bestehe, sich in den Goldhandel oder in die Golderzeugung einzuschalten.

Malfante ist also eine Art Prospektor gewesen, freilich kein Prospektor des abenteuerlichen Typus, wie er uns aus den Erzählungen von dem Run auf den Sacramento oder den Klondyke in Erinnerung ist. Natürlich hatte auch dieser Genuese einen tüchtigen Schuß Abenteuerlichkeit im Blut. Aber er war doch vergleichsweise ein großer Herr, und so hatte seine Sahara-Expedition, die ihn bis zu den Oasen von Tuat führte, einen deutlich spürbaren Zug ins Ritterliche und nicht in das eigentliche Händlerische. Malfante hat uns von seiner Reise einen sehr anschaulichen und lebendigen Bericht hinterlassen, der sich in einem Brief an seinen Freund Giovanni Marioni in Genua findet. Es heißt dort:

«Sobald wir das Meer hinter uns gelassen hatten, bei Honein (wohl der Hafen Tlemcen), schlugen wir die Südrichtung ein und ritten etwa zwölf Tage. Sieben Tage hindurch trafen wir auf keinerlei Behausung. Alles war sandige Ebene, wie ein Meer; tagsüber richteten wir uns nach der Sonne, des Nachts nach den Sternen. Als diese sieben Tage vorüber waren, fanden wir eine befestigte Ansiedlung (die Oase Tabalbert). Deren Einwohner sind sehr arm; ihre Nahrung besteht in Wasser und den wenigen Erzeugnissen ihres kargen Bodens. Sie säen nicht viel aus. Aber sie haben genug Datteln, daß sie damit ihr Leben fristen können.

So sind wir über die Siedlung des obengenannten befestigten Ortes hierher nach Tuat gekommen. Tuat besteht aus achtzehn von einer Mauer umschlossenen oligarchisch regierten Siedlungen. Und der Vorsteher jeder Siedlung verteidigt, ob mit oder ohne Recht, die ihm unterstehende Niederlassung; denn obwohl sie alle aneinandergrenzen, sucht jede so viel Ansehen wie nur möglich zu erwerben und auf sich zu ziehen. Und wenn irgendein Reisender hierher kommt, wird sofort einer der Vorsteher der Siedlungen sein Schutzherr, der ihn bis zum Tode verteidigt. So sind die Kaufleute hier in völliger Sicherheit, ich möchte sagen, viel sicherer als in den Königtümern Tlemcen und Tunis.

Ich bin Christ, aber gleichwohl habe ich von niemandem ein böses Wort gehört, und sie sagen, sie hätten hier noch nie einen Christen gesehen. Es ist wahr, im Anfang, als ich hier angekommen war, empfand ich es als recht lästig, daß alle mich sehen wollten und verwundert ausriefen: ‹Dieser Christ hat ein Angesicht genau wie wir.› Sie glaubten nämlich, Christen hätten verunstaltete Gesichter. Schnell genug wurde ihre Neugier gestillt, und jetzt gehe ich überall allein umher, ohne daß einer wäre, der mir ein böses Wort gibt.

Es gibt hier viele Juden. Sie leben ein gutes Leben, denn sie unterstehen den verschiedenen Vorstehern der Siedlungen, und jeder von diesen setzt sich für seine Schutzbefohlenen ein. Und so haben sie ein friedliches Dasein. Der Handel liegt hier in ihren Händen, und eine ganze Reihe von ihnen genießt volles Vertrauen.

Dieser Ort ist eine Etappenstation im Lande der Mauren, zu der die Kaufleute mit ihren Waren reisen, um sie zu verkaufen. Und sie bringen Gold hierher; das verhandeln sie an jene, die von der Küste kommen. Und der Ort hier heißt De Amamento (Tamentit), und es gibt hier viele reiche Leute. Gleichwohl sind die breiten Schichten überaus arm, weil nichts gesät werden kann und nichts geerntet wird außer Datteln, mit denen sie ihr Leben fristen. Fleisch gibt es nur von kastrierten Kamelen. Es ist sehr selten, aber von hervorragendem Geschmack.

Die Araber aber, mit denen wir von der Küste hierher kamen, bringen Korn und Gerste nach Tamentit und verkaufen es das ganze Jahr hindurch zum Preise von fünf Gulden sarazenischer Währung.

Niemals regnet es hier. Geschähe das, so würden die Häuser der Leute zerstört, weil sie aus einem Fachwerk von Salz und Schilf bestehen. Auch friert es hier sozusagen niemals. Im Sommer wird es so außerordentlich heiß, daß die Menschen hier fast schwarz sind. Die Kinder beiderlei Geschlechts gehen bis zum fünfzehnten Jahre nackt. Die Einheimischen hier gehören zum mohammedanischen Bekenntnis. Ringsum gibt es hundertfünfzig bis zweihundert Oasen.

Durch die Länder im Süden strömt ein sehr großer Fluß, der zu bestimmten Zeiten des Jahres jene Gebiete überschwemmt. Dieser Fluß geht am Tambet (Timbuktu) vorbei und kommt von Ägypten. Es ist jener Fluß, der bei Kairo mündet. Es gibt auf ihm viele Barken, mit denen sie Handel treiben. Es heißt, man könnte auf diesem Fluß bis nach Ägypten hinunterfahren, wenn es nicht eine Stelle gäbe, wo er von einem Felsen 300 Ellen tief hinabstürze. Dieser Wasserfall ist für die Schiffe weder hinauf noch herunter überwindbar. Von hier bis zu diesem Fluß sind es zu Pferde zwanzig Tage Entfernung.

Die Leute hier sind, wenn ich recht hörte, Nachbarn der Inder. Indische Kaufleute kommen hierher und machen sich mittels Dolmetschern verständlich. Diese Inder sind Christen und Kreuzanbeter.

Ich habe oft genug gefragt, wo das Gold gefunden und gesammelt werde.

Mein Schutzherr antwortete mir: ‹Ich bin vierzehn Jahre bei den Negern gewesen und habe mich auf alle Art umgehört. Aber niemals sah ich einen, der aus sicherem Wissen berichtete: so habe ich es gesehen, oder so wird es gefunden und gesammelt. Deshalb muß man annehmen, daß es weither kommt, und ich glaube, aus einem ganz bestimmten Gebiet.› Gleichwohl sagt er, er sei in Gegenden gewesen, wo Silber soviel gelte wie Gold...»

Man sieht, der Schreiber dieses Briefes hat sich mit offenen Augen in der für ihn so fremden Umwelt umgesehen. Er weiß sehr bald, daß in der Sahara kein Gold produziert wird, und es ist ihm auch ganz klar, weshalb sich ein erheblicher Teil der innerafrikanischen Goldbestände gerade hier sammelt. Hier gibt es nämlich Salz, ein Mineral, das in weiten Gebieten des tropischen Afrika fehlt und das im Tausch gegen Gold erworben wird. Und dieses Gold kommt tief aus dem Süden; es ist weder in der Sahara noch an den Küsten zu finden, sondern unerreichbar fern.

Die Nachrichten, die Malfante dem Centurione zu überbringen haben wird, sind also nicht eben günstig. Denn er weiß ja auch, daß der Handel mit Gold in festen Händen ist. Zwar hat er als Christ und Europäer in den Tuat-Oasen keinerlei Anfeindungen erlebt – erstaunlicherweise, wie man hinzufügen muß. Aber nach dem Tenor seines Briefes an Giovanni Marioni kann kaum daran gezweifelt werden, daß die am Goldhandel interessierten Araber eifersüchtig über ihre Rechte wachten und daß es keinen Sinn gehabt hätte, etwa in Tuat eine Niederlassung der Centurione zu gründen. Daß seine dem Centurione zweifellos auch gemachte Meldung, an sich könne man auf dem an Timbuktu vorbeifließenden Strom nach Ägypten gelangen, in Europa als eine Bestätigung der aus der Antike vorliegenden Nachrichten gewertet worden ist, dürfte kaum zweifelhaft sein. Malfante seinerseits hat fest daran geglaubt, mag sich seine Mitteilung von den indischen Kaufleuten in den Tuat-Oasen nun tatsächlich auf Inder oder auf Angehörige Abessiniens beziehen. Selbst die Anwesenheit wirklich indischer Händler in Tuat wäre aber nicht ausgeschlossen. Da Timbuktu während des 14. und 15. Jahrhunderts lebhafte Handelsbeziehungen mit Ägypten und Kleinasien unterhielt, brauchen die von Malfante erwähnten Inder keinesfalls etwa aus Abessinien zu stammen: es können durchaus indische Kaufleute gewesen sein.

4

Obwohl nun Malfantes Reise nach Tuat sicherlich nur eine von den vielen Expeditionen gewesen ist, die im Laufe der Jahre von Europa in das Innere Afrikas unternommen wurden – genauso, wie ja auch Carpinis und Ruysbroeks Fahrten nach Innerasien nicht etwa vereinzelte Reiseleistungen sind –, so überwiegen die maritimen Vorstöße in ihrer geographischen Bedeutung jene vielleicht viel zahlreicheren Reisen zu Lande doch erheblich. In der Regel ist es nämlich wichtiger, den Umfang und den Küstenverlauf eines unbekannten Landes kennenzulernen, als seine Beschaffenheit im Innern; deren Erkundung folgt meist an zweiter Stelle.

Deshalb haben die Portugiesen, wie wir bereits hörten, ihre südwärts gerichteten Vorstöße auch immer wieder erneuert. Als Cão dann auf seiner zweiten Reise 22 Grad Süd erreichte, wird ihm wahrscheinlich ein Eingeborenengerücht zu Ohren gekommen sein, nach dem die Umfahrung Afrikas *doch* möglich war. Denn während die europäische Geographie des späten Mittelalters an der Umfahrbarkeit Afrikas zweifelte und den Indischen Ozean für ein Binnenmeer hielt, traten die meisten arabischen Gelehrten für die Möglichkeit einer Umseglung des Schwarzen Erdteils ein – namentlich diejenigen, die selbst nach Arabisch-Ostafrika gelangt waren. Das geschah nicht ohne guten Grund. Nicht allein, daß die Ostküste Südafrikas sich in sanfter Rundung nach Westen wölbte, was der antiken Überzeugung, Afrika hänge mit Indien zusammen, völlig widersprach, es besteht auch kaum ein Zweifel, daß dieser oder jener arabische Kapitän gelegentlich einmal weit südlich über Kap Corrientes, den äußersten Punkt der arabischen Interessensphäre in Afrika, vorgestoßen ist. Wahrscheinlich trifft sogar die alte arabische Überlieferung zu, der zufolge bereits um 1420 das Kap der Guten Hoffnung, die Südspitze des dunklen Erdteils, von einem arabischen Seefahrzeug umrundet worden sei. Es ist also gar nicht ausgeschlossen, daß auch Cão davon wußte.

Als aber auch seine Schiffe schließlich erfolglos nach Lissabon zurückkamen, scheint man dort abermals daran gezweifelt zu haben, ob man auf dem Seeweg überhaupt zum Indischen Ozean gelangen könne. Und dieser Zweifel war um so bedrängender, als sich gegen Ende des 15. Jahrhunderts mancherlei europäische Stimmen erhoben, die auf eine Wiederaufnahme des alten asiatischen Handelsweges den Indus aufwärts und den Amur Darja herab drängten. Für diese an sich sehr beschwerliche Reise sprach neben anderen *ein* wichtiges Argument: auch wenn es einen Seeweg von Europa nach Indien, südlich um Afrika herum überhaupt gab, so nahm er auf jeden Fall sehr viel Zeit in Anspruch und führte dazu, daß die kostbaren indischen Gewürze lange Wochen und Monate hindurch sengender Hitze ausgesetzt wurden. Das schadete ihren Aromen aber beträchtlich, und die Befürchtung lag nahe, daß die Auslaugung ihrer Geschmackswerte den Handelsgewinn mindern werde, den man in Anbetracht der hohen Risiken erzielen mußte.

Man hat um diese Zeit in Lissabon offenbar beschlossen, nun Klarheit zu schaffen. Infolgedessen warf die portugiesische Krone im Jahre 1487 zwei Atoutkarten zugleich in das Spiel: einmal entsandte sie einige ritterliche Vertrauensleute auf dem Landwege nach Indien und Abessinien, zum anderen setzte sie den Bartolemen Diaz mit zwei Fünfzig-

Tonnen-Karavellen und einem Begleitschiff in Marsch, um endlich die Umfahrung Afrikas zu vollenden und den Seeweg nach Indien zu öffnen.

Während die den Landweg einschlagende Expedition im Mai 1487 von Portugal abreiste, lichtete Bartolemen Diaz im August dieses Jahres die Anker zu seiner langen Fahrt. Sie stand von Anfang an unter einem glücklichen Stern. Nördliche Winde trieben die Expedition in schneller Fahrt nach Süden. Das gefürchtete Kap Bojador wurde auf Anhieb überwunden. Nacheinander tauchten an der Küste die Forts und Stützpunkte auf, die die Portugiesen angelegt hatten: das blühende Arguyn am Kap Blanco im nördlichen Westafrika, Endpunkt alter Karawanenstraßen durch die Sahara, später brandenburgischer, dann französischer Besitz, darauf das ebenso wohlhabende Elmina bei Three Points an der Goldküste. Dann folgten Diego Cãos Steinkreuze: das von der Kongomündung, das von Santa Maria in Benguella und endlich das von Kap Cross am Swakop.

Und nun liegt Neuland vor den Portugiesen: eine schwierige, von Riffen und Bänken zerrissene Küste, von der Sonne trostlos verbrannt, mit kahlen, abweisenden Berghängen. Weihnachten 1487 gehen sie in Angra Pequena, dem heutigen Lüderitzbucht, auf etwa 26 Grad Süd an Land, um den Tag der Geburt des Herrn feierlich zu begehen und um sich ein wenig zu erholen. Weit und breit ist diese Bucht der einzige leidlich geschützte Hafen. Bartolemen Diaz stockt das Herz, wenn er daran denkt, wie leicht ihn Stürme erwischen können. Wenn er nach den Festtagen erneut in See geht, wird er weit abhalten vom Land. Wer hier scheitert, ja wer hier nur auf eine Bank läuft, dem sei Gott gnädig! Nirgends Wasser, nirgends Menschen, nirgends auch nur eine Spur von Vegetation. Und dazu diese unbarmherzige Sonne, Tag um Tag! Aber etwas sehr Tröstliches hat er beobachtet: die Flüsse, die vom Land herabkommen, sind nur noch größere Rinnsale, verglichen jedenfalls mit dem Kongo, den sie vor ein paar Wochen passierten. Und das kann nur heißen, daß diese Flüsse kein Hinterland haben, in dem sie wachsen und sich entwickeln können. Dieses Land hier muß also schmal sein, es muß seit dem Kongo immer schmaler geworden sein, es muß sich nach Süden hin zuspitzen. Wieder und wieder rekapituliert er, was ihm Martin Behaim sagte, was ihm Diego Cão bestätigte: daß die Küste von Ostafrika im Süden zurückzuweichen scheine, daß sie nach Westen fliehe. Und diese Küste hier, an der er Weihnachten feiert: wendet sie sich nicht nach Osten? Muß er nicht alle paar Tage wieder einen Strich nach Backbord abfallen?

Sie hören die Messe, es gibt Extraportionen Rum, es gibt Frischwasser, sie bosseln an den Schiffen herum, an den Segeln. So vergeht Weihnachten, und eines Tages trillern die Pfeifen der Maate. Die Segel rucken an den Masten empor, gegen einen frischen Nordwest dümpeln die drei Karavellen in das offene Meer. Der Nordwest hält an, er wird immer steifer; Diaz denkt voller Sorge an die verdammte Küste. Der Nordwest wächst zum Sturm. Weg vom Land, gnade uns Gott! «Südenkurs!» brüllt er durch das Heulen des Windes zum Rudergänger hinüber, «Südenkurs» klingt es vom Ruder zurück, schärfer krängen die drei Schiffe nach Lee, und hinter der gezackten Linie der Kimmung versinkt die Küste. Der Sturm hält an. Mit scharf gebraßten Rahen laufen sie in hoher Fahrt nach Süden: weg vom Land, nur weg vom Land!

Mitte Januar 1488 flaut es allmählich ab. Der Wind schralt, dann bläst er stetig aus westlichen Richtungen, Diaz geht auf Ostkurs. Wo mag das Land geblieben sein? Ein Tag vergeht, noch ein Tag. Nirgendwo ist Land. In der Mannschaft gärt es. Sie haben Angst, die Kerle! Freilich, mit der Verpflegung sieht es schlecht aus. Das Pökelfleisch hat sich nicht gehalten. Grau und grün liegt es auf den Blechtellern, und in den Proviantkammern stinkt es wie auf dem Schindanger. «Nordenkurs!» befiehlt Diaz, und schwerfällig wälzen sich die bauchigen Schiffe in die neue Richtung.

Der dritte Tag senkt sich zum Abend, da gellt es vom Krähennest, dem vorderen Ausguck, herunter: *Tierra! Tierra!* Land voraus! Noch sieht man vom Kastell nichts als See, lang schwingende, wiegende Dünung. Aber richtig, da kommt es! Ein feiner grauer Strich, der allmählich schwerer wird, dunkler, deutlicher. Kein Zweifel, das ist Land!

Es ist Anfang Februar 1488. Diaz ahnt nicht, wo er sein kann, und auch wir wissen das nicht. Wahrscheinlich hat er zweihundert Meilen östlich vom Kap der Guten Hoffnung gestanden, in der Gegend der Mosselbai. Daß er Afrika umfahren hat in diesen stürmischen Tagen, schwant ihm vielleicht. Aber er will Gewißheit haben. So hält er den durch den Küstenverlauf gegebenen Nordostkurs noch ein paar Tage bei. Dann weiß er, er hat es geschafft. Er hat endlich vollendet, was Heinrich der Seefahrer zu Anfang des Jahrhunderts begann. Afrika ist umsegelt, der Seeweg nach Ostindien gefunden!

Am Großen Fischfluß, halbwegs zwischen Port Elizabeth und East London, zwingt ihn dann die meuternde Besatzung seiner Schiffe zur Umkehr. Mühsam kreuzt er nach Westen auf, gegen unendliche Winde. Und als er das Kap der Guten Hoffnung passiert, gibt es einen solchen Sturm, daß er es *cabo tormentoso* nennt, Sturmkap. Johann II. von Portugal hat das wenig gefallen. Er hat das stürmische Vorgebirge seines Kapitäns Kap der Guten Hoffnung genannt, weil nun endlich angenommen werden durfte, daß sich Indien tatsächlich auf dem Seeweg erreichen ließ.

Bartolemen Diaz hat diese sicher auch von ihm selbst gehegte Hoffnung nicht verwirklichen können. Allerdings hätte wohl die Zurüstung seiner Schiffe auch nicht für eine Fahrt nach Indien ausgereicht. Hinzu kam freilich, daß der Schlußstein der von der Seefahrerschule des Prinzen Heinrich errichteten geographischen Konstruktion, es sei möglich,

62. Portugiesische Karte von Afrika. Diese 1508 in Mailand erschienene Karte, das sogenannte «Itenerarium Portugallensium», gibt die Vorstellungen wieder, die man sich in Italien zu Beginn der Neuzeit über die Gestalt Afrikas machte. – C. de Buga entspricht Kap Bojador, C. Biancho dem Kap Blanco, C. Verdo dem Kap Verde, Monte Negro ist eine Anhöhe, auf der Diego Cão 1486 einen Steinpfeiler setzte. Der Persische Golf ist in das Rote Meer verlegt. Mecha – natürlich identisch mit Mekka – liegt gänzlich falsch. Zenobic Insul ist zweifelhaft, Compan in Indien entspricht Cambay. Die beiden anderen Orte in Vorderindien sind Cananore und Calicut.

Afrika zu umsegeln, noch fehlte. Dieser Schlußstein wurde erst mit den Ergebnissen der obenerwähnten Landexpedition eingesetzt. Deren hervorragendstes Mitglied, der Ritter Pedro de Covilhao, war zunächst über Aden zur Malabarküste in Indien gereist und hatte auf der Rückfahrt Ostafrika bis in die Gegend des Sambesi und des Hafens Sofala erkundet. Seine Beobachtungen zusammen mit denen des Bartholomeo Diaz ergaben klar, daß zwischen dem Atlantischen und dem Indischen Ozean ein Zusammenhang bestand und daß es möglich sein müßte, Indien auf dem Seeweg zu erreichen.

Auch für unser Kapitel über Afrika und die Portugiesen wird mit diesem Jahr 1488 ein Schlußstein gesetzt. An seinem Beginn steht die eindrucksvolle Gestalt Heinrichs des Seefahrers, an seinem Ende öffnet sich für die Portugiesen der Seeweg nach Indien. Daß es hierzu kommt, ist allein des Infanten Werk, und wenn man will, kann man an seiner Persönlichkeit den Nachweis führen, daß jene mechanistische Geschichtsauffassung, nach der allein der Erdraum die Geschichte macht, keinesfalls zutreffend ist. Portugal, nach seiner Lage am Ozean, mit vielfach gegliederten Küsten und recht guten Häfen, mit einer Bevölkerung, von der ein großer Teil als Fischer mindestens an die Küstenfahrt gewöhnt war, hätte nach einer bloß von geographischen Gegebenheiten ausgehenden Geschichtsbetrachtung längst eine Rolle in der großen Fahrt spielen müssen. Aber davon ist in Portugal ebensowenig die Rede gewesen wie anfänglich in England. In beiden Staaten hat die Meerfremdheit, ja Meerfeindschaft seiner Bevölkerung für sehr lange Zeit alle thalassischen Neigungen überwogen. In Portugal war es der Infant Heinrich und seine manische Seebesessenheit, die die Portugiesen auf die See hinaustrieb, hinauszwang. Eine positivistische Geschichtsauffassung fände seiner Persönlichkeit gegenüber ihr Genügen vielleicht in jenem Treitschkewort, nach dem es allemal die Männer seien, die großen einzelnen, von denen der Lauf der Dinge bestimmt werde und abhänge. Eine skeptischere Anschauungsweise würde vielleicht danach fragen, ob der die Geschichte «machende» große Mann nicht doch eher der Exponent der zum Vollzug drängenden Kräfte seiner Zeit sei als ein wirklich autochthoner Geschichtsfaktor. Aber mit dieser Frage nach dem Geist der Zeiten betritt man schon jenes magische Zauberland, in dem die Ratio keine Existenzberechtigung mehr hat. Sei dem also, wie ihm wolle: dies eine scheint festzustehen, daß nicht der portugiesische Junker, der Bauer, der Tagelöhner den Seeweg nach Indien öffnete, so viel ihrer auch Blut und Leben dafür hingaben, sondern daß dieser Ruhm allein dem Infanten Heinrich, Heinrich dem Seefahrer, zukommt – obwohl er selbst nie zur See gefahren ist und obwohl das Kap der Guten Hoffnung erst erreicht wurde, als er ein rundes Menschenalter unter dem grünen Rasen lag.

Wir stehen am Ende unseres Berichts. Und gleichzeitig stehen wir am Tor zu einer neuen Zeit.

Diese Zeit ist nicht einfach dadurch neu, daß sich nach Osten der Seeweg zum indischen Märchenland, nach Westen der zur Neuen Welt geöffnet hat und daß sich in der Folge alle Wunder der Erde über das Abendland ausgießen. Sie wird dadurch neu, daß sie sich neue Menschen gebiert.

Das ist ein Vorgang, der geradezu schlagartig erfolgt ist und der sich buchstäblich in knapp fünfzig Jahren abgespielt hat. Seine nach außen hin sichtbar werdenden Exponenten sind Männer von der Art des Kolumbus, des Cortez und Pizarro. Im inneren Reich präsentieren sich Erscheinungen wie Kopernikus, Erasmus von Rotterdam, Dürer und Hutten – um vier dieser Brüder vom neuen Geist zu nennen.

Vor ihnen ist Heulen und Zähneklappen. Noch nie schien den Zeitgenossen die Verwirrung so groß, der Unglaube, die Untreue, der Zweifel; noch nie, meinten sie, seien die Kriege so blutig, die Mordtat so häufig, Gift, Dolch und jede Art von Meuchelei so allgemein gewesen; noch nie glaubte man das Ende der Welt so nahe bevorstehend wie in den letzten Jahrzehnten des 15. Jahrhunderts.

Es ist ein uraltes Fürchten, das da im Volk umgeht. Schon die heiligen Seherinnen der frühen Germanen haben vor langen Jahrtausenden geweissagt von der furchtbaren Endschlacht. Diesen halbverschütteten Bildern überlagern sich nun christlich-orientalische Gesichte. Des Methodius von Patara um 800 n. Chr. entstandene mystische Weltuntergangsdichtung wird 1475 in Köln neu gedruckt. Zwanzig Jahre zuvor haben die Türken unter entsetzlichen Gemetzeln Byzanz, die heilige Stadt, überrannt, und gräßlich dröhnt nun des Methodius Warnung der Welt ins Ohr:

> «Es wird dye zeit komen, das dye Agareni noch ein mal yn Deudschen Lannden versamlet, auss der wüsteney gehen werden. Vnd werden einnemen der Welt Kreiss, acht iar lanng. Unnd sye werden stedte und reich umbkeren und dye prister werden sie in den geweiheten stetten erwürgen. Daselbs werden sie bey den weibern schlaffen unnd auss den hailigen gefessen werden sie trincken. Unnd yhre tiere werden sie an der hailigen Greber binden.»

Schon in den mystischen Sendschreiben des Priesters Johannes an die drei Protagonisten des hohen Mittelalters: den Papst und die beiden Kaiser, waren solche apokalyptischen Töne angeschlagen worden. Jetzt steigerte sich die Furcht vor dem Untergang zur grausigen Gewißheit. Und als 1485 einer in Europa gut sichtbaren totalen Sonnenfinsternis die Konjunktion zweier so mächtiger, unheilbringender Planeten wie Jupiter und Saturn folgte, da war allen Verständigen klar:

> «Die wunderzaichen, so diese Eclypsis vnnd finsternis bringet, sinnd grausam vnnd fast erschröcklich. Vnd vil gresslicher, venn sie yrgend ein mennsch gehapt oder gesehen. So seer auch, das mich schier das grawen von der Verkündigung solcher bedeutniss hette abgeschrecket.»

Das schreibt zu Anfang des Jahres 1488 der elsässische Gelehrte und Astrologe Johann Lichtenberger in einem weitverbreiteten Traktat. Will-Erich Peukert hat in seinem sehr belesenen und interessanten Buch *‹Die große Wende›* davon ausführlich berichtet und keinen Zweifel darüber gelassen, daß Johann Lichtenberger damit nur die Meinung aller ausgedrückt habe: die der vom *penninc*, dem Hochkapitalismus des ausgehenden Mittelalters, geängstigten Bauern, die der von unablässiger Plünderung und immer neuer Gewalttat bedrohten Bürger, die der Könige und großen Herren, die miteinander in ewiger Fehde liegen, die der Mönche und Päpste, welche voller Sünden und Verbrechen sind.

Aber niemand will Ursache sein zu dieser «Eclypsis und Finsternis» der Geister. Der dem Juden verschuldete Bauer trägt den Pogrom durch die Lande, Huß und mit ihm Wyclif und Johannes von Wesel schäumen wider der Papisten sündhaftes Leben, Kaiser und Fürsten beschuldigen einander der Verderbnis, in kranken Hirnen entsteht der Hexenhammer, der Malleus maleficarum – und aus tiefster, erschütterndster innerer Not schreit um diese Zeit Josephus Grünpeck, der Geschichtsschreiber des Kaiser Friedrich III., zum ehernen Himmel:

«Fürwar, wann ir die erbarmlich zerrüttung der gantzen Kristenhayt, aller löblichen gewonnhaiten, ordnungen vnd gesetzen, das ellend aller stände, die manncherley plagen, die verennderung der zeyt vnd alle seltzam zufell zu Hertzen nembt, so wisst, das ennd der welt ist nahe. Vnnd die wasser der trübsal werden die gantz kristenhayt übergeen.»

Ist es nicht, als gelle dieser Schrei noch in unsere Ohren? Ist das nicht auch unsere Plage und Klage, auch unser Hilferuf?

Aber indes der Himmel stumm bleibt, öffnen sich die Grüfte. Die Blumen verwelken nicht mehr, sie verwesen. Der Tod ist nicht mehr das stille Ende des sinkenden Sommertages, er ist ein grinsendes Skelett mit bleckenden Zähnen, das gleichmütig die Sense schwingt. Alle fallen sie dahin unter seinen Streichen: die Gräser, die Blumen, das reifende Korn, der junge Halm, das welkende Blatt. Lustig ist der Tod über seine Ernte: 1424 malt man ihn in Paris erstmals in fröhlichem Tanz an die Wände des Friedhofs der unschuldigen Kinder. Tausendfach wird er seither dargestellt, als Holzschnitt, als Skulptur und Relief, bis hin zu der grausigen Ironie des Dürerschen Totentanzes in Hartmann Schedels ‹*Weltchronik*› von 1493.

Hierher gehört das verzweifelte Zwiegespräch zwischen dem Tod und dem «Ackermann von Saaz», dem Peter Kettenfeier, dem der große Mähder um 1400 seine junge Frau Margaretha in das dunkle Reich entrückte. Manchem von uns wird dieser Disput noch lebendig sein als Erinnerung aus lange vergangenen Schultagen, mancher von uns wird ihn in den letzten Jahren ganz persönlich mit dem großen dunklen Herrn ausgetragen haben, sei es, daß er die scharfe Sense selbst gleißen sah, sei es, daß die liebsten Blumen seines irdischen Gartens die Köpfe neigten unter dem unerbittlichen Streich.

«Du fragest, von wannen wir sein: wir sein von dem irdischen paradiese. Da schuf vns Gott. Vnd nannte vns mit vnserem rechten Namen, do er sprach: Welches tages ir der frucht enbeisset, des todes sollet ir sterben. Darumb wir vns also schreiben: Wir, Tot, Herre vnnd Gewaltiger auf Erden, in der Luft vnd Meeres Strome.»

Hierher gehört aber auch jener ganz pathologische Züge aufweisende Verdrängungsversuch, in einer aberwitzigen Völlerei, bei Wein, Saitenspiel, Würfelbechern, Badehaus-Hurerei und Nackttänzen alles zu vergessen. Die ‹*Zimmerische Chronik*› berichtet nicht selten davon, daß dieses oder jenes Frauenzimmer «mit leuchtfertigen personnen gantz nackendt denz gehalten, die mit unseglicher unzucht zugegangen sein». Sich schnell noch einmal eine rechte Scheibe abzuschneiden, sie hastig in sich hineinzustopfen, denn morgen schon kann alles ein entsetzliches Ende haben: auch das ist ein Signum dieser Zeit.

Wie bekannt ist uns das alles! Wie haben wir dies alles selbst erlebt! Wie tief, wie tief sind auch unsere Götter begraben!

Und doch wird die Menschheit heute sowenig untergehen, wie sie vor fünfhundert Jahren untergegangen ist! Denn während damals alle Welt noch fasziniert in den Abgrund der letzten Dinge starrt, vom Grauen überwältigt und hingegeben an die Lust am Grauen, öffnen sich allmählich schon die Tore zur neuen Zeit. Unmerklich erst, langsam heller und heller werdend, blendend und gleißend zuletzt, flutet Licht in das Kerkerdunkel. Segel gleiten durch den blauen Tag, und wie durch einen Zauber steigen überall neue Ufer aus dem Nichts hervor. Und wenige Jahrzehnte später ruft der von einer scheußlichen Seuche gequälte, von Schwären und Eiter schmerzhaft gefolterte Ulrich von Hutten in lodernder Begeisterung aus: «Die Geister sind erwacht, es ist eine Lust zu leben!»

Ist das vielleicht eine Botschaft, die auch uns gilt? Haben wir in der Schilderung der Menschen und Dinge, die hier an uns vorbeiglitten, nicht immer wieder uns selbst erkannt? Stehen auch wir bereits von den Posaunen des Jüngsten Gerichts Gerufene vielleicht an einem Tor, dessen Flügel sich langsam zu öffnen beginnen?

Wir wissen es nicht. Aber wir wollen es glauben, wir müssen es glauben, und wir dürfen es wohl auch glauben. Denn immer wieder noch, solange Menschen leben auf dieser Erde, hat sich des Dr. Faustus alte Prophetie bewahrheitet: «Zu neuen Ufern lockt ein neuer Tag.»

Anhang

VERZEICHNIS DER ABBILDUNGEN IM TEXT

1 Bison. Gravierung in einer steinzeitlichen Höhle der Dordogne 16
2 Vorüberziehende Rentierherde. Knochenzeichnung aus der Höhle von Teyjat 17
3 Der «Karton» für ein steinzeitliches Wandbild 18
4 Als man in der Sahara noch schwimmen ging. Höhlenzeichnung aus Nordafrika 20
5 Kein Picasso – ein Unbekannter aus der Steinzeit zeichnete diesen Bogenschützen an die Wand der Valltorta-Schlucht bei Abocacer in Spanien 21
6 Siegelsteine mit altkretischer Bilderschrift 44
7 Abwägen von Gold. Zeichnung aus einer ägyptischen Grabkammer 47
8 Kretisches Schrifttäfelchen mit Kupferbarren und Waagschale 49
9 Kretisches Schrifttäfelchen mit Gewichtsstücken in Form von Ochsenköpfen 49
10 Neger mit kretischen Metallbarren in Schwalbenschwanzform 50
11 Drei südetruskische Alphabete 62
12 Expeditionsschiff der Königin Hatschepsut. Aus dem Tempel von Der-el-Bahri 70
13 Träger mit Myrrhenbäumen von der Punt-Expedition der Hatschepsut. Aus dem Tempel von Der-el-Bahri 75
14 Der Fürst und die Fürstin von Punt empfangen den ägyptischen Gesandten. Aus dem Tempel von Der-el-Bahri 77
15 Ägyptisches Schiff, 1700 bis 1400 v. Chr. 79
16 Kriegsschiff der Phönizier, 11. bis 8. Jahrhundert v. Chr. 83
17 Rekonstruiertes Modell der Burganlage von Simbabwe 89
18 Karthagische und cyrenäische Münzen aus dem 4. Jahrhundert v. Chr., gefunden auf den Azoren 105
19 Das keltische Heiligtum Stonehenge bei Salisbury in England, entstanden um 2000 bis 1500 v. Chr. 117
20 Der Leuchtturm von Alexandria, Rekonstruktion 165
21 Aus einem Segelhandbuch des 16. Jahrhunderts 169
22 Wikingerschiff auf dem Teppich von Bayeux 197
23 Quetzalcoatl in Tiara, mit Kreuzmantel und Krummstab auf einer Stufenpyramide. Nach einer altindianischen Handschrift 199
24 Der Inka und die Königin in der kreuzgeschmückten Reisesänfte. Zeichnung aus der Bilderchronik des Huaman Poma de Ayala 212
25 Magische Anatomie. Wie im mittelalterlichen Europa, so ist auch in Mexiko eine Art «Aderlaßmännchen» entwickelt worden. Hierbei wurden die verschiedenen Organe des menschlichen Körpers zu den zwanzig kalendarischen Himmelszeichen in magische Beziehung gebracht 222
26 «Aderlaßmännchen» aus der mittelalterlichen Medizin des Abendlandes 223
27 «Taufe» in Yukatan. Aus einer Maya-Handschrift von Yukatan 224
28 Menhir-Kreise von der Halbinsel Sillustani bei Umayo in Peru 228
29 Eine «Schrifttafel» der Osterinsel 229

30 Vergleichende Tafel von Schriftzeichen der Mohenjo-daro-Kultur mit Schriftzeichen der Osterinsel 230
31 Inka-Schreiber mit «Quipu» und Rechenbrett. Zeichnung aus der Bilderchronik der Huaman Poma de Ayala 235
32 Metallbecher aus Peru 238
33 Ein «Ariki» der Osterinsel mit dreieckig gebündeltem Federschmuck in einem Kanu. Schriftzeichen von einer Osterinseltafel 239
34 Häuptling mit dreieckig gebündeltem Kopfschmuck, ein weiteres Schriftzeichen von der Osterinsel 239
35 Federmosaik auf dem Silberblech von Pachacamac 240
36 Mythischer Vogel, von zwei Stäben eingefaßt. Symbol vom Tempelkrug von Trujillo, Peru 240
37 Mythischer Vogel, von zwei Stäben eingefaßt. Schriftzeichen von der Osterinsel 241
38 Die bei Rio de Janeiro entdeckte angeblich «phönizische» Inschrift 251
39 Eine echte phönizische Inschrift aus dem 9. Jahrhundert v. Chr. 252
40 Die Lage des Runensteins von Kensington zwischen dem Wurzeln der Espe 261
41 Die Inschrift des Runensteins von Kensington 262
42 Vier mittelalterliche Runenalphabete 264
43 Ritzzeichnungen auf Felsen bei Tanum/Schweden 269
44 Wikingerschiff. 6. bis 8. Jahrhundert n. Chr. 272
45 Dies ist eine Knorr, der «Überseer» der Wikinger, eine Art Vorläufer der Hanse-Kogge 273
46 «Öster-Bygd» und «Wester-Bygd», die beiden normannischen Grönland-Siedlungen, auf der Karte des Isländers Jon Gudmundsson um 1600 286
47 Gudveigs Runenstab vom Friedhof von Herjulfsnes 288
48 Köln am Rhein um 1490 303
49 Der Runenstein von Upernivik 313
50 Karte der Vinland-Fahrten von Sigurd Stefansson, um 1570 339
51 Weltkarte aus Hartmann Schedels «Weltchronik» von 1493 372
52 Die atlantischen Inseln 374
53 Weltkarte von Edrisi 395
54 Skilauf im 16. Jahrhundert 399
55 Karte von Mitteleuropa aus der Schedelschen «Weltchronik» 400
56 Kufische Münzen aus russischen Funden 402
57 Der Mahlstrom. Alter Holzschnitt von Olaus Magnus 417
58 Die Völker in den Ländern des Großkhans. Holzschnitt aus der Schedelschen «Weltchronik» 418
59 Nestorianische Inschrifttafel von Singanfu, 781 n. Chr. 425
60 Griechische Söldner des Pharao Psammetich II. ritzten um 590 v. Chr. diese unbeholfene Inschrift in den Unterschenkel eines der Kolosse von Abu Simbel in Nubien 442
61 Das angebliche Banner des Presbyters Johannes 443
62 Portugiesische Karte von Afrika 507

VERZEICHNIS DER KARTEN

I	Tartessos	41
II	Vor- und frühgeschichtliche Handelsstraßen in Europa	59
III	Das phönizische Küstenland	82
IV	Die Lage von Simbabwe	87
V	Handelswege der frühgeschichtlichen Hochkulturen	92
VI	Die Insel Thera mit dem Santorin	95
VII	Nechos und Hannos Afrika-Fahrten	103
VIII	Griechische Kolonisation	122
IX	Die Thule-Fahrt des Pytheas	129
X	Alexanders Weltreichsidee	135
XI	Die Küste von Leptis bis Karthago nach dem «Stadiasmos»	167
XII	Die Seeverkehrswege zwischen Rom und China um 100 n. Chr.	173
XIII	Der Seeverkehr zwischen Indien und China	184
XIV	Strömungen im Atlantischen Ozean	187
XV	Die Siedlungsgebiete der Mandan	210
XVI	Strömungen im Pazifischen Ozean	226
XVII	Seeverkehrswege der Steinzeit	271
XVIII	Die Reisewege der Wikinger nach Island	278
XIX	Island mit den Wohnsitzen Erichs des Roten in Drangaland, Haukadal und Oexney	283
XX	Grönland mit Eystribyggd	290
XXI	Die Ostsiedlung der Normannen auf Grönland	292
XXII	Brattahlid am Eiriksfjord und Gardar am Einarsfjord	299
XXIII	Die Küsten von Labrador, Baffinland und Südwestgrönland	328
XXIV	Die Lage Vinlands	342
XXV	Der Menemsha-See und No Man's Land	344
XXVI	Wo lag Vinland?	346
XXVII	Der Nordost- und der Südwest-Monsum im Indischen Ozean	381
XXVIII	Vor- und frühgeschichtliche Handelswege in Rußland	397
XXIX	Die Stoßlinien der Wikinger in Rußland	407
XXX	Kartenskizze der Ausbreitung der Nestorianer in Asien während des Mittelalters	427
XXXI	Land- und Seeverkehr nach Ostasien zur Mongolenzeit	454
XXXII	Portugiesische Entdeckungsfahrten nach Afrika	494

LITERATURVERZEICHNIS

ALTANER, BERTHOLD: Die Dominikanermissionen des 13. Jahrhunderts. Habelschwerdt 1924

ANDREE, JULIUS: Bergbau in der Vorzeit. Leipzig 1922

BEHN, FRIEDRICH: Kultur der Urzeit. Berlin 1950

BERVE, HELMUT: Gestaltende Kräfte der Antike. München 1949

BORCHARDT, E.: Das Grabdenkmal des König Sahure. Suttgart 1912

BRAGHINE, A.: A Shadow of Atlantis. London 1937

BREADSTED, J. H.: Geschichte Ägyptens. Zürich 1936

ADAM VON BREMEN: Hamburgische Kirchengeschichte. Herausgegeben von Schmeidler-Steinberg. Leipzig 1926

BREUSING, A.: Die Nautik der Alten. Bremen 1886

Brockhaus-Taschenbuch: Die Entdekkung und Erforschung der Erde. Leipzig 1949

BRÖGGER, A. W.: Vinlandsferdene. Oslo 1937

BUCK, PETER H.: Vikings of the Sunrise. New York 1938

CALLEJA, F.: Note sur une stèle phénicienne trouvée ein Brasil, in: Bulletin de la Soeciété de Géographie d'Alger. Paris 1899

CARCOPINO, J.: Das Alltagsleben im alten Rom. Wiesbaden 1950

LAS CASAS: Historia de las Indias, in: Coleccion de documentos para la historia de España. Madrid 1875/76

CATLIN, GEORGE: Letters and Notes at the Manners, Customs and Conditions of the North American Indians. London 1841

CHAMISSO, A. v.: Reise um die Welt in den Jahren 1815 bis 1818. Leipzig 1842

CHAVANNES, E.: Les Pays à Occident d'après le Heou-han-chou. Paris 1907

CLARK, HYDE: Examination of the Legend of Atlantis, in: Transactions of the Royal Historical Society. London 1885

CONDAMINE: Rapport sur les monuments du Péru en temps des Inkas, in: Schriften der Preußischen Akademie der Wissenschaften. Berlin 1746

CRONAU, RUDOLF: Amerika. Die Geschichte seiner Entdeckung von der ältesten bis auf die neueste Zeit. Leipzig 1892

CURRELLY, CHARLES T.: Viking weapons found near Beardmore, in: Canadian Historical Review. März 1939

CURTIUS, ERNST: Griechische Geschichte. Wien 1935

Dampferhandbuch für den Stillen Ozean. Hamburg 1922

DANZEL, TH. W.: Handbuch der präkolumbischen Kulturen in Lateinamerika. Hamburg 1927

DEFREMERY-SAUGUINETTE: Voyages d'Ibn Batoutah. Paris 1848

DINER, H.: Seide. Eine kleine Kulturgeschichte. Meisenheim 1949

DIXON, R. B.: The problem of the sweet potato in Polynesia, in: American Anthropologist, Vol. 34, Nr. 1, 1932

EBERT, MAX: Südrußland im Altertum. Bonn und Leipzig 1921

ENLART, CAMILLE: Le Problème de la vieille tour de Newport, in: Revue de l'art chrétien, Bd. 60. Paris 1910

ERDMANN, CARL: Die Entstehung des Kreuzzugsgedankens. Stuttgart 1935

FERRAND, GABRIEL: Le K'ouen – Louen et les anciennes navigations dans les mers du Sud, in: Journal Asiatique. Paris 1919

FELDHAUS, FRANZ M.: Die Technik der Antike und des Mittelalters. Leipzig 1931

FIMMEN, B.: Die kretisch-mykenische Kultur. Leipzig 1924
FINSCH, O.: Südseearbeiten. Hamburg 1914
FISKE, JOHN: The discovery of America. London 1892
FRAHM, FR.: Grabungen und Forschungen aus der Wikingerzeit der Schleswiger Landenge, in: Histor. Zeitschrift, Bd. 151. Berlin 1933
Frankfurter Zeitung Nr. 609. Frankfurt/Main 1942
FRÖLEN, GEORG: Nordens Befästa Rundkirkor. Stockholm 1911
FRIEDRICH, GEORG: Die vorkolumbischen Verbindungen der Südseevölker mit Amerika, in: Mitteilungen aus den deutschen Schutzgebieten. Bd. 36, Heft 1. Berlin 1928
FRIEDELL, E.: Kulturgeschichte Ägyptens und des alten Orients. München 1951
FRIEDELL, E.: Kulturgeschichte Griechenlands. München 1949
FROMME, KARL: Die nordgermanische Kolonisation im atlantischen Raum. Kiel 1939
GAFFAREL, B.: Les Irlandais en Amérique avant Colomb. Paris 1890
GATHORNE-HARDY, G. M.: A recent journey in Northern Labrador, in: Geographical Journal, Bd. 59. London 1922
GEISELER, K.: Die Osterinsel. Eine Stätte prähistorischer Kultur in der Südsee. Berlin 1883
GELCICH, EUGEN: Der Fischfang der Gascogner und die Entdeckung von Neufundland, in: Zeitschrift der Gesellschaft für Erdkunde. Berlin 1883
Geographisches Jahrbuch. 56. Jahrgang. Berlin 1943
GERLAND, GEORG: Der Mythus der Sintflut. Bonn 1912
GOMARA, FRANCESCO LOPES DE: Historia de las Indias. Venedig 1564
GRAY, E. F.: Leif Eriksson, discoverer of America. New York 1930
GÜNTHER, SIEGMUND: Das Zeitalter der Entdeckungen. Leipzig 1901
GUIGNES, J. DE: Histoire générale des Huns, des Turcs, des Mongols et des autres Tartares occidentaux. Paris 1736
HAENISCH, ERICH: Kulturbilder aus Chinas Mongolenzeit, in: Historische Zeitschrift, Bd. 164. Berlin 1911
HAMANN, R.: Ägyptische Kunst. Berlin 1944
HAMANN, R.: Griechische Kunst. München 1949
HARISSE, HENRI: Jeanet Sebastian Cabot. Paris 1882
HASHIMOTO, MASUKICHI: Origins of the Compass, in: Memoirs of the Research. Depl. 37 the Toyo Bunko Nr. 1
HEINE-GELDERN, ROBERT: Die Megalithen Südostasiens und ihre Bedeutung für die Klärung der Megalithenfrage in Europa und Polynesien. Anthopos XXIII. Wien 1928
HENNIG, R.: Die Frühkenntnis der magnetischen Nordweisung, in: Beiträge zur Geschichte der Technik und Industrie, Bd. 21. 1931
HENNIG, R.: Das Christentum im mittelalterlichen Asien und sein Einfluß auf die Sage vom Priester Johannes, in: Historische Vierteljahresschrift, XXIX. Jahrg. Dresden 1934
HENNIG, R.: Terrae incognitae I–IV. Leiden 1936
HENNIG, R.: Kolumbus und seine Tat. Bremen 1940
HENNIG, R.: Wo lag das Paradies? Berlin 1950
HERBST, H.: Wilhelm von Rubruks Reisebericht an König Ludwig IX. Leipzig 1925
HERRMANN, ALBERT: Die Erdkarte der Ur-Bibel. Braunschweig 1931
HERRMANN, ALBERT: Marco Polo am Hofe des Großkhans. Leipzig 1949
HERRMANN, ALBERT: Die alten Seiden-

straßen zwischen China und Syrien. Berlin 1910

HERRMANN, E.: Das Nordpolarmeer. Berlin 1949

HERRMANN, P.: Saxo Grammaticus gesta Danorum. Leipzig 1901

HERRMANN, P.: Das große Wagnis. Berlin 1936

HEYERDAHL, THOR: Kon-Tiki-Ekspedisionen. Oslo 1948

HEYWOOD, I. C.: Documenta selecta a tabulario secreto Vaticano. Rom 1893

HIRTH, FR.: China and the Roman Orient. Leipzig 1885

HOLAND, HJALMAR R.: The Kensington Stone. A Study in pre-columbian history. Ephraim. Wisconsin 1932

HOLAND, HJALMAR R.: Westward from Vinland. New York 1942

HOLAND, HJALMAR R.: America 1353–1364. New York 1946

HOLDER, ALFRED: Altkeltischer Sprachschatz. Leipzig 1904

HOOPS, A.: Reallexikon der germanischen Altertumskunde. Leipzig 1923

HUBER, SIEGFRIED: Im Reich der Inkas. Olten 1951

HUMBOLDT, A. v.: L'examen critique de l'histoire de la géographie. Paris 1836

HUMBOLDT, A. v.: Ansichten der Natur. Stuttgart 1851

HUMBOLDT, A. v.: Kritische Untersuchungen. Berlin 1852

ISACKSEN, GUNNAR: Hvor langt mot nord kom de norröne Groenlandinger paa sine Fangstfaerder, in: Oslo 1932
Norsk Geografisk Tidsskrift IV. Oslo 1932

IVERSEHEN, J.: Moorgeologische Untersuchungen auf Grönland, in: Mitteilungen der Dänischen Geologischen Gesellschaft VIII. Kopenhagen 1934

JAHNKUHN, HERBERT: Haitabu. Leipzig 1937

JAKOB, GEORG: Arabische Berichte von Gesandten an germanischen Fürstenhöfen aus dem 9. und 10. Jahrhundert. Berlin 1927

JELIC, L.: L'évangélisation de l'Amérique avant Chr. Colomb, in: Compte rendu du quatrième congrès scientifique international des catholiques V. Section. Brüssel 1895

JOHNSTON, J.: Account of the present state of the Indian Tribes, inhabitating Ohio, in: Archaeologia Americana. Boston 1819

KALM, PETER: Travels in North America, translated into English by J. R. Forster. London 1771

KARSTEN, RAFAEL: Das altperuanische Inkareich. Leipzig 1949

KATZ, RICHARD: Auf dem Amazonas. Zürich 1946

KAUFMANN, C. M.: Amerika und das Urchristentum. München 1924

KESSEL, J.: Mermoz. Freudenstadt 1948

KIEPERT, HEINRICH: Lehrbuch der alten Geographie. Berlin 1878

KLAPROTH, H. L.: Tableaux hist. de l'Asie. Paris 1824

KNOCHE, WALTER: Die Osterinsel. Concepcion/Chile 1923

KÖSTER, AUGUST: Schiffahrt und Handelsverkehr des östlichen Mittelmeeres im 3. und 2. Jahrtausend v. Chr. Leipzig 1924

KÖSTER, AUGUST: Studien zur Geschichte des antiken Seewesens. Berlin 1934

KÜHN, H.: Auf den Spuren des Eiszeitmenschen. Wiesbaden 1950

KRICKEBERG, WALTER: Märchen der Azteken, Inka, Maya und Muiska. Jena 1928

LAPPENBURG, J. M.: Hamburgische Urkunden in niedersächsischer Sprache. Hamburg 1861

LAPPENBURG, J. M.: Hamburgische Chroniken in niedersächsischer Sprache. Hamburg 1860

LECHLER-GRAY: Die Entdecker Amerikas vor Columbus. Leipzig 1939

LEHMANN, WALTER: Über das Alter der

amerikanischen Kulturen, in: Ibero-Amerikanisches Archiv XVII. Berlin 1943/44

Lehmann, Walter: Die Bedeutung der altamerikanischen Hochkulturen für die allgemeine Geschichte der Menschheit, in: Ibero-Amerikanisches Archiv, XVII. Berlin 1943

Lesky, A.: Thalatta. Der Weg der Griechen zum Meer. Wien 1947

Lester-Millot: Grundriß der Anthropologie. Lahr 1948

Lyschander Cl. Chr.: Grönlandska Chronica. 1608

Markwart, F.: Ein arabischer Bericht über die arktischen Länder aus dem 10. Jahrhundert, in: Ungarische Jahrbücher 1924, Jahrgang 4

Marshall, John: Mohenjo-daro and the civilisation of Indus. London 1931

Martin, A.: Tartessos. Sevilla 1940

Meinert, F. G.: Johann von Marignolas Reise in das Morgenland vom Jahre 1339 bis 1353. Prag 1820

Meissner, Rudolf: Der Königsspiegel. Halle 1944

Merian: The Natives of the Tonga-Islands. London 1818

Morison, Samuel E.: Admiral of the Ocean Sea. A Life of Christopher Columbus. Boston 1942

Mètraux, Alfred: Easter Island. Ed. by Bishop-Museum, Bull. 16. Honolulu 1938

Meyer, Eduard: Geschichte des Altertums. Stuttgart 1901

Michaelis, Heinz: Riesenschiffe, in: Meereskunde, VIII, Heft 3. Berlin 1914

Mjelde, M.: Eyktarstadproblemer og vinlandreisene, in: Norsk Historisk, Tidsskrift V. Oslo 1927

Moeller, C. v.: Die Osterinsel und Peru, in: Zeitschrift für Ethnologie, Heft 1/3. 1937

Montelius, Oskar: Der Handel in der Vorzeit, in: Prähistorische Zeitschrift. 1910

Mertillet, G. de: Origine de las pêche. Paris 1890

Mžik, Hans von: Die Reise des Arabers Ibn Batuta durch Indien und China, in: Bibliothek denkwürdiger Reisen. Hamburg 1911

Nansen, Fridtjof: Nebelheim. Leipzig 1911

Nasmyth, I.: Itineraria Symonis Simeonis et Willelmi de Worcester. Cambridge 1778

Neumann, Karl Fr.: Reisen des Johannes Schiltberger aus München in Europa, Asien und Afrika. München 1859

Neckel, Gustav: Die erste Entdeckung Amerikas durch die Nordgermanen. Leipzig 1934

Nörlund, Paul: Wikingersiedlungen in Grönland. Ihre Entstehung und ihr Schicksal. Leipzig 1937

Nordenskjöld, Erland: Origin of the Indian civilisations in South America. Göteborg 1931

Olschki, Leonardo: Der Brief des Predigers Johannes, in: Historische Zeitschrift, Bd. 144. München 1931

Oppert, Gustav: Der Presbyter Johannes in Sage und Geschichte. Berlin 1864

Pagel, Karl: Die Hanse. Oldenburg 1942

Paret, O.: Das neue Bild der Vorgeschichte. Stuttgart 1948

Passarge, S.: Geographische Völkerkunde. Berlin 1951

Pastor, E.: Die Germanen kannten die Kugelgestalt der Erde, in: Wacht im Osten. Danzig 1938

Pelka, Otto: Bernstein. Berlin 1920

Peschel, O.: Geschichte der Erdkunde. München 1877

Petrau, Alfred: Schrift und Schriften im Leben der Völker. Berlin o. J.

Preukert, W. E.: Die große Wende. Hamburg 1948

Podewils-Dürnitz, Gertrud Gräfin von: Legenden der Chibcha. Stuttgart 1930

POEPPIG, ED.: Im Schatten der Cordillere. Reisen in Chile. Stuttgart 1927

POSNANSKY, ARTHUR: Prescursores de Colon. La Perlas Agri. Nosotros 1933

PRUTZ, HANS: Kulturgeschichte der Kreuzzüge. Berlin 1883

QUIRING, HEINRICH: Geschichte des Goldes. Stuttgart 1950

RAMOS BERNARDO: Inscripcões e Tradiciões da America prehistorica. Rio de Janeiro 1932

RAFN, C. CHR.: Antiquitates Americanae. Kopenhagen 1837

Reallexikon der Vorgeschichte. Berlin 1925

REUTER, O. S.: Germanische Himmelskunde. München 1934

RICHTHOFEN, F. V.: China. Berlin 1878

RONCIÈRE, CH. DE LA: La découverte de l'Afrique au moyen âge. Kairo 1927

RÖCK, FRITZ: Sternglaube und Weltbild der Tolteken als Zeugen verschollener Kulturbeziehungen zur Alten Welt, in: Mitteilungen der Anthropologischen Gesellschaft. Wien 1922

ROSS, E. O.: Marco Polo and his book, in: Proceedings of the Royal British Academy XX. London 1933

RUGE, SOPHUS: Columbus. Berlin 1902

SCHAAL, HANS: Vom Tauschhandel zum Welthandel. Leipzig 1931

SCHEPPIG, R.: Die Cão-Säule von Kap Cross, in: Wissenschaftliche Beilage zum Programm 340 des Reform-Realgymnasiums. Kiel 1903

SCHOOF, W. H.: Periplous maris Erythraei. Stuttgart 1912

SCHOOLCRAFT, HENRY: Historical and statistical information respecting the history, condition and prospects of the Indian tribes of the U. S. Philadelphia 1851–57

SCHRAMM, PERCY E.: Kaiser, Rom und Renovatio. Leipzig 1929

SCHULZE-MAIZIER, FR.: Die Osterinsel. Leipzig o. J.

SCHULTEN, ADOLF: Tartessos. Hamburg 1922/1951

SCHUMANN, OSKAR: Islands Siedlungsgebiet während der Landnahmezeit, in: Mitteilungen des Vereins für Erdkunde. Leipzig 1899

SCHWANTES, G.: Die Vorgeschichte Schleswig-Holsteins, in: Geschichte Schleswig Holsteins. Kiel 1934

Segelhandbuch für den Stillen Ozean. Hamburg 1897

SEIPPEL, ALEXANDER: Rerum Normannicarum fontes Arabici. Oslo 1896

STARK, FREYA: The southern gates of Arabia. A journey in the Hadhramaut. London 1946

STECHE, THEODOR: Wikinger entdecken Amerika. Hamburg 1934

STECHE, THEODOR: Die nordgermanischen Fahrten nach Vinland und ihre Nachwirkungen, in: Zeitschrift für Deutsche Philologie. Halle 1935

STECHOW, EBERHARD: Geographisch-historische Probleme aus antiker Zeit, in. Naturwissenschaftliche Rundschau, Heft 11. 1950

STECHOW, EBERHARD: Santorin-Katastrophe und Ägyptische Finsternis, in: Forschungen und Fortschritte. Berlin 1950

STECHOW, EBERHARD: Kannte das Altertum die Insel Madagaskar? in: Petermanns Geogr. Mitteilungen, Heft 3–4. Gotha 1944

STECHOW, EBERHARD: Wann kamen die Malaien zuerst nach Madagaskar? in: Forschungen und Fortschritte, Nr. 18. 1944

STECHOW, EBERHARD: Der Umkehrpunkt der Fahrt im «Periplus Hannonis», in: Forschungen und Fortschritte, 21.–23. Jahrg., Nr. 10–12. Berlin 1947

STEFANSSON, VILHJALMUR: Das Geheimnis der Eskimos. Leipzig 1920

STORBECK, F.: Berichte der arabischen Geographen des Mittelalters über Ostafrika. Tübingen 1912

STORM, GUSTAV: Annales Reseniani ad annum 1121. Christiania 1888

STORM, GUSTAV: Om Biskop Oddsons Annaler, in: Archiv für nordische Philologie IV, Lund 1890. Christiania 1888

STUCKEN, ED.: Polynesisches Sprachgut in Amerika und in Sumer, in: Mitteilungen der Vorderasiatisch-Ägyptischen Gesellschaft. Berlin 1926

SWANTON, JOHN S.: The Windeland voyages, in: Smithsonian Miscellanous Collections. Vol 107, Nr. 12. Washington 1947

THORNBERG, KARL: Omde i Svensk jord funna österländska mynt. Stockholm 1857

Thule: Band 13, Grönländer- und Fähringer-Geschichten. Jena 1929

Thule: Band 23. Jena 1926

TOBLER, J.: Bibl. geogr. Palästinae. Leipzig 1867

TREUE, W.: Die Eroberung der Erde. Danzig 1938. Berlin 1939

TORQUEMADA, JUAN DE: Los veinte y un libros rituales y monarchia Indiana. Madrid 1723

WADDING, LUKA: Annales Minorum fratrum. Quaracchi 1932

WHITE, ANNE T.: Versunkene Kulturen. Stuttgart 1948

WIESNER, JOSEPH: Vor- und Frühzeit der Mittelmeerländer. Berlin 1943

WILAMOWITZ-MOELLENDORFF, ULRICH VON: Homerische Untersuchungen. Berlin 1884

WINSTEDT, E. O.: The Christian Topography of Kosmas Indicopleustes. Cambridge 1909

WINTER, HEINRICH: Die Nautik der Wikinger und ihre Bedeutung für die Entwicklung der europäischen Seefahrt.

WINTHER, N.: Färöernes Oldtidhistorie. Kopenhagen 1857

WITTER, WILHELM: Die älteste Erzgewinnung im nordisch-germanischen Lebenskreis, in: Mannus-Bücherei, Band 60/63. Leipzig 1938

Wörterbuch der Antike. Stuttgart 1950

YULE, H.: Cathay and the way tither. London 1866

ZARNCKE, FRIEDRICH: Der Priester Johannes, in: Abhandlungen der Königlich Sächsischen Akademie der Wissenschaften, Phil.-Hist. Klasse, VII. Leipzig 1879/1883

ZECHLIN, EGMONT: Maritime Weltgeschichte. Hamburg 1947

ZYHLARS, E.: Das Land Punt, in: Zeitschrift für Eingeborenensprachen. Leipzig 1941/42

NAMENREGISTER

(Kursiv gesetzte Ziffern verweisen auf Abbildungen)

Abdallah Ibn Mohammed Ibn Ibrahim 382
Absalon, Bischof 411
Abu Abdallah Mohammed s. u. Ibn Batuta
Abu Dschafar 437
Abu Iman von Marokko 378
Abul Hasan Masudis 408
Adam von Bremen 348, 415 f, 420
Aelianus, Claudius 191
Aischylos 104
Alexander III., Papst 447
Alexander VI., Papst 309 f, 363
Alexander der Große, König von Makedonien 107, 121, 133 f, 139, 140 f, 144, 146 f, 163, 175, 181, 434, 438, 470
Alfons IV., König von Spanien 366
Alfred der Große, König von England 409 f, 412, 413, 414
Ali Masudi 395
Amenophis II. 109
Amenophis IV. 64
Andreas von Longjumeau 453, 456
Andreas von Perugia 470, 472
Archimedes 172
Aristoteles 30, 46, 125, 136, 188 f, 391
Arrianus, Flavius 140 f, 144 f, 146
Artaxerxes III., König 45, 138
Artemidor von Ephesus 164
Augustinus, Aurelius *419*
Augustus, römischer Kaiser 181, 186, *82*

Baffin, William 285
Bajesid I., Sultan 476
Balbus, Cornelius 156
Bardsen, Ivar 295, 308, 315 f, 317, 356
Barnum, Phineas Taylor 145
Behaim, Martin 375, 481, 497, 498, 499, 505, *374*
Barth, Heinrich 156
Behn, Friedrich 64, 359
Benedikt XII., Papst 450, 452, 473
Benz, Carl 112
Berve, Helmut 137
Berzelius, Jöns Jakob Freiherr von 37, 39
Blondhaar, Harald 257, 281, 282, 409
Bock, Friedrich Samuel 33
Boleslaw II., König von Böhmen 403
Bombard, Louis Alain 254
Bontius, Willem 104
Bosch, Carl 38
Bouts, Dirk 364
Breadsted, James Henry 68, 162
Breda, O. J. 260
Brehm, Alfred 115
Brögger, A. W. 327, 329, 330
Buck, Peter H. 232, 233, 235, 237, 239, 246
Busch, Paula 145

Caboto, Giovanni 325, 368, 370, 371, 421
Caesar, Gaius Iulius 57, 128, 157 f, 190, 295
Caillié, René 500
Calixtus II., Papst 444
Candia, Pedro de 193, 214, 215
Cão, Diego 481, 497, 499, 504, 505, *507*
Carpini, Giovanni dal Piano dei 453, 454 f, 462
Catalani, Jordanus 380 f, 382
Catlin, George 208 f, 211, 361, *210*
Chamisso, Adelbert von 243, 244
Champlain, Samuel de 208, 352, *342*
Christian I., König von Dänemark 366, 367
Christian II., König von Dänemark 310
Christian III., König von Dänemark 367
Chryffts, Nikolaus 446
Cicero 154
Clark, Hyde 249

Conrad, Joseph 46
Cook, James 227, 232, 233, 242, 243
Cooper, James Fenimore 347
Cortereal, Gaspar 368
Cortereal, João 368, 373, 375, 421, 497
Cortereal, Miquel 368
Cortez, Fernando 193, 194, 195, 196, 197, 508
Covilhão, Pedro de 507, 508
Cronau, Rudolf 353
Curelly 352 f
Curme, George O. 257, 261

Dante Alighieri 288, 392 f, 396
Darius I., der Große, persischer König 71, 93, 141, 168, 437, 438, 445
Davis, John 285, 287, 312
Dei, Benedetto 481, 499, 500
Diaz, Bartolemeu 504 f, 506, 507
Dicuilus 436
Diesel, Rudolf 112
Diocletian, römischer Kaiser 182, 277, 486
Dionys von Halikarnassos 62
Dixon, R. B. 235
Dodd, James Edward 351 f
Dschingis-Khan 444, 454, 457, 461, 463
Dürer, Albrecht 508, *303*

Egede, Hans 277, 284, 285, 287, 295
Eirik Raudi s. u. Erich der Rote
Erasmus von Rotterdam 508
Eratosthenes von Kyrene 121, 170, 189
Erich III., König von Norwegen 304
Erich VI., König von Dänemark 366
Erich der Rote 290 f, 293, 294, 296, 301, 306, 310, 322, 323, 325 f, 330, 331, 334, 335, 339, 348, 414, *283*, *289*
Erichsson, Leif 293, 301, 306, 325, 330, 331 f, 334, 340 f, 343, 344 f, 346, 350
Erichsson, Thorstein 293
Erichsson, Thorwald 293, 334, 345
Estrithson, Sven 348, 415

Eugen III., Papst 444
Euripides 112, 121

Ferrand, Gabriel 225
Fidelis 436, 437, 439, 449, 478
Flaten, Nils 259, 260, 261, 262, 356
Forster, Georg 227, 231, 232, 233, 242, 243
Forster, Johann Reinhold 227, 231, 233, 242, 243
Franklin, John 318
Franz von Assisi 453
Friedell, Egon 117
Friedrich I. Barbarossa, Kaiser 445, 447
Friedrich II., König von Sizilien 364
Friedrich III., Kaiser 510
Frobenius, Leo 88
Frode, Ari 281, 282, 310

Gaffarel, Paul 249
Gama, Vasco da 267
Gamlisson, Thorhall 335, 336
Gelchich, Eugen 249
Georg von Tenduk, König 472
Gerland, Georg 237
Gnupsson, Erich 307, 351, 355, 361
Goethe, Johann Wolfgang von 19, 439
Gomez, Diego 495
Gray, E. F. 325, 343 f, 345, *342*, *344*
Greely, Adolphus Washington 318
Gregor X., Papst 461, 469
Grip, Karsten 367
Gudlaugson, Gudleif 193, 202 f
Gudmundsson, Jon *286*

Hadrian IV., Papst 363
Hanke, Hans 297
Hanno, karthagischer Seefahrer 67, 101 f, 104, 106, 152 f, *103*
Harald III., König von Norwegen 406, 414 f
Harun Al Raschid 442, 456
Hastings, Francis Rawdon 45 f
Hatschepsut, ägyptische Königin 67, 68 f, 73, 74, 75 f, 85, 91, 109, *70*, *75*

Heine-Geldern, Robert Freiherr von 230
Heinrich der Seefahrer, Infant von Portugal 52, 366, 481, 490 f, 492, 493, 495, 496, 497, 499, 506, 507 f
Heinrich d. J., Herzog von Braunschweig 481 f
Hekatäus von Milet 133
Hennig, Richard 96, 104, 114, 115, 183 f, 250, 354, 368, 415, 435, 475
Herakles 107, 114, 116
Herjulfsson, Bjarni 293, 325 f, 329 f, 333, 336, 345, 366
Hermes 111
Herodot 34, 62, 93 f, 107, 112, 124, 125 f, 127, 133, 136, 147, 156, 168, 181, 185, 382, 436
Herrmann, Albert 43, 428
Heyerdahl, Thor 193, 218, 219, 225, 237, 239, 245, 246, 247 f, 254
Hieron II., König von Syrakus 172
Himilko 99, 101
Hippalus 163
Holand, Hjalmar R. 257, 259, 262 f, 267, 353, 356, 357, 358, 361, *261*, *262*, *264*
Homer 30, 51, 110, 114, 116, 117, 118, 123, 125, 133, 160, 162, 171, 190, 369
Hotchkiss, Professor 265
Huang-ti 179, 180
Huayna Cápac 215, 216
Huber, Siegfried 216, 219
Humboldt, Alexander von 114, 123, 126, 205, 207, 249, 392
Huß, Johannes 510
Hutten, Ulrich von 508, 511

Ibn Batuta 377 f, 382 f, 385, 386 f, 389, 390
Ibn Edrisi 164, 394, 396, 487, 489, *395*
Ibn Fadhlan 398 f, 401
Ibn Kordadbeh 389, 408
Ibn Said 489
Ibn Wahab 389
Ibrahim Ibn Jaqub 377, 401, 403
d'Imola, Battista 437
Isacksen, Gunnar 314
Isidor I. von Sevilla *419*
Isleiv, Bischof 363
Isokrates 121

Jeffers, Robinson 112
Jelič, Lukas 355
Jesaia 37, 51
Jesus Christus 75, 198, 202, 354, 355, 426, 435, 443, 489, 497
Johann I., der Große, König von Portugal 497, 498, 506
Johann von Wesel 510
Johannes der Täufer 443
Johannes von Marignola 473, 474 f
Johannes von Montecorvino 423, 452, 468, 469, 472 f, 475
Johnston, J. 205
Josaphat, König von Juda 88
Josephus 172
Justinian I., Kaiser von Byzanz 423, 439, 440, 441

Kambyses II., König von Persien 156
Kampe, Vincentius Pedersen 310
Karl V., König 218
Karl der Große, Kaiser 436, 442, 456, 459
Karl der Kühne, Graf von Charolais 288, 365
Karlsefni, Thorfin 204, 205, 330, 334, 335, 336 f, 339 f, 343, 345, 346, 348, 350, 351, 363
Karsten, Rafael 218, 219
Kaufmann, C. M. 223
Kepler, Johannes 435
Kettenfeier, Peter 510
Kirke 188, 254
Kiwam ed-Din es-Sebti 383
Kleopatra VII., ägyptische Königin 437
Knemhotep 67, 68, 72, 73
Knudson, Paul 308, 309, 325, 356 f, 358 f, 360, 361
Kolumbus, Christoph 133, 153, 163, 174, 189, 190, 192, 212, 213 f, 224, 249, 267, 273, 325, 346, 362, 363, 366, 368, 370, 371, 373, 375, 376, 379, 508
Konstantin I., der Große, römischer Kaiser 388, 430

Kopernikus, Nikolaus 508
Kosmas Indikopleustes 434, 436, 439, 449, 478
Krake, Ulf 290
Krickeberg, Walter 197, 198, 199
Kublai, Kaiser von China 460, 461, 462, 463 f, 467, 469, 475
Kühn, Herbert 22
Kyros II., der Große, persischer König 45, 445

La Condamine, Charles Marie de 249
Lanctantius, Professor 423, 430
Laplace, Pierre Simon Marquis de 439
Las Casas, Bartolomé de 368, 373
Laurentius von Portugal 453
Lehmann, Walter 248
Leibniz, Gottfried Wilhelm Freiherr von 19, 438
Lepère 438
Le Plongeon, Augustus 249
Leo X., Papst 310
Lesseps, Ferdinand Marie Vicomte de 436
Lichtenberger, Johann 509
Linné, Carl von 104
Livingstone, David 160
Livius, Titus 62
Lopes 489
Luckner, Felix Graf von 377, 385
Ludwig IX., König von Frankreich 456
Ludwig XIV., König von Frankreich 438
Ludwig der Fromme, deutscher Kaiser 406
Luther, Martin 97
Lysias 37, 47

Magellan, Fernão de 267, 346
Magnus, Olaus *399*, *417*
Magnus VI. Lagaboeter, König von Norwegen 311
Magnus VII. Erikson, König von Norwegen 308, 309, 315, 356, 357, 361
Malfante, Antonio 481, 500 f, 503
Manuel I. Komnenos, Kaiser von Byzanz 445
Marc Aurel 149, 178, 179, 181
Margarete, Königin von Dänemark 305
Maricourt, Peter von 275
Marioni, Giovanni 501, 503
Markwart, F. 398
Marshall, John 40, 229
Marsson, Ari 203, 204
Martial 158, 159
Martius, Karl Friedrich Philipp von 241
Mathiassen, Thorkel 315
Mauch, Carl 88
May, Karl 347
Mela, Pomponius 155, 157, 190, 191
Memling, Hans 364
Merian, F. 237
Mermoz, Jean 481, 491 f
Mestenmaker, Gert 306
Methodius von Patara 509
Métraux, Alfred 229
Metternich, Klemens Wenzel Nepomuk Lothar Fürst von 439
Mitchell, D. 209
Mittasch, Alwin 38
Mohammed 444, 453, 485
Molina, Alonso de 215
Möller, K. von 242
Montelius, Oscar 19
Montezuma II., Kaiser 193, 194, 197
Morgan, Jonas 249
Morison, Samuel Eliot 373
Muktedir 398, 401
Münchhausen, Karl Friedrich Hieronymus Freiherr von 385
Mžik, Hans von 384

Nansen, Fridtjof 130, 310, 312, 313, 333, 348, 412, 421
Napoleon I., Kaiser der Franzosen 423, 438 f
Nares, Sir George Strong 314
Nearchos 138, 139 f, 141 f, 177
Necho II., ägyptischer König 91, 93 f, 102, 125, 436, 439, 488, *103*
Neckel, Gustav 416
Negrelli, Alois, Ritter von Moldelbe 436, 439
Nelson, Horatio Viscount 46
Nepos, Cornelius 190

Nero, römischer Kaiser 155, 159 f
Nestor 377, 404
Nestorius 425 f
Netto, Ladislaus 250
Nicolet, Jean 208
Nikolaus IV., Papst 469
Nikolaus V., Papst 495
Nikolaus von Kues 446
Nofretete 64
Nonnosos 441
Nordenskjöld, Erland 234, 300
Nörlund, Paul 287, 288, 320, 321

O'Curry, E. 255
Odysseus 37, 58, 116, 123, 188, 254
Oelsteinson, Orm 309
Ohman, Edward 259, 260
Ohman, Olaf 257, 258 f, 262 f, 266, 352, 355
Omar I., Kalif 327
Onesikritos 141
Ortolis, Bernhard de 362
Ostwald, Wilhelm 38, 39
Othere 377, 409 f, 412, 413
Otto I., der Große, deutscher Kaiser 403
Otto von Diemeringen 447, 448 f
Otto von Freising 444
Owen, Sir Richard 249

Pagel, Karl 305
Pantaenus 435
Paschalis II., Papst 355
Pasqualigo 370 f
Paul III., Papst 220
Pausanias 190, 443
Perikles 124
Peschel, Oskar 189, 457
Peters, Carl 88
Petrarca, Francesco 288
Petronius 156
Peuckert, Will-Erich 509
Pferdekopf, Thord 334 f
Philipp II., König von Spanien 218
Pining, Diedrick 367 f, 421
Pizarro, Pedro 214, 215, 217, 218, 244, 245, 508
Plato 41, 42, 43, 121, 188, 189
Pleyenwurff, Wilhelm *303*
Plinius d. Ä. 32, 71, 98, 130, 131 f, 143, 152, 155, 157, 160 f, 172 f, 176, *419*
Plutarch 141, 191, 437
Pokorny, Julius 255
Polo, Maffeo 460 f
Polo, Marco 181, 183, 366, 370, 375, 383, 389, 423, 433, 450, 461, 462 f, 464 f, 467 f, 469, 478, 479
Polo, Nicolo 460 f
Polybius 152
Porea 232 f
Pothorst 367 f, 421
Prescott, William 244 f
Priester Johannes 423, 443, 444, 445 f, 449 f, 463, 481, 485, 486, 493, 495 f, 499, 509
Ptolemäus IV. Philopator, König 172
Ptolemäus, Claudius 67, 93, 155
Ptolemäus 177, 396, 437
Publius Cornelius Scipio Aemilianus Africanus d. J. 152 f
Pythagoras 104, 391
Pytheas 58, 60, 127 f, 131, 132 f, 154, 129
Pytheas, Professor 107

Quetzalcoatl 193, 197, 198, 199, 200 f, 206, 219, *199*
Quintus Cäcilius Metellus Celer 190
Quiring, Heinrich 486

Ramos, Bernarda da Silva 252 f, 254
Ramses II., König 436, 438
Ramses III., König 72, 74, 87, 108
Rasmusson, R. J. 258, 259, 260, 261, 356
Reuter, Otto Sigfrid 205, 341
Rhadamanthys 188
Roger II., König von Sizilien 164, 393 f, 396
Roggeven, Jacob 227
Ross, E. Denison 384
Rufus, P. Quintilius 158 f
Ruiz, Bartolome 244
Ruysbroek, Wilhelm von 456 f, 462, 503

Saeki, P. Y. *427*
Salomo 67, 85 f, 94
Sautuola, Marcellino de 15, 19, 20, 253
Saxo Grammaticus 411, 412
Schedel, Hartmann 420, 510, *303*, *372*, *400*
Schiltberger, Hanns 423, 476 f, 478
Schliemann, Heinrich 50, 107, 109, 253
Schoo, J. 96
Schulten, Adolf 41, 43, *41*
Schwab, Gustav 107, 110, 111, 113
Schweinfurth, Georg 160
Seleukos I., syrischer König 139, 143
Seneca, Lucius Annaeus, d. Ä. 191
Senmut 67, 69, 70, 78
Sesostris III., ägyptischer König 437
Sethos I., ägyptischer König 64
Sigvatson, Erlinger 314
Si-li-schi, Kaiserin 149, 179, 180
Simpson 318
Skalle, Jon Erichson 363
Skeene, W. F. 255
Skylax 141, 168
Smyrill, Jon 287
Sostratos *165*
Spengler, Oswald 108
Stechow, Eberhard 74, 77, 96, 162, 225, 489
Stefansson, Sigurd 318 f, 340, *339*
Storm, Gustav 354
Strabo 53, 112, 123, 128, 132, 133, 156 f, 163, 191
Suleiman II. der Große 377

Tacitus 58, 130 f, 155, 413
Tai-tsung 424, 429, 469
Thalbitzer, Wilhelm 265 f
Thauren, J. *427*
Theophilus von Alexandria 406
Thomson, William E. 231
Thorbrandson, Snorri 335, 336 f, 338
Thorkelsson, Gellir 348, 363
Thorlaksson, Thord *339*
Thutmosis I., ägyptischer König 68 f, 73, 75
Thutmosis III., ägyptischer König 69, 109
Tiglatpileser I., assyrischer König 86
Timur 469, 476 f
Torquemada, Juan de 199, 200
Toscanelli 496
Trajan 437
Trigault, Pater 423, 424 f, 429
Tschandragupta, indischer König 139, 143, 470

Ulfson, Gunnbjörn 291
Undset, Sigrid 19
Urban II., Papst 430
Urban V., Papst 475
Usodimare, Antonio 493, 495 f

Velikovsky, Immanuel 96 f, 99
Verrazano, Giovanni 334, 361, *342*
Virakocha 193, 198, 215 f, 218 f, 224, 237, 241, 246
Virchow, Rudolf 19, 37, 54

Weule, Karl 225
White, Anne Terry 196
Wilamowitz-Moellendorff, Ulrich von 43, 123
Wilhelm I., König von England *197*
Winchell, Professor 265
Winther, Nils 275
Worcester, Wilhelmus von 369
Wulfstan 412 f, 414
Wyclif, John 510

Xenophon 45
Xerxes 164

SACHREGISTER

Abessinien 434, 437, 440 f, 443, 481, 485 f, 495 f, 498, 503
Ägypten 67 f, 97, 98, 109, 118, 156, 161 f, 169, 173, 252, 382, 388, 396, 428, 437, 438, 439, 459, 485, 502 f
Afrika 104, 366, 396, 430, 485 f, 491, 493, 497 f, 500, 504 f, 506 f
Akka-Neger (zwergwüchsiger Negerstamm in den Nilsümpfen) 160
Altamira (steinzeitliche Höhle in Spanien) 15, 19
Amazonas 241, 253
Amazonassagen 420
Ameisen, goldgrabende 143, 449
Amerika 149, 150, 190 f, 213, 222, 234, 242 f, 300, 317, 326 f, 328 f, 345, 346, 353 f, 356, 359 f, 361, 371, 373, 376, 423, 430
Antimon 67, 73
Araber 377, 386, 387 f, 394, 398, 402 f, 432, 445, 485, 488, 492, 502, 503
Archangelsk 377, 398, 411
Argonautenzug (frühgeschichtliche Sage) 111
Asciburgium (die frühgeschichtliche Siedlung Eschenburg bei Duisburg) 58, 127, 154
Astrolabium (Vorläufer des Sextanten) 498 f
Athen 119, 124 f, 443
Athos-Kanal 164
Atlantis 37, 40 f
Atlantischer Ozean 41, 185 f, 309, 362, 496
Auslegerboot, polynesisches 243 f, 489
Avignon 450 f, 473
Azoren 104, 250, 491

Bagdad 377, 407 f, 462
Balsa-Flöße der Indianer 243 f
Barygaza (Hafen in Vorderindien) 149, 170, 174, 177
Beardmore am Nipigon-See (Fundort eines Wikinger-Grabes) 351 f, 359
Berid (indische Staatspost unter den Mongolen) 385 f
Bernstein 31 f, 58, 107, 127 f, 154 f, 413
Biskaya 52, 128
Bison 15 f
Bjarma-Land (Landschaft am Weißen Meer) 409
Bojador (Kap in Nordwestafrika) 488, 491 f, 505
Brattahlid (Wohnort Erichs des Roten auf Grönland) 306, 330, 335
Bristol 207, 369 f, 500
Britannien 99, 127, 153 f, 413
Bronze 38 f, 43
Bulgar (frühgeschichtliche Stadt an der Mündung der Kama in die Wolga) 383
Burdisale (Bordeaux) 52
Byzanz 388, 403 f, 405 f, 414, 439 f, 441, 459, 463

Cambalec (mongolische Bezeichnung für Peking) 451 f, 460, 465, 467, 471, 473 f
Ceylon (Taprobane) 149 f, 175 f, 388, 395, 428, 434, 440 f, 460, 468, 474
Centurione (internationales italienisches Bankhaus des Mittelalters) 481, 500 f, 503
China 149 f, 173, 177 f, 193 f, 309, 362, 370, 375, 378, 382 f, 387 f, 423, 424 f, 428 f, 434, 441, 450, 452, 458 f, 461 f, 469, 472, 475
Corrientes (Kap in Ostafrika) 488, 504

Dardanellen 107, 118
Delhi 377, 383, 386 f
Depots 35, 54
Don 136, 396, 407, 454
Donau 57, 153 f, 415
Drachenbaum 101, 487
Drangaland (Landschaft im äußersten Nordwesten von Island) 289
Dschunke 379, 399, 428, 467

Elbing 37, 412
Elefanten 34, 107, 139, 144 f

Elfenbein 33 f, 410, 485, 497
England 375, 413, 500, 508
Erythräisches Meer 107, 134 f
Eskimos 257, 284 f, 294 f, 301, 310 f, 315 f, 317 f, 345
Eskimos, «weiße» 257
Etrusker 33, 61 f, 151, 214
etruskische Sprache 62
Eystribyggd (normannische «Ost»-siedlung auf Grönland) 257, 285 f, 297, 300, 307 f, 317, 320 f, 362, 365

Färberflechte 100, 487
Farvel, Kap (Südspitze von Grönland) 275, 291, 301
Feuersteinbergbau 24, 26
Feuersteinindustrie 24 f
Fisch 37, 45
Flaschenkürbis (Vorkommen in Südamerika und Polynesien) 236

Gades (frühgeschichtliche phönizische Stadt an der Stelle des heutigen Cádiz) 99, 150
Gambia (Fluß in Nordwestafrika) 493 f, 496
Gardar (das heutige Julianehaab in Grönland) 286 f, 293, 296, 307, 312, 363
Germanien 153 f
Gewürze 413, 432, 434, 451 f, 504
Golfstrom 206, 280, 291 f, 301, 350
Grönland 255, 280, 283 f, 290 f, 293 f, 298, 299 f, 304 f, 307, 320 f, 322, 325 f, 330, 331 f, 338, 340, 345, 349, 354, 356 f, 361, 363 f, 375, 394, 409, 415, 417, 430
«Grönlandknarre» (norwegisches Schiffahrtsmonopol mit Grönland) 304 f

Hadramaut (südarabischer Vorort des Weihrauchhandels) 71, 78, 150, 156, 162, 182
Haithabu (frühgeschichtliche Stadt; etwa an der Stelle des heutigen Schleswig) 412
Hallstatt 29
Hällristningar (vorgeschichtliche Felszeichnungen in Skandinavien) 257, 268
Hamburg 305 f, 322
Handel, stummer 34 f
Handelsvertreter der Bronzezeit 53
Hanse 44, 257, 303 f
Haschisch 377, 387
Himalaya 150, 176
Hollingstedt (frühgeschichtlicher Stapelplatz in Schleswig-Holstein) 55, 415
Hudson-Bay 352 f
Hvitramannaland (Land der Bleichgesichter) 193, 202 f, 207, 253 f, 338, 360
Hyksos (orientalisches Nomadenvolk) 45, 67 f, 78

Indianer 189 f, 214, 245, 334, 346 f, 352
Indianer, weiße 207
Indianer (Kenntnis des Rades) 213
Indien 136, 137 f, 162 f, 174 f, 177, 183, 233, 305, 362, 370, 375, 383, 385 f, 388, 396, 422, 426, 428, 434 f, 447, 460, 471, 504, 506
Indischer Ozean 149, 170, 176, 186, 190 f, 396, 436, 440, 504, 507
Indus (Strom in Vorderindien) 107, 137, 504
Inflation in der Antike 181 f
Inflation, europäische (um 1450) 500 f
Inschriften, phönizische (in Südamerika) 249
Inseln der Seligen 101, 115, 190
Irland 201 f, 208, 336, 369, 394
Island 201 f, 277 f, 282 f, 290, 293 f, 299 f, 305, 307, 317, 320 f, 325 f, 331, 334, 340, 349, 355, 363 f, 366, 371, 373, 402, 415, 430
‹Isländerbuch› (Chronik des Ari Frode) 282, 310

Japan 453, 467 f
Jotunheimar (wikingische Bezeichnung für Novaja Semlja) 377, 380, 421

Kalikut (Hafen in Vorderindien) 378, 381
Kanarische Inseln 51, 114, 394, 487
Kanton 380, 389, 454
Kap der Guten Hoffnung 499, 504, 506, 508
Karakorum (Sommerresidenz der Großkhane, unweit Urga) 453 f, 456, 469
Karthago 51, 99 f, 127, 153, 165
Kartoffel 235
Kaspisches Meer 125, 136 f, 383, 396, 401, 458
Katalysator 38
Katalyse 37 f
Kattigara (alte Hafenstadt in China) 149, 185
Kaurimuscheln 27, 150
Kensington-Stein (normannischer Runenstein in Nordamerika) 257 f, 325, 356, 360
Kiew 404 f, 454
Klimaänderung, mittelalterliche, in Nordeuropa 296, 314
Knorr (Handelsschiff der Wikinger) 274 f, 280
Kökkenmöddinger (vorgeschichtliche Abfallhaufen in Dänemark) 257, 268
‹Königsspiegel› (ein in Norwegen um 1225 entstandenes Unterrichtsbuch für norwegische Prinzen) 295 f, 313, 377, 391, 392, 396
Kolchis (vorgeschichtliche Stadt an der Mündung des Kaukasusflusses Rion) 111
Kompaß 275 f, 389
Konstantinopel 406, 417, 484, 500
Kopenhagen 154
Kos (Insel in der Ägäis) 181
Kraniche 160 f
Kreta 37, 44 f, 90, 94, 111
Kreuz des Südens 392
Kreuzsymbol (Verwendung bei Azteken und Mayas) 223
Kreuzzüge 396, 399, 430 f, 442, 445, 459
Kugelgestalt der Erde 188 f, 401 f, 496
Kusco (Hauptstadt der Inkas) 216

Labrador-Strom (eine an der Küste von Labrador nach Süd gehende kalte Strömung) 207, 329, 350, 357, 369
‹Landnamabok› 277 f, 289 f, 293, 294, 421
«Leidarsteinn», Leitstein (normannischer Vorläufer vom Kompaß) 275
Leuchttürme 164
Lissabon 366, 504

Madagaskar 92, 225 f, 488
Madeira 37, 51, 487
Magdeburg 403
Mainz 377, 401
Manaos (Hauptstadt des brasilianischen Staates Amazonas, am Rio Negro) 253
Mandan («weißer» Indianerstamm im Quellgebiet des Mississippi) 207 f, 325, 361
Markland (nicht endgültig festzulegendes Waldgebiet an der nordamerikanischen Küste; vielleicht die Gegenden von Neuschottland, Neubraunschweig und Maine) 283, 316, 325, 330 f, 336, 340, 348, 349, 358, 371, 375
Maschonaland (goldreicher Distrikt in Südrhodesien) 73, 90
Massachusetts 341, 345, 347
Massilia (Marseille) 56, 58, 121, 127, 132, 484
Mekka 382 f
Miklagard (wikingische Bezeichnung für Byzanz) 377, 405
Mississippi 207, 211 f, 359 f
Mohenjo-daro (vorgeschichtliche Stadt im oberen Industral) 40, 229
Mongolen 452 f, 455 f, 475
Monsun 28, 76, 78, 149, 162 f, 174, 381 f, 441
Musterkoffer von Koppenow 53 f
Mykenä-Kultur 32, 108

Narwalzähne 302
Nationalmuseum in Washington 264 f
Nautik der Antike 166 f
Neger 492 f, 503

Newport (Badeort auf Rhode Island) 358
Nil, Nilquellen 138, 149, 160, 161 f, 388, 396, 436, 481, 491, 493
Nordrsetur (nördliche Fangplätze der Wikinger in der Disko-Buch auf Grönland) 302
Normannen 394, 401, 417, 421, 486
Norwegen 130, 257, 279, 282, 294 f, 305, 309, 325 f, 330, 349, 362, 377, 390, 406, 411, 415, 454
Nuraghen (etruskische Wehrtürme auf Sardinien) 88

Ochsenköpfe (kretisches Geld) 49 f
Ogygia (sagenhafte Insel) 124
Olbia (griechische Handelsstadt an der Mündung des Dnjepr) 61, 120 f
Ophir 67, 85 f, 94
Osterinsel 193, 227 f, 231, 233, 238, 241 f
Ostsee 269, 412 f, 414

Papiergeld in China 390, 459, 464, 475
Passat 153, 244
Pazifischer Ozean 186, 243, 244 f
Peking 469 f, 473
Peru 40, 215 f, 222, 234, 238, 241 f
Petschora (Fluß und Landschaft am Eismeer) 396, 412
Pharos (Insel am Eingang zum Hafen von Alexandria) 164
Phönizier 51, 64 f, 83 f, 95, 99, 115, 120, 133 f, 213 f, 249, 388, 487
Pökelfleisch 482 f
Polynesien 220, 225, 231, 237, 243, 394
Portugal 368, 484 f, 491, 497, 505, 507 f
Punt (das Gottesland) 67 f, 69 f, 74 f, 87
Purpur, tyrischer 487
Purpurschnecke 101

Quinsay (Hafenstadt in Südchina) 389, 464
Quipu (peruanische Knoten«schrift») 234

Rhone 52, 58, 128
Rio de Janeiro 252 f
Rom 149, 151 f, 154, 157, 162, 176, 178, 363, 394, 405, 428, 439, 441, 455, 472
Runenstein von Hönen 415, 416
Rußland 385, 397, 401 f, 405 f

Sahara 157, 383, 481, 484, 491, 499 f, 503, 505
Salz 28 f, 504
Samarkand 401, 444
Sambesi 73, 76, 386
Samland 33, 90, 155, 160
Santorin (Vulkan auf der Insel Thera in der Ägäis) 94 f
Schecks als bargeldloses Zahlungsmittel in der Antike 150
Schiff (das ägyptische) 79 f
Schiff (das gräko-romanische) 171 f
Schiff (das kretische) 45
Schiff (das phönizische 83 f
Schiff in der Antike (Größe) 173 f
Schiffshebewerke, frühgeschichtliche 54 f
Schwarzes Meer 61, 109 f, 150, 164, 383, 396, 406, 458
Seeverkehr in der Antike 169 f
Seewesen, frühgeschichtliches, in Nordeuropa 268 f
Segelanweisungen in der Antike 164
Seide 389, 439 f
Seidenstraßen 180 f, 428, 439, 463
Seiltrick indischer Fakire 377, 384 f
Senegal 481, 485, 493
Serinda (geheimnisvolles Seidenland in Zentralasien; wohl Khotan in Sinkiang) 439, 441
Sibirien 377, 397, 459, 477, 499
Sidon (phönizische Handelsstadt) 51, 82
Simbabwe (frühgeschichtliche Siedlung in Südrhodesien) 67, 87 f
Singanfu (Hauptstadt der Provinz Schensi am Weiho in China) 423 f, 429
Sizilien 394, 485
Ski, Skilauf 377, 398 f

Skraelinger 257, 308, 312 f, 315, 320, 337 f, 345 f, 351
Sliesthorp (Schleswig) 55, 415
Sofola 78, 396, 481, 488
Sokotra (Insel ostwärts des Somalilandes) 78, 434
Spanien 15 f, 50, 52, 383 f, 396, 454
spanische Höhlen der Steinzeit 19 f
Speisekarte, erste deutsche 482 f
Spitzbergen 404, 421 f
Steinzeit 23, 27
Stonehenge (keltisches Heiligtum in Südwestengland) 27, 107, 115, 237
Suezkanal 67, 94, 388, 423, 436 f, 439
Svalbard (normannische Bezeichnung von Spitzbergen) 377, 421

Taprobane (Ceylon) 149, 175 f
Tarim-Becken (Sandwüste in Zentralasien) 428 f, 440
Tarschisch 37 f
Tartessos 37 f, 40 f, 51 f, 119
Teakholz 28, 71
Thera (vulkanische Insel in der Ägäis) 94
Thomas-Christen (frühgeschichtliche Kirche an der indischen Malabarküste) 423, 434 f, 444, 469
Thule (sagenhaftes Land im europäischen Norden) 130, 416
Tibet 396, 464
Timbuktu (alte Stadt in der Sahara) 383, 481, 485, 496, 500, 502
Troja 109 f, 118, 442
Truso (vorgeschichtlicher Ort bei Elbing) 37, 56, 412
Tuat (Oasengruppe in der nördlichen Sahara) 428, 502, 503
Tyras (phönizische Handelsstadt) 37, 51, 82

Uhren in der Antike 168 f

Ural 377, 395, 404, 409, 412

Vatikan 267, 355, 363, 446 f, 452, 456, 485
Venedig 363, 414, 432, 459, 464, 468, 478
Vestribyggd (normannische «West»-siedlung auf Grönland) 285, 300, 307, 312, 316, 317, 320 f, 334, 336, 350, 351, 357, 360
Vinland (Weinland), (wohl das heutige Massachusetts) 205, 284, 307, 316, 325, 333 f, 338 f, 346, 347, 349, 354, 358 f, 363, 368, 375, 394, 415, 417, 433
«Votans»-Legende der Mayas 193, 196, 205

Walroßzähne 302
Waräger (schwedisch-russische Wikinger) 377, 404
Weihrauch 71 f
‹Weltchronik› von Hartmann Schedel 418, 510
Wikinger, Drachenschiffe 273
Wikinger, Nautik 272
Wikinger, Segelanweisung 273
Wikinger, Seewesen 271 f
Wikinger 206 f, 211, 255, 314, 320, 325, 330, 343, 345 f, 350, 354, 361, 362, 364, 366, 371, 375, 376, 392, 398, 403, 406 f, 414, 417, 433
Wolga 396, 406, 407, 429, 454, 457

Yemen 28, 71, 434, 441

Zaitun (alter chinesischer Hafen für den Indien-Verkehr) 377, 380, 389, 470, 473, 474
Zeitmessung in der Antike 168 f
‹Zimmerische Chronik› 482

QUELLENNACHWEISE

Die Abbildungen im Text dieses Buches wurden freundlichst zur Verfügung gestellt von: Verlag Eberhard Brockhaus, Wiesbaden, aus: HERBERT KÜHN, *Auf den Spuren des Eiszeitmenschen,* Nr. 2 und 3; Verlag Hoffmann und Campe, Hamburg, aus: A. W. BRÖGGER, *Winlandfahrten,* Nr. 46, 47 und 50; PASSAT 1, Hamburg 1950, Nr. 17; Prähistorisches Museum St. Germain-en-Laye, Paris: Nr. 1; Ullstein Bilderdienst, Berlin: Nr. 4, 5, 7, 13, 14, 19, 20, 43, 45, 59; alle übrigen Nummern: Archiv.

Die Kartenbeilagen zeichneten Dr. W. Eggers und G. Lohr. Die Karten V, VII, X, XXXI und XXXII wurden entworfen nach den Forschungen von EGMONT ZECHLIN (*Maritime Weltgeschichte,* Hamburg 1947), die Karte XXVII nach PASSAT 3, Hamburg 1949, die Karte I nach A. SCHULTEN, *Tartessos,* Hamburg 1951, die Karten XII und XIII nach ALBERT HERRMANN, *Die alten Seidenstraßen zwischen China und Syrien,* Berlin 1910, die Karten XX bis XXII nach PAUL NÖRLUND, *Wikingersiedlungen in Grönland,* Leipzig 1937, die Karte XXV nach E. F. GRAY, *Leif Eriksson discoverer of America,* New York 1930, die Karten VI und XXX: Ullstein Bilderdienst, Berlin, die übrigen: Skizzen des Verfassers.

Die Tafel-Abbildungen wurden freundlichst zur Verfügung gestellt von: American Museum of Natural History, New York, Nr. 32; Deutscher Kunstverlag, Berlin: Nr. 3 bis 7; THOR HEYERDAHL, *Kon-Tiki. Ein Floß treibt über den Pazifik,* Ullstein Verlag, Wien 1949, Nr. 26 und 27; Lateinamerikanische Bibliothek, Berlin: Nr. 31, 33, 34; LECHLER-GRAY, *Die Entdecker Amerikas vor Kolumbus,* Curt Kabitzsch Verlag, Leipzig 1939, Nr. 46 bis 48; Bishop Museum, Honolulu, nach PETER H. BUCK, *Vikings of the sunrise,* Verlag I. B. Lippincott Comp., Philadelphia 1938, Nr. 36; Photo Magnum – Gisèle Freund, Paris: Nr. 30; Musée de l'Homme, Paris: Nr. 37; Nationalmuseum, Kopenhagen: Nr. 40 bis 43; Ehem. Staatl. Museum für Vor- und Frühgeschichte, Berlin: Nr. 50, 51; Archiv: Nr. 57. Alle übrigen: Ullstein Bilderdienst, Berlin.

YIGAEL YADIN

BAR KOCHBA

Archäologen auf den Spuren
des letzten Fürsten von Israel.

Die zweite archäologische Sensation des *Masada*-Entdeckers heißt Bar Kochba. In einem Höhlenlabyrinth am Roten Meer fand Yadin authentische Dokumente: Kleidungsstücke, Waffen, Gefäße – und 15 Briefe vom letzten Helden Israels, vom letzten verzweifelten Aufstand der Juden gegen Rom.

272 Seiten mit 87 z. T. farbigen Abbildungen, Lw., DM 39,80

YIGAEL YADIN

MASADA

Der letzte Kampf um die Festung
des Herodes.

Der heroische Untergang der Zeloten – ans Licht gebracht durch eine der spektakulärsten Ausgrabungen unserer Zeit.

272 Seiten mit 206 z. T. farbigen Abbildungen, Lw., DM 39,80

Hoffmann und Campe Verlag

rororo sachbücher

WERNER VAN APPELDORN
Die optische Revolution
Die Zukunft der visuellen Medien – Diagnose und Prognose. Mit 26 Textabb. [6779]

ISAAK ASIMOV
Sternstunden der Forschung
Die großen naturwissenschaftlichen Entdeckungen unseres Jahrhunderts Mit 42 teils mehrfarb. Abb. [6832]

AUTORENGRUPPE ABENTEUER-SPIELPLATZ MÄRKISCHES VIERTEL
Abenteuerspielplatz – Wo verbieten verboten ist
Experiment und Erfahrung. Mit 81 Abb. im Text [6814]

SIMONE DE BEAUVOIR
Das andere Geschlecht
Sitte und Sexus der Frau. Ungek. Ausg. [6621]

JOHANNES BECK
Lernen in der Klassenschule
Untersuchungen für die Praxis [6820]

Prof. Dr. HANS BENDER
Telepathie, Hellsehen, Spuk
Unser sechster Sinn
Mit 99 Abb., davon 44 mehrfarb. [6796]

J. D. BERNAL
Wissenschaft. Science in History
Band I: Die Entstehung der Wissenschaft. Mit 128 Abb. und 3 Karten [6743]
Band II: Die Wissenschaft und die industrielle Revolution. Mit 117 Abb. und 1 Karte [6748]
Band III: Die Naturwissenschaft der Gegenwart. Mit 109 Abb. [6753]
Band IV: Die Gesellschaftswissenschaften. Mit 95 Abb. und 1 Karte [6758]

ELIN-BIRGIT BERNDT u. a.
Erziehung der Erzieher
Das Bremer Reformmodell. Ein Lehrstück zur Bildungspolitik [6782]

ERIC BERNE
Spiele der Erwachsenen
Psychologie der menschlichen Beziehungen [6735]
Sprechstunden für die Seele
Psychiatrie und Psychoanalyse verständlich gemacht [6777]
Spielarten und Spielregeln der Liebe
Psychologische Analyse der Partnerbeziehung [6848 – März 74]

LEW BESYMENSKI
Sonderakte Barbarossa
Dokumentarbericht zur Vorgeschichte des deutschen Überfalls auf die Sowjetunion – aus russischer Sicht [6838]

GEOFFREY BIBBY
Faustkeil und Bronzeschwert
Erforschung der Frühzeit des europäischen Nordens. Mit über 100 Abb. im Text und auf Tafeln. [6718]
Als Troja brannte und Babylon fiel
Das mythische Zeitalter unserer Kultur [6784]

HEINER BOEHNCKE (Hg.)
«Vorwärts und nicht vergessen»
Ein Lesebuch. Klassenkämpfe in der Weimarer Republik. Mit 30 Abb. im Text [6805]

HEINER BOEHNCKE / JÜRGEN HUMBURG (Hg.)
Wer verändert die Schule?
Schulkämpfe in Italien [6823]

EDWARD DE BONO
Das spielerische Denken
Warum Logik dumm machen kann, und wie man sich dagegen wehrt. Ein vergnüglicher und positiver Lehrgang in 10 Lektionen [6786]
In 15 Tagen denken lernen
Vorwort von Isaac Asimov [6833]

ERNEST BORNEMAN
Sex im Volksmund
Der obszöne Wortschatz der Deutschen
Band 1: Wörterbuch von A–Z [6852 – April 74]
Band 2: Wörterbuch nach Sachgruppen [6853 – April 74]

C. W. CERAM
Enge Schlucht und Schwarzer Berg
Entdeckung des Hethiter-Reiches. Mit über 100 Abb. im Text und auf Kunstdrucktafeln [6627]
Götter, Gräber und Gelehrte im Bild
mit 310 Abb. [6725]
Götter, Gräber und Gelehrte
Roman der Archäologie. Mit 51 Abb. u. 4 Karten [6790]

121/34–34d

rororo sachbücher

Dr. med. A. H. CHAPMAN
Regeln gegen Mitmenschen [6798]
Chemiefasern
Mit 118 meist mehrfarb. Abb. [6709]

EGMONT COLERUS
Vom Einmaleins zum Integral
Mathematik für jedermann [6692]
Vom Punkt zur vierten Dimension
Geometrie für jedermann [6694]
Von Pythagoras bis Hilbert
Die Epochen der Mathematik und ihre Baumeister. Geschichte der Mathematik für jedermann [6696]

ALEX COMFORT
Der aufgeklärte Eros
Plädoyer für eine menschenfreundliche Sexualmoral [6637]

FELIX VON CUBE
Technik des Lebendigen
Methoden der Kybernetik [6819]

WENDULA DAHLE (Hg.) u. a.
Deutschunterricht und Arbeitswelt
Modelle kritischen Lernens. Materialien für Lehrer und Schüler [6785]

KARLHEINZ DESCHNER
Abermals krähte der Hahn
Eine Demaskierung des Christentums [6788]

ELISABETH DESSAI
Hat der Mann versagt? Streitschrift für eine weibliche(re) Gesellschaft [6776]

VITUS B. DRÖSCHER
Die freundliche Bestie
Forschungen über das Tier-Verhalten [6845 – Febr. 74]

EDGAR FAURE u. a.
Wie wir leben lernen
Der Unesco-Bericht über Ziele und Zukunft unserer Erziehungsprogramme. Grundlagen eines Weltbildungsplanes [6835]

GERALDINE LUX FLANAGAN
Die ersten neun Monate des Lebens
Nachwort von Adolf Portmann. Mit 115 ungewöhnlichen Abb. [6605]

SELMA FRAIBERG
Die magischen Jahre in der Persönlichkeitsentwicklung des Vorschulkindes. Psychoanalytische Erziehungsberatung [6794]

PAULO FREIRE
Pädagogik der Unterdrückten
Bildung als Praxis der Freiheit [6830]

BETTY FRIEDAN
Der Weiblichkeitswahn
oder Die Selbstbefreiung der Frau. Ein Emanzipationskonzept [6721]

ALLAN FROMME
Der Sexual-Report
Mit 41 mehrfarbigen und 28 einfarbigen Abb. [6662]

WILHELM FUCKS
Formeln zur Macht
Prognosen über Völker, Wirtschaft, Potentiale [6601]

GÖTTINGER KOLLEKTIV
Lehrerausbildung durch Projektstudium.
Erfahrungen von Lehrenden und Lernenden [6799]

HEINZ HABER
Unser blauer Planet
Die Entwicklungsgeschichte der Erde. Mit 49 mehrfarb. und 16 einfarb. Abb. [6609]
Der Stoff der Schöpfung
Mit 56 mehrfarb. und 20 einfarb. Abb. [6625]
Der offene Himmel
Eine moderne Astronomie. Mit 54 mehrfarb. und 18 einfarb. Abb. [6691]
Brüder im All
Von der Möglichkeit kosmischen Lebens. Mit 65 meist mehrfarb. Abb. [6720]
Unser Wetter
Einführung in die moderne Meteorologie Mit 68 meist mehrfarb. Abb. [6831]

FRIEDRICH HACKER
Aggression
Die Brutalisierung der modernen Welt [6807]
Materialien zum Thema Aggression
[6850 – April 74]

Prof. Dr. GERHARD HEBERER
Moderne Anthropologie
Eine naturwissenschaftliche Menschheitsgeschichte. Mit 83 Abb., davon 19 mehrfarb. [6804]

PAUL HERRMANN
7 vorbei und 8 verweht
Das Abenteuer der frühen Entdeckungen. Mit über 100 Karten und Abb. [6646]

ROLV HEUER
Genie und Reichtum
Die Finanzpraktiken von Caesar, Kolumbus, Wallenstein, Voltaire, Casanova, Beaumarchais, Napoleon, Goethe, Balzac, Bismarck, Marx und Edison [6829]

Prof. Dr. K. HOFMEIER / Prof. Dr. W. SCHWIDDER / Dr. F. MÜLLER
Alles über dein Kind
Auskunfts- und Nachschlagewerk nach Altersstufen über die körperliche und

rororo sachbücher

seelische Entwicklung, Pflege und Erziehung des Kindes. Band I u. II [6702; 6703]

PIERRE HONORÉ
Es begann mit der Technik
Das technische Können der Steinzeitmenschen und wie es die moderne Vorgeschichtsforschung enträtselt. Mit 158 teils mehrfarbigen Abb. [6769]

RAYMOND HULL
Alles ist erreichbar
Erfolg kann man lernen [6806]

IVAN ILLICH
Schulen helfen nicht
Über das mythenbildende Ritual der Industriegesellschaft [6778]
Die Entschulung der Gesellschaft
Entwurf eines demokratischen Bildungssystems [6828]

Initiativgruppe Solingen:
Schule ohne Klassenschranken. Entwurf einer Schulkooperative [6724]

DAVID IRVING
Die Geheimwaffen des Dritten Reiches
Mit 56 Abb. und Karten [6638]

MOSSE JØRGENSEN
Schuldemokratie – keine Utopie
Das Versuchsgymnasium in Oslo [6802]

MICHAEL JUNGBLUT
Die Reichen und die Superreichen in Deutschland [6818]

ROBERT JUNGK
Die Zukunft hat schon begonnen
Amerikas Allmacht und Ohnmacht [6653]
Heller als tausend Sonnen
Das Schicksal der Atomforscher [6629]

HERMAN KAHN / ANTHONY J. WIENER
Ihr werdet es erleben
Voraussagen der Wissenschaft bis zum Jahre 2000. Mit 16 Abb. u. 62 Tabellen [6677]

WERNER KELLER
Und die Bibel hat doch recht
Forscher beweisen die historische Wahrheit. Mit 134 Abb. im Text und auf Kunstdrucktafeln [6614]

WERNER KIRST / ULRICH DIEKMEYER
Intelligenztraining
Denkspots und Lernimpulse, die alle geistigen Fähigkeiten anregen und fördern. Mit 88 Abb. [6711]
Creativitätstraining [6827]

MANFRED KÖHNLECHNER
Die Managerdiät. Fit ohne Fasten [6851 – April 74]

HERBERT R. KOHL
Antiautoritärer Unterricht in der Schule von heute
Erfahrungsbericht und praktische Anleitung [6699]

Kollektive Erfahrungsberichte
Wohngruppe, Kommune, Großfamilie. Gegenmodelle zur Kleinfamilie [6726]

HELMUT KRACKE
Aus eins mach zehn und zehn ist keins
Mathematischer Lustgewinn für Knobler, Rätsler, Pfiffikusse. 16 lehrreiche und amüsante Kapitel aus der Geschichte der Mathematik [6680]

NICK KUNOVSKY
Fitnesstraining
Ein Programm für körperliches Wohlbefinden [6847 – März 74]

PETER LAUSTER
Begabungstest [6844 – Febr. 74]

GEORGE B. LEONARD
Erziehung durch Faszination
Anschlag auf die ordentliche Schule. Erziehung heißt Veränderung [6809]

HANS LICHT
Sittengeschichte Griechenlands
Mit 103 Abb. im Text und auf Kunstdrucktafeln [6641]

CARL G. LIUNGMAN
Der Intelligenzkult
Eine Kritik des Intelligenzbegriffs und der IQ-Messung. Mit 48 Abb. im Text [6792]

A. F. MARFELD
Kybernetik des Gehirns [6810]

MICHAEL MASUCH
Politische Ökonomie der Ausbildung
Lernarbeit und Lohnarbeit im Kapitalismus [6813]

DENNIS MEADOWS / DONELLA MEADOWS / ERICH ZAHN / PETER MILLING
Die Grenzen des Wachstums
Bericht des Club of Rome zur Lage der Menschheit [6825]

KLAUS MEHNERT
Der Sowjetmensch
Bearbeitete und erweiterte Neuausgabe [6602]

INGRID MITCHELL
Wir bekommen ein Baby
Ein praktisches Kursusprogramm für Übungen zu Hause während der Schwangerschaft. Mit 25 mehrfarb. Abb. auf 16 Kunstdrucktafeln und 66 einfarb. Abb. im Text [6698]

rororo sachbücher

HEIKE MUNDZECK
Kinder lernen fernsehen
Was, wann, wie lange und wozu? [6834]

HERBERT NAGEL
Wer will die klügsten Kinder?
Vorschulerziehung und Chancenungleichheit. Ein Handbuch für Eltern und Erzieher [6837]

ALEXANDER SUTHERLAND NEILL
Theorie und Praxis der antiautoritären Erziehung
Das Beispiel Summerhill [6707]
Das Prinzip Summerhill: Fragen und Antworten. Argumente. Erfahrungen, Ratschläge [6690]
Summerhill: Pro und Contra
15 Ansichten zu A. S. Neills Theorie und Praxis [6704]

WILLEM L. OLTMANS
«Grenzen des Wachstums». Pro und Contra [6879 – März 74]

ERNST OTT
Optimales Lesen
Schneller lesen – mehr behalten. Ein 25 Tage Programm [6783]
Vom Spielen zum Lernen
Vorschulische Intelligenzförderung. Durchgehend vierfarbig gedruckt [6801]
Optimales Denken
Trainingsprogramm [6836]

C. NORTHCOTE PARKINSON
Parkinsons Gesetz und andere Untersuchungen über die Verwaltung
Zeichnungen: Osbert Lancaster [6763]
. . . alles von unserem Geld
Eine Studie über die Steuern. Zeichnungen: Osbert Lancaster [6729]
Parkinsons Blick in die Wirtschaft
Zeichnungen: H. E. Köhler [6701]
Good-bye, Karl Marx [6808]
Das Mañana-Gesetz
Die Kunst, Entscheidungen auf die lange Bank zu schieben [6824]

LAURENCE J. PETER & RAYMOND HULL
Das Peter-Prinzip oder Die Hierarchie der Unfähigen [6793]

HUGO PORTISCH
So sah ich Sibirien
Europa hinter dem Ural. Mit 191 teils mehrfarbigen Abb. im Text und auf Kunstdrucktafeln [6673]

CHARLES REICH
Die Welt wird jung
The Greening of America. Der gewaltlose Aufstand der neuen Generation [6815]

EVERETT REIMER
Schafft die Schulen ab!
Befreiung aus der Lernmaschine [6795]

Reisen zum Mond
Bildreport über die Raumfahrt zum Mond und ihre Vorgeschichte. Mit 204 Abb. davon 187 in Farbe [6764]

DIETER RICHTER / JOCHEN VOGT (Hg.)
Die heimlichen Erzieher
Kinderbücher und politisches Lernen. Erfahrungen, Analysen, Vorschläge [6843]

HORST EBERHARD RICHTER
Patient Familie
Entstehung, Struktur und Therapie von Konflikten in Ehe und Familie [6772]

HEINRICH RID
Bekanntschaft mit der Landschaft
Geologie erlebt. Mit 88 teils mehrfarb. Abb. [6773]

HANS-G. ROLFF u. a.
Strategisches Lernen in der Gesamtschule.
Gesellschaftliche Perspektiven der Schulreform [6854 – März 74]

BERTRAND RUSSELL
Warum ich kein Christ bin
Über Religion, Moral und Humanität. Von der Unfreiheit der Christenmenschen [6685]
Das ABC der Relativitätstheorie
[6787]

VICTOR B. SCHEFFER
Der Wal, das fröhliche Ungeheuer
Vorwort: Vitus B. Dröscher [6800]

J. R. SCHMID
Freiheitspädagogik:
Schulreform und Schulrevolution in Deutschland 1919–1933. Gemeinschaftsschule und Schulgemeinde [6817]

Dr. WILLIAM D. SCHUTZ
Freude
Gruppentherapie, Sensitivitätstraining, Ich-Erweiterung [6811]

LUTZ SCHWÄBISCH / MARTIN SIEMS
Anleitung zum sozialen Lernen für Paare, Gruppen und Erzieher. Kommunikations- und Verhaltenstraining [6846 – April 74]

JEAN-JACQUES SERVAN-SCHREIBER
Die amerikanische Herausforderung
[6738]
Die befreite Gesellschaft
Eine Charta für Europa [6774]

rororo sachbücher

GEORG SIEBER
Achtung Test
Psychologische Testverfahren – was man von ihnen erwarten darf. Mit 8 Farbtafeln [6683]

B. F. SKINNER
Futurum Zwei «Walden Two».
Die Vision einer aggressionsfreien Gesellschaft [6791]

KARL STEINBUCH
Die informierte Gesellschaft
Geschichte und Zukunft der Nachrichtentechnik. Mit 88 Abb. [6612]
Mensch Technik Zukunft
Probleme von morgen [6821]
Vom Ackerbau zum Zahnrad
7000 Jahre frühe technische Kultur.
Band I. Mit 533 teils mehrfarbigen Abb. im Text u. auf Kunstdr.-Taf. [6664]
Vom Amulett zur Zeitung
7000 Jahre frühe technische Kultur.
Band II. Mit 317 teils mehrfarbigen Abb. im Text u. auf Kunstdr.-Taf. [6667]

HORST STERN
Bemerkungen über Pferde [6841]

GERHARD SZCZESNY (Hg.)
Die Antwort der Religionen: Eine Umfrage mit 31 Fragen von Gerhard Szczesny bei «Glaubensfachleuten» der großen Bekenntnisgemeinschaften Judentum, Katholizismus, Protestantismus, Islam, Hinduismus, Buddhismus [6700]

SIEGBERT TARRASCH
Das Schachspiel
Systematisches Lehrbuch für Anfänger und Geübte [6816]

NIKO TINBERGEN
Tierbeobachtungen zwischen Arktis und Afrika. Forscherfreuden in freier Natur. Geleitwort von Konrad Lorenz. Mit 80 Abb. im Text und auf Tafeln [6822]

CHRISTOPHER TUGENDHAT
Erdöl
Treibstoff der Weltwirtschaft – Sprengstoff der Weltpolitik. Mit 10 Textabb. [6775]

FRITZ VILMAR
Rüstung und Abrüstung im Spätkapitalismus. Eine sozio-ökonomische Analyse des Militarismus in unserer Gesellschaft. Überarbeitete und aktualisierte Ausgabe [6797]

GERHARD VINNAI
Sozialpsychologie der Arbeiterklasse
Identitätszerstörung im Erziehungsprozeß [6812]

H. GÜNTER WALLRAFF
Industriereportagen
Als Arbeiter in deutschen Großbetrieben [6723]
Neue Reportagen, Untersuchungen und Lehrbeispiele [6842]

JAMES D. WATSON
Die Doppel-Helix
Ein persönlicher Bericht über die Entdeckung der DNS-Struktur. Einführung: Prof. Dr. Heinz Haber. Mit 32 Abb. und schemat. Darstellungen [6803]

HERBERT WENDT
Ich suchte Adam
Die Entdeckung des Menschen. Neu durchgesehene und erweiterte Ausgabe. Mit 93 Abb. im Text und auf Kunstdrucktafeln [6631]
Es begann in Babel
Die Entdeckung der Völker. Mit 34 Abb. im Text und auf Kunstdrucktafeln [6654]

GERHILD WERNER
Keine Angst vor Schularbeiten
So können Eltern ihren Kindern helfen. Mit Pädagogik-Lexikon und Einführung in die Mengenlehre [6781]

MAX WOITSCHACH
Strategie des Spiels
Berechenbares und Unberechenbares vom Glücksspiel bis zum unternehmerischen Wettbewerb. Mit 20 Abb. und 22 Tabellen [6706]

MARTIN F. WOLTERS
Der Schlüssel zum Computer
Einführung in die elektronische Datenverarbeitung. Eine programmierte Unterweisung.
Band 1: Leitprogramm [6839]
Band 2: Textbuch [6840]

GUSTAV WYNEKEN
Abschied vom Christentum
Ein Nichtchrist befragt die Religionswissenschaft [6727]

Bitte fordern Sie ausführliche Informationen über sämtliche rororo Taschenbuchreihen beim Rowohlt Taschenbuch Verlag, 2057 Reinbek bei Hamburg, Postfach 9, an.

C. W. CERAM

«Forschung ist Abenteuer des Geistes, und es gibt nichts, was spannender wäre. Ceram, der sich als glänzender Stilist ausweist, verschmäht bei aller Frische seiner Darstellung jegliche Zutat gefälliger Phantasie, er hielt sich an Daten und Fakten, er gruppierte die Schilderungen der großen archäologischen Taten wie ein Dramatiker seine Szenen. Und auf diese Weise reißt Ceram Einblicke durch die Geschichte der Jahrtausende auf, und eine tiefschichtige Welt tut sich auf, Wahrheiten voller Wunder.»

Die Zeit, Hamburg

Der erste Amerikaner

Das Rätsel des vor-kolumbischen Indianers

Mit 92 Illustrationen von Hannelore Marek · 376 Seiten mit 36 einfarb. und 8 mehrfarb. Tafeln · Geb.

Götter, Gräber und Gelehrte

Roman der Archäologie

448 Seiten mit 54 Abbildungen im Text und 51 Bildern auf 41 Kunstdrucktafeln · Geb.

Taschenbuchausgabe: Mit 51 Abb. u. 4 Karten

rororo sachbuch Band 6790

Götter, Gräber und Gelehrte im Bild

Mit 310 Abbildungen, Zeittafeln und Index

rororo Sachbuch Band 6725

Ruhmestaten der Archäologie

Götter, Gräber und Gelehrte in Dokumenten

440 Seiten · Geb.

Enge Schlucht und Schwarzer Berg

Die Entdeckung des Hethiter-Reiches

Mit 55 Abbildungen auf 32 Tafeln und 47 Abbildungen im Text

rororo Sachbuch Band 6627

Eine Archäologie des Kinos

264 Seiten mit 293 Abbildungen auf 168 Tafeln. · Geb.

KURT W. MAREK

Provokatorische Notizen

156 Seiten · Kartoniert

ROWOHLT VERLAG

25/12